Harald Kirschninck

Dem Untergang entgegen!

Verfolgung - Terror - Krieg

Elmshorn im Nationalsozialismus im Spiegel

der Elmshorner Nachrichten

1937 - 1945

Band 3

Bibliografische Information der Deutschen Nationalbibliothek:
Die Deutsche Nationalbibliothek verzeichnet diese Publikation in der Deutschen
Nationalbibliografie; detaillierte bibliografische Daten sind im Internet über http://dnb.dnb.de
abrufbar.

Titelbild:

© 2025 Harald Kirschninck

Verlag: BoD · Books on Demand GmbH, In de Tarpen 42, 22848 Norderstedt, bod@bod.de
Druck: Libri Plureos GmbH, Friedensallee 273, 22763 Hamburg

ISBN: **978-3-7693-8759-9**

Inhaltsverzeichnis

Vorwort 5

1937 – 1938   Ausgrenzung und Ausplünderung 7

Der Novemberpogrom oder die „Reichskristallnacht" 130

Der Weg in den Krieg 1939 169

Elmshorn zu Beginn des Zweiten Weltkriegs 211

Elmshorn im Luftkrieg 1939 – 1945 311

Das Kriegsjahr 1941 in Elmshorn 336

Deportationen jüdischer Mitbürger 361

Die Kriegsjahre 1941 – 1943 Dem Untergang entgegen 388

Zwangsarbeiter 436

Dem Kriegsende entgegen 458

Entnazifizierung 550

Elmshorner Nationalsozialisten 552

Elmshorner Bürgermeister in der Zeit des NS 552

Christian Spieler 553

Karl Krumbeck 556

Friedrich Bindemann 563

Karl Coors 565

Dr. Siegfried Küster 567

Elmshorner Ortsgruppenleiter 569

Wilhelm Grezesch 571

Max Mohr 575

Hans Heinrich Letje 578

Hans Schlüter 580

Wilhelm Nicolai 581

Auswahl an weiteren Elmshorner Nationalsozialisten 581

Johannes Göttsche 581

Wilhelm Bull 583

Hans Heinrich Hansen 587

Emil Ehler Mohr 588

Karl Geißler 591

Ernst Albers, Dr. med. vet. 592

Heinrich Kobarg 594

Anmerkungen: 602

Abkürzungen 623

Chronik 1925 – 1945 627

Bibliografie Kirschninck 646

Quellenverzeichnis 649

Literaturverzeichnis 653

Internetverzeichnis 657

Bildverzeichnis 660

Stichwortverzeichnis: 667

Vorwort

Dieser Band ist das dritte Buch in der Reihe „Elmshorn im Nationalsozialismus". Im ersten Band „Kampf um Elmshorn. 1920 – 1933" wird die Zeitspanne von der Gründung der NSDAP Elmshorn bis zur „Machtergreifung" am 30. Januar 1933 geschildert. Der zweite Band „Gebt uns vier Jahre Zeit! 1933 - 1936" beschreibt die Zeit der Machtergreifung und Machtsicherung bis Ende 1936.

In diesem Buch „Dem Untergang entgegen! Verfolgung-Terror-Krieg. 1937 – 1945" wird die Zeit des Nationalsozialismus in Elmshorn von 1937 bis 1945 anhand von Quellen aus Archiven, Polizeiakten, Zeitungsauschnitten aus den „Elmshorner Nachrichten" (EN) beschrieben, wobei chronologisch vorgegangen wurde. Durch die chronologische Aufführung wird die Geschwindigkeit des Umbaues einer Demokratie in eine Diktatur bis in den Krieg verdeutlicht. Seit 1943 erschienen die „Elmshorner Nachrichten" kriegsbedingt als „Holsteiner Nachrichten" (HN). Ergänzt wurden die „Elmshorner Nachrichten" vom Verfasser mit Ausschnitten der „Norderneyer Badezeitung" (NBZ), später „Norderneyer Zeitung" (NZ). Wegen der gleichgeschalteten Presse erschienen übergeordnete Artikel sehr häufig gleichzeitig in verschiedenen Zeitungen im gleichen Wortlaut. Somit konnten die fehlenden Ausgaben der „Elmshorner Nachrichten" sehr gut durch die „Norderneyer Badezeitung" ergänzt werden.

In die Zeit 1936 bis 1945 fielen die Verfolgung, Ausplünderung und schließlich der Holocaust der jüdischen Mitbürger und Juden in ganz Europa. Darüber hinaus wurde die deutsche Bevölkerung auf den kommenden Weltkrieg vorbereitet, die Wirtschaft auf Kriegswirtschaft umgestellt, die Jugendlichen in der HJ und auch die Frauen zu Kriegszwecken missbraucht. Während des Krieges ging man dem Untergang entgegen, führte einen Luftkrieg, der auf Deutschland zurückfiel, terrorisierte die Bevölkerung der europäischen Staaten, entführte Zwangsarbeiter aus ganz Europa nach Deutschland und ließ die Kriegsgefangenen unter entsetzlichen Bedingungen für den Krieg arbeiten.

Diese Bücher verstehen sich auch als eine Quellensammlung zur selbstständigen Erarbeitung und Vertiefung des Themas. Die Orthografie in den Quellen wurde hinsichtlich „ß" und „ss" auf den heutigen Stand gebracht, die anderen Schreibweisen wegen der Authentizität in den Quellen beibehalten. Die Qualität der Zeitungsabbildungen ist wegen dem zum Teil schlechten Zustand der Originale und demzufolge der Scans sehr unterschiedlich.

Einige Themen und Aspekte sind ausführlich in weiteren Büchern des Autors veröffentlicht und wurden dort vertieft, z. B. die Judenpolitik und die Geschichte der Hitlerjugend.

Dieses Buch zeigt Symbole, die von nationalsozialistischen oder anderen in der Bundesrepublik Deutschland wegen Verfassungswidrigkeit verbotenen Organisationen verwendet wurden. Die Verwendung dieser Symbole in der Öffentlichkeit ist in der Bundesrepublik Deutschland verboten (§ 86a StGB). Ebenfalls strafbar ist die Verbreitung von Propagandamitteln verfassungswidriger Organisationen (§ 86 StGB). Die Strafbarkeit ist ausgeschlossen, wenn die Verwendung oder Verbreitung der staatsbürgerlichen Aufklärung, der Abwehr verfassungswidriger Bestrebungen, der Kunst oder der Wissenschaft, der Forschung oder der Lehre, der Berichterstattung über Vorgänge des Zeitgeschehens oder der Geschichte oder ähnlichen Zwecken dient (§ 86 Abs. 3 StGB).

1937 – 1938   Ausgrenzung und Ausplünderung

Adolf Hitler gab für das Jahr 1937 die Parole „Alles für Deutschland" aus.

„Der Führer und Oberste Befehlshaber der Wehrmacht richtet an die Wehrmacht folgenden Aufruf:

Soldaten!

Ein bedeutungsvolles Jahr deutscher Wehrgeschichte hat geendet. Seit dem 7. März 1936 stehen unsere Regimenter wieder am Rhein. Die Einführung der zweijährigen Dienstzeit aber festigt das Gefüge der Wehrmacht und stärkt dadurch die Sicherheit des Reiches.

Ich danke Euch für Eure treue Pflichterfüllung. Gehorcht auch im neuen Jahr der ewigen Losung:

Alles für Deutschland!

Berlin, den 31.Dezember 1936.

Der Führer und Oberste Befehlshaber der Wehrmacht:

Adolf Hitler." (1)

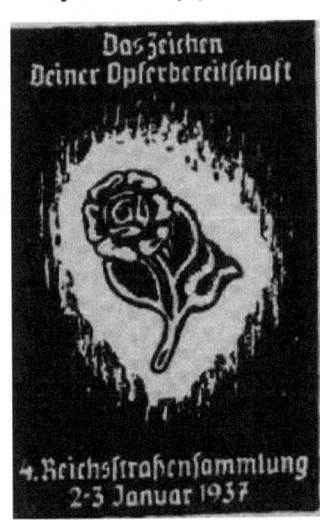

EN vom 2.1.1937

Die SA appellierte schon am 2. Januar 1937 an den Opferwillen für das Winterhilfswerk (WHW):

„(...) Freiwillig und uneigennützig, heute wie früher materielle und ideelle Opfer bringend, versteht der SA-Mann seinen Dienst. Ohne Anspruch auf klingenden Lohn bestreitet er die Kosten seiner Uniform, seine Ausrüstung und Ausbildung aus eigenen oft kärglichen Mitteln. Und wenn diese Männer am Sonntag zum Sammeln auftreten und ihren Appell zum Opfer an das deutsche Volk richten, dann sollte dieses Vorbild Ansporn sein.(...)

Und so wird auch der erste Sammeltag im Jahre 1937 für das große sozialistische Werk der gegenseitigen Hilfe eines ganzen Volkes zu einem Erfolg werden, der dem Opferwillen des deutschen Volkes für 1937 als Richtschnur dienen kann." (2)

Auch die Polizei sammelte auf ihrem „Tag der Polizei" am Januar insgesamt 1760,61 RM für das WHW.

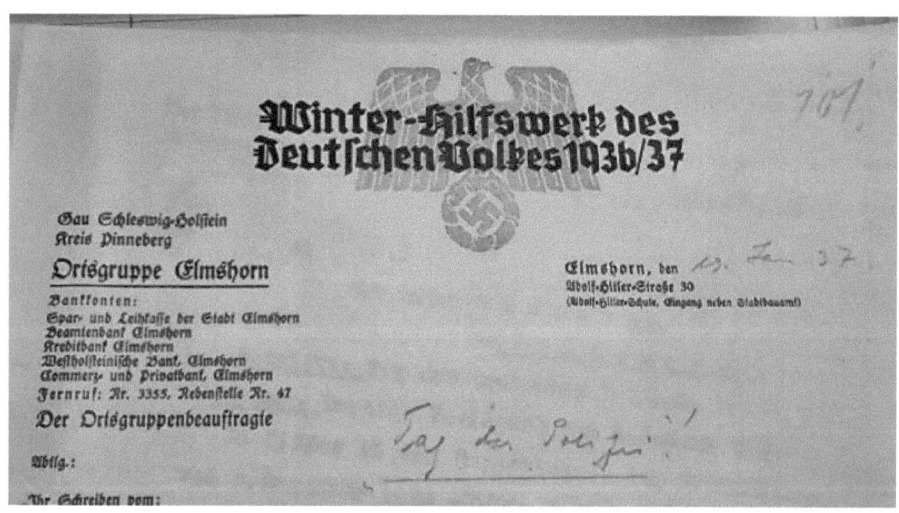

Ausschnitt Sammelergebnis des
WHW. Stadtarchiv 001.03.31.50.01.33
Tag der Polizei 1934-1937

Heute nachmittag sah man einige schöne Gruppen beim Sammeln: kleine Mädchen gingen mit großen Polizeihunden als Rotkäppchen und der Wolf. Einige berittene Gendarmen hatten ihren Pferden Sammelbüchsen um den Hals gebunden; auch sie werden sicher manche Gabe für die Winterhilfe heimbringen.

Das Polizeiamt ist geschmackvoll geschmückt worden. Aus Tannengrün grüßt das Bild des Führers. Große Plakate mit der Aufschrift „Die Polizei Dein Freund, Dein Retter" weisen auf die tiefere Idee des Tages hin. Bei Dunkelheit wird eine Lichterkette quer über die ganze Hausfront das Polizeigebäude in festlichem Glanz erstrahlen lassen.

Heute nachmittag um 5 Uhr findet bekanntlich eine Schauübung der Freiwilligen Feuerwehr zusammen mit der Technischen Nothilfe bei der Markthalle statt.

Auch einige Geschäftsleute weisen in ihren Schaufenstern auf den Tag der Polizei hin. Das Fahrradhaus Ketelsen, Königstraße, hat ein altes Fahrrad ausgestellt und erläutert hieran in übersichtlicher Weise die verschiedenen Verkehrswidrigkeiten, die heute strafbar sind.

EN vom 18.1.1937

Neben der Sammlungen für das WHW führte die Polizei am „Tag der Polizei" auch Verkehrsschulungen mit Kindern in der Stadt durch.

Der „Eintopfsonntag", an dem die Bürger nur bestimmte Eintöpfe essen und das eingesparte Geld dem WHW zukommen lassen sollten, wurde 1937 ebenfalls weitergeführt:

EN vom 5.1.1937   EN vom 6.1.1937   EN vom 14.1.1937

Der Reichsbeamtenführer Hermann Neef wies in einer Rede des „Reichsbundes der deutschen Beamten" und der „Reichsbetriebsgemeinschaft Verkehr und öffentliche Betriebe der Deutschen Arbeitsfront" daraufhin, das alle, die in den staatlichen Betrieben des Dritten Reiches arbeiten, vorbildliche Nationalsozialisten sein müssten:

„(...) Wenn im Dienst ein Volksgenosse besonders stramm grüßt und wenn man dann seine Frau trifft, die den „Deutschen Gruß" nicht kennt, dann ist das ein bedenkliches Zeichen, genau so, wie wenn ein anderer immer nur demonstrativ mit „Guten Morgen" grüßt. Denn wenn die Familie nicht nationalsozialistisch ist, dann kann es mit dem Nationalsozialismus des Mannes nicht allzu weit her sein. Es sage niemand, er habe keinen Einfluss auf seine Frau oder auf seine Kinder. Wer das behauptet, soll nicht verlangen, dass man mit ihm als Mann rechnet. Allerdings ist nicht die äußerliche Haltung ausschlaggebend, sondern immer nur die ganze Einstellung, die seelische Grundhaltung, die ihren Ausdruck findet in dem kameradschaftlichen Arbeitseinsatz für das gemeinschaftliche Werk." (3)

Am 25. Januar 1937 fand in Elmshorn eine weitere Verdunkelungsübung statt. In einer Vorbesprechung am 14. Januar wies Bürgermeister Krumbeck darauf hin:

„Wer den Frieden liebt wie unser Führer und das gesamte deutsche Volk, so führte Bürgermeister Krumbeck aus, muss sich dennoch für den Krieg rüsten. Wir wissen, dass der nächste Krieg auch in die Heimat hineingetragen wird und dass daher die Gefahr, die aus der Luft droht, durch sorgfältige Vorbereitungen auf ein Mindestmaß herabgesetzt werden muss. Elmshorn ist zum Luftschutzort zweiter Ordnung erklärt worden. Es ist also ein Ort, der durch seine Industrie luftschutzgefährdet erscheint und daher geschützt werden muss.

Bisher wurden mehrere Übungen bereits durchgeführt, die vor allen Dingen der Verdunkelung des Stadtgebietes nach Geschäftsschluss dienten. Die neue Übung ist auf Anweisung der Regierung bereits um 18:00 Uhr angesetzt worden, also während der Geschäftszeit.

Sie soll die einzelnen Volksgenossen dazu erziehen, nicht einfach im dunklen Zimmer die Übung abzuwarten, sondern die Betriebe, Geschäftsräume und Wohnungen derartig mit dichten Vorhängen zu versehen, das das Geschäftsleben der Stadt trotz der Verdunklung ungehindert weitergehen kann.

Selbstverständlich werden hiermit einige materielle Opfer verbunden sein. Die Stadt Elmshorn geht mit gutem Beispiel voran und beschafft für die Hälfte aller in Frage kommenden Fenster Vorhangstoffe.

Es wird erwartet, dass jeder Geschäftsmann, jeder Hauseigentümer und jeder Betriebsführer jedenfalls den guten Willen zeigt und einen Teil der Fenster ebenfalls mit Vorhangstoffen versieht.

Jeder Volksgenosse muss begreifen, dass solche Verdunkelungsübungen notwendig sind, und muss mit allem Ernst an diese Übungen herangehen. Sie dienen nicht nur als notwendige Vorbereitung für den Ernstfall, sondern sie werden von allen maßgebenden Stellen als

ein Prüfstein für die Einsatzbereitschaft der Bevölkerung

angesehen. Sollte jemand der Übung gleichgültig gegenüberstehen, so wird es gut sein, diese Volksgenossen, wenn sie auch freundlichen Belehrungen gegenüber taub bleiben, sich sehr genau zu merken. Es geht nicht an, dass durch solche Volksgenossen der Erfolg der gesamten Übung in Frage gestellt wird.

Nach diesen allgemeinen Gesichtspunkten erklärte der örtliche Luftschutzleiter, Stadtrat Bindemann, im Einzelnen die Übung. Die Übung ist für das Stadtgebiet Elmshorn vorgesehen. Auf Wunsch der Gemeinden werden die Orte Hainholz und Langelohe in die Übung einbezogen, da sie mit Elmshorn ein Wirtschaftsgebiet bilden. Die Übung beginnt um 18 Uhr und dauert bis 19.30 Uhr. Von 18 bis 18.30 Uhr ist die eingeschränkte Beleuchtung angeordnet, von 18.30 bis 19.30 Uhr vollständige Verdunkelung. Akustische Signale sind in Zukunft nur noch bei Fliegeralarm zulässig. Die kommende Übung wird daher ohne jegliches Signal beginnen und beendet sein. Jeder Volksgenosse muss von sich aus an das Einsetzen der Verdunkelung denken. Allenfalls kann er sich nach der Straßenbeleuchtung richten, die pünktlich 18 Uhr vom Gaswerk ausgeschaltet wird. Die Leitung der Übung liegt in den Händen des örtlichen Luftschutzleiters, Stadtrat Bindemann. Die Einsatzkräfte bestehen bekanntlich aus Polizei, Hilfspolizei, Feuerwehr, Luftschutz, Sanitätsdienst, SA und NSKK.

Bei eingeschränkter Beleuchtung werden die Straßenlaternen ausgeschaltet und an den wichtigsten Verkehrspunkten werden verschirmte Notbeleuchtungen angebracht. Die Schaufensterbeleuchtung ist auf das Äußerste einzuschränken. Überall, auch in den Privatwohnungen ist darauf zu achten, dass kein Lichtschein nach draußen fällt. Die Autos fahren mit den Standlichtern.

Bei völliger Verdunkelung muss jeder Lichtschein vermieden werden. Es wird darauf geachtet werden, dass die Kontore und Betriebe nicht einfach ihre Räume schließen und ihre Gefolgschaftsmitglieder nach Hause schicken. Das gewerbliche Leben soll weitergehen, sonst wird der Zweck der Übung nicht erreicht. Darauf haben sich also alle Verantwortlichen Volksgenossen von vornherein einzustellen. Der Verkehr auf der Straße ist nach Möglichkeit einzuschränken; wer jedoch Einkäufe zu machen hat, von der Straße kommt oder sonstige wichtige Gänge ausführen muss, kann ungehindert passieren. Auch die Volksgenossen, die aus dem Dienst kommen, können ihre Häuslichkeit aufsuchen. Sie tun jedoch gut, sich mit einem Ausweis ihres Betriebsführers zu versehen, damit sie nicht als Schlachtenbummler angesehen werden. Jeder, der sich ohne Zweck und Ziel auf der Straße befindet, wird in einen Luftschutzkeller gebracht. Die von auswärts kommenden Kraftwagen können das verdunkelte Gebiet nur ohne Beleuchtung oder mit blau verklebten Lampen, die nur durch einen schmalen Schlitz das Licht durchlassen, passieren. Die Kraftwagen werden von Angehörigen des NSKK durch Elmshorn durchgelotst. Örtliche Kraftwagen müssen anhalten und das Ende der Übung abwarten, da sie sonst den Verkehr gefährden.

Die Übung gilt als beendet, wenn die Straßenbeleuchtung wieder eingeschaltet wird. Nach der Übung findet auf dem Adolf-Hitler-Schulplatz eine kurze Kritik statt. (…)" (4)

In den Jahren 1937 bis 1939 steigerte sich der Druck auf die Jugendlichen, auf die Eltern und Erzieher, ihr Kind bei der Hitlerjugend anzumelden bis hin zur Zwangsmitgliedschaft. Jetzt war es mit der Freiwilligkeit vorbei. Der Druck auf die Mitglieder des DJ, HJ, JM und BDM wurde auch während des Dienstes stärker. Es wurden Disziplinarstrafen eingeführt, so dass einigen Mitgliedern langsam die Augen geöffnet wurden und bald der Spaß an der Mitgliedschaft bei einigen in Frust überging.

Die Hitlerjugend war kein Verein, dem man freiwillig beitrat, sondern sie war Teil der Jugenderziehung und -bildung und stand neben dem Elternhaus und der Schule. Und die Nationalsozialisten hatten ein klares Ziel vor Augen, was sie mit aller Macht erreichen wollten.

Das Jahr 1937 begann mit einem Aufruf Baldur von Schirachs für den Bau oder die Anschaffung von Hitlerjugend-Heimen. Darin hieß es unter anderem:

„An die Hitlerjugend!
Neujahrsaufruf des Jugendführers des Deutschen Reiches.

(…) Damit ergibt sich für die Führung der Jugend die Notwendigkeit, an die Lösung einer Frage heranzutreten, die für unsere zukünftige Arbeit entscheidend geworden ist. Die Hitlerjugend hat immer das Heim als eine wesentliche Voraussetzung ihrer Gemeinschaftsarbeit empfunden. Nach unserer Auffassung soll die Jugendbewegung Adolf Hitlers für ihre Zusammenkünfte, die dem Dienst der Idee

gelten, eigene Räume besitzen. Sie soll unabhängig sein von solchen Bierwirtschaften und anderen Lokalen, die ihren Nebenräume nur dann zur Verfügung stellen, wenn Ihnen die Garantie geboten wird, dass die Jugend dort Alkohol und Nikotin konsumiert.

Wir brauchen Heime für die Hitlerjugend!

Schon sind viele gebaut worden, keine wilhelminischen Villen, sondern schlichte, zweckmäßige und schöne Jugendheime, die Ausdruck unserer Zeit sind und damit jener Baugesinnung, die Adolf Hitler mit dem Wort bekannt hat: „Deutsch sein, heißt klar sein!"

Viele deutsche Gemeinden haben sich bereits in ihrem HJ-Heim ein Denkmal ihrer nationalsozialistischen Gesinnung geschaffen. In Verbindung mit dem Heimbeschaffungsausschuss der Reichsjugendführung, der Ihnen mit Rat und Tat zur Seite steht, errichteten sie vorbildlich schöne Gebäude, die des Ehrennamens „Heim der Hitlerjugend" würdig sind. Aber dies ist nur ein kleiner Anfang. Viele tausend Hitlerjugendheime müssen noch gebaut werden! Das Heim der Hitlerjugend ist ein Wahrzeichen der kompromisslosen Kameradschaft der neuen Generation. Es ist zugleich Ausdruck ihres Lebensgefühls und Lebensstils. Meine Kameradinnen und Kameraden! Ihr selbst müsst die Voraussetzungen für Eure Arbeit schaffen! Das Jahr 1937 soll das Baujahr der Hitlerjugend sein! Darum erkläre ich das Jahr 1937 zum Jahr der Heimbeschaffung.

Berlin 1.1. 1937   Baldur von Schirach" (5)

Drei Wochen später kamen die Ministeranweisungen an die Gemeinden.
„Schafft Heime für die Hitlerjugend!
Ministerweisungen an die Gemeinden für Heimbeschaffung.

„(...) Die Verwaltungshilfe der Gemeinden soll darin bestehen, dass zur Vermeidung unnötiger Ausgaben die kommunalen Verwaltungseinrichtungen weitestgehend in den Dienst der Heimbeschaffung gestellt werden. Zur Vermeidung unnötiger Neubaukosten sind in erster Linie die geeigneten vorhandenen Räume bereitzustellen. Es bestehen auch keine Bedenken dagegen, dass die Gemeinden als Eigenleistung Grundstücke, die sich bereits in ihrem Eigentum befinden, der HJ zum

Neubau zur Verfügung stellen. Weiter kommt die Überlassung geeigneter Grundstücke und Baulichkeiten, die für andere öffentliche Zwecke in absehbarer Zeit nicht benötigt werden in Frage. Wo die Errichtung eines neueren Heimes erforderlich ist, werden besonders kleinere und leistungsschwache Gemeinden durch Gemeinschaftsarbeit der Gemeindeangehörigen (Naturalleistungen) eine wesentliche Hilfe leisten können. Ferner werden die Gemeinden grundsätzlich die bisher in ihrem Haushalt für derartige Zwecke vorgesehenen Mittel ausschließlich der HJ zur Verfügung stellen können.

(...) Aufnahme von Darlehen für Zwecke der Heimbeschaffung kommt nicht in Betracht. Schließlich muss daran festgehalten werden, dass einem im Eigentum der Gemeinde stehendes Heim in ihrem Eigentum verbleibt." (6)

EN vom 19.1.1937

„Auch Du gehörst dem Führer". Propagandaplakat von 1937, mit einem »arischen« blonden Mädchen. Webfund.

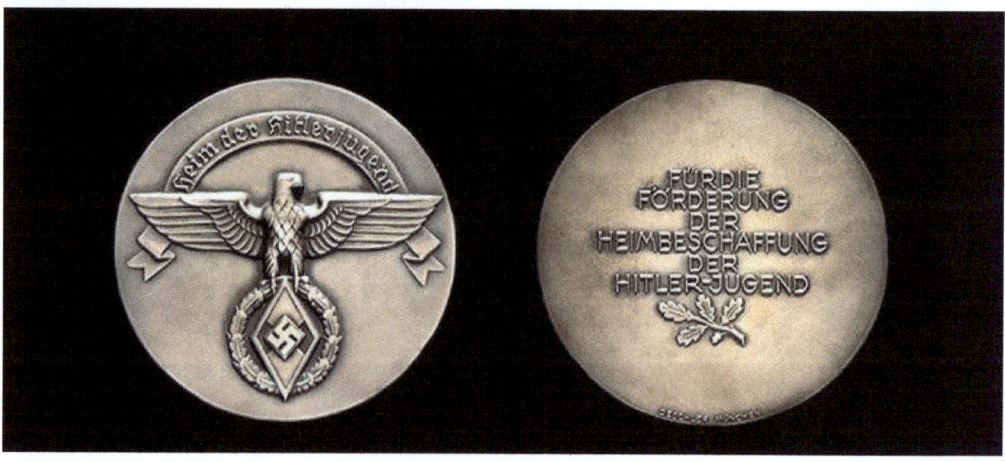

Plakette der Sammlung für HJ-Heime 1937. Foto Webfund

Um Altmaterial und Küchenabfälle.

Die Aktion „Kampf dem Verderb" geht alle an.

I—I Für die Stadt Elmshorn ist unter Leitung des Pg. Hafenmeister Schlüter als dem Sonderbeauftragten des Ortsgruppenleiters ein Ausschuß gebildet worden, dessen Aufgabe es sein wird, die Aktion „Kampf dem Verderb" im Rahmen des Vierjahresplanes voll zur Geltung zu bringen und darüber hinaus ganz allgemein durch aufbauende Arbeit im Sinne des Vierjahresplanes zu wirken.

Wenn man sich auf der ersten Besprechung, die am Donnerstagabend im „Haus der Arbeit" stattfand, zunächst einmal der Aktion „Kampf dem Verderb" als dem nächstgelegenen Gebiet zuwandte, war man sich darüber klar, daß man nur dann zu einem vollen Erfolg werde kommen können, wenn jeder einzelne Volksgenosse über die Bedeutung dieser Maßnahme unterrichtet ist und es sich zur Pflicht macht, sein Teil zu ihrem Gelingen beizutragen.

Jede Hausfrau und jedes Kind muß wissen, daß heute kein Altmaterial und keine Küchenabfälle vernichtet werden dürfen. Es darf nichts umkommen, keine Blechdose, kein Stück Papier und keine Flaschenkapsel!

In diesen Tagen schon gehen die Blockleiter der NSV. von Wohnung zu Wohnung, um die Mengen der in jedem Hausstand anfallenden Küchenabfälle zu ermitteln und vor allen Dingen festzustellen, in welchem Umfange dafür keine Verwendungsmöglichkeit besteht.

Die NSV. hat den Plan ins Auge gefaßt, gegebenenfalls die Küchenabfälle zweimal wöchentlich abzuholen, um in eigener Regie eine Schweinemast zu betreiben.

Es handelt sich dabei selbstverständlich nur um diejenigen Abfälle, die nicht schon im eigenen Hausstand oder durch Nachbarn zur Schweinemast oder in anderer Form verwendet werden. Da die Ermittlungen bis zum 17. Januar abgeschlossen sein müssen, ergeht die Bitte an alle diejenigen, die bis dahin etwa nicht erfaßt sein sollten, auf der Geschäftsstelle der NSV. die nötigen Angaben zu machen.

Der Hitlerjugend fällt im Rahmen der Sammelaktion eine besondere Aufgabe zu, und zwar wird sie in erster Linie

sämtliche Metalle außer Eisen, außerdem Tuben, Metallfolie (Silberpapier) Flaschenkapseln usw.

zusammentragen. An mehreren Stellen der Stadt, und zwar am Markt, an der Kirche, am Bahnhof, am Wechselplatz und an der Ecke Adolf-Hitler-Straße — Flamweg wird die HJ., vorbehaltlich der Genehmigung durch die Baupolizei, Sammelkästen errichten, in die jeder die vorhin angeführten Altmaterialien hineinwerfen kann.

Hand in Hand mit dieser Sammelarbeit geht die Tätigkeit der Altwarenhändler, die ab Montag, dem 11. Januar, regelmäßig in monatlichen Abständen ihre Bezirke abfahren werden, so daß die Hausfrauen sich auf ihr Erscheinen jeweils einstellen können. Diese Händler werden, wie in früheren Zeiten, durch eine lautschallende Klingel, die Aufmerksamkeit der Hausfrau auf sich ziehen. Für alle Hausfrauen heißt es also „aufgepaßt", wenn die Klingel ertönt. Die Altwarenhändler werden vorwiegend

Alteisen und Lumpen

sammeln. Felle sollen möglichst in nassem Zustande abgeliefert werden, da dann die Gewähr für eine ordnungsgemäße Behandlung gegeben ist.

Auch Papier muß gesammelt werden,

vor allen Dingen dort, wo Altpapier in größeren Mengen auftritt. An die Gewerbetreibenden und Geschäfte wird deshalb ein besonderer Aufruf zum Sammeln von Altpapier ergehen. Ein Erwerbsloser, der schon jetzt regelmäßig die Behörden besucht, wird dann überall das Altpapier abholen. Schon jetzt kann gesagt werden, daß eventuelle Geheimpapiere und Akten unter Garantie eingestampft werden und nicht in unberufene Hände gelangen können.

Eine weitere wesentliche Aufgabe wird sein, das zur Zeit in Fabriken und auf Fabrikhöfen nutzlos herumliegende

Altmaterial und Rohabfälle

zu sammeln und der Wirtschaft wieder zuzuführen.

Auf jeden Fall wird die Aktion mit aller Energie betrieben werden, und es ergeht der mahnende Ruf an alle, sie in richtiger Erkenntnis der volkswirtschaftlichen Notwendigkeit voll zu unterstützen. Wenn jeder das Sammeln von Altmaterial zu seiner eigenen, pflichtmäßigen Angelegenheit macht, trägt er zu seinem Teil an dem Gelingen des Vierjahresplanes bei.

EN vom 8.1.1937

Elmshorn im Dunkeln.

-l- Die am 25. Januar in Elmshorn stattfindende Luftschutzübung ist nun die 5. Uebung dieser Art. Erstmalig wurde am 15. 2. 1934, abends zwischen 9 und 10.30 Uhr, ein fingierter Fliegerangriff auf die Stadt durchgeführt. Weitere Verdunkelungen fanden am 3. Mai und 12. und 13. Juni 1934 und am 27. November des folgenden Jahres statt. War bei der ersten Uebung die Hauptaufgabe darin zu erblicken, daß die Bevölkerung auf die Gefahr eines Fliegerangriffs und die Notwendigkeit der passiven Abwehr hingewiesen wurde, und wurde damals infolge der Neuheit der Angelegenheit die ganze Sache noch von manchem als willkommene Volksbelustigung angesehen, so wird die Uebung am 25. möglichst reibungslos und lautlos vor sich gehen. Es werden keine Sirenen ertönen, noch wird die Sturmglocke läuten, sondern mit eiserner Disziplin und Präzision wird dafür gesorgt werden müssen, daß die ganze Stadt sich in Dunkelheit hüllt. Da die Einwohner nicht durch laute Signale auf den Beginn der Uebung aufmerksam gemacht werden, liegt es also an jedem Volksgenossen, genau und pünktlich die Vorschriften zu befolgen.

Elmshorn ist eine blühende Industriestadt und die Werke und Straßen der Stadt würden im Kriegsfalle eines der ersten Ziele nächtlicher Bombengeschwader sein. Dadurch, daß nun jeder Einwohner, ob Fabrikant, Arbeiter, Geschäftsinhaber oder Leiter einer Behörde heute schon dafür sorgt, daß alle Lichtquellen, auch Dachfenster usw. restlos abgedunkelt werden und auch späterhin jederzeit abdunkelungsbereit sind, hilft er mit, Gut und Leben seines Nachbarn vorsorglich zu schützen. Ebenso wie man nicht erst Feuerlöschgeräte kauft, wenn es brennt, sondern diese vorher schon für alle Fälle bereithält, ebenso sollte es kein Bürger der Stadt versäumen, möglichst vorbildlich bei der Verdunkelung mitzuwirken.

Die Streifen der Polizei und SA, die zu Kontrollzwecken eingesetzt werden, sind dieses Mal besonders darauf hingewiesen worden, daß, trotzdem sie die Aufgabe haben, ganz energisch durchzugreifen, sie doch andererseits aufklärend und erziehend zu wirken haben. Denn es ist wichtiger, daß ein Wohnungsinhaber, der ungenügend verdunkelt hat, sich selbst davon überzeugt und das nächste Mal von sich aus alle notwendigen Maßnahmen ergreift, als daß er etwa durch allzu schroffe Behandlung dem Gedanken des passiven Luftschutzes entfremdet wird.

EN vom 21.1.1937

EN vom 23.1.1937

EN vom 21.1.1937

Elmshorn im Dunkeln.

-b- Die gestrige Verdunkelungsübung ist in allen Teilen gut verlaufen. Es hat sich gezeigt, daß die Einwohnerschaft da auf dem Posten ist, wo Gemeinschaftssinn von ihr verlangt wird. Die ausführlichen Hinweise in der Presse hatten auch wohl ihr Teil zur Aufklärung beigetragen.

Kurz vor 6 Uhr wurden die einzelnen Streifen, die vom Luftschutz und der SA.-Reserve gebildet wurden, in ihre Reviere geschickt. Stadtrat Friedrich Bindemann hatte ihnen in einer kurzen Ansprache noch einmal erklärt, worauf es bei dieser Uebung ankam.

Punkt 6 Uhr ging ein Teil der Straßenbeleuchtung aus. Das war das Zeichen, daß die Luftschutzübung ihren Anfang genommen hatte. In den Häusern und Geschäften wurde die Beleuchtung eingeschränkt und nach außen abgeblendet. Die Kraftfahrer fuhren noch mit Parklicht, oder hatten Papierscheiben mit schmalen Schlitzen vor die Scheinwerfer gesteckt. Radfahrer und Fuhrwerke hatten abgeblendet oder fuhren ganz ohne Licht. Die Lichtreklamen wurden eingestellt und die Schaufensterbeleuchtung wurde auf ein Mindestmaß eingeschränkt.

Um 6.30 Uhr setzte die völlige Verdunkelung ein. Es gab noch einige Häuser und auch Geschäfte, in denen man vergessen hatte, entweder das Licht zu löschen oder abzublenden. Die Streifen machten die betreffenden Wohnungs- oder Geschäftsinhaber in höflicher Weise auf den Fehler aufmerksam, der in allen Fällen auch beschleunigt abgestellt wurde. Die Haus-Luftschutzwarte hatten gute Arbeit geleistet und die Bewohner ihrer Häuser aufgeklärt. Willig war man den Anordnungen gefolgt. Es gab wohl kaum Häuser, in denen an der Abblendung etwas zu kritisieren war. Es gab Gastwirtschaften, in denen die Stammgäste bei ihrer gewohnten Beleuchtung an ihren alten Plätzen saßen und doch drang kein Lichtschimmer nach außen. Große Betriebe arbeiteten mit voller Belegschaft und bei voller Beleuchtung oder kein Lichtstreifen nach außen verriet, was drinnen geschah, so vorzüglich klappte die Abblendung. Das Durchschleusen der auswärtigen Autos klappte tadellos. Es ist nirgends zu Verkehrsstörungen gekommen.

Schlagartig wurde die Straßenbeleuchtung wieder eingeschaltet. Das bedeutete die Beendigung der Uebung. Die Streifen wurden von ihren Führern entlassen und nach und nach wurde es in den Häusern wieder hell. Die Stadt hatte wieder ihr gewöhnliches Aussehen und das Leben nahm seinen gewohnten Gang.

Nach der Uebung dankte Stadtrat Bindemann allen, die an der Uebung aktiv beteiligt waren und auch der Bevölkerung für die tatkräftige Mitwirkung. Da die Uebung so gut geklappt habe, brauche eine Wiederholung nicht stattfinden. — An der Uebung nahmen teil: 90 SA.-Männer vom Sturm 21 R. 31, 200 Block- und Hauswarte vom Luftschutz, sämtliche Polizeibeamten. 18 Hilfspolizisten. 18 NSKK.-Wagen mit je 2 Mann, die Freiwillige Feuerwehr, Sanitätskolonne, Instandsetzungstrupp der Technischen Nothilfe und der Fachtrupp der Betriebswerke. Die Turmbeobachter auf dem Kirchturm hatten bei einem kalten, schneidenden Wind einen schweren Dienst, um den sie kein Mensch beneidete.

EN vom 26.1.1937. Am 25. Januar 1937 fand in Elmshorn eine Verdunkelungsübung statt. Am 26. Januar berichteten die „Elmshorner Nachrichten" (EN) von der Verdunkelungsübung:

EN vom 27.1.1937

Das Gesetz über Groß-Hamburg war ein von der Reichsregierung Hitler am 26. Januar 1937 mit Wirkung vom 1. April 1937 erlassenes Gesetz, durch das das bisherige Staatsgebiet Hamburg um wichtige Gebiete aus den benachbarten Landkreisen und kreisfreien Städten erweitert wurde. Dazu gehörten die Städte Altona und Wandsbek in der Provinz Schleswig-Holstein sowie Harburg-Wilhelmsburg in der Provinz Hannover, die zum 1. April 1938 Teil der Einheitsgemeinde Hamburg wurden und zusammen mit der hamburgischen Stadt Bergedorf ihre Selbstständigkeit verloren. (7)

EN vom 29.1.1937

20

Wie in jedem Jahr wurde der 30. Januar, der „Tag der Machtergreifung", bis in die kleinsten Einzelheiten durchgeplant, in Elmshorn gefeiert:

Der 30. Januar in Elmshorn.

— Der 30. Januar beginnt, wie im ganzen Reiche, so auch in Elmshorn, um 8 Uhr mit dem Weckruf, ausgeführt von der Hitler-Jugend, und nachfolgend mit den Feiern in den Schulen. Nach dem Weckruf wird die Flagge des Dritten Reiches an diesem in der Geschichte großen Tag alle Häuser schmücken und jeder deutsche Volksgenosse in dankbarer Freude des Führers gedenken.

Die Rede des Führers vor dem Deutschen Reichstag wird ab 13 Uhr übertragen, und zwar ist

Gemeinschaftsempfang

angeordnet, zu dessen Durchführung Richtlinien bereits gestern durch die Presse bekanntgegeben wurden. In allen Betrieben, Geschäften und Dienststellen werden die Betriebsführer mit ihrer Gefolgschaft am Lautsprecher versammelt sein, um den Führer zu hören. Bei dieser Gelegenheit wird wiederum darauf hingewiesen, daß Volksgenossen, die einen Rundfunkempfänger haben, ihre Nachbarn und Bekannten, von denen sie wissen, daß sie kein Empfangsgerät haben,

zum Gemeinschaftsempfang im Hause

im Geiste wahrer nationalsozialistischer Volksgemeinschaft zu sich einladen, um so jedem Volksgenossen die Möglichkeit zu geben, den Führer zu hören.

Darüber hinaus findet eine **öffentliche Uebertragung im Stadttheater** statt, die vom Bürgermeister der Stadt Elmshorn veranstaltet wird. An dieser Uebertragung, die für Betriebsführer und Gefolgschaft der städtischen Dienststellen und Betriebe sowie für die Opferarbeiter durchgeführt wird, kann jeder Volksgenosse und jede Volksgenossin teilnehmen, die keine Möglichkeit haben, im Hause oder bei Nachbarn den Führer zu hören. Wer an der öffentlichen Uebertragung teilnehmen will, muß spätestens um 12.45 Uhr im Saal des Stadttheaters sein.

Jeder Einwohner der Ortsgruppe Elmshorn kann und wird am Sonnabend 13 Uhr das hören, was der Führer dem Deutschen Reichstag und damit dem deutschen Volke sagt.

Am Abend werden in drei Stadtteilbezirken

Kameradschaftsabende

durchgeführt, und zwar

Bezirk I (Zelle 1 bis 5, Stadtteil östlich der Bahn) beim Parteigenossen Tychsen, Friedensstraße;

Bezirk II (Zelle 8 bis 13, westlich der Bahn) im „Holsteinischen Hofe";

Bezirk III (Zelle 14 bis 19, Klostersande und Vormstegen) im „Carlstal".

Unsere SA., die kampf- und sturmerprobte Truppe der Partei aus der Kampfzeit, wird diese drei Kameradschaftsabende gestalten.

Alle Parteigenossen, die Angehörigen der Formationen der NSDAP., sowie die Gliederungen (Frauenschaft, Hitler-Jugend), die Opferringmitglieder und die Mitglieder aller der Partei angeschlossenen Verbände (NS. Kriegsopferversorgung, Deutsche Arbeitsfront, Reichsbund der Beamten, NS. Lehrerbund, NS. Volkswohlfahrt usw.) nehmen an diesen Kameradschaftsabenden (Beginn 8.15 Uhr) teil, und zwar jeweils in dem Bezirk, in dem sie ihre Wohnung haben; es sei denn, daß im einzelnen von den Formationsführern den SA.-Einheiten ein besonderer Befehl erteilt ist.

Zu diesem Kameradschaftsabend sind auch die Frauen und sonstigen Familienangehörigen besonders eingeladen.

In echter Kameradschaft wollen wir alle am 30. Januar, dem Tage der Machtübernahme, einige Stunden gemeinsamen Gedenkens an die schwere und schöne Zeit des Kampfes bis zur Machtübernahme und an die erhebenden gewaltigen Aufgaben, die unserem Führer und seiner nationalsozialistischen Bewegung gestellt sind und die unser Führer in den vier Jahren, allen Erwartungen seiner Gegner zum Trotz, kurz entschlossen gemeistert hat, verbringen. Wir wollen froh und stolz zugleich sein, daß es uns vergönnt ist, zu einer Zeit zu leben, in der so Gewaltiges vom Führer für das deutsche Volk und Vaterland geleistet wird und daß wir alle, jeder zu seinem Teile, an diesem großen Aufbauwerk mitarbeiten können.

Mit neuer Kraft und unbändigem Willen zur Tat und Einsatzbereitschaft wollen wir gemeinsam mit unserem Führer nach Abschluß dieses Gedenktages wieder ans Werk gehen.

EN vom 29.1.1937

21

Auf den Kameradschaftsabenden im „Holsteinischen Hof", „Carlstal und „Tychsen" referierten Parteigenossen über die Geschichte der NSDAP. (8)

Tychsens Klub- und Ballhaus, Friedenstraße 21, nach dem Bombenangriff im Mai 1943. Foto: Per Koopmann, a.a.O., Stadtarchiv Elmshorn

Am 15. Februar 1937 sprach Arbeitsamtsdirektor Dr. Simon auf einem Schulungsabend der DAF Ortsgruppe Elmshorn über das Thema *„Vierjahresplan und Arbeitseinsatz"* im „Holsteinischen Hof" und sagte u.a.:

„(...) wolle ein Betriebsführer einen jungen Menschen unter 25 Jahren einstellen, so müsse er die Genehmigung des Arbeitsamtes einholen. Bevorzugt einzustellen seien Kinderreiche, Kriegsinvaliden und alte Kämpfer der Bewegung. Redner geht dann auf die Wichtigkeit des Arbeitsbuches ein, das eine Urkunde sei, in der alles über die Berufsausbildung des Arbeitnehmers stehe. Die Frauenarbeit bezeichnete Redner nicht als überflüssig, wenn auch die Frau in die Familie gehöre. Die Frauenarbeit wolle man aber nicht verbieten, sondern systematisch abbauen. (...)"

Der zweite Redner des Abends, der Volkswirt Bischoff, sprach über das Thema *„Wirtschaftspolitik im Dritten Reiche"*. (9)

Der „Heldengedenktag" wurde in Elmshorn am 21. Februar mit einem Marsch aller NS-Formationen zum Ehrenmal, einer Kranzniederlegung und einer Feierstunde in der Bismarckschule gefeiert. (10)

Mit einer Sammlungsaktion für die deutsche Knochenleimindustrie sollten alle Haushalte im Reich erfasst werden:

„(...) Die Sammlung wird unter Mitwirkung der Schulen durchgeführt, damit eine rasche und restlose Erfassung der Knochen gewährleistet ist. Auf den Höfen der sechs Elmshorner Schulen werden an geeigneten Orten verschließbare Müllkästen aufgestellt, in die die Schüler jeweils vor Unterrichtsbeginn die Knochen hineinwerfen. Die Knochen sind in kleine Pakete zu packen, damit sie leicht und sauber transportiert werden können. Um den Rohproduktenhändler, der die Behälter täglich leeren wird, die Entfernung des Packmaterials zu erleichtern, sind die Pakete nicht zu verschnüren. Für Elmshorn ist die Vereinbarung getroffen worden, dass der Ertrag der Sammlung der Hitlerjugend zur Verfügung gestellt wird.

Die Pflicht der Eltern wird es sein, die Kinder zu ordnungsgemäßer Mitwirkung bei dieser Sammelaktion anzuhalten und darauf zu achten, dass auch die benachbarten Haushaltungen, in denen etwa keine schulpflichtigen Kinder vorhanden sind, die Knochen stets regelmäßig abgeholt und zur Sammelstelle mitgenommen werden. Die Lehrer werden ihrerseits für eine saubere und einwandfreie Durchführung der Sammlung sorgen und die Schuljugend über ihren Sinn aufklären. (...)" (11)

EN vom 25.2.1937

23

Bau von Kleinsiedlungen und Volkswohnungen in Elmshorn.

[—] Nach Ueberwindung mancher Schwierigkeiten verschiedener Art sind die Vorbereitungen für den in Elmshorn für das Jahr 1937 geplanten Kleinwohnungsbau, soweit er mit Hülfe des Reiches finanziert wird, soweit gediehen, daß mit den ersten Siedlungshäusern begonnen werden konnte. Die Heimstätte Schleswig-Holstein als Trägerin wird die 72 Siedlungshäuser auf dem von dem Baumschulenbesitzer Wrage und der Witwe Will am Geelbekdamm erworbenen Grundstücken in zwei Abschnitten errichten. Der 2. Bauabschnitt wird Ende d. Js. in Angriff genommen. Für die Siedlungshäuser des 1. Abschnittes, von denen 11 auf dem früheren Gelände der Ehefrau Langhoff, geb. Röhnke, an der Elmshorn-Barmstedt-Oldesloer Eisenbahn zur Entstehung gelangen, sind die erforderlichen Siedler gewonnen. Für die Siedlungen im 2. Bauabschnitt werden noch Bewerbungen im Rathaus — Zimmer 15 — entgegengenommen.

Entsprechend dem Wunsche vieler Interessenten wird der größte Teil der Siedlung aus Einzelhäusern bestehen. Die Gesamtkosten einschließlich Grund und Boden werden sich auf etwa 5700 RM. je Stelle belaufen. Die Belastung stellt sich auf etwa 25 bezw. 26,50 RM. monatlich. Kosten und Belastung bewegen sich demnach in einer Höhe, die es dem Arbeiter ermöglicht, in den Besitz einer Siedlung zu gelangen. Wenn es auch manchem Interessenten nicht möglich ist, das erforderliche Eigenkapital von 1000 bezw. 750 RM. — letzterer Betrag kommt für kinderreiche Familien in Frage — zur Verfügung zu stellen, so kann das Eigengeld auch im Wege von Darlehen — sei es von Betriebsführern oder von Verwandten usw. — beschafft werden. Auch besteht die Möglichkeit, die Kinderbeihilfe für Kinderreiche in Höhe bis 400 RM. als Eigenkapital für Siedlungszwecke zu verwenden. Derartige Anträge werden vom Finanzamt vorzugsweise genehmigt. Endlich sei noch darauf hingewiesen, daß auch der Wert der Selbsthilfe auf das Eigenkapital angerechnet wird.

Nach Fertigstellung der jetzt in Angriff genommenen Siedlung, die den Namen „Langermoor-Siedlung" führt, ist die heutige Baulücke zwischen der Stagerhof-Siedlung und der Siedlung Langenmoor geschlossen und die Verbindung der drei Siedlungen untereinander hergestellt.

Gleichfalls sind die geplanten 30 Volkswohnungen nunmehr an der Ludwig-Meyn-Straße in Verlängerung der Stormstraße in Angriff genommen, deren Träger die Gemeinnützige Baugenossenschaft ehemaliger Kriegsgefangener ist. Diese aus drei Zimmern und Küche bestehenden Wohnungen — ein Zimmer und Küche im Erdgeschoß, zwei Zimmer im Dachgeschoß — sind in erster Linie für Familien mit Kindern bestimmt. Die Mieten werden sich im Rahmen der Leistungsfähigkeit der für die Wohnungen vorgesehenen Volkskreise halten.

Mit der Erstellung dieser Wohnungen ist wieder ein Schritt weiter getan auf dem Wege zur Beseitigung der in Elmshorn noch zahlreich vorhandenen Elendswohnungen.

Aus dem Elmshorner Kirchenregister.

Getauft wurden: Marga Suhr, Hainholz, Mühlenweg; Ulrich Decken, Weberstraße; Ursula Haußchild, Hainholz, Mittelstraße; Walter Meyer und Gertrud Schwarck, Hainholz, Holzweg; Hans-Wilhelm Hinrichs, Kl. Nordende, Sandweg; Karl-Heinz Mohrdieck, Lieth, Am Gehölz; Hans-Albert Stuhl, Kölln-Reisiek; Lotte Münster, Reisiek; Martha Geisler, Sibirien; Horst Kölln, Koppeldamm.

Getraut wurden: Amtsgerichtsrat Erich H. K. Karge, Rantzau, mit Wilhelmine E. Matthießen, Königstraße; Baumschulenleiter Hinrich Datenschön, Hainholz, mit Grete Heidorn, Friedrichstraße; Töpfermeister Hans Böttcher, Feldstraße, mit Irma Stühmer, Kaltenweide.

Beerdigt wurden: Kind Martha Blanke, 5 Wochen alt, Gerlingsweg; Frl. Margareta Margen, 25 Jahre alt, Gerlingsweg; Arbeiter Johann Rolfter, 40 Jahre alt, Rosenstraße; Frau Wilhelmine Lempfert, geb. Stolle, 76 Jahre alt, Schillerstraße; Frau Witwe Margarethe Einfeldt, geb. Wendt, 84 Jahre alt, Friedenstraße.

EN vom 25.2.1937

Am 25. Februar fand erneut eine Alarmübung für den zivilen Luftschutz statt. Da diese Alarmübung ohne Sirenensignale ablief, hatte die Bevölkerung davon nichts bemerkt. Beteiligt waren Feuerwehr, Polizei, Sanitäter, Männer von der technischen Nothilfe, vom Instandsetzungsdienst, Luftschutz, Entgiftungsdienst und vom Fachtrupp. Die Leitung der Übung hatte Polizeiobermeister Drews. (12)

Befehlsstelle der örtlichen Luftschutzleitung in den Kellerräumen der Polizeiwache in der Adolf-Hitler-Straße (Schulstraße). Foto: Koopmann, EG 17, a.a.O., S.14

Vor dem alten Rathaus in der Adolf-Hitler-Str. (Schulstr.) 1-3 stand immer ein einsatzbereiter Lautsprecherwagen, um wichtige Meldungen im Stadtgebiet zu verbreiten. Foto u. Text: Koopmann, EG 17, a.a.O., S.15

Eine Alarmübung im zivilen Luftschutz

fand gestern abend 7,30 Uhr in Elmshorn statt. Da die Alarmierung ohne Signale der Fabriksirenen stattfand, hat die Einwohnerschaft von dieser Uebung wenig oder nichts gemerkt. Wer sich zu dieser Zeit auf der Straße aufhielt, wird sich nur gewundert haben, daß so viele Männer in Uniform die Straßen belebten. Man sah Feuerwehr, Polizei, Sanitäter, Männer von der Technischen Nothilfe, vom Instandsetzungsdienst, Luftschutz, Entgiftungsdienst und vom Fachtrupp. Alle Formationen waren schnell und auch vollzählig zur Stelle. Auch 15 freiwillige Helferinnen hatten sich zur Verfügung gestellt.

Die Luftschutzleitung befand sich im Polizeigebäude in der Adolf-Hitler-Straße.

Polizei und Hilfspolizei befanden sich im Polizeigebäude und in der Markthalle.

Die Feuerwehr war mit 4 Löschzügen vertreten, und zwar war Löschzug 1 in der Bismarck-Allee, Löschzug 2 in der Feuerwache, Löschzug 3 in der Schule Hafenstraße und Löschzug 4 bei der Markthalle in Bereitschaft.

Der Luftschutzsanitätsdienst war untergebracht: Zug 1 Adolf-Hitler-Straße, Zug 2 in der Markthalle, Zug 3 in der Adolf-Hitler-Halle.

Der Instandsetzungszug befand sich in der Bismarckschule.

Der Entgiftungsdienst lag im Polizeigebäude und der Fachtrupp im Hof der Betriebswerke.

Die Leitung der Uebung hatte Polizei-Obermeister Drews, der feststellen konnte, daß die Uebung in allen Teilen gut verlaufen war. Nachdem die „Gefahr" vorüber war, wurden die Formationen entlassen.

EN vom 26.2.1937

Aus dem RLB. Ortsgruppe Elmshorn.

Gasmasken durch den Reichsluftschutzbund.

Der Reichsluftschutzbund verfolgt ganz allgemein das Ziel, nach Möglichkeit die gesamte Bevölkerung gegen die Gefahren von Luftangriffen zu schützen. Nicht weniger wichtig als der Ausbau von Schutzräumen ist die Beschaffung von Gasmasken, besonders für die aktiven Selbstschutzkräfte, da eine ausreichende Erfassung von Schutzräumen für die Masse der zu schützenden Bevölkerung in Elmshorn kaum denkbar ist.

Durch die Opferfreudigkeit der Mitglieder im RLB. ist auch die Ortsgruppe Elmshorn in der Lage, Gasmasken zu stark verbilligtem Preise von 12,— RM. das Stück an die Mitglieder des RLB. und an Betriebe des erweiterten Selbstschutzes zur Ausrüstung von Selbstschutzkräften abzugeben.

Bestellungen von Dräger-Einheits-Gasmasken (S-Masken) werden von der Dienststelle des RLB. in der Zeit vom 10. bis 20. März während der Geschäftsstunden von 8—12 und 2—5 Uhr entgegengenommen.

Aus organisatorischen Gründen können zunächst nur Mitglieder des RLB. mit den Mitgliedsnummern 1—1000 und Betriebe des erweiterten Selbstschutzes in dem oben festgesetzten Zeitraum Gasmasken bestellen.

Der Organisationsleiter.

EN vom 27.2.1937

Gasmasken-Demonstration in der Königstraße. Foto: Koopmann, a.a.O.

Aus dem Jahresbericht des „Elmshorner Männerturnvereins" (EMTV), vorgetragen auf der 175. Jahreshauptversammlung am 27. Februar 1937, konnten die Mitglieder entnehmen, dass der Verein 157 Jungen und Mädchen im Alter von 10 – 14 Jahren an die HJ und den BDM abgegeben hatte. (13)

Die NSDAP hatte am 1. Mai 1933, kurz nach der Machtübernahme, eine Mitgliedersperre für neue Mitglieder verhängt. Mit der Wiedereinführung der allgemeinen Wehrpflicht wurde der NSDFB („Stahlhelm") überflüssig. Als Anerkennung wurden diese alten Frontsoldaten mit Eintrittsdatum vom 1. April 1936, trotz Mitgliedersperre in die NSDAP aufgenommen. Die Einführung in die Ortsgruppe fand auf einer Mitgliederversammlung am 28. Februar 1937 im „Carlstal" durch Ortsgruppenleiter Max Mohr statt. (14)

Am 3. März warben die EN bei den männlichen Schulabgängern um eine Ausbildung zum Landarbeiter. Bei hervorragenden Abschlüssen und Leistungen könnten diese einen eigenen Hof erwerben. Die „Landarbeitslehre" bestand aus zwei Lehrlings- und zwei Gehilfenjahre, die vom „Reichsnährstand" überwacht wurde. (15) Der Reichsnährstand (RNST) war eine ständische Organisation der Agrarwirtschaft und Agrarpolitik im Deutschen Reich in den Jahren 1933 bis 1945 und bis 1948 bestand. Die Arbeit des RNST konzentrierte sich vor allem auf die Lenkung der Produktion, des Vertriebs und der Preise von landwirtschaftlichen Erzeugnissen. Zudem gehörten die sozialen und kulturellen Belange seiner Mitglieder zu seinen Aufgaben. (16)

Am 3. März hat der Jugendführer des Deutschen Reiches Baldur von Schirach den folgenden Aufruf zur Jungvolk-Werbung erlassen:

„Deutsche Eltern, deutsche Jugend!

Wieder rückt der Tag heran, an dem ein neuer Jahrgang deutscher Jugend in den Dienst des Führers treten soll. Wie alljährlich rufe ich die Jugend auf, zum Geburtstag Adolf Hitlers in die große Gemeinschaft des jungen Deutschlands einzurücken und in selbstlosem Dienst am Werk des Führers ihre Pflicht zu tun. Im vorigen Jahr hat dieser Aufruf zur Folge gehabt, dass fast 100 Prozent aller deutschen Jungen und Mädel, die das 10. Lebensjahr vollendet hatten, freiwillig in unsere Reihen eintraten. Ich weiß, dass der nun aufgerufene Jahrgang 1927 ebenso selbstverständlich dem Ruf der Jugend folgen wird.

Die Millionenzahl unserer Jugend ist die Kraft und das Glück des Deutschen Reiches. Keiner darf abseits stehen, wenn es darum geht, Deutschland stärker und glücklicher zu machen. Es gibt keine größere Ehre, als diesem Reich dienen zu dürfen.

Deutsche Eltern, deutsche Jugend, erkennt die Bedeutung der Forderung, die an Euch gerichtet wird!

Alle Jugend dem Führer!" (17)

EN vom 11.3.1937

Am 10. März eröffnete Baldur von Schirach mit einer Kundgebung vor 20.000 Eltern in Hamburg die diesjährige Werbeaktion des deutschen Jungvolks, die alle Jungen und Mädel des Jahrganges 1927 zum freiwilligen Eintritt in das deutsche Jungvolk und die Jungmädelschaft des BDM aufforderte. Gegen Ende der Rede steigerte von Schirach das Bekenntnis der Jugend zu Deutschland zum Bekenntnis der Jugend zu Gott:

„Als wir uns einst in Marsch setzten, glaubten wir an einen allmächtigen Gott, denn sonst hätten wir nicht die Kraft besessen, diesen Kampf gegenüber einer vielfältigen Übermacht, gegen Hass und Neid, Missgunst und Terror siegreich zu bestehen. Ein Bekenntnis der Jugend zur nationalsozialistischen Bewegung war immer zugleich auch ein Bekenntnis der Jugend zu einer höheren Macht. Die Jugend hat in der Fahne ihrer Gemeinschaft immer mehr gesehen als das Symbol einer nach Millionen zählenden Massenorganisation. Sie hat darin ein Sinnbild des Göttlichen und einen Ausdruck jener Vorsehung gesehen, die uns trotz des schweren Schicksals zur Macht und zum Siege kommen ließ." (...)

Der Reichsjugendführer rief sodann den neuen Jahrgang der deutschen Jugend auf, sich freiwillig einzuordnen in die große Gemeinschaft der Jugendbewegung Adolf Hitlers. Er sei fest davon überzeugt, dass die gesamte deutsche Jugend dieses Jahrganges diesem Rufe freiwillig und freudig Folge leisten werde. Niemand sei zu jung, um Deutschland dienen zu können. (...)

Der Reichsjugendführer schloss unter langanhaltendem, jubelndem Beifall:

Meine lieben deutschen Eltern! Denken Sie an das, was das Bekenntnis der gesamten jungen Generation unseres Volkes ist: Wenn wir die Jugend zu Deutschland führen, führen wir sie auch zu Gott!" (18)

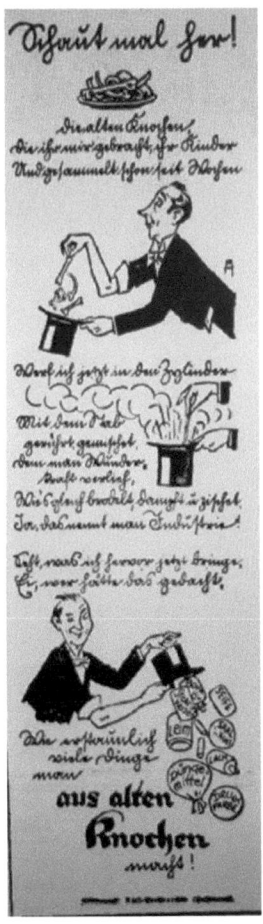

EN vom 2.3.1937. Altknochensammlung der Jugend.

„Schaut mal her!

Die alten Knochen, die ihr mir gebracht, ihr Kinder und gesammelt schon seit Wochen

Werf ich jetzt in den Zylinder.

Mit dem Stab gerührt, gemischet, dem man Wunderkraft verlieh,

Wies gleich brodelt, dampft und zischet.

Ja, das nennt man Industrie.

Seht, was ich hervor jetzt bringe,

Ei, wer hätte das gedacht.

Wie erstaunlich viele Dinge

man aus alten Knochen macht!"

Die Zehnjährigen melden sich beim Jungvolk.

Der Jahrgang 1927 tritt jetzt auch in die Reihen des Jungvolks und der Jungmädel im BDM. ein. Stolz übergibt hier der kleine Anwärter seine Anmeldung und darf hoffen, bald auch mit seinen größeren Kameraden im Glied zu stehen. (Scherl-Bilderdienst-M.)

EN vom 17.3.1937

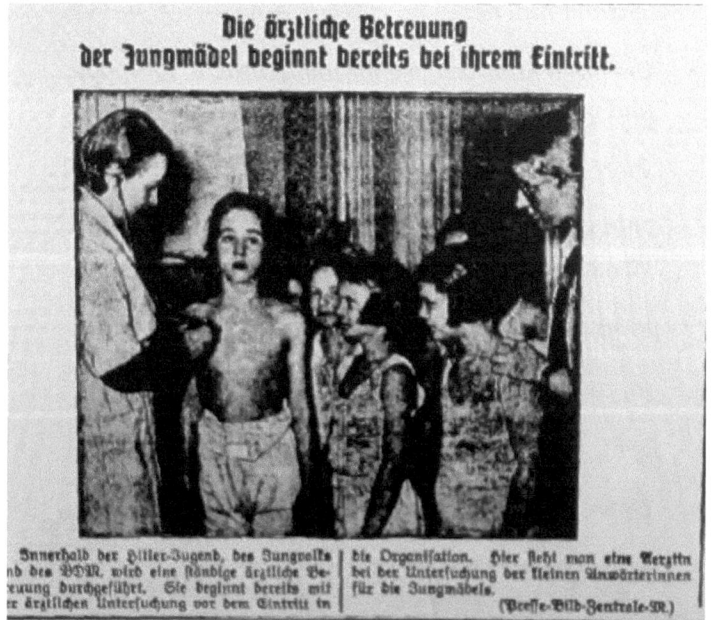

Die ärztliche Betreuung der Jungmädel beginnt bereits bei ihrem Eintritt.

Innerhalb der Hitler-Jugend, des Jungvolks und des BDM. wird eine ständige ärztliche Betreuung durchgeführt. Sie beginnt bereits mit der ärztlichen Untersuchung vor dem Eintritt in die Organisation. Hier sieht man eine Ärztin bei der Untersuchung der kleinen Anwärterinnen für die Jungmädels. (Presse-Bild-Zentrale-M.)

EN vom 19.3.1937

Auf dem Pflichtabend der „NS-Frauenschaft" (NSF) und des Deutschen Frauenwerks am 16. März im Lyzeum bat die Berufsberaterin Frl. Blohm vom Arbeitsamt Elmshorn die Frauen, freie Stellen für das „Hauswirtschaftliche Jahr" zu melden, wo die jungen Mädchen als zusätzliche Kraft gegen ein mäßiges Taschengeld in geeigneten Haushalten alles Notwendige lernen würden.

„(...) Auch Meldungen nach ländlichen Haushaltungen werden gern angenommen. Abgesehen von dem gesundheitlichen Nutzen, lernen die 14-jährigen Stadtmädel die Arbeit des Bauern kennen und schätzen. Nach 8 Wochen der Vorbereitung in einem Umschulungslager gehen die Mädel in die bäuerliche Familie, helfen und verdienen. Die Rednerin weist eindringlich darauf hin, dass die Behauptung sinnlos ist, die Mädel müssten an ihrer ländlichen Arbeitsstelle bleiben. Sie können nach ihrem Dienstjahr ohne weiteres in die Stadt zurück.

Immer mehr setzt sich der gesunde Grundsatz durch: Nach der Schule zuerst ein Jahr Haushalt oder Landhilfe. Denn jedes junge Mädchen muss mindestens mit den Grundregeln der Haushaltsführung Bescheid wissen. Danach kann es sich nach Eignung und Neigung einen anderen Beruf wählen. (...)" (19)

EN vom 24.3.1937.

„Grad auf dem Weg zur Sammelstelle

Springt Fips herbei mit viel Gebelle

Doch Lieschen weiß, was ihre Pflicht

Den Knochen nein, den kriegt er nicht!"

EN vom 31.3.1937

Das Groß-Hamburg-Gesetz von 1937/38 umfasste die Eingemeindung zahlreicher zuvor preußischer Gemeinden bzw. Stadtkreise nach Hamburg, darunter Altona, Harburg-Wilhelmsburg und Wandsbek. Die Hansestadt wuchs dadurch flächenmäßig um 80%, bevölkerungsmäßig um 41%. Mit dem Gesetz verlor auch die ehemalige freie Reichsstadt Lübeck ihre territoriale Eigenständigkeit und wurde zu einer kreisfreien Stadt der damals noch preußischen Provinz Schleswig-Holstein. (20)

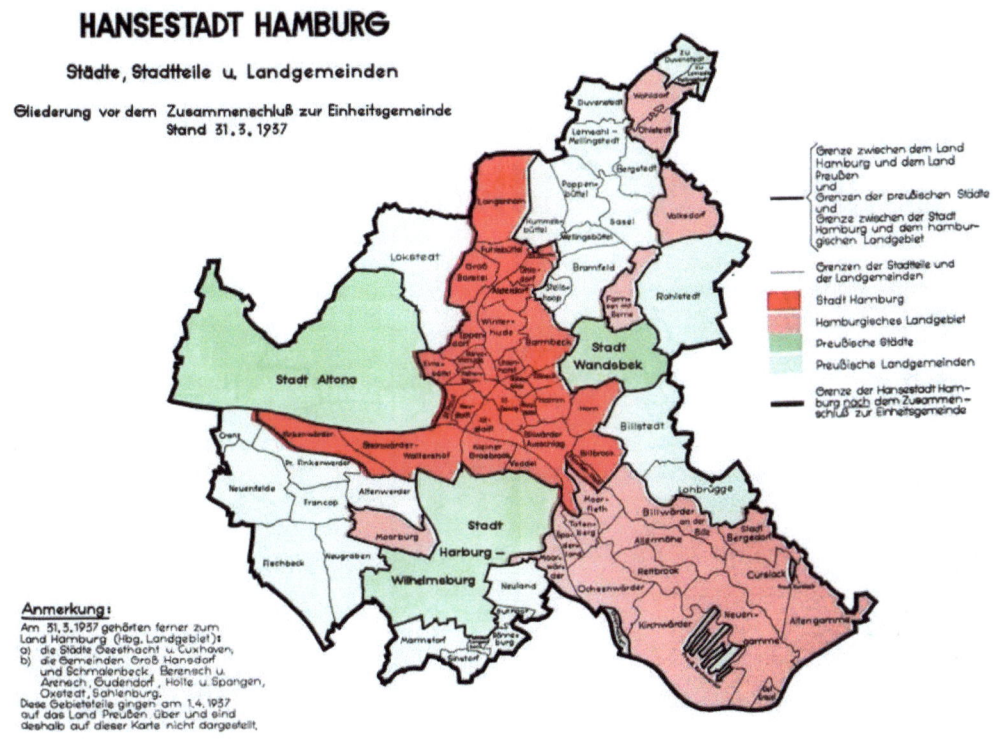

Foto: Staatsarchiv Hamburg. Aus: https://geschichte-s-h.de/sh-von-a-bis-z/g/gross-hamburg-gesetz/

In einem Runderlass gab der Reichsinnenminister eine Änderung der Gemeindeordnung heraus. Bisher war jeder deutsche oder artverwandte Staatsangehörige ein Bürger der Gemeinde. Nach den Nürnberger Gesetzen heißt es nun: Juden sind keine Gemeindebürger mehr. (21)

Im Landjahr bekamen die Landjahrpflichtigen Taschengeld. Dieses betrug täglich 5 Pfg., für Kameradschaftsführer und Mädelschaftsführerinnen täglich 10 Pfg. und war nachträglich in Abständen von 10 Tagen auszuzahlen. Das Taschengeld bekamen auch Urlauber oder Kranke im Krankenhaus. (22)

Für die HJ und den BDM gab es einen Rahmendienstplan, der wöchentlich zwei Pflichtabende bzw. Pflichtnachmittage sowie im Sommer zusätzlich zwei Sonntage, im Winter einen Sonntag für den Dienst bestimmte. Für Führer und Führerinnen waren außerdem Wochenendlehrgänge zur Schulung vorgesehen. (23)

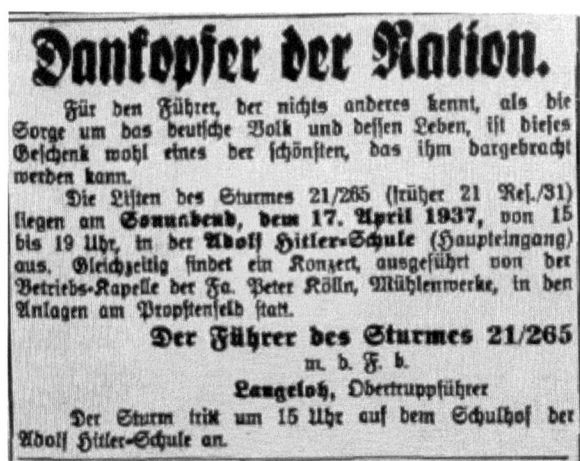

EN vom 16.4.1937

Zum Geburtstag Adolf Hitlers wurden in Elmshorn die Straßen und Häuser mit Fahnen geschmückt und es fanden Feierstunden an den Schulen statt. Des Weiteren wurden die 1927 gemusterten Mädel zu den Jungmädeln und die Knaben zum Jungvolk als Pimpfe aufgenommen. (24) Am Abend feierten die unterschiedlichen NS-Formationen in ihren Sturmlokalen. (25) In der Bismarckschule wurden am Abend etwa 300 Volksgenossen auf Hitler vereidigt. (26)

Am 1. Mai 1937 trat eine Lockerung der NSDAP-Mitgliedersperre ein. Jetzt durften Zellenleiter, Blockleiter, Blockhelfer oder Kassenleiter, die seit Oktober 1936 ihr Amt bekleideten, SA-, SS- oder NSKK-Angehörige, die vor dem 1. Oktober 1934 und diverse HJ- oder BDM-Angehörige und bestimmte Volksgenossen die Mitgliedschaft in der NSDAP bekommen. (27) Auf der NSDAP-Mitgliederversammlung im „Holsteinischen Hof" am 26. Mai wurden die Bedingungen der Mitgliederaufnahme den Anwesenden von Ortsgruppenleiter Max Mohr vorgestellt. Redner des Abends war Herr Bischof aus Bordesholm, der in seiner Rede den Bolschewisten und Juden die Schuld am Unglück der Völker gab. (28)

Der Nationale Feiertag des deutschen Volkes am 1. Mai in Elmshorn

wird unter Berücksichtigung aller Erfahrungen der vergangenen Jahre so durchgeführt, daß ein reibungsloser Verlauf gewährleistet ist.

Für den Staatsakt, der in der Reichshauptstadt veranstaltet wird, gelten folgende Programmpunkte:

8.30 bis 9.15 Uhr Jugendkundgebung mit Reichssendung aus dem Olympia-Stadion zu Berlin;

12.00 bis 13.00 Uhr Maifeier und Festakt mit der Rede des Führers. Reichssendung aus dem Lustgarten zu Berlin.

Für Elmshorn gilt folgendes Programm:

6.30 Uhr Wecken durch die HJ.

8.30 Uhr Jugendkundgebung, übertragen aus Berlin.

Die Jugendkundgebung findet in Elmshorn auf dem Adolf-Hitlerschulplatz statt.

Ab 11.00 Uhr Aufmarsch zum Festzug.

11.30 Uhr Weihe des Platzes der Opferarbeit durch den Bürgermeister; anschließend spricht der Ortsgruppenleiter.

12.00 bis 13.00 Uhr Uebertragung des Staatsaktes aus Berlin; einleitend sprechen Reichsminister Dr. Goebbels und Reichsorganisationsleiter Dr. Ley, dann spricht der Führer.

Gegen 13.00 Uhr Abmarsch des Festzuges. Auflösung des Festzuges gegen 14.00 Uhr.

Von allen Volksgenossen ist für den Aufmarsch des Festzuges, der in der Feldstraße stattfindet, folgendes zu beachten:

Es wird in 2 Gruppen und 8 Säulen aufmarschiert, und zwar müssen die Säulen 1 bis 5 um 11 Uhr auf dem Adolf-Hitlerschulplatz und die Säulen 6 bis 8 in der Adolf-Hitlerstraße marschbereit stehen. Von hier werden die einzelnen Säulen durch die Aufmarschleitung geschlossen zum Festplatz geführt.

In den einzelnen Säulen marschieren folgende Berufsgruppen auf:

Säule 1: Ehrensturm SA., Reichsarbeitsdienst, Handwerker (Maurer, Zimmerer, Tischler, Maler, Klempner, Schlachter, Bäcker usw.), Einzelhandel, Großhandel, Fuhrunternehmer.

Säule 2: Lederindustrie.

Säule 3: Großbetriebe des Nahrungsmittelgewerbes (Großschlachter und Mühlen).

Säule 4: Margarineindustrie, Kleinbetriebe und Gärtner.

Säule 5: Reichsbehörden (Post, Bahn, Zoll, Arbeitsamt, Finanzamt).

Säule 6: Weberei, Kremer-Werft, Steingutfabrik.

Säule 7: Kommunalbeamte (Polizei, Lehrer, Betriebswerke, Bauamt, Krankenhaus).

Säule 8: Sonstige Berufe.

Die Aufmarschleitung ersucht, daß sich jeder Betrieb und jeder Beruf seine Aufmarschsäule genau merkt und auf den angegebenen Plätzen bis 11.00 Uhr aufmarschiert ist.

Der Festzug marschiert die bereits bekannt gegebenen Straßen bis zum Schützenplatz, wo die Auflösung erfolgt. Die Betriebe feiern dann geschlossen in den bereits festgelegten Lokalen, allen übrigen Volksgenossen ist auf dem Schützenplatz Gelegenheit zu einem wahren Volksfest gegeben.

EN vom 28.4.1937

Am 29. April erschienen in den EN zwölf Sonderseiten, auf denen die „NS-Aufbauarbeit" in Elmshorn beschrieben wurden. (29)

Bürgermeister Karl Krumbeck weihte mit einer Rede am 1. Mai den *„Platz der Opferarbeit"* ein, auf dem Platz der heutigen „Olympiahalle" in Elmshorn.

Er sagte u.a.:

„(...) Bei der Machtübernahme waren in Elmshorn über 1200 Menschen arbeitslos. Diesen Volksgenossen wieder Arbeit zu geben, war die erste Pflicht. In Elmshorn wurde die besondere Form der Opferarbeit geschaffen, die die Arbeitslosen in die große Kampf- und Opfergemeinschaft des deutschen Volkes einfügte. Die Opferarbeit wurde ein Stück tatgewordene Volksgemeinschaft. Das anfängliche Misstrauen, dass man hier und da der Opferarbeit entgegenbrachte, verwandelte sich bald in treue Anhänglichkeit. Unsere Arbeitslosen gesundeten seelisch und körperlich. Sie zogen zusammen mit den städtischen Beamten an die Arbeit und erkannten daraus, dass Klassengegensätze im Dritten Reich keinen Platz mehr haben. Sie bildeten eine Sportgemeinschaft, gründeten eine eigene Kapelle, veranstalteten Feste und Ausflüge und wuchsen so immer mehr in die Volksgemeinschaft hinein. (...)

Wie schön auch die Opferarbeit war, das Schönste für uns ist der Tag, an dem sie eingestellt werden kann. Heute ist das praktische Ende der Arbeitslosigkeit und damit der Opferarbeit erreicht. Die Werte der Opferarbeiter aber werden fortzeugen in spätere Tage als ein Bild, wo sich die verschiedenen Klassen im Schmelztiegel des Nationalsozialismus vereinigten. Eines dieser Werke ist der heutige Festplatz, der noch in späterer Zeit von der nationalen Volkwerdung künden soll. Ich gebe ihm hiermit den Namen „Platz der Opferarbeit" und übergebe eine Erinnerungsurkunde mit Presseberichten und Zeitberichten dem Hafenmeister Schlüter, auf dass er sie handwerksgerecht unter dem Erinnerungsstein vermauern lassen möge. Die Urkunde wurde vom Bürgermeister verlesen, sie lautete wie folgt: (...)" (30)

1933 erhob der Führer mit dem Ersten Vierjahresplan den Kampfruf für eine ideelle und materielle Wiedergeburt Deutschlands. Das Wunder geschah: Rasse- und artfremde Einflüsse wurden vernichtet; Zucht und Ordnung kehrten wieder; Gemeinnutz trat an die Stelle des Eigennutzes; schwächliches Minderwertigkeitsempfinden wandelte sich in selbstsichere, stolze Entschlossenheit. Das deutsche Volk in allen seinen Ständen und Berufen schuf sich starke Daseinsgrundlagen. Das Heer der Arbeitslosen wurde in den Wirtschaftsprozeß zurückgeführt.

In diesem durch Opfer- und Arbeitsbereitschaft gekennzeichneten Abschnitt deutscher Geschichte stand auch die Bevölkerung der Stadt Elmshorn ihren Mann. Aus den besonderen örtlichen Gegebenheiten einer Industriestadt, die von dem Niedergang des Wirtschaftslebens der liberalistischen Epoche besonders schwer getroffen war, erhielt der Wille, mitzuwirken am Aufbauwerk des Führers, seine besondere Gestaltung durch den hervorragenden Opfergeist der erwerbslosen Volksgenossen. Sie wollten nicht zurückstehen beim deutschen Aufbau, bis sie wieder in Lohn und Brot vermittelt waren. Wenn sie auch keine klingende Münze auf den Altar des Vaterlandes niederlegen konnten, so hatten sie doch ihre Schaffenskraft und Fäuste. Mit diesen griffen sie zu und schufen Werke für die Allgemeinheit, die für alle Zeiten das Andenken an diese vier ersten Jahre nationalsozialistischen Aufbaues in Elmshorn und an die Elmshorner Opferarbeit wachhalten werden.

Unter der Führung des Hafenmeisters Pg. Hans Schlüter verschönten sie das Stadtbild durch Anlage von Grün- und Schmuckplätzen, die heute eine Zierde der Stadt bilden. Ihre Arbeit wurde gekrönt durch die Umgestaltung eines alten verwahrlosten Platzes an der Feldstraße zu der schönsten Anlage Elmshorns. Der Name „Platz der Opferarbeit" soll für alle Zeiten vom Opfergeist des jungen Deutschlands künden.

Auch den Männern soll er ein bleibendes Andenken sichern, die als Amtsträger der NSDAP. und als Beamte und Angestellte der Stadt Elmshorn und sonstiger Elmshorner Behörden im freiwilligen Opferdienst sich in gemeinsamer Arbeit mit den erwerbslosen Opferarbeitern verbanden und so die große Schicksalsgemeinschaft aller schaffenden Deutschen symbolisch bewahrheiteten.

Durch Opfermahlzeiten der gesamten Elmshorner Bevölkerung in der Opferküche in dem Steen und Roltz'schen Fabrikgebäude kam in diesen vier Jahren der Gedanke der Verbundenheit aller Volksschichten zum Ausdruck. Für kommende gute und böse Zeiten soll eine jährliche „Opfermahlzeit" der Elmshorner das Bewußtsein daran wachhalten, daß nur die in Treue verbundene Gemeinschaft aller Schaffenden Gewähr für des Volkes Glück und Stärke gibt.

Die Betreuung der Opferarbeiter aber war nur möglich durch Opfer der bemittelten Volksgenossen, die durch Hergabe beträchtlicher Spenden der Stadt Elmshorn die Durchführung einer vorbildlichen Versorgung der Opferarbeiter mit Arbeitszeug und Verpflegung und ihre Unterbringung in der Opferküche ermöglichten. 84 100.— RM. brachten sie insgesamt für die Opferarbeiter auf.

Niedergelegt auf dem heute geweihten „Platz der Opferarbeit".

Elmshorn, den 1. Mai 1937.

Der Bürgermeister der Stadt Elmshorn.

EN vom 3.5.1937

Urkunde zum „Platz der Opferarbeit"

Am 1. Mai 1937 hielt Adolf Hitler eine groß inszenierte Rede an die Jugend. Vor den aufmarschierten Verbänden aus der HJ und dem BDM wandte er sich direkt an diese Jugend und erläuterte in der Rede einige Grundsätze der nationalsozialistischen Erziehung:

„(...) Dieses Reich steht, und es baut sich weiter auf seine Jugend. (Tosender Beifall) Und dieses neue Reich wird seine Jugend niemandem geben, sondern sie selbst in seine Erziehung und seine Bildung nehmen! (Beifall) – Wir wollen erstens

Eine gesunde Jugend!

Gesund an Körper und gesund in der Seele. Wir wollen in der Zukunft die Gesundheit des deutschen Knaben schon an seinem äußeren Erkennen und genau so am deutschen Mädchen. Was wächst in unserem Volk heute für ein wunderbares, gradliniges, gesundes Geschlecht heran! Man kann stolz sein, diese neue deutsche Jugend zu sehen.

Zweitens: Wir wollen eine stolze Jugend!

Sie soll nicht mit gebeugten Köpfen durch die Lande schleichen, sondern sie soll stolz darauf sein, Söhne unseres Volkes, Töchter unseres Volkes sein zu dürfen! (Stürmischer Beifall!)

Und wir wollen drittens eine männliche Jugend und wir wollen weibliche Mädchen. Wir wollen eine tapfere Jugend. Wir wollen in der Zukunft nicht die Standhaftigkeit des einzelnen Jungen ermessen nach seiner Trinkfestigkeit, sondern nach seiner Widerstandskraft. (Stürmischer Beifall) Nicht trinkfest sollt Ihr werden, sondern schlaghart und schlagfest. Das erfordert die heutige Zeit. Und daher wollen wir diese Jugend schon früh zum Ertragen von kleinen Opfern, von Härten und Strapazen erziehen. Es wird ihr zu Gute kommen. Sie wird einmal fest im Leben stehen! Ja, es ist doch heute schon so: Was aus unseren Jahrgängen herausmarschiert, das ist wirklich in kurzer Zeit ein Mann. Und wir wollen weiter unsere Jugend offen erziehen, zu keinerlei Heimtücke, zu keiner Hinterhältigkeit. Sie soll lernen, gerade zu stehen und gerade zu gehen und jedem frei und offen ins Angesicht zu blicken. (Tosender Beifall)

Wir wollen keine Duckmäuser, keine Schleicher und keine Kriecher, sondern wir wollen, dass unsere deutsche Jugend einmal ein offenes und gradliniges Geschlecht ergibt. Sie soll in diesem Sinne höchste Kameradschaft pflegen, sie soll schon in ihren jungen Jahren die Treue üben; sie soll aber vor allem eines wissen: Jeder von Euch soll in diesem Staat den Marshallstab im Tornister tragen können, politisch und militärisch!

Allein jeder, der einmal irgendwo und irgendwie führen will, muss auch gelernt haben, zu gehorchen (Beifallssturm). Niemand kann befehlen, der nicht selbst gehorchen gelernt hat. Niemand könnte befehlen, wenn nicht andere ihm gehorchen würden. Es gibt nicht nur einen Stolz des Befehlens, sondern es gibt auch einen Stolz des Gehorsams, des Glückes, sich hinter einen Mann zu stellen! Männliche und gesunde Völker werden diesen Gehorsam als etwas Selbstverständliches empfinden. Es ist nichts anderes als unsere altgermanische Gefolgschaftstreue, die die Männer an einen kettete bis zum letzten Atemzug. (Stürmischer Beifall)

Aber wir wollen auch, dass Ihr eine fröhliche und freudige Jugend sein sollt. Ihr sollt nicht mit vergrämten Gesichtern herumgehen, sondern Ihr sollt lachend in die Welt hinausblicken. Und Ihr habt Grund dazu, denn diese Welt, unsere Welt, unser Volk, unser Reich: sie sind schöner geworden, als sie je zuvor waren! (Jubelnde Zustimmung) Und daher sollt Ihr auch diese Schönheit kennen lernen. Ihr sollt und Ihr müsst Deutschland kennenlernen. Damit Ihr es so ganz in Eure jungen Herzen aufnehmen und es ganz lieben könnt. Denn unser Land und unser Volk, unser Deutsches Reich, sie sind liebenswert über alles für uns Deutsche in der Welt.

So sollt Ihr sein und so seid Ihr! Und der junge Jahrgang, der mit fast einer Million Knaben und Mädchen jetzt in Eure Reihen am 20. April eingerückt ist, auch er wird sich ganz in diese Gemeinschaft hineinleben. Er wird in sie hineinwachsen, und es wird ihm so selbstverständlich sein, dass er nur in ihr allein leben kann. Und er wird aus dieser Gemeinschaft einst entlassen werden in die Organisationen der Partei, in die des praktischen Lebens; und er wird dann einrücken in den Reichsarbeitsdienst und schließlich werden die Männer Soldaten sein und werden damit die letzte Weihe zum Dienst für ihr Volk empfangen.

Und so wie Generationen diese Pflichten erfüllt haben, so wird diese Jugend diese Pflichten einst erst recht erfüllen! Sie wird stärker sein als die Jugend der Vergangenheit, denn sie hat schon von Kind auf nichts anderes gelernt als gehorchen, treu sein, anständig, offen, tapfer, mutig, entschlossen, aber auch jung sein. (Jubelnde Kundgebungen)

Und deshalb wird und muss, so wie Ihr, meine lieben Jungen und Mädchen, dieses unser Deutschland liebhabt, auch dieses Deutschland Euch liebhaben. Ihr seid für uns alle der weitaus größte Schatz, den es gibt. Ihr seid für uns das Unterpfand des Glaubens und der Hoffnung für unser Volk.

Indem wir Euch sehen, haben wir ein unbändiges Vertrauen und eine unermessliche Zuversicht in die Zukunft unseres Volkes, des Volkes, dessen Jugend Ihr seid, dessen Männer und Frauen Ihr einst sein werdet, dem wir alle gehören, jetzt und bis an das Ende aller Tage. Und damit bitte ich Euch nun, stimmt mit mir ein in unseren deutschen Ruf, den Ruf unserer Bewegung, des nationalsozialistischen Deutschen Reiches: Unser Deutsches Volk Siegheil!" (31)

EN vom 7.5.1937

EN vom 8.5.1937

40

Beamte werden Fabrikarbeiter.

Eine nationalsozialistische Maßnahme Reichsminister Dr. Goebbels.

DNB. Berlin, 3. Mai. Die Nationalsozialistische Deutsche Arbeiterpartei ist eine Volksbewegung und der nationalsozialistische Staat ein wahrer Volksstaat. Partei und Staat haben nie vergessen, daß sie das Volk repräsentieren. Die nationalsozialistische Bewegung hat in Deutschland zum ersten Mal den Grundsatz verwirklicht: Freie Bahn dem Tüchtigen! Zum ersten Mal sind Hunderte und Tausende von Männern, die aus den ärmsten Schichten des Volkes stammen, auf Grund eigener Tüchtigkeit und Leistung zu den höchsten Stellen der Partei und des Staates aufgestiegen. So kommt in Deutschland die Führung aus dem Volk und ist mit ihm unlösbar verbunden.

Im Zeichen dieser Hochverbundenheit steht eine grundsätzliche Maßnahme, die Reichsminister Dr. Goebbels in diesen Tagen für die leitenden Männer aus seinem Aufgabenbereich getroffen hat. In Würdigung des Grundsatzes, daß wer befehlen will, auch gehorchen können muß, und wer das Volk führen will, niemals vergessen darf, wie es dem einzelnen Volksgenossen zu Mute ist, was er denkt und fühlt, hat Reichsminister Dr. Goebbels angeordnet, daß die höheren Beamten und Leiter der Landesstellen des Propagandaministeriums, die Hauptamts- und Amtsleiter der Reichspropagandaleitung der NSDAP., die leitenden Männer des Rundfunks, des Films und der sonstigen Aufgabenbereiche der Reichskulturkammer nacheinander je zwei Monate als Hilfsarbeiter in Betrieben aller Art tätig werden.

Am 5. Mai werden die ersten vierzehn, unter zwei Ministerialräte, zwei Regierungs... sieben Landesstellenleiter, je ein führender ... des Rundfunks und der Filmkammer sow... Hauptamtsleiter der Reichspropagand... den Arbeitsplatz am Schreibtisch mit den ... Arbeiters in einem großen Betrieb vertau... Als neue Tätigkeit ist vorgesehen die als ... arbeiter einer Zeitungspaperei, in einer ... nerei, in einer Fabrik, in einer Buchbin... auf einer großen Werft, in einer Tapeten... in einem Gummiwerk, als Arbeiter auf ... Braunkohlengrube, als Landarbeiter bei ... und auf großen Gütern, als Verkäufer in ... Buchhandlung und als Hilfsmonteur in ... großen Elektrowerk.

Anfang Juli wird erneut eine größere G... pe von Mitarbeitern des Reichspropagand... sters in die Betriebe hinausziehen, um in ... verschiedensten Stellungen, sei es als Auto... arbeiter oder als Hilfsmonteur, als Stein... oder als Ziegelträger, als Kohlentrimm... Seeschiffen oder als Landarbeiter zu scha...

Die betreffenden Beamten müssen in ... fraglichen Zeit von ihrem Arbeitsle... leben und genießen in ihrer Tätigkeit kei... lei Vorteile. Ihre Bewährung in ... Art der Volksverbundenheit ist maßgeblich ... späterer Uebertragung größerer politischer ... gaben und bei Beförderungen.

EN vom 4.5.1937

Am Freitag, den 21. Mai, hielt Bürgermeister Krumbeck in der Reithalle seinen Rechenschaftsbericht. Auf sechs Seiten berichteten die EN hierüber. (32)

Der Reichsluftschutz-Bund führte am 3 Juni an den Elmshorner Schulen einen Jugendluftschutztag mit einem Probealarm durch. (33)

41

Der erste Schleswig-Holsteinische Gautag wurde am 3. Juni 1937 durch Gauleiter Lohse in Kiel eröffnet. Hierüber und über die folgenden Tage des Nordmark-Treffens berichteten sehr ausführlich die EN. (34)

EN vom 9.6.1937

Am 12. Juni erschien in den EN ein Beitrag über die „Volksgasmaske", die im ganzen Reich, beginnend mit Hamburg und Berlin, verteilt werden sollte. Jeder sollte diese Maske kaufen, der Preis war auf wenige Reichsmark festgesetzt und konnte noch ermäßigt werden, wenn sich Bürger diese nicht leisten konnten. Jeder konnte anhand dieser Aktion, den Luftschutz- und Verdunkelungsübungen und den Reden der führenden Politiker ahnen, wo die Sache hinausläuft: auf einen nahenden Krieg!

Die Volksgasmaske.
Verteilung und Preis der „VM 37".

it. Mit der Verteilung der Volksmaske wird demnächst begonnen, wobei Berlin und Hamburg den Anfang machen. Es braucht sich niemand zu drängeln, denn die Versorgung erfolgt nach einem festen Plan der Reihe nach. Finanzielle Träger des Vertriebs sind der Reichsluftschutzbund und die NSV. Das Reich hat erhebliche Zuschüsse beigesteuert und die NSV. hat ebenfalls Mittel bereitgestellt. Die Amtswalter der NSV. werden in den beteiligten Bezirken die Bestellungen in den Haushalten sammeln; sie sind es auch, die darüber am besten Bescheid wissen, wenn bei der Preisgestaltung Erleichterungen für Minderbemittelte eintreten müssen. Derartige Preisnachlässe werden aber nicht öffentlich erwähnt, ebenso wie der Grundsatz gelten wird, daß eine völlig unentgeltliche Abgabe nicht in Frage kommt. Wenn jeder Volksgenosse einen (wenn auch ermäßigten) Preis gezahlt hat, wird er auch den Wert der Gasmaske zu schätzen wissen. Der Reichsluftschutzbund übernimmt die Anpassung der bestellten Volksgasmaske und die Kontrolle über ihre Pflege. Der endgültige Preis der Maske steht noch nicht fest, er wird aber nur einige Mark für das Stück betragen.

Maßgebend bei den Vorbereitungen für die Herstellung der Volksgasmaske war das Ziel, ein Instrument zu schaffen, das einen wirklich umfassenden Schutz darstellt. Die Maske muß sich inbezug auf Gasdichte und Dauerhaftigkeit mit jedem Erzeugnis ähnlicher Art vergleichen lassen. Bisher galt die Gasmaske „S" als der beste Schutz gegen Reizgase, die Volksgasmaske „VM 37" wird demgegenüber noch manche Neuerungen berücksichtigen. Der Massenbedarf brachte von selbst die Forderung nach ganz einfachen Regeln bei der Anpassung. Die Gasmaske muß sich der Größe nach auf wenige Typen beschränken — es sind deren drei, für Männer, Frauen und Kinder —, sie darf für die alten Leute keine Atemnot oder keinen lästigen Druck veranlassen. Alle diese Erfordernisse sind in langsamer Erprobung und in der Zusammenarbeit der größten deutschen Spezialfirmen — Auer und Trägerwerke — erfüllt worden, wobei natürlich noch die Mitarbeit zahlreicher Gummifabriken und sonstigen Spezialbetrieben herangezogen wurde.

Der Gesichtsteil der Maske ist im Innern durch eine Gewebeeinlage verstärkt und kann der Form des Kopfes angepaßt werden. Für Brillenträger sind keine besonderen Vorrichtungen erforderlich. Die Augenfenster aus Cellon sind Klarscheiben, die ein gutes Gesichtsfeld bieten. Es ist die „ventillose gesteuerte Zweiwegatmung" vorgesehen, d. h. die Einatmung erfolgt durch den Filter, die Ausatmung unmittelbar ins Freie, ohne daß eine Vermischung von Ein- und Ausatmung möglich wäre. Der Filter hat eine unbegrenzte Dauer. Die „VM 37" ist eine große Leistung der deutschen Technik, die den besten amerikanischen Erzeugnissen nicht nachsteht.

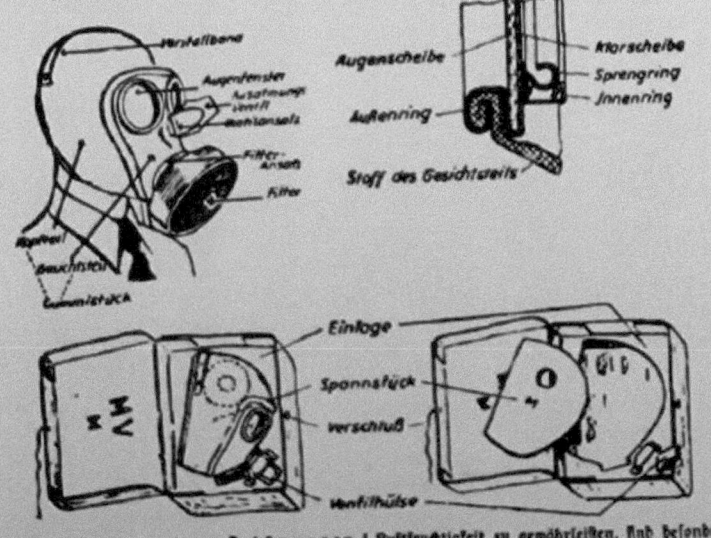

Die obenstehenden Zeichnungen zeigen die Einzelheiten der neuen Volksgasmaske. Besonders wichtig ist die Gestaltung des Augenfensters, die die Darstellung oben rechts deutlich macht. Die aus Cellon bestehenden Augenscheiben gewährleisten ein so weites Gesichtsfeld, daß die freie Sicht nur ganz geringfügig eingeschränkt wird. Um die Klarhaltung der Augenscheiben gegen Beschlagen durch die Luftfeuchtigkeit zu gewährleisten, sind besondere Klarscheiben vorgesehen. Bei den Versuchen, die mit diesen Klarscheiben vorgenommen worden sind, wurde auch bei vielstündigem Tragen der Maske keine Trübung der Sichtscheiben beobachtet. Die Zeichnungen unten zeigen die einfache Verpackung der Gasmaske in einem Karton.

(Scherl-Bilderdienst-M.)

EN vom 12.6.1937

Geheime Staatspolizei
Staatspolizeistelle
K i e l
B.Nr.II/1c- 2239/37 -
==========================

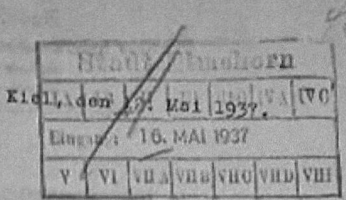

Kiel, den 15. Mai 1937.

Eingang: 16. MAI 1937

V	VI	VII A	VII B	VII C	VII D	VIII

An

die Aussendienststellen Flensburg, Eckernförde, Oldenburg/H.
die Grenzdienststelle Niebüll,   Neumünster u. Lübeck,
die Herren Landräte des Bezirks,
die Ortspolizeibehörden über die Herren Landräte.

<u>Betrifft:</u> Streifendienst der HJ. zu Pfingsten 1937.
<u>Vorgang:</u> Ohne.

Die Reichsjugendführung wird ihren Streifendienst von Sonnabend, d. 15.5.37 - 14 Uhr - bis Montag, d. 17.5.1937 - 22 Uhr - im ganzen Reiche zur Überwachung des Jugendwanderns einsetzen.

Gemäss den von der Reichsjugendführung gegebenen Richtlinien hat der HJ. Streifendienst besonderen Wert auf

1.) Verschwinden jeder bündischen Tracht und Gleichtracht,

2.) Erfassung der getarnten und verbotenen Betätigung anderer Jugendverbände (Schlupfwinkel, Sammelstätten, Tarnungsformen),

3.) restlose Bereinigung des HJ.-Fahrtenlebens zu legen. Die Reichsjugendführung hat die Bannstreifenführer angewiesen, die Polizei, besonders die Geheime Staatspolizei, über den Einsatz zu unterrichten und mit diesen Stellen Vorbesprechungen hinsichtlich der Unterstützung beim Einsatz zu führen. Ich weise darauf hin, dass dem HJ.-Streifendienst keine polizeilichen oder hilfspolizeilichen Massnahmen zustehen, diese vielmehr den zuständigen Polizeibehörden nach eigener pflichtgemässer Prüfung obliegen. - Von der Reichsjugendführung sind in dem hierzu ergangenen Einsatzbefehl vom 23.4.1937 entsprechende Anordnungen erlassen worden. - Über besondere Vorkommnisse und Beobachtungen bitte ich um <u>sofortige</u> Mitteilung.

In Vertretung:
gez. Dr. G r ä f e.

Beglaubigt:
Kanzleiangestellte

Stadtarchiv 001.03.31.50.01.19 Polizeirecht SA SS 1933 - 1942

Sprung von Hitlerjungen durch das Sommersonnenwende-Feuer. Foto Stadtarchiv Elmshorn

EN vom 22.6.1937

Am 25. Juni referierte Parteiortsrichter Dr. Ernst Albers im „Holsteinischen Hof" auf der Mitgliederversammlung der NSDAP über das Thema: *„Wesen, Sinn und Ziel der Parteigerichtsbarkeit".*

„Das Parteigericht hat über die Ehre der Partei sowie der Parteigenossen zu wachen. Es befasst sich nicht mit privaten Dingen der Pgs. untereinander, sondern nur mit Vergehen, wo die Ehre und das Ansehen der Partei und der Parteigenossen angegriffen ist. Pg. Albers beleuchtete in seinem weiteren Vortrag die einzelnen Stufen der Bestrafungen, deren schwerste der Ausschluss aus der Partei ist. Er hat für den Betroffenen in den meisten Fällen auch empfindliche berufliche Folgen. Das Parteigericht verhandelt nicht nach sturen Paragraphen, sondern fragt in jedem Falle nach dem Beweggrund des Vergehens. Grundsatz ist, dass jedem Parteigenossen sein Recht, und nicht, wie das römische Recht vorschreibt, das gleiche Recht wird. Höchstes Gesetz für das Parteigericht ist das Wort des Führers, wie es in dem Programm der Nationalsozialistischen Deutschen Arbeiterpartei festgelegt ist.

Ortsgruppenleiter Pg. Max Mohr würdigte anschließend die Arbeit des Parteigerichts, die sich meistens in der Stille abspielt. Er gab der Erwartung Ausdruck, dass dieses Parteiamt möglichst wenig von den Parteigenossen in Anspruch genommen werde, dass alle kleinlichen Meinungsverschiedenheiten und Differenzen der Pgs. untereinander durch ein offenes Wort ausgeglichen werden. Der Ortsgruppenleiter wies darauf hin, dass die Einigkeit und Geschlossenheit der Partei und des Volkes im Hinblick auf den außenpolitischen Kampf Deutschlands oberstes Gesetz sei. Wir stehen am Anfang der Auseinandersetzung zwischen Völker und Rassen. Pg. Mohr behandelte in tiefgehenden Ausführungen die Beweggründe der Handlungsweise des Führers und der deutschen Reichsregierung in dem Spanienkonflikt und versuchte gleichzeitig, die Haltung der großen liberalen westlichen Demokratien zu erklären. Deutschland wird und muss in diesem gigantischen Kampf auf der Wacht sein und nicht die Augen vor der Gefahr verschließen.

Wenn gelegentlich Entscheidungen des Führers von einigen Volksgenossen im ersten Augenblick nicht verstanden werden, so soll sich doch jeder klar darüber sein, dass alle Maßnahmen im Interesse des Volkes und seiner Zukunft liegen. Der Glaube müsse, wie auch in der Kampfzeit, Stütze und Leitstern jedes Volksgenossen sein. (…)" (35)

Dr. Joseph Goebbels sprach auf einer Veranstaltung am 27. Juni in Gelsenkirchen zur HJ:

„(…) Man wirft dieser Jugend Überheblichkeit, wenn nicht Pietät- und Gottlosigkeit vor. So oft ich aber auch vor der deutschen Jugend stehe, ich kann immer nur feststellen," so erklärte Dr. Goebbels unter dem stürmischen Beifall der Jungen und Mädel, „das es noch niemals eine deutsche Jugend gegeben hat, die so gläubig, so heiß und so inbrünstig an ein Ideal und damit an eine göttliche Macht, die über dem Ideal steht, glaubte, wie die, die im neuen jungen Deutschland heranwächst. Es ist eine Gläubigkeit des Mutes und des Gehorsams. Unsere Jugend hat die Furcht vor dem Tode verlernt, und sie steht dennoch ehrfürchtig vor den großen Gewalten, die Leben und Tod bedeuten. Dieser Jugend leuchtet Gott aus den Augen! Wir haben sie gelehrt, jenseits aller Klassenunterschiede gläubig und tapfer zu sein." (…)" (36)

In vielen Punkten waren die Maßnahmen der Nationalsozialisten widersprüchlich, sodass es manches Mal schwer war, die wahren Absichten dahinter aufzudecken. Dieses galt auch für die Frage der Berufstätigkeit von Frauen.

„Die Nationalsozialisten verfolgten die Absicht, Frauen – vor allem verheiratete – weitgehend aus dem bisherigen Erwerbsleben zu vertreiben bzw. sie in ihnen „wesensgemäße" Berufe abzudrängen. Um diesem Ziel nachzukommen, starteten sie nach der Machtergreifung scharfe Kampagnen gegen das „Doppelverdienertum", letztlich gegen die Berufstätigkeit der verheirateten Frau. Weibliche Erwerbstätige sollten dadurch aus attraktiven Stellen vertrieben werden, wo sie eine Konkurrenz für Männer darstellten. (…)

Frauen hatten demzufolge ab 1933 mit Diskriminierung und Behinderungen zu rechnen; „verheiratete Frauen (wurden) aus verantwortungsvollen Positionen der öffentlichen Verwaltung entlassen". (37) Hervorgehoben wurde lediglich die Notwendigkeit weiblicher Arbeitskräfte in den Bereichen der Pflege und Jugendfürsorge sowie des Schul- bzw. Erziehungswesens, sofern sie auch hier keine führenden Positionen einnahmen. Allein die hauswirtschaftlichen Schulen blieben unter weiblicher Direktion. (38) Da allerdings weder die Wirtschaft noch Behörden zunächst auf die zumeist günstigen weiblichen Arbeitskräfte verzichten wollten, entwickelte man kurz nach der Machtergreifung das Konzept für ein umfassendes Gesetz zur Einschränkung der Frauenarbeit. Weil dieses jedoch niemals in Kraft trat, sollte stattdessen eine massive ideologische Propagandaaktion Frauen zum unaufgeforderten Berufsverzicht bzw. zur freiwilligen Aufgabe ihrer qualifizierten Erwerbstätigkeit bewegen. (39) Trotz dieser NS-Propaganda stieg die Zahl der erwerbstätigen Frauen nach 1933 noch an, wobei zu betonen ist, dass dies nur in minderqualifizierten, unterbezahlten Berufen der Fall war. (40)

„(…) Führt man sich die vorangegangenen Darstellungen zur Verdrängung der Frau aus dem Erwerbsleben vor Augen, dann erscheint es nicht überraschend, dass die nationalsozialistische Ideologie auch keine akademische Ausbildung für Frauen vorsah.
Durch die Erlassung des „Gesetzes gegen die Überfüllung der deutschen Schulen und Hochschulen" vom 25.4.1933 reglementierte der Staat die Studienplatzvergabe an „Nicht-Arier" und Frauen mit dem Resultat, dass fortan lediglich zehn Prozent der Plätze an weibliche Studienbewerber vergeben wurden." (41) Zudem erfolgte eine beschränkte Zulassung von Frauen zur gymnasialen Ausbildung. Die Maßnahmen, um Frauen von der Aufnahme eines Studiums und damit einer höher qualifizierten Erwerbstätigkeit abzuhalten, setzten also z.T. schon in den höheren Schulen an, wo den Mädchen zudem ein komprimiertes Bildungsniveau zu Gunsten vornehmlich „weiblicher" Schulfächer geboten wurde. Daraus resultierten oft mangelnde Voraussetzungen für die Aufnahme eines Studiums, wenn etwa die für viele Studiengänge obligatorischen Lateinkenntnisse fehlten. (42)
Für die Zeit nach der Beendigung der Schulzeit sah der Staat für alle Mädchen die Ableistung eines sogenannten „Pflichtjahres" vor, welches dem verstärkten Einsatz weiblicher Arbeitskräfte in Land- und Hauswirtschaft dienen sollte. Die Hauptaufgabe der Mädchen in dieser Zeit lag in der Unterstützung der Bauers- und Siedlerfrauen bei der Haus- und Stallarbeit sowie in der Kinderbetreuung. (43)

Ganz anders liest sich dieses in einem Aufsatz von Trude Mohr (geb. 12. September 1902 in Potsdam; gest. 1989), verheiratete Bürkner. Noch vor der Machtergreifung durch die Nationalsozialisten wurde sie Mitglied der NSDAP. Trude Mohr baute den

BDM mit auf und machte dort Karriere als Funktionärin: Sie war 1931/32 Führerin des BDM im Gau Brandenburg, 1932/33 im Gau Berlin und 1933/34 des Gauverbands Ost. Von 1934 bis 1937 war sie Reichsreferentin des BDM und somit oberste BDM-Führerin der Reichsjugendführung Berlin. Infolge ihrer Heirat mit SS-Obersturmführer Wolf Bürkner und ihrer Schwangerschaft folgte ihr Jutta Rüdiger im November 1937 als Reichsreferentin des BDM nach. Anschließend spielte sie keine wesentliche Rolle mehr im NS-Staat. (44)

„Der Berufsweg des Mädels.
Nicht nur die berühmten 4 K´s.

Die Reichsreferentin des BDM., Trude Bürkner, äußert sich im Pressedienst der Reichsjugendführung grundsätzlich zu den Mädelberufsfragen. Sie fordert, dass alle zur Schulentlassung gelangten Mädel sich unbedingt einer Berufsausbildung unterziehen müssten, und bis zur Verheiratung aktiv schaffend im Volke zu stehen. Die Führung des BDM sehe den Arbeitsbereich der Frau keineswegs allein in den berühmten 4 K´s. Kinder, Kleider, Küche, Keller. Typisch frauliche Berufe seien die Kinderpflegerin und Kindergärtnerin, die Krankenschwester und Lehrerin. Die Ärztin werde in Zukunft viel größere Aufgaben zugewiesen erhalten. Im Rahmen des BDM und des weiblichen Arbeitsdienstes zum Beispiel sei die Einstellung vollamtlicher Ärztinnen dringend erforderlich. Vor allem müssten sich viel mehr Mädels als bisher auf eine Lehrerinnentätigkeit an höheren Schulen vorbereiten. Eine Flucht und Furcht vor der Universität entspreche durchaus nicht dem Willen des BDM. Gesund empfindende, sportlich ausgerichtete Mädels mit entsprechender Begabung und starkem Interesse für einen höheren Beruf müssten auf die Hochschule. An erster Stelle stehen natürlich hauswirtschaftliche Berufe, die im BDM besonders gepflegt werden. Trude Bürkner äußerte sich auch noch über das Verhältnis zwischen dem Jungen und Mädel, das in der HJ auf gegenseitiger Kameradschaft und Achtung beruhe. Es sei nicht von irgendwelcher Geheimniskrämerei umgeben und kenne auch keine Pensionatsromantik. Jungen und Mädel ständen einander frei und natürlich gegenüber, und mit Recht und Stolz könne festgestellt werden, dass in der nationalsozialistischen Jugendbewegung wieder der Weg zu der eigentümlich deutschen, nordisch-begründeten Geschlechterauffassung gefunden sei.“ (45)

Hermann Göring schwor am 30. Mai auf der Reichsführertagung in Weimar die vor ihm versammelten HJ-Führer auf Geschlossenheit und Kameradschaft ein. Weiter sagte er:

„(...) In Eurer eigenen Brust und in Eurem eigenen Charakter, muss die Autorität liegen, die ihr auf Eure Jungen übertragen sollt, und die Euch erst berechtigt, Führer zu sein.

Steht fest zueinander in einer unerlässlichen Kameradschaft! Helft und stützt Euch gegenseitig! Habt blindes Vertrauen zu Eurer Führung und hütet Euch vor jeder Überheblichkeit! Dann wird - davon bin ich überzeugt, - aus Euch das Führerkorps entstehen, dass wir einmal brauchen, um die kommenden Generationen Deutschlands zu wahren Nationalsozialisten zu machen. Denn all die Arbeit, die wir getan haben, um Deutschland für den Nationalsozialismus zu erobern, würde vergeblich sein, wenn es nicht den kommenden Generationen gelingt, diese Stellung auszubauen und für immer zu halten. Ihr sollt Euren Jungen aber auch ein Vorbild an Freude und Lebensbejahung sein! Ihr sollt heitere Jungen ziehen mit leuchtenden Augen, keine Duckmäuser, sondern ganze Kerle! Wir wollen keine Jugend haben, die vor lauter Philosophieren und Welträtseltum sich nicht mehr auskennt, sondern eine Jugend, die klar und einfach die Probleme des Lebens sieht und meistert!" (46)

Gauleiter Hinrich Lohse rief Anfang Juli zum Ernteeinsatz der HJ auf. (47)

Dieser Ernteeinsatz wurde noch dadurch erleichtert, dass Schulaufsichtsbeamte und Schulleiter per Erlass aufgefordert wurden, Wünsche nach Beurlaubungen von Angehörigen der HJ zu Hilfsarbeiten wie Kartoffellegen, Kartoffelhacken, Kartoffelernten, Rübenziehen und Rübensetzen einer wohlwollenden Prüfung zu unterziehen hatten. (48)

Am 23. Juli kam es in Elmshorn zu einer Einquartierung des 1. Bataillons Infanterieregiment 26 aus Rendsburg. Hierfür wurde Stimmung in den EN gemacht. (49)

Die Häufung von antisemitischen Hetzartikeln seit 1935, nur 1936 bis nach den Olympischen Spielen in Berlin wegen der befürchteten negativen ausländischen Berichterstattung unterbrochen, deutete darauf hin, dass von jetzt an die Ausschaltung der Juden aus dem Geschäftsleben stärker vorangetrieben werden sollte. Auch weitere Berufsgruppen, die vorher durch das „*Gesetz zur Wiederherstellung des Berufsbeamtentums*" nicht von einem Berufsverbot erfasst worden waren, wurden einbezogen. So erklärten sich die Beigeordneten der Stadt Elmshorn am 17. September 1936 damit einverstanden, nicht nur von den Angestellten, sondern auch von den Arbeitern der Stadt den Nachweis der „*arischen Abstammung*" zu verlangen. Entsprechende Nachweise sollten bis zum Jahresende 1936 beigebracht werden. (49) Dieser Beschluss hatte keinen Einfluss auf die jüdischen Mitbürger, da keiner von ihnen bei der Stadt beschäftigt war.

Am 22.März 1936 sprach Reichsbauernführer Walther Darré auf der Elmshorner Rennbahn die folgende Prophezeiung aus:

„*Mit dem russischen Volke hat der Bolschewismus, der nichts anderes ist als das Mittel des Judentums zur Verwirklichung seines Weltherrschaftsstrebens, ganz und gar nichts zu tun. Diese Pest kann man nicht ausrotten, wenn man mit ihr aus einer Schüssel isst! (Stärkste Zustimmung)*" (50)

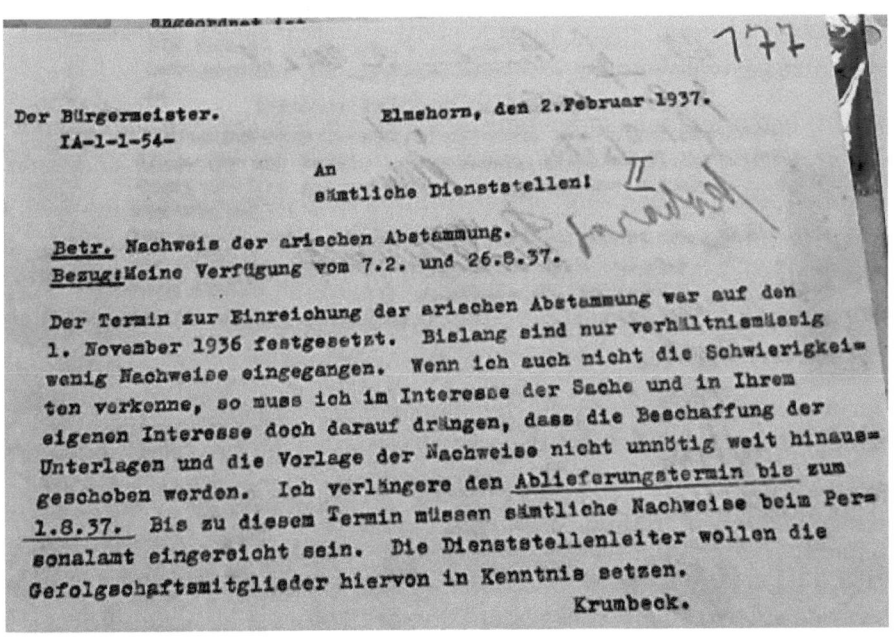

Stadtarchiv 001.03.31.50.01.05 Polizeiverwaltung 1933-1942

Auf welchen tönernen Füßen die ganze Rassenpolitik stand, zeigte sich besonders an den Schwierigkeiten, die die Nationalsozialisten mit der Feststellung hatten, ob ein Mensch „arischer" oder „nichtarischer" Abstammung sei. Sehr deutlich kam dieses auch in folgendem Bericht der „Elmshorner Nachrichten" zutage:

„Richterliche Rückschlüsse zur Judenfrage
(...) Die Entscheidung darüber, ob jemand Jude oder Arier ist, unterliegt dem Grundsatz der freien Beweiswürdigung. So kann der Richter auch Schlüsse aus dem Namen oder Vornamen der Voreltern ziehen, ja selbst den Umstand verwerten, dass der Angeklagte ersichtlich die ihm offenstehende Möglichkeit zur Nachforschung über seine Abstammung lediglich deshalb unterlassen hat, weil er selbst von seiner jüdischen Abstammung überzeugt ist. Dem Gericht braucht nicht in jedem Falle ein mit Urkunden belegter Stammbaum vorzuliegen. Auch bei Feststellung des deutschen oder art-verwandten Blutes werden oft Namen, Aussehen der betreffenden Person, Beruf und Wohnsitz der Vorfahren Anhaltspunkte geben." (51)

Wehe dem, der christliche Voreltern gehabt hat, die ihren Kindern biblische und damit jüdische Vornamen gegeben haben! Er konnte mit diesem *„Grundsatz der freien Beweiswürdigung"*, man kann auch besser Willkür sagen, als Jude unter die Rassengesetze gestellt werden.

„Der Reichs- und preußische Innenminister weist in einem Erlass daraufhin, dass, wenn deutschblütige Personen jüdische Namen führen, Anträgen auf Änderung dieser Namen stattgegeben wird. Solche Anträge werden regelmäßig auch dann genehmigt, wenn sie von Personen gestellt werden, die einen geringfügigen jüdischen Bluteinschlag aufweisen. Dagegen wird Anträgen von jüdischen Mischlingen im Sinne des Reichsbürgergesetz auf Änderung ihres jüdischen Namens nicht entsprochen.

Zum Nachweis der Abstimmung müssen regelmäßig die Geburts- und Heiratsurkunden der Eltern sowie die Geburtsurkunden der Großeltern oder ein Ahnenpass vorgelegt werden. In Zweifelsfällen ist die Stellungnahme der Reichsstelle für Sippenforschung einzuholen." (52)

Der Druck auf Personen, die 1937 noch bei Juden einkauften, stieg immer mehr. Dieses wurde auch in einem Beitrag der EN vom 19. August 1937 deutlich:

„Einkäufe bei Juden und ihre Folgen.

Die Ehefrau eines Parteigenossen hatte bei einem Juden Einkäufe für den täglichen Haushalt, also im Rahmen ihrer Schlüsselgewalt getätigt. Da die Ehefrau den Kaufpreis nicht voll entrichtet hatte, nahm der jüdische Geschäftsmann nach § 1357 BGB. den Ehemann auf Zahlung des Restkaufpreises in Anspruch. Der Ehemann verweigerte die Bezahlung der Restschuld, da es ihm als Parteigenossen nicht zugemutet werden könne, für häusliche Einkäufe seiner Ehefrau in einem jüdischen Geschäft, die gegen seinen Willen geschehen seien, einzustehen. Die daraufhin von dem jüdischen Geschäftsinhaber gegen den Ehemann eingereichte Klage hat das Amtsgericht Remscheid abgewiesen.

Zur Begründung führt das Gericht im Einzelnen aus: Ende 1934 und Anfang 1935, als die Waren von der Ehefrau des Beklagten gekauft wurden, hätte sich bereits allgemein die Erkenntnis durchgesetzt, dass es sich für einen deutschen Volksgenossen nicht gezieme, bei Juden zu kaufen. Eine Bindung eines deutschen Ehemannes an einen solchen Vertrag müsse auch regelmäßig für ihn als unzumutbar angesehen werden. Unter diesen Umständen könnten deshalb die von der Ehefrau mit einem Juden getätigten Kaufverträge gegenüber dem deutschblütigen Ehemann keine Rechtswirkung im Rahmen des § 1357 BGB. haben. Die Person des Vertragsgegners schließe hier im Regelfalle diese weitgehende Bindung aus. Das Urteil stellt also klar heraus, dass Käufe deutscher Volksgenossen in jüdischen Geschäften allgemein als verwerflich betrachtet werden müssten, gleichgültig, ob der Käufer Angehöriger der NSDAP sei oder nicht (...)" (53)

§ **Verweigerung des Hitler-Grußes als Entlassungsgrund.** Ein wichtiger Grund zur fristlosen Entlassung eines Angestellten einer Körperschaft des öffentlichen Rechts liegt vor, wenn dieser durch sein Verhalten seine Ablehnung des nationalsozialistischen Staates bewußt zum Ausdruck gebracht und sich damit außerhalb der Reichsbetriebsgemeinschaft gestellt hat. Diesen Grundsatz hat das **Reichsarbeitsgericht** am 26. 5. 1937 in einem Urteil ausgesprochen. Der dem Urteil zugrunde liegende Fall betraf einen seit sechzehn Jahren zuletzt als Abteilungsleiter der Devisenabteilung bei einer öffentlichen Körperschaft Beschäftigten, der durch Verweigerung des Hitlergrußes und schließlich durch sein Verhalten bei einer Betriebsfeier dauernd ein staatsfeindliches Benehmen zur Schau getragen hatte. Diese Ablehnung des heutigen Staates durch den Angestellten gefährdet, so sagt das Reichsarbeitsgericht, die Aufgabe der öffentlichen Körperschaft, ihre Tätigkeit im Sinne der Volksgemeinschaft auszuüben, und ist geeignet, den Arbeitsfrieden in der Betriebsgemeinschaft zu stören.

EN vom 18.8.1937

Vom 18. bis 26. September 1937 fand die nächste Verdunkelungsübung in Elmshorn statt.

Verdunkelungsübung

In der Zeit vom 18. bis 26. September 1937.

— In unserem Gebiet wird, wie bereits bekannt gegeben, erstmalig eine Verdunkelungsübung in größerem Rahmen durchgeführt. Fenster, Türen, Dachfenster, aber auch Hof- und Stallbeleuchtung müssen so abgeblendet werden, daß kein Lichtschein nach außen dringt. Da damit gerechnet werden muß, daß sich die Verdunkelungsmaßnahmen später wiederholen, beschafft man sich am besten ein dauerhaftes Material, das immer wieder verwendet werden kann. Unzweckmäßig für diese Verdunkelungsmaßnahmen sind Spinnstoffe, denn es gibt andere gleichwertige Verdunkelungsmittel, mit denen man wirksame und dauerhafte Verdunkelungsmaßnahmen in Gebäuden durchführen kann.

Für die Abblendung der Fenster eignen sich Papptafeln (Maschinenlederpappe, Maschinenpappe u. dergl.), aber auch starkes Verdunkelungspapier und Tafeln aus Kunststoffen, wie Hartpapierplatten. Bei Papptafeln wählt man am besten solche von 1 bis 1½ Millimeter Dicke, da Tafeln von größerer Dicke sich leicht werfen und dann am Fensterflügel nicht dicht anliegen. Sie müssen in ihren Tagmaßen so geschnitten sein, daß sie in einer Breite von mindestens 1½ Zentimeter auf dem Fensterrahmen liegen. Zum Schutze gegen Einreißen sind die Kanten der Tafeln mit widerstandsfähigen Stoffen, z. B. Kaliko, einzufassen.

In Verdunkelungsstoffen ist nur solches zu verwenden, das für den Betrieb genehmigt ist. Bei Kunststoffen, z. B. Hartpapier, ist eine Dicke von ¼ Millimeter ausreichend.

Ueber alle diese Fragen, insbesondere auch darüber, wie man die Abblendevorrichtung für Fenster mit dauerhaften und zweckmäßigen Aufklappvorrichtungen versehen soll, werden in den nächsten Tagen die Tageszeitungen, die Beratungsstellen des Reichsluftschutzbundes und die Polizeidienststellen unterrichten. Es sind daher Artikel über Verdunkelungsmaßnahmen in der Tagespresse, Bekanntmachungen der Polizeibehörden zu beachten und in Zweifelsfällen die Beratungsstellen des Reichsluftschutzbundes aufzusuchen.

Fliegeralarm!

(—) In der Zeit der Verdunkelungsübung finden auch **Uebungen des Zivilen Luftschutzes** statt.

Die gesamte Bevölkerung muß sich beteiligen.

Vor Erscheinen feindlicher Flieger ertönen die Sirenen.

Das Herannahen feindlicher Flieger wird durch „Fliegeralarm", das sind **rasch wechselnde Heultöne**, angekündigt.

Wer sich bei „Fliegeralarm" nicht in der Nähe seines Hauses befindet, hat sofort den nächsten „öffentlichen Sammelschutzraum" aufzusuchen.

Wer sich im Hause befindet, hat sich in den Schutzraum seines Hauses zu begeben.

Alle Verkehrsmittel haben zu halten. Fahrzeugführer und Fahrgäste begeben sich auf dem kürzesten Wege in den nächsten öffentlichen Sammelschutzraum.

Zugtiere sind abzusträngen und am Fahrzeug anzubinden.

Kraftfahrräder und Fahrräder sind an Hauswände, Mauern oder Zäune anzulehnen und abzuschließen.

„Entwarnung" wird durch gleichbleibende **tiefe Dauertöne** bekanntgegeben.

Es kann aber auch eine „stille Entwarnung" erfolgen. Es werden solche Stadtteile still entwarnt, die von einem Fliegerangriff nicht betroffen worden sind.

Volksgenosse! Bewahre bei „Fliegeralarm" Ruhe und Besonnenheit. Befolge die Anordnungen der Polizeibeamten und der Hilfsorgane. Wie du dich im einzelnen zu verhalten hast, wirst du durch die Tagespresse, amtliche Bekanntmachungen, Polizeidienststellen und Beratungsstellen des Reichsluftschutzbundes erfahren.

EN vom 19.8.1937

EN vom 16.9.1937

Alle sind luftschutzpflichtig!

Was muß ich bei der Luftschutzübung im September beachten?

[—] Die Polizeiverordnung gibt die Möglichkeit, die Erfüllung der Luftschutzpflichten, die in der Ersten Durchführungsverordnung zum Luftschutzgesetz nicht im einzelnen geregelt sind, durchzuführen.

Nach dem Luftschutzgesetz vom 25. Juni 1935 sind alle Deutschen — Männer und Frauen — luftschutzpflichtig. Aber auch Ausländer und Staatenlose sind luftschutzpflichtig, wenn sie im Deutschen Reiche Wohnsitz, Aufenthalt oder Vermögen haben. Ebenso sind auch alle wirtschaftlichen, behördlichen und privaten Betriebe luftschutzpflichtig.

Alle vorstehend Aufgeführten sind nach dem § 1 der Polizeiverordnung zu luftschutzmäßigem Verhalten verpflichtet. Da es nicht möglich ist, hier alle Einzelfälle aufzuführen, was luftschutzmäßiges Verhalten ist, bestimmt der § 2 der Polizeiverordnung, daß den Anordnungen der Polizeibeamten zu luftschutzmäßigem Verhalten Folge zu leisten ist. Die Nichtbefolgung der Vorschriften der Polizeiverordnung und von Anordnungen der Polizeibeamten, die auf Grund einer Verordnung ergehen (das sind polizeiliche Verfügungen, die auch mündlich von den Polizeibeamten gegeben werden können), ist ein Verstoß gegen die Rechtsordnung und daher strafbar.

Das luftschutzmäßige Verhalten kann erzwungen werden, indem ein unmittelbarer Zwang ausgeübt, ein Zwangsgeld festgesetzt oder die Ausführung der Handlung auf Kosten des Luftschutzpflichtigen veranlaßt wird.

In diesem Zusammenhang wird darauf hingewiesen, daß dem Reichsluftschutzbund die Durchführung des Selbstschutzes verantwortlich übertragen worden ist, und daß die von den Amtsträgern des Reichsluftschutzbundes zur Durchführung des Selbstschutzes ergehenden Belehrungen zu beachten und auszuführen sind. Es ist selbstverständlich, daß bei der Durchführung des Luftschutzes nach wie vor der Grundsatz der Freiwilligkeit in weitestem Umfange aufrechterhalten werden muß. Jeder Volksgenosse und sonstige Luftschutzpflichtige muß sich immer wieder vor Augen führen, daß alle Luftschutzmaßnahmen notwendig sind und getroffen werden zum Schutze der Allgemeinheit und damit zum Schutze des einzelnen.

Die Durchführung.

Während sich die §§ 1 und 2 allgemein mit dem luftschutzmäßigen Verhalten beschäftigen, befaßt sich der § 3 mit der Durchführung von Verdunkelungsmaßnahmen. Im Hinblick auf die im September stattfindende Verdunkelungsübung sind diese Bestimmungen von besonderer Bedeutung. Bei der Verdunkelungsübung muß jeder Luftschutzpflichtige, der die ihm obliegenden Verdunkelungsmaßnahmen nicht oder nicht ordnungsmäßig durchführt, damit rechnen, daß Zwangsmaßnahmen gegen ihn ergriffen werden.

Der Kraftfahrer oder Radfahrer z. B., der nicht vorschriftsmäßig abgeblendet hat, muß damit rechnen, daß er nicht weiterfahren darf und außerdem bestraft werden kann. Kraftfahrer und Radfahrer werden also zweckmäßigerweise während der Verdunkelungsübung auch am Tage die Abblendvorrichtung bei sich führen, damit sie bei verspäteter Heimkehr infolge unvorhergesehener Verzögerung auf jeden Fall für die während der Verdunkelung vorzunehmende Abblendung gerüstet sind.

Zwangsmaßnahmen.

Auch gegen alle sonstigen säumigen Luftschutzpflichtigen wird in Zukunft strafend vorgegangen werden können. Jedoch wird in Erkennung der wirtschaftlichen Schwierigkeiten mit Verständnis vorgegangen werden. Trotzdem dürfen aber diejenigen Luftschutzmaßnahmen, die mit einem geringen Aufwand an Mitteln durchführbar sind, keinesfalls aufgeschoben werden! Das trifft bei allen Verdunkelungsmaßnahmen zu. Niemand darf sich den Forderungen zum Schutz unseres Volkes verschließen oder sich in dem Glauben wiegen, daß er sich in egoistischer Denkweise einer verflossenen liberalistischen Zeit von seinen Luftschutzpflichten drücken kann.

Gerade auf dem Gebiete des Luftschutzes kann jeder beweisen, daß er den Sinn des Grundsatzes „Gemeinnutz geht vor Eigennutz" verstanden hat und auch danach handelt. Wer das Seine zum Schutze der Allgemeinheit beiträgt, sorgt am besten auch für seinen eigenen Schutz, und die Polizei wird dankbar sein, wenn sie von ihren Strafbefugnissen keinen Gebrauch machen muß.

EN vom 8.9.1937

Polizei-Verordnung

über die Verdunkelungsübung in der Zeit vom 20. 9. bis 26. 9. 1937.

Aufgrund der §§ 2 und 9 des Luftschutzgesetzes vom 26. 6. 1935 in Verbindung mit § 7 der ersten Durchführungsverordnung zum Luftschutzgesetz vom 4. Mai 1937 (RGBl. 1 S. 559) wird folgendes verordnet:

1. Teil.
A) Allgemeine Vorschriften.
§ 1.

Im Kreise Pinneberg sind die notwendigen Vorbereitungen zu treffen, um die bei der Verdunkelungsübung in der Zeit vom 20. 9. 1937 mit Dunkelwerden bis zum 26. 9. 1937 mit Hellwerden erforderlichen Maßnahmen fristgerecht durchführen zu können.

§ 2.

Träger dieser Verpflichtung ist grundsätzlich der Eigentümer der zu verdunkelnden beweglichen oder unbeweglichen Sachen. Hat der Eigentümer den Besitz der Sache aufgrund eines Leih-, Miet- oder Pachtvertrages oder eines sonstigen Rechtsverhältnisses für eine verhältnismäßig längere Zeit einem Dritten überlassen, so ist dieser Träger der Verpflichtung. Der Besitzer ist berechtigt, eine Verdunkelungseinrichtung, mit der er die Sache versehen hat, bei Beendigung des Rechtsverhältnisses wegzunehmen.

§ 3.

An den „Verdunkelungsmaßnahmen" haben sich unter voller Aufrechterhaltung des üblichen Dienstbetriebes, des Verkehrs-, Wirtschaftslebens und der Produktion alle Dienststellen, Betriebe, Einrichtungen und Privatpersonen in vollem Umfange zu beteiligen.

§ 4.

(1) Jeder Luftschutzpflichtige hat während der Verdunkelungsübung diejenige Sorgfalt anzuwenden, die zur Vermeidung von Unglücksfällen in Anbetracht der erhöhten Gefahr erforderlich ist.

(2) Insbesondere haben die Führer von Verkehrsmitteln aller Art ihre Geschwindigkeit so einzurichten, daß sie ihre Fahrzeuge jederzeit auf allerkürzeste Entfernung zum Halten bringen können. Eine ganz besondere Sorgfalt ist bei schienengleichen Eisenbahnübergängen erforderlich, da diese überhaupt nicht oder nur schwach beleuchtet sind und auch die Beleuchtung der Lokomotiven und der Züge stark herabgesetzt ist.

(3) Die Benutzung der öffentlichen Straßen ist auf das notwendigste Maß zu beschränken.

§ 5.

An verkehrswichtigen Stellen, insbesondere an Kreuzungen, Straßenübergängen usw. innerhalb der geschlossenen Ortslage sind die senkrechten und wagerechten Teile der Bordsteinkanten in der Breite der auflaufenden Gehbahnen, sowie die an der Wasserseite von Uferstraßen und an den Biegungen dieser Straßen stehenden Bäume und Laternenpfähle — etwa bis 1 Meter Höhe — über Straßenkrone sowie Brückengeländer und Geländer an Straßenböschungen in Breite der auflaufenden Straßen mit einem weißen Kalkanstrich zu versehen. Bauzäune sind an ihren quer zur Fahrbahn gelegenen Teilen etwa in 1 Meter Höhe mit einem mindestens 30 Zentimeter breiten weißen Farbanstrich in Pfeilform zu kennzeichnen.

§ 6.

Den Anordnungen der mit der Ueberwachung der Verdunkelungsmaßnahmen betrauten Polizeibeamten und Hilfskräfte (Angehörigen der SA., SS. des NSKK. und NSKS), Amtsträger des Reichsluftschutzbundes, Werkluftschutzleiter, Hausluftschutzwarte und Ordner von öffentlichen Sammelschutzräumen ist Folge zu leisten.

B. Beleuchtungsvorschriften.
Allgemeines.
§ 7.

(1) Es sind zwei Verdunkelungsstufen zu unterscheiden:

a) die „eingeschränkte Beleuchtung",

b) die „Verdunkelung".

(2) Der Uebergang von der eingeschränkten Beleuchtung zur Verdunkelung muß schlagartig erfolgen. In den Fällen, in denen der schlagartige Uebergang von der eingeschränkten Beleuchtung zur Verdunkelung nicht vorbereitet ist, ist bei Anordnung der eingeschränkten Beleuchtung sofort die Verdunkelung durchzuführen.

„Verdunkelung"
§ 8.

(1) Die Innenbeleuchtung aller Gebäude (Wohn-, Büro-, Industriegebäude, Warenhäuser, Lichtspieltheater, Gastwirtschaften, Vergnügungsstätten, Krankenhäuser, Wartehallen usw.) ist so abzublenden, daß kein Licht nach außen (Straße, Hof, Garten usw.) dringt.

(2) Besondere Sorgfalt ist bei allen nach oben gehenden Lichtaustrittsöffnungen (Glasdächer, Oberlichter, Dachfenster usw.) anzuwenden. Es ist zu verhindern, daß beim Oeffnen der Türen auffälliger Lichtschein aus dem Innern der Gebäude dringt. Wo es notwendig ist, sind „Lichtschleusen" anzulegen. Die Lichtschleuse ist ein abgeblendeter Vorraum zwischen der Außentür und dem inneren beleuchteten Raum nach Art eines Windfanges. Die Außentür darf nicht gleichzeitig mit der Tür oder dem Vorhang zwischen der Lichtschleuse und dem inneren Raum geöffnet werden.

§ 9.

Bei der „Verdunkelung" ist jede Beleuchtung unter freiem Himmel (§ 7) mit den sich aus den §§ 10—11 ergebenden Ausnahmen zu löschen. Die Benutzung von Handlaternen, Lampen, Taschenlampen außerhalb von verdunkelten Innenräumen ist verboten.

§ 10.

(1) Nur an den wichtigsten Verkehrspunkten bleiben Richtlampen brennen, die in ihrer Leuchtkraft weitestgehend eingeschränkt sind.

(2) Die Beleuchtung von Verkehrszeichen (Wegweisern, Ampeln, Leuchtsäulen) und von sonstigen der Verkehrssicherheit dienenden Einrichtungen ist nur in ganz besonderen Einzelfällen zulässig, d. h. nur dann, wenn die Sicherheit des Verkehrs eine Beleuchtung zwingend fordert.

(3) Die zur Kennzeichnung von Bauarbeiten auf den öffentlichen Straßen usw. verwendeten roten Lampen sind nach oben und nach den Seiten bis zu ⅓ Höhe — von oben gemessen — abzuschirmen.

§ 11.

(1) Bei allen, auch von außerhalb in das Verdunkelungsgebiet einfahrenden Verkehrsmitteln (Kraftfahrzeugen, Straßenbahnen, Fahrrädern, Fuhrwerken usw.) sind die zur Beleuchtung der Fahrbahn benötigten Lichtquellen mit Verdunkelungsvorrichtungen zu versehen, die während der Uebung dauernd an den Lichtquellen zu belassen sind. Diese Vorrichtungen können mit einfachsten Mitteln geschaffen werden. (Z. B. lichtundurchlässige Kappe, Papier oder Farbe.)

(2) Kraftfahrzeuge und Straßenbahnen haben zu diesem Zwecke die Scheinwerfer so abzublenden, daß nur ein wagerechter 5—8 Zentimeter langer, 1,5 Zentimeter breiter Ausschnitt den Lichtaustritt ermöglicht. Mit diesen Verdunkelungsvorrichtungen an den Scheinwerfern dürfen Kraftfahrzeuge auf freier Landstraße mit eingeschaltetem Fernlicht, in geschlossenen Ortschaften dagegen nur mit abgeblendetem Licht fahren.

(3) Schluß- und Bremslichter, sowie etwa vorhandene Beleuchtungsvorrichtungen zur Kennzeichnung der seitlichen Begrenzung der Fahrzeuge sind gleichfalls mit zweckentsprechenden Verdunkelungsvorrichtungen zu versehen.

(4) Bei allen Verkehrsmitteln sind die zur Kennzeichnung des Fahrtzieles verwendeten Lichtquellen (Leuchtschilder, Nummernschilder) zu löschen.

(5) Auf öffentlichen Wegen und Plätzen sind nicht in Fahrt befindliche Verkehrsmittel vorn und hinten durch eine oberhalb der Lichtquelle kenntlich zu machen; Kraftfahrzeuge haben zu diesem Zweck bei aufgesetzten Verdunkelungsvorrichtungen an Scheinwerfern Standlicht und das Schlußlicht einzuschalten.

(6) Die Fahrtrichtungsanzeiger sind auch während der Verdunkelung" zu benutzen.

(7) Die Fenster und Türöffnungen aller Verkehrsmittel oder die Lichtquellen der Innenbeleuchtung sind so abzublenden, daß kein Lichtschein nach außen dringt.

„Eingeschränkte Beleuchtung"

§ 12.

(1) Bei der „eingeschränkten Beleuchtung" gelten folgende Erleichterungen:

(2) Die Beleuchtung unter freiem Himmel braucht nicht vollkommen gelöscht zu werden; sie ist jedoch durch Einschränkung der Leuchtenzahl auf ein Mindestmaß herabzusetzen, so daß hierdurch bei dem Straßenverkehr und dem Ablauf der gewerblichen Tätigkeit nennenswerte Schwierigkeiten nicht entstehen. Die Leuchten, die brennen bleiben, sind außerdem so abzuschirmen, daß kein Lichtschein nach oben und nach den Seiten dringen kann. Die Leuchtstärke ist weiterhin durch Vorsetzen von Lichtfiltern soweit herabzusetzen, daß auffallende Lichterscheinungen und Widerspiegelungen auf der Straßen und Wasseroberfläche vermieden werden.

(3) Beleuchtete Verkehrszeichen, Wegweiser, Verkehrsampeln, Verkehrssäulen und alle sonst der Verkehrssicherheit dienenden Einrichtungen bleiben voll beleuchtet.

C. Sondervorschriften für die Wehrmacht.

§ 13.

Die Wehrmacht kann von den Vorschriften dieser Verordnung abweichen, soweit die Erfüllung ihrer hoheitlichen Aufgaben es erfordert.

II. Teil.
§ 14.

(1) Innerhalb des Kreises Pinneberg ist mit Ausnahme der beiden Städte Pinneberg und Elmshorn, in denen die eingeschränkte Beleuchtung durchzuführen ist, nach Maßgabe der vorstehenden Vorschriften in der Zeit vom 20. 9. 37 mit Dunkel werden bis 26. 9. 37 mit Hellwerden die Verdunkelung durchzuführen.

§ 15.

(2) Der Uebergang von der „eingeschränkten Beleuchtung" zur „Verdunkelung" und umgekehrt erfolgt nicht durch akustische Signale, sondern wird den an die Luftschutzwarnzentrale angeschlossenen Stellen fernmündlich bekanntgegeben.

§ 16.

(1) Wer den Bestimmungen dieser Polizeiverordnung zuwiderhandelt wird, wenn nicht andere Gesetze schwere Strafe androhen, gemäß § 9 des Luftschutzgesetzes vom 26. Juni 1935 mit Haft oder mit Geldstrafe bis zu 150.— RM. bestraft.

(2) Wer die Tat begeht, nachdem er bereits wegen Zuwiderhandlung gegen § 2 des Luftschutzgesetzes rechtskräftig bestraft worden ist, wird mit Gefängnis und Geldstrafe oder einer dieser Strafen bestraft.

§ 17.

Diese Verordnung tritt sofort in Kraft und mit dem 26. September 1937 mit Ablauf der Dunkelheit außer Kraft

Pinneberg, den 13. September 1937.

Der Landrat.
gez. Duvigneau.

Beglaubigt:
Spauke, Kreisoberinspektor.

EN vom 17.9.1937

Elmshorn zog sich die Tarnkappe über.

‖ Elmshorn hat sich in diesen Tagen auf ein Zauberkunststück vorbereitet; sie zog sich eine Tarnkappe über und verschwindet für sechs volle Nächte für alle Beobachter aus der Luft. Es ist jedem persönliche Ehrensache, daß dieses Tarnen tadellos klappen wird, und kein Zweifel: bereits gestern, am ersten Abend, hat alles geklappt.

Schon tagelang konnte man sorgliche Familienväter abends mit langen Rollen Verdunkelungspapier nach Hause kommen sehen. Zollstöcke wurden hervorgeholt und Fensterflügel ausgemessen. Im Verein mit der Hausfrau wurden alle Möglichkeiten der „Verdunkelung des Familienlebens" überlegt und geprobt. Ob dieser Vorhang durchsichtig, jener vielleicht undicht sei, das mußte oft durch einen Lokaltermin von der Straße aus festgestellt werden. Sparsame Hausväter nahmen Zuflucht zu den Fensterläden, die bisher eigentlich immer nur zum Schmuck des Eigenheims gedient hatten und meinten, damit sei die Sache getan. Wie groß war ihr Erstaunen, als die Verdunkelungsprobe ergab, daß rings um das Haus ein Gefunkel von strahlenden Herzen das erleuchtete Innere des Familienheims fleißig spiegelte. Also mußte selbst der Sparsame heran, um seine Läden „herzdicht" zu machen.

In den Höfen und Werkstätten waren die Kraftwagen- und Motorradbesitzer damit beschäftigt, ihren Scheinwerfern die Tarnkappen zu verpassen. Wer sich irgend behelfen kann, läßt seinen Wagen natürlich während der Uebung im Stall, denn bei aller Vorsicht und Umsicht wird das Fahren im völlig Finsteren kein ausgesprochenes Vergnügen sein. Vorsichtige Gemüter haben längst beschlossen, in den sechs Tagen ein stilles Höhlenleben zu führen, obwohl ein solcher Rückfall in Urvätersitten durchaus nicht erwartet, geschweige denn verlangt wird. Im Gegenteil, alle Lokale, Theater, Kinos usw. halten ihre Pforten für jedermann wie bisher geöffnet. Man muß nur erst in sie hineinfinden. Dazu werden gewiß die zugelassenen und stark abgeschirmten Richtlampen und die überall von der Stadtverwaltung reichlich angebrachten Kalkstriche an den Bürgersteigen verhelfen.

Wer gestern abend einen Gang durch die Stadt unternahm, konnte merklich die Feststellung machen, daß nur der Mond sich nicht um die Verdunkelung gekümmert hatte. Er warf sein volles Licht über die verdunkelte Stadt und zauberte dort ein romantisches Schattenspiel hervor. Nur in verhältnismäßig wenigen Fällen brauchten die Luftschutzhelfer und Polizeibeamten einzugreifen, um die Bewohner auf diesen oder jenen Fehler, der ihnen entgangen war, aufmerksam zu machen. In allen Fällen handelte es sich dabei aber nicht um Nachlässigkeit oder gar Böswilligkeit, sondern um Unkenntnis, der durch aufklärende Worte erfolgreich begegnet werden konnte.

Groß war das Interesse, das die Elmshorner Bevölkerung der Verdunkelungsübung entgegenbrachte. Das ging auch daraus hervor, daß in den Abendstunden ein lebhafter Verkehr einsetzte. Die Einwohner, die ihrer Luftschutzpflicht zunächst in ihrem Hause genügt hatten, wollten vor dem großen Stand der Aktion übergeugen und unternahmen einen Rundgang durch die Stadt. Ueberall bot sich ein ungewohntes, schattenhaftes Bild.

Vorbildlich hat auch die Reichsbahn bei der Verdunkelung ihrer Anlagen, trotz unver-

kennbarer Schwierigkeiten ihre Aufgabe erfüllt. Auf dem Bahnhof ist alles in bester Ordnung. Bedienstete ändern die Hilfszüge nach größere Lichtquellen ab. Lokomotiven erhalten rote Lampen angehängt, rangierende Wagen sind gleichfalls so gekennzeichnet. In den Abteilen der Züge ist es anheimelnd und gemütlich, blau angepinselte Lampen schaffen eine wohltuende Atmosphäre. Aber auch für die Männer auf verantwortungsbewußten Posten gibt es keine Einschränkung, auf den Führerständen der Lokomotiven, im Stellwerk wird mit dem nur notwendigsten Licht gearbeitet, überall werfen die Männer mit dem großen Verantwortungsbewußtsein zum Wohl der Reisenden. Fahrplanmäßig auf die Minute wickelt sich der Verkehr ab, auch die Reichsbahn ist vorbildlich auf den Posten.

Die großen Elmshorner Industrie-Werke hatten ebenfalls jeglichen Lichtschein nach außen abgeschirmt. Die Mühlen arbeiten weiter. Auch in den vielen Lederfabriken wird die Arbeit nicht unterbrochen, es hämmert und klopft in gleichartigem Rhythmus. In einem kleineren Fabrikbetrieb brennen in einem Arbeitsraum 1000 Watt, von draußen ist auch hier nichts vom Leben und Treiben in den Räumen zu bemerken.

Die erste Verdunkelungsnacht scheint überall mit Sorgfalt vorbereitet und mit Erfolg durchgeführt zu sein. Selbstverständlich ist, daß keiner in seinem Eifer erlahmt und auch in den folgenden Nächten alles daran setzt, daß die Elmshorner Tarnkappe keinen Riß erhält.

* * *

Wie uns von der Elmshorner Polizeibehörde gemeldet wird, haben einige Halbstarke die Verdunkelung dazu benutzt, um lose Streiche auszuführen. Sie schienen ein besonderes Vergnügen daran zu haben, die von der Polizei aufgestellten Richtlampen entweder zu löschen oder deren Brenner so hoch zu drehen, daß die Lampen blaßten, also ihren Zweck nicht erfüllten. Auch einige Straßenlampen sind von diesen Bengeln ausgedreht worden. Das Denkvermögen dieser Burschen scheint nicht so weit zu reichen, daß sie sich sagen, daß sie durch leichtsinniges Verhalten ihre Mitmenschen gefährden. Mehrere Knaben machten sich ein Vergnügen daraus, die Häuser mit ihren elektrischen Taschenlampen anzustrahlen. Die Taschenlampen wurden ihnen abgenommen.

* * *

Die Polizei und die zu ihrer Unterstützung herangezogenen Hilfskräfte sind angewiesen, Frevler jeglicher Art festzunehmen und sie an einen Ort zu bringen, wo sie Gelegenheit haben, über die Verwerflichkeit ihrer Handlung und gleichzeitig über den Zweck der Verdunkelung nachzudenken.

Glühbirnen nicht umwickeln.

∴ Wie bekannt geworden ist, ist in vielen Haushaltungen die Verdunkelung der Beleuchtungskörper in Wohnungen so vorgenommen worden, daß die Glühlampen mit Stoff oder Papier umhüllt sind. Dieses Verfahren ist äußerst gefährlich, da sich innerhalb einer solchen Umhüllung eine große Hitze entwickelt und eventuell zur Inbrandsetzung der Umhüllung führen wird. Diese Gefahr besteht nicht, wenn die Stoff- oder Papier-Umhüllung nicht unmittelbar um die Glühlampe gelegt wird. So ist zum Beispiel unbedenklich, wenn eine um die Glühlampe herumhängende Glaskuppel mit Stoff oder Papier umhüllt wird.

EN vom 21.9.1937

Fliegeralarm in Elmshorn.

-tw. Ganz unerwartet ertönte um 11.50 Uhr Fliegeralarm. Schaurig heulten zehn Minuten lang die Sirenen durch die Stadt. Der erste Schreck war schnell überwunden. Durch sorgfältige Aufklärungsarbeit war die Bevölkerung auf solchen Alarm vorbereitet. Alle im Luftschutz tätigen Volksgenossen wußten, wo ihr Platz war.

Das Rennen in den Straßen hörte bald auf. Wer irgend konnte, suchte noch Mutters Suppentopf zu erreichen. Wer zu weit vom häuslichen Herd entfernt war, mußte einen Luftschutzkeller aufsuchen. Auf der Polizeiwache und auf dem „Holsteinischen Hof" waren als Zeichen der Luftgefahr, eine gelb-blau-gelbe Flagge gehißt worden. In der Polizeiwache sammelten sich in unglaublich kurzer Zeit die Polizeibeamten, die Luftschutzblockwarte, die Führer der Feuerwehr und der Sanitätskolonne, der Luftschutzarzt und Angehörige des Entgiftungstrupps. Befehle wurden ausgegeben, und schon verteilten sich die Aufsichtsorgane über die ganze Stadt. Autos mußten anhalten; die Insassen fanden Aufnahme in einem Luftschutzkeller. Neugierige, die es leider immer noch gibt, wurden von der Straße gewiesen. Eine Frau, die gar nicht von der Haustür wegfinden konnte, wurde kurzerhand in einen Luftschutzkeller gesteckt. Für ihr angebranntes Mittagessen trägt sie selbst die Verantwortung.

Zehn Minuten nach Beginn des Alarms lagen Elmshorns Straßen vollständig menschenleer da. Hier und da sah man verlassene Autos am Straßenrand stehen. Die Schulkinder mußten in den Schulen die Beendigung des Alarms abwarten.

Ganz Elmshorn lag in Fliegerdeckung. Mit Spannung wurde ein Angriff erwartet, aber die feindlichen Flieger hatten ihre „Bomben" anscheinend alle in Hamburg abgeworfen. Ueber Elmshorn ließ sich nicht ein einziger Aufklärer blicken. Nur die Kirchturmwache konnte in der Ferne ein Flugzeug sichten.

Um 1.20 Uhr, nach 1½stündiger Alarmdauer, zeigten langgezogene tiefe Sirenentöne das Ende des Alarms an. Sofort füllten sich die Straßen mit Menschenmassen und Wagen; oft gab es ein beängstigendes Gedränge; die Polizei sorgte überall für reibungslosen Verkehr.

Der Luftalarm hat in Elmshorn bei allen verantwortlichen Stellen ausgezeichnet geklappt. Auch die Bevölkerung wußte im allgemeinen, was sie zu tun hatte, wenn auch einzelnen noch die Beine lang gemacht werden mußten. Es gibt eben immer noch Volksgenossen, die den Ernst einer solchen Uebung nicht begreifen. Auf sie wird die Polizei bei der nächsten Uebung ein ganz besonders waches Auge haben.

Ein Augenzeuge berichtet.

Von unserem -bt-Mitarbeiter erhalten wir noch folgenden Stimmungsbericht:

„Hinein", in den Luftschutzkeller nämlich, war die Parole heute mittag. Ich hatte bei der Sparkasse zu tun und wurde plötzlich durch das Alarmsignal des Luftschutzes in meiner Beschäftigung gestört. Zunächst einmal stürzten die „Einheimischen", d. s. die Bewohner der Königstraße, an die Tür, um das Rennen ihrer Volksgenossen zu beobachten. Die Herren Stammtischbesucher unterbrachen plötzlich ihre morgendliche Debatte und „bemühten" sich so schnell wie möglich, den Unterstand bei Muttern zu erreichen. Unsere wachsame Polizei beorderte die wenigen Passanten in die Luftschutzkeller bei Thams & Garfs. Ein Pferdefuhrwerk wurde „sichergestellt", d. h. der Gaul wurde hinten am Wagen angebunden (zum Leidwesen des rundlichen Fuchses leider ohne Futter!). Der Roßeführer verschwand im nahen Luftschutzkeller. Ein HS.-Auto zierte den Bürgersteig vor „Neros" Schuhhaus. Der Autler vertrat den Wohlstand im LSch.-Bunker. Inzwischen hatten sich die Kameraden des LSch.-Bundes mehr oder minder gut uniformiert den Beamten zur Ueberwachung zur Verfügung gestellt; und das tat not. Die Herren Lehrlinge aus der Berufsschule machten vergeblich einen „Durchbruchsversuch", mußten aber ihren Wagemut mit einem Aufenthalt im düsteren Keller büßen. Die den Betrieben entströmenden Arbeiter mußten trotz schweren „Kohldampfes" die „Unterirdischen" verstärken. Die Fahrräder stauten sich in nie zuvor gesehener Menge. Für das nächste Mal ist es notwendig, sie nur an einer Hofseite und nicht vor dem Kellereingang aufzustellen.

Durch das vermehrte Aufsichtspersonal waren auch verschiedene „Einzelaktionen" zum Mißlingen verurteilt. So mußte ein mutiger junger Mann, der seinem hungrigen Chef einige knusprige Rundstücke aus einer nahen Bäckerei in seinen „Unterstand" besorgen wollte, ohne Rundstücke den schweren Gang in die Unterwelt antreten. Wir bemerkten noch, wie der hungrige Chef nur ganz knapp dem gleichen Schicksal entging, als er nach seinem verschwundenen Angestellten Ausschau hielt. Ein seriöser Schuhmachermeister mußte mit einem Paar Langschäftigen (vielleicht für einen LSch.-Kameraden!)

ebenfalls den Gang in die Unterwelt antreten. Daß der einlaufende Kollmaranter Postbus mit Insassen und Chauffeur die Gemeinde im Keller ergänzte, sei nur nebenbei erwähnt.

Um 1 Uhr verließen unternehmungslustige Kameraden der Sparkasse, die sich in ihrem eigenen stahlharten Unterstand scheinbar nicht ganz sicher fühlten, ihre bombensichere Dienststelle, um bei Thoms & Garfs von neuem vor Anker zu gehen, wo zum Zeitvertreib leckere Bonbons verteilt wurden.

Es sei festgestellt, daß die ganze Uebung mit dem nötigen Ernst, aber auch mit Humor durchgeführt wurde. Als nach Schluß die hungrigen Massen wieder die Straßen durchfluteten, glaubte man in Berlin auf dem Potsdamer Platz zu sein. Jedenfalls haben die Elmshorner ihre Pflicht getan und diese kleine Störung gerne auf sich genommen.

EN vom 23.9.1937

EN vom 7.9.1937

Im September 1937 wurde der vom Reichsarbeitsdienst ausgehobene „Rantzauer See" in Barmstedt fertiggestellt und eingeweiht:

Der Rantzauer See ist fertiggestellt.
Feierliches Oeffnen der Schleusen.

-tw. Aus Nah und Fern strömten am Sonnabendnachmittag die Volksgenossen nach Barmstedt, um Zeuge zu sein von der feierlichen Oeffnung der Schleusen und der Füllung des neu geschaffenen Stausees vor dem alten Schloß Rantzau. Der ganze weite Strand war schwarz voller Menschen. An den tiefsten Stellen hatte das Wasser schon den Boden bedeckt, die Badeanlagen mit den Sprungbrettern und dem hohen Sprungturm stehen aber noch auf weitem Strandsand; ein Schild im Sand, „Grenze

Landeskulturarbeit geleistet worden, an deren Ergebnissen nun im nächsten Jahr die breite Oeffentlichkeit Anteil haben wird.

Oberarbeitsführer Sturmhoebel übergab den fertigen See darauf dem Bürgermeister der Stadt Barmstedt, der in seinen Worten allen an der Fertigstellung des großen Werkes beteiligten Männern den Dank aussprach. Mit dem Bau des Sees sei nun endlich die alte Forderung, daß zu dem Wald das Wasser kommen müsse, erfüllt worden. Der Bürgermeister wies aber

Am neuen Barmstedter See.

Phot. Elmshorner Nachrichten

Das Wasser hat gerade den Sprungturm erreicht; noch einige Stunden und die weite Fläche, auf der jetzt noch die Zuschauer stehen, wird vom Wasser des neuen Sees verschlungen sein.

für Nichtschwimmer", befindet sich auf einsamem Posten, läßt aber kommende Badefreuden ahnen.

Eine goldene Septembersonne verschönt das festliche Bild. Die Fahnen des Dritten Reiches flattern vom Sprungturm, im satten Grün ziehen sich halbkreisförmig herrliche Buchenwälder um den See; aus dem ehrwürdigen Schloßgarten grüßen die roten Gebäude des Rantzauer Schlosses zum Strand herüber.

Fanfaren der Hitlerjugend künden den Beginn der Feier. Oberarbeitsführer Sturmhoebel, Kiel, gab einen kurzen Ueberblick über die Entstehung des Sees:

Der Reichsarbeitsdienst, Abteilung 6/71, hat zusammen mit einem Unternehmer in 3½ Jahren das Werk geschaffen, das nunmehr seiner Vollendung entgegengeht. 160 000 Kubikmeter Boden sind aus dem Becken herausgeschafft worden, das nach seiner Füllung bis zu 3,20 Meter tief und eine Wasserfläche von 35 Morgen haben wird. Lore auf Lore wurde auf das benachbarte Gelände gefahren, das auf diese Weise erhöht und dadurch der Ackernahrung zugeführt wurde. Hier ist eine bedeutende Melioration von den Männern im grauen Arbeitsrock durchgeführt worden. Die Riesenarbeit ist aber nicht nur deshalb geleistet worden, um dort einen See erstehen zu lassen, sondern man hatte gleichzeitig die Regulierung der Krückau und die damit verbundene Verbesserung des Landes im Auge. Außerdem hat man dem Rantzauer Wassermüller die Wasserkraft erhalten, was bei einer Regulierung der Au ohne den Bau des Sees wohl kaum möglich gewesen wäre. So ist hier eine außerordentlich umfangreiche und vielseitige

besonders darauf hin, daß dieses Riesenprojekt nur im Dritten Reich verwirklicht werden konnte, weil der Reichsarbeitsdienst das Werk anpackte.

Dann wurden die Schleusen geöffnet. Rauschend stürzten sich die Wassermassen in das große Becken, das nach etwa zwei Tagen gefüllt sein wird.

Im Anschluß an die Oeffnung der Schleusen sprach Landrat Duvigneau, der betonte, daß der neue See dem stillen Winkel Rantzau hinfort das Gepräge geben werde. Der Stadt Barmstedt sei zu wünschen, daß die neue Anlage einen Anziehungspunkt für viele Besucher von Nah und Fern bilden möge.

Der Mensch habe hier das schleichende Wasser, das das Land versumpfe, gebändigt. Aber neben dem Nutzen habe dieses Werk die Aufgabe, den Menschen zu erfreuen. Hier an diesem See erkenne man besonders deutlich die Schönheit der Arbeit. Daß hier der Sieg des Menschen über die Natur gelungen sei, verdanke man vor allen Dingen dem Führer, der uns die Wege zum Erfolge gezeigt habe. Nach dem Sieg-Heil erklingen die Lieder der Deutschen über die glitzernde Wasserfläche, hinter der jetzt schwarz und schweigend im abendlichen Dunst der Wald steht.

Die Feierstunde ist beendet. Schnell leert sich der weite Strand. Nur ein paar Kinder mit Schaufel und Spaten bleiben zurück, um ihre Sandburg fertigzustellen; ein reizendes Bild, das symbolisch dem Wert des neuen Werkes Ausdruck verleiht: Bald werden Tausende von Eltern und Kindern, von Jungen und Mädeln am Strand von Barmstedt Frohsinn und Erholung finden.

EN vom 20.9.1937

Die Bürger wurden immer mehr unter Druck gesetzt. Es sollte Mißtrauen herrschen, nicht nur zwischen Arbeitskollegen und Bekannten, nein auch in der eigenen Familie. In der „Juristischen Wochenschrift" wurde dieses Thema im September behandelt:

„Zu der in der „Juristischen Wochenschrift" mit vollem Recht als schwierig und vor allem als tiefgreifend bezeichneten Frage, ob auch in ganz vertraulichen Äußerungen, die im engsten Familien- oder Freundeskreise fallen, eine strafbare Beleidigung liegen kann, nimmt das Reichsgericht in der jetzt veröffentlichten Entscheidung 5D 760/36 in bejahendem Sinne Stellung.

Das Reichsgericht weist zunächst auf die gegenteilige Auffassung hin, die u.a. damit begründet wird, das es zu einer Vergiftung des Familienlebens führen müssen, wenn man es dem Familienvater namentlich dem Hausvater, nicht gestattet, sich frei und unverhohlen zu äußern, wenn er fürchten müsse, dass das Ohr eines Spähers, die Denunziation eines Dienstboten, ihn ins Gefängnis bringen und seine Stellung untergraben könne.

Diesen Standpunkt vermag das Reichsgericht aber aus grundsätzlichen Erwägungen nicht zu teilen, es führt vielmehr Folgendes aus: Vertrauliche beleidigende Äußerungen harmloser Art, die im engen Familienkreise gefallen sind, werden selten zur Strafverfolgung führen. Sind sie aber von erheblicher Bedeutung (besonders üble Nachrede und Verleumdung), dann entspricht ihre gerichtliche Aburteilung sowohl dem Sittengebot wie auch dem gesunden Volksempfinden.

Auch das zu erwartende neue Strafrecht will offenbar hieran nichts ändern. Die Erwägung, dass bei Zugrundelegung der hier vertretenen Rechtsansicht wohl die Mehrzahl der Volksgenossen sich irgendwann einmal in einem Augenblick der Verärgerung strafbar gemacht habe und dass man nichts verlangen solle, dessen Erfüllung fast unmöglich sei, kann nicht dazu führen, solche Handlungen straflos zu lassen. Selbstzucht auch im Kreise der Familie ist geboten, besonders wenn man an Ehrenkränkungen durch politisch Abseitsstehende gegenüber den Führern von Staat und Partei denkt, die in vielen Fällen nicht auf Grund des Heimtückegesetzes bestraft werden können. In den meisten Fällen wird auch sonst der Schutz der beleidigten Person höher stehen, als der Schutz von Personen, die die Ehre anderer angreifen. Auch vertrauliche Äußerungen im engsten Familienkreise, deren strengste Geheimhaltung vor anderen Personen vereinbart ist, können daher den Tatbestand der Beleidigung erfüllen.

Das Reichsgericht weist ferner noch darauf hin , dass auch vertrauliche Mitteilungen im Freundeskreise wie am Stammtisch oder bei Kaffeekränzchen den Tatbestand einer strafbaren Beleidigung erfüllen.

Das Reichsgericht weist ferner noch darauf hin, dass es auch vertrauliche Mitteilungen im Freundeskreis, wie am Stammtisch oder bei Kaffeekränzchen den Tatbestand einer strafbaren Beleidigung erfüllen, wenn sie den Ausdruck der Nicht- oder Missachtung gegenüber einem anderen enthalten; dabei ist unerheblich, das Verschwiegenheit zugesichert wird." (54)

Am 25. September 1937 referierte der Kreisobmann Emil Sievers vor Betriebsobmännern und Betriebsführern über das Thema *„Von der Betriebsgemeinschaft zur Leistungsgemeinschaft"* und sagte dabei Folgendes:

„(...) Der Betriebsführer ist heute nur Diener seines Volkes, ausgestattet mit großen Rechten und ebenso großen Pflichten. Niemals vorher stand er so frei und stolz da, wie heute - wenn er seine Pflicht tut; wenn er sich als Erster unter Gleichen in der Betriebsgemeinschaft fühlt.

Der Vertrauensrat ist dazu da, dass er mindestens einmal im Monat wirklich zu Besprechungen herangezogen wird. Nur so kann er ein wichtiger Berater des Betriebsführers werden. Der Betriebsführer muss, auch wenn er Parteigenosse ist, sich stets weiter schulen, um immer tiefer in den Nationalsozialismus einzudringen. Der Betriebsobmann ist der politische Leiter des Betriebes und ist verantwortlich für die politische Ausrichtung der Gefolgschaft. Er muss der tatsächliche Feldwebel der Gefolgschaft sein, der für den Betrieb mitverantwortlich ist, und wenn ein Betriebsappell steigt, dann muss er seine Kompanie antreten lassen, sie seinem Betriebsführer melden und ihm das Wort erteilen.

Ein solcher Betriebsappell muss mindestens einmal im Monat abgehalten werden, dadurch können alle kleinen Angelegenheiten des Betriebes am leichtesten erledigt werden. Betriebsführer und Betriebsobmann müssen gemeinsam Führer des Betriebes sein im wahrsten Sinne des Wortes Komma dann lässt sich die nationalsozialistischen Betriebsgemeinschaft am leichtesten und am schönsten verwirklichen.

Wir müssen erwarten, dass der Betriebsführer auch seine Unterführer ausrichtet, dass es nationalsozialistische Betriebsleiter, Abteilungsleiter und Prokuristen gibt, damit der ganze Betrieb zusammen steht und gemeinsam arbeitet in wirtschaftlicher und politischer Hinsicht. Hüten müssen wir uns vor den Kriechern; sie sind die schlechtesten Arbeiter und bringen oft durch ihr hinterhältiges Wesen den ganzen Betrieb in Unordnung. Die Betriebsführer bitte ich: Helfen sie uns auch in dieser Beziehung, solche Kriecher zu beseitigen.

Die Grundbedingung aller Leistung ist die Erkenntnis jedes Einzelnen, dass von ihm das Vorwärtskommen des Betriebes, ja der ganzen Volkswirtschaft anhängig ist. Welch schönes Gefühl ist es heute wieder für jeden, dass sein Arbeitsplatz vollständig gesichert ist. (...)" (55)

Am 1. Oktober 1937 wurde auf einer Großkundgebung der NSDAP auf dem Hindenburgplatz auf Anordnung der Gauleitung die Ortsgruppe Elmshorn in drei Ortsgruppen aufgeteilt, da die Mitgliederzahl zu groß geworden war. Eine Ortsgruppe durfte höchstens 500 Mitglieder umfassen.

Der bisherige Ortsgruppenleiter Max Mohr gab sein Amt auf und führte die neuen drei Ortsgruppenleiter in ihr Amt ein. Max Mohr wurde Sonderbeauftragter des neuen Kreisleiters Emil Paulsen. Max Mohr gab in seiner Rede einen kleinen Rückblick auf die Geschichte der NSDAP Elmshorn:

„(...) Die ersten Kämpfer waren oft junge Menschen, die aus anderen Teilen nach Elmshorn gekommen waren. Spießbürgerliche Ansichten warfen diesen Kämpfern oft vor, dass sie keine Elmshorner seien. Uns aber ist es gleich, woher die Menschen kommen, die die Bewegung vorantreiben, wenn es nur ganze Kerle sind. Den alten Kämpfern der Bewegung in Elmshorn möchte ich heute an diesem Festtage noch meinen ganz besonderen Dank für die Mitarbeit aussprechen . Was diese Männer geleistet haben, darf nie vergessen werden.

Noch in der Zeit von 1925-1930 bestanden die aktiven Kämpfer der Bewegung in Elmshorn aus höchstens 20 bis 40 Männern, die es oft mit einem Gegner zu tun hatten, der über 1000 auf seiner Seite zählte. Aber der Idealismus und die Kameradschaft der unbekannten SA-Männer hat stets den Sieg davongetragen.

Nicht immer ging es voran in der Ortsgruppe. Ein Ortsgruppenleiter musste vom Gau entfernt werden, von einem anderen können wir dagegen mit Stolz berichten, dass er Führer einer Kompanie der SS-Standarte „Adolf Hitler" ist. Wir haben in den langen Jahren Tod und Trauer gesehen, erlebten aber auch Braunschweig und Nürnberg und herrliche Siege in den Elmshorner Wahlkämpfen. (…)

Auch nach der Machtübernahme gab es viel Arbeit. Jeder musste sich umstellen, wenn es ihm auch noch so schwerfiel. Jeder musste sich darüber klar werden, dass es nicht mehr galt, den Staat zu bekämpfen, sondern dass die Partei selbst Staat geworden war. Mit Freude können wir feststellen, dass diese Umstellung gelungen ist. Der Block, der sich Partei nennt, ist richtig angesetzt worden und er vermag es, das Volk mitzureißen. (…)

Ich habe als neue Ortsgruppenleiter drei Männer vorgeschlagen, die alle seit 1931 in der Bewegung stehen, die alle drei immer ihre Pflicht getan haben und die von einem unbändigen Glauben an die Richtigkeit der Bewegung beseelt sind.

Die Elmshorner Ortsgruppe wird in Zukunft in drei Ortsgruppen geteilt. Die Ortsgruppe Elmshorn-Altstadt wird im Süden von der Krückau, im Osten von der Bahnlinie, im Norden und Westen von der Stadtgrenze begrenzt. Ortsgruppenleiter wird hier der Ortsgruppenamtsleiter Pg. Hans Letje.

Südlich der Krückau liegt die Ortsgruppe Elmshorn-Klostersande, die von dem Beisitzer des Ortsgruppenparteigerichtes, Hafenmeister Pg. Hans Schlüter, geleitet wird.

Östlich der Eisenbahn liegt die Ortsgruppe Elmshorn-Fuchsberg. Hier wird ein altbewährter Betriebszellenobmann, der Pg. Wilhelm Nicolai, das Amt eines Ortsgruppenleiters inne haben. Für Klostersande wird im Hafenamt eine Geschäftsstelle eingerichtet, für Fuchsberg an der Ecke Moltkestraße-Kaltenweide. Jede Ortsgruppe wird nach Lockerung der Mitgliedersperre 400-500 Parteigenossen zählen. (…)" (56)

Anlässlich der Ortsgruppenteilung brachten die EN einen Auszug aus der Geschichte der Ortsgruppe der NSDAP:

„Am 13. Juni 1925 gründeten der Steingutmaler Hermann Kober, der Kaufmann Bernhard Bruhn, seine Ehefrau Alma Bruhn und der Kaufmann Waldemar Stüben die Ortsgruppe Elmshorn der neuen NSDAP. Ortsgruppenleiter wurde Kober, Partei- und Sturmlokal die Gastwirtschaft von Emil Stüben, Schlageterstraße (Anm. Verf.: heutige Norderstraße).

Es war nicht so, dass Adolf Hitler Visitenkarten verschickte und freundlichst zum Mittag in einen neuen Verein einlud. Ein jeder von den Vieren war schon weite völkische Wege gegangen, bevor er sich dem Führer mit allen Fasern seines Seins verschrieb.

Die Bewegung ist nach ihrer Neugründung durch den Führer im Jahr 1925 eine andere geworden. Hitler will nicht mehr den Staat stürzen, nein er will ihn erobern. Eine unendliche Kleinarbeit beginnt; treppauf, treppab geht es mit Flugzetteln, Plakate werden geklebt, in heftigen Aussprachen von Mann zu Mann wird einer nach dem anderen für die Bewegung gewonnen, aber nur wenige sind es, die hinzukommen; durchweg von Beruf Gärtner, junge erdverbundene Leute. Nach mehrmaligem Wechsel in der Ortsgruppenleitung stellt sich Parteigenosse Wilhelm Grezesch 1926 als der erste tatsächliche Führer heraus. Durch seine Einsatzbereitschaft gelang es ihm, seine Ortsgruppe mit jungen Kräften so zu vergrößern, dass er Anfang 1927 einen eigenen SA-Sturm aufstellen konnte, der dem Melker Herbert Hartmann unterstellt wurde. Die Versammlungen waren auch jetzt noch im Durchschnitt nur von 40 bis 50 Personen besucht. Über 100 wurden zum ersten Mal im April 1926 gezählt, als Dr. Goebbels selbst im „Stadttheater" sprach. Die Elmshorn SA nahm aktiv an den Propagandaaktionen in Hamburg teil; ob Plakate geklebt oder Flugblätter verteilt wurden, sie war immer dabei.

Da Parteigenosse Grezesch im Sommer 1928 nach Trier verzog, wurde dem Parteigenossen Grude die Ortsgruppe übertragen. Er widersetzte sich jedoch der Gauleitung, und die Folge war eine Auflösung der Elmshorner Ortsgruppe.

Ende 1929 wurde Parteigenosse Grezesch vom Gauleiter Lohse mit der Neugründung und der Leitung der Ortsgruppe beauftragt. Ungefähr 30 Getreue fanden sich im Parteilokal Stüben wieder, u.a. der spätere Standartenführer und jetzige Landrat in Ratzeburg, Pg. Fründt. Grezesch nahm sofort eine gute Durchorganisation der Ortsgruppe vor. Der jetzige Ortsgruppenleiter Max Mohr hielt wöchentlich einmal Schulungsabende ab, die doch immerhin von 5 bis 7 Mann besucht wurden. Um diese Zeit gelang es auch, in Elmshorn die erste Betriebszelle aufzustellen.

Im Mai 1928 wurde vom Parteigenossen Helmut Gerson die Hitlerjugend ins Leben gerufen. Es war ein kleines, aber treues Häuflein von Jungen, die auch oft dabei waren, wenn es hart herging. Später trat diese Jugendgruppe unter Führung des Parteigenossen Max Göttsche durch Sonnenwendfeiern und Jugendkundgebungen größeren Ausmaßes an die Öffentlichkeit. Am 1. Reichsjugendtag der NSDAP in Potsdam 1932 konnten schon 60 Jungen und Mädel von der Elmshorner Hitlerjugend teilnehmen.

Das erste Mitglied der Ortsgruppe, die Parteigenossin Alma Bruhn, die bis dahin das Amt einer Kassenführerin treu verwaltet hatte, wurde mit der Leitung der Ortsgruppe des Deutschen Frauenordens beauftragt, deren Gründung im Frühjahr 1931 vorgenommen wurde. In stiller, aber unermüdlicher Arbeit haben auch die Frauen und Mädchen der Bewegung ihren Dienst in den schweren Kampfjahren versehen.

Ein neuer Kassenmeister, Pg. Bull, übernahm1931 die Verwaltung der Finanzen und richtete gegenüber dem Rathaus mit dem Pg. Grezesch eine Geschäftsstelle ein. Pg. Emil Cords baute den Opferring auf, wodurch der Bewegung manches Scherflein zufloss. In der Mühlenstraße hatte Pg. Grezesch die Räumlichkeiten für ein SA-Heim gemietet. Opfersinn der Parteigenossen und fleißige Mitarbeit der Frauen schufen hier ein Werk, das oft bis zu 40 SA-Männern als Heimstätte dienen musste.

Die SA war durch den allmählich einsetzenden starken Mitgliederzuwachs vielen organisatorischen Änderungen unterworfen. Waldemar Stüben stellte die SA-Reserve auf; aus ihr ging der Parteigenosse Breitfeld hervor, der seit vielen Jahren dann Sturmbannführer und Standortleiter der Elmshorner SA war. Als besonders eifrige Unterführer seien noch die jetzigen Sturmhauptführer Kalthoff und Obersturmführer Baumer erwähnt. Auch der leider inzwischen verstorbene

Sturmführer Johs. Göttsche wird von den alten Kämpfern in Elmshorn nie vergessen werden.

Die Geschäftsstelle war oft Angriffen der Gegner ausgesetzt. Monatelang hatte man versucht, sie zu zerstören. Es konnte aber nicht gelingen, weil SA- und SS-Männer treue Wacht hielten. An kritischen Tagen übernachteten 30 bis 40 Mann in den sehr beschränkten Räumen.

Im Oktober 1931 erhielt Max Mohr die Leitung der Elmshorner Ortsgruppe, da Pg. Grezesch mit der Aufstellung eines SS-Sturmes für den Kreis Pinneberg betraut worden war. Die Wahlkämpfe des Jahres 1932 stellten unerhörte Anforderungen an die im Verhältnis zur Arbeitsleistung immerhin noch kleine Kämpferschar. Oft glich Elmshorn einem brodelnden Hexenkessel. SA und Kommune lieferten sich heiße Kämpfe und die Polizei sparte nach echt Severingscher Art nicht mit dem Gummiknüppel.

Am 17. Juli hatten sämtliche SA- und SS-Formationen am Altonaer Blutsonntag teilgenommen, der wohl grauenhaftester Ausdruck von kommunistischen Kampfmethoden war. Die Erbitterung auf der nationalsozialistischen Seite steigerte sich von Monat zu Monat, aber keine Verfolgungen, weder Zuchthaus noch Gefängnis, konnten den Kampfgeist der Elmshorner Parteigenossen lahmlegen.

Dann kam der 30. Januar 1933, der das erste Ziel jahrelanger erbitterter Kämpfe verwirklichte. Form und Art des Kampfes mussten jetzt geändert werden, aber der Kampfgeist blieb derselbe, und mit ungebrochenem Willen gingen alle an die Lösung der neuen Aufgaben heran, die nunmehr der Ortsgruppe zugewiesen waren. Die Organisation, die in der Kampfzeit ausreichte, musste vergrößert werden. So erfolgte zunächst im Sommer 1933 und 34 die endgültige Einteilung der Ortsgruppe, die das Stadtgebiet Elmshorn umfasst, in 16 Zellen und 58 Blocks, die von den Zellen- und Blockleitern betreut werden. Nach den Anweisungen der Reichsleitung wurde eine umfangreiche Organisation aufgebaut, die fähig ist, die großen Aufgaben, die der Partei nach der Machtübernahme zugewiesen wurden, zu meistern. Unermüdlich und uneigennützig arbeiten alle Kräfte, von dem festen Glauben an Führer und Vaterland beseelt, an der Verwirklichung des Nationalsozialismus. Sie jederzeit zu unterstützen, ist nicht nur für alle

Parteigenossen, sondern für alle Volksgenossen höchste und vornehmste Pflicht."
(57)

Parteilokal Stüben. Schlageterstraße
(Norderstraße). Foto: Chronik, a.a.O.

*„Das Landjahr wurde 1934 zunächst auf Probe, ab 1935 per Gesetz dann dauerhaft
als acht- bis neunmonatiger, in der Regel von April bis Dezember dauernder und
streng nach Jungen und Mädchen getrennter Lageraufenthalt in ländlicher
Umgebung in der Verantwortung des Reichserziehungsministeriums (REM)
eingerichtet. Zielgruppe waren jene 14- bis 15jährigen Volksschulabsolventen aus
Großstädten, die nach Ende ihrer Schulzeit zunächst ohne Lehrstelle waren. Die*

Teilnehmer wurden durch Kommissionen ausgewählt, wobei den Eltern keinerlei Mitspracherecht zugestanden wurde, da das Landjahr als eine Art 9. Schuljahr und so als Teil der Schulpflicht definiert worden war. Untergebracht wurden die Jugendlichen in leerstehenden Gebäuden, etwa ehemaligen Gutshäusern, Schlössern, Fabriken, Klöstern, Pfarr- und Wirtshäusern, die zu diesem Zweck vom Staat angemietet und zu Lagern umgerüstet worden waren.

Für das Landjahr kamen ausdrücklich „nur in körperlicher und geistiger Beziehung erbbiologisch gesunde und charakterlich wertvolle Kinder deutscher Nationalität und arischer Abstammung in Frage". Die Zahl der jährlichen Landjahrabsolventen betrug in der Erprobungsphase 1934 rund 21.000, stieg dann bis 1937 auf 32.000 und fiel während des Krieges kontinuierlich bis auf etwa 16.000 im Jahr 1944. Insgesamt haben von 1934 bis 1945 rund 350.000 Jugendliche das Landjahr durchlaufen." (58)

1934 wurde auf dem Gebiet der heutigen Redderkamp-Siedlung in Vossloch ein Landjahrlager eingerichtet, zunächst für Mädchen. Ab 1935 war es ein Lager für 100 Jungen. (59)

Landjahrlager Voßloch. Foto: Bokholt-Hanredder
Dorfgeschichte, Bokholt-Hanredder 1989

Bild unten: Die Schildwache des
Landjahrlagers präsentierte statt
einem Gewehr noch einen Spaten.
Foto: Bokholt-Hanredder
Dorfgeschichte, Bokholt-Hanredder
1989

Das Reichspropagandaamt Schleswig-Holstein hatte, wie kurz berichtet, die Schriftleiter des Gaues zu einem Besuch der Landjahrlager Boßloch und Moorrege eingeladen. Der Besuch brachte allen Teilnehmern eine Fülle neuer Eindrücke und wurde so zu einem schönen Erlebnis.

Jeder Elmshorner kennt Boßloch, mit seinem herrlichen Wald. Viele wissen auch, daß in Boßloch ein Landjahrlager für Jungen besteht, aber nur wenige haben bisher einen Blick in dieses Landjahrlager getan. Gewiß, die Landjahrjungen aus Boßloch haben oft auch an der Ausgestaltung unserer Feste in Elmshorn Anteil genommen und haben jedesmal durch besonderen Schneid Aufsehen erregt; die große Bedeutung der Landjahrerziehung kann man jedoch erst ermessen, wenn man einen Blick tut in die Arbeitsweise und den Gesamtbetrieb eines Landjahrlagers.

Man sagt immer, der erste Eindruck sei entscheidend, so auch in Boßloch. Ein strammes Kerlchen von 14 Jahren steht mit geschultertem Spaten vor seinem Schilderhaus, sein Gruß gilt den vielen Gästen, die mit (beruflich) kritisch-geschulten Augen einen Blick in das Lager werfen wollen. Draußen, auf freien, von den Jungen in mühevoller Arbeit planierten Plätzen wird eifrig geübt, mit dem Spaten exerziert, damit bei der Einweihung der Nordmark-Feierstätte (wo die Jungen auch dabei sein werden) alles klappt. Dort schmettert ein Musikzug seine frischen Weisen, kernige Fanfaren-, Trommel- und Flötenmusik, auf einem Sportplatz kommt die Leibesübung, ein wesentlicher Bestandteil des Dienstes, zu seinem Recht; hier wird das Führerwort Wahrheit, das über einem Balken im Heim als Inschrift steht:

„Flink wie Windhunde, zäh wie Leder,
hart wie Krupp-Stahl!"

Es ist ein Irrtum, wenn man anzunehmen geneigt ist, in den Landjahrlagern werde hauptsächlich nur exerziert. Ein umfassender Rundgang durch das Heim ließ die Erkenntnis aufkommen, daß hier für die deutsche Jugend und ihre Ausrichtung unermeßlich viel getan wird. Hier wird gearbeitet und geschult, eine Ausbildung auf allen Gebieten erteilt, die für das Leben notwendig sind. Was die Schule, die diese 100 Jungen aus den Regierungsbezirken Köln, Düsseldorf, Kassel und Wiesbaden im April dieses Jahres verließen, als reine Wissensvermittlerin den Jungen nicht mitgeben konnte, Kameradschafts- und Gemeinschaftsgeist, wird im Landjahrlager nachgeholt.

Es mag sein, daß die Jungen, im Beisein der vielen Gäste, besonders eifrig sind. Helle Freude scheint aus den Augen, als die Leistungen auf allen Gebieten ihrer Tätigkeit anerkennend gewürdigt werden, sei es auf dem Gebiet der geistigen Schulung, beim Sport, oder beim augenblicklichen Haupteinsatz, der Landhilfe. Jeder kann fast ebensogut Kartoffelbuddeln wie etliche Dutzend Klimmzüge am Reck machen oder einen ergiebigen politischen Vortrag halten.

Acht Monate, vom April bis zum Dezember, dauert der Aufenthalt im Lager. Aber schon nach wenigen Wochen hat bei manchem Jungen die Jacke nicht mehr gepaßt, dank der frischen Luft, der ausgezeichneten Verpflegung und vorbildlichen Betreuung hat das Körpergewicht und die Größe erheblich zugenommen; und es ist anzunehmen, daß diese günstige Entwicklung noch rüstig fortschreiten wird, denn es wird auf der ganzen Linie von morgens bis abends recht kräftig „hineingelangt".

Die handwerklich begabtesten Jungen aller schleswig-holsteinischen Lager sind in Boßloch zusammengezogen. Wir sahen hier unter den Händen kommender Künstler vortreffliche Plakate entstehen, an der Drehscheibe Tongeräte fertiggestellt, die Bewunderung abnötigten. Lagerführer Junghans darf auf seine Belegschaft mit vollem Recht stolz sein.

EN vom
2.10.1937

72

EN vom 9.10.1937

In den Jahren des Nationalsozialismus wurde das Erntedankfest mit Schmücken von Straßen und Häusern, Umzügen und Kundgebungen gefeiert, so auch am 3. Oktober 1937. (60)

Am 5. Oktober wurde von Hitler das 5. Winterhilfswerk (WHW) mit einer Großkundgebung in Berlin eröffnet. (61)

Kreisleiter Ferdinand Schramm (1889-1964), hat seit dem Frühjahr 1927 zusammen mit Gauleiter Lohse im Kreis Pinneberg gewirkt. Am 9. Oktober übergab er das Amt seinem Nachfolger, dem neuen Kreisleiter Emil Paulsen. (62) Butterhändler Emil Paulsen (geb. 1897) aus Meldorf, SA-Führer in Dithmarschen, wurde nach 1939 zuerst Hauptkommissar in Witebsk, dann Gebietskommissar in Libau (1943) und war damit an den Kriegsverbrechen beteiligt. (63)

Der Wechsel kam nicht von ungefähr:

„Hintergrund war neben einer Affäre in der Kreisleitung, in dessen Zuge der Kreisge-schäftsführer Suizid beging, vor allem der Konflikt Schramms mit dem Leiter der Deutschen Arbeitsfront und NSDAP-Reichsorganisationsleiter Robert Ley, bei dem es

*unter anderem um Schramms Karriereambitionen als „Reichshandwerksmeister"
ging. Dieses Amt übernahm Schramm tatsächlich 1938 zusammen mit der Leitung
der Reichsgruppe Handwerk und übte es bis 1945 aus. 1944 gehörte er zu den ehrenamtlichen Richtern, die an den Volksgerichtshof bestellt wurden und dort an Urteilen beteiligt waren."* (64)

Die neue Ortsgruppe Elmshorn-Altstadt.

Die Ortsgruppe Elmshorn-Altstadt hielt Montag abend im Parteilokal von Stüben unter dem Vorsitz ihres Ortsgruppenleiters Pg. Petje ihre erste Dienstbesprechung ab.

Der neue Ortsgruppenstab setzt sich, wie die „SHZ." berichtet, wie folgt zusammen: Organisationsleiter der neuen Ortsgruppe ist Emil Mohr, der damit gleichzeitig stellvertr. Ortsgruppenleiter ist. Schäfer ist Kassenleiter. Karl Welch wurde das Propaganda- und Presseamt übertragen. Fritz Richters bearbeitet die Hilfskasse und das Mitgliedswesen. P. A. Boldt ist für das Haushaltskartewesen zuständig. Für die Beitragskartei und die Wertmarkenkontrolle stehen W. Hörster und Heins zur Verfügung.

Die Zelle 2, der Emil Mohr bisher vorstand, wird jetzt von Diercks geführt. Max Kurth wird die Zelle 3 ab 1. November für den nach Uetersen verziehenden bisherigen Zellenleiter Glabrow übernehmen.

Auch die Ortswaltungen der DAF., der RSB. und der NS.-Frauenschaft mußten mit der Teilung der politischen Ortsgruppe Elmshorn neu besetzt werden. Ortsobmann der DAF. Elmshorn-Altstadt ist Mangels, der NSV. steht Claus Rüschmann als Ortsgruppenamtsleiter vor, Kassenleiter ist Jessen, während die neue Frauenschaftsgruppe von Frl. Oßthoff geführt wird.

Die neue Ortsgruppe „Fuchsberg".

Am Montag, dem 1. 11. 1937, hielt nach der Aufteilung der alten Elmshorner Ortsgruppe der NSDAP. die neue Ortsgruppe Elmshorn-Fuchsberg im „Aufzug" ihren ersten Appell der Politischen Leiter, sowie Walter und Warte der angeschlossenen Verbände ab. Nach einer kurzen Ansprache des komm. Ortsgruppenleiters Pg. Wilhelm Nicolai nahm er die Verpflichtung der kommissarisch eingesetzten Amtsleiter auf die neue Ortsgruppe vor.

Zu kommissarischen Amtsleitern wurden berufen: Für Organisation und Schulung Pg. Scheel, für Kasse Pg. Boormann (Stellvertreter Pg. Jepsen), für Propaganda Pg. Böhm, für Amt für Volkswohlfahrt Pg. Voß, für NSBO. Pg. Hasselmann.

Nach einer anschließenden Aussprache wurde der Marschweg der neuen Ortsgruppe festgelegt, die sich zum Ziel gesetzt hat, die Tradition der alten Elmshorner Kampfortsgruppe fortzusetzen, damit der Zweck der Teilung Wirklichkeit wird, nämlich durch Vorbild, Kameradschaft und Pflichterfüllung der Politischen Leiter, Walter und Warte, jeden Volksgenossen zum überzeugten Kämpfer für das Aufbauwerk des Führers zu machen.

EN vom 27.10.1937   EN vom 2.11.1937

Am 9. November 1937 wurde in Elmshorn der „Helden des 9. Novembers 1923" mit einem großen Fackelmarsch der NS-Formationen, HJ, BDM und der vaterländischen Vereine zum Ehrenmal gefeiert. Nach Ansprachen von Standortführer Hans Hansen und des Ortsbeauftragten Max Mohr und der Kranzniederlegung ging es zurück vor das Parteilokal Stüben in der Schlageterstraße, um die Übernahme der aus der HJ ausscheidenden junge Männer in die NS-Formationen zu vollziehen.

„Standortführer Hansen wies in kurzen Worten auf die Bedeutung der Stunde hin, Sturmbannführer Breuß gab den 25 Jungen, die jetzt in die männlichen Gliederungen der Bewegung eintreten, ermahnende Worte auf den Weg. Freiwillig sei der Dienst in der HJ und freiwillig auch in den Gliederungen, aber wer sich einmal unter das Gesetz der Bewegung gestellt habe, müsse ein freudiger Kämpfer sein und habe unbedingten Gehorsam zu leisten. Die Zeit der Blutopfer für die Bewegung sei vorbei, der straffe Dienst aber sei geblieben und müsse weiter bleiben. Die Bewegung werde immer den Kern der besten aus dem Volke darstellen, eine Mannschaft, die treu und hart sei, und die niemals von der Fahne lasse, für die sie Treue geschworen habe.

Laut donnerte das „Sieg-Heil" auf den Führer durch die stille Straße; begeistert sangen alle die beiden Nationallieder. Anschließend wurden die 25 Hitlerjungen durch ihre Führer mit Handschlag aus der HJ verabschiedet und vom Standortführer Hansen mit Handschlag in die Gliederungen der Partei aufgenommen und auf die einzelnen Stürme verteilt. Damit war die feierliche Übernahme beendet." (65)

Am 15. November 1937 fand die erste Mitgliederversammlung der Ortsgruppe Fuchsberg unter Leitung von Ortsgruppenleiter Wilhelm Nicolai statt. Es wurden einige neue Parteimitglieder aufgenommen. (66)

Auch die Ortsgruppe Klostersande nahm unter Leitung von Ortsgruppenleiter Hans Schlüter 120 neue Mitglieder auf. (67)

Die Ortsgruppe Elmshorn-Altstadt folgte mit der ersten Mitgliederversammlung unter Hans Letje am 22. November. Auch hier wurden neue Mitglieder aufgenommen. (68)

Am 11. Dezember kündigten die EN die große Gebietsreform in Elmshorn an. Zum 1. April 1938 sollten große Teile von Langelohe, Hainholz, Klein-Nordende-Lieth,

Raa-Besenbek und Sparrieshoop in Elmshorn eingemeindet werden. Elmshorn gab die Enklave Spiekerhörn ab. (69)

Nach dem „*Blutschutzgesetz*" vom 15. September 1935 durften Juden keine „*deutschblütige*" weibliche Angestellte im Haushalt beschäftigen. Das Reichsgericht erweiterte dieses Verbot in einem Urteil vom 22.November 1937:

„(…) Es wurde erstmals und grundsätzlich entschieden, das weibliche deutschblütige Angestellte von dem jüdischen Geschäftsherrn in keinem Haushalt oder auch nur mit Arbeiten beschäftigt werden dürfen, die mit dem Haushalt in Verbindung stehen. Das nach Sinn und Zweck des Blutschutzgesetzes sehr weit auszulegende Beschäftigungsverbot erstreckt sich also auf jede Tätigkeit weiblicher deutschblütiger Angestellten im Arbeitsverhältnis, die sich objektiv als eine Haushaltarbeit darstellt und ihrer Art nach irgendwie mit dem Haushalt in Verbindung steht. Daher fallen beispielsweise schon bloße mit dem Haushalt zusammenhängende Besorgungen, die von deutschblütigen Angestellten erledigt werden, regelmäßig unter das Beschäftigungsverbot, ohne dass es darauf ankommt, ob dabei die Wohnung des jüdischen Geschäftsherrn betreten wird oder nicht. Das Beschäftigungsverbot und die Strafandrohung richten sich in derartigen Fällen nicht nur gegen den jüdischen Geschäftsherrn sondern auch gegen seine Familienangehörigen. (…)" (70)

Den Nationalsozialisten war die Musikrichtung „Swing" ein großer Dorn im Auge.

„In vielen Cafés wurden Schilder mit der Aufschrift „Swing tanzen verboten" aufgehängt. Die Nationalsozialisten begannen mit ihrer Jagd auf die Swings. Aus ihrer Sicht schädigten diese die deutsche Volkskraft. Herumhängen anstatt zu arbeiten – ein schlechtes Vorbild, das in den Augen der Nationalsozialisten keine Schule machen durfte.

Die Anhänger dieser entarteten Musik galten als degeneriert, krank und kriminell veranlagt. Strikt verboten war das Abhören von Feindsendern.

Die Musik selbst war bis zum Kriegsbeginn frei zugänglich auf Schallplatten zu kaufen. Jeden Monat erschienen neue Aufnahmen. Allerdings durften ab Januar 1938 keine jüdischen Komponisten oder Interpreten mehr verkauft werden.

Unzählige schwarze und weiße Swing-Orchester waren bis September 1939 noch zu kaufen. Erst mit der Einstufung von England und den USA als Feindstaaten, endete der Verkauf abrupt." (71)

Trotz Ächtung der Musik warb noch im Dezember 1937 eine Veranstaltung in den EN für einen Swing-Abend.

EN vom 9.12.1937

https://www.planet-wissen.de/geschichte/nationalsozialismus/kindheit_im_zweiten_weltkrieg/pwiedieswingjugend100.html

„frauenarbeitsdienst ist Mütterdienst".

z Reumünster, 22. November. Auf Einladung der Bezirksführerin des Arbeitsdienstes für die weibliche Jugend, Hanna Wolf, weilten Montagnachmittag die Vertreter der schleswig-holsteinischen Presse in dem weiblichen Arbeitsdienstlager in Reumünster, um hier aus dem Munde der Bezirksführerin von den großen Aufgaben und Zielen des weiblichen Arbeitsdienstes zu hören.

Frauenarbeitsdienst ist Dienst an der deutschen Familie, betonte die Rednerin. Ein neues Geschlecht von Frauen wachse in den weiblichen Arbeitsdienstlagern heran, das verantwortungsbewußt seine ihm im Leben unseres Volkes zugewiesenen Aufgaben anpacken und erfüllen werde.

Hanna Wolf sprach zunächst über die Entwicklungsgeschichte des weiblichen Arbeitsdienstes, von seinen ersten Anfängen und von den ungeheuren Schwierigkeiten, die zu überwinden waren, bevor sich die einzelnen Arbeitsgebiete herauskristallisiert hatten. Ein wichtiges Aufgabengebiet im Leben des Lagers komme der Körpererziehung der Mädchen zu, die auf Anmut und Würde gerichtet sei.

Ebenfalls ein wichtiges Aufgabengebiet falle den Mädchen in ihren Dienstverrichtungen außerhalb des Lagers zu. Sie werden zu den Bauern, Siedlern und Arbeitern geschickt, um dort helfend den Familien zur Seite zu stehen. Es werden ihnen hier zwar die Arbeitsanweisungen erteilt, sie unterstehen aber immer den Dienstvorschriften des Lagers. Die Arbeitsmaid stehe überall den Familien als treuer Helfer zur Seite und bringe ihnen neuen Lebensmut, wenn einmal Verzweiflung bei ihnen einziehen sollte.

Nach der Tagesarbeit im Lager würden die Maiden auch weltanschaulich ausgerichtet, so daß sie nach einem halben Jahre in der Lage seien, auf Grund des ihnen vermittelten weltanschaulichen Rüstzeuges sich über geistige Fragen ein selbständiges Urteil zu bilden. Was die verschiedenen Arbeitsgebiete anbelange, die die Mädel im Durchlauf der einzelnen Abteilungen erlernen, so handele es sich dabei um Küchendienste, Flicken, Nähen, Ausbessern, sachgemäßes Reinigen, Einkäufe, Büroarbeiten, um so langsam die Grundlage zu schaffen für die Aufgabengebiete einer jeden deutschen Hausfrau.

In Schleswig-Holstein beständen bisher zehn Arbeitslager, während in Mecklenburg, das ebenfalls zum Bezirk gehört, bereits 24 Lager vorhanden seien. Bis zum 1. Januar 1938 solle die Zahl der Arbeitslager insgesamt auf 40 erhöht werden. Besonderes Gewicht werde darauf gelegt, daß die Mädel sich nicht nur zum Sommerhalbjahr für den Arbeitsdienst melden. Im Winterhalbjahr seien die Aufgaben, die erfüllt werden müßten, die gleichen.

Die Ausführungen der Bezirksführerin wurden mit gespanntem Interesse aufgenommen. Eine Kaffeetafel vereinte dann die Arbeitsmaiden und die Pressevertreter zu zwanglosem Beisammensein an kleinen geschmackvoll gesetzten Tischen, wobei Gesangs- und Musikvorträge der Mädels des Arbeitsdienstlagers noch besonders erfreute.

EN vom 23.11.1937

EN vom 1.12.1937

Das neue Groß-Elmshorn.

Die fette Linie umschließt das frühere Elmshorner Gebiet, die punktierte Linie die am 1. April 1938 hinzukommenden Teile aus den Randgemeinden.

EN vom 1.12.1937

Vom 17. – 19. Dezember fanden im ganzen Reich Sammlungen der HJ für das Winterhilfswerk statt. Hierfür wurden die Schüler vom Unterricht befreit. Davor wurde vom 15. – 17. Dezember 1937 eine „Pfundsammlung" durchgeführt, wo Weizenmehl, Graupen, Nudeln, Gries, Zucker, Reis und Hülsenfrüchte gesammelt wurden. (72)

In einem Runderlass des Reichskommissars für die Preisbildung wurde die Frage der Miete behandelt:

„(...) Diese Aufgabe umfasst einerseits die genaue Überwachung der Innehaltung des bereits bestehenden Preiserhöhungsverbotes bei Mieten und auch die Senkung überhöhter Mieten, andererseits aber auch die Möglichkeit der Erhöhung einer Miete, deren Beibehaltung dem Vermieter auch vom Standpunkt der Allgemeinheit aus nicht zugemutet werden kann. (...)" (73)

EN vom 23.12.1937

EN vom 29.12.1937

Aufruf!
An alle Schaffenden des Kreises Pinneberg!

Das Jahr 1937 geht zu Ende. Wir begehen nun deutsche Weihnachten und finden uns zusammen in dem Bewußtsein, es war ein Jahr der Arbeit und der Pflichterfüllung. Unser Volk, geeint und geführt vom Führer, ist wiederum Garant des Friedens gewesen. Mitten in einer unruhigen Welt läßt uns unser Führer Adolf Hitler unserer aufbauenden Arbeit nachgehen. Kein stilliegender Betrieb erinnert uns mehr an die Zeit, wo sich Unternehmer Arbeitgeber nannten und doch keine Arbeit geben konnten, weil die politischen Voraussetzungen fehlten.

Der nationalsozialistische Staat schuf Betriebsgemeinschaften, die dem Betrieb Stabilität und Rentabilität geben, so daß jeder aufrechte Betriebsführer seinen Verpflichtungen Volk und Staat gegenüber gerecht werden kann.

Nur durch den Einsatz aller unserer Kameraden und Kameradinnen im Betrieb waren die großen Erfolge möglich. Jeglicher Erfolg ist das Verdienst aller Beteiligten. Dieses ist klar und öffentlich vom Beauftragten für den Vierjahresplan, Parteigenossen Göring, in seiner Verordnung vom 3. Dezember dieses Jahres, die die Bezahlung der Festtage bestimmt, zum Ausdruck gebracht.

Mit großer Freude habe ich die Feststellung machen können, daß mehrere Betriebsführer ihren gesamten Mitarbeitern und Mitarbeiterinnen darüber hinaus einen vollen Monatslohn überreichen werden. Andere, die hierzu nicht in der Lage sind, haben einen beachtlichen Betrag zur Ausschüttung bereitgestellt. Selbst um die Existenz des Betriebes schwer ringende Betriebsführer stehen nicht abseits und werden ihren Gefolgschaftsmitgliedern trotzdem noch eine Freude zum Weihnachtsfest bereiten. Beim Besuch von Weihnachtsfeiern, die von Betrieben veranstaltet wurden, habe ich fast nur freudestrahlende Augen gesehen, die Zeugnis davon ablegten, daß die Gefolgschaftsmitglieder sich mit ihrem Betriebsführer auf Gedeih und Verderb verbunden fühlen. Immer werden unsere Arbeitskameraden den guten Willen des Betriebsführers anerkennen. Jeder Betriebsführer möge sich in seinem Herzen aus der Dankbarkeit zum Führer heraus leiten lassen. Wenn jeder Betriebsführer aus dem Gefühl der Dankbarkeit handelt, weiß ich, daß meine Betriebsobmänner nur erfreuliche Meldungen machen werden. Diese Meldungen sollen für mich und alle meine Mitarbeiter eine besondere Genugtuung sein, gleichzeitig bei mir aber das Gefühl auslösen, weiterhin um die Befriedung und das Wiedererwachen der Betriebe im Kreis Pinneberg bemüht zu sein.

Dankbar bin ich allen Betriebsführern und Gefolgschaftsmitgliedern, die mir hier im Kreis Pinneberg von Anfang an Vertrauen entgegengebracht haben. Freudig versichere ich, daß auch mein Vertrauen zu ihnen unverändert sein wird.

Der Kreisleiter Pg. Paulsen teilt mit mir die Sorge um das Wohlergehen der Betriebe im Kreis Pinneberg. Das bedeutet für mich Verpflichtung und Ansporn zugleich, unermüdlich dafür zu sorgen, eine wahre Betriebsgemeinschaft zu schaffen.

Denn nur eine solche Betriebsgemeinschaft sichert den Arbeitsfrieden und somit auch das Wohl des Einzelnen.

So wünsche ich allen Schaffenden des Kreises Pinneberg ein frohes Weihnachtsfest und ein erfolgreiches neues Jahr.

In gläubigem Vertrauen wandern unsere Gedanken zum Führer, dem wir in seiner großen Verantwortung zur Seite stehen dürfen. Erst dann wird eine deutsche Weihnacht wahre und innere Befriedung auslösen.

Heil Hitler!

Sievers, Kreisobmann der DAF.

EN vom 22.12.1937

Am 5. Januar 1938 erließ der Jugendführer des deutschen Reiches eine Anordnung zur hauswirtschaftlichen Ertüchtigung (Arbeitspflicht) des BDM:

„Danach gehört es zur Erziehungsarbeit des BDM, dafür zu sorgen, dass jedes Mädel bereits im Alter seiner BDM-Zeit die selbstverständlichen Kenntnisse, die zu einer Haushaltsführung notwendig sind, erwirbt. Daneben muss erreicht werden, dass die weibliche Jugend in erster Linie die Berufe ergreift, die ihrer Art am meisten entsprechen, um den außerordentlich großen Nachwuchsmangel in hauswirtschaftlichen, sozialen und pflegerischen Berufen auszugleichen. Um eine generelle hauswirtschaftliche Ertüchtigung zu ermöglichen, und um eine Vorschulung für die sozialen und pflegerischen Berufe zu schaffen, wird es jedem Mitglied des BDM zur Pflicht gemacht, im Alter von 14 bis 21 Jahren hauswirtschaftliche Arbeit zu leisten. (...)" (74)

Mittlerweile stellten die Nationalsozialisten fest, dass die schulentlassenen Mädel sich vorwiegend kaufmännischen Berufen zuwandten. Um hier gegenzusteuern, wurde das Pflichtjahr für Mädchen geschaffen und ein Landjahr eingeführt:

„(...) Es ist darin ausdrücklich gesagt, dass ein außerordentlicher Nachwuchsmangel an hauswirtschaftlichen, sozialen und pflegerischen Berufen festzustellen sei. Um jener Entwicklung entgegenzuwirken und jedem Mädel rechtzeitig die selbstverständlichen Kenntnisse der Haushaltsführung zu vermitteln, hat bekanntlich der Reichsjugendführer jedem Mitglied des BDM zur Pflicht gemacht, im Alter von 14 - 21 Jahren hauswirtschaftliche Arbeit zu leisten. Die praktische Durchführung ist so gedacht, dass jedes Mädel innerhalb der genannten Lebensjahre nach Möglichkeit ein Jahr lang in einer hauswirtschaftlichen, landwirtschaftlichen oder sozialen Arbeit stehen muss. Die HJ hat an die Stelle der Pensionate früheren Stils die Haushaltsschulen des BDM gesetzt. Es wird aber kaum möglich sein, ihre Zahl so zu vergrößern, dass alle Anträge um Aufnahme erfüllt werden können. Ferner ist durch die Errichtung des Mädel-Landdienstes eine Organisation geschaffen, die weiter ausgebaut werden soll. Die Einführung eines hauswirtschaftlichen Jahres im Familienhaushalt stellt eine weitere Anlernmöglichkeit dar, die für schulentlassene Mädel in Frage kommt. (...) Das

Landjahr, dass zu praktischer Arbeit auf dem Dorfe die Anleitung schuf, wurde zuletzt von 13.000 Jugendlichen geleistet. Solche Mädel, die am Landjahr beteiligt waren, sollen ebenfalls von dem Pflichtjahr des BDM ausgenommen sein; das gleiche gilt von weiblichen Mitgliedern des Arbeitsdienstes. (...)" (75)

Die Grundsätze der Mädelerziehung stellte auch die neue Reichsreferentin für den BDM beim Reichsjugendführer, Jutta Rüdiger, im deutschen Rundfunk vor. (76)

„(...) Die Jungen, so führte sie aus, werden zu politischen Soldaten, die Mädel zu starken und tapferen Frauen erzogen, die diesen politischen Soldaten Kameradinnen sein sollen und unsere nationalsozialistische Weltanschauung später in ihrer Familie als Frauen und Mütter leben und gestalten und so wieder großziehen eine neue Generation der Härte und des Stolzes. Wir wissen, dass zu allen Zeiten der internationale Gegner – gleich, wie er sich tarnte - versucht hat, das deutsche Volk aufzuspalten und Männer gegen Frauen und Frauen gegen Männer aufzuhetzen. Die Frau, die politisch ungebildet war, wurde so oft unwissend als politisches Werkzeug unserer Gegner benutzt. Wir wissen, dass es keine internationalen Männerrechte und keine internationalen Frauenrechte gibt, sondern dass wir alle gemeinsam in einer großen Kameradschaft unsere Pflicht zu erfüllen haben.

In diesem Jahr wird ferner noch ein silbernes Leistungsabzeichen herausgegeben, das von jedem Mädel, das besonders tüchtig und fähig ist, vom 16. Lebensjahr ab erworben werden kann. Neben erhöhten sportlichen Anforderungen wird der Grundschein der Deutschen Lebensrettungsgesellschaft verlangt. Außerdem muss das Mädel eine Sportstunde und neben den verschiedensten weltanschaulichen Fragen, die es wissen muss, einen Heimabend leiten können. Gleichzeitig muss das Mädel einen Kursus im Gesundheitsdienst, dem ehemaligen UD-Dienst des BDM, oder im Luftschutz mitgemacht haben und an einer Großfahrt teilgenommen haben.

Nach dem Willen des Reichsjugendführers soll jedes BDM- Mädel an einer hauswirtschaftlichen Ausbildung teilnehmen. Damit erklären wir nicht den Kochtopf zum Erziehungsideal! Das politisch denkende Mädel weiß, dass jede Arbeit, sei es die der Arbeiterin, sei es die der Hausfrau, gleich wertvoll ist. Aus diesem Grunde haben wir in kurzer Zeit im Reich bereits 22 Haushaltsschulen eröffnet.

Im 17. Lebensjahr hat sich das Mädel einer Sonderausbildung im Sanitätsdienst oder in der Luftschutzarbeit zu unterziehen. Der allgemeine Dienst im BDM umfasst zwei Wochenstunden: Heimabend und Sport.

Da besonders in den älteren Jahrgängen die berufliche Ausbildung erhöhte Zeit beansprucht und die verschiedensten Mädel zusätzliche Kurse mitmachen möchten, um ihre Berufsleistung zu steigern, wird mit Wirkung vom 20. April 1938 der Dienst der Mädel im Alter von 18 bis 21 Jahren nur noch einmal wöchentlich stattfinden.

Der Pflichtsportdienst fällt von da ab fort, kann aber freiwillig im Reichsbund für Leibesübungen unter Aufsicht der Hitlerjugend weiterbetrieben werden. Die Jahrgänge von 18 bis 21 Jahren werden damit als Jahrgänge des Sondereinsatzes bezeichnet. Am 20. April werden die 18jährigen Mädel in Sonderscharen überwiesen.

Wenn das Mädel mit 21 Jahren den BDM verlässt, dann soll es in der Hinsicht weltanschaulich gefestigt, körperlich ertüchtigt und zum praktischen Einsatz bereit sein.

Dieses Mädel wird dann gern in die Nachwuchsgruppen der Frauenschaft gehen, um hier innerhalb des Frauen- und Mütterdienstes tätig zu sein. Die Aufgabe unseres Mädelbundes ist, Mädel zu erziehen zu Glaubensträgerinnen nationalsozialistischer Weltanschauung. Mädel, die eine Harmonie bilden von Körper, Seele und Geist." (77)

Leistungsabzeichen der HJ und des BDM. (Links Bronze, Rechts Silber). Webfund

Am 19. Januar 1938 wurde die Organisation „*Glaube und Schönheit*" gegründet. Die Ziele und Motivation für diese Organisation innerhalb der HJ erläuterte Baldur von Schirach auf einer Führertagung der Amtschefs und Gebietsführer in der Kroll-Oper in Berlin:

„*(...) Auf Anordnung des Jugendführers des Deutschen Reiches werden danach ab sofort innerhalb der Hitlerjugend die Mädel vom 17. bis 21. Lebensjahr in einer besonderen Organisation, die ihrem Wesen und Lebensalter entspricht, erfasst. Baldur von Schirach gibt dieser neuen Einrichtung den Namen:*

"BDM-Werk, Glaube und Schönheit".

Hierzu erklärte der Reichsjugendführer in seiner Rede: „Der Name dieser neuen Organisation" mag vielleicht im ersten Augenblick seltsam erscheinen, aber er umschließt nach meinem Gefühl vollständig unser Programm, denn was ich mit dieser Organisation will, liegt im Namen voll beschlossen. Ich möchte, dass hier, und zwar unter Führung von Sportwartinnen des BDM auf dem Gebiet der Gymnastik, Sport, der Körperpflege, aber auch der kulturellen Arbeit Vorbildliches geleistet wird. Auch möchte ich, dass durch diese Organisation Tanzkurse veranstaltet werden und eine ganz moderne Körpererziehung in dieser wesentlichen Altersstufe der weiblichen Jugend gefördert wird. Wir wollen Menschen, die vielleicht bisher als Gymnastiklehrerinnen und Sportlehrerinnen nicht viel mit Politik zu tun gehabt haben, in unseren Kreis aufnehmen. Hier müssen wir ihnen Arbeit geben, und sie müssen an diesem Werk „Glaube und Schönheit" dem modernen Erziehungsideal einer gläubigen und schönen Jugend dienen".

Körperpflege und Eleganz seien, so führte Baldur von Schirach weiter aus, in diesem Alter der weiblichen Jugend erzieherische Forderungen. Er wolle, dass dieses Werk, dass der Erziehung des schönen und gläubigen Menschen gelte, von der Öffentlichkeit richtig verstanden werde.

Um so schöner die deutschen Mädel würden, um so stolzer und selbstbewusster sollten sie sein. Mit der Aufnahme kultureller Werte und mit der Pflege des Körpers bekenne sich auch die weibliche Jugend zu einem Ideal der Haltung und der Achtung vor sich selbst.

Schließlich verkündete Baldur von Schirach, dass er am heutigen Tage die auf seine Anordnung hin von führenden deutschen Modehäusern ausgearbeiteten Modelle einer neuen BDM-Tracht, zu der künftig auch eine Festtracht für Führerinnen hinzukäme, gesehen und die Einführung einer solchen, unserem Ideal entsprechenden Kleidung verfügt hätte.

Die nächsten Wochen und Monate sollten im Zeichen des Aufbaues der Organisation "Glaube und Schönheit" und der Werbung der noch nicht im BDM erfassten Mädel dieser Altersstufen stehen." (78)

Symbol BDM-Werk Glaube und Schönheit (1938-1945). Das wappenartige Emblem der Organisation bestand aus einem goldenen und einem silbernen Stern auf dunkelblauem Schild. Gold und Silber symbolisieren den Übergang von der Jugend zur erwachsenen Frau.

Postkarte BDM-Werk Glaube und Schönheit (1938-1945). Anmut und Lebensfreude.

Elmshorn feierte den 30 Januar.

Heller Sonnenschein grüßte die braunen Kämpfer am gestrigen Morgen. Es war „Hitler-Wetter", nach Regen und Sturm ein frischer blanker Tag, wie man sich ihn nicht besser wünschen konnte. Die Fahnen des Dritten Reiches leuchteten in der Sonne, als aus allen Stadtteilen die Formationen des Führers anrückten, um im gemeinsamen Marsch den Willen zum Kampfe für Führer, Volk und Vaterland zu bekunden.

Kurz nach 10 Uhr setzten sich die braunen Kolonnen vom Neuen Marktplatz aus in Bewegung. In mustergültiger Ordnung und Disziplin ging es zunächst durch Klostersande, dann nach dem östlichen Stadtteil bis zur Mottstraße, durch die Traditionsstraße der Bewegung, die Schlageterstraße, durch Gärtnerstraße, Flamweg, Adolf-Hitlerstraße zum Hof der Adolf-Hitlerschule, wo der Standortälteste, Sturmbannführer Preuß, in einigen kurzen Worten die Kämpfer des Führers auf die Bedeutung des Tages hinwies. Begeistert hallte das „Sieg-Heil" auf den Führer über den Platz, und aus Tausenden von kräftigen Männerkehlen tönten die Lieder der Nation.

Kameradschaftsabend der NSDAP.

Kreisleiter Paulsen sprach im „Klosterhof."

–b– In großer Anzahl waren gestern abend die Mitglieder der Partei sowie ihrer Gliederungen, wie SA., SS., Marine-SA., NSKK., HJ. und BDM. im „Klosterhof" zur Feier des 30. Januar erschienen. Schon lange vor Beginn der Feier war der große Saal bis auf den letzten Platz gefüllt. Zur Einleitung spielte die Hauskapelle einige flotte Märsche. Dann folgte der Einmarsch der Fahnen.

Nachdem ein Marine-SA.-Mann den Vorspruch: „Gott geb uns noch einmal ein Vaterland eindrucksvoll gesprochen hatte, nahm Pg. Backhaus als stellvertretender Ortsgruppenleiter das Wort. Nachdem er alle Besucher im Namen der Ortsgruppe willkommen geheißen hatte, begrüßte er besonders Kreisleiter Paulsen aus Pinneberg. Er lenkte den Blick auf die 5 Jahre, die vergangen sind, seit durch die Aetherwellen die Kunde ging, daß Adolf Hitler des deutschen Volkes Kanzler geworden ist. Heute solle ein Rückblick auf das gegeben werden, was geschaffen sei. Dazu erteilte er dem Kreisleiter Paulsen das Wort.

Heute, am 30. Januar, so führte der Kreisleiter Paulsen aus, könne er nur ein Loblied auf den Mann singen, der uns Gelegenheit gebe, froh und glücklich zu sein. Der Kampf des Führers um die Macht sei nicht leicht gewesen. Er gab dann einen kurzen Rückblick auf die verflossenen Jahre und schilderte anschaulich, wie er seit 1926 mit seinem Gauleiter durch die Provinz Schleswig-Holstein gezogen ist. Trotz aller Fehlschläge hätten sie im Kampf nicht nachgelassen. Mit der fortschreitenden wirtschaftlichen Not sei auch der Nationalsozialismus fortgeschritten bis in die kleinsten Orte. Die Gegenseite hätte bald gemerkt, daß hier eine Bewegung im Entstehen sei, die ihr gefährlich werden könne. Daher wuchs der Terror auf der Gegenseite mehr und mehr. Der 30. Januar sei die Geburtsstunde des Dritten Reiches. Damals hätten die Gegner dem Führer eine Regierungszeit von 6 Wochen vorausgesagt. Es sei aber ganz anders gekommen. Heute sei der nationale Sozialismus Wahrheit geworden. Keiner stehe mehr allein. Der Führer habe mit sicherer Hand das Ruder des Staates geführt. Von Punkt zu Punkt sei der Führer geschritten zur Erfüllung seines Programms, ohne auch nur einmal einen Fehlgriff zu tun. Wir wollen jetzt, so schloß der Kreisleiter, in das 6. Jahr hineingehen mit dem Vorsatz, immer das zu tun, was wir vor dem Führer verantworten können. Wir wollen helfen an dem Aufbau des tausendjährigen Reiches, mit dem Führer für Deutschland!

Der stellvertretende Ortsgruppenleiter, Pg. Backhaus, dankte dem Kreisleiter für seine vortrefflichen Worte. Er schloß mit einem „Sieg-Heil!" auf den Führer.

Nachdem die beiden Nationallieder verklungen waren, erfolgte der feierliche Ausmarsch der Fahnen. Danach blieben die Parteigenossen mit ihren Frauen noch einige Stunden in kameradschaftlicher Weise zusammen.

Die Ortsgruppe Elmshorn-Fuchsberg

feierte in Tychsens Klub- und Ballhaus. Die Parteigenossen hatten sich mit ihren Angehörigen zahlreich eingefunden. Die Liebhaberkapelle für Volksmusik unter Leitung ihres Dirigenten Möller sorgte für Unterhaltung und verstand es, die richtige festliche Stimmung zu schaffen.

Ortsgruppenleiter Pg. Nicolai führte in treffender Weise den Versammelten noch einmal vor Augen, was früher war und was in diesen ersten 5 Jahren des Dritten Reiches erreicht wurde. Früher wurde das Reich geführt durch eine Politik, die, von Juden geleitet, die Lebensgesetze des deutschen Volkes bewußt mißachtete und an deren Ende das Chaos stand. Weder Terror noch Mord von Seiten der Linken konnten die Kämpfer Adolf Hitlers von ihrem Ziel abbringen. Am 30. Januar 1933 begann endlich der Weg nach oben, begann für Deutschland die historische Wende. Der Führer hatte nichts versprochen, was er nicht auch erreicht hat. Wir alle kennen die Etappen auf diesem Wege nach oben. Unsere Arbeit gilt weiter dem Aufbau, auf daß die letzten Schlacken, die sich dem großen Ziel entgegenstellen, als Feinde erfühlt werden. Wir wollen sein ein Volk der Arbeiter der Stirn und der Faust, das nur ein Ziel kennt: Deutschland. Der Ortsgruppenleiter gedachte des Führers mit einem dreifachen „Sieg-Heil!", das Dank und Verpflichtung zu neuer Arbeit zugleich war. Die Lieder der Nation schlossen den Teil.

Im weiteren Verlauf des Abends erzählte Pg. Böhm Erlebnisse aus der Kampfzeit, schilderte die Ereignisse am Altonaer Blutsonntag und zeichnete ein Bild von der Freude der Alten Kämpfer, als sie erfuhren, daß Hitler Reichskanzler geworden war.

Bei Musik und gemeinsam gesungenen Kampfliedern verlebten alle noch einige Stunden herzlicher Kameradschaft.

Die Parteigenossen der Ortsgruppe Elmshorn-Altstadt

hatten sich zu einer schlichten Feier im „Holsteinischen Hof" eingefunden. Nach dem Fahneneinmarsch und der Totenehrung gelangten Zuschnitte aus dem Buche von Dr. Goebbels „Vom Kaiserhof zur Reichskanzlei", die Bezug nahmen auf den 29. und 30. 1. 1933, zur Verlesung. Danach ergriff Ortsgruppenleiter Pg. Letje das Wort zu einer kurzen Würdigung des Tages. Eingangs schilderte er die Zeit vor der Machtübernahme und den Kampf der nationalsozialistischen Bewegung gegen das damalige Regime. Im weiteren Verlauf seiner Rede führte er die ungeheure Leistung, die der Führer und damit die nationalsozialistische Bewegung am Aufbau für das deutsche Vaterland innerhalb der letzten fünf Jahre vollbracht hat, vor Augen. Gerade der heutige Tag sei dazu angetan, einen Rückblick zu halten, um hieraus die Kraft für den weiteren Kampf bis zur völligen Durchführung des Programms der NSDAP. zu schöpfen.

Er schloß seine Ansprache mit einem Wort aus der Neujahrsbotschaft des Jahres 1928 „Wir alle müssen eine einzige große Kampfgemeinschaft werden, Führer und Anhänger verbunden und aufeinander bauend. Es mag kommen, was kommen will, wir werden den Kiefer zusammenpressen, die Köpfe klar behalten und vorwärts marschieren."

Im Anschluß daran nahm der Ortsgruppenleiter die Verpflichtung einer Anzahl Parteianwärter vor. Die Feierstunde wurde abgeschlossen mit einem „Sieg-Heil!" auf Führer, Volk und Vaterland.

Nach dem offiziellen Teil blieben die Parteigenossen noch einige Stunden kameradschaftlich zusammen. Im Verlaufe des Abends wurde der Film vom Mussolini-Besuch in Deutschland und „Trutz blanke Hans" gezeigt.

EN vom 31.1.1938

EN vom 29.1.1938

Stärkste Konzentration aller politischen, militärischen und wirtschaftlichen Kräfte in der Hand des Obersten Führers.

Der Führer übernimmt den Oberbefehl über die Wehrmacht.

Wehrmachtsamt wird Oberkommando der Wehrmacht und ist dem Führer als dessen militärischer Stab persönlich unterstellt.

DNB. Berlin, 4. Februar. Der Führer und Reichskanzler hat folgenden Erlaß über die Führung der Wehrmacht herausgegeben:

"Die Befehlsgewalt über die gesamte Wehrmacht übe ich von jetzt an unmittelbar persönlich aus.

Das bisherige Wehrmachtsamt im Reichskriegsministerium tritt mit seinen Aufgaben als "Oberkommando der Wehrmacht" und als mein militärischer Stab unmittelbar unter meinen Befehl.

An der Spitze des Stabes des Oberkommandos der Wehrmacht steht der bisherige Chef des Wehrmachtsamtes als "Chef des Oberkommandos der Wehrmacht". Er ist im Range den Reichsministern gleichgestellt.

Das Oberkommando der Wehrmacht nimmt zugleich die Geschäfte des Reichskriegsministeriums wahr, der Chef des Oberkommandos der Wehrmacht übt in meinem Auftrage über den Reichskriegsminister zustehenden Befugnisse aus.

Dem Oberkommando der Wehrmacht obliegt im Frieden nach meinen Weisungen die einheitliche Vorbereitung der Reichsverteidigung auf allen Gebieten.

Berlin, den 4. Februar 1938.

Der Führer und Reichskanzler gez. Adolf Hitler.

Der Reichsminister und Chef der Reichskanzlei. gez. Dr. Lammers.

Der Chef des Oberkommandos der Wehrmacht gez. Keitel".

Bildung eines geheimen Kabinettsrates.

Reichsminister Freiherr von Neurath zum Präsidenten des Geheimen Kabinettsrates ernannt.

DNB. Berlin, 4. Februar. Der Führer hat folgenden Erlaß über die Errichtung eines Geheimen Kabinettsrates herausgegeben:

"Zu meiner Beratung in der Führung der Außenpolitik setze ich einen Geheimen Kabinettsrat ein.

Ich ernenne zum Präsidenten des Geheimen Kabinettsrates den Reichsminister Freiherrn von Neurath.

Ich berufe als Mitglieder in den Geheimen Kabinettsrat:

den Reichsminister des Auswärtigen Joachim von Ribbentrop,

den Preußischen Ministerpräsidenten, Reichsminister der Luftfahrt und Oberbefehlshaber der Luftwaffe Generalfeldmarschall Hermann Göring,

den Stellvertreter des Führers Reichsminister Rudolf Heß,

den Reichsminister für Volksaufklärung und Propaganda Dr. Joseph Goebbels,

den Reichsminister und Chef der Reichskanzlei Dr. Hans-Heinrich Lammers,

den Oberbefehlshaber des Heeres, Generaloberst Walther von Brauchitsch,

den Oberbefehlshaber der Kriegsmarine Generaladmiral Dr. h. c. Erich Raeder,

den Chef des Oberkommandos der Wehrmacht General der Artillerie Wilhelm Keitel.

Die laufenden Geschäfte des Geheimen Kabinettsrates führt der Reichsminister und Chef der Reichskanzlei.

Berlin, den 4. Februar 1938.

Der Führer und Reichskanzler. gez. Adolf Hitler.

Der Reichsminister und Chef der Reichskanzlei. gez. Dr. Lammers.

Entbindung des Reichsaußenministers von seinem bisherigen Amt.

DNB. Berlin, 4. Februar. Der Führer und Reichskanzler hat den Reichsminister Freiherrn von Neurath von seinem Amt als Reichsminister des Auswärtigen entbunden und zugleich bestimmt, daß Freiherr von Neurath weiterhin "Reichsminister" bleibt. Der Führer hat ihn zum Präsidenten des neugebildeten Geheimen

EN vom 5.2.1938

Im Februar 1938 sollten die Ortsgruppen neu gestaltet werden.

„(...) Es ist dabei geplant, das Ortsgruppengebiet nicht mehr als 1000 Haushaltungen umfassen zu lassen. Da die Tätigkeit der Ortsgruppenamtsleiter und des Ortsgruppenleiters ehrenamtlich ist, wird Wert darauf gelegt, das Hoheitsgebiet so klein wie möglich zu halten. Dadurch wird leichter die Gewähr gegeben, dass die politischen Leiter der Ortsgruppen neben der Erfüllung ihrer Berufs- und Familienpflichten ihren Dienst für die Partei vollwertig versehen können. Die Aufgabe der Partei ist es, sich um den Volksgenossen zu kümmern und nicht zu warten, bis er aus Not oder anderen Gründen sich in einer Geschäftsstelle meldet." (79)

Am 1. April 1938 wurden die Abiturientinnen zu einem halbjährigen Arbeitsdienst einberufen.

„Der Reichsarbeitsdienst für die weibliche Jugend hat sich verpflichtet, sämtliche Abiturientinnen, die zu studieren beabsichtigen, am 1. April 1938 zu einer halbjährigen Arbeitsdienstzeit heranzuziehen. Diese Neuregelung bedeutet den Anfang der allgemeinen weiblichen Arbeitsdienstpflicht. Künftig werden die Studentinnen erst dann zum Kollegheft greifen, wenn sie den Segen und den Wert des Arbeitsdienstes erlebt haben. Nach diesem Halbjahr nimmt er NSD-Studentenbund die Studentinnen in die Kameradschaftserziehung der Arbeitsgemeinschaft Nationalsozialistischer Studentinnen (ANSt.) auf. Die Ferien sind mit Land- und Fabrikdienst, oder Erntehilfe ausgefüllt - während der Semester arbeitet sie praktisch für die RSB. Vom vierten Semester ab ist für die Studentin der Dienst in einer anderen Gliederung der NSDAP im BDM, in der NSF (Anm. Verf.: Nationalsozialistische Frauenschaft) selbstverständliche Pflicht." (80)

Hermann Göring erließ am 15. Februar als Beauftragter für den Vierjahresplan eine Anordnung, nach der ledige weibliche Kräfte unter 25 Jahren von privaten und öffentlichen Betrieben und Verwaltungen als Arbeiterinnen oder Angestellte nur eingestellt werden dürfen, wenn sie eine mindestens einjährige Tätigkeit in der Land- und Hauswirtschaft durch das Arbeitsbuch nachweisen. Vom Lande stammende Arbeitssuchende müssen die Tätigkeit auf dem Lande abgeleistet haben. Es wurden in Folge der Anordnung von Goering am 16. Februar 1938 Vorschriften für die praktische Durchführung des weiblichen Pflichtjahres erlassen. Das Pflichtjahr beschränkte sich dabei auf diejenigen ledigen weiblichen Arbeitskräfte unter 25 Jahren, die vor dem 1. März 1938 noch nicht als Arbeiterinnen oder Angestellte beschäftigt waren. Bei Abschluss eines Lehrvertrages konnte das Pflichtjahr auch nach Ende der Lehrzeit abgeleistet werden. (81)

Am 24. März 1938 wurde die Anordnung des Präsidenten der Reichsanstalt für Arbeitsvermittlung und Arbeitslosenversicherung mit Zustimmung des Reichswirtschaftsministers in der NBZ veröffentlicht, nach der die Jugendlichen, die seit 1. Januar 1934 von einer Volks-, Mittel- oder höheren Schule abgegangen waren und noch keine Arbeit gefunden bzw. eine Ausbildung angetreten hatten, sich beim zuständigen Arbeitsamt des Wohnortes zu melden hätten.

„Es hat sich nun allerdings herausgestellt, dass gerade Jugendliche aus einer ganzen Reihe von Gründen, die zum großen Teil einer gewissenhaften Prüfung nicht standhalten, sich unbeschäftigt oder nicht genügend beschäftigt zu Hause aufhalten. Es handelt sich um Mädchen und auch um Jungen, die einer nutzbringenden Tätigkeit zugeführt werden können." (82)

Der weibliche Arbeitsdienst.
Ein neuer Beruf: Arbeitsdienstführerin.

Am Nachmittag des 17. Februar hielt in der Oberschule für Mädchen eine Führerin vom Bezirk III des Arbeitsdienstes für die weibliche Jugend einen längeren Vortrag. Fräulein Große besucht augenblicklich alle größeren Schulen der Nordmark, einmal die Oberschule, dann aber auch alle hauswirtschaftlichen und landwirtschaftlichen Schulen, um den Mädels von der Aufgabe des Arbeitsdienstes überhaupt zu erzählen, besonders aber auch von dem neuerstandenen Beruf der Arbeitsdienstführerin.

Fräulein Große gab anfangs einen kurzen Überblick über die Geschichte des Arbeitsdienstes. 1932, zur Zeit des größten Elends und der furchtbarsten Arbeitslosigkeit in Deutschland entstanden die ersten Arbeitslager, sowohl für Jungen als auch für Mädel. Gewiß galt es damals, erwerbslose Jugendliche einmal von der Straße zu holen, ihnen Obdach und Verpflegung zu geben. Aber wenn das allein die Grundpfeiler des Arbeitsdienstes gewesen wären, würden wir ja heute, wo ja Deutschland keine Arbeitslosigkeit mehr kennt — eher das Gegenteil, Mangel an Arbeitskräften — den Arbeitsdienst nicht mehr brauchen. Er steht aber da, stärker als je. In ihm steckt eine weittragende Idee. Der Führer sprach von ihm als der Schule der Nation. Der Führer hat, überzeugt von der Notwendigkeit dieser Erziehung bei gemeinsamer Arbeit am deutschen Boden und für das deutsche Volk, beim Zusammensein im Lager und Unterricht, Leibeserziehung und Freizeit, im Juni 1935 das Gesetz der Arbeitsdienstpflicht geschaffen.

In diesem Gesetz steht: Jeder Deutsche, einerlei, ob Junge oder Mädel, ist verpflichtet, zum Dienst am Volk!

Bei den Jungens ist das schon durchgeführt, sie werden Jahrgang für Jahrgang eingezogen. Bei den Mädchen werden heute auch die Vorbereitungen dazu getroffen. Heute stehen bereits 25 000 freiwillig unter der Fahne des Arbeitsdienstes für die weibliche Jugend. Es müssen aber einmal alle hinein. Ein Volk besteht nun mal aus Männern und Frauen. Da darf man nicht einen Teil von einer Erziehung ausschließen, die nirgends so zwingend wirkt, wie in einem Lager, wo viele junge Menschen gemeinsam arbeiten — und sich freuen.

Ebenso selbstverständlich, wie heute die allgemeine Schulpflicht ist, die doch Jungens und Mädels umfaßt, muß jedem wahrhaften Nationalsozialisten das Verlangen nach der allgemeinen Arbeitsdienstpflicht sein. Die heutige Mädelgeneration hat da eine ungeheure Verpflichtung vor all dem Kommenden. Sie muß beweisen, daß sie als Frau die Aufgaben ihrer Zeit erkannt hat, daß sie daran mitschaffen will.

Die Führerin im Arbeitsdienst steht da an sehr verantwortlicher Stelle. In ihrer Hand liegt es, die 40 Maiden ihres Lagers mit der rechten Einstellung an die Arbeit heranzubringen, an der sie für 7 Stunden des Tages bei Bäuerinnen oder Siedlersfrauen im Dorf gebunden sind. Gerade das Mädel aus der Stadt bekommt da einen Einblick in das schwere Tagewerk einer solchen Frau und wird dadurch später nie leichtfertig mit Brot und anderen Erzeugnissen umgehen.

Diese Führerin im Arbeitsdienst hat weiter im Unterricht und den übrigen gemeinsamen Stunden im Lager die Aufgabe, die Maiden zum Verständnis des neuen Deutschland zu führen. Sie muß erreichen, daß diese Maiden bedingungslos ja sagen zu allen Anordnungen und Gesetzen des Führers.

Fräulein Große schilderte dann weiter die Aufgabengebiete der einzelnen Führerinnen (Verwaltung, Wirtschaft, Schulung) und ging dann auf die Ausbildungsvorschriften, Gehalts- und Aufstiegsmöglichkeiten ein, die jetzt in einem Mitteilungsblatt herausgekommen sind.

EN vom 19.2.1938

In den dreißiger Jahren war es noch keine Selbstverständlichkeit, einen Radioempfänger zu besitzen. Neben öffentlichen Veranstaltungen, auf denen die Reden gemeinsam gehört wurden, war man auf Nachbarschaftshilfe angewiesen.

EN vom 19.2.1938

Seit dem 21. Februar 1938 wurden jeden Montag im Kreis Pinneberg der *„Wochenspruch des Führers"* eingeführt. Dieser im Reichsgebiet schon länger existierende Richtspruch sollte in allen Büros, in den Werkstätten, Empfangs-, Verkaufs- und Gemeinschaftsräumen der Betriebe, in Gaststätten, Läden und Zeitungen auf Anordnung vom Stellvertreter des Führers ausgehängt und veröffentlicht werden. (83)

Die unterschiedlichen Formen der Verpflichtung von jungen Mädchen in Form des Pflichtjahres und des Arbeitsdienstes machten es nötig, auf die Unterschiede hinzuweisen:

Das weibliche Pflichtjahr.

§§ Die Einführung des weiblichen Pflichtjahres ist als Grundsatz verkündet worden. Es ist nicht mit dem Arbeitsdienst zu verwechseln, denn dieser ist eine staatliche Einrichtung, während das Pflichtjahr nur die Vorschrift in sich trägt, daß jedes Mädchen unter 25 Jahren, das in ein Büro, in den Laden oder in die Fabrik gehen will, den Nachweis erbringen muß, zuvor mindestens ein Jahr in der Landwirtschaft oder in der Hauswirtschaft tätig gewesen zu sein. Außerdem ist vor einiger Zeit die Anweisung an die Arbeitsämter ergangen, die Abwanderung von landwirtschaftlichen Arbeitskräften unter 25 Jahren in gewerbliche Betriebe unter allen Umständen zu verhindern. Die Ableistung des weiblichen Arbeitsdienstes gilt jedoch als Ersatz für das Pflichtjahr der Mädchen.

Die praktische Anwendung des Pflichtjahres erfolgt zunächst nur bei denjenigen Mädchen, die erstmalig in das Berufsleben treten. Sie wird vorerst auch nur bei solchen Arbeitskräften angewandt, die sich in die Textilindustrie, das Bekleidungsgewerbe oder in die Tabakindustrie begeben wollen, sowie für solche Mädchen, die Stellungen in Büros und kaufmännischen Betrieben annehmen wollen. Dabei sind private und Behördenbetriebe gleichgesetzt.

Welche Bedeutung trotz dieser Einschränkung die Neuregelung finden wird, geht daraus hervor, daß nach der Statistik der Reichsanstalt vom 1. Juni 1936 bis 30. Juni 1937 allein an schulentlassenen Mädchen Arbeit gesucht haben: Im Spinnstoffgewerbe 9000, im Bekleidungsgewerbe 25 700, in kaufmännischen Berufen 81 500, in Büroberufen 4800, in der Tabakindustrie 1500. Diese Zahlen geben aber noch kein vollständiges Bild, weil immer nur ein Teil der Schulentlassenen den Rat der Arbeitsämter in Anspruch nimmt.

Der Führer hat in seiner großen Rede darauf hingewiesen, daß wir heute über einen Mangel an Arbeitskräften zu klagen haben. Der Erlaß des Generalfeldmarschalls Göring spricht mit Recht davon, daß insbesondere die Bäuerin unter der Arbeitslast fast zusammenbricht, weil die Hilfskräfte fehlen. Nach der Statistik der Arbeitslosenversicherung ist die Zahl der nicht den Familien angehörigen Hilfskräfte in der Landwirtschaft von 2 158 000 im Jahre 1936 auf 2 041 000 im Jahre 1937 zurückgegangen, trotzdem die Intensivierung der Landwirtschaft einen erhöhten Bedarf an Arbeitskräften erfordert. Man schätzt den Fehlbedarf auf 250 000. Die genannten Ziffern über die Anmeldung zu den „gesperrten" Berufen und Gewerben ergaben über 120 000 weibliche Arbeitskräfte im Jahre, von denen aber sicherlich ein Teil den Weg in die Hauswirtschaft finden wird, um das Pflichtjahr dort zu verbringen. Dabei sollen aber kinderreiche Familien (mit mehr als 4 Kindern) bevorzugt werden. Ausländisch: Wanderarbeiter

EN vom 24.2.1938

Vollends aus dem Elmshorner Geschäftsleben ausgeschaltet, wurden die Juden im Jahre 1938. Stolz konnten die Elmshorner Nachrichten am 22. Februar 1938 verkünden:

„Juden und Genossenschaften.

Vorbildliches Vorgehen der Elmshorner Kreditbank.

Aus der Tagesordnung für die Generalversammlung der Elmshorner Kreditbank ist ersichtlich, dass diese, dem gewerblichen Genossenschaftswesen angehörende Genossenschaft, beabsichtigt, sich von ihren jüdischen Mitgliedern loszusagen und

für die Zukunft die Aufnahme jüdischer Mitglieder zu unterbinden. Das ist unseres Wissens das erste Mal im ganzen Reich, dass eine Kreditgenossenschaft, die noch dazu zu den größten Norddeutschlands gehört, die Folgerungen aus der politischen Entwicklung zieht (...)

In deutschen Gemeinschaftsunternehmungen kann der Jude nach unserem Volksempfinden keine Rechte mehr haben (...) Der Gauwirtschaftsberater, Parteigenosse Malzahn, hat in einem Schreiben der Hoffnung Ausdruck gegeben, dass die Elmshorner Kreditbank nicht die einzige Genossenschaft bleibt, in der Juden nichts mehr zu melden haben." (84)

Genossenschaft schließt die Juden aus
Vorbildliches Vorgehen der Elmshorner Kreditgenossenschaft

Aus dem Geschäftsbericht und der Tagesordnung für die Generalversammlung der Elmshorner Kreditbant e. G. m. b. H. ist ersichtlich, daß diese dem gewerblichen Genossenschaftswesen angehörende Genossenschaft beabsichtigt, sich von ihren jüdischen Mitgliedern loszusagen und für die Zukunft die Aufnahme jüdischer Mitglieder zu unterbinden.

Das ist unseres Wissens das erste Mal im ganzen Reich, daß eine Kreditgenossenschaft, die noch dazu zu den größten in Norddeutschland gehört, die Folgerungen aus der politischen Entwicklung zieht. Hier zeigt sich wieder einmal, wie notwendig es ist, daß auch die leitenden Posten, wie Vorstand und Aufsichtsrat, in rein wirtschaftlichen Gebilden von Nationalsozialisten besetzt sind. Genossenschaften sind ihrer Natur nach Zusammenschlüsse von Volksgenossen, also Gemeinschaftsunternehmungen.

In deutschen Gemeinschaftsunternehmungen kann der Jude nach unserem Volksempfinden keine Rechte mehr haben.

Wie leicht kann es vorkommen, daß bei der allgemeinen Interesselosigkeit in Generalversammlungen zu einer solchen Versammlung nur Juden oder doch in der Mehrheit Juden erscheinen, die dann, weil das Genossenschaftsgesetz heute noch keine Unterschiede zwischen Juden und Ariern kennt, dem Vorstand und dem Aufsichtsrat einer Genossenschaft ihren Willen aufzwingen.

Das hat die Leitung der Elmshorner Kreditbant klar erkannt und sie zieht daraus die einzig möglichen Folgerungen, ohne Rücksicht darauf, ob sie damit einige Kunden und etwas Umsatz verliert oder nicht. Das ist ja gerade das, was der Nationalsozialismus von der Wirtschaft verlangt, nämlich, daß sie sich aus sich heraus so einstellt, wie es dem Willen der politischen Führung entspricht, ohne daß sie erst einmal abwartet, bis entsprechende gesetzliche Bestimmungen erscheinen.

Der Gauwirtschaftsberater, Parteigenosse Malzahn, hat in einem Schreiben der Hoffnung Ausdruck gegeben, daß die Elmshorner Kreditbant nicht die einzige Genossenschaft bleibt, in der Juden nichts mehr zu melden haben.

Schleswig-Holsteinische-Tageszeitung vom 22.2.1938

Die Generalversammlung der Bank fand am 24. Februar 1938 statt. Hier erfolgte einstimmig die Annahme eines Antrages auf Einführung des Arierparagraphen in die Satzung. (85)

Diese Satzungsänderung hatte für die Juden schwerwiegende Folgen. Da die jüdischen Geschäftsleute nach Rückgang ihres Umsatzes zu einem großen Teil Hypotheken bei der Kreditbank aufgenommen hatten und ihnen diese nun gesperrt wurden, waren sie gezwungen, ihren Besitz zu veräußern, um die Hypothekenschulden zu bezahlen. (86)
Es war ein sogenannter „Einheitswert" festgelegt worden, zu dem die Fabriken, Geschäfte und der Grundbesitz verkauft werden durften. Dieser „Einheitswert" lag selbstverständlich unter dem Realwert. So betrug der Einheitswert im Falle der Lederfabrik Otto Oppenheim, Flamweg, einschließlich des Wohnhauses 30.000 RM. (87) Das Wohnhaus allein war 1933 noch bei der Landesbrandkasse mit einem Wert von 26.880 RM versichert. (88)

Im Laufe des Jahres wurden u.a. noch das Grundstück mit Haus und Firma vom Pferdehändler William Oppenheim (Parallelstraße) im April 1938, die Firma Max Meyer (Schulstr.) und die Konservenfabrik Albert Hirsch (Gerlingsweg) „arisiert":

„Gekauft hat Herr Direktor Bull die Konservenfabrik von Hirsch & Co. am Gerlingsweg. Damit wird dieser Betrieb entjudet. Herr Bull wird den ganzen Betrieb einer Erneuerung unterziehen und die Fabrik zu einem Lebensmittel-betrieb ausbauen, der für die ganze Umgegend mustergültig werden soll." (89)

Der Käufer der Konservenfabrik Hirsch, Wilhelm Bull, verschickte am 1. April 1938 Briefe, in denen er sich der Kundschaft empfahl. (90) Auf dem Briefkopf prangte, neben dem Namen, das alte Geschäftszeichen der Fabrik Hirsch, das Stadtwappen von Elmshorn. Albert Hirsch war 1935 vom Magistrat verboten worden, es weiter zu verwenden, da er jüdischer Abstammung sei. (91)

Sally Oppenheim & Sohn
Elmshorn i. H.
Fabrik technischer Öle und Fette
Lederabfälle

Sally Oppenheim & Sohn
Elmshorn i. H.
Fabrik technischer Öle und Fette
Lederabfälle

Fernsprecher Nr. 118
Bank-Konto Elmshorner Kreditbank
Postscheck-Konto Hamburg 56552
Telegramm-Adresse Sally Oppenheim

Abb.: oben li: Fabrik Sally Oppenheim, später Otto Oppenheim, Flamweg 132, Privatarchiv Kirschninck

Oben re: Wohnhaus Otto Oppenheim, Flamweg 132, ca. 1920, Privatarchiv Kirschninck

Li: Briefkopf Fa. Sally Oppenheim, Privatarchiv Kirschninck

Abb.: Belegschaft der Firma Oppenheim ca. 1926 , 2.v.l. Sally Oppenheim, 2.v.r.
Otto Oppenheim, Privatarchiv Kirschninck

Abb.: Konservenfabrik Hirsch Gerlingsweg, o. J. , Privatarchiv
Kirschninck

Abb.: Konservenfabrik Hirsch Gerlingsweg, o. J. , Privatarchiv
Kirschninck

HOLSTEINISCHE KONSERVENFABRIK
WILHELM BULL
ELMSHORN BEI HAMBURG

Fernsprecher 2431

Bank-Konto:
Spar- und Leihkasse Elmshorn

Postscheck-Konto: Hamburg 21345

Postfach 68

Elmshorn, den 1. August 1938

Bitte nehmen Sie Kenntnis!

     Im Wege der Entjudung habe ich heute im Einvernehmen mit den oberen Verwaltungsbehörden die Firma Holsteinische Konservenfabrik Albert Hirsch käuflich erworben!

     Ich werde das Werk unter der Bezeichnung
     Holsteinische Konservenfabrik Wilhelm Bull
weiterführen.

     Der verehrten Kundschaft, meinen Geschäftsfreunden und meinen Mitarbeitern, bringe ich dieses hiermit zur Kenntnis.

     Als Lebensmittelfachmann werde ich mein Bestreben darauf richten, das Werk leistungsfähig zu gestalten und meine Kundschaft mit preiswerten Qualitätserzeugnissen zu beliefern.

     Bitte, schenken Sie mir Ihr Vertrauen.

          Heil Hitler!

          Wilhelm Bull

Brief von Wilhelm Bull an die Kundschaft der Konservenfabrik Hirsch. Aus: Billstein, Aurel: Der große Pogrom, die „Reichskristallnacht" in Krefeld. Krefeld o.J.

Unter dem Motto: „Alle Zehnjährigen zu uns!" warb die Hitlerjugend im Jahre 1938 um die Mitgliedschaft in der Jugendorganisation. Auf Plakaten und in Zeitungsartikeln wurde die große Werbetrommel gerührt.

Propagandaplakate für die HJ 1938.

„(…) Wo sind heute noch Eltern, die zögern würden, ihre zehnjährigen Jungen und Mädel der Erziehungsarbeit der HJ zu überlassen?

Alle sind sich darüber klar, dass sich das deutsche Jungvolk mit der Übernahme eines Jungen auch jede Sorge um ihn aufbürdet und an dieser ernsten Verpflichtung bis ins Letzte festhält. Die Betreuung jedes einzelnen Jungen und Mädels reicht über das dem Außenstehende sichtbare, reine Diensttun weit hinaus. Sie gilt jedem Jungen ganz persönlich bis in sein innerstes Wesen und seine Daseinsverhältnisse.

Die HJ hat hier zuallererst die Aufgabe, gesunde und richtige Ziele, gleichwertig für alle, zu erreichen, und ein klares, weltanschaulich gefestigtes Denken und Handeln bei allen zu erzeugen.

Hier sei aber gleich gesagt, um irrigen Gedanken zu begegnen, dass die Erziehung und Bildung der Deutschen Jugend niemals Angelegenheit einer einzigen Stelle sein kann, sondern dass vielmehr drei Faktoren in vertrauensvoller kameradschaftlicher Zusammenarbeit an der Lösung dieser Aufgabe mithelfen: das deutsche Elternhaus, die deutsche Schule und die Jugendführung des Deutschen Reiches mit ihren Organen. Nur dann, wenn diese drei als Gemeinschaft wirken und sich in den Grundzügen klar sind über die eigentliche Aufgabe ihres Erziehungsteils, kann ein wirklich wertvolles Werk geleistet werden, das seine stolzeste Blüte in der charakterlich-seelischen Erziehung zur Führung und zum Führertum treibt.

Mit der Aufnahme des neuen Jahrgangs sind zwangsläufig umfangreiche organisatorische Arbeiten verbunden, aber jeder Hitlerjunge und jedes BDM-Mädel erledigt sie mit besonderem Stolz, denn sie sind alle von dem einen Gedanken beseelt, dem Führer an seinem Geburtstag die restlose Erfassung eines neuen Jahrgangs melden zu können.

Die HJ wendet sich in diesem Jahr an den neuen Jahrgang 1927/28 mit der Parole: „Die Zehnjährigen zu uns!", und es gibt wohl keinen Vater und keine Mutter in Deutschland, die nicht die gleiche Überzeugung haben, dass es für den Sohn und die Tochter kein besseres Vorbild geben kann, als es der Führer selbst ist. Ihm gehören die Herzen aller Deutschen. In Ehrfurcht und Liebe schlagen ihm besonders die Herzen der Jugend entgegen. Für den Führer aber gibt es keine größere Freude, als die an seiner Jugend. Ihm, der unser aller Sorge trägt, der für uns denkt und handelt, möchten wir an seinem Geburtstag in diesem Jahr die Freude bereiten, Ihm sagen zu dürfen: „Führer, alle Zehnjährigen sind bei uns!" (92)

Zu den Einschüchterungsmaßnahmen der Nationalsozialisten gehörten auch fragwürdige Gerichtsurteile, die groß in Zeitungsartikeln herausgestellt wurden. Diese hatten die Aufgabe, die Bürger zu verunsichern und auf eine nationalsozialistische Linie zu drängen.

Urteil über die „ernsten Bibelforscher".

Berlin, 2. März. Zur Frage der Erziehung von Kindern in der „Lehre der ernsten Bibelforscher" liegt jetzt eine höchstinstanzliche Entscheidung, und zwar des Oberlandesgerichts München vor, die wegen der grundsätzlichen Bedeutung der Angelegenheit im Amtsblatt des Reichsinnenministers veröffentlicht wird. Die Anhänger der Lehre der ernsten Bibelforscher stehen dem heutigen Staat und der von ihm vertretenen Lebensauffassung feindlich gegenüber, sie leugnen jedes nationale Zusammengehörigkeitsgefühl und stellen sich in ihrem ganzen Denken und Handeln bewußt außerhalb der Volksgemeinschaft. Ihre Anschauungen sind in hohem Grade volksvernichtend und staatsgefährlich, weshalb die Vereinigung der ernsten Bibelforscher auch in allen deutschen Ländern aufgelöst und verboten worden ist. Das Oberlandesgericht hebt in Uebereinstimmung mit den bisher von unteren Gerichten in dieser Frage ergangenen Entscheidungen als außer Zweifel stehend hervor, das ein deutsches Kind in seinem geistiger und sittlichen Wohl schwer gefährdet wird, wenn es in den Anschauungen der „ernsten Bibelforscher" erzogen wird. Eine Erziehung in diesen Grundsätzen führe dazu, daß das Kind seinem Vaterland und seinem Volk entfremdet wird. Ein deutscher Vater, der sein Kind in dieser Lehre erziehe, verletze gröblich seine Erziehungspflichten und mißbrauche damit das Recht der Sorge für die Person des Kindes. In dem zur Entscheidung stehenden Falle handelt es sich um zwei Kinder, die unentschuldigt bei der Feier des 1. Mai fehlten, die die Erweisung des deutschen Grußes verweigerten, es auch ablehnten, sich hinter dem Führer zu stellen, und sich dabei voll und ganz auf die Billigung ihres Vaters stützen konnten. Das Oberlandesgericht hat die Auffassung des Landesgerichts gebilligt, daß die beiden Kinder zur Fernhaltung sittlicher Verwahrlosung aus dem Elternhaus entfernt und anderweitig untergebracht werden müssen.

EN vom 3.3.1938

Die „Ernsten Bibelforscher" entstanden aus der sogenannten „Bibelforscherbewegung", die im späten 19. Jahrhundert begann, als Charles Taze Russell die Watch Tower Bible and Tract Society gründete und aus denen sich u. a. die heutigen Zeugen Jehovas herausbildeten.. Seine Mitglieder nannten sich selbst „Internationale Bibelforscher" und wurden in Deutschland als „Ernste Bibelforscher" bekannt. Unter seiner Leitung bildeten sich in vielen Ländern der Welt Bibelforscherversammlungen. Diese Versammlungen waren eine lose Verbindung und nur durch die Zeitschrift „Zions-Wachtturm und Verkünder der Gegenwart Christi" verbunden. Sie betrachten sich als Bewahrer der Lehren von Charles Taze Russell. Nach der statutengemäßen Übernahme der Präsidentschaft der Wachtturm-Gesellschaft durch J. F. Rutherford kam es zu heftigen Machtkämpfen, in deren Folge sich eine beträchtliche Anzahl Ernsten Bibelforscher von der Wachtturm-Gesellschaft trennten. Die Ernsten Bibelforscher sind deshalb nicht zu verwechseln mit den heutigen Zeugen Jehovas, mit denen sie ursprünglich die gleiche Bezeichnung teilten. Gegenwärtig gibt es ca. 16.000 Ernste Bibelforscher weltweit. (93)

Jedem Elternpaar konnte das Sorgerecht entzogen werden, sofern sie den Ernsten Bibelforschern oder den Zeugen Jehovas angehörten. Dieses geschah einem Vater aus Wilster, dem vom Amtsgericht Wilster das Sorgerecht entzogen wurde, weil er seine Kinder nicht in die HJ eintreten lassen wollte.

„Das Miterziehungsrecht der HJ.
Eine Gerichtsentscheidung

Eine beachtliche gerichtliche Entscheidung über das Sorgerecht der Eltern veröffentlicht die „Juristische Wochenschrift". Es handelt sich um eine Entscheidung des Amtsgerichtes Wilster, wonach einem Vater, der seinen Kindern den Eintritt in die Hitlerjugend verwehrt, das Sorgerecht entzogen werden kann.

Es kam in diesem Falle hinzu, dass sich die Eltern beharrlich als „ernste Bibelforscher" betätigten. Sie waren deshalb auch schon bestraft worden. Aus ihrer Einstellung heraus hatten sie ihren Kindern den Eintritt in die Hitlerjugend verwehrt. In der Schule betätigten sich die Kinder durchaus nationalsozialistisch, und der eine der Jungen äußerte sogar ausdrücklich den Wunsch, in die HJ eintreten zu dürfen.

Aus diesem Sachverhalt ist gefolgert worden, dass der Vater das Sorgerecht missbraucht und dadurch das geistige Wohl der Kinder gefährdet. Für die drei älteren Kinder wurde ihm das Sorgerecht deshalb insoweit entzogen, als es sich um den Eintritt der Kinder in die HJ handelt. In diesem Umfange ist die Bestellung eines Pflegers angeordnet worden. Das Ziel der nationalsozialistischen Erziehung, so heißt es in der Entscheidung, kann nur erreicht werden, wenn alle drei Erziehungsstätten, Elternhaus, Schule und HJ planmäßig zusammenarbeiten. Versage das Elternhaus oder versuche es, die Arbeit der beiden anderen Erziehungsstätten zu verhindern oder zu stören, so bedürfe es einer verstärkten Einflussnahme dieser Stellen auf die Jugendlichen. Infolge des Verbots des Eintritts in die HJ hätte in diesem Falle die Erziehung allein in den Händen der Schule geruht, die aber allein bei dem Einfluss des Elternhauses das Erziehungsziel nicht erreichen könne. Es habe die große Gefahr bestanden, dass die Kinder für die Bestrebungen der Bibelforscher gewonnen werden können und dem Staate verlorengingen. Darin liege die erhebliche geistige Gefährdung der Kinder." (94)

Am 24. Februar 1938 fand in Elmshorn erneut eine große Luftschutzübung statt, über die die EN ausführlich berichtete. (95) Langelohe und Hainholz folgten am 6. März. (96)

Die „Deutsche Arbeitsfront" (DAF) hatte zum Ziel,

„den „schaffenden Menschen zu einer neuen Arbeitsauffassung zu erziehen. Er soll erkennen, dass die Arbeit kein Fluch und keine Last für sein Leben bedeutet, sondern dass die Arbeit für ihn höchstes Gut sein muß, für das er die Verpflichtung übernimmt, sich in den Dienst der Volksgemeinschaft zu stellen. (...)

Das nationalsozialistische Leistungsprinzip fordert von jedem schaffenden Menschen ohne Rücksicht auf seine Stellung in der Volksgemeinschaft eine berufliche Höchstleistung, und sie fordert weiter, dass jeder Volksgenosse sich selbst in ehrlicher Weise vor seinem Gewissen darüber klar wird, welche Mängel seinem beruflichen Können anhaften, um dann nach besten Kräften auch die Beseitigung dieser Mängel zu unterstützen. (...)" (97)

Die Außenpolitik des nationalsozialistischen Deutschlands kann man in ihrem zeitlichen Verlauf in zwei Phasen einteilen. Ging es in ihrer 1. Phase von 1933 bis 1937 zunächst um die Revision des Versailler Vertrages, wechselte sie in der 2. Phase ab 1938 in die Eroberung von „Lebensraum" im Osten für die „arische Rasse". In die erste Phase fiel der Austritt aus dem Völkerbund 1933 wegen der fehlenden Anerkennung Deutschlands bei der Aufrüstung, der Nichtangriffspakt mit Polen im Jahr 1934 um den Friedenswillen Deutschlands zu betonen, die Rückkehr des Saargebiets nach Abstimmung der Saarbevölkerung 1935, die mit 90 % „Ja" gestimmt hatte, das Flottenabkommen mit England (Festlegung der deutschen (30 %) im Verhältnis zur englischen Flottenstärke) 1935, die Einführung der allgemeinen Wehrpflicht (Bruch des Versailler Vertrages) 1935, die Besetzung des entmilitarisierten Rheinlandes 1936, die Kündigung der Verträge von Locarno 1936, „Achse Berlin – Rom" 1936, der Antikomintern-Pakt mit Japan (1937 Beitritt Italiens) und das Eingreifen im spanischen Bürgerkrieg („Legion Condor") 1936-1939.

Die zweite Phase der Aussenpolitik war gekennzeichnet durch die Ernennung Adolf Hitlers zum Oberbefehlshaber der Wehrmacht, des Anschlusses von Österreich nach Volksbefragung und anschliessendem Einmarsch deutscher Truppen 1938, der Abtretung deutsch besiedelter Randgebiete (Sudetenland) durch die Tschechoslowakei nach dem Münchner Abkommen 1939, der Zerschlagung der Rest-Tschechoslowakei im März 1939, der Rückgliederung des Memelgebietes 1939, dem Pakt Deutschland – Italien und dem „Hitler-Stalin-Nichtangriffspakt"vom 23. August 1939).

Der Anschluss Österreichs ("Heim ins Reich!", „Ein Volk, ein Reich, ein Führer!") wurde im ganzen Reich sehr groß gefeiert, auch in Elmshorn:

Elmshorn feiert den nationalsozialistischen Sieg in Oesterreich.

Ganz Elmshorn nimmt an dem Umschwung in Oesterreich regen Anteil. Freudenfahnen wehen in den Straßen; hell leuchtet das Rot der Hakenkreuzbanner in der goldenen Frühlingssonne.

Heute abend rufen die Ortsgruppenleiter Elmshorn-Altstadt, Fuchsberg und Klostersande zu einer Großkundgebung auf, auf der die Elmshorner Bevölkerung und die Gliederungen der Partei ein freudiges Bekenntnis zum österreichischen Brudervolk ablegen wollen.

Die Kundgebung findet heute abend um 7.30 Uhr auf dem Hindenburgplatz statt. Hieran nehmen teil alle Parteimitglieder, die Angehörigen der Gliederungen der Partei und der angeschlossenen Verbände; ebenfalls der HJ.-Unterbann 5 und die Unterführerschaft des Stammes R. Auch die Einwohnerschaft wird sich an dieser Kundgebung beteiligen. Der Sonderbeauftragte der Partei Max Mohr wird zur Elmshorner Bevölkerung sprechen.

Anschließend findet ein Fackelzug der Formationen und Gliederungen der Partei durch folgende Straßen statt: Marktstraße, Flamweg, Adolf-Hitlerstraße, Bauerweg, Mühlendamm, Mühlenstraße, Königstraße, Kaiserstraße, Friedrichstraße, Eichstraße, Dünnstraße, Friedrichstraße, Kaiserstraße, Marktplatz. Auf dem Marktplatz wird der Fackelzug aufgelöst.

Die Einwohnerschaft wird gebeten, die Häuser zu beflaggen und die Fenster zu illuminieren. Ganz Elmshorn muß im Festesglanz erstrahlen. Heute, wo ein Bruderstamm zum Volk zurückgekehrt ist, soll Freude im ganzen Reich herrschen. Den Abschluß des Abends bildet das SA.-Konzert im „Holsteinischen Hof" zu dem alle Volksgenossen herzlich eingeladen sind.

Die Einwohnerschaft wird darauf aufmerksam gemacht, daß die Heldenehrung am Sonntag, 10.30 Uhr, beim Denkmal stattfindet.

Aus Anlaß der geschichtlichen Ereignisse in Oesterreich gab es heute vormittag um 10 Uhr in allen Elmshorner Schulen schulfrei.

An alle Standorteinheiten ergeht folgender Standortbefehl Nr. 5.

1. Zur Kundgebung für die nationalsozialistische Erhebung in Deutsch-Oesterreich treten heute abend sämtliche Gliederungen und Verbände der NSDAP. an.
2. Antreteplatz: Neuer Markt.
3. Zeitpunkt: Pünktlich 19.15 Uhr.
4. Reihenfolge: Siehe Standortbefehl Nr. 4.
5. Sämtliche Einheitsführer beschaffen Fackeln zum Preise von 0.22 RM. bei dem Parteigenossen Kugelberg, Flamweg. Die Kosten müssen die Einheiten selbst aufbringen. Die Fackeln müssen unbedingt beim Antreten vorhanden sein.
6. Dauer der Kundgebung und des Umzuges: Etwa eine Stunde.
7. Die SA.-Veranstaltung im „Holsteinischen Hof" fällt nicht aus, sie beginnt nur etwas später. Die Angehörigen der Gliederungen sorgen für die Beteiligung der Angehörigen an der Kundgebung.
Dienstanzug:
Braunhemd (ohne Mantel).

Der Standortführer.

Oesterreich ist ein Land des Deutschen Reiches.

Bundesverfassungsgesetz über die Wiedervereinigung Oesterreichs mit dem Reich. — Volksabstimmung am 10. April. — Eine amtliche Verlautbarung.

DNB. Wien, 13. März. Amtlich wird verlautbart:

Heute ist folgende Bundesverfassung verlautbart worden:

Bundesverfassungsgesetz über die Wiedervereinigung Oesterreichs mit dem Deutschen Reich.

Auf Grund des Artikels 3 Absatz 2 des Bundesverfassungsgesetzes über außerordentliche Maßnahmen im Bereich der Verfassung BGBl Nr. 255/1934 hat die Bundesregierung beschlossen:

Artikel 1.

Oesterreich ist ein Land des Deutschen Reiches.

Artikel 2.

Sonntag, den 10. April 1938, findet eine freie und geheime Volksabstimmung der über 20 Jahre alten deutschen Männer und Frauen Oesterreichs über die Wiedervereinigung mit dem Deutschen Reich statt.

Artikel 3.

Bei der Volksabstimmung entscheidet die Mehrheit der abgegebenen Stimmen.

Artikel 4.

Die zur Durchführung und Ergänzung dieses Bundesverfassungsgesetzes erforderlichen Vorschriften werden durch Verordnung getroffen.

Artikel 5.

1. Dieses Bundesverfassungsgesetz tritt am Tage seiner Kundmachung in Kraft.
2. Mit der Vollziehung dieses Bundesverfassungsgesetzes ist die Bundesregierung betraut.

Seyß-Inquart, Glaise-Horstenau, Wolff, Hueber, Menghin, Jury, Neumayer, Reinthaler, Fischböck.

Das verfassungsmäßige Zustandekommen dieses Bundesverfassungsgesetzes wird beurkundet.

Seyß-Inquart, Glaise-Horstenau, Wolff, Hueber, Menghin, Jury, Neumayer, Reinthaler, Fischböck.

EN vom 12.3.1938

EN vom 14.3.1938

Oesterreich heimgefunden ins Reich!

Oesterreichs Heer auf den Führer vereidigt. Die deutsche Wehrmacht in Wien. Volksabstimmung am 10. April. Der Führer an den Duce: „Mussolini, ich werde Ihnen dieses nie vergessen". Der Führer am Elterngrab.

Oesterreich ist ein Land des Deutschen Reiches.

2. Gauleiter Bürdel ist in dieser Eigenschaft als kommissarischer Leiter der NSDAP. von Oesterreich mit der Vorbereitung der Volksabstimmung betraut.
3. Ich habe Gauleiter Bürdel mit der Vollmacht ausgestattet, alle Maßnahmen zu ergreifen oder anzuordnen, die zur verantwortlichen Erfüllung des zivilen Auftrages erforderlich sind.

EN vom 14.3.1938

Elmshorn feiert die Heimkehr Oesterreichs.

Großkundgebung und Fackelzug zu Ehren des Umschwunges in Oesterreich.

In ganz Elmshorn herrschte am Sonnabend Festtagsstimmung, die am Abend durch einen großen Fackelzug sichtbaren Ausdruck fand. Man muß die Begeisterung miterlebt haben, um sich ein Bild machen zu können von der Stimmung, die unter den Mitgliedern der Formationen herrschte. Alle waren einig in der Bewunderung für die entschlossene Tat des Führers. Oesterreich kommt zu Deutschland; der Führer ist schon in Braunau, er wird jetzt in Linz erwartet, kaum kann er sich den Weg durch die begeisterte Menge bahnen. So gehen die neuesten Meldungen von Mund zu Mund und lösen immer neue Freudenstürme aus.

Und als dann angetreten wird zum großen Fackelzug, da ist wohl nicht ein einziger, der nicht erfüllt ist von der geschichtlichen Bedeutung der Stunde.

Der Hindenburgplatz liegt in festlichem Licht. Die Häuser ringsum strahlen im Glanze hunderter von Kerzen. Nach dem Aufmarsch werden die Fackeln entzündet; der weite Platz ist taghell erleuchtet, die Kundgebung beginnt.

Der Sonderbeauftragte der Partei,
Pg. Max Rohr,
führte u. a. folgendes aus:

Am heutigen Abend marschiert im ganzen Reich alles, was sich aktiv für die Idee des Führers und sein großes Aufbauwerk betätigt. Seit gestern und heute marschiert im gleichen Schritt mit uns ein deutsches Brudervolk, marschiert Deutsch-Oesterreich. Wir haben uns oft gefragt, wann dieses Deutschland zum Reiche heim. Wir haben aber nie zu hoffen gewagt, daß über Nacht eine größere deutsche Nation geboren wird.

Bisher war die Weltgeschichte gewohnt, Revolutionen nur unter schweren Erschütterungen zu erleben. Nur wir Deutschen verstehen es, seit der Führer die Zügel in die Hand genommen hat, selbst größte Revolutionen ohne Opfer durchzuführen. So eroberten wir das Dritte Reich, so eroberten wir Danzig, so wurde ein nationalsozialistisches Deutsch-Oesterreich Wirklichkeit. Alle, die heute nacht den neuen Bundeskanzler hörten, werden gespürt haben, wie schwer seine Worte wogen. Als die Regierung Schuschnigg abdankte, hätte ebenso gut das Chaos kommen können, denn solche Augenblicke, wo keine Gewalt da ist, die die Zügel fest in den Händen hält, sind der beste Nährboden für Kommunismus und Bolschewismus. Aber Seyß-Inquart war auf der Hut. Er rief die Truppen des Reiches zur Hilfe und führte dadurch die Bewegung in Oesterreich zum Siege.

Der sogenannte deutschbewußte Kanzler Schuschnigg hat sich nicht gescheut, in seinen letzten Stunden in Paris und London um Hilfe zu bitten. Hierin können wir die finsteren Gewalten erkennen, die im Hintergrunde lauerten. Das Vorhaben Schuschniggs hat eine verfluchte Aehnlichkeit mit dem Vorhaben des Herrn von Rohr, der am 9. November 1923 ebenso sein Wort brach, wie Schuschnigg es dem Führer gegenüber getan hat. Umso erfreulicher ist es, daß Deutschland inzwischen so stark geworden war, daß Frankreich und England nicht mehr einzuschreiten wagten.

Die Welt muß sich heute darüber klar sein, daß Deutschland nicht nur machtmäßig wieder ein bedeutender Faktor im Konzert der Völker geworden ist, sondern daß das ganze deutsche Volk auch außerhalb der Grenzen einheitlich hinter seinem Führer Adolf Hitler steht. Den anderen Staaten wird nichts anderes übrig bleiben, als sich damit abzufinden, daß heute in Oesterreich ist

ein Volk, ein Reich, ein Führer,

Begeistert erklang das „Sieg-Heil!" auf den Führer zum nächtlichen Himmel empor. Die Lieder der Nation beschlossen die weihevolle Kundgebung.

Dann begann der Fackelzug, der sich in langer leuchtender Schlange durch alle drei Stadtteile bewegte. Auf dem ganzen Wege grüßten festlich illuminierte Fenster.

Als der Zug gegen 9.30 Uhr auf dem neuen Marktplatz aufgelöst wurde, gingen viele SA.-Kameraden noch zu dem großen SA.-Konzert des Standartenmusikzuges 265 in den „Holsteinischen Hof". Hier war bei schneidiger Musik die beste Gelegenheit geboten, die großen Ereignisse des Tages noch zu besprechen. Selbstverständlich herrschte bald eine geradezu festliche Stimmung, die alle Teilnehmer bis zum Schluß zusammenhielt.

*

Die Glocken der Nikolaikirche läuteten gestern nachmittag von 2 bis 2¼ Uhr zu Ehren des heimgekehrten Oesterreichs.

*

Aus Anlaß der geschichtlichen Ereignisse in Oesterreich wurde gestern nachmittag ab 2 Uhr das Tanzen in allen Tanzgaststätten erlaubt. -tm-

EN vom 14.3.1938

Am 21. März 1938 fand im „Holsteinischen Hof" eine Großkundgebung der NSDAP statt, auf der der SA-Obergruppenführer Joachim Meyer-Quade über den „Anschluß Österreichs" redete. (98)

Gauleiter Hinrich Lohse erschien zum 1. April zur Einweihungsfeier der Eingemeindung von Langelohe, Hainholz und einem Teil von Lieth.

EN vom 31.3.1938

EN vom 1.4.1938

Die EN brachte zu diesem Tag einige Sonderseiten.

Nachdem Gauleiter Hinrich Lohse Besichtigungen in Elmshorn und ein Besuch beim Maler Prof. Wilhelm Petersen absolviert hatte, hielt er in der Reithalle eine Festrede. In dieser gab er einen Rückblick über die Anfänge des Nationalsozialismus in Schleswig-Holstein und Elmshorn, um dann auf den Anschluss Österreichs einzugehen, wofür er die Elmshorner bei der Volksabstimmung am 10. April um ein „Ja!" für Hitler und Großdeutschland bat. Er sprach in seiner Rede einen Satz aus, dessen Bedeutung die Elmshorner Zuhörer vermutlich erst sehr spät realisiert haben:

„Das ist die Größe beim Führer und seiner Politik," so fuhr der Gauleiter fort, „dass wir abends nicht wissen, was kommt, und morgens erkennen, dass sich die Welt verändert hat." (99)

Viele wachten morgens auf, nachdem sie die Zeit davor ihre Augen vor der Realität verschlossen, und wachten morgens im Zweiten Weltkrieg wieder auf.

Am 2. April verkündeten die EN, dass die jüdischen Kultusvereinigungen ihre Rechte als Körperschaften des öffentlichen Rechts verlieren und jetzt nur die Möglichkeit haben, wie andere Vereine durch Eintragung in das Vereinsregister private Rechtsfähigkeit erlangen könnten. (100)

Wir bereiten uns vor!

—!— Elmshorn steht so ganz im Zeichen der sich immer mehr steigernden Wahlvorbereitungen. In den Büros des Ortswahlkampfleiters und der Ortsgruppenleiter herrscht Hochbetrieb. Täglich finden sich Ortswahlleiter und Ortsgruppenleiter mit ihren nächsten Mitarbeitern, den Zellenleitern und Amtsleitern, zusammen, um neue Anweisungen für die Vorbereitung entgegenzunehmen. Es gilt, wie meist in der Kampfzeit, Zeitungen und Flugblätter zu verteilen, Plakate und Transparente herauszugeben, Kundgebungen vorzubereiten und zu trommeln. Alle Dienststellen der Partei, die Männer der SA, der SS, des NSKK und NSFK der angeschlossenen Verbände und vielen sonstigen Vereinigungen, Verbände und Vereine, packen tatkräftig mit an.

Schon sieht man in ganz Elmshorn die schönen leuchtenden Spruchbänder an den Häusern, über Straßen und in den Schaufenstern sowie in den Arbeitsstätten die vom Reichspropagandaleiter herausgegebenen Plakate. Alle Volksgenossen, Hausbesitzer und Ladeninhaber usw. haben sich gerne bereit gefunden, die Partei zu unterstützen bei der Durchführung und Ausführung der Kleinarbeit. Sie tun gut, gerade jetzt bei dem stürmischen Wetter selbst darauf zu achten, daß die Transparente immer in Ordnung bleiben, dadurch kann den Block- und Zellenleitern, die ohnehin täglich stark in Anspruch genommen sind, die Arbeit erleichtert werden.

Wir sehen auch schon in verschiedenen Straßen sinnvoll dekorierte Schaufenster. Sicherlich werden in dieser Woche noch mehr Ladeninhaber folgen. Jeder, der den guten Willen hat, kann ja hierdurch dem Ortswahlleiter die Arbeit erleichtern. Die Zellenleiter stehen zur Beratung über eine passende Ausschmückung der Schaufenster gerne zur Verfügung und werden wohl auch in diesen Tagen bei den Geschäftsleuten vorsprechen, damit gemeinsam geplant und ausgeführt werden kann. Aber nicht nur Ladeninhaber, nein, jeder Volksgenosse kann ein Gleiches tun, in verkleinertem Umfang kann auch ein Wohnungsfenster ausgeschmückt werden mit Hakenkreuzfähnchen usw.

So vergeht ein Tag nach dem anderen, bis spät in die Nacht wird in den Parteidienststellen gearbeitet. Den Höhepunkt bildete am Freitag die Gauleiter Lohse-Kundgebung in der Reithalle und im „Holsteinischen Hofe". Unermüdlich rollen die Wagen der Männer vom NSKK, Tag für Tag hinaus, um neues Aufklärungs- und Propaganda-Material zu bringen, was dann sofort über Zellen- und Block-leiter in jeden Haushalt gelangt. Jeder deutsche Volksgenosse soll prüfen und dann am 10. April sich entscheiden und fürwahr, die Entscheidung wird nicht schwer sein. Wie überall im deutschen Vaterlande, so wird auch Elmshorn sich einmütig zu Adolf Hitler bekennen. Jeder wartet auf den Tag an welchem er dem Führer freudig sein „Ja" geben kann.

So wird auch die letzte Woche vor der Abstimmung vergehen, in der weitere Kundgebungen in Elmshorn nicht stattfinden. In diesen letzten Tagen geht man in den Parteiwahlbüros nunmehr an die Vorbereitungen für den eigentlichen Abstimmungstag, worüber in den nächsten Tagen noch berichtet wird. Auch hierbei kann jeder Volksgenosse mithelfen. Auch bei dieser Wahl werden wieder für kranke, alte und körperlich behinderte Volksgenossen Wagen bereitgehalten. Es ist wichtig, daß der Ortswahlleiter der Partei schon rechtzeitig in den nächsten Tagen eine Uebersicht darüber erhält, wie viel Volksgenossen einen Wagen wünschen und zu welcher Zeit Abholung erwünscht ist. Die NSKK-Männer und die Sanitäter haben sich wieder zur Verfügung gestellt. Die Einteilung der Wagen kann schon vorgenommen werden, wenn rechtzeitig die Wünsche der Wähler dem Ortswahlleiter bekannt werden. Darum beherzige jeder, daß rechtzeitige Meldung den verantwortlichen Männern die Arbeit erleichtert. Die zuständigen Zellenleiter und Ortsgruppenleiter nehmen schon jetzt die Meldungen entgegen.

In diesen Tagen wird jeder Volksgenosse einmal darüber nachdenken, ob er auch zu den Wahlvorbereitungen beitragen kann und schon wird diese Woche vergangen sein und der Tag herankommen, an dem wir alle unseren Führer hören, wenn er am Sonnabend zum ganzen deutschen Volke sprechen wird. Auch an diesem Tage wird es wieder für uns alle eine Selbstverständlichkeit sein, für jeden Volksgenossen die Möglichkeit zu schaffen, seinen Führer zu hören. Am Sonnabend abend wird dann ganz Elmshorn antreten und marschieren. Die Formationen und Gliederungen der Bewegung werden marschieren und mit ihnen die der Partei angeschlossenen Verbände, die sonstigen Verbände und Vereine. So soll dieser Marsch am Vorabend der Volksabstimmung ein einziges Treue-Bekenntnis des nationalsozialistischen Elmshorns zum Führer sein, das am Sonntag früh schon in den Vormittagsstunden jeder Volksgenosse durch sein „Ja" bekräftigen wird. —

EN vom 5.4.1938

Aufruf an das deutsche Volk!

DNB. Berlin, 5. April. Der Reichsminister für Volksaufklärung und Propaganda Dr. Goebbels hat folgenden Aufruf erlassen:

An das ganze deutsche Volk!

Der Führer hat die deutsche Nation in ihrer Gesamtheit zum 10. April zum Bekenntnis aufgerufen. Es gilt, ein feierliches Ja-Wort abzulegen zu der geschichtlichen Tat der Wiedereingliederung Oesterreichs an das Deutsche Reich, aber zugleich auch zu dem grandlosen Werk, das der Führer in fünf Jahren nationalsozialistischer Aufbauarbeit eingeleitet und durchgeführt hat.

Damit erhält diese Wahl eine wahrhaft historische Bedeutung. Ueber Klassen, Stände, Berufe und Konfessionen hinweg schließt sich das ganze deutsche Volk zu einer 75-Millionen-Gemeinschaft zusammen, um vor sich selbst und vor der Welt Zeugnis abzulegen und feierlich zu bekennen, daß die Schaffung des neuen Deutschlands eine unwiderrufliche historische Tatsache ist, vom Führer vollzogen und von der ganzen Nation nicht nur gebilligt, sondern mit tiefster Bewunderung und dankbarer Freude begrüßt. Der 10. April 1938 wird damit unauslöschlich in die Geschichte unseres Volkes übergehen. Früher stimmten wir nach Parteien ab, bekannten uns zu blossen Theorien, papiernen Programmen oder nebelhaften Forderungen. Heute aber stellt sich das ganze deutsche Volk sich durch sein Ja-Wort hinter den Führer und sein Werk.

Zur Einleitung dieses historischen Wahlganges findet am Sonnabend, dem 9. April, ein „Tag des Großdeutschen Reiches" statt.

Ganz Deutschland von Aachen bis Tilsit und von Flensburg bis Klagenfurt wird sich an diesem Tage feierlich zum Führer, zu seinem Werk und zur geschichtlichen Tat der Wiedervereinigung des deutschen Oesterreich mit dem Reiche bekennen.

Mittags am 12 Uhr wird der

„Tag des Großdeutschen Reiches"

vom Balken des Wiener Rathauses feierlich proklamiert. Auf das Kommando

„Hisst Flaggen!"

sollen in ganz Deutschland auf allen öffentlichen Gebäuden, an allen Privathäusern und Wohnungen die Fahnen des neuen Reiches hochgehen. Mit diesem feierlichen Akt tritt für das gesamte Reichsgebiet

eine Verkehrsstille von zwei Minuten

ein. Während dieser Verkehrsstille ertönen in ganz Deutschland alle Sirenen.

Die deutschen Schiffe flaggen über die Toppen, die Lokomotiven und Triebwagen der Reichsbahn geben Signal, die Flugzeugschwader der deutschen Luftwaffe erscheinen über Stadt und Land. In diesen zwei Minuten absoluter Verkehrsstille, die nur unterbrochen wird vom Donnern der Flugmotore und vom Heulen der Sirenen, soll das ganze deutsche Volk sich der Größe unserer Zeit und der in ihr eingeschlossenen geschichtlichen Wende unseres nationalen Schicksals bewußt werden. Von 11.55 bis 12.05 Uhr finden

in allen deutschen Betriebsappelle

statt. Ist dann zur gewohnten Zeit die Arbeit zu Ende gegangen, dann sollen die deutschen Schaffenden in Stadt und Land, ihre Fabriken, Werkstätten, Büros und Aecker verlassen, sich nach Hause begeben und ihr festlichstes Gewand anlegen.

In den Nachmittagsstunden marschiert das ganze Volk auf Straßen und Plätzen auf, auf denen Platzkonzerte der Wehrmacht, sämtlicher Gliederungen der Partei, der Vereine und Verbände stattfinden. Um 18 Uhr werden die Geschäfte geschlossen. Um 19 Uhr beginnt dann

Der Millionen-Aufmarsch des Volkes zum letzten Generalappell.

Unter Voraustritt aller Kapellen begeben sich die deutschen Menschen zu den von der Partei und ihren Gliederungen bekanntgemachten Sälen und freien Plätzen.

Um 20 Uhr richtet der Führer von Wien aus seine letzte große Ansprache an die gesamte deutsche Nation.

Keiner im ganzen Reich, der nicht in dieser geschichtlichen Stunde mitten im Volke Zeuge dieses Generalappells der Nation sein wollte.

Nach der Rede des Führers wird von Wien aus das Niederländische Dankgebet angestimmt, das im ganzen Reich und auf allen Plätzen, in allen Sälen, in Lokalen und Privatwohnungen feierlich mitgesungen wird.

Von den Türmen unserer Kirchen werden die Glocken ihre ehernen Stimmen in diesen Bitt- und Danksgesang eines ganzen Volkes mit einklingen lassen.

Auf allen Höhen des Reiches erstrahlen in diesem Augenblick Freudenfeuer, die der ganzen Welt kundtun sollen, daß uns der Tag der feierlichen Bestätigung der historischen Tat des Führers durch das Volk selbst anricht.

In stolzer Freude werden sich darauf die Millionenmassen unseres Volkes durch die Straßen bewegen.

Eine Nacht trennt uns dann nur noch von einem historischen Wahltag, der Zeugnis ablegen soll von der Einigkeit unseres Volkes, von der Macht unseres Reiches und von der Größe unserer Nation.

Deutsche in Stadt und Land!

Rüstet für diesen letzten großen Generalappell unseres Volkes am Sonnabend, dem 9. April, der „Tag des Großdeutschen Reiches!"

Es lebe der Führer! Es lebe unser Volk und unser Reich!

Berlin, den 5. April 1938.

Der Reichsminister für Volksaufklärung und Propaganda.

gez. Dr. Goebbels.

EN vom 5.4.1938

111

EN vom 4.4.1938

EN vom 11.4.1938

EN vom 9.4.1938

EN vom 11.4.1938

Wahlergebnisse im Kreise Pinneberg.

Stimmbezirk	Stimm-liste	Stimm-scheine	Stimm-berechtigte insgesamt	Abgegebene Stimmen	Ja-Stimmen	Nein-Stimmen	Ungültige Stimmen
1 Barmstedt		112	3241	3265	3054	68	25
2 Elmshorn		419	15128	14469	14419	515	35
3 Pinneberg	Städte	469	8608	8538	8170	355	13
4 Ueterlen		250	5112	4994	4820	174	29
5 Wedel		239	5317	5309	5078	231	3

EN vom 11.4.1938

112

Der gewaltige Schlußappell des Führers.

„Gott hat ein Wunder an uns vollzogen!"

* Wien, 10. April. Seit Stunden schon ist die Nordwestbahnhofshalle mit ihrem Riesenraum gefüllt von freudig bewegten Menschen, die unmittelbar aus dem Munde des Führers die große abschließende Rede des Führers am Vorabend des Tages des gesamtdeutschen Bekenntnisses zum Großdeutschen Reich hören wollen.

Strahlend flammen die Lichtbänder der Riesenscheinwerfer auf und werfen gleißende Helle auf die Führertribüne. Nun klingt, allen vertraut, die Stimme des

Reichsministers Dr. Goebbels

durch den Raum. Er gibt ein packendes und zugleich erschütterndes Bild von dem, was sich in diesem Augenblick in Wien und im ganzen großen Deutschen Reich ereignet, was alle Herzen und Sinne erfüllt.

So ist, so schließt er, aus den unendlichen Qualen des deutschen Volkes in Österreich am Ende doch die Erlösung gekommen. Tränen des Leides sind zu Tränen der Freude geworden. Der Ruf „Ein Volk, ein Reich, ein Führer!", der zum ersten Mal in diesem deutschen Lande angestimmt wurde, hat eine herrliche Bestätigung für das ganze Großdeutsche Reich gefunden. Der Traum der Väter ist Wirklichkeit geworden: Ein Volk in einem einigen Reich unter einem einzigen Führer!

Feierlich ist die Stimmung in dem Riesenraum. Orgelklänge fließen weihevoll durch die Halle. Überirdisch fast klingen die Akkorde von Beethovens „Die Himmel rühmen des Ewigen Ehre". Tiefe Männerstimmen haben es begonnen; der Wohllaut des weiblichen Alts und des hellen Soprans fällt nach und nach ein und steigert die Erhabenheit des Himmelchorals. „Zu Mantua in Banden" singen jetzt die Stimmen. Wir denken mit jenen geprüften und erprobten Soldaten des Führers allen, die für das ewige Deutschland in den Tod gingen.

In der Nordwestbahnhalle klingt der Führermarsch auf und verkündet das Nahen Adolf Hitlers. Die Zehntausende sind aufgesprungen. Nach wenigen Sekunden werden die Klänge des Marsches übertönt von den donnernden Heilrufen der Massen.

Der Führer spricht.

Der Führer erinnert zu Beginn seiner Rede daran, daß er heute zum drittenmal aus Anlaß einer Wahl in einer Grenzstadt spreche. 1933 habe er in Königsberg die Nation innerhalb der damaligen Grenzen des Reiches zu einem Bekenntnis aufgerufen, das ihm ermöglichen sollte, die Geschicke Deutschlands unabhängig von parlamentarischen Schwierigkeiten in die Hand zu nehmen und glückhaft zu gestalten. In der Grenzstadt Köln habe er 1936 das deutsche Volk aufgefordert, den schweren Entschluß zu bestätigen, die einst entmilitarisierte Zone wieder unter die Oberhoheit des Reiches zu nehmen.

„Heute," so fuhr er fort, „stehe ich nun hier in Wien wieder am Vorabend einer Entscheidung, von der ich glaube, daß sie eingehen wird in die Annalen der deutschen Geschichte."

Unter lautlosem andächtigem Schweigen sagt der Führer dann, er möchte in diesem Augenblick nicht allein zu jenen Millionen Deutschen sprechen, „die gläubigen Herzens zum heutigen Reich stehen oder gar an mir persönlich hängen. Ich möchte eher sprechen zu denen, die auch in dieser Stunde glauben, noch nicht ihre Zuneigung und das Vertrauen dem neuen Deutschland oder gar mir schenken zu können, oder die glauben, auch angesichts dieser ganz großen welthistorischen Entscheidung abseits stehen zu müssen, sie nicht anerkennen zu dürfen. Ich möchte sprechen zunächst als ein Mann, der selbst vollkommen schuldlos ist an der ... Deutschland in die Berg... getroffen hat."

Im Mittelpunkt der ausführlichen Rede des Führers standen fünf Gründe, mit denen er das Recht der Angliederung Österreichs darlegte:

Erstens: Dieses Land hier ist ein deutsches Land und seine Menschen sind deutsch.

Das Reich hat einst diese Ostmark begründet. Seine Menschen sind hierher gezogen und haben in Jahrhunderten ihre Aufgaben in der Ostmark des Reiches erfüllt. Sie sind dabei nicht nur deutsch geblieben, sie sind geradezu die Schildträger Deutschlands gewesen.

Zweitens: Dieses Land kann auf die Dauer ohne das Reich nicht leben.

Der härteste Beweis für das Fehlen der Lebensvoraussetzungen liegt in der Entwicklung der Geburten- und Todesziffern. Niemand kann bestreiten, daß dieses Land die niedrigste Geburtenzahl und die höchste Todesziffer hat.

Drittens: Dieses Volk wollte sich auch gar nicht vom Reich trennen.

Im Augenblick, in dem seine Mission als führendes Volk im großen Reich erloschen war, erhob sich sofort die innere Stimme des Blutes. Nach dem Zusammenbruch 1918 wollte Deutschösterreich sofort wieder zum Reiche zurück. Die demokratische Umwelt verhinderte den Anschluß.

Viertens: Wem auch dieser Grund nicht genügt, dem muß ich sagen: „Es ist meine Heimat!"

Bei diesem Bekenntnis des Führers gab es für die Massen kein Halten mehr. Wie ein gewaltiger Orkan, so brauste der Beifall auf und immer aufs neue schlug unendlicher Jubel als Ausdruck der Freude und Liebe dem Führer entgegen.

Fünftens: „Wenn euch das noch nicht langt, dem muß ich sagen: Ich stehe hier, weil ich mir einbilde, mehr zu können als Herr Schuschnigg!"

Ein ungeheurer Sturm des Beifalls und des Jubels, eine Welle der freudigen Zustimmung bestätigt diese Worte des Führers.

Bei jedem Satz setzt ein Beifallssturm ein, der einen neuen und nicht mehr zu überbietenden Höhepunkt erreicht, als der Führer fortfährt:

„Ich glaube, daß es auch Gottes Wille war, von hier einen Knaben in das Reich zu schicken, ihn groß werden zu lassen, ihn zum Führer der Nation zu erheben, um es ihm zu ermöglichen, seine Heimat in das Reich hineinzuführen. Es ist eine höhere Bestimmung, und wir alle sind nichts anderes als ihre Werkzeuge. Als am 9. März Herr Schuschnigg sein Abkommen brach, fühlte ich in dieser Sekunde, daß nun der Ruf der Vorsehung an mich ergangen war. Und was sich dann abspielte in drei Tagen, war auch nur deutscher in Vollzug eines Wunsches und Willens dieser Vorsehung. In drei Tagen hat sie der Herr geschlagen! Und mir wurde die Gnade zuteil, am Tage des Verrates meine Heimat in das Reich einzugliedern zu können!

Wenn wir einmal nicht mehr sein werden, dann sollen die kommenden Generationen mit Stolz auf diesen Tag einer Bestätigung der deutschen Gemeinschaft durch ein großes Volk zurückblicken. Für dieses Reich haben in der Vergangenheit Millionen deutscher Männer ihr Blut gegeben. Eine gnädige Fügung des Schicksals hat es uns ermöglicht, ohne jeglichen Schmerz dieses Reich heute zu bilden.

Deutsches Volk, stehe jetzt auf, unterschreibe es, halte es fest in Deinen Händen!"

Dank an den Allmächtigen.

Von grenzenloser Liebe erfüllt, hängen die Augen der Zehntausende an den Lippen des Führers, der in tiefer Bewegung mit einem Dank an den Allmächtigen schließt:

„Ich möchte dem danken, der mich ... in meine Heimat, auf daß ich sie ihm ... als Führer in mein Deutsches Reich!"

EN vom 11.4.1938

Am 19. April wurden die zehnjährigen Jungen und Mädchen des Jahrganges 1928 in das Jungvolk und in die Jungmädel aufgenommen(101), am 20.April folgte die Überweisung von 120 Jungen aus dem Jungvolk in die HJ. (102)

Neueste Nachrichten.
Anmeldepflicht für Judenvermögen.

* Berlin, 27. April. Auf Grund der Verordnung des Vierjahresplanes vom 18. Oktober 1936 wurde unter dem Datum vom 26. April eine Verordnung über die Anmeldung des Vermögens von Juden erlassen. Danach ist jeder Jude verpflichtet, sein gesamtes in- und ausländisches Vermögen nach dem Stande vom Tage des Inkrafttretens der Verordnung anzumelden und zu bewerten, wenn der Gesamtwert des anmeldepflichtigen Vermögens ohne Berücksichtigung der Verbindlichkeiten 5000 Reichsmark übersteigt. Juden fremder Staatsangehörigkeit haben nur ihr inländisches Vermögen anzumelden und zu bewerten. Die Anmelde- und Bewertungspflicht trifft auch den nichtjüdischen Ehegatten eines Juden. Für jede anmeldepflichtige Person ist das Vermögen getrennt anzugeben. Die Anmeldung ist unter Benutzung eines amtlichen Musters bis zum 30. Juni 1938 bei der für den Wohnsitz des Anmeldenden zuständigen höheren Verwaltungsbehörde abzugeben. Hier ist auch unverzüglich jede Veränderung des Vermögens anzuzeigen. Der Beauftragte für den Vierjahresplan kann die Maßnahmen treffen, die notwendig sind, um den Einsatz des anmeldepflichtigen Vermögens im Einklang mit den Belangen der deutschen Wirtschaft sicherzustellen. Verstöße gegen die Verordnung werden mit Gefängnis und mit Geldstrafe, in besonders schweren Fällen vorsätzlicher Zuwider-

handlung mit Zuchthaus bis zu zehn Jahren bestraft.

Gleichzeitig ist auf Grund vorstehender Verordnung eine Anordnung des Beauftragten für den Vierjahresplan ergangen. Sie bestimmt unter anderem: Die Veräußerung oder die Verpachtung eines gewerblichen, land- oder forstwirtschaftlichen Betriebes sowie die Bestellung eines Nießbrauches an einem Betrieb bedarf zu ihrer Wirksamkeit der Genehmigung, wenn an dem Rechtsgeschäft ein Jude als Vertragschließender beteiligt ist. Das gleiche gilt für die Verpflichtung zur Vornahme eines solchen Rechtsgeschäfts. Die Neueröffnung eines jüdischen Gewerbebetriebes oder der Zweigniederlassung eines jüdischen Gewerbebetriebs bedarf der Genehmigung.

Dem vor einigen Tagen erlassenen Tarnungsverbot bei der Führung jüdischer Betriebe und Geschäfte ist nun das Inventurgebot gefolgt, durch das eine klare Bestandsaufnahme über Umfang und Wert jüdischen Vermögens in Deutschland herbeigeführt werden soll. Es bedarf keines Beweises, daß eine Entscheidung über die Judenfrage in der Wirtschaft eine Klärung der tatsächlichen Verhältnisse zur Voraussetzung hat.

In den Ausschüssen des ungarischen Abgeordnetenhauses wurde das Judengesetz der Regierung Daranyi mit 122 gegen 7 Stimmen angenommen.

EN vom 27.4.1938

Nach der Erfassung des jüdischen Vermögens der jüdischen Bevölkerung, stellten die Nationalsozialisten, während die „Arisierungen" allerorten schon im vollen Gange waren, seit Juli 1938 Verzeichnisse der jüdischen Betriebe auf. Diese enthielten neben Angaben über den Namen des Besitzers bzw. des Gesellschafters auch Daten über die Art des Gewerbes, Größe und Umfang der Betriebe. (103) Diese Listen waren während des Novemberpogroms oftmals „Wegweiser" für die SA- und SS-Trupps, die den Auftrag hatten, vorwiegend reiche Juden zu verhaften und in ein KZ zu überführen.

EN vom 17.6.1938

Mit Festzügen, Kundgebungen und Abendveranstaltungen wurde in Elmshorn, wie in jedem Jahre, der 1. Mai als nationaler Feiertag begangen. (103)

Der Anschluß Österreichs wurde zum Anlass eines Amnestieerlasses durch Hitler, der Personen mit festgelegten Tatbeständen und Haftstrafen begnadigte. Ausgenommen waren

„a) Hoch- und Landesverrat und

b) Handlungen, bei denen die Art der Ausführung oder die Beweggründe eine gemeine Gesinnung des Täters erkennen lassen." (104)

Neben den planmäßigen „Arisierungen" wurde die Diskriminierung der Juden immer stärker vorangetrieben. Am 8. November 1937 eröffnete in München die Ausstellung *„Der ewige Jude"*, in der die Juden als *„Kinder des Teufels"* dargestellt wurden. In Filmen (z.B. *„Jud Süß"*) und Theaterstücken wurde den Deutschen das Bild des Juden so dargebracht, wie es Julius Streicher in seinem *„Stürmer"* vormachte. So wurde in Elmshorn das Theaterstück *„Schwiegersöhne"* aufgeführt:

„Im vollbesetzten Saal des Holsteinischen Hofes fand gestern im Auftrage der NSDAP, Ortsgruppe Elmshorn, ein Gastspiel der Volksdeutschen Bühne, Berlin, statt, das eine ganz besondere Beachtung verdient. Eindringlicher als jede Schrift, als jede lange Rede wird hier das Rassenproblem und die Rassenauslese den Zuschauern nahegebracht. Auf der einen Seite steht der Vater, dessen Leben beherrscht wird von einem starken Glauben an Gott und an die von Gott gewollte Gleichheit aller Menschen. Er beurteilt die Menschen nach ihrer Religionszugehörigkeit, nicht nach ihrer Rasse. Daher lässt er es zu, dass seine Tochter einen getauften Juden heiratet, der in seiner Frau nur ein Geschäfts-objekt sieht, um gute Beziehungen zu arischen Kreisen zu erhalten. Und noch ein zweiter Schwiegersohn ist da, der aus einer erbkranken Familie stammt und schließlich wegen krankhafter Schwermut in die Heilanstalt muss. Zwei zerrüttete Ehen entstanden durch die Verblendung eines Vaters, der den Lehren der Bibel mehr gehorchen wollte als den Menschen. Die Strafe muss er furchtbar an sich, an seinen Kindern und Kindeskindern erfahren. Nur der Sohn, der vom Vater wegen seiner „sündhaften Denkweise" über die

Rassenfragen verstoßen wurde, gründet mit einem rassegleichen, erbgesunden Mädchen eine Familie, die die Grundlagen des Glücks und einer starken Nachkommenschaft in sich trägt. Das gute Spiel aller Mitwirkenden verfehlte seine Wirkung nicht. Der Beifall war herzlich und verdient." (105)

Der Erwerb der Volksgasmaske ist sittliche Pflicht jedes Volksgenossen.

Ein Aufruf Gauleiters Lohse.

GD. Seit einiger Zeit setzt sich die Landesgruppe des Reichsluftschutzbundes zusammen mit der NS. Volkswohlfahrt werbend für die Volksgasmaske ein. Der NSV. obliegt der Vertrieb und die Auslieferung der Volksgasmaske. Es ist nun so, daß dieses technisch hochwertige Schutzmittel nur recht zögernd und erst nach vielem Zureden gekauft wird. Jeder muß sich aber klar darüber sein, daß es nicht von uns abhängt, ob wir die Volksgasmaske nicht doch eines Tages gebrauchen müssen. Um die Notwendigkeit ihrer Anschaffung noch einmal mit aller Deutlichkeit zu unterstreichen, wendet sich der Gauleiter als Statthalter des Führers im Gau Schleswig-Holstein an alle Volksgenossen. Sein Aufruf, der gleichzeitig vom Gauamtsleiter der NSV., Parteigenossen Neumann, und vom Landesgruppenführer des Reichsluftschutzbundes, Senator Richter, Hamburg, unterzeichnet ist, hat folgenden Wortlaut:

„Mit seinem gewaltigen Befreiungswerk hat der Führer dem deutschen Volk seinen Stolz und seine Ehre wiedergegeben.

Um sein Werk durchführen zu können, schuf er unsere starke Wehrmacht. Die Rüstung Deutschlands ist heute der Garant des Friedens. Zu dieser Rüstung gehört aber auch der Schutz der Heimat, unseres Volkes, unserer Frauen und Kinder durch die deutsche Volksgasmaske.

Es ist daher sittliche Pflicht eines jeden Volksgenossen, für sich und die Seinen die Volksgasmaske zu erwerben. Er schützt damit seine Familie und die Volksgenossenschaft. Gleichzeitig hilft er dem Friedenswerke des Führers, denn ein ungeschütztes Volk fordert den Angriff des Gegners heraus, auf ein geschütztes Volk wird dieser Angriff unterbleiben.

In unermüdlicher Arbeit setzt sich der Amtswalter der NSV. für den Verkauf der Volksgasmaske ein. Er sorgt dafür, daß der Preis den Einkommensverhältnissen angepaßt wird.

Die Amtsträger des Reichsluftschutzbundes stehen jedem Volksgenossen zur Verfügung, damit er eine passende Volksgasmaske erhält. Ihre Sorge ist, daß jeder das Gerät bekommt, das ihn auch wirksam schützt."

gez. Lohse, Gauleiter.

gez. Neumann, Gauamtsleiter der NSV.

gez. Richter, Landesgruppenführer RLB.

EN vom 8.7.1938

Pflichtjahr für Mädchen.
Form der Ableistung.

)!(Die Anordnung über das Pflichtjahr für Mädchen vom 15. 2. 1938 wurde erlassen, um den Mangel an weiblichen Arbeitskräften in der Land- und Hauswirtschaft zu mindern. Das Pflichtjahr soll die unbedingt notwendige Entlastung der Hausfrauen auf dem Lande und in der Stadt, besonders in den kinderreichen Familien, herbeiführen. Das ist sein eigentlicher Sinn. Hieraus ergibt sich die Form, in der das Pflichtjahr abgeleistet werden muß.

1. Das Mädchen im Pflichtjahr muß praktische Arbeit in einem Haushalt zur Unterstützung der Hausfrau leisten. Die Entlohnung erfolgt nach den ortsüblichen Sätzen.

2. Die Tätigkeit im Haushalt muß wirklich eine notwendige Hilfe bedeuten. Es soll Arbeit, die sonst auf der bis zum äußersten angespannten Land- oder Stadt-Hausfrau liegen bleibt, von jungen Kräften weggeschafft werden. Eine hauswirtschaftliche Tätigkeit ohne ein ausreichendes Maß ernster Arbeit kann daher nicht als Pflichtjahr anerkannt werden.

3. Die Tätigkeit im Haushalt muß arbeitsbuchpflichtig sein. Sie muß die Versicherungspflicht in der Kranken- und in der Invalidenkasse begründen.

Die Ableistung des Pflichtjahres wird nach Ablauf des Jahres auf Wunsch vom zuständigen Arbeitsamt im Arbeitsbuch bescheinigt. Dabei muß der Nachweis erbracht werden, daß die geleistete Tätigkeit im Haushalt dem Sinn des Pflichtjahres entsprochen hat.

EN vom 15.7.1938

Die Hetzartikel und die Gesetzgebung zum Nachteil der jüdischen Bevölkerung steigerte sich 1938 beträchtlich. Aber immer noch fehlte die Antwort auf eine Frage. Wie erkennt man einen Juden? Da ein Jude als solcher trotz aller Bemühungen nicht zu erkennen war, mussten Hilfsmittel zur Identifizierung herangezogen werden. Dieses „Hilfsmittel" stellte die sogenannte Kennkarte dar, die am 1. Oktober 1938 als neuer Inlandsausweis eingeführt wurde. Die Karten der jüdischen Bürger waren mit einem großen „J" gekennzeichnet. (106)

Die Sparaktion zum Volkswagen beginnt.

1½ Millionen Volkswagen Jahresproduktion. — Fünf Mark wöchentlich Sparrate für den Volkswagen.

EN vom 2.8.1938

In Elmshorn schon über 60 Volkswagen beantragt.

GD. Wenige Stunden nach der Rede Dr. Leys in Leverkusen hat auf allen Kreisdienststellen der NSG. „Kraft durch Freude" ein wahrer Ansturm auf die KdF.-Wagen-Formulare eingesetzt. Die von der Gaudienststelle am Montag und Dienstag an die Kreise herausgegangenen Anmeldevordrucke für die KdF.-Wagen-Sparkarten waren bereits in kurzer Zeit vergriffen. Neulieferungen sind heute auf den Kreisdienststellen eingetroffen. Die KdF.-Wagen-Anwärter, die in der allernächsten Zeit ihre Anmeldungen den Kreisdienststellen einreichen, haben die Aussicht, noch im ersten Baujahr der KdF.-Wagenfabrikation berücksichtigt zu werden.

Wie uns mitgeteilt wird, sind in Elmshorn bereits 60 Anträge für den Volkswagen gestellt worden. Teilweise herrschte auf der KdF.-Dienststelle ein wahrer Ansturm.

EN vom 5.8.1938

Ab 30. September 1938 wurde es jüdischen Ärzten untersagt, „arische" Mitbürger zu behandeln. Die jüdischen Ärzte sollten aus der Ärzteschaft „ausgeschaltet" werden. (107)

Arbeitseinsatz der HJ. in der Ernte.

Auf Grund besonderer Vereinbarung stehen Angehörige der HJ. für den Einsatz als Erntehelfer sofort zur Verfügung.

Anforderungen der Betriebsführer sind beschleunigt an die Arbeitsämter zu richten.

EN vom 10.8.1938

Gesetze der Gefolgschaft.

Keiner darf den anderen verleugnen.
Streitigkeiten schlichtet der Führer.
Neuigkeiten teilt nur der Führer mit.
Niemand klage über seine Wunden.
Jeder soll den anderen rächen wie seinen Bruder.
Keiner soll leben nach des Führers Tode. Keiner darf ein ängstliches Wort sprechen, oder irgendwann verzagen, wie hoffnungslos die Lage auch sei.

EN vom 10.8.1938

In der neuen Ausgabe „Neues Geschlecht" vom 10. August zeigte sich in dem Beitrag „Gesetze der Gefolgschaft" die Verblendung Teile der HJ im letzten Absatz:

„Keiner soll leben nach des Führers Tode. Keiner darf ein ängstliches Wort sprechen, oder irgendwann verzagen, wie hoffnungslos die Lage auch sei."

Am 11. August erschien in den EN die Anordnung des Reichsinnenministers und Reichsarbeitsführers, dass diejenigen Mädchen über 16 Jahren, die sich vor dem 1. November 1939 freiwillig mindestens neun Monate zur Landarbeit gemeldet haben, von der Ableistung der Arbeitsdienstpflicht der weiblichen Jugend ausgenommen wurden. (108)

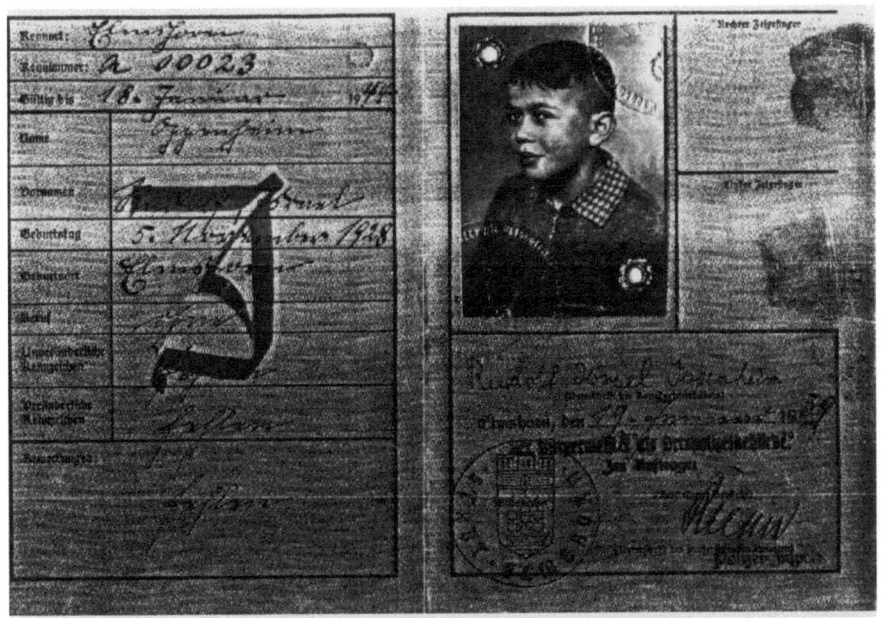

Kennkarte Rudolf Oppenheim Bei jüdischen Mitbürgern wurde ein großes deutlich lesbares „J" hineingestempelt. Privatarchiv Kirschninck

Zu den Maßnahmen einen Juden als Juden zu identifizieren, gehörte neben der Kennkarte die Verordnung, die bestimmte, dass Juden nur bestimmte, in einer besonderen Liste veröffentlichte Vornamen führen durften. Erwachsene mit einem „deutschen" Vornamen mussten diesem als Zusatz den Namen „Sara" bzw. „Israel" anhängen. Diese Zusatznamen mussten unaufgefordert genannt werden. (109)

Durch diese Verordnungen wurde im Grunde die nationalsozialistische Rassenideologie ad absurdum geführt. Diese ging davon aus, dass Juden unschwer an ihrem Äußeren zu erkennen seien. Daher fanden im Biologieunterricht u.a. auch Schädelvermessungen statt und die Juden wurden in der Propaganda und den Hetzschriften mit einer Hakennase und weiteren äußerlichen Auffälligkeiten dargestellt. Die Wirklichkeit sah, wie so häufig, eben doch anders aus. Es gab kein typisches Aussehen der Juden. Sie konnten „arischer" aussehen als die christlichen

Mitbürger. Daher mussten die Nationalsozialisten zu anderen Mitteln, eben den oben genannten Verordnungen, greifen, damit die Juden als solche auch erkannt werden würden.

Rassekundeunterricht an der Bismarckschule Elmshorn. Foto: Gerhardt Cordts. Privatarchiv Kirschninck

Am 24. August veröffentlichten die EN eine Liste mit Namen, aus denen sich Juden Vornamen heraussuchen mussten. Bei allen Juden, die schon mit einem Vornamen geführt wurden, mussten bei männlichen Personen ein „Israel", bei weiblichen eine „Sara" dem Nachnamen vorangestellt werden.

Das Gesetz über jüdische Vornamen.

Juden fremder Staatsangehörigkeit nicht betroffen.

Im Reichsgesetzblatt I 1938 Nr. 180 ist die Zweite Verordnung zur Durchführung des Gesetzes über die Aenderung von Familiennamen und Vornamen erschienen, die die Führung von Vornamen durch Juden regelt. Sie bestimmt, daß den Juden, die deutsche Staatsangehörige oder staatenlos sind, in Zukunft nur solche Vornamen beigelegt werden dürfen, die den vom Reichsminister des Innern herausgegebenen Richtlinien entsprechen.

Diese Richtlinien sind in dem Runderlaß vom 23. August 1938 bekanntgegeben, der im Reichsministerialblatt für die innere Verwaltung veröffentlicht ist. Wie die unten abgedruckte Zusammenstellung ergibt, sind darin nur solche Vornamen enthalten, die im deutschen Volk als typisch jüdisch angesehen werden. Juden, die eine fremde Staatsangehörigkeit besitzen, werden von der Vorschrift nicht betroffen.

Soweit Juden zur Zeit Vornamen führen, die nicht in den Richtlinien verzeichnet sind, müssen sie, wie bereits kurz berichtet, vom 1. Januar 1939 ab zusätzlich einen weiteren Vornamen annehmen, und zwar männliche Personen den Vornamen Israel, weibliche Personen den Vornamen Sara.

Sie müssen hiervon bis zum 31. Januar 1939 den Standesbeamten, die ihre Geburt und ihre Heirat beurkundet haben, sowie der für ihren Wohnsitz oder gewöhnlichen Aufenthalt zuständigen Ortspolizeibehörde schriftlich Anzeige erstatten. Bei geschäftsunfähigen oder in der Geschäftsfähigkeit beschränkten Personen trifft die Verpflichtung zur Anzeige den gesetzlichen Vertreter. Sofern es im Rechts- und Geschäftsverkehr üblich ist, den Namen anzugeben, müssen Juden stets auch wenigstens einen ihrer Vornamen führen. Sind sie zur Annahme des zusätzlichen Vornamens Israel oder Sara verpflichtet, so haben sie auch diesen Vornamen zu führen. Bei Zuwiderhandlungen gegen diese Vorschriften sind Gefängnis- oder Geldstrafen angedroht.

Als jüdische Vornamen

sind in dem Runderlaß des Reichsministers des Innern bekanntgegeben:

a) Männliche Vornamen:

Abel, Abieser, Abimelech, Abner, Absalom, Ahab, Ahasja, Ahasver, Akiba, Amon, Anschel, Aron, Asahel, Asaria, Ascher, Asriel, Assur, Athalja, Awigdor, Awrum; Bachja, Baral, Baruch, Benaja, Berek, Berl, Boas, Bud; Chaggai, Chai, Chajim, Chamor, Chananja, Chanoch, Chaskel, Chawa, Chiel; Dan, Denny; Efim, Efraim, Ehud, Eisig, Eli, Elias, Elihu, Eliser, Eljakim, Elkan, Enoch, Esau, Esra, Ezechiel; Faleg, Feibisch, Feirel, Feitel, Feiwel, Feleg; Gad, Gdalⁱⁱⁱ, Gedalja, Gerson, Gizⁱⁱⁱ; Habkⁱⁱⁱ, Hagai, Hemor, Henoch, Herodes, Hesekiel, Hillel, Hiob, Hosea; Isaac, Isa, Isachar, Isboseth, Isidor, Ismael, Israel, Itzig; Jachiel, Jaffe, Jakar, Jakusiel, Jechestel, Jechel, Jehu, Jehuda, Jhusiel, Jeremia, Jerobeam, Jesaja, Jethro, Jiftach, Jizchark, Joab, Jochana, Joel, Jomteb, Jona, Jonatahan, Josia, Juda; Kainan, Kalphas, Kaleb, Korach, Laban, Lazarus, Leew, Leiser, Levi, Lewek, Lot, Lupu; Machol, Maim, Malchisua, Maleachi, Manasse, Mardochai, Mechel, Menachem, Moab, Mochain, Mordesajaj, Mosche, Moses; Nachschon, Nachum, Naftali, Nathan, Raum, Nazarj, Nehab, Nehemia, Rissim, Roa, Rochem; Obadja, Orew, Oscher, Osias; Peisach, Pinchas, Pinkus; Rachmiel, Ruben; Sabbatai, Sacher, Sallum, Sally, Salo, Salomon, Salusch, Samaja, Sami, Samuel, Sandel, Saudik, Saul, Schalom, Schaul, Schinul, Schmul, Schneur, Schoachana, Scholem, Sebulon, Semi, Sered, Sichem, Sirach, Simson, Teit, Tewele; Uri, Uria, Uriel, Zadek, Zedekia, Zephanja, Zereuja, Zewi.

b) Weibliche Vornamen:

Abigail; Baschewa, Beile, Bela, Bescha, Bihri, Bilba, Breine, Briewe, Brocha; Chana, Chawa, Cheiche, Cheile, Chinke; Deiche, Dewaara, Driesel; Egele; Faugel, Feigle, Feile, Frabchen, Frabel, Frommet; Geilchen, Geleo, Ginendel, Gittel, Gole; Hadasse, Hale, Hannacha, Hitzel; Jachel, Jachewad, Jedidja, Jente, Jezabel, Jndis, Jnste, Jyttel; Keile, Kreindel; Lane, Leie, Libsche, Libe, Liwie; Machle, Mathel, Milkele, Mindel; Racha, Rachme; Relrche, Peßchen, Pesse, Pessel, Pirle; Rachel, Rause, Rebekka, Rechel, Reha, Reitzge, Reißche, Riwki; Sara, Scharne, Scheindel, Scheine, Schewa, Schlämche, Semche, Simche, Slowe, Sprize; Tana, Telze, Tirze, Treibel; Zerel, Zilla, Zimle, Zine, Zipora, Zirel, Zorthel.

Abgesehen von diesen Sondervorschriften über die Vornamen der Juden sollen nach dem sonstigen Inhalt des Runderlasses Kinder deutscher Staatsangehöriger in Zukunft grundsätzlich nur deutsche Vornamen erhalten. Namen ursprünglich ausländischer Herkunft, die seit Jahrhunderten in Deutschland als Vornamen

EN vom 24.8.1938.

verwendet werden und völlig eingedeutſcht ſind — wie Hans, Joachim, Peter Julius, Eliſabeth, Maria, Sofie, Charlotte gelten als deutſche Vornamen. Nichtdeutſche Vornamen ſollen nur dann zugelaſſen werden, wenn ein beſonderer Grund dies rechtfertigt, ſo z. B. Zugehörigkeit zu einem nichtdeutſchen Volkstum, Familienüberlieferung, verwandtſchaftliche Beziehungen.

EN vom 24.8.1938

Der Reichs-Arbeits-Dienſt bezieht ein neues Lager.

-b. Der Reichs-Arbeits-Dienſt, der bisher in dem ehemaligen Alters- und Pflegeheim untergebracht war, bezieht zum Herbſt ein neues Lager. Die Reichsbahn, der dies Gebäude jetzt gehört, wird während der Bauzeit des neuen Elmshorner Bahnhofs zeitweiſe hier das Baubüro einrichten. Deshalb muß das Lager bis zum 30. September geräumt werden. Später wird dies Gebäude ganz abgebrochen werden müſſen. Die bisherigen Jahrgänge des Reichs-Arbeits-Dienſtes Abteilung General von Bonin, haben hier manche frohe und ernſte Stunde verlebt.

Da die Verhältniſſe den Reichs-Arbeits-Dienſt zwingen, eine neue Unterkunft zu beziehen, wird jetzt ganze Arbeit geleiſtet. Es wird auf dem ſtädtiſchen Sportplatz beim Stubbenhut eine neue und moderne Unterkunft gebaut. Da der Reichs-Arbeits-Dienſt nicht mehr in feſten Häuſern untergebracht werden ſoll, wird hier ein Reichsbarackenlager entſtehen. Dieſe Lager kann man an der Weſtküſte und überall im Reich antreffen.

Das Elmshorner Lager wird ſein eigenes Gepräge erhalten. Es wird rund herum mit einem Erdwall von 75 Zentimeter Höhe umgeben. Dieſer Wall wird mit Büſchen bepflanzt, ſo daß es ein richtiger „Knick" wird. Innerhalb dieſes Knicks werden die Unterkünfte errichtet. Das Führerhaus erhält ſeinen Stand in dem kleinen Tannengehölz, liegt alſo etwas abſeits der übrigen Häuſer. Es werden vier Mannſchaftshäuſer, ein Wirtſchaftshaus mit Tagesraum für 250 Mann, Garagen und Gerätehäuſer gebaut. Vor dem Lager wird ein Grünplatz angelegt nach dem Sportplatz zu. Der Sportplatz ſteht dem Reichs-Arbeits-Dienſt ebenfalls zur Verfügung. Das Lager wird eine kleine „Stadt" für ſich werden. In dieſer ruhigen und idylliſchen „Stadt" werden die Arbeits-Dienſtmänner ſich ſicher wohlfühlen.

Die Bauarbeiten für das neue Lager ſind unter ſachkundiger Leitung ſchon in Angriff genommen. Hier wird fleißig gearbeitet. Hier wird vermeſſen, dort wird gerammt und dort ausgeſchachtet. An anderer Stelle wird der Raſen abgeſtochen und die Soden werden abgefahren, um nachher als Bedeckung für den Wall Verwendung zu finden. Ein Stück Wall iſt ſchon fertig, ſo daß man ſich ein Bild machen kann, wie es nachher ausſehen wird.

Die Häuſer ſind ſehr zweckmäßig eingerichtet. Alles, was zu einer Unterkunft gehört, wird geliefert; die Arbeits-Dienſtmänner ſetzen die Häuſer nur zuſammen. Der Vorteil dieſer Unterkünfte iſt, daß ſie leicht von einem Ort zum andern gebracht werden können. Sie vertragen es, daß ſie fünf bis ſechs Umzüge mitmachen. Das Aeußere der Häuſer iſt ſehr gefällig, ſo daß ſie die Gegend nicht ungünſtig beeinfluſſen.

Da Elmshorn noch für etwa fünf Jahre Arbeitsmöglichkeiten für den RAD. bietet, kann man ſich in dieſem ſchönen Lager recht häuslich einrichten.

EN vom 1.9.1938

Sonderſtempel der Deutſchen Reichspoſt zum Parteitag Großdeutſchlands in Nürnberg.

Parteitag Großdeutſchlands

NÜRNBERG Reichsparteitag der NSDAP.

(Scherl-Bilderdienſt-M.)

EN vom 8.9.1938

EN vom 6.9.1938

Am 14. September brachten die EN einen Beitrag mit dem Titel „Was jeder bei der Verdunkelungsübung beachten muß", worin genaue Verhaltensanweisungen für die Verdunkelung gegeben wurden. (110)

EN vom 13.9.1938

EN vom 15.9.1938

EN vom 30.9.1938

EN vom 1.10.1938

10 Gebote für behelfsmäßige Herrichtung von Luftschutzräumen.

1. Notwendigkeit der Luftschutzräume.

Zum Schutz gegen die Wirkungen von Luftangriffen müssen für alle Volksgenossen in nächster Nähe der Wohnungen und Arbeitsstätten Luftschutzräume geschaffen werden. Die Luftschutzräume sind so schnell wie möglich herzurichten.

2. Wer muß bei der Herrichtung der Luftschutzräume mithelfen?

Jeder Volksgenosse hat bei der Herrichtung des für ihn bestimmten Luftschutzraumes durch seine eigene Arbeitskraft, Bereitstellung von Baumitteln, Einrichtungsgegenständen, Geldspenden usw. nach seinen Kräften beizutragen.

3. Wie groß müssen die Luftschutzräume sein?

Die Luftschutzräume müssen so groß sein, daß die in dem Gebäude wohnenden oder arbeitenden Menschen vollzählig untergebracht werden können. Für jede Person ist ein Luftraum von 3 Kubikmetern vorzusehen.

4. Auswahl geeigneter Räume im Keller- oder Erdgeschoß.

Luftschutzräume werden im Keller angelegt. Falls keine Kellerräume vorhanden sind, müssen die Luftschutzräume im Erdgeschoß, besonders in den Mittelfluren, hergerichtet werden. Erdgeschoßräume, die an den Außenwänden des Gebäudes liegen, sind weniger geeignet.

Luftschutzräume sollen möglichst wenig Fenster und Türen haben. Räume, in denen sich Gas-, Dampf- und Heißwasserleitungen befinden, sind zu vermeiden. Ungeeignet sind Räume, in denen Dampfkessel, Heizkessel usw. aufgestellt sind oder explosions- oder feuergefährliche Stoffe gelagert werden.

5. Gasschleuse.

Dem Zugang zum Luftschutzraum soll ein Raum als Gasschleuse vorgelagert sein. Diese kann durch einen Vorhang, der in 1 Meter Entfernung von der Eingangstür angebracht wird und am Boden und seitlich der Tür gut anliegt, ersetzt werden.

6. Notausgänge.

Die Luftschutzräume müssen außer dem Zugang entweder einen Notausgang durch anschließende Räume in das Freie oder Notausstiege durch ein Fenster haben.

7. Leerung der ausgewählten Räume.

Die ausgewählten Räume sind völlig zu entleeren. Nur Gegenstände, die zur Benutzung der Luftschutzräume verwendet werden können, z. B. Kisten als Sitzgelegenheiten, können im Raum belassen werden.

8. Herrichtung der Luftschutzräume.

a) Zum Schutz gegen Bombensplitter sind die Fensteröffnungen und die an den Außenwänden des Gebäudes liegenden Türöffnungen der Luftschutzräume und Gasschleusen zu sichern. Dies kann durch Anschütten und Feststampfen von Erde, Sandsackpackungen, Steinpackungen oder Holzbalken geschehen. Diese Schutzvorrichtungen sind durch Befestigen mit Draht, Bretterwänden oder anderen Hilfsmitteln zu sichern.

b) Die Türen der Gasschleuse, die Notausgänge und Fenster sind gasdicht auszubilden. Zu diesem Zweck sind alle Löcher, Ritzen, Schlüssellöcher usw. der Türen und Fenster zu verkitten oder zu verstopfen und mit Papier zu überkleben. Die Glasscheiben von Fenstern und Türen sind mit Holz oder Pappe zu benageln und mit Papier zu überkleben. Die Fugen zwischen Türen, Fenstern und ihren Anschlagflächen sind mit Papierstreifen zu überkleben. Die Anschlagflächen der für das Betreten der Luftschutzräume bestimmten Türen sind mit Stoff-, Filz- oder Gummistreifen oder Streifen aus zusammengefaltetem Zeitungspapier zu benageln oder zu bekleben. Alle sonstigen Öffnungen und Undichtigkeiten (Kamin- und Luftschachtöffnungen). Durchführungsstellen von Rohrleitungen durch das Mauerwerk sind gleichfalls zu verstopfen und mit Papier zu überkleben.

c) Die Decken der Luftschutzräume und der Gasschleusen sind nach Möglichkeit zum Schutz gegen Bautrümmer mit Holz abzusteifen. Dabei sollen vor allem die in der Decke vorhandenen eisernen Träger, Deckenbalken, Unterzüge durch einen oder mehrere Stiele gestützt werden. Die Stiele werden auf je zwei breite Holzteile gesetzt und mit den Holzteilen gegen die Decke getrieben bis sie feststehen.

9. Innere Einrichtung der Luftschutzräume.

a) Für jeden Insassen muß eine Sitzgelegenheit vorhanden sein. Nach Möglichkeit sind auch Liegegelegenheiten und ein Tisch vorzusehen.

b) Die Luftschutzräume sind durch Taschenlampen zu beleuchten. Beleuchtung durch Petroleumlampen, Kerzen oder sonstiges offenes Licht ist verboten.

c) Trinkwasser, Lebensmittel, Verbandzeug usw. sind in ausreichenden Mengen beim Aufsuchen der Luftschutzräume mitzubringen.

d) Für etwa je 20 Insassen ist ein Notabort vorzusehen. Hierfür können Eimer bereitgestellt werden. Sand oder Erde ist zum Einschütten in den Eimer zur Vermeidung von Geruchsbelästigung bereitzuhalten. Der Notabort ist gegen den übrigen Raum abzutrennen. Hierfür können Vorhänge, Tücher, Papptafeln verwendet werden.

e) Abdichtungsmittel wie Papier, Pappe, Stoffstreifen, Isolierband, Kitt, Leim, Brettstücke sowie Werkzeuge (Hammer, Beil, Zange, Brechstange, Nägel usw.) müssen im Luftschutzraum zu Ausbesserungszwecken vorhanden sein.

10. Durchlüftung der Luftschutzräume.

Nach jeder Benutzung des Luftschutzraumes ist für eine schnelle Durchlüftung durch Öffnen der Türen oder Fenster zu sorgen.

EN vom 21.9.1938

Die Bürger werden immer mehr auf einen bevorstehenden Krieg eingestimmt, sei es mit Luftschutzübungen, Anleitungen zum Bau von Luftschutzraumen, Verdunkelungsübungen und Verhaltensmaßnahmen gegen Spionage, Sabotage, Kritiker und Meckerer und Anschaffung und Umgang mit Gasmasken.

Spionage und Sabotage bekämpfen.

•—• 1. Er erfüllt seine Pflicht, aber spricht darüber nicht zu Fremden und läßt sich niemals und von niemandem ausfragen.

2. Er beachtet mit peinlicher Sorgfalt alle bekanntgegebenen Geheimhaltungsbestimmungen.

3. Er belehrt seine Arbeitskameraden, wenn sie fahrlässig gegen diese Bestimmungen handeln.

4. Er läßt sich auch nicht zum Schein oder in der Absicht, einen Spion fangen zu wollen, auf ein grundsätzlich verbotenes und strafbares Spiel mit einem von ihm erkannten oder an ihn herantretenden Spion oder Sabotageagenten ein.

5. Er sucht vielmehr durch eine harmlose Gesprächsführung Zeit zur Anzeige zu gewinnen.

6. Er meldet jeden begründeten Spionage- oder Sabotageverdacht seinem Betriebsführer ohne zu irgend jemand darüber zu sprechen.

7. Er weiß, daß sich diese Anzeigepflicht auf alle, also auch auf seine Kameraden und selbst auf seine Familienangehörigen erstreckt.

Harte Strafgesetze hat der Führer im Jahre 1934 gegen die Verräter erlassen. Grundsatz ist, daß derjenige, der es wagt, die Hand gegen sein Vaterland zu erheben, dem Tode verfallen ist. Der erste Satz des Landesverrats-gesetzes lautet daher:

Wer es unternimmt, ein Staatsgeheimnis zu verraten, wird mit dem Tode bestraft. Das gleiche Strafmaß wie den Verräter, nämlich das Beil des Henkers, trifft auch den Saboteur. Ebenso wird derjenige, der es unterläßt, recht-zeitig von einem geplanten Landes- oder Hoch-verrat oder einer Sabotage Anzeige zu erstatten, mit hohen Freiheitsstrafen, in schweren Fällen mit dem Tode bestraft.

Wer durch Fahrlässigkeit in Worten und Werken dem Feinde Vorschub leistet, hat hohe Gefängnisstrafen zu erwarten. Manch eine un-bedachte Äußerung hat schon unübersehbares Unglück über bisher unbescholtene Volksgenossen und ihre Familie gebracht.

Verordnung über Reisepaß von Juden.

DRB. Im Reichsgesetzblatt vom 7. Oktober 1938 wird eine Verordnung des Reichsministers des Innern über Reisepässe von Juden veröf-fentlicht.

Nach dieser Verordnung, die mit ihrer Ver-kündung in Kraft tritt, werden alle deutschen Reisepässe von Juden deutscher Staatsangehörig-keit, die sich im Inlande aufhalten, ungültig. Die Paßinhaber sind verpflichtet, die Pässe der Paß-behörde im Inland, in deren Bezirk der ein-zelne Paßinhaber seinen Wohnsitz oder mangels eines Wohnsitzes seinen Aufenthalt hat, inner-halb von zwei Wochen nach Inkrafttreten dieser Verordnung einzureichen. Für Juden deutscher Staatsangehörigkeit, die sich bei Inkrafttreten dieser Verordnung im Auslande aufhalten, be-ginnt die Frist von zwei Wochen für die Ein-reichung der Pässe mit dem Tage der Einreise in das Reichsgebiet. Wer seinen Paß nicht oder nicht rechtzeitig einreicht, macht sich strafbar. Die mit Geltung für das Ausland ausgestellten Reise-pässe von Juden werden wieder gültig, wenn sie von der Paßbehörde mit einem vom Reichs-minister des Innern bestimmten Merkmal ver-sehen werden.

An die Stelle der ungültig gewordenen In-landspässe treten die Kennkarten, die durch die seit dem 1. Oktober 1938 geltende Verordnung des Reichsministers des Innern über Kennkar-ten vom 22. Juli 1938 eingeführt worden sind.

EN vom 22.9.1938   EN vom 8.10.1938

127

Rolläden zu! — Fenster ohne Rolläden auf!

[—] Der Reichsminister der Luftfahrt und Oberbefehlshaber der Luftwaffe hat mit Runderlaß vom 7. September 1938 angeordnet, daß die bisher vorgesehenen Schutzmaßnahmen für Fensterscheiben bei Luftangriffen wie folgt geändert werden:

1. Die bisher vorgesehenen Maßnahmen zum Schutze der Fensterscheiben gegen den Luftstoß zerknallender Sprengbomben durch Bekleben mit Papierstreifen usw. kommen in Fortfall.

2. Fensterläden, Rolläden, Jalousien usw. werden bei Fliegeralarm geschlossen.

3. Soweit Fensterläden, Rolläden, Jalousien usw. nicht vorhanden sind, werden die Fenster bei Fliegeralarm zum Schutz gegen den Luftstoß zerknallender Sprengbomben weit geöffnet und festgestellt.

4. Bei der Durchführung der Schutzmaßnahmen für Fenster ist die Verdunkelungspflicht zu beachten.

Die Maßnahmen zum Schutz der Fensterscheiben sind demnach wesentlich vereinfacht worden. Das Bekleben der Fensterscheiben — wie wir alle wissen, bei größeren Wohnungen eine zeitraubende Arbeit — fällt gänzlich fort. Dafür müssen aber auch bei Tage die Rolläden, Fensterläden, Jalousien usw. sofort geschlossen werden, wenn Fliegeralarm ausgelöst wird. Derartig geschützte Fenster halten dem Luftstoß zerknallender Sprengbomben stand, es sei denn, daß ein Zerknall in größter Nähe eines Fensters erfolgt. Alle Fenster, die nicht durch Rolläden usw. geschützt sind, müssen dagegen weit geöffnet werden. Es besteht sonst die Gefahr, daß die Fensterscheiben bei Luftangriffen auch dann zerbrechen, wenn eine Bombe in größerer Entfernung zerknallt.

In Kriegszeiten wird es aber schwierig sein, in großem Umfang zerstörte Fensterscheiben zu ersetzen, da die notwendigen Fachkräfte fehlen und auch die Beschaffung von Fensterglas unter Umständen längere Zeit erfordert. In der kalten Jahreszeit würden dadurch erhebliche Unzuträglichkeiten für die Insassen von Wohnungen und Arbeitsstätten entstehen. Daher sind die nicht durch Rolläden usw. geschützten Fenster unbedingt weit zu öffnen. Sie müssen aber festgehalten oder durch Vorlegen eines Holzes so festgestellt werden, daß sie durch Luftstöße oder Zugluft nicht zuschlagen können.

EN vom 26.9.1938

Hitler-Jungen wurden zu Männern der Formationen.

-b- Die feierliche Ueberweisung der 18jährigen Hitler-Jungen in die Formationen der Partei fand gestern in den einzelnen Orten des Kreises Pinneberg statt. Es waren im Kreise insgesamt 235 Hitler-Jungen, die in die Formationen der Männer aufgenommen wurden.

Zu Beginn der Feier in Elmshorn auf dem Platz der Adolf-Hitler-Schule konnte Pg. Max Mohr als Sonderbeauftragter dem Kreisleiter die Meldung machen, daß 610 Männer angetreten waren.

Eingeleitet wurde die Feier mit einem Fanfarenmarsch der Hitler-Jugend, dessen helle Töne von dem dumpfen Schall der Landsknechtstrommeln unterstrichen wurden.

Bannführer Pauly aus Wilster wies in seiner Ansprache darauf hin, daß wiederum ein Jahrgang der HJ. in die Formationen der NSDAP. überzuleiten sei. Der Weg der HJ. sei vorgezeichnet: vier Jahre DJ., vier Jahre HJ. und dann in die Formationen der Partei. Nach dem Willen des Führers hätten sie immer bereit zu sein und ihre Pflicht zu tun. Er wies darauf hin, daß zur selben Stunde im ganzen Kreis Pinneberg die 235 Hitler-Jungen in die Formationen überwiesen würden. Er übergab sie mit kurzen Worten an den Kreisleiter Paulsen.

Kreisleiter Pg. Paulsen wandte sich an die jungen Männer und wies sie darauf hin, daß sie in der HJ. schon jahrelang dem Führer gedient hätten. Daher hätten sie auch gelernt, sich einzuordnen. Jetzt seien sie in die Partei übernommen und würden in die Formationen eingegliedert, wo sie weiter ausgebildet und ausgerichtet werden sollten. Darauf übergab er sie dem Oberführer SS. Pg. Schröder zur Einreihung in die Formationen.

Oberführer Schröder wandte sich mit kurzen, soldatischen Worten an die Hitler-Jungen und begrüßte sie in den Reihen der Männer. „Wir schließen Euch ein in das Soldatentum der SA., des NSKK und der SS", rief er ihnen zu und gab der Hoffnung Ausdruck, daß sie in steter Bereitschaft für den Führer stehen würden. Der Führer solle sich auf sie verlassen können.

Nach dieser feierlichen Uebernahme wurde ein kurzer Ummarsch durch die Straßen gemacht, der wieder auf dem Schulhof der Adolf-Hitler-Schule endete.

Pg. Max Mohr ordnete hierauf die Einteilung der Hitler-Jungen auf die einzelnen Formationen an. Es waren in Elmshorn 53 Jungen, die in die Formationen aufgenommen wurden.

Mit einem dreifachen „Sieg Heil!" auf Groß-Deutschland und den Führer schloß Pg. Max Mohr die Feier. Nachdem die Lieder der Deutschen verklungen waren, marschierten die Formationen in ihre Standquartiere.

Der Geist der Bewegung ist ein soldatischer und so war die Feier auf dem Platz der Adolf-Hitler-Schule auch soldatisch. Nicht lange und breite Ausführungen, sondern knappe und klare Worte verpflichteten die Jungen, als Männer jetzt in den Formationen ihren Dienst zu tun.

Das Wetter war gestern weniger zu einer Feier im Freien angetan. Unablässig strömte ein feiner Staubregen vom Himmel. Das störte aber die Teilnehmer nicht, sondern frohen Mutes und stolz aufgerichtet standen sie unbeweglich auf ihren Plätzen, lauschend auf die Worte, die die älteren Parteigenossen an sie richteten. Mögen die Jungen jetzt verschiedenen Formationen angehören und mag ihr gemeinsamer Weg sich auch jetzt getrennt haben, eines bleiben sie doch alle: Nationalsozialisten, und ein Band umfaßt sie alle nach wie vor: die national-sozialistische Bewegung!

EN vom 29.10.1938

Der Novemberpogrom oder die „Reichskristallnacht"

Im Jahre 1938 lebten ungefähr 60.000 Juden polnischer Staatsangehörigkeit in Deutschland. (1) Diese „Ostjuden" lebten zum Teil schon seit Generationen im Reich und verstanden kaum noch die polnische Sprache, hatten es aber unterlassen, sich deutsche Papiere zu besorgen. Nach der nationalsozialistischen Judenpolitik war nun damit zu rechnen, dass diese ausländischen Juden nach Polen abgeschoben werden sollten. Dieses versuchte der polnische Innenminister am 6. Oktober 1938 zu verhindern. Er gab eine Verordnung heraus, die besagte, dass alle im Ausland lebenden polnischen Staatsangehörigen ihre Pässe bis zum 29.10.1938 zur Eintragung eines Sichtvermerkes einzureichen hätten. Die Eintragung konnte jedoch verweigert werden,

„wenn Umstände vorliegen, die die Aberkennung der Staatsangehörigkeit (...) rechtfertigen." (2)

Die Polen und polnischen Juden in Deutschland mussten jetzt mit der Möglichkeit rechnen, bis zum 29. Oktober ihre polnische Staatsangehörigkeit zu verlieren und staatenlos zu werden. Die Deutschen aber wollten diese Juden auch nicht haben und nach dem 29. Oktober würde eine Abschiebung dieser Menschen nach Polen nicht mehr möglich sein.

Himmler ordnete daher am 27. Oktober in einem Schnellbrief die *„unverzügliche Inhaftierung aller erreichbaren Juden mit gültigen polnischen Pässen und deren Abschiebung über die polnische Grenze innerhalb von 24 Stunden an."* (3)

Nach Polen abgeschoben.
Eine unumgängliche deutsche Maßnahme.

DNB. Berlin, 29. Oktober. Nach einer vor kurzem ergangenen Verordnung der polnischen Regierung müssen polnische Auslandspässe einen Prüfungsvermerk der polnischen Auslandsvertretung enthalten, da ihre Inhaber ohne einen solchen nicht mehr auf polnisches Staatsgebiet zugelassen werden. In Deutschland befinden sich schätzungsweise 150 000 polnische Staatsangehörige. Falls diese den Prüfungsvermerk nicht erhalten, würden sie Deutschland für alle Zeiten zur Last fallen, und die deutsche Regierung hätte nicht mehr die Möglichkeit, von dem sonst in allen Staaten den Ausländern gegenüber bestehenden Recht der Ausweisung als lästige Ausländer Gebrauch zu machen.

Da ein deutscher Verständigungsvorschlag polnischerseits nicht angenommen wurde und nur bis zum 29. Oktober mit einer Uebernahme von der deutschen Regierung ausgewiesener lästiger polnischer Staatsangehöriger durch die polnische Regierung auf Grund ihrer bisherigen Pässe gerechnet werden konnte, mußten die deutschen Behörden Maßnahmen ergreifen, um die Zahl derjenigen zu vermindern, die den polnischen Prüfungsvermerk voraussichtlich nicht erhalten würden. Infolgedessen sind einige tausend polnische Staatsangehörige, die von den deutschen Behörden als unerwünscht angesehen werden, nach der polnischen Grenze abbefördert worden.

EN vom 31.10.1938

Am 27. und 28. Oktober 1938 wurden 15.000 - 17.000 polnische Juden verhaftet und von SS- Begleitmannschaften ins Niemands-Grenzland bei der Grenzstation Neu-Bentschen/ Zbqszyn getrieben, da sich Polen weigerte sie aufzunehmen.

Tagelang irrten sie im deutsch-polnischen Grenzland ohne Verpflegung und Unterkunft umher, bis es schließlich internationalen jüdischen Hilfsorganisationen gelang, eine provisorische Notaufnahme auf polnischem Gebiet zu erreichen. (4)

Dieser Vorfall sollte zu dem Pogrom führen. Unter den Menschen, die dort umherirrten, gehörten auch die Eltern und Geschwister des 17-jährigen Herschel Grünspan (Grynszpan), der in Paris lebte.

„Gegen 8 Uhr 30 an jenem 7. November hatte Grünspan die Waffe samt Patronen für 245 Francs gekauft, sie darauf in der Toilette eines in der Nähe gelegenen Lokals mit dem geradezu symbolischen Namen „Tout va bien" (Tout va bien= Alles wird gut) geladen und sich zur Deutschen Botschaft in der Rue de Lille begeben. Inzwischen war es 9 Uhr 30 geworden. Am Eingang zur Botschaft aber traf er mit einem etwas salopp gekleideten Endfünfziger zusammen, und damit begann eine Reihe von Zufällen, durch die an jenem Morgen das schwarze Los auf den Gesandtschaftssekretär Ernst vom Rath fallen sollte. Grünspan erkundigte sich nämlich bei diesem Herrn, der in der Sicherheit eines mit dem Milieu Vertrauten auf das Gebäude zusteuerte, wie er zum Botschafter gelangen könnte. Der Angesprochene verwies ihn an den Pförtner und vermutlich hat die Abneigung dagegen, sich auf der Straße ansprechen zu lassen, dem Botschafter Graf Welczek das Leben gerettet. Denn dieser war es, der gerade von dem gewohnten Morgenspaziergang zurückkehrte. (...)

Graf Welczek hatte dann gerade damit begonnen, sich zu rasieren, als das Anliegen Grünspans nunmehr gewissermaßen auf dem Dienstweg zu ihm gelangte. Etwas konfus war unter geheimnisvollen Andeutungen von einem „wichtigen Dokument" die Rede. Nun hat jedoch ein Unbekannter, selbst wenn er mit den wichtigsten Dokumenten geradezu beladen sein sollte, kaum irgendwo Gelegenheit, auf direktem Wege unmittelbar zu einem Behördenleiter vorzudringen. So wurde dieser obskure Herr Grünspan an einen der jüngeren Herren der Botschaft verwiesen. Und da nun der an sich zuständige Gesandtschaftssekretär Achenbach an diesem Morgen erst verspätet zum Dienst erschien, ist das Schicksal Ernst vom Raths besiegelt: Von hinten schießt Grünspan in dem kleinen Zimmer fünf Mal auf den vor ihm sitzenden Legationssekretär. Es spricht nicht gerade für seine Eignung zum Pistolenschützen, dass er sein Opfer bei fünf Schüssen aus etwa zwei Meter Entfernung dreimal verfehlte und einmal nur streifte. Der aufgeregte Mörder wird von den beiden Amtsgehilfen Nagorka und Krüger widerstandslos festgenommen und dem vor der Botschaft stationierten französischen Polizisten übergeben. Rath - auf dem Krankenbett zum Gesandtschaftsrat I. Klasse befördert - starb am Nachmittag des 9. November. (...)" (5)

Diese Tat nutzten die Nationalsozialisten, um die Juden radikal aus der Wirtschaft und dem öffentlichen Leben auszuschalten.

Frecher jüdischer Ueberfall in der deutschen Botschaft in Paris.

Deutscher Legationssekretär durch Schüsse verletzt.

DNB. Paris, 7. November. An dem Legationssekretär an der deutschen Botschaft in Paris, vom Rath, wurde heute morgen in seinem Dienstzimmer ein Revolverattentat verübt. Als Täter wurde später ein jüdischer polnischer Staatsangehöriger festgestellt. Im einzelnen spielte sich der Fall wie folgt ab: Der Täter meldete sich bei einem Amtsgehilfen der Botschaft und verlangte einen der Legationssekretäre zu sprechen. Er wurde darauf zum Legationssekretär v. Rath geführt. Gleich darauf fielen im Zimmer des Herrn v. Rath Schüsse und der eben erst gemeldete Fremde versuchte zu flüchten. Der Angestellte der Botschaft veranlaßte daraufhin die sofortige Festnahme des Täters. Bei der sofort durchgeführten Vernehmung im Polizeikommissariat erklärte der Täter, er habe das Attentat begangen, um seine jüdischen Rassengenossen zu rächen. Die Botschaft hat beim französischen Außenministerium Untersuchung des Vorfalls verlangt und zugesagt erhalten. Legationssekretär v. Rath ist in ein Krankenhaus übergeführt worden.

EN vom 7.11.1938

Schon am 8. November stand im „Völkischen Beobachter":

„Es ist klar, dass das deutsche Volk aus dieser neuen Tat seine Folgerungen ziehen wird. Es ist ein unmöglicher Zustand, dass in unseren Grenzen Hunderttausende von Juden noch ganze Ladenstraßen beherrschen, Vergnügungsstätten bevölkern und als „ausländische" Hausbesitzer das Geld deutscher Mieter einstecken, während ihre Rassegenossen draußen zum Krieg gegen Deutschland auffordern und deutsche Beamte niederschießen. Die Linie von David Frankfurter zu Herschel Grynszpan ist klar gezeichnet." (6)

Diese Parolen wurden von der Partei verstanden. Bereits am Abend des 8. November kam es in mehreren Orten in Kurhessen und Magdeburg-Anhalt zu Ausschreitungen.

Der Mordanschlag des Weltjudentums.

Der Zustand vom Raths sehr ernst.

DNB. **Paris,** 7. November. Ueber die Verletzungen, die Legationssekretär vom Rath bei dem gestern von uns bereits gemeldeten feigen jüdischen Revolverüberfall in der Deutschen Botschaft in Paris erlitt, erfahren wir von zuständiger Stelle folgende Einzelheiten.

Eine der beiden Kugeln, die der Jude Grynspan auf den deutschen Legationssekretär abschoß, streifte die Haut und drang in die Schulter ein. Die dadurch hervorgerufene Verletzung ist nicht gefährlich. Die zweite Kugel dagegen drang in die Seite ein und durchschlug die Milz, weiter verletzte sie die Magenwand an zwei Stellen. Glücklicherweise ist die Wirbelsäule nicht getroffen.

Die sofort vorgenommene Operation, die Professor Baumgartner von der Klinik d'Alma durchführte, dauerte bis kurz vor 11 Uhr. Es erwies sich als notwendig, die Milz zu entfernen. Die Verwundungen am Magen wurden genäht. Die Operation war infolge der Art und Größe der Verletzungen außerordentlich schwierig, sie ist jedoch gut verlaufen. Der Zustand des Verletzten bleibt, ohne zu unmittelbaren Befürchtungen Anlaß zu geben, sehr ernst.

Die Mordwaffe.

DNB. **Paris,** 7. November. Der Staatsanwalt hat den Untersuchungsrichter Tesmiéres mit der gerichtlichen Untersuchung beauftragt. Der Verbrecher wird die Nacht im Polizeigefängnis verbringen, morgen dem Untersuchungsrichter vorgeführt und dann nach einem ersten Verhör ins Gerichtsgefängnis eingeliefert werden.

Inzwischen ist es der Polizei gelungen, den Waffenhändler ausfindig zu machen, der Montag früh dem Judenbengel den Revolver verkauft hat. Der Waffenhändler Carpe ist von der Polizei verhört worden und hat erklärt, daß Herschel Seibel Grynspan ihm sehr ruhig erschienen sei, und über die Gründe für den Revolver gesagt habe, er trage des öfteren größere Geldbeträge bei sich. Der Jude habe zunächst zwischen einem automatischen Revolver und einem Trommelrevolver in seiner Wahl gezögert. Auf Anraten des Waffenhändlers kaufte er dann den Trommelrevolver, Kaliber 6,35. Uebrigens soll der Mordbube auf Verlangen des Waffenhändlers einen gültigen Personalausweis und einen Paß vorgezeigt haben.

Polizeiinspektoren haben auch den Onkel, Abraham Grynspan, der am 18. September 1893 in Polen geboren ist, und dessen Ehefrau Chana geborene Berenbaum, 1903 in Warschau geboren, zum Kommissariat gebracht, wo sie verhört werden.

Ueber die bisherigen Ergebnisse der Verhöre des Attentäters und seines Onkels erfährt

Legationssekretär vom Rath.
(Scherl-Bilderdienst-M.)

Havas u. a.: Grynspan befand sich schon im August in Paris. Mitte August wurde ihm die Aufenthaltserlaubnis nicht verlängert, und er wurde ausgewiesen. Während seines damaligen Aufenthaltes wohnte er bei seinem Onkel, der in Paris seit längerer Zeit einen Kleiderhandel betreibt. Seit dem 15. August will der Onkel seinen Neffen nicht wieder gesehen haben, der, über seinen Verbleib nach der Ausweisung befragt, erklärte (man ist allerdings überzeugt, daß er lügt), er habe in Bois be Boulogne auf den Seinequais genächtigt. Auch habe er sich kurze Zeit in Brüssel und in einer anderen Stadt aufgehalten, auf deren Namen er sich nicht mehr besinnen will.

Ueber seine Existenzmittel verhört, erklärte Grynspan, er habe vor etwa 14 Tagen von seiner Familie rund 3000 Franc erhalten. Seine Eltern, die inzwischen ausgewiesen worden sein sollen, leben zur Zeit, wie man annimmt, irgendwo an der deutsch-polnischen Grenze. Der Mörder ist nach dem Verhör in das Justizpalais übergeführt worden, wo er einem neuen Verhör unterzogen wird.

Während seiner Ueberführung zum Justizpalast hat Grynspan sein Verhalten vollkommen verändert. Er bemühte sich nicht nur, sich den Photographen zu entziehen oder sein Gesicht vor den Apparaten zu verbergen. Auch hat Grynspan plötzlich seine Gesprächigkeit wiedergefunden und hat sich in dem Gefängniswagen mit dem bei ihm weilenden Polizeiinspektor lebhaft unterhalten.

Fünf Schüsse abgefeuert.

Die Untersuchung in dem Dienstzimmer des Herrn von Rath auf der Botschaft ergab, daß der jüdische Verbrecher im ganzen fünf Schüsse abgefeuert hat, von denen zwei den Gesandten trafen. Drei Kugeln wurden in der Wand entdeckt. Trotz seiner schweren Verletzungen war es dem Verletzten gelungen, auf den Korridor vor seinem Büro zu gelangen und um Hilfe zu rufen, ehe er bewußtlos zusammenbrach.

Als die daraufhin herbeigestürzten Beamten in das Zimmer eintraten, fanden sie den Juden Herschel Seibel Grynspan bei seinem Fluchtversuch hinter der Tür verborgen, wo sie ihn überwältigten. Die Waffe hatte der Attentäter in einen Nebenraum geworfen.

Die Tat war wohl überlegt.

Bei seiner Vernehmung durch die Polizei erklärte der Täter, er habe das Attentat verübt, um seine jüdischen Rassegenossen zu rächen. Er wurde als der 17jährige Jude polnischer Staatsangehörigkeit Herschel Seibel Grynspan festgestellt, der einen von dem Pariser polnischen Generalkonsulat ausgestellten Paß besitzt. Um allen zu erwartenden Behauptungen vorzubeugen, muß schon jetzt darauf hingewiesen werden, daß der Jude nicht etwa ein Geisteskranker ist, sondern einen durchaus normalen Eindruck machte und seine Tat offensichtlich wohl überlegt hat. Diese Feststellung ist um so wichtiger, als das Attentat natürlich ein Ausfluß der von der Emigrantenpresse und einem Teil der französischen Linkspresse betriebenen Hetze ist, die jetzt, wie bei früheren ähnlichen Verbrechen, versuchen werden, den Verbrecher entweder mit Geisteskrankheit zu entschuldigen oder ihn von sich abzuschütteln.

Grynspan: „Ich bedauere, daß er nicht tot ist!"

Jüdische Kreise die Verantwortlichen.
Die Einwanderer unter Anklage gestellt.

DNB. **Paris,** 7. November. Wie man in unterrichteten Kreisen zu der polizeilichen Untersuchung gegen den jüdischen Mordbuben Herschel Grynspan erfährt, soll er schon nach Frankreich gekommen sein mit dem festen Vorsatz,

(Fortsetzung Seite 2.)

EN vom 8.11.1938

Am Abend des 9. November hatte sich die NS-Führung in München versammelt, um der „alten Kämpfer" des „Marsches auf die Feldherrnhalle" zu gedenken. Nachdem die Nachricht vom Tode Ernst v. Raths eingegangen war, hielt Joseph Goebbels vor der Versammlung eine Rede, in deren Verlauf er das Startzeichen für den Pogrom gab:

„Am Abend des 9. November 1938 teilte der Reichspropagandaleiter Pg. Dr. Goebbels den zu einem Kameradschaftsabend im Alten Rathaus zu München versammelten Parteiführern mit, dass es in den Gauen Kurhessen und Magdeburg-Anhalt zu judenfeindlichen Kundgebungen gekommen sei, dabei seien jüdische Geschäfte zertrümmert und Synagogen in Brand gesteckt worden. Der Führer habe auf seinen Vortrag entschieden, dass derartige Demonstrationen von der Polizei weder vorzubereiten noch zu organisieren seien, soweit sie spontan entstünden, sei ihnen aber auch nicht entgegenzutreten (...)

Die mündlich gegebenen Weisungen des Reichspropagandaleiters sind wohl von sämtlichen anwesenden Parteiführern so verstanden worden, dass die Partei nach außen nicht als Urheber der Demonstrationen in Erscheinung treten, sie in Wirklichkeit aber organisieren und durchführen sollte. Sie wurden in diesem Sinne sofort - also geraume Zeit vor Durchgabe des ersten Fernschreibens - von einem großen Teil der anwesenden Parteigenossen fernmündlich an die Dienststellen ihrer Gaue weitergegeben (...) Schneider" (7)

Joseph Goebbels 1.1.1942.
Bundesarchiv Bild 183-1989-0821-502,
Joseph Goebbels.jpg. CC BY-SA 3.0 de

o. links: Hinrich Lohse. Grenzfriedensbund, a.a.O.

o. re: Joachim Meyer-Quade. 10.Jahre NSDAP. Grenzfriedensbund

Joachim Meyer-Quade,
Foto: Gemeinschaftsarchiv.
Aus:
https://www.shz.de/lokale
s/schleswiger-
nachrichten/seine-nazi-
karriere-begann-in-
schleswig-id2357666.html

Carsten Volquardsen. O.J. o.O. aus:
https://forum.axishistory.com/viewtop
ic.php?t=124558

Der Kieler Polizeipräsident und SA-Führer Meyer-Quade, der sich zu dieser Zeit in München aufhielt, schrieb in seinem *„Bericht der SA-Gruppe Nordmark zu der Aktion in der Nacht vom 9./10. November"*:

„Als am 9. November abends etwa 22.00 Uhr im Hotel „Schottenhammel" in München durch einen mir unbekannten Parteigenossen der Reichsleitung der NSDAP einigen der dort versammelten Gauleiter die Notwendigkeit der Aktion mitgeteilt wurde, habe ich dem Gauleiter Hinrich Lohse die Mitwirkung der SA-Gruppe Nordmark freiwillig und unaufgefordert angeboten. Daraufhin rief ich den Stabsführer der SA-Gruppe Nordmark, Oberführer Volquardsen, in Kiel an und übermittelte Folgendes etwa um 23.20 Uhr:

„Ein Jude hat geschossen. Ein deutscher Diplomat ist tot. In Friedrichstadt, Kiel, Lübeck und anderswo stehen völlig überflüssige Versammlungshäuser. Auch Läden haben diese Leute bei uns noch. Beide sind überflüssig. Es darf aber nicht geplündert werden. Es dürfen keine Misshandlungen vorkommen. Ausländische Juden dürfen nicht angefasst werden. Bei Widerstand von der Waffe Gebrauch machen. Die Aktion muss in Zivil durchgeführt werden und um 5.00 Uhr beendet sein." (8)

Carsten Volquardsen, Stabsführer der SA-Gruppe Nordmark, leitete diesen Befehl an die Führer der SA-Brigade in Schleswig und der SA-Standarten in Lübeck, Heide und Pinneberg weiter. (9)

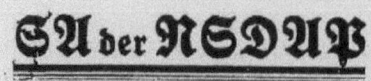

SA der NSDAP

Der Führer
der Gruppe Nordmark

Kiel, den   9. Dezember 1938.
Niemannsweg 46a . Fernruf: Kiel 7007—7009
Bankkonto: Landesbank Kiel
Postscheckkonto:
SA Gruppe Nordmark Kiel, Hamburg 85771

Abteilung
Briefb.-Nr.
Betrifft:
Bezug:

B e r i c h t

der

SA - Gruppe Nordmark zu der Aktion in der Nacht

vom 9./10. November 1938 .

Als am 9. November abends etwa 22.oo Uhr im Hotel

"Schottenhammel" in München durch einen mir unbekannten Partei -

genossen der Reichsleitung der N.S.D.A.P. einigen der dort

Anordnung zum Novemberpogrom 9. November 1938. Aus: Hauschildt, a.a.O.

Parallel zu der Nachrichtenübermittlung durch die Dienststellen der SA verlief eine über die Staatspolizeileitstellen:

„An alle Stapo-Stellen und Stapoleitstellen-An Leiter oder Stellvertreter

Dieses FS ist sofort auf dem schnellsten Wege vorzulegen.

1) *Es werden in kürzester Frist in ganz Deutschland Aktionen gegen Juden, insbesondere gegen deren Synagogen stattfinden. Sie sind nicht zu stören. Jedoch ist im Benehmen mit der Ordnungspolizei sicherzustellen, dass Plünderungen und sonstige besondere Ausschreitungen unterbunden werden können.*
2) *Sofern sich in Synagogen wichtiges Archivmaterial befindet, ist dieses durch eine sofortige Maßnahme sicherzustellen.*
3) *Es ist vorzubereiten die Festnahme von etwa 20 -30.000 Juden im Reiche. Es sind auszuwählen vor allem vermögende Juden. Nähere Anordnungen ergehen noch im Laufe dieser Nacht.*
4) *Sollten bei den kommenden Aktionen Juden im Besitz von Waffen angetroffen werden, so sind die schärfsten Maßnahmen durchzuführen. Zu den*

Gesamtaktionen können herangezogen werden Verfügungstruppen der SS sowie Allgemeine SS. Durch entsprechende Maßnahmen ist die Führung der Aktionen durch die Stapo auf jeden Fall sicherzustellen. Zusatz für die Stapo Köln: In der Synagoge Köln befindet sich besonders wichtiges Material. Dies ist durch schnellste Maßnahmen im Benehmen mit SD sofort sicherzustellen. Dieses FS ist geheim. Gestapo" (10)

In dem Blitzfernschreiben des SS-Gruppenführers Reinhard Heydrich an Staatspolizei und SD vom 10. November um 1 Uhr 20 wurden die angekündigten genaueren Befehle übermittelt. Neben der Anweisung an die Polizei, die bevorstehenden Aktionen nicht zu stören, erging u.a. der Befehl:

„(...) in allen Bezirken so viele Juden - insbesondere wohlhabende - festzunehmen, als in den vorhandenen Hafträumen untergebracht werden können. Es sind zunächst nur gesunde und männliche Juden nicht zu hohen Alters festzunehmen. Nach Durchführung der Festnahme ist unverzüglich mit den zuständigen Konzentrationslägern wegen schnellster Unterbringung der Juden in den Lägern Verbindung aufzunehmen (...)" (11)

Von Pinneberg wurde der Befehl vermutlich von dem SA-Obersturmführer Wilhelm Meyer nach Elmshorn gebracht. Tatsache ist, dass bei der Zerstörung und dem Brand der Elmshorner Synagoge der SA-Obersturmführer Meyer aus Pinneberg anwesend war. Ob dieser den Befehl nur überbrachte oder gar die „Aktion" leitete, war aus dem vorliegenden Material nicht nachzuweisen. Meyer bekannte sich bei dem Prozess über den Elmshorner Synagogenbrand am 6. Juli 1948 vor dem Landgericht Itzehoe auf dem Amtsgericht Elmshorn als einziger der fünf angeklagten Personen für schuldig: allerdings nur, am betreffenden Morgen eine Spiegelscheibe in der Wohnung des Kultusbeamten David Baum zerschlagen zu haben. (12)

Oben li: Synagoge Elmshorn Innenansicht. Hinter dem Vorhang befand sich der Thoraschrein. Privatarchiv Harald Kirschninck. Oben re: Synagoge Elmshorn: Blick auf den geöffneten Thoraschrein mit den Thorarollen. Privatarchiv Harald Kirschninck.

Unten li: Synagoge Elmshorn, Flamweg 45, Aussenansicht. Privatarchiv Harald Kirschninck.

Über den Verlauf der „Reichskristallnacht" in Elmshorn gibt es einen ausführlichen Bericht des Hauptbelastungszeugen Barbier Petersson, Flamweg 41, im Synagogenbrandprozeß vom 6. Juli 1948:

„Ich hatte Besuch (...) Wir unterhielten uns noch sehr lange. Es war schon Mitternacht vorüber (...) Meine Angehörigen gingen ins Bett, während ich noch aufblieb. Ich hatte mich auf die Bettkante gesetzt und fand keine Ruhe, ging wieder ins Vorderzimmer zum Fenster, welches ich öffnete. Da gewahrte ich zwei Autos, es können aber auch drei gewesen sein, die auf der rechten Seite hielten. Es entstiegen einige Männer, die ich nicht erkennen konnte, und begehrten Einlass bei Herrn Baum (Anm. Verf.: Kultusbeamter und Religionslehrer der Jüdischen Gemeinde) durch Anklopfen ans Fenster, worauf die Tür geöffnet wurde. Was drinnen geschah, konnte ich nicht wahrnehmen. Man hatte Herrn Baum wohl verhaftet. Ich ging wieder zu meinen Angehörigen. Da geschah ein fürchterliches Poltern und Krachen. Ich ging wieder ins Vorderzimmer und gewahrte, dass die Synagoge hell erleuchtet war (...)

Ich erzählte meiner Frau, dass man die Synagoge zerstörte. Ich eilte hinüber ins Haus 43, wo ich mein Geschäft hatte. Vom Hof aus stieg ich auf das Dach der Waschküche und gewahrte von hier aus, sich Männer in der Synagoge bewegen. Ich gewahrte, dass die Einrichtung wild durch einander lag. Man hatte die schweren Eichenbänke von der Balustrade (Anm. Verf.: Gemeint ist die Frauensynagoge) hinunter in die Synagoge geworfen, die das fürchterliche Poltern verursachten (...)"

Auf Befragen des Vorsitzenden erklärte Peterson die Herren Geißler, Andresen und Kobach (Anm. Verf.: Kobarg) erkannt zu haben.

„Nachdem ich das Gesehene meinen Angehörigen erzählt hatte, ging ich wieder ins Vorderzimmer ans Fenster und gewahrte nun, dass in der Synagoge ein Feuer brannte. Es war nur ein leichtes Feuer. Ich sah aus meinem Fenster, wie sich ein Mann von dem Synagogengrundstück entfernte, über die Straße lief zur Autoreparaturwerkstätte und nach einiger Zeit mit einem anderen Mann Benzinkanister tragend, eilend zur Synagoge liefen. Ich erkannte in diesen beiden Männern Andresen und Kühl.

Ich ging wieder ins Haus 43, stieg auf das Dach der Waschküche und gewahrte nun, dass sich in der Synagoge eine Feuersäule entwickelte, die nur durch Entleerung der Kanister entstehen konnte. Ich ging zu meiner Hauswirtin, erzählte der Frau Hauelsen und deren Sohn Willy Hauelsen, dass die Synagoge brannte. Derselbe stieg zu mir aufs Dach, während ich einige Eimer mit Wasser füllte und aufs Dach schaffte zum Löschen etwaiger Brandstellen.

Dann ging ich wieder zu meinen Angehörigen, die sich inzwischen schon angezogen hatten.

Vom Fenster aus gewahrte ich im linken Vorderzimmer des Privathauses ein hin- und herleuchtendes Licht einer Taschenlampe und vernahm, dass man nun die Privatwohnung des Rabbiners zerstörte. Ich ging wieder hinunter und gewahrte nun vom Gang aus, Männer aus der Haustür der Privatwohnung herauskommen und erkannte in ihnen Geissler und Abel. Diese schlugen mit einem Gummischlauch die vorderen Fenster der linken Seite ein. Hinzukommend erkannte ich noch ein mir gut bekannter Antropp und Kurt Bauer. (…)

Als ersten sah ich (Anm. Verf.: Petersson befand sich nun auf der Straße!) Herrn Bindemann, der mir als kommissarischer Bürgermeister bekannt war, zu dem ich hinging, da er auf der Straße stand und ihn bat, er möge doch die Feuerwehr alarmieren. Derselbe gab mir keine Antwort, obgleich ich ihm vorhielt, dass ich Ausländer sei und mich beim schwedischen Konsulat beschweren würde wegen der Brandgefahr. Ich gewahrte noch, wie Herr Abel, Antropp und Kurt Bauer sich zum Hause 42 begaben, daselbst an der Haustür rüttelten, so wie sich im Gang zu schaffen machten, um ins Haus zu gelangen. Es war früher die Lederhandlung von S. Mendel dort gewesen. (…)

Frau L. öffnete das Fenster und rief ihnen zu: „Hier wohnen keine Juden mehr." Ich legte mich wieder auf das Dach, wo der Sohn der Hauswirtin stand. Das Feuer prasselte fürchterlich in der Synagoge. Da sah ich, durch die eiserne Pforte kommend, einige Männer, unter denen sich Herr Heinz Wordmann befand. Ich rief ihm zu, da er bei der Feuerwehr sei, diese doch zu alarmieren, worauf er mir nur zur Antwort gab: „Hol din Schnut, suns kriegst wat mit dem Gummiknüppel!" Er trug eine grüne Joppe. Die Brandgefahr für die angrenzenden Häuser war sehr groß, als die Feuerwehr eintraf. Sie zögerte lange, ehe sie Anstalten machte, das Feuer zu löschen, gezwungen, die anliegenden Häuser zu schützen. Nachdem Herr W. v. Bargen sich beim Wehrführer wegen der Brandgefahr seines Hauses beschwerte, entschloss man sich einzugreifen." (13)

Der Zeuge Tamer, Wehrführer bei der Feuerwehr, ergänzte die Aussage von Herrn Peterson:

„*Ich kam auf das Grundstück der Synagoge und gewahrte in der Synagoge ein kleines Feuer. Männer trugen mit Körben Brennbares zusammen (...) Sie hatten große Hüte auf, den Rockkragen hochgeschlagen, und sie waren verkrümmt (*Soll heißen: vermummt*), so dass ich sie nicht erkennen konnte (...)*

Ich ging dann zum Schlachtermeister H. Hein, Flamweg 52, um mit der Polizei zu telefonieren. Inzwischen hat man Benzin geholt. Nach meiner Überzeugung des Brandherdes, die Flammen hatten sich in die Decken gefressen. Man hatte mir gesagt, die Feuerwehr solle nicht eingreifen." (14)

Der Zeuge H. Wördmann erklärte, dass der Alarm für die Feuerwehr um 5.15 Uhr morgens ausgelöst wurde, um 5.17 Uhr rückte die Weckerlinie aus. Nach Petersson wurde gegen 3 Uhr das Feuer in der Synagoge gelegt. (15)

Der Zeitpunkt des Alarms für die Feuerwehr deckte sich mit der Anordnung Meyer-Quades, die dieser an Carsten Volquardsen durchgab:

„ *(...) Die Aktion muss in Zivil durchgeführt werden und um 5.00 Uhr beendet sein.*"

Weitere Zeugen bestätigten Teile der Aussagen von Peterson, behaupteten aber, irgendwelche Personen nicht erkannt zu haben.

erinnerte sich, als 9-jähriger zusammen mit seinem Vater vor der brennenden Synagoge gestanden zu haben. Er sah, wie ein Mann einen Rundfunkempfänger aus dem brennenden Haus rettete. Dieser wurde ihm von einem Nationalsozialisten abgenommen und wieder ins Feuer geworfen. Dieses Bild ging Per Koopmann nie wieder aus dem Sinn. (16)

Die fünf Angeklagten des Synagogenbrandprozesses vom 6. Juli 1948 wurden alle freigesprochen.

Am 8. Juli 1948 berichtete das „Hamburger Echo" über den Prozess:

„Elmshorner Synagogenbrand ungesühnt Sämtliche Angeklagten freigesprochen - Verteidiger beschimpft Zeugen.

Mit einem Aufgebot von 15 Zeugen wurde am Dienstag vor der 1. Strafkammer des Landgerichts Itzehoe im Elmshorner Amtsgericht gegen die Brandstifter der Elmshorner Synagoge verhandelt. Angeklagt waren fünf Personen, die sämtlich der NSDAP schon vor 1933 beigetreten waren: Gastwirt Andresen, Kraftfahrzeugmeister Hans Kühl, der frühere Kriminalsekretär Heinrich Kobarg, Bankangestellter Friedrich Abel, sämtlich aus Elmshorn, und der Schlosser und frühere SA-Obersturmführer Wilhelm Meyer aus Pinneberg. Die Nazis wurden auf Antrag des Staatsanwalts freigesprochen, da dieser die Belastungsaussagen eines Zeugen, der die Brandstiftung aus nächster Nähe erlebt hatte, nicht für ausreichend hielt. Zweifellos waren einige Unklarheiten in den Belastungsaussagen, wie es nach Ablauf der letzten ereignisreichen 10 Jahre nicht anders zu erwarten gewesen war. Aber denjenigen, der sich der Synagogenstürmernacht des 10. November 1938 wachen und nicht schläfrigen Kopfes erinnerte und während der Verhandlung das Geschehen ohne Müdigkeit nacherlebte, hätten die Unklarheiten nicht zu einem Freispruch sämtlicher Angeklagten veranlassen können. In diesem Zusammenhang ist es angebracht, zu fordern, dass wieder ein Zeitalter der Schöffen und Geschworenen einsetzt, dass erfahrene Männer aus dem praktischen Leben, mit Kenntnis der Mentalität der „kleinen Leute", an der Urteilsfindung beteiligt werden. Andererseits war die Verhandlungsführung nicht dazu angetan, der Würde des Gerichtes Geltung zu verschaffen und einige Zuschauer mit reformbedürftigen Manieren in die gebührenden Schranken zu verweisen. So konnte sich auch die Verteidigung nach eigener Gesetzmäßigkeit entfalten, die sehr an die Zeit erinnerte, in der mit gewalttätig verbogener „Rechtssprechung" der Reaktion der Sturz der Weimarer Republik nahegelegt wurde. Nur zögernd wurde in diesem Synagogenprozeß die teilweise wild galoppierende Verteidigung in dem vom Gesetz vorgeschriebenen Zaum gehalten. So war es möglich, dass sich die eigenwillige Rechtsauffassung Dr. Petersens, die bereits im Kreistag Pinneberg besprochen war, erlauben konnte, den Belastungszeugen mit „Sie Alberich!" zu beschimpfen und derart der Verhandlung ein eigenartiges Gepräge zu verleihen. Hier schützte endlich der Vorsitzende den Zeugen und verbat der Verteidigung Beschimpfungen. So nahm

die Verhandlung im sommerlich schwülen Raum einen eigenartigen Verlauf. Sch."
(17)

Aber nicht nur die Synagoge, auch die Friedhofskapelle an der Feldstraße sollte in dieser Nacht angezündet werden, was aber misslang. Die Brandspuren waren noch bis zur Renovierung derselben im Frühjahr 1983 sichtbar.

Friedhofskapelle am Jüdischen Friedhof in der Feldstraße. Privatarchiv Harald Kirschninck

In der Nacht vom 9. auf den 10. November, dem Novemberpogrom oder der „Reichskristallnacht", wie sie später von den Nationalsozialisten wegen der überall zu hörenden Geräusche von splitterndem Glas genannt wurde, verhafteten die Nationalsozialisten alle jüdischen Männer Elmshorns über 18 Jahre. Lediglich zwei kranke Juden, Karl Löwenstein und Julius Lippstadt, verschonte man. Die Verhafteten wurden in das Konzentrationslager Sachsenhausen bei Berlin gebracht Berlin gebracht. (18)

„Um vier Uhr morgens, am 10. November 1938, klopfte man laut an unsere Tür im Flamweg 132 an: „Machen Sie auf, im Namen des Reiches!" Eine Gruppe von Männern, einige in Uniform, forderte nach meinem Vater Otto Oppenheim.

„Im Namen des Reiches" verhafteten sie ihn ohne Begründung. Man erlaubte ihm nichts zu packen, nur die Kleidung durfte er anziehen. Fragen wurden nicht beantwortet, nur mit: „Schnell, schnell! Machen Sie sich fertig!"

Nachdem sie das Haus mit meinem Vater verlassen hatten, rief meine Mutter die Polizei an. Es wurde ihr gesagt, dass sie meinem Vater einen Koffer packen sollte, mit Unterzeug usw. und vor 9 Uhr morgens auf der Polizeiwache abzuliefern hätte. Fragen nach dem Grund der Verhaftung oder irgendeine andere Auskunft wurde ihr nicht gegeben. Wir erfuhren erst ein paar Tage später, dass er nach Sachsenhausen gebracht wurde. Er wurde am 6. Dezember entlassen und kam mit erfrorenen Händen und Füßen und kahlgeschorenem Kopf nach Hause zurück." (19)

„Am Nachmittag des folgenden Tages nach der „Reichskristallnacht" wollten ein paar von meinen sogenannten „Schulfreunden" das Blut eines Juden sehen. Sie stachen mich mit einem kleinen Messer oder einem kleinen Dolch in die linke Hand. Sie wurden aber sofort ängstlich, als sie das Blut sahen und liefen fort. Es war keine schlimme Wunde, aber ich trage die Narbe noch heute, da es unserem Hausarzt Dr. H.P. verboten war, Juden zu behandeln. Er konnte erst in der folgenden Nacht durch die Hintertür ins Haus gelangen, um die Wunde zu behandeln." (20)

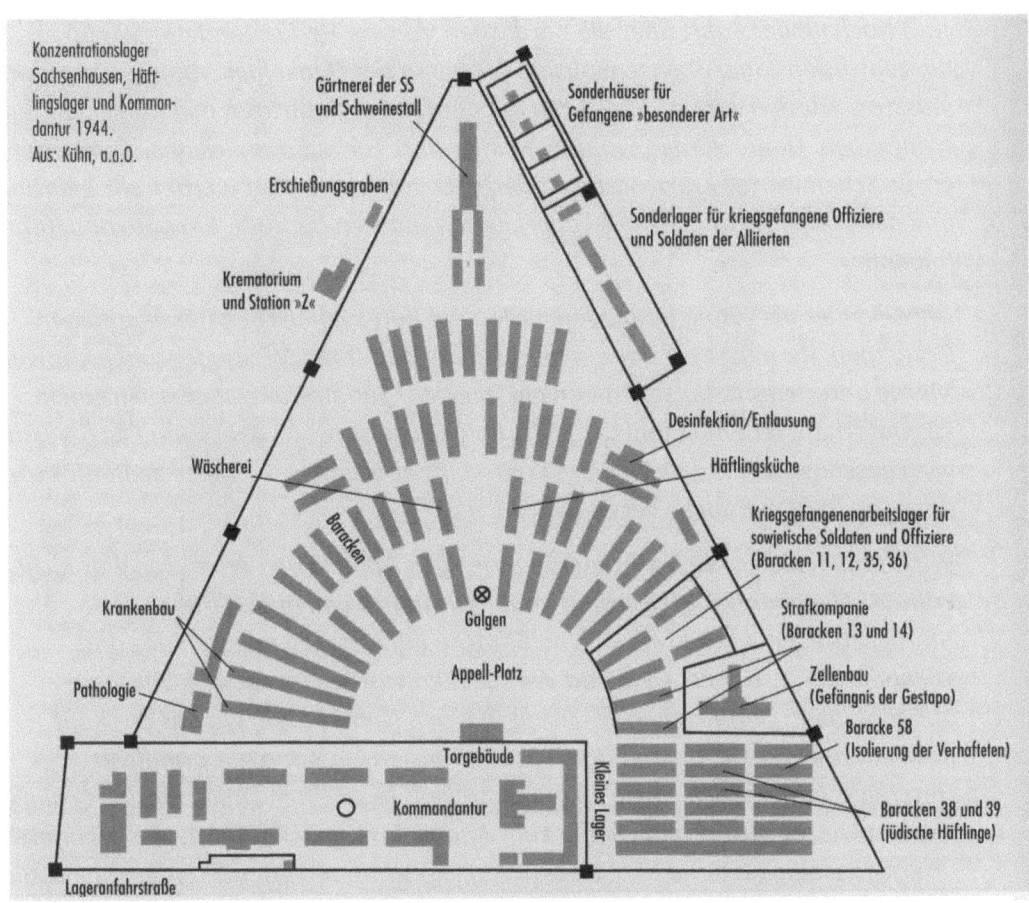

Konzentrationslager Sachsenhausen, Häftlingslager und Kommandantur 1944.
Abb. Kühn, Rainer: Konzentrationslager Sachsenhausen / Rainer Kühn ; Hrsg.: Landeszentrale für politische Bildungsarbeit, Berlin. - 2., überarb. Aufl. - Berlin, 1990

Wie die Ankunft der jüdischen Häftlinge in Sachsenhausen verlief, schilderte Siegmund Weltlinger:

„(...) Nach langer Fahrt über die nördlichen Vororte Berlins landeten wir im Konzentrationslager Sachsenhausen. Als wir in der Dunkelheit vom Wagen springen mussten, wurden wir von SS-Leuten mit Ohrfeigen, Fußtritten und Kolbenstößen empfangen. Dann wurden wir durch ein großes Tor auf den riesigen, durch drei große Scheinwerfer erleuchteten Lagerplatz getrieben. Dort wurden wir geordnet und durch eine Ansprache des Lagerkommandanten begrüßt. Er sagte ungefähr folgendes:

„Ihr seid hier als Sühne für die feige Mordtat eures polnischen Rassegenossen Grynszpan. Ihr müsst als Geiseln hierbleiben, damit das Weltjudentum nicht weitere Morde unternimmt. Ihr seid hier nicht in einem Sanatorium, sondern in einem Krematorium. Jedem Befehl der SS ist Folge zu leisten (...) Bei einem Fluchtversuch wird geschossen. Eure Verpflegung müsst ihr abarbeiten. Wir wer-den dafür sorgen, dass eure dicken Bäuche verschwinden."(...)

Wir standen die ganze Nacht auf dem riesigen Appellplatz. Austreten war nicht erlaubt. Alle paar Minuten trafen neue Transporte ein. In den frühen Morgenstunden wurden wir in eine Baracke geführt und mussten uns dort vollkommen ausziehen. Geld und Wertsachen wurden uns gegen Quittung abgenommen. Dann kamen wir nackt in einen Nebenraum, wo uns der Kopf geschoren wurde. In einem dritten Raum wurden wir dann mit primitiver Unterwäsche versehen sowie einem blau-weiß gestreiften Drillichanzug. Schließlich wurden wir registriert und wieder zum Appellplatz zurückgeführt. Wir erkannten uns gegenseitig nicht mehr in diesem Aufzug. Während wir da standen, belustigten sich die SS-Leute damit, uns wahllos zu ohrfeigen oder zu treten (...)

Als nach einer Nacht, die uns endlos lang erschien, der Tag graute, kam Leben ins Lager. Wir sahen, wie bleiche, ausgemergelte Gestalten, die meisten am Kopf und an den Händen verbunden, gekleidet wie wir, in endlosen Kolonnen zur Arbeit zogen. Wir konnten uns damals nicht vorstellen, dass wir selbst in wenigen Monaten genauso gespenstig aussehen würden. Nun kamen wir endlich in eine Baracke, in die 300 Personen hineingepresst wurden. Dies war unsere Schlaf- und Speisestätte. Wir mussten nachts auf dem Fußboden schlafen, so eng aneinandergepresst, dass wir nur seitlich liegen konnten. Viele Kranke waren unter uns, die in den nächsten Tagen genauso hart arbeiten mussten wie alle an-deren

(...) Wie oft kam es vor, dass nachts der Nachbar röchelte und im Todeskampf lag. Keiner konnte ihm helfen, und am Morgen lag man neben einer Leiche." (21)

Alfred Naujocks schilderte die ersten Tage der neuen jüdischen Häftlinge in Sachsenhausen:

"Nachdem die ersten Tage mit Einkleiden, Registrieren und Aufteilen auf die Blocks und wieder stundenlangem Stehen am Tor vergangen waren, wurde der größte Teil jüdischer Häftlinge zur Arbeit auf dem Klinkerwerk bestimmt. Das Werk war noch im Aufbau. Es wurde mit primitiven Mitteln unter ständigem Antrieb der SS-Leute gearbeitet. Kein Wunder, dass die Neuen nach kurzer Zeit völlig erschöpft zusammenbrachen. Sie zitterten vor jedem neuen Tag. Die unzulängliche Nachtruhe, die ständigen Misshandlungen durch die SS und das ununterbrochene Geschrei, mit dem zur Arbeit angetrieben wurde, brachten sie zur Verzweiflung.

Wer jeden Morgen vor die Frage gestellt ist: Wirst du den Abend noch erleben?, ist eines Tages bereit, alles zu tun oder zu unterschreiben, was von ihm verlangt wird. Unter den jüdischen Häftlingen in Sachsenhausen waren Hunderte, wenn nicht noch mehr, die unter dem Druck des KZ ihren Betrieb „arisieren" ließen. Sie mussten „Arisierungsverträge" unterschreiben. Viele taten es unter dem Versprechen der SS, dass sie nach Unterschriftsleistung und Bereitschaftserklärung zur Auswanderung entlassen werden würden. Es waren aber auch viele, die sich zunächst weigerten. Auf diese richtete sich die Wut der SS besonders. Mit allen Mitteln wurden sie bis an die Grenze des Todes getrieben, Tod durch Erschöpfung oder Selbstmord (...)

Die SS-Leute erfanden immer neue Methoden, um zu Unterschriften zu kommen. Sie suchten sich die Juden mit den größten Vermögen aus. Je vier von ihnen stellten sie an eine der Loren, mit denen auf einem langen Weg durch das Lager Sand transportiert wurde. Ein SS-Mann stellte sich mit einem Knüppel auf die Lore, schlug auf die Häftlinge ein und schrie: „Hier eine fünfhunderttausender, hier eine achthunderttausender Lore!" Und so weiter, bis eine Million. Wer von den Häftlingen dann in der Mittagspause seine Bereitschaft zur Unterschrift bekundete, konnte im Block bleiben, um am anderen Morgen wegen seiner Entlassung zur Politischen Abteilung gebracht zu werden.

Eine andere Methode war folgende: Zum Transport eines dicken Baumstammes wurden sechs, acht oder mehr Juden, je nach Stärke des Baumes, zusammengestellt. Während des Transportes nahm der SS-Mann nach und nach einen heraus. Die letzten hatten dann zu wählen: Entweder unter dem Baumstamm zusammenzubrechen - oder zu unterschreiben. Als im Winter hoher Schnee lag, mussten vorwiegend die jüdischen Häftlinge den Schnee mit den Bänken aus den Wohnräumen ihres Blocks zusammenschieben, dann mit bloßen Händen den Schnee auf Tragen laden und wegtragen. Vielen erfroren Hände und Füße. Eine Behandlung im Revier war nur mit Hilfe der Häftlingspfleger möglich, die auch zahlreiche Notamputationen durchführen mussten, denn Lagerarzt SS-Sturmführer Dr. Ehrsam erklärte lauthals: „Für Juden stelle ich nur Totenscheine aus." (22)

Siegmund Weltlinger berichtet, dass im Jüdischen Krankenhaus in Berlin etwa sechshundert Amputationen von erfrorenen Gliedern an entlassenen Sachsenhausener Juden vorgenommen wurden (...)" (23)

Fast alle Männer, die im KZ waren und die der Sohn des Elmshorner Kultusbeamten David Baum, Rudolf Baum, befragte, haben nie viel über ihren Aufenthalt im Konzentrationslager erzählt. Sie wollten nicht darüber reden. Selbst sein Vater, David Baum, machte da keine Ausnahme. Er erzählte seinem Sohn nur folgendes:

Der Rabbiner Cohen von Friedrichstadt sei im gleichen KZ gewesen. Eines Tages hätte dieser mit einer Fahne herumspazieren und dabei immer sagen müssen: „Die Juden sind alle Verbrecher!" So hätten die Nazis den Menschen ihre Selbstachtung genommen. (24)

Einer der beiden Kranken, die man nicht nach Sachsenhausen verschleppte, war Julius Lippstadt. Nach Aussagen seiner Tochter verlangten einige Männer in der Nacht zum 10. November Einlass in seine Wohnung. Sie befahlen Herrn Lippstadt, sich anzuziehen. Da brach dieser zusammen, und weil er nicht transportfähig war, ließen sie ihn zurück. (25)

Frau Paula Baum wandte sich in einem Brief vom 18. November 1938 an die Geheime Staatspolizei (Gestapo), um für die Freilassung ihres Mannes zu kämpfen:

„Ich, die Endesunterzeichnete, bin die Ehefrau von dem Kultusbeamten und Lehrer David Baum, Elmshorn, geb. am 12. Dez. 1869. Mein Mann vollendet nach Obigem am 12. Dez. 1938 sein 69. Lebensjahr. Mein Mann ist in der Nacht vom 9. auf den 10. Nov. 1938 in Schutzhaft genommen und in Schutzhaft verblieben.

I.   *In erster Linie bitte ich ergebenst darum, die Schutzhaft meines Mannes aufzuheben, oder jedenfalls zu verkürzen, weil er sich bereits im 69. Lebensjahre befindet (...)*
II. *Mein Mann und ich haben bereits seit Juli 1938 die Auswanderung ernstlich betrieben. Wir besitzen alle zur Auswanderung erforderlichen Papiere bereits mit Ausnahme der Unbedenklichkeitsbescheinigung des Finanzamtes Elmshorn. Dieses sollte uns gerade in den Tagen, in welchem die Sonderaktion fiel, ausgehändigt werden. Ich bin im Besitze einer Bescheinigung des amerikanischen Generalkonsulates in Hamburg, nach welcher meinem Manne und mir die Auswanderungsnummern 2903 und 2904 zugeteilt worden sind. Wir waren bereits zum 2. Nov. 1938 vor das Generalkonsulat geladen, um unser Visum auf dem Passe in Empfang zu nehmen, da wir turnusmässig an der Reihe waren, die Einwanderung in den Vereinigten Staaten vorzunehmen. Dieser Termin ist alsdann vertagt worden auf den 7. Dezember 1938 9 Uhr vormittags.*

In den Zeitungen vom 15. Nov. 1938 ist veröffentlicht worden, dass durch die Sonderaktion, die in Schutzhaft Gekommenen nicht daran verhindert werden sollen, ihre Auswanderung zu betreiben und wenn sie ihre Vorbereitungen getroffen haben, ihre Auswanderung an demjenigen Tage vorzunehmen, der durch die getroffenen Dispositionen vorbestimmt ist.

Nachdem wir am 7. Dez. 1938 unser amerikanisches Visum erhalten haben, können wir sofort, nachdem wir auf einem Schiff eine Fahrkarte erlöst haben, Deutschland verlassen. Würde also die Schutzhaft meines Mannes so ausgedehnt, dass er am 7. Dez. 1938 nicht vor dem amerikanischen Konsulate zum Empfange des Visums erscheinen kann, so würden wir, da alsdann unsere Nummern verfallen, an der Auswanderung gehindert werden (...)" (26)

David Baum wurde rechtzeitig aus dem KZ Sachsenhausen entlassen und sie
konnten nach New York auswandern, wo sie noch viele Jahre lebten.

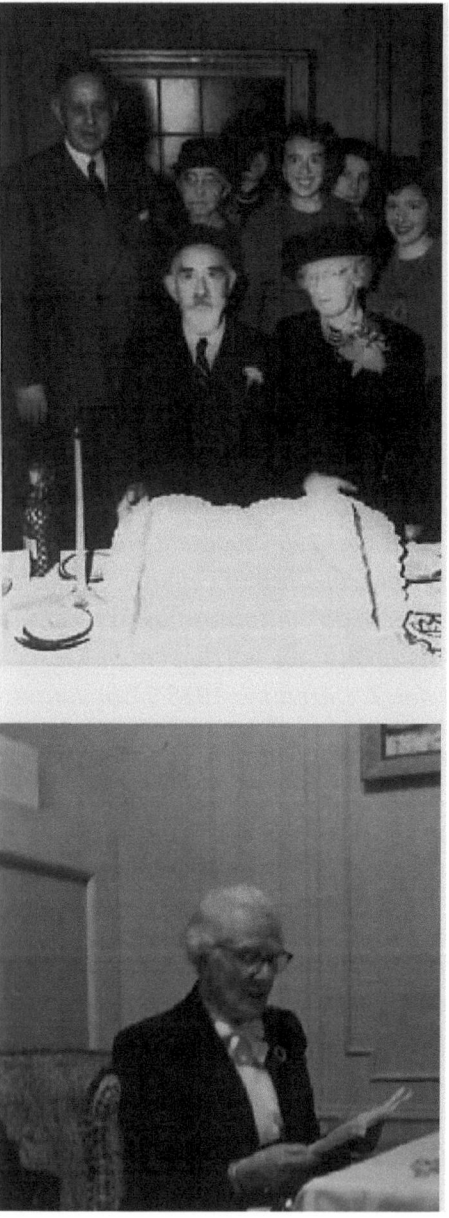

David und Paula Baum in New York.
Privatarchiv Kirschninck

Paula Baum in New York. Foto:
Rudolf Baum. Privatarchiv Harald
Kirschninck

Paula B a u m   Elmshorn, den 18.November 1938

An die

Geheime Staatspolizei

                E l m s h o r n

Betr. Sonderaktion gegen Juden
betr. David Baum, Elmshorn, Flamweg 45, geb. 12.12.1869.

           Ich, die Endesunterzeichnete bin
die Ehefrau von dem Kultusbeamten und Lehrer David Baum,Elmshorn, ge
am 12.Dez. 1869. Mein Mann vollendet nach Obigem am 12.Dez.1938
sein 69.Lebensjahr.

           Mein Mann ist in der Nacht vom
den 1o.Nov.1938 in Schutzhaft genommen und in Schutzhaft

                I.

           In erster Linie bitte ich ergebenst darum, die Schutzhaft
meines Mannes aufzuheben, oder jedenfalls zu verkürzen, weil er sich
bereits im 69.Lebensjahre befindet. Ich habe gehört, daß grundsätzlich die Schutzhaft über Juden, die älter als 60 Jahre sind, nicht
verhängt worden ist, bezw. nachträglich, wenn sich herausgestellt
hat, daß der in Schutzhaft Genommene das 60.Lebensjahr überschritten
hat, aus der Schutzhaft wieder entlassen worden ist.

                II.

           Mein Mann und ich haben bereits seit Juli 1938 die Auswan-
derung ernstlich betrieben. Wir besitzen alle zur Auswanderung erforderlichen Papiere bereits mit Ausnahme der Unbedenklichkeitsbe -
scheinigung des Finanzamtes Elmshorn. Diese sollte uns gerade in
den Tagen, in welche die Sonderaktion fiel, ausgehändigt werden.
Ich bin im Besitze einer Bescheinigung des amerikanischen Generalkonsulates in Hamburg, nach welcher meinem Manne und mir die Auswanderungsnummern 2903 und 2904 zugeteilt worden sind. Wir waren bereits
zum 2.Nov. 1938 von das Generalkonsulat geladen, um unser Visum auf
dem Passe in Empfang zu nehmen, da wir turnusmässig an der Reihe waren, die Einwanderung in den Vereinigten Staaten vorzunehmen. Die-

ser Termin ist alsdann vertagt worden auf den 7.Dez.1938 9 Uhr vormittags. - In den Zeitungen vom 15.Nov.1938 ist veröffentlicht worden, daß durch die Sonderaktion die in Schutzhaft Gekommenen nicht daran verhindert werden sollen, ihre Auswanderung zu betreiben und, wenn sie ihre Vorbereitungen getroffen haben, ihre Auswanderung an demjenigen Tage vorzunehmen, der durch die getroffenen Dispositionen vorbestimmt ist. Nachdem wir am 7.Dez.1938 unser amerikanisches Visum erhalten haben, können wir sofort, nachdem wir auf einem Schiff eine Fahrkarte gelöst haben, Deutschland verlassen. Würde also die Schutzhaft meines Mannes so ausgedehnt, daß er am 7.Dez.1938 nicht vor dem amerikanischen Konsulate zum Empfange des Visums erscheinen kann, so würden wir, da alsdann unsere Nummern verfallen, an der Auswanderung gehindert werden.

III.

Bei dieser Sachlage bitte ich ergebenst darum, einmal des fortgeschrittenen Alters meines Mannes wegen (69 Jahre alt), sodann auch wegen der Durchführbarkeit der Auswanderung unmittelbar nach dem 7.12.1938 die Schutzhaft meines Mannes so zu beenden, daß er in der Lage ist, die Auswanderung unmittelbar nach dem 7.Dez.1938 mit mir zusammen durchzuführen.

Ich darf wohl darum ersuchen, diese Eingabe, falls mein Mann infolge Abtransportes einer anderen Behörde untersteht, als der Geheimen Staatspolizei in Elmshorn, an die nunmehr für meinen Mann zuständige Stelle weiterzuleiten.

Hochachtungsvoll

Ergebenst

Frau Paula Baum

Brief von Paula Baum mit der Bitte um Freilassung ihres Mannes aus dem KZ Sachsenhausen. Quelle: Judaica Museum

Plünderungen und Misshandlungen scheinen in Elmshorn außer in der Synagoge nicht vorgekommen zu sein, wohl aber Hausdurchsuchungen. Am darauffolgenden Tag stand in der Zeitung zu lesen:

)—(**Das Volk übt Vergeltung.** Als gestern abend das Ableben des von jüdischer Mörderhand getroffenen Gesandtschaftsrats vom Rath bekannt wurde, machte sich die tiefe Empörung über diesen Schurkenstreich auch in verschiedenen Orten unserer Heimatprovinz, so u. a. in Kiel, Lübeck, Elmshorn, Flensburg und Friedrichstadt, durch antijüdische Aktionen Luft. Die Synagoge auf dem Flamweg in Elmshorn ist während der Nacht ausgebrannt; das alte Kampflied der SA. „Halloh, die Synagoge brennt!" wurde Wirklichkeit. Eine Reihe von Juden wurde von der Polizei in Schutzhaft genommen.

EN vom 10.11.1938

„Das Volk übt Vergeltung. Als gestern abend das Ableben des von jüdischer Mörderhand getroffenen Gesandtschaftsrats vom Rath bekannt wurde, machte sich tiefe Empörung über diesen Schurkenstreich auch in verschiedenen Orten unserer Heimatprovinz, so u.a. in Kiel, Lübeck, Elmshorn, Flensburg und Friedrichstadt durch antijüdische Aktionen Luft. Die Synagoge auf dem Flamweg in Elmshorn ist während der Nacht ausgebrannt; das alte Kampflied der SA „Halloh, die Synagoge brennt" wurde Wirklichkeit. Eine Reihe von Juden wurden von der Polizei in Schutzhaft genommen." (27)

In den folgenden Tagen stieg die Zahl antisemitischer Propagandaartikel in der Zeitung stark an. Die Berichte waren jedoch mehr überregional, als direkt auf Elmshorn bezogen.

In der Nacht des Pogroms wurde die jüdische Gemeinde Elmshorn praktisch aufgelöst. Sie bestand zwar noch offiziell bis zum April 1941 (28), aber der gemeinsame Versammlungsort, die Synagoge auf dem Flamweg, war zerstört und die jüdischen Männer im Konzentrationslager. Die inhaftierten Männer kamen allmählich alle wieder frei. Voraussetzung war allerdings, dass sie sich im Besitz eines Ausreisevisums befanden bzw. den Nachweis erbrachten, sich um ein Visum zu bemühen. In der Folgezeit konzentrierte sich alles auf eine Flucht ins Ausland.

Entlassungsschein KZ Otto Oppenheim aus dem KZ Sachsenhausen vom 6.12.1938. Privatarchiv Harald Kirschninck.

Ausweis Otto Oppenheim vom 28. Dez. 1938. Deutlich ist der im KZ Sachsenhausen geschorene Kopf zu erkennen. Privatarchiv Harald Kirschninck.

Am 11. November 1938 gab der Chef der Sicherheitspolizei, Reinhard Heydrich, einen Zwischenbericht an den preußischen Ministerpräsidenten Hermann Göring:

„Betr.: Aktion gegen die Juden. Die bis jetzt eingegangenen Meldungen der Staatspolizeistellen haben bis zum 11.11.1938 folgendes Gesamtbild ergeben:

In zahlreichen Städten haben sich Plünderungen jüdischer Läden und Geschäftshäuser ereignet. Es wurde, um weitere Plünderungen zu vermeiden, in allen Fällen scharf durchgegriffen. Wegen Plünderns wurden dabei 174 Personen festgenommen. Der Umfang der Zerstörungen jüdischer Geschäfte und Wohnungen lässt sich bisher ziffernmäßig noch nicht belegen. Die in den Berichten aufgeführten Ziffern:

815 zerstörte Geschäfte,

29 in Brand gesteckte oder sonst zerstörte Warenhäuser,

171 in Brand gesetzte oder zerstörte Wohnhäuser,

geben, soweit es sich nicht um Brandlegungen handelt, nur einen Teil der wirklich vorliegenden Zerstörungen wieder. Wegen der Dringlichkeit der Berichterstattung mussten sich die bisher eingegangenen Meldungen lediglich auf allgemeinere Angaben, wie „zahlreiche" oder „die meisten Geschäfte zerstört", beschränken. Die angegebenen Ziffern dürften daher um ein Vielfaches überstiegen werden.

An Synagogen wurden 191 in Brand gesteckt, weitere 76 vollständig demoliert.

Ferner wurden 11 Gemeindehäuser, Friedhofskapellen und dergleichen in Brand gesetzt und weitere 3 völlig zerstört.

Festgenommen wurden rund 20.000 Juden, ferner 7 Arier und 3 Ausländer. Letztere wurden zur eigenen Sicherheit in Haft genommen. An Todesfällen wurden 36, an Schwerverletzten ebenfalls 36 gemeldet. Die Getöteten bzw. Verletzten sind Juden. Ein Jude wird noch vermisst. Unter den getöteten Juden befindet sich ein, unter den Verletzten zwei polnische Staatsangehörige. Heydrich" (29)

Bis zum Novemberpogrom 1938 hatten die nationalsozialistischen Verfolgungsmaßnahmen in erster Linie die politische Entrechtung und gesellschaftliche Isolierung der Juden bezweckt. Nach der „Reichskristallnacht" folgten eine Reihe von staatlichen Maßnahmen, die auf eine vollständige Ausplünderung und Verdrängung der Juden aus dem öffentlichen Leben abzielten.

Am 12. November 1938 kam man bei einer Besprechung im Reichsluftfahrtministerium unter Vorsitz von Hermann Göring zu dem Entschluss, dass die Schäden des Pogroms auf keinen Fall vom deutschen Volke getragen werden sollten. Die Juden hatten die zerstörten Synagogen, Geschäfte und Wohnungen aus eigenen Mitteln wieder aufzubauen. (30)

Landes brandkasse

Feuerversicherung

Gebäude-Versicherungs-Schein

Die Schleswig-Holsteinische Landesbrandkasse versichert der

Israelitischen Gemeinde

zu Elmshorn nach Maßgabe der dem Versicherungs-
nehmer ausgehändigten Satzung und Allgemeinen Versicherungsbedingungen auf Grund des gestellten Antrags
und ... von Sachverständigen der Anstalt aufgestellten Abschätzungs-Nachweisungen die nachbezeichneten Gegenstände bis zur Summe von **32 370** R.M. buchstäblich:

Zweiunddreißigtausenddreihundertsiebzig .... R.M

gegen Brand-, Blitz- und Explosionsschäden.

Die Versicherung gilt gemäß § 5 Ziffer 3 und 4 der Allgemeinen Versicherungsbedingungen für die Zeit vom
Beginn des **9. Mai** 1934 bis zum Ablauf des 31. Dezember 1944 mit jähr-
licher Zahlung der Beiträge. Wird die Versicherung nicht drei Monate vor ihrem Ablauf schriftlich gekündigt, so
gilt sie um ein Jahr und weiter von Jahr zu Jahr stillschweigend verlängert.

Stadt, Gemeinde, Straße Haus- oder Katasternummer	Buch-stabe	Bezeichnung der Gegenstände	Durch Schätzung ermittelter Versicherungswert R.M	Versicherungs-summe R.M	Beitrag für 1000 R.M R.M	Bemerkungen
1	2	3	4	5	6	7
Elmshorn, Flammweg Nr.45.	A	Synagoge	24 000	24 000	0,5	
	B	Badehaus	900	900	0,5	
			24 900	24 900		
		30 % Aufwertung:		7 470		
		Gesamtversicherungssumme:		32 370		

Hiergegen erlischt die bisherige Versicherung über 42 330 RM.

Wenden!

Gebäudeversicherungsschein der Synagoge. Aus: Rechnungsbücher, a.a.O.

88. Jahrgang.   Montag, den 14. November 1938.   Nr. 267.

Einschneidende Maßnahmen gegen das Judentum
Buße der Juden für ihre Pariser Untat: Eine Milliarde Reichsmark.
Dr. Goebbels rechnet mit der internationalen Judenhetze ab. — Staatsbegräbnis für Ernst vom Rath.

Die Maßnahmen.

** Mit dem nationalsozialistischen Deutschland ist nicht zu spaßen! So mag bis jetzt noch diese geglaubt haben, die zu meinen, man könne mit einzelnen Terror-Akten, mit Boykott und jetzt das Dritte Reich irgendwie einschüchtern, aus seinem konsequenten Weg in der Behandlung der Juden abgrängen. Diese Kreise werden von ihrem Irrtum geheilt sein. Das Volk und die Regierung in Deutschland lassen es in ...

Verordnungen zur Lösung der Judenfrage.

Eine Milliarde Sühneleistung der Juden in Deutschland. — Ausschaltung aus dem Wirtschaftsleben. — Wiederherstellung aller Schäden. — Von kulturellen Veranstaltungen ausgeschlossen.

In wenigen Zeilen.

Der Führer und Reichskanzler hat dem Profess[...] Dr. Friedrich Sarll-Crisilien[...] in Berlin-Dahlem anläßlich seines 70. Geburtstages in Anerkennung seiner Verdienste um die deutsche Volkswirtschaft die Goethe-Medaille für Kunst und Wissenschaft verliehen.

Generalinspektor Dr. Todt übergab die neue ...

EN vom 14.11.1938

Verordnungen zur Lösung der Judenfrage.
Eine Milliarde Sühneleistung der Juden in Deutschland. — Ausschaltung aus dem Wirtschaftsleben. — Wiederherstellung aller Schäden. — Von kulturellen Veranstaltungen ausgeschlossen.

DRB. Berlin, 13. November. Unter dem Vorsitz des Beauftragten für den Vierjahresplan, Generalfeldmarschall Göring, fand am Sonnabend im Reichsluftfahrtministerium eine Chefbesprechung der beteiligten Minister mit ihren nächsten Mitarbeitern über die dringend notwendig gewordene Lösung der Judenfrage statt. An dieser Besprechung nahmen die Reichsminister Dr. Frick, Dr. Goebbels, Dr. Gürtner, Graf Schwerin-Krosigk und Funk teil.

Die Besprechung ergab vollkommene Uebereinstimmung in der Beurteilung und Behandlung der zur Debatte stehenden Fragen. Es wurde eine Reihe von einschneidenden Maßnahmen zur Lösung der Judenfrage besprochen und zum Teil schon entschieden. Der Beauftragte für den Vierjahresplan, Generalfeldmarschall Göring, erließ eine Verordnung, demzufolge Juden vom 1. Januar 1939 ab der Betrieb von Einzelhandelsverkaufsstellen, Versandgeschäften oder Bestellkontoren sowie der selbständige Betrieb des Handwerks untersagt wird. Ebenso kann nach dieser Verordnung ein Jude vom 1. Januar 1939 ab nicht mehr Betriebsführer im Sinne des Gesetzes zur Ordnung der nationalen Arbeit vom 1. Januar 1934 sein. Ist ein Jude in leitender Stelle eines Wirtschaftsunternehmens tätig, ohne Betriebsführer zu sein, so kann das Anstellungsverhältnis durch den Betriebsführer mit einer Frist von sechs Wochen gekündigt werden.

Weiterhin erließ der Beauftragte für den Vierjahresplan eine Verordnung, bezüglich alle Schäden, die durch die Empörung des Volkes über die Hetze des internationalen Judentums gegen das nationalsozialistische Deutschland am 8., 9. und 10. November an jüdischen Gewerbebetrieben und Wohnungen entstanden sind, von den jüdischen Inhabern bzw. jüdischen Gewerbetreibenden sofort zu beseitigen sind. Die Kosten der Wiederherstellung hat der Inhaber der betroffenen jüdischen Gewerbebetriebe bzw. Wohnungen zu tragen. Versicherungsansprüche

von Juden deutscher Staatsangehörigkeit werden zu Gunsten des Reiches beschlagnahmt.

Die weiteren einschneidenden Maßnahmen zur Ausscheidung des Judentums aus dem deutschen Wirtschaftsleben und zur Abstellung provokatorischer Zustände werden in kürzester Frist in Form von Verordnungen und Gesetzen getroffen werden. Vor allem wurde der Beschluß gefaßt, den deutschen Juden in ihrer Gesamtheit in Form einer Geldbuße von einer Milliarde Reichsmark die Strafe für den ruchlosen Mord in Paris aufzuerlegen. Dieser Betrag verfällt in voller Höhe dem Reich. Der Beauftragte für den Vierjahresplan hat bereits eine dementsprechende Verordnung erlassen.

Ausschluß von Kulturstätten.

DRB. Berlin, 13. November. Reichsminister Dr. Goebbels hat in seiner Eigenschaft als Präsident der Reichskulturkammer mit sofortiger Wirkung allen Theaterleitern, Konzert- und Vortragsveranstaltern, Filmtheaterunternehmern, Artistenunternehmern, Veranstaltern von Tanzvorführungen und Veranstaltern öffentlicher Ausstellungen kultureller Art untersagt, jüdischen Personen den Besuch ihrer Unternehmen zu gestatten. Uebertretungen ziehen für die Veranstalter und besonders für die Juden schwere Strafen nach sich.

In seiner Anordnung verweist Dr. Goebbels darauf, daß der nationalsozialistische Staat den Juden seit nunmehr schon über fünf Jahren innerhalb besonderer jüdischer Organisationen die Pflege ihres eigenen Kulturlebens ermöglicht habe. Damit besteht keine Veranlassung mehr, den Juden den Besuch der bezeichneten Veranstaltungen und Unternehmungen zu gestatten.

EN vom 14.11.1938

Die Versicherungsentschädigungen wurden vom Staat beschlagnahmt und die Juden darüber hinaus zu einer „Buße" (!) von 1 Milliarde RM (später 1,25 Milliarden) verurteilt, die durch eine 20%ige Vermögensabgabe aufgebracht werden sollte. (31)

Jüdischer Grundbesitz wird zur Geldbuße herangezogen.

Berlin, 21. November. In den letzten Tagen wurde schon mehrfach darauf hingewiesen, daß im Zusammenhang mit der Ausschaltung des Judentums aus der deutschen Wirtschaft auch die Frage des jüdischen Haus- und Grundbesitzes neu geregelt wird. Jetzt wird von zuständiger Seite bekanntgegeben, daß bei der Einziehung der Geldbuße auch der jüdische Grundbesitz mit herangezogen wird, falls die in jüdischen Händen befindlichen Barmittel und sonstigen Werte nicht ausreichen. Wie hoch der Anteil des Grundvermögens am jüdischen Vermögen überhaupt ist, darüber liegen noch keine bestimmten Schätzungen vor. Anfang des Jahres 1938 ist der jüdische Anteil am Grundvermögen auf etwa ein Drittel geschätzt worden. Die Frage der Veräußerung jüdischer Grundstücke dadurch erleichtert, daß eine Beleihung jüdischer Grundstücke in Zukunft nicht mehr in Frage kommt. Damit wäre der Zwang der Veräußerung der Grundstücke gegeben. Es ist bekannt, daß der Anteil der Juden am gesamten Haus- und Grundbesitz in Deutschland immer noch sehr groß ist und dem jüdischen Bevölkerungsanteil von weniger als ein Prozent am Gesamtvolk in keiner Weise entspricht. Aus diesen Erkenntnissen werden natürlich wirtschaftliche Folgerungen gezogen werden.

EN vom 22.11.1938

Verordnung
zur Wiederherstellung des Straßenbildes bei jüdischen Gewerbebetrieben.

Vom 12. November 1938.

Auf Grund der Verordnung zur Durchführung des Vierjahresplans vom 18. Oktober 1936 (Reichsgesetzbl. I S. 887) verordne ich folgendes:

§ 1

Alle Schäden, welche durch die Empörung des Volkes über die Hetze des internationalen Judentums gegen das nationalsozialistische Deutschland am 8., 9. und 10. November 1938 an jüdischen Gewerbebetrieben und Wohnungen entstanden sind, sind von dem jüdischen Inhaber oder jüdischen Gewerbetreibenden sofort zu beseitigen.

Berlin, den 12. November 1938.

§ 2

(1) Die Kosten der Wiederherstellung trägt der Inhaber der betroffenen jüdischen Gewerbebetriebe und Wohnungen.

(2) Versicherungsansprüche von Juden deutscher Staatsangehörigkeit werden zugunsten des Reichs beschlagnahmt.

§ 3

Der Reichswirtschaftsminister wird ermächtigt, im Benehmen mit den übrigen Reichsministern Durchführungsbestimmungen zu erlassen.

Der Beauftragte für den Vierjahresplan

Göring

Generalfeldmarschall

Verordnung zur Wiederherstellung des Straßenbildes bei jüdischen Gewerbebetrieben, RGBl

Grundmauern der zerstörten Synagoge in Elmshorn. Destroyed Elmshorn Synagogue; back side of synagogue Creator/Photographer: Unknown Medium: Black and white photographic print Date: November 1938 Repository:Leo Baeck Institute Parent Collection: Paula Baum Collection Call Number: AR 1314

Die durch den Novemberpogrom vom 9./10. November 1938 zerstörte Synagoge sollte zu einer Luftschutzschule umgebaut und verwendet werden. Diese Pläne des Luftschutzbundes wurden am 28. März 1939 in den EN bekannt gemacht.

„Einrichtung einer Luftschutzschule.

Für die Elmshorner Synagoge interessiert sich der Reichsluftschutzbund, der dort für die Ausbildung eine Luftschutzschule einrichten möchte. Selbst erwerben kann der Reichsluftschutzbund das Gebäude vorerst nicht. Es muss daher die Stadt einspringen. Als Kaufpreis des Gebäudegrundstückes wurden 4000 RM festgesetzt. Der Ausbau der Schule mit allen erforderlichen Lehrräumen und einem Übungshausdurchschnitt würde 15000 RM betragen. Das Gebäude wird nach dem Umbau ordnungsmäßig an den Reichsluftschutzbundes vermietet." (32)

Am 12. November kam eine Verordnung heraus, nach der ab 1. Januar 1939 der Betrieb von jüdischen Einzelhandelsgeschäften untersagt war. (33) Katastrophal wirkte sich auch der § 3 aus: Mitglieder von Wohnungsbaugenossenschaften verloren hierdurch ihr Wohnrecht. (34)

Jetzt wurden in Elmshorn die letzten jüdischen Geschäfte „arisiert". Der „Verkäufer" bekam jedoch für sein Geschäft kein Geld. Die Verkaufssumme wurde in einem Schuldbuch vermerkt und mit einem bestimmten Prozentsatz verzinst. Von diesen Zinsen hatte er zu leben. (35)

Der Reichsminister
für Wissenschaft, Erziehung
und Volksbildung

E I b 745 (b)

Berlin W 8, den 15.November 1938
- Postfach -

Betrifft: Schulunterricht an Juden

Nach der ruchlosen Mordtat von Paris kann es keinem deutschen
Lehrer und keiner deutschen Lehrerin mehr zugemutet werden, an
jüdische Schulkinder Unterricht zu erteilen. Auch versteht es
sich von selbst, daß es für deutsche Schüler und Schülerinnen
unerträglich ist, mit Juden in einem Klassenraum zu sitzen.
Die Rassentrennung im Schulwesen ist zwar in den letzten Jahren
im allgemeinen bereits durchgeführt, doch ist ein Restbestand
jüdischer Schüler auf den deutschen Schulen übrig geblieben,
dem der gemeinsame Schulbesuch mit deutschen Jungen und Mädeln
nunmehr nicht weiter gestattet werden kann.

Vorbehaltlich weiterer gesetzlicher Regelung ordne ich daher mit
sofortiger Wirkung an:

1. Juden ist der Besuch deutscher Schulen nicht gestattet.
   Sie dürfen nur jüdische Schulen besuchen. Soweit es noch
   nicht geschehen sein sollte, sind alle zur Zeit eine deutsche Schule besuchenden jüdischen Schüler und Schülerinnen
   sofort zu entlassen.

2. Wer jüdisch ist, bestimmt § 5 der ersten Verordnung vom
   14. November 1935 zum Reichsbürgergesetz (Reichsgesetzbl.
   I S. 1333).

3. Diese Regelung erstreckt sich auf alle mir unterstellten
   Schulen einschließlich der Pflichtschulen.

In Vertretung
gez. Z s c h i n t z s c h

Beglaubigt:

Anweisung von Reichserziehungsminister Rust vom 15.11.1938. Webfund.

EN vom 15.11.1938

Stolz konnte Bürgermeister Krumbeck in seinem Rechenschaftsbericht am 5. Juli 1939 vermerken:

„(...) Ich will nun nicht den Überblick über das Elmshorner Wirtschaftsleben zu Ende führen, ohne der erfreulichen Tatsache Erwähnung zu tun, dass die Elmshorner Wirtschaft entjudet ist. Die letzten jüdischen Firmen Max Meyer, Konservenfabrik Hirsch, Lederfabrik Heymann und Lederfabrik Metzger AG sind in arischen Besitz übergegangen. Interessieren dürfte Sie, dass von 56 Juden, die wir 1933 übernahmen, heute nur noch 11 unsere Gemeinde bevölkern (...)" (36)

Schließlich mussten die Juden auch ihr Gold, Silber, Platin, ihre Edelsteine und Perlen abliefern. (37) Sie besaßen jetzt nur noch ihren Hausrat und die monatlichen Zinsen ihres ehemaligen Vermögens.

Wenig später musste Georg Rosenberg erfahren, wie gefährlich es war, sein Geld nicht abzuliefern:

„Festgenommen wurde am Montag, dem 24. Juli, der frühere Kaufmann, der Jude Georg Rosenberg. Er lebte in der letzten Zeit von Unterstützungen der jüdischen Gemeinschaftshilfe und versuchte, bei Behörden Hilfe in seiner angeblichen „Notlage" zu finden. Es wurden bei seiner Festnahme 452,16 RM. bei ihm vorgefunden. Diese Summe hatte Rosenberg nach jüdisch-devisenschieberischer Weise in dem Futter seiner rechten Hosenklappe versteckt. Die Gestapo wird sich jetzt wieder einmal mit ihm beschäftigen." (38)

Georg Rosenberg wurde später nach Auschwitz deportiert und kam in dem Vernichtungslager ums Leben.

Parallel zur Bereicherung des nationalsozialistischen Staates an dem Besitz der jüdischen Mitbürger fand die vollständige Isolierung der „nichtarischen" von der „arischen" Bevölkerung statt. Diese Isolierung war wiederum begleitet durch verächtliche Propaganda. Es folgten eine Vielzahl von Gesetzen, Verordnungen und Anordnungen, die hier nicht alle aufgezählt werden können. So wurde z.B. der Rechtsbeistand für Juden eingeschränkt (39) und der Mieterschutz für Juden aufgehoben.

„Zwei leitende Gesichtspunkte beherrschen das neue Gesetz. Da zwischen deutschen Volksgenossen und Juden eine Hausgemeinschaft nicht bestehen kann, ist die Möglichkeit geschaffen, Juden auch gegen ihren Willen aus deutschen Wohnstätten zu entfernen. Andererseits lässt es sich nicht rechtfertigen, dass die Juden im Verhältnis zu ihrer Bevölkerungszahl übermäßig viel Wohnraum für sich in Anspruch nehmen, während noch immer viele deutsche Volksgenossen mit ihren Familien ohne Unterkunft sind oder sich mit einem unzureichenden Unterkommen begnügen müssen. Daraus ergibt sich die Notwendigkeit, diejenigen Juden, die aus deutschen Wohnstätten entfernt werden müssen und die von der Möglichkeit der Auswanderung keinen Gebrauch machen wollen oder können, in jüdischen Häusern unterzubringen, um auf diese Weise den Juden in diesen Häusern - zum Teil

besonders reichlich - zur Verfügung stehenden Raum durch Aufnahme weiterer jüdischer Familien auszunutzen. Um Störungen der öffentlichen Sicherheit zu vermeiden und um zu gewährleisten, dass sich die Ausscheidung der Juden aus den deutschen Wohnstätten reibungslos vollzieht, ist eine weitgehende behördliche Mitwirkung bei der Durchführung des Gesetzes vorgesehen. Das Gesetz sieht deshalb auch davon ab, den gesetzlichen Mieterschutz für Juden allgemein aufzuheben. Dieser Schutz fällt vielmehr erst dann weg, wenn durch eine Bescheinigung der Gemeindebehörde nachgewiesen ist, dass die anderweitige Unterbringung des jüdischen Mieters sichergestellt ist. Ein Jude, der in einem jüdischen Hause zur Miete wohnt, behält dagegen den Mieterschutz uneingeschränkt. In gleicher Weise bleiben langfristige Mietverträge zwischen Juden unangetastet, während ein Nichtjude, der einen solchen Vertrag mit einem Juden abgeschlossen hat, jederzeit unter Einhaltung der gesetzlichen Frist kündigen kann, wobei jedoch die Kündigung gegenüber dem jüdischen Mieter wiederum erst zulässig ist, wenn die Sicherstellung seiner anderweitigen Unterbringung durch eine Bescheinigung der Gemeindebehörde nachgewiesen ist. Um die Zusammenziehung der Juden in jüdischen Häusern zu fördern, ist die Untervermietung an Juden weitgehend erleichtert. Eine besondere Behandlung erfahren diejenigen Juden, die in einer Mischehe leben. Die praktische Durchführung des Gesetzes liegt in der Hand der Gemeinden. Sie haben in Zusammenarbeit mit dem örtlichen Hoheitsträger der Partei dafür Sorge zu tragen, dass die Lösung der Mietverhältnisse mit Juden und die Unterbringung der räumungspflichtigen Juden planmäßig und ohne Störung vor sich geht." (40)

Die Einschränkung des neuen Gesetzes, einem Juden erst bei Sicherstellung einer anderweitigen Unterbringung zu kündigen, wurde nicht aus menschlichen Erwägungen getroffen. Vielmehr wollte die Regierung verhindern, dass sich gekündigte Juden als „Nichtsesshafte" ihrer Kontrolle entzögen. Das Zusammenziehen der Juden auf wenige Häuser hatte für die Nationalsozialisten den Vorteil der besseren Kontrolle. Später stellte sich ein weiterer „Vorteil" heraus: Die Deportationen konnten leichter und unauffälliger durchgeführt werden.

Am 1. Juni 1939 wurde den Juden der Aufenthalt in den Bädern Schleswig-Holsteins verboten. (41)

Mit welchen unsinnigen Begründungen und Kommentaren diese Gesetze und Verordnungen erlassen wurden, zeigt ein Artikel der Elmshorner Nachrichten, in dem vom „Kraftfahrverbot für Juden" die Rede war:

„Die feige Mordtat des Juden Grünspan, die sich gegen das gesamte deutsche Volk richtete, lässt Juden als unzuverlässig und ungeeignet zum Halten und Führen von Kraftfahrzeugen erscheinen (...) Der deutsche Mensch hat es schon lange als eine Herausforderung und als eine Gefährdung des öffentlichen Lebens empfunden, wie Juden sich am Steuer eines Kraftwagens im deutschen Straßenbild bewegten oder gar Nutznießer der von deutschen Arbeiterfäusten geschaffenen Straßen Adolf Hitlers waren (...)." (42)

Kraftfahrverbot für Juden.
Fahrerlaubnis mit sofortiger Wirkung entzogen.
Halten von Personenwagen und Krafträdern untersagt.

DNB. Berlin, 4. Dezember. Der Reichsführer SS. und Chef der deutschen Polizei im Reichsministerium des Innern, Heinrich Himmler, erläßt folgende vorläufige polizeiliche Anordnung über die Entziehung der Führerscheine und Zulassungspapiere für Kraftfahrzeuge von Juden:

Die feige Mordtat des Juden Grünspan, die sich gegen das gesamte deutsche Volk richtete, läßt Juden als unzuverlässig und ungeeignet zum Halten und Führen von Kraftfahrzeugen erscheinen. Vorbehaltlich einer endgültigen Regelung wird daher folgendes angeordnet:

1. Aus allgemeinen sicherheitspolizeilichen Gründen und zum Schutze der Allgemeinheit untersage ich mit sofortiger Wirkung sämtlichen in Deutschland wohnenden Juden deutscher Staatsangehörigkeit das Führen von Kraftfahrzeugen aller Art und entziehe ihnen hiermit die Fahrerlaubnis.

2. Den in Deutschland wohnenden Juden deutscher Staatsangehörigkeit ist das Halten von Personenkraftwagen und Krafträdern (mit und ohne Beiwagen) verboten. Für Lastkraftwagen bleibt weitere Anordnung vorbehalten.

3. Die in Deutschland wohnenden Juden deutscher Staatsangehörigkeit haben die Führerscheine aller Klassen sowie die Kraftfahrzeugscheine für Personenkraftwagen und Krafträder unverzüglich, spätestens bis zum 31. Dezember 1938, bei den zuständigen Polizeirevieren oder behördlichen Zulassungsstellen abzuliefern; die amtlichen Kennzeichen sind mit den Zulassungsscheinen zur Entstempelung vorzulegen.

4. Die zuständigen Polizei- und Verwaltungsbehörden haben das Erforderliche zu veranlassen.

5. Gegen Zuwiderhandlungen wird nach den bestehenden Strafvorschriften eingeschritten.

Diese polizeiliche Anordnung tritt sofort mit ihrer Veröffentlichung durch die Tagespresse in Kraft. Eine weitere Mitteilung an die zuständigen Behörden auf amtlichem Wege ergeht nicht.

* * *

Auch mit dieser Abwehrmaßnahme gegen jüdische Anmaßung hat der nationalsozialistische Staat dem gesunden Rechtsempfinden des deutschen Volkes Ausdruck gegeben. Der deutsche Mensch hat es schon lange als eine Herausforderung und als eine Gefährdung des öffentlichen Lebens empfunden, wenn Juden sich am Steuer eines Kraftwagens im deutschen Straßenbild bewegten oder gar Nutznießer der von deutschen Arbeiterfäusten geschaffenen Straßen Adolf Hitlers waren. Auch dieser vom deutschen Volke bisher mit unerhörter Langmut ertragene Zustand hat jetzt sein Ende erreicht. Juden haben in Deutschland am Steuer eines Kraftwagens nichts mehr zu suchen. Statt dessen soll der schaffende deutsche Mensch mehr als bisher Gelegenheit haben, mit dem Kraftwagen, dem Werk deutschen Geistes und deutscher Hände, die Schönheiten seiner Heimat kennen zu lernen und neue Kraft für seine Arbeit zu schöpfen.

Der nationalsozialistische Staat erstrebt weiter im Straßenverkehr eine Gemeinschaft aller deutschen Menschen, die sich freiwillig den Notwendigkeiten und Gesetzen des Verkehrs unterordnen. In diese nationalsozialistische Verkehrsgemeinschaft gehört der Jude nicht hinein! Deshalb mußte der Staat in Anlehnung an die anderen Abwehrmaßnahmen unter dem Eindruck der jüdischen Mordtat in Paris schon allein aus Gründen der allgemeinen Sicherheit diese seit langem notwendige Trennung vollziehen.

EN vom 5.12.1938

Der Weg in den Krieg 1939

Anfang November 1938 wurde im Kreis Pinneberg der HJ-Streifendienst aufgestellt. Hierzu wurden die Jungen über die EN zur Musterung aufgerufen.

Aus der HJ.
Aufstellung einer Streifendienstschar.

Nach einer Vereinbarung zwischen dem Reichsjugendführer und dem Reichsführer SS. wird der SS.-Nachwuchs nur noch von den Streifendiensteinheiten gestellt. Hierdurch wurde der Streifendienst zur Sondereinheit erklärt. Durch eine intensive Schulung wird der Hitlerjunge im Streifendienst auf seine späteren SS.-Pflichten vorbereitet. Aus diesem Grunde wird der Elmshorner Streifendienst auf eine Schar erhöht. Die Schar wird der Gef. 21/418 unterstellt. Für die Aufnahme kommen nur Jungen in Frage, die die Bedingungen für die SS. erfüllen. Alle Kameraden, die später in die SS. eintreten wollen, melden sich zur Musterung für den Streifendienst am Dienstag, dem 8. 11. 38, im „Haus der Jugend", im Dienstzimmer der Gef. 21/418.

Der Stellvertreter des Bannstreifenführers

EN vom 5.11.1938

Am 22. November fand im „Holsteinischen Hof" eine Großkundgebung der Ortsgruppe Elmshorn-Fuchsberg statt, auf der der Gauredner Bunsen auch über die Judenfrage referierte:

„(...) Nach kurzer Einleitung behandelte der Redner zunächst die Judenfrage, die gerade in diesen Tagen eine durchschlagende Regelung erfährt. Jedes Mitgefühl für die „armen Juden" sei heute falsch am Platze. Die Juden hätten sich auch nicht darum gekümmert, als in der Krisenzeit deutsche Volksgenossen nicht weiter wussten und schließlich zum Strick greifen mussten. Die Juden, die durch ihre maßlose Hetze dem Grünspan den Revolver in die Hand gedrückt hätten, hätten nicht gedacht, dass der Schuss so weit nach hinten gehen könne. Die Juden hätten

endgültig ausgespielt in Kultur, Mode und Presse, und es sei nicht mehr möglich, dass, wie geschehen, ein jüdischer Schuldirektor in Magdeburg 280 nordische Mädchen verführen könne.

Dann wandte der Redner sich gegen die Judengenossen, die wohl eine arische Großmutter haben, aber im Leben und Anschauung den Juden gleichen; auch rechnete er ab mit jenen Tarnungsnationalsozialisten, die innerlich Reaktionäre geblieben seien und die glaubten, sich um die echte Volksgemeinschaft nicht kümmern zu brauchen. Für „gnädige Frauen", „höhere Töchter" und „Küss-die-Hand"-Jünglinge sei kein Platz Dritten Reich.(...)" (1)

Die Rede von Bunsen war im Stil des „Stürmers" gehalten und geprägt durch Sozialneid.

Am 29. November 1938 fand im „Holsteinischen Hof" ein Werbeabend für den BDM und das Werk „Glaube und Schönheit" statt.

„Holsteinischer Hof"

„Die Elmshorner Mädel vom BDM hatten gestern zu einem Werbeabend nach dem „Holsteinischen Hof" geladen, um den Elmshornern einmal zu zeigen, wie im BDM-Werk „Glaube und Schönheit" gearbeitet wird, welche Ziele man sich gesteckt hat, und welch frischer, gesunder Geist in den Elmshorner Mädeln steckt.

Der würdig geschmückte Saal war fast bis auf den letzten Platz besetzt, als nach Musik und Gesang die Mädelringführerin Christel Pilat die Anwesenden begrüßte und die Obergauführerin Lisa Husfeld ums Wort bat.

Die Obergauführerin zeichnete zunächst die Entwicklung des BDM auf, der ohne jede Vorbilder aus der Gemeinschaft heraus seinen Weg suchen musste. Allmählich haben sich neben der körperlichen Ertüchtigung ganz bestimmte kulturelle Aufgaben herausgebildet, die sich bewusst auf Dinge beschränken, die der Art der Mädel entsprechen.

Im BDM-Werk „Glaube und Schönheit" werden die 17- bis 21jährigen Mädel zusammengefasst; die politische Ausrichtung und Grunderziehung erfolgten vom 10. bis 17. Lebensjahr. Anschließend sollen die Mädels sich selbst für ein Gebiet entscheiden, in dem sie selbst ein bestimmtes Ziel erreichen müssen. Zu diesem Zweck werden folgende Arbeitsgemeinschaften gebildet: Singen, Werkarbeit, Volkstumsarbeit, Gesundheitslehre, Hauswirtschaft, Gymnastik, Leistungssport und Auslandskunde; außerdem gibt es Untergliederungen Haus und Heim, Kleidung und Schmuck usw.

Im Wort „Glaube und Schönheit" liegt bereits ein Programm: die Mädel sollen zu Glaubensträgern des deutschen Volkes erzogen werden. Mit Schönheit aber meint man nicht äußere Dinge, sondern den harmonischen Gleichklang von seelischer Erweckung, körperlicher Ertüchtigung und geistiger Schulung.

Dem Standort Elmshorn konnte die Obergruppenführerin ein gutes Zeugnis ausstellen. Beim letzten Gruppenwettkampf wurde Elmshorn die beste Gruppe des Obergaues.

Die Arbeit, die heute gezeigt werde, sei nicht gemacht oder gestellt, sondern wurzele tief in den Mädchen, die damit auch ihren Platz mit Erfolg ausfüllen könnten, den sie im gesamten deutschen Volke einnehmen.

Der anschließende Ausschnitt aus der Mädelarbeit gab einen schönen Einblick in das Schaffen des BDM-Werkes. Die Arbeitsgemeinschaft Musik umrahmte die Vortragsfolge mit ansprechenden kleinen Kabinettsstückchen, die Arbeitsgemeinschaft Gymnastik, die naturgemäß besonders stark ist, zeigte saubere Übungen nach Musik und mit Bällen. Die Arbeitsgemeinschaft Werkarbeit und Nähen überraschte mit einer Kleiderschau. Wie Gruppenführerin Gertrud Ahrens einleitend ausführte, will man mit dieser Kleiderschau keine Moderichtung zeigen, vielmehr müsse aus gemeinsamer Grundgesinnung heraus jedes Mädel seiner Art gemäß sich kleiden, wobei Einfachheit und Formenschönheit zu beachten seien. Unter den gezeigten Kleidern fanden sich viele handgewebte Sachen, die große Begeisterung hervorriefen. Man sah Haus- und Dirndl-Kleider, Kostüme, Sportkleider, Nachmittags- und selbst geschmackvolle Abendkleider. Man spürte bei dieser Schau, der gute Geschmack ist mehr wert als alle Mode.

Aus der Kulturarbeit lernte man schöne Volkstänze kennen. Ein Volkslied klang auf vom wilden Wassermann und „Ut de Ooken" wurde das schlichte, aber doch so tief empfundene Märchen von der kleinen Seejungfrau vorgetragen.

Und als das Schlusslied gesungen wurde, da schieden alle mit dem Bewusstsein, einen fröhlichen Abend im Kreise unserer Mädel verbracht zu haben, der Einblick gewährte in den Geist der Arbeit des BDM-Werkes „Glaube und Schönheit". (2)

Kontrolle war das wichtigste Ziel der Nationalsozialisten, um die Jugend auf Kurs zu bringen. „Und sie werden nicht mehr frei ihr ganzes Leben!" Diese Worte von Hitler auf einer Kundgebung in Reichenberg vor Hitlerjugend-Angehörigen am 2. Dezember 1938 fassen den von den Nationalsozialisten gewünschten Lebenslauf eines Deutschen im Dritten Reich zusammen:

„Diese Jugend, die lernt ja nichts anderes als deutsch denken, deutsch handeln, und wenn nun diese Knaben, diese Mädchen mit ihren zehn Jahren in unsere Organisationen hineinkommen und dort so oft zum ersten Mal überhaupt eine frische Luft bekommen und fühlen, dann kommen sie vier Jahre später vom Jungvolk in die Hitler-Jugend, und dort behalten wir sie wieder vier Jahre, und dann geben wir sie erst recht nicht zurück in die Hände unserer alten Klassen- und Standeserzeuger, sondern dann nehmen wir sie sofort in die Partei oder in die Arbeitsfront, in die SA oder in die SS, in das NSKK und so weiter. Und wenn sie dort

zwei und anderthalb Jahre sind und noch nicht ganze Nationalsozialisten geworden sein sollten, dann kommen sie in den Arbeitsdienst und werden dort wieder sechs oder sieben Monate geschliffen, alle mit einem Symbol: dem deutschen Spaten (Beifall). Und was dann nach sechs oder sieben Monaten noch an Klassenbewusstsein oder Standesdünkel da oder dort noch vorhanden sein sollte, das übernimmt dann die Wehrmacht zur weiteren Behandlung auf zwei Jahre (Beifall), und wenn sie dann nach zwei oder drei oder vier Jahren zurückkehren, dann nehmen wir sie, damit sie auf keinen Fall rückfällig werden, sofort in die SA, SS und so weiter, und sie werden nicht mehr frei ihr ganzes Leben (Beifall), und sie sind glücklich dabei." (3)

Scharfes Vorgehen gegen die Zigeunerplage.

Rassenbiologische Untersuchungen.

Um bei der Bekämpfung der Zigeunerplage zu einer endgültigen Lösung zu gelangen, hat es sich als erforderlich erwiesen, die rassereinen Zigeuner und die Mischlinge gesondert zu behandeln. Erfahrungsgemäß haben die Mischlinge den größten Anteil an der Kriminalität der Zigeuner. Es muß daher zunächst die Rassezugehörigkeit der im Reiche lebenden Zigeuner und nach Zigeunerart umherziehenden Personen festgestellt werden. Hierfür hat jetzt der Reichsführer SS. und Chef der deutschen Polizei ausführliche Anweisung erlassen.

Die Polizeibehörden werden danach angewiesen, alle seßhaften und nicht seßhaften Zigeuner zu erfassen und der Reichszentrale zur Bekämpfung des Zigeunerunwesens beim Reichskriminalpolizeiamt zu melden. Alle Zigeuner, Zigeunermischlinge usw. werden verpflichtet, sich der zur Erstattung eines Sachverständigen Gutachtens erforderlichen rassenbiologischen Untersuchung zu unterziehen und die notwendigen Angaben über ihre Abstammung beizubringen. Die Einführung des Kennkartenzwanges für Zigeuner bleibt vorbehalten. Bei der Personenfeststellung ist auch die Staatsangehörigkeit zu überprüfen. Gegen die im Reiche angetroffenen ausländischen Zigeuner sind Aufenthaltsverbote zu erlassen. Diese Zigeuner werden dann über die Reichsgrenze abgeschoben. Ferner sind ausländische Zigeuner am Uebertritt auf deutsches Gebiet zu verhindern.

Ausweispapiere aller Art sind Zigeunern nur nach Zustimmung der staatlichen Kriminalpolizei auszuhändigen. Bei Ausstellung von Wandergewerbescheinen ist ein besonders strenger Maßstab anzulegen. Von der Erteilung der Erlaubnis zu Vorführungen ist tunlichst abzusehen. Wissenscheine sind stets zu versagen. Zigeuner, die in Horden reisen oder rasten, sind zu trennen.

EN vom 19.12.1938

173

Entjudung der deutschen Wirtschaft.

Grundstückserwerb für Juden verboten. — Depotzwang für Wertpapiere. — Amtliche Verkaufsstellen für Edelmetalle.

EN vom 5.11.1938

Der ständig zunehmende Mangel an weiblichen Arbeitskräften in der Land- und Hauswirtschaft machte es notwendig, den Kreis der Personen, die den Bestimmungen des weiblichen Pflichtjahres unterliegen, zu erweitern. Durch die Durchführungsbestimmung vom 31. Dezember 1938 wurde jetzt die Ableistung von allen ledigen weiblichen Arbeitskräften unter 25 Jahren gefordert, die vor dem 1. März 1938 noch nicht als Arbeiterinnen oder Angestellte beschäftigt waren und eine solche Beschäftigung annehmen wollten. Die bisherige Beschränkung auf einzelne Berufsgruppen wurde abgeschafft. (4)

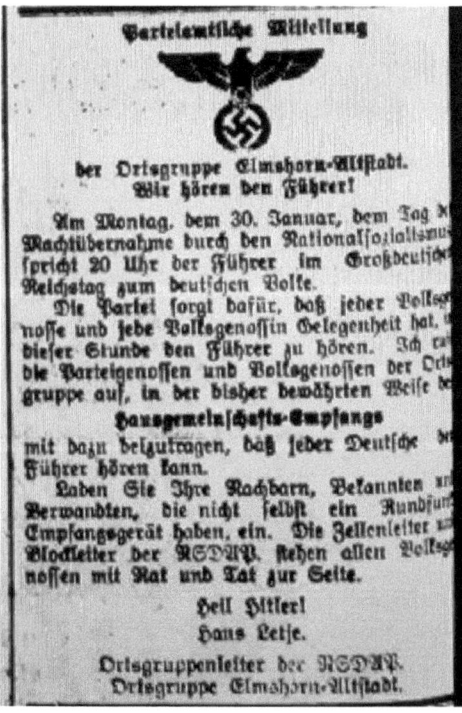

EN vom 28.1.1939

EN vom 30.1.1939

Am 31. Januar 1939 fand die nächste große Verdunkelungsübung in Elmshorn für das gesamte Stadtgebiet statt.

An die
Einwohner der Stadt Elmshorn

Ich ordne hiermit für die am Dienstag, dem 31. Jan. 1939, stattfindende

Verdunkelungsübung

folgendes an:

1. Das gesamte Stadtgebiet, außer Bahnhof und Bahnanlage, ist ab 18.00 Uhr zu verdunkeln. Die Straßenbeleuchtung wird zum gleichen Zeitpunkt gelöscht.
2. Geschäfte, Kontore und Fabriken bleiben trotzdem bis zum regulären Geschäftsschluß geöffnet. Die Verdunkelung setzt schlagartig mit dem Erlöschen der Straßenbeleuchtung ein. Akustische Signale werden nicht gegeben.
3. Der Verkehr auf den Straßen ist tunlichst einzuschränken. Jedes unnötige Verweilen auf den Straßen ist untersagt.
4. Fahrzeuge aller Art dürfen nur mit den vorschriftsmäßigen Abblendevorrichtungen das Stadtgebiet passieren.
5. Den Anweisungen der Polizeibeamten und deren Hilfsorganen (SA.- und NSKK.-Männern und den Luftschutzträgern des RLB.) ist unbedingt Folge zu leisten.
6. Die Polizeiverordnung, betreffend die am 31. Januar 1939 in Elmshorn stattfindende Verdunkelungsübung, liegt für Jedermann zur Einsicht auf der Polizeiwache aus und ist auch im Aushangkasten am Polizeiverwaltungsgebäude, Adolf-Hitler-Straße 23, angeschlagen.

Elmshorn, den 27. Januar 1939.

Krumbeck,
Bürgermeister

EN vom 28.1.1939

Kriegsbunkle Nacht über Elmshorn.

-tw- Die von der Ortspolizeibehörde Elmshorn angeordnete Verdunkelungsübung ist sehr zufriedenstellend verlaufen. Mit lückenloser Disziplin und großem Eifer war die Einwohnerschaft den Anordnungen dieser Uebung gefolgt. Man spürte, das Verantwortungsbewußtsein der Bevölkerung der Gemeinschaft gegenüber ist allmählich so stark geworden, daß auch im Ernstfall Elmshorn bei jedem nächtlichen Fliegerangriff sich einfach unsichtbar machen kann, ohne daß dadurch das geschäftliche Leben eingestellt zu werden braucht.

Der Beginn der Uebung war um 18 Uhr angesetzt. Die meisten Geschäfte und Fabriken hatten rechtzeitig vorgesorgt, so daß zur festgesetzten Zeit kein Lichtschein mehr nach draußen dringen konnte. Wie Irrlichter geisterten die sonst alles in ihren Lichtschein hüllenden und jetzt mit einer schwarzen Kappe vermummten Blenden der Autos durch die Straßen. Von all ihrer Helligkeit fand nur ein unsicherer Strahl aus dem schmalen Spalt notdürftig den Weg für das Fahrzeug. Männer vom NSKK. sorgten jedoch dafür, daß alle Autos sicher durch die Stadt geschleust wurden.

Währenddessen kontrollierte die Polizei im Auto die Stadtteile und Straßen der Stadt, und die Luftschutzwarte besahen sich die ihnen anvertrauten Häuser von vorne und von hinten. Fast

alle Einwohner hatten mit dem nötigen Maß von Gründlichkeit die Abdunkelung ihrer Wohnungen vorgenommen. Wenn hier und da aus ganz schmalen Streifen mal ein schwacher Lichtschimmer hindurchfiel, so beeinträchtigte das kaum die allgemeine Dunkelheit und tat dem Gesamtbild keinen Abbruch.

Die Straßenlaternen wurden diesmal völlig ausgelöscht, und nur an den Kreuzungen waren blaue Lichter angebracht. Der Verkehr auf der Straße spielte sich trotzdem leicht und reibungslos ab, denn der Mond kehrte sich nicht an die Vorschriften der Verdunkelung und beleuchtete die 100 Meter über dem Erdboden lagernde Hochnebeldecke derartig stark, daß man alle Gegenstände gut erkennen konnte. Diese Hochnebeldecke verhinderte übrigens den Besuch der angekündigten Flugzeuge, die nach leuchtenden Dachfenstern Ausschau halten sollten.

Schon kurz nach 21 Uhr konnte die Straßenbeleuchtung wieder eingeschaltet werden, da überall den Vorschriften entsprechend abgedunkelt war. Das bedeutete das Ende der Uebung, die in allen Teilen als gelungen anzusehen ist.

Eingesetzt waren zur Unterstützung der Polizei 25 Hilfspolizisten, 40 SA.-Männer, 40 NSKK.-Männer und etwa 200 Amtsträger des Reichsluftschutzbundes.

EN vom 1.2.1939

Legationssekretär v. Wallfeldt hielt auf der Großkundgebung der Ortsgruppe Elmshorn-Altstadt unter Hans Letje am 3. Februar 1939 in der Aula der Bismarckschule ein Referat über „Die Außenpolitik im Dritten Reich". Dieses Referat ließ aufhorchen, wenn man zwischen den Zeilen las. Von Wallfeldt sagte u.a.:

„(...) Das Jahr 1938 habe uns in wesentlichen Punkten unserm Ziele näher gebracht, denn der Anschluss Österreichs und des Sudetenlandes seien für die Schaffung Großdeutschlands eine unerlässliche Vorbedingung gewesen. (...) Das nationalsozialistische Deutschland wolle seine kleinen Nachbarstaaten nicht annektieren, sondern nur den Zusammenschluss aller Deutschen. Fremdvölker könnten wir in unseren Grenzen nicht gebrauchen, das zeige die Lösung der Frage *des Sudetenlandes, durch die die kleinen Staaten Vertrauen zu Deutschland gefasst hätten. (...)"* (5)

Dann streifte er noch die Kolonialfrage.

Der letzte Jude muß Deutschland verlassen.
Reichsleiter Rosenberg sprach vor der ausländischen Presse.

EN vom 8.2.1939

Im Februar 1939 richteten der Reichsjugendführer Baldur von Schirach und der Reichsführer SS und Chef der Deutschen Polizei Heinrich Himmler einen Appell an die Jugend, um der Landflucht entgegenzuwirken. Himmler schrieb:

„(...) Die Jugend ist in erster Linie berufen, die Landflucht zu überwinden. Die Landflucht ist weniger durch äußere Maßnahmen, sondern fast ausschließlich durch innere Umkehr zu überwinden. Ich glaube daran, dass es durch eine seelisch andere Einstellung möglich sein wird, aus der in die Stadt flutenden Bevölkerung eine aus voller Überzeugung auf das Land zurückwollende und zurückwandernde Jugend zu machen. Ich glaube ebenso sehr, dass es durch eine innere Umstellung unserer Mädels und Frauen als der künftigen Mütter und ebenso auch der Männer gelingen wird, aus einem kinderarmen Volk ein an Kindern reiches Volk zu werden, ebenso wie es möglich war, aus dem marxistisch denkenden, das Vaterland verneinenden den nationalsozialistisch denkenden, Großdeutschland bejahenden deutsche Volksgenossen zu machen. Das eine war möglich aus dem Geist, den der Führer in uns erweckt hat, die Lösung der beiden anderen Fragen wird aus demselben Geist ebenso möglich sein.

Ich glaube deswegen, dass die besten Jungens und die besten Mädels, so wie einmal schon vor 10 Jahren es in der Artamanen-Bewegung (6) angefangen wurde, sich nun zum Landdienst der Hitler-Jugend melden, um Magd und Knecht beim Bauern zu sein, um zunächst einmal Landarbeit zu lernen, um auf dem deutschen Bauernhof mit Stolz an der Scholle zu arbeiten, um später dann auf den Siedlungshöfen der SS Wehrbauern zu werden und Bäuerinnen zu sein und damit ewig neues deutsches Bauerntum zu begründen.

Kein Beruf ist das, sondern eine Berufung, wie sie grösser einer Generation vom Schicksal nicht geboten werden kann.

Darum, deutsche Jugend, tritt an!" (7)

Die Nationalsozialisten stimmten die Bevölkerung immer stärker auf einen Krieg ein, verbunden mit Landforderungen zur angeblichen Sicherung des Reiches und seiner Bevölkerung.

Der Sonderbeauftragte der NSDAP, Obergruppenführer Siegfried Kasche, sprach in seiner Rede auf einer Kundgebung in der Reithalle am 28. Februar:

„(...) Ein Volk, das durch planmäßige Führung dem Boden mehr abzuringen vermag, hat mehr Recht auf Boden und Raum, als ein solches, das mit seinem Land nichts anzufangen weiß. Deshalb hat der Führer seine Ansprüche auf Boden in der Welt angemeldet, nicht, weil er irgend einen politischen Ehrgeiz hat, sondern um seinem Volke das Leben in Jahrhunderten zu sichern.

Zur Sicherung von Blut und Boden muss das Volk blind und mit höchster Energie den größten Einsatz zu bringen bereit sein. Hat sich diese Bereitschaft im ganzen Volke durchgesetzt, so ist das gleichzeitig das beste Mittel, den Frieden zu erhalten. (...)"

In seiner Rede ging er auch auf die Kirchen ein:

„Wenn der Führer 1933 auch der Kirche die Mitarbeit anbot, so konnte darunter nur eine Mitarbeit unter der Führung Adolf Hitlers zu verstehen sein. Dies ist jedoch von kirchlicher Seite nicht immer richtig verstanden worden, denn man suchte zum Teil in Dinge hineinzureden, die ganz und gar nicht der Geistlichkeit zustanden. Die Grenzen sind heute klar herausgestellt:

Alle Kräfte, die an der Gesundung und Erstarkung des deutschen Volkes mitwirken, werden wir immer begrüßen; alle Kräfte aber, die die innere Geschlossenheit wieder zu zerreißen drohen, müssen wir rücksichtslos vernichten." (8)

Luftschutz-Einsatz der deutschen Jugend.

Enge Zusammenarbeit mit dem Reichsluftschutzbund zur Verteidigung des Friedens

DRB. Zwischen der Reichsjugendführung und dem Präsidium des Reichsluftschutzbundes wurde soeben eine Vereinbarung getroffen, wonach bereits in den nächsten Monaten ein verstärkter Einsatz der deutschen Jugend in der Luftschutzarbeit erfolgen wird.

In dem Bestreben, das gesamte deutsche Volk luftschutzbereit zu machen, werden in Zukunft alle deutschen Jungen und Mädel im Alter von 13 bis 14 Jahren, das ist der letzte Jahrgang des deutschen Jungvolks und des Jungmädelbundes, in jedem Jahr in Sonderlehrgängen im Selbstschutz ausgebildet. Die HJ. und der BDM. stellen dem Reichsluftschutzbund die zu dieser Ausbildung zusätzlich erforderlichen Lehrkräfte zur Verfügung. Verbindungsführer aller HJ.- und BDM.-Einheiten bis herunter zu den Gemeinde- und Reviergruppen des RLB. werden ständig eng mit dem Reichsluftschutzbund zusammenarbeiten und die dem RLB. übertragenen Aufgaben und Ziele im Kreise der HJ. und des BDM. fördern.

Jedes Jahr wird ein gemeinschaftlicher Jugendluftschutzappell durchgeführt, der von der geleisteten Arbeit Zeugnis ablegen wird. Im übrigen finden in allen Sommerlagern der HJ. und des BDM. Unterweisungen im Luftschutz statt. In den nächsten Monaten werden die Lehrkräfte aus HJ. und BDM. ausgebildet. Am 1. November 1939 setzt die Selbstschutzausbildung ganzer Jahrgänge ein.

Mit dieser Vereinbarung hat die deutsche Jugend ein Bekenntnis abgelegt, daß sie teilhaben will an der Verteidigung des Reiches. Dabei will sie, wie der Amtliche Pressedienst des Jugendführers des Deutschen Reiches mitteilt, mit der praktischen Arbeit vorangehen. Sie ist schon seit Jahren diesen Weg gegangen und hat bereits 1934 mit der Luftschutzausbildung in ihren Reihen begonnen. Von Anfang an hat sie dabei eng mit dem Reichsluftschutzbund zusammengearbeitet.

Es wird die Aufstellung von je etwa 6000 Lehrkräften aus der HJ. und dem BDM. erforderlich. Diese Kräfte werden systematisch und sehr gründlich ausgebildet.

Es wird auch diesmal nicht an Versuchen fehlen, den Willen der deutschen Jugend umzudeuten und ihm einen anderen Inhalt zu geben, als ihm allein zukommt. Die deutsche Jugend wird aber diesen Weg gehen, weil er der Verteidigung des Friedens gilt.

EN vom 7.3.1939

Am 19. März wurde das Reichsarbeitsdienst-Lager (RAD) Stubbenhuk eingeweiht. (9)

XX. Jahrgang.   Mittwoch, den 15. März 1939.   Nr. 63.

Deutsche Truppen in Prag. Der Führer bei der Armee.

Auch Pilsen, Brünn und Olmütz besetzt. Böhmen und Mähren stellen sich unter den Schutz des Deutschen Reiches. Die Tschecho-Slowakei zerfällt. Ungarn besetzt die Karpato-Ukraine.

Proklamation des Führers.

Einmarsch deutscher Truppen nach Böhmen und Mähren
Sicherung im Sinne einer tausendjährigen Geschichte.

DNB, Berlin, 15. März. Der Führer erläßt folgende Proklamation:

An das deutsche Volk!

Nachdem erst vor wenigen Monaten Deutschland gezwungen war, seine in geschlossenen Siedlungsgebieten lebenden Volksgenossen gegenüber dem unerträglichen terroristischen Regime der Tschecho-Slowakei in Schutz zu nehmen, zeigten sich in den letzten Wochen steigend erneut gleiche Erscheinungen. Dies muß in einem Raume, in dem so viele Nationalitäten nebeneinander leben, zu unerträglichen Zuständen führen.

Als Reaktion auf diese erneuten Angriffe gegen die Freiheit und das Leben der Volksgruppen haben sich diese nunmehr von Prag losgelöst. Die Tschecho-Slowakei hat damit aufgehört zu existieren.

Seit Sonntag finden in vielen Orten wüste Exzesse statt, denen nunmehr aber auch wiederum zahlreiche Deutsche zum Opfer fielen. Stündlich mehren sich die Hilferufe der Betroffenen und Verfolgten. Aus den volkreichen deutschen Sprachinseln, die der Großmut Deutschlands im vergangenen Herbst als Tschecho-Slowakei beließ, beginnt wieder ein Strom von Flüchtlingen von ihrem Hab und Gut getriebenen Menschen in das Reich zu fließen.

Eine Fortdauer dieser Zustände muß zur Zerstörung der letzten Ordnung in einem Gebiet führen, an dem Deutschland lebenswichtig interessiert ist, ja das selbst über 1000 Jahre lang zum Deutschen Reich gehörte.

Um diese Friedensbedrohung nunmehr endgültig zu beseitigen, und die Voraussetzungen für die erforderliche Neuordnung in diesem Lebensraum zu schaffen, habe ich mich entschlossen, mit den heutigen Tage deutsche Truppen nach Böhmen und Mähren einmarschieren zu lassen. Sie werden die terroristischen Banden und die sie bedeckenden tschechischen Streitkräfte entwaffnen, das Leben aller Bedrohten in Schutz nehmen und somit die Grundlagen für die Einführung einer grundsätzlichen Regelung sichern, die dem Sinne einer tausendjährigen Geschichte und den praktischen Bedürfnissen des deutschen und tschechischen Volkes gerecht wird.

Berlin, den 15. März 1939.

gez. Adolf Hitler.

Befehl des Führers
an die deutsche Wehrmacht.

Schutz von Leben und Eigentum aller Bewohner des Landes.
Prag befiehlt: Keinen Widerstand!

DNB, Berlin, 15. März. Am Tage des Einmarsches der deutschen Truppen in Böhmen und Mähren hat der Führer folgenden Befehl an die deutsche Wehrmacht erlassen:

Die Tschecho-Slowakei befindet sich in Auflösung. In Böhmen und Mähren herrscht unerträglicher Terror gegen deutsche Volksgenossen. Mit dem 15. März 1939 beginnend werden Verbände des deutschen Heeres und der deutschen Luftwaffe in das tschechische Staatsgebiet eintreten, um hier Leben und Eigentum aller Bewohner des Landes gleichmäßig sicherzustellen.

Sie erwarte von jedem deutschen Soldaten, daß er sich den Bewohnern des zu besetzenden Gebietes gegenüber nicht als Feind betrachtet, sondern nur als Träger des Willens der deutschen Reichsregierung in diesem Gebiet eine erträgliche Ordnung herzustellen.

Wo dem Einmarsch Widerstand entgegengesetzt wird, wird er aber sofort mit allen Mitteln gebrochen werden.

Im übrigen seid Euch bewußt, daß Ihr als Repräsentanten Deutschlands den tschechischen Boden betretet.

Der Führer
und Oberster Befehlshaber der Wehrmacht.

gez. Adolf Hitler.

Die Prager Regierung hat Befehl gegeben dem Einmarsch der deutschen Truppen keinen Widerstand entgegenzusetzen und allen Anordnungen in jedem Falle Folge zu leisten.

Zusammenstellung der früheren Ereignisse

Nachstehend bringen wir eine bis zur Entwicklung, zu der Entscheidung in Berlin, zu der dringendsten Notwendigkeit des deutschen Einmarsches führten und wir den wilden Tschechenterror, die Verfolgungen und Mißhandlungen der Deutschen schildern.

lehungen. Auch zahlreiche andere volksdeutsche Iglau und Umgebung wurden Opfer der Schlacht in mehr verschiedenen tschechischen Terrors, zu Schwerin in Strangern, der einen Sanschlag ...

(Fortsetzung Seite 2.)

Böhmen und Mähren.
„Das Leben jedes Deutschen in Gefahr."

Protestruf aus Iglau.

DNB, Wien, 14. März. Der örtliche Leiter der deutschen Volksgruppe in Iglau, Dr. Hausmann, hat auf Grund der unglaublichen Deutschenverfolgungen, die immer noch andauern, einen großen öffentlichen Protestschritt gegen den unerträglichen tschechischen Terror unternommen und eine Erklärung betonend gegen ...

Der Führer bei den Truppen in Böhmen und Mähren.

DNB, Berlin, 15. März. Der Führer hat heute vormittag Berlin verlassen und sich zu den in Böhmen und Mähren einmarschierten Truppen begeben.

Deutsche Truppen erreichen Kr...

EN vom 15.3.1939

Fernsprecher: Einm=... Nr. ...   XX. Jahrgang.   Mittwoch, den 22. März 1939.   Nr. 69.

Das Memelland kehrt heim in's Reich!

Die litauische Regierung stimmt der Rückgabe des Memelgebietes zu. Unbeschreibliche Begeisterung im Memelland
Die Glocken der Freiheit läuten nach zwanzigjähriger Unterdrückung.

„Von der Maas bis an die Memel"

Litauen gibt das Memelland an Deutschland zurück.

... schmale Gebietsstreifen in der äußersten Ostecke des Reiches, zur Freiheit zurückgekehrt und wieder ein Teil des großen Vaterlandes geworden, in dessen Nationallied seit Jahren Rom einen Ehrenplatz einnimmt „Von der Maas bis an die Memel". Der Gesang der Deutschen wird in Zukunft noch freudiger gesungen ...

... belebt und die Wege für ein ersprießliches Zusammenleben des Nachbarstaates mit dem Großdeutschen Reich gewährleistet. Litauen braucht einen Hafen. Litauen die alliierte Friedensmacht keinen anderen Ausweg als die Verlegung von 140.000 höchstmilitärischen Deutschen ihren. Jetzt haben die beiden Regierungen der sehr viel näher liegenden Weg einer Sich...

EN vom 22.3.1939

Am 6. April 1939 änderte sich für die Hitlerjugend Grundlegendes. War die Mitgliedschaft in einer Jugendorganisation nur in der Hitlerjugend möglich und war sie bis 1939 auch pro forma „freiwillig", so sollte nun der „Dienst" in der HJ durch ein Gesetz zur Pflicht werden. Keine Freiwilligkeit mehr, sondern Zwang. Groß angekündigt wurde diese Dienstpflicht auf Grund von zwei Durchführungsverordnungen zum Gesetz über die Hitlerjugend vom 1. Dezember 1936 auf den Titelseiten der Zeitungen.

EN vom 6.4.1939

„Der Führer hat soeben zwei Durchführungsverordnungen zum Gesetz über die Hitlerjugend vom 1. Dezember 1936 erlassen. Nach der Schaffung der Arbeitsdienstpflicht und der Wehrpflicht wird nun auch der Dienst in der Hitler-Jugend zum Ehrendienst am deutschen Volk erklärt.

Die erste Durchführungsverordnung enthält die allgemeinen Bestimmungen und stellt nochmals die ausschließliche Zuständigkeit des Reichsjugendführers für alle Aufgaben der körperlichen, geistigen und sittlichen Erziehung der gesamten Jugend des Reichsgebietes außerhalb von Elternhaus und Schule fest.

Mit der ersten Verordnung wird innerhalb der Hitlerjugend die Stamm-Hitlerjugend begründet.

Wer seit dem 20. April 1938 der Hitlerjugend angehört, ist Angehöriger der Stamm-HJ. Jugendliche, die sich mindestens ein Jahr in der HJ gut geführt haben und die Voraussetzungen für die Aufnahme in die NSDAP erfüllen, können in die Stamm-HJ aufgenommen werden. Die Aufnahme in die Stamm-HJ kann bei Personen über 18 Jahren, die in der Führung oder der Verwaltung der HJ eingesetzt werden sollen, sofort erfolgen. Gliederung der NSDAP ist nur die Stamm-HJ, die Zugehörigkeit zu ihr freiwillig.

Die Dauer der Dienstpflicht wird in der zweiten Durchführungsverordnung, der sogenannten Jugend-Dienstverordnung geregelt. Sie gilt für Jugendliche vom 10. bis zum vollendeten 18. Lebensjahr, und bestätigt die bisherige Einteilung der HJ in „Deutsches Jungvolk" für die 10- bis 14jährigen Jungen, „Hitler-Jugend" für die 14- bis 18jährigen Jungen, „Jungmädelbund" für die 10- bis 14jährigen Mädels, „Bund Deutscher Mädel" für die 14- bis 18jährigen Mädels. Schüler und Schülerinnen in der Grundschule, die das 10. Lebensjahr bereits vollendet haben, werden bis zum Verlassen der Grundschulklassen vom Dienst in der Hitlerjugend zurückgestellt. Schüler und Schülerinnen der Volksschule, die das 14. Lebensjahr bereits vollendet haben, bleiben bis zur Schulentlassung Angehörige des Deutschen Jungvolks oder des Jungmädelbundes.

Alle Jungen und Mädel der Hitlerjugend unterstehen einer öffentlich-rechtlichen Erziehungsgewalt. Der Zugehörigkeit zur HJ unwürdig und damit von der Gemeinschaft der HJ ausgeschlossen sind Jugendliche, die ehrenrührige Handlungen begehen.

Die zweite Durchführungsverordnung regelt im Einzelnen die Frage der Untauglichkeit, der Zurückstellung, Befreiung vom Dienst und der Anforderungen.

Alle Jugendlichen sind bis zum 15. März des Kalenderjahres, in dem sie das 10. Lebensjahr vollenden, bei dem zuständigen HJ-Führer zur Aufnahme in die HJ anzumelden. Zur Anmeldung ist der gesetzliche Vertreter des Jugendlichen verpflichtet. Die Aufnahme erfolgt zum 20. April eines jeden Jahres, die Entlassung nach Ablauf der festgesetzten Dienstzeit und bei Mädchen dann, wenn sie in den Ehestand treten. Für die Dauer des aktiven Wehrdienstes ruht die Zugehörigkeit zur HJ. Angehörige des Reichsarbeitsdienstes dürfen sich im Dienst der HJ nicht betätigen.

Paragraph 12 regelt die Strafbestimmungen, denen solche Personen unterliegen, die als gesetzliche Vertreter den Anmeldungsvorschriften nicht genügen oder Jugendliche böswillig vom Dienst in der HJ abzuhalten versuchen.

In einem Kommentar im Amtlichen Pressedienst des Reichsjugendführers heißt es hierzu: Der Führer hat mit den soeben erlassenen Durchführungsverordnungen zum Gesetz über die Hitlerjugend den Dienst in der Hitlerjugend zum Ehrendienst am *deutschen Volk erklärt. Er hat damit für alle Zukunft den Jugendlichen vom 10. bis zum vollendeten 18. Lebensjahr die Verpflichtung auferlegt, in der Hitlerjugend Dienst zu tun. Dieser Pflichtdienst der deutschen Jugend schließt sich würdig den vom Führer erlassenen Bestimmungen über die Wehrpflicht und die Arbeitsdienstpflicht aller Deutschen an. Dieser totale Erziehungsanspruch ist einmalig und mit keiner anderen Jugendorganisation in der Welt zu vergleichen. Mit den der Jugend übertragenen Vollmachten und Aufgaben werden die künftigen Generationen des deutschen Volkes frühzeitig in einen Erziehungsgang eingereiht, der sie verpflichtet, für die Idee der nationalsozialistischen Bewegung zu leben und in ihrem Geiste zu dienen." (10)*

Die „Jugend-Dienstverordnung" bedeutete, dass jetzt die Mitgliedschaft in der Hitlerjugend zur Pflicht wurde, Verweigerung wurde bestraft. Damit hatte die NS-Führung den alleinigen Zugriff auf 8,7 Millionen Jugendliche.

Zum 20. April 1939 wurden am 50. Geburtstag von Adolf Hitler von insgesamt 1.071193 Jugendlichen 1.032991 Jugendliche, entsprechend 96,43 %, in die HJ aufgenommen. (11)

EN vom 18.4.1939

20. April Nationaler Feiertag

* Der Reichsminister des Innern gibt bekannt: Auf Grund des heute im Reichsgesetzblatt veröffentlichten Gesetzes über einmalige Sonderfeiertage hat der Reichsminister des Innern im Einvernehmen mit den zuständigen Reichsministerien aus Anlaß des 50. Geburtstages des Führers angeordnet, daß der 20. April 1939 in Großdeutschland nationaler Feiertag ist. Die Lohnzahlungsbestimmungen für den 1. Mai finden, wie dies in dem Gesetz über einmalige Sonderfeiertage ausdrücklich ausgesprochen wird, entsprechende Anwendung. Die Verordnung gilt auch im Protektorat Böhmen und Mähren.

Flaggen heraus
am 19. und 20. April!

!.! Der Reichsminister für Volksaufklärung und Propaganda fordert die Bevölkerung auf, zum 50. Geburtstag des Führers am 19. und 20. April zu flaggen.

EN vom 18.4.1939

Elmshorner Rathaus, geschmückt mit Hakenkreuzfahnen. Fotograf unbekannt, Sammlung Rasmussen

Wie in jedem Jahr, so wurden auch 1939, der Geburtstag Adolf Hitlers und der 1. Mai als nationaler Feiertag stark durchchoreografiert gefeiert. Es fanden wieder Umzüge mit Kunbdgebungen und Aufmärsche statt. Die Häuser waren mit Fahnen geschmückt und Tausende von Menschen säumten die Strassen, wenn die Verbände vorbeimarschierten.

Pflicht zur Beschaffung von Luftschutzgerät.

Zwei wichtige Durchführungsverordnungen zum Luftschutzgesetz, die jeden angehen.

)—(Dank dem Gemeinschaftssinn der Volksgenossen und der Aufklärungsarbeit des Reichsluftschutzbundes sind im ganzen Reichsgebiet heute schon Tausende von Häusern und anderen Luftschutzgemeinschaften mit Geräten ausgestattet, wie sie zur Durchführung des Selbstschutzes erforderlich sind. Darüber hinaus bestanden in vielen Luftschutzorten bereits polizeiliche Anordnungen, durch die die Beschaffung derartigen Gerätes den Hauseigentümern zur Pflicht gemacht wurde.

Jetzt ist im Reichsgesetzblatt Teil I Nr. 100 die Siebente Durchführungsverordnung zum Luftschutzgesetz veröffentlicht worden, die die Pflicht zur Beschaffung von Selbstschutzgerät auf das gesamte Reichsgebiet ausdehnt, und zwar für alle Häuser, die nach den gesetzlichen Vorschriften unter die Entrümpelungspflicht fallen.

Das Wesentliche dieser Durchführungsverordnung ist nun nicht in der Einführung des gesetzlichen Zwanges, sondern vielmehr darin zu sehen, daß durch sie eine für das ganze Reichsgebiet einheitliche Regelung geschaffen ist. In einem besonderen Anhang ist nämlich das zur Ausstattung einer Luftschutzgemeinschaft erforderliche Selbstschutzgerät im einzelnen festgelegt worden.

Bei der Zusammenstellung dieses Gerätes ist, wie die Durchführungsverordnung deutlich besagt, weitgehend auf bereits vorhandenes Gerät zurückzugreifen, wie z. B. Wasserbehälter, Schaufeln usw., die auch nach den bisherigen Gepflogenheit bei Luftschutzübungen aus den Haushaltungen der Mieter bereitgestellt worden sind. Der Hauseigentümer ist für die vollzählige Bereitstellung und dauernde Gebrauchsfähigkeit des Selbstschutzgerätes verantwortlich. Er hat auch gegebenenfalls die Kosten der Gerätebeschaffung zu tragen.

Wichtig ist ferner, daß durch diese Siebente Durchführungsverordnung alle für den Selbstschutz herangezogenen Personen (Luftschutzwarte und sonstige Selbstschutzkräfte) verpflichtet sind, ihre persönliche Ausrüstung selbst zu besorgen. Dies bezieht sich in erster Linie auf die Beschaffung der Volksgasmaske (RM)

Bezüglich der übrigen Ausrüstung soll ebenfalls in weitgehendem Maße auf bereits vorhandene und geeignete Gegenstände zurückgegriffen werden. Durch diese Bestimmung will der Gesetzgeber vermeiden, daß dem Einzelnen in der Erfüllung seiner Selbstschutzdienstpflicht besondere Ausgaben entstehen.

Außer der Siebenten Durchführungsverordnung, die die Beschaffung von Selbstschutzgerät anordnet, ist in der gleichen Nummer des Reichsgesetzblattes noch die Achte Durchführungsverordnung zum Luftschutzgesetz (Verdunkelung) veröffentlicht worden; sie betrifft die Verdunkelungsmaßnahmen. Auch hier ist wieder wesentlich, daß durch die Durchführungsverordnung keine neuen Vorschriften geschaffen, sondern lediglich die innerhalb des Reichsgebietes für jede einzelne Luftschutzübung erlassenen polizeilichen Verordnungen durch eine reichseinheitliche Regelung abgelöst werden.

Die Frage der Verantwortlichkeit und der Kostenregelung ist so gelöst worden, daß derjenige, der in dem für die Verdunkelung in Betracht kommenden Bereich die tatsächliche Gewalt ausübt, auch die Verantwortung für die Durchführung der Verdunkelungsmaßnahmen innerhalb dieses Bereiches und damit auch die Kosten zu übernehmen hat. D.h. für die Verdunkelung der Mietwohnung ist der Mieter, für die Verdunkelung des Hauses der Hauseigentümer oder der Hausverwalter, für die Verdunkelung eines Fahrzeuges der Fahrzeughalter usw. verantwortlich.

Ferner werden durch die Achte Durchführungsverordnung dauerhafte und jederzeit verwendungsfähige Verdunkelungsmittel vorgeschrieben. Der Teil II dieser Durchführungsverordnung enthält wichtige Vorschriften und technische Einzelheiten über Art und Durchführung der Verdunkelungsmaßnahmen, insbesondere auch Außen- und Innenbeleuchtung, sowie die, die sich mit der Verdunkelung der Verkehrsbeleuchtung, Verkehrszeichenbeleuchtung und der Fahrzeuge befassen.

EN vom 2.6.1939

185

Schon am 25. Mai konnte man den drohenden Ausbruch des Krieges deutlich wahrnehmen. Alle Jungen und Mädel ab 13 Jahren sollten im Luftschutz ausgebildet werden:

„Ab 1. November Luftschutzausbildung der 13 – 14jährigen.

Aufgrund einer Vereinbarung zwischen dem Präsidium des Reichsluftschutzbundes und der Reichsjugendführung wird in Zukunft bereits die Jugend im Pimpfen- und Jungmädelalter mit den Fragen des Luftschutzes vertraut gemacht. Alle Jungen und Mädel im Alter von 13 bis 14 Jahren, also der letzte Jahrgang des Deutschen Jungvolks und des Jungmädelbundes, werden, beginnend mit dem 1. November 1939, in jedem Jahr in Sonderlehrgängen im Selbstschutz ausgebildet werden. Wie die „Sirene" ergänzend bemerkt, wird die künftige Selbstschutzausbildung des DJ und des JM im Rahmen der Selbstschutzausbildung durch den RLB durchgeführt. Unter Leitung der Ausbildungs- beziehungsweise Luftschutzschulleiter des RLB erfolgt die Ausbildung von HJ- und BDM-Angehörigen, die dann nach erfolgreicher Ableistung des Lehrganges die Befähigung als Luftschutzlehrer erwerben und vom RLB als solche bestellt und eingesetzt werden. Gerade zu dieser Jugendausbildung sollen auf diese Weise die zusätzlich benötigten Lehrkräfte von der Hitler-Jugend selbst gestellt werden. Es wird die Aufstellung von ungefähr 12.000 Lehrkräften erforderlich. Das Alter der Luftschutzlehrer soll nicht unter 20 Jahren liegen. Gleichzeitig wurde in der Vereinbarung geregelt, dass wie bisher in jedem Jahre im Rahmen der Reichsluftschutzwoche ein besonderer Jugendluftschutztag im ganzen Reich durchgeführt werde." (12)

Als eine Kriegsvorbereitung konnte man auch die Ermächtigung des Reichsarbeitsministers sehen, die es gestattete über 65jährige tarifliche Angestellte und Lohnempfänger bis zu drei Jahren länger zu beschäftigen. Es wurde so dem Mangel an Arbeitskräften vorzubeugen, wenn jüngere Arbeitskräfte zur Wehrmacht eingezogen und in den Krieg ziehen mussten. Es konnten auch über 65jährige neu eingestellt werden. (13)

Am 26. Juni sprach der Reichsredner Franke auf dem öffentlichen Zellenabend der Zellen 5-8 in der Aula der Oberschule für Mädchen:

„(...) Warum stehen die Einkreisungsstaaten gegen Deutschland? Weil der nationalsozialistische Staat einen neuen Weg beschritt, um seine berechtigte Forderung nach Lebensraum verwirklichen zu können, Raum für Brot und Rohstoffe. Wir lehnen die marxistische These ab, dass der Raum des Menschen Schicksal sein muss. Wir gestalten unser Schicksal, indem wir unseren Lebensraum selbst formen.

Von dieser Schau aus beleuchtete der Redner nun Kolonial- und Ostproblem. Nicht durch Eroberungen lösen wir diese Fragen, sondern durch die geniale Politik des Führers, der die Ernte vorbereitet und dann zur rechten Zeit einbringt. Deutschland als wirtschaftliches und kulturelles Kraftfeld wird auch politisch Herz und Motor Europas (...)" (14)

EN vom 30.6.1939

Die Rede zum Rechenschaftsbericht von Bürgermeister Karl Krumbeck wurde von den EN in mehreren Folgen ausführlich veröffentlicht. (15)

Die Bildung einer „Reichsvereinigung der Juden in Deutschland" wurde am 4. Juli 1939 durch die 10. Verordnung zum Reichsbürgergesetz von den nationalsozialistischen Machthabern angeordnet, in die alle Personen, die nach den Nürnberger Gesetzen als Juden galten, zwangsweise eingegliedert wurden und dafür Pflichtbeiträge entrichten mussten. Diese Reichsvereinigung stand ab September 1939 unter Kontrolle des Reichssicherheitshauptamtes (RSHA) beziehungsweise der Gestapo und hatte deren Anordnungen umzusetzen. Ausgenommen von der Pflichtmitgliedschaft waren vorerst noch Juden aus Mischehen; diese mussten jedoch später ebenfalls beitreten. In den Jahren 1939 bis 1941 versuchten die Funktionäre der Reichsvereinigung, möglichst vielen Juden bei der Flucht aus Deutschland behilflich zu sein. Im folgenden Zeitabschnitt bis zu ihrer schrittweisen Auflösung 1943 bestand die Hauptaufgabe der Reichsvereinigung darin, die Zurückgebliebenen zu versorgen. Zugleich musste die Reichsvereinigung bei den Deportationen mitwirken, versuchte aber dabei, das Geschehen zu verzögern und Härten abzumildern. (16)

Die Organisation zur jüdischen Auswanderung.

§§ Durch die 10. Verordnung zum Reichsbürgergesetz ist in der „Reichsvereinigung der Juden in Deutschland" eine Organisation geschaffen, deren oberste Aufgabe es ist, die Auswanderung der Juden aus Deutschland zu regeln.

Alle im Reich lebenden jüdischen Staatsangehörigen (und staatenlosen Juden) gehören dieser Zusammenfassung als Pflichtmitglied an. Die Reichsvereinigung hat die Aufgabe, Mittel und Wege zur Auswanderung ihrer Rassegenossen zu finden und darf zu diesem Zweck auch mit ausländischen jüdischen Verbänden verhandeln.

Als weitere Aufgabe untersteht der Vereinigung das jüdische Schulwesen. Sie ist der alleinige Träger der jüdischen Schulen in Deutschland, jüdische Kinder dürfen nur noch diese Schulen besuchen. Auch die Wohlfahrtspflege jüdischer Einwohner ist unter die Leitung der Reichsvereinigung gestellt. Diese kann sich in den einzelnen Orten der jüdischen Kultusgemeinden bedienen, die rechtlich noch bestehen. Durch die neue Verordnung ist den Juden die Möglichkeit geboten, selbst zur raschen Lösung des Auswanderungsproblems beizutragen.

EN vom 7.7.1939

Obgleich Hitler die Auswanderung grundsätzlich befürwortete, standen die Juden vor fast unüberwindlichen Schwierigkeiten. Die Emigration sollte die Nationalsozialisten nichts kosten, im Gegenteil: sie wollten auch daran verdienen. Die Auswanderung kam einer Enteignung gleich. Dieses hatte zur Folge, dass im Allgemeinen nur die reichen Juden eine Chance hatten, auszuwandern.

Durch ein Gesetz vom 18. Mai 1934 wurde die schon 1931 eingeführte Reichsfluchtsteuer ausgebaut. Dieser Steuer unterlag ein Vermögen von 50.000 Reichsmark an aufwärts. Der Steuersatz betrug anfangs 25 %, wurde später jedoch durch eine Auswandererabgabe auf 80 % erhöht. (17)

Schließlich wurde auch die Erlaubnis zum Bartransfer aufgehoben. War ein Jude ausgewandert, wurde sein Vermögen devisenrechtlich gesperrt. Barvermögen wurde hierbei als Sperrmark bezeichnet. Die ausgewanderten Juden konnten die Sperrmarkbeträge im Ausland mit einem Abschlag von 50 % verkaufen, die dem Reich zufielen. Später wurden die Abschläge auf 85 % erhöht.

„Ein Jude, der also eine Million Mark Vermögen hatte und auswandern wollte, verlor erst einmal 800.000 Mark durch die Reichsfluchtsteuer, es blieben ihm 200.000 Mark fürs Sperrmarkguthaben. Dann verlor er durch die Abschläge noch einmal 170.000 Mark. Es blieben ihm 30.000 Mark." (18)

Später überließen ihnen die Nationalsozialisten nur noch 4 - 6 %, so dass es selbst für die reichen Juden fast unmöglich war, sich im Ausland eine Existenz aufzubauen.

1933 wurde für die Auswanderung nach Palästina das Haavara-Abkommen abgeschlossen. Bei diesem setzten die Nationalsozialisten Waren gegen Menschen. Auswanderungswillige Juden zahlten ihr Geld auf ein deutsches Sonderkonto. Die Deutschen exportierten Waren nach Palästina, die die palästinensischen Händler jedoch nicht den Deutschen, sondern den jüdischen Einwanderern bezahlten. Den Verkaufspreis holten sich die Deutschen vom Sonderkonto. Rund 52.000, darunter auch in Deutschland wohnende Juden aus dem Ausland (bes. Polen), wanderten zwischen 1933 und 1942 aus Deutschland nach Palästina. Durch das Haavara-Abkommen fanden 20 % der Juden, die überhaupt auswandern konnten, den Weg in eine relativ gesicherte Zukunft. (19) Das Haavara-Abkommen lief schließlich 1938 aus.

„Bereits 1937 hatte sich folgende behördliche Praxis herausgebildet: Das Vermögen auswandernder Juden wurde beschlagnahmt, und ihnen wurde nur gestattet, einen Betrag von 10 Reichsmark pro Kopf auszuführen. Da viele Auswanderungsländer jedoch die Ausstellung eines Visums vom Nachweis eines bestimmten Barvermögens abhängig machten, wurde den betreffenden Juden ein entsprechendes Vorzeigegeld zur Erlangung des Visums leihweise ausgehändigt, das sie jedoch vor der Abreise wieder abzuliefern hatten. Natürlich kam dieser amtliche Betrug sehr schnell ans Tageslicht, weil die Auswanderer ja völlig mittellos das Einwanderungsland betraten. Die meisten Länder verschärften die Einwanderungsbestimmungen erheblich und reagierten oft ohne menschliche Regungen. Ab Mai 1938 gaben die deutschen Auswanderungsbehörden überhaupt kein „Vorzeigegeld“ mehr aus, so dass zwangsläufig die legale Auswanderung rapide zurückgehen musste.“ (20)

Schon bald regte sich in den europäischen Zufluchtsländern Widerstand gegen die eingewanderten Juden. Man wollte die verarmten, durch die Deutschen vertriebenen Menschen nicht haben. So verschob sich die Auswanderung vor allem in überseeische Gebiete und nach Palästina. Doch nicht nur durch die finanzielle Lage war die Emigration erschwert und eingeschränkt. Die Neuansiedlung in überseeischen Ländern war vor allem durch die ungünstige Berufsstruktur beeinträchtigt. Kaufleute, Händler, Ärzte, Rechtsanwälte, Wissenschaftler usw. wurden kaum in einem Land in größerer Zahl gebraucht, wohl aber Landwirte, Facharbeiter und Handwerker. Mit zunehmender Verfolgung in den Jahren nach 1933 erhielt daher das Problem der Berufsumschulung oder Berufsumschichtung, wie es genannt wurde, ein immer stärkeres Gewicht. Da aber z.B. nur wenige jüdische Landwirtschaftsbetriebe bestanden, musste ein großer Teil der jüdischen Lehrlinge bei „arischen“ Landwirten untergebracht werden. Hier gab es jedoch große Schwierigkeiten. Am 28. Mai 1934 verbot der Präsident der Reichsanstalt für Arbeitsvermittlung, Juden künftig als Landhelfer einzusetzen.

Bei der Unterbringung von jüdischen Lehrlingen in nichtjüdischen Handwerksbetrieben sah es ähnlich aus. Unter dem Druck der Partei, der

Handwerksorganisationen und der manipulierten öffentlichen Meinung weigerten sich die Inhaber dieser Handwerksbetriebe, jüdische Lehrlinge auszubilden. Trotz dieser Schwierigkeiten erreichte die Fluchtbewegung bald ein großes Ausmaß. (21)

Wie sah es nun in der Frage der Auswanderung in Elmshorn aus? (22)

Elmshorn hatte nach der Volkszählung vom 16. Juni 1933 insgesamt 17.374 Einwohner, von denen 55 jüdischer Religion waren. (23) Dieses entsprach 0,32 Prozent der Bevölkerung. Die bei der Zählung ermittelte Zahl der Juden war viel zu niedrig. Sie lag vielmehr bei 80. (24) Dieses würde einem Anteil von 0,5 Prozent (aufgerundet) entsprechen. Der Grund für die große Abweichung lag vermutlich darin, dass bei der Volkszählung die aus der Gemeinde ausgetretenen und die konvertierten jüdischen Mitbürger nicht mitgezählt worden waren. Die Zahl von 56 bezeichnete daher nur die Glaubensjuden. (25)

Bis 1937 überwog der Umzug in andere Städte des Reichs, während 1938/1939 die Flucht ins Ausland begann. (26) Die jüdischen Mitbürger hatten zu diesem Zeitpunkt keine Illusionen mehr. Hinzu kam, dass die meisten der in der Nacht des Novemberpogroms 1938 verhafteten Männer nur unter der Bedingung aus den Konzentrationslagern entlassen wurden, dass sie bald auswanderten.

Bis einschließlich 1938 entschlossen sich von insgesamt 33 Abwandernden, nur sechs Personen über 50 Jahren Elmshorn zu verlassen. (27) Bei der Wahl des Zieles blieben vorwiegend die älteren Juden im Reich, während die jüngeren ins Ausland gingen. (28) Außer einem Ehepaar waren bis 1937 alle Auswandernden unter 30 Jahren. (29)

Nach Palästina wanderte kein Jude aus. Dieses lag vermutlich daran, dass es in Elmshorn keine zionistische Vereinigung gab, dafür aber noch 1932 eine antizionistische Gruppe. Seit 1936 begann sich die vermehrte Abwanderung auszuwirken.

Im Sommer 1939 wurde wieder der Ernteeinsatz der NSDAP und der HJ abgeordnet.

Frauen in der Erntehilfe.

GD. Der Aufruf der NS. Frauenschaft an die weibliche Bevölkerung des Gaues, sich zur Erntehilfe zu melden, hat weitgehendes Verständnis gefunden und ihm ist in großem Umfange entsprochen worden. In einigen Kreisen Schleswig-Holsteins konnten bereits bis zu sechzig Frauen und Mädels eingesetzt werden. Sie helfen, soweit sie hierzu körperlich imstande sind, mit bei der Feldarbeit, sonst übernehmen sie anstelle der auf dem Felde tätigen Landfrau die häuslichen Verrichtungen.

Die Frauen und Mädels stellten sich jeweils für die Zeitdauer von 1 Woche bis zu 4 Wochen zur Verfügung. Soweit sie in Stadtkreisen, z. B. in Kiel, wohnhaft sind, sind sie in die benachbarten Landkreise vermittelt.

Eine weitere große Anzahl solcher Frauen, die nicht für längere Zeit abkömmlich waren, haben sich für die Sonnabende von 6 aufeinanderfolgenden Wochen zur Verfügung gestellt. Sie erledigen an diesen Tagen in bäuerlichen Haushalten die Flickarbeit der Woche.

Die Ortsfrauenschaftsleiterinnen im Gaugebiet sind bereit, weiterhin an alle Frauen und Mädels, die sich zur Erntehilfe melden wollen, Auskünfte zu erteilen.

Pflichtjahr-Jugend im Arbeitsdienst.

Meldung für das zweite Halbjahr.

— Amtlich wird nochmals darauf hingewiesen, daß das durch den Beauftragten für den Vierjahresplan eingeführte Pflichtjahr für die weibliche Jugend ganz oder zur Hälfte im Reichsarbeitsdienst abgeleistet werden kann. Eine Anzahl Mädchen leistet seit April dieses Jahres einen Teil des Pflichtjahres in der Landwirtschaft ab und will das restliche halbe Jahr im Reichsarbeitsdienst dienen. Für diese Gruppe ist eine entsprechende Anzahl von Plätzen im Reichsarbeitsdienst freigehalten worden. Die Mädchen können sich daher jetzt noch zum Einstellungstermin 1. Oktober 1939 bei der zuständigen Bezirksleitung des Reichsarbeitsdienstes melden.

EN vom 21.7.1939

Zum Ernteeinsatz der NSDAP im Kreise Pinneberg.

den wir kurz erwähnten, sind im Einzelnen für die ländlichen Ortsgruppen folgende Aufgaben vorgesehen. In der Erkenntnis, daß die ländlichen Ortsgruppen über die ihnen zur Verfügung stehenden örtlichen Kräfte genügend eigene Verwendung haben, ist angeordnet, daß der ländliche Ortsgruppenleiter sich für die Bereitstellung von Erntehelfern mit den zuständigen Sturmführern in Verbindung setzt und die Verteilung von sich aus vornimmt.

Der Bedarf, der durch Kräfte aus den Ortsgruppen nicht gedeckt werden kann, muß durch den Ortsbauernführer beim Kreisbauernführer angefordert werden. Der Kreisbauernführer wird im Einvernehmen mit dem SA-Mann die Zuweisungen im Rahmen der Möglichkeit vornehmen. Die HJ.-Einheiten der städtischen Ortsgruppen stehen ebenfalls zum Einsatz in geschlossenen Trupps unter Führung eines HJ.-Unterführers zur Verfügung. Den städtischen Ortsgruppen sind nachstehende Aufgaben übertragen: Für eine Verteilung über den ganzen Kreis müssen aus den städtischen Ortsgruppen freiwillige Erntehelfer der Partei und ihrer Gliederungen zur Verfügung gestellt werden. In welchem Umfang sie während der Ernte gebraucht werden, steht heute noch nicht fest. Es ist aber für den Fall einer notwendig werdenden Hilfe erforderlich, festzustellen, mit welchen Kräften zu rechnen ist. Dabei ist es selbstverständlich, daß sich jeder Parteigenosse darüber klar werden muß, daß er, soweit es sein Beruf zuläßt, verpflichtet ist, bei Einbringung der Ernte zu helfen. Die Ortsgruppenleiter der städtischen Ortsgruppen haben also unter Mitwirkung der Sturmführer festzustellen, wieviel Männer für den Einsatz zur Verfügung stehen. Das Gesamtergebnis ist der Kreisleitung von den Ortsgruppenleitern zu melden.

Die Verteilung dieser freiwilligen Erntehelfer wird nur vom Kreisbauernführer und vom Kreisleiter vorgenommen.

Es ist auch zu erwarten, daß die Behördenleiter Beamte und Angestellte für die Erntehilfe melden.

Um eine Doppelerfassung zu vermeiden, sind Angehörige der Partei und ihrer Gliederungen grundsätzlich von diesen zu erfassen und zu melden. Beamte und Angestellte, die weder als politische Leiter noch in einer Gliederung tätig sind, müssen sich über ihre Behördenleiter melden. Die Behördenleiter werden ihre Meldungen über die Ortsgruppe einreichen. Alle Meldungen seitens der städtischen Ortsgruppen über die Stärke der zur Verfügung stehenden Erntehelfer haben bis zum 15. Juli zu erfolgen.

EN vom 12.7.1939

193

-dt- Die ersten Erntehelfer der HJ. trafen gestern abend gegen 10 Uhr auf dem Elmshorner Bahnhof ein. Es waren 66 Hitlerjungen verschiedenen Alters aus dem Gau Westfalen, die von Dortmund aus die Reise angetreten hatten. In Elmshorn bezogen sie im Gasthaus „Zur Linde" (Karnatz) Quartier, um am heutigen Sonnabend zu ihren Bauern in der Umgegend weiter beordert zu werden. In vier Wochen dürften die reichlich blassen jungen Leute gesund und braungebrannt die Reise nach dem Land der roten Erde wieder antreten können.

EN vom 29.7.1939

Der kraftvolle deutsche Mann, die anmutige und schöne Frau.

Parole für die KdF.-Arbeit 1939/40.

Dr. Ley über künftige Aufgaben und Ziele der KdF.

Feierliche Eröffnung der 5. KdF.-Reichstagung in Hamburg.

EN vom 22.7.1939

Der Reichsorganisationsleiter und Schöpfer des KdF, Robert Ley, sprach auf der Reichstagung in Hamburg:

„(...) *Wir wollen kraftvolle, starke und leistungsfähige Männer und die anmutige und schöne Frau. Wir wollen keine Angleichung der beiden Welten, wie das in früheren Zeiten propagiert wurde, die den Mann zur Frau und die Frau zum Mann machen wollte. Es ist nicht wahr, dass die Frau zum Wettkampf geboren ist, dass die Siegerin in einem 100 Meter-Lauf schön ist, sondern die Frau soll Rhythmus und Tanz pflegen; wenn die Frau tanzen kann, hat sie alles und ist schön. Wenn Männer allein tanzen, ist es ein hässliches Bild. Unsere Frauen, wie überhaupt unser Volk, tanzen viel zu wenig. Weiter müssen unsere deutschen Frauen das tragen lernen, was ihnen steht. Die deutsche Frau soll sich pflegen. Ich habe daher den Bau von*

Akademien der Schönheit, der Mode, der Farbe in Wien, Berlin und in München vorgesehen. (...)" (30)

Für den bevorstehenden Krieg waren die Jungen der HJ sehr wichtig, da diese als Ersatz für die eingezogenen Soldaten im Feuerwehrlöschdienst eingesetzt werden konnten. Um diese dafür auszubilden, wurden im deutschen Reich 300 Jugendfeuerwehren aufgestellt.

Jugend im Feuerlöschdienst.
Eine Vereinbarung zwischen Himmler und v. Schirach.

(—) Zwischen dem Reichsführer SS. und Chef der deutschen Polizei und dem Reichsjugendführer ist eine Vereinbarung über die Aufstellung, Ausbildung und Ausrüstung von 300 Jugendfeuerwehren getroffen worden.

Der Reichsjugendführer stellt danach dem Reichsführer SS. Hilfskräfte aus den Einheiten der HJ. zur Verfügung, die im Feuerlöschdienst ausgebildet werden. Das Mindestalter der Jungen wird auf 15 Jahre festgesetzt. Die zum Feuerlöschdienst Kommandierten bilden keine Sondereinheiten. Die Jungen werden jedoch für die feuerwehrtechnische Ausbildung in besonderen Einheiten unter HJ.-Führern, die selbst feuerwehrtechnisch ausgebildet sind oder noch besonders ausgebildet werden, zusammengefaßt. Bei jedem feuerwehrtechnischen Uebungsdienst oder bei jedem Einsatz gelten die Jungen als durch polizeiliche Verfügung herangezogen und treten damit unter den Befehl des ausbildenden oder leitenden Führers der Feuerschutzpolizei bezw. Feuerwehr. Eine disziplinierte Unterstellung ist damit nicht verbunden. Die Kommandierung zum Feuerlöschdienst gilt normalerweise bis zum Ausscheiden aus der HJ.

Der technische Dienst der HJ. erstreckt sich auf alle im Feuerlöschdienst vorkommenden Uebungen und Arbeiten mit dem Endziel der Verwendung der Jungen an allen zum Einsatz geeigneten Geräten in Gemeinschaft mit ausgebildeten Feuerwehrmännern. Die in den feuerwehrtechnischen Einheiten tätigen Angehörigen der HJ. genießen den Schutz der Reichsunfallversicherung.

Die Leitung der feuerwehrtechnischen Ausbildung liegt in den Händen des Kommandeurs der örtlichen Feuerschutzpolizei bezw. des örtlichen Feuerwehrführers. Alle Ausrüstungsgegenstände sind von der Gemeinde, in der die Einheit aufgestellt wird, zur Verfügung zu stellen.

EN vom 1.7.1939

HJ-Grundausbildung Schulhof Volksschule. In: Eberhardt, Bonno: Die Löschgruppen der Freiwilligen Feuerwehr „Norderney" von 1884 – 1945. Norderney 2006. S.122.

HJ-Grundausbildung Schulhof Volksschule. In: Eberhardt, Bonno: Die Löschgruppen der Freiwilligen Feuerwehr „Norderney" von 1884 – 1945. Norderney 2006. S.123f.

Einstellung in die SS.-Totenkopf-Standarten und SS.-Verfügungstruppe.

!—! Zur Lösung besonderer Staatsaufgaben sind die SS.-Totenkopf-Standarten als staatlich anerkannte und bewaffnete Einheiten der SS. geschaffen worden. Sie sind weder ein Teil der Wehrmacht noch der Polizei. Ihren Einsatz hat sich der Führer persönlich vorbehalten.

Von den Bewerbern für die SS.-Totenkopf-Standarten wird Erfüllung der Dienstpflicht bei der Wehrmacht verlangt. Mindestgröße 172 Zentimeter (in Ausnahmefällen 170 Zentimeter). Verpflichtung auf 12 Jahre, dabei Anrechnung der Dienstzeit beim Heer. Für 1939 wird nur Jahrgang 1915 und jünger eingestellt.

Der Bewerber wird als Staffel Sturmmann (Gefreiter) eingestellt. Bei Eignung steht ihm der Aufstieg in die Führerlaufbahn auch ohne Reifeprüfung offen. Nach Beendigung der Dienstzeit in den SS.-Totenkopf-Standarten ist eine Uebernahme in den Dienst der Polizei — mittlerer und gehobener Staatsdienst — vorgesehen. Bei Uebernahme einer Siedlung wird besondere Unterstützung gewährt.

Im Gegensatz zu den SS.-Totenkopf-Standarten werden bei der SS.-Verfügungstruppe keine ehemaligen Wehrmachtsangehörigen oder Bewerber, die bereits einen Aufnahmeschein der Wehrmacht erhalten haben, eingestellt. Weitere Auskünfte über die Aufnahme in die beiden SS.-Verbände erteilt der SS.-Sturmbann f.t. Elmshorn, Gärtnerstraße 52.

EN vom 2.8.1939

Im November 1939 umfassten die SS-Totenkopfverbände vier Fuß- und eine Reiterstandarte. Die Fußstandarten umfassten ca. 9000 Mann. Sie wurden hauptsächlich für den KZ-Wachdienst und vereinzelt auch im Straßendienst eingesetzt. Ein Erlass vom 18. Mai 1939 bestimmte, dass die Totenkopfverbände im Mobilisierungsfall den Ersatz für Ausfälle von Angehörigen in der SS-Verfügungstruppe zu stellen hätten. Damit war nicht nur die Verfügungstruppe, sondern waren auch die Totenkopfverbände über ihre polizeilichen Aufgaben hinaus ein militärisches Instrument der SS geworden. In den späteren

Vernichtungslagern im besetzten Polen und Weißrussland waren die SS-Totenkopfverbände im Rahmen der sogenannten „Aktion Reinhardt" speziell für den Massenmord an Juden aus ganz Europa und weiteren von den Nationalsozialisten verfolgten Personengruppen verantwortlich.

Mit solchen Überschriften in den Zeitungen stimmte die Propaganda auf einen bevorstehenden Krieg mit Polen ein.

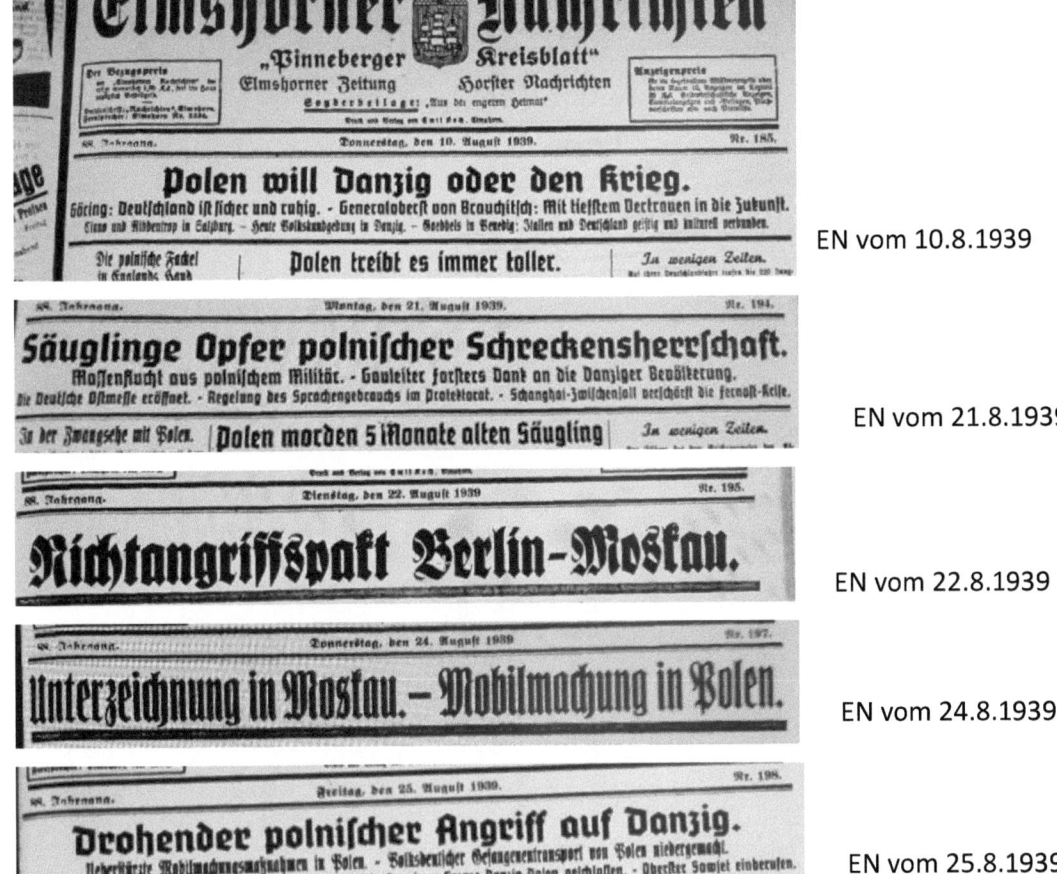

EN vom 10.8.1939

EN vom 21.8.1939

EN vom 22.8.1939

EN vom 24.8.1939

EN vom 25.8.1939

EN vom 26.8.1939

EN vom 31.8.1939

EN vom 1.9.1939

Kurz vor dem Einmarsch in Polen kam es zu einer Urlaubssperre für Beamte und Angestellte.

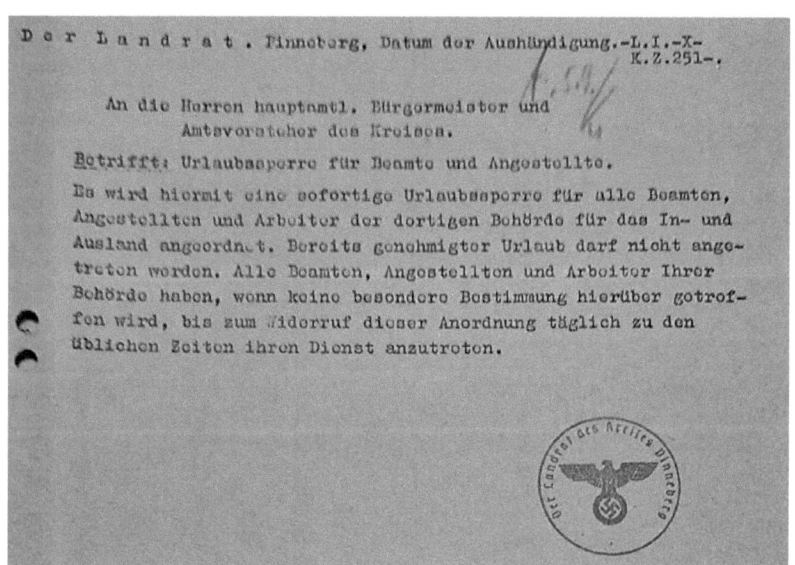

Stadtarchiv 001.03.31.50.01.86 Geschäftsgang

EN vom 28.8.1939

Die Ausgabe von Bezugscheinen für Lebensmittel und Kleidung und die Postsperre für Briefwechsel mit Wehrmachtsangehörigen vom 28. August 1939 kündeten vom bevorstehenden Weltkriegsausbruch.

Einzelheiten der Bezugsscheinregelung.

Zuckerabgabe auch auf Kartoffelabschnitte.

[—] Zu der vom Montag ab eingeführten Bezugsscheinpflicht für eine Reihe von Lebensmitteln sind noch folgende Mitteilungen zu machen:

Die für den Bezug von Milcherzeugnissen, Oelen oder Fetten bestimmten Abschnitte berechtigen zum zweimaligen Empfang innerhalb einer Woche, die für den Bezug von Kaffee oder Ersatzmitteln sowie Zucker und Marmelade bestimmten Abschnitte berechtigen zum einmaligen Empfang. Der Abschnitt A 1 berechtigt zum einmaligen Empfang von Tee.

Neben den für Zucker bekanntgegebenen Höchstmengen von 280 Gr. je Kopf und Woche und der Möglichkeit, statt 110 Gr. Marmelade auch 55 Gr. Zucker je Kopf und Woche zu beziehen, ist mit Rücksicht auf die Einmachezeit von Obst auch die Möglichkeit gegeben, auf die Kartoffelabschnitte 1, 2, 3 (die Kartoffel an sich ist bekanntlich nicht bezugsscheinpflichtig) je ½ Kg. Zucker zu beziehen.

Reis ist bezugsscheinpflichtig und darf nur gegen den entsprechenden Abschnitt der Nährmittel abgegeben werden. Fleisch oder Fleischwaren können gegen Abgabe der entsprechenden Abschnitte dreimal in der Woche bezogen werden. Der zum Bezug von Milch bestimmte Abschnitt berechtigt zum Empfang für eine Woche, wobei der Versorgungsberechtigte die Lieferung einer entsprechenden Tagesmenge laufend während der ganzen Woche beanspruchen kann.

Es ist gestattet, die für Kinder unter sechs Jahren vorgesehene Zusatzmenge von 0,50 Liter Milch und von 0,30 Liter für werdende und stillende Mütter zunächst auch ohne Bescheinigung der zuständigen Gemeindebehörde zu liefern. Unabhängig davon muß jedoch bei der Gemeindebehörde der Antrag auf Gewährung der Zusatzmengen für Kinder und werdende und stillende Mütter gestellt und die erforderliche Bescheinigung nach Erhalt unverzüglich dem Milch liefernden Händler ausgehändigt werden.

Selbstversorger, die die bezugsscheinpflichtigen Lebensmittel erzeugen, sind nicht berechtigt, Milcherzeugnisse, Oele und Fette, Fleisch oder Fleischwaren und Milch zu beziehen, soweit sie im Rahmen der festgesetzten Höchstmenge über entsprechende Vorräte verfügen. Als Selbstversorger gelten die Inhaber eines landwirtschaftlichen Betriebes, die Angehörigen seiner Wirtschaft einschließlich der Gehilfen, ferner Naturalberechtigte, (insbesondere Altenteiler und Arbeiter, soweit sie Lebensmittel in Natur zu beanspruchen haben). Die Selbstversorger sind verpflichtet, innerhalb acht Tagen die zum Bezuge der bezugsscheinpflichtigen Lebensmittelabschnitte bestimmten Abschnitte ihrer zuständigen Gemeindebehörde zurückzugeben, sofern diese nicht bereits vor Ausgabe der Ausweiskarten die Abschnitte abgetrennt hat.

Die den Verbrauchern zugestellten Ausweiskarten berechtigen nur zum Bezug der bezugsscheinpflichtigen Lebensmittel innerhalb des Bezirks der unteren Verwaltungsbehörde, in der der Versorgungsberechtigte seinen Wohnsitz oder ständigen Aufenthalt hat.

Die Gemeindebehörden sind ermächtigt, auf Reisen befindliche Personen unter Berücksichtigung der Reisedauer und der festgesetzten Höchstmengen sowie Gasthäusern und Fremdenheimen für die Gesamtzahl der bei ihnen untergebrachten Reisenden Bescheinigungen auszustellen, die zum Bezuge der notwendigen Lebensmittel berechti-

gen. Die Angehörigen der Binnenschiffahrt sind als Reisende zu betrachten.

Krankenhäuser, Heilanstalten, Erziehungsanstalten, Gefangenenanstalten und ähnliche Einrichtungen können von den Gemeindebehörden einen Berechtigungsschein für die Gesamtzahl der während der letzten zwei Wochen regelmäßig von ihnen verpflegten Personen zum Bezuge von Lebensmitteln für die Dauer von zwei Wochen im Rahmen der festgesetzten Höchstmengen erhalten.

Die Gemeindebehörden sind weiterhin ermächtigt, an Gaststätten Bescheinigungen zum Bezuge bestimmter Lebensmittel zur Verabreichung einer einfachen Mahlzeit täglich zu erteilen.

Die Verbraucher werden schließlich darauf hingewiesen, daß sie Fette auf Grund ihrer bisherigen Eintragung in die Kundenliste bei ihren bisherigen Lieferanten zu beziehen haben.

Bezugsscheinpflichtige Spinnstoffwaren.

Zu den Waren, die auf dem Spinnstoffgebiet bezugsscheinpflichtig sind, gehören:

1. Gewebe und Gewirke, sowie Reste davon als Meterware mit Ausnahme von urblichen Geweben (z. B. Gardinenstoffen, Stickereien, Posamentierwaren, Bändern und ähnliches).

2. Bettwäsche und sonstige Bettwaren aus Spinnstoff.

3. Haus-, Küchen- und andere Gebrauchstücher, sowie Taschentücher.

4. Leibwäsche und Unterkleidung jeder Art, sowie Strümpfe und Socken.

5. Arbeits- und Berufskleidung für Männer und Frauen.

6. Straßenkleidung für Männer, Frauen und Kinder (z. B. Anzüge, Mäntel, Kleider, Röcke, Blusen, Kostüme, Umschlagtücher, Pullover, Strickjacken, Westen, Trainingsanzüge).

7. Strickgarne, Schlaf- und Reisedecken, Handschuhe, Halstücher und ähnliches.

Bezugsscheinpflicht für Berg

[—] Um auch auf dem Treibstoffgebiet eine gerechte Verteilung der Vergaser- und Dieselkraftstoffmengen, die der Wirtschaft zur Verfügung gestellt werden, sicherzustellen, ist vom 1. September 1939 ab für Personenkraftwagen und vom 3. September 1939 ab für Kraftfahrzeuge und sonstige Verbrauchsstellen die Abgabe von Vergaser- und Dieselkraftstoffen nur noch gegen Mineralölbezugsscheine und Tankausweiskarten der Reichsstelle für Mineralöle zulässig. Die Tankausweiskarten sind zum Bezug von Vergaser- und Dieselkraftstoffen bei den Zapfstellen des öffentlichen Verkehrs, die Mineralölbezugsscheine zum Bezug in Gebinden bestimmt.

Die Verteilung der Mineralölbezugsscheine und Tankausweiskarten kann vom 30. August 1939 an den unteren Verwaltungsbehörden (Oberbürgermeistern) und den von ihnen bestimmten Ausgabestellen mündlich beantragt werden. Hierbei ist der Beruf des Antragstellers und der Zweck, für den die Kraftstoffe Verwendung finden sollen, anzugeben.

Die Bezugsscheinpflicht gilt für Personenkraftwagen — außer solchen mit Lieferanmeldung und außer für Omnibusse — und Krafträder ab 1. 9. 1939, für alle übrigen Anlagen (einschließlich Autobussen und Personenkraftwagen mit

EN vom 28.8.1939

Der bevorstehende Krieg beunruhigte viele Eltern und veranlasste sie, ihre Kinder vom Landdienst nach Haus zu holen, um sie in ihrer Nähe zu wissen. Dieses rief die Reichsjugendleitung auf den Plan und in den Zeitungen erschienen besorgte Artikel, wie:

„Eltern, lasst eure Kinder auf dem Lande!
Auch die Kartoffel- und Rübenernte muss eingebracht werden.

Eine große Anzahl von Jungen und Mädel helfen seit Monaten den deutschen
Bauern durch ihre freiwilligen Dienstleistungen im Landdienst der Hitlerjugend. Es

liegt nahe, dass mancher Vater und manche M31utter ihren Sohn oder die Tochter gegenwärtig in ihrer Nähe wissen möchte und in übereilter Vorsicht die Veranlassung zur Heimreise gibt.

Die Eltern, die sich mit derartigen, absolut unnötigen Gedanken beschweren, mögen, ehe sie an die Ausführung gehen, bedenken, dass mit Hilfe ihrer Jungen und Mädel die Einbringung der Kartoffel- und Rübenernte im Laufe der kommenden Wochen erfolgen wird. Schließlich braucht auch die Bäuerin die Hilfe der Mädel, um die Kühe melken zu lassen, damit Milch und Butter in den vorgeschriebenen Mengen geliefert werden können.

Alle Eltern sollten ihren Jungen und Töchter veranlassen, auf dem Lande zu bleiben, um dort an ihrem Platz mitzuhelfen, Deutschlands Ernährung in jedem Falle sicherzustellen." (31)

„Weiblicher Ehrendienst. Vermehrter Bedarf an Arbeitsmaiden

Reichsarbeitsführer Staatssekretär Hierl erließ einen Aufruf in dem es heißt:

Der Führer hat das deutsche Volk zum Einsatz aller Kräfte aufgerufen. Aus diesem Grunde wird die planmäßig vorgesehene Vermehrung des Reichsarbeitsdienstes für die weibliche Jugend beschleunigt durchgeführt. Mehr denn je braucht gerade jetzt die deutsche Frau und Mutter auf dem Lande die helfenden Hände der deutschen Jugend.

Ich rufe daher alle deutschen Mädchen im Alter von 17 bis 25 Jahren, die nicht bereits in Sonderaufgaben eingesetzt sind, als Arbeitsmaiden für ihr Volk Ehrendienst zu leisten. Die Meldungen sind ausschließlich an die zuständigen Bezirksleitungen zu richten. Die Anschriften der Bezirksleitungen und die Meldeformulare sind bei der örtlichen Polizeibehörde erhältlich.

Auch dem Bedarf an Führerinnen für den vergrößerten Reichsarbeitsdienst für die weibliche Jugend muss beschleunigt entsprochen werden. Daher rufe ich Frauen und Mädchen im Alter von 20 bis 25 Jahren mit entsprechenden Voraussetzungen auf, sich für diese Zeit zur Verfügung zu stellen. In erster Linie gilt der Ruf allen ehemaligen Arbeitsmaiden und Führerinnen. Wir brauchen eure Erfahrung, helft wieder mit!" (32)

und:

„Einsatz der Jugend-Jahrgänge. Haltet Euch bereit!

Der Jugendführer des Deutschen Reiches hat folgenden Aufruf an die Hitlerjugend erlassen:

Der Krieg stellt allen Generationen besondere Aufgaben, deren Erfüllung für den Dienst der Nation in ihrem Kampf für ihr heiliges Recht entscheidend ist. Auch die noch nicht wehrfähige Jugend, bei unseren Pimpfen angefangen, hat die Möglichkeit und Pflicht, durch ihren Dienst in der Hitlerjugend auf ihre Weise in diesem Krieg mitzukämpfen. Unsere Jungmädel und BDM-Mädel können ihrerseits durch gewissenhafte Durchführung der ihnen übertragenen Aufgaben dem Vaterlande dienen.

Ich werde in Kürze den Einsatz der einzelnen Jahrgänge der deutschen Jugend durch besondere Anordnung regeln.

Haltet Euch bereit, der Führer braucht Euch alle!" (33)

und:

„Arbeitsdienstpflicht der weiblichen Jugend. Der Ministerrat für die Reichsverteidigung verordnet mit Gesetzeskraft: Die Stärke des Reichsarbeitsdienstes für die weibliche Jugend ist auf 100.000 Arbeitsmaiden (einschließlich Stammpersonal) zu erhöhen. Der Reichsarbeitsführer ist ermächtigt, ledige Mädchen im Alter von 17 bis 25 Jahren, die nicht voll berufstätig sind, nicht in beruflicher oder schulischer Ausbildung stehen und nicht als mithelfende Familienangehörige in der Landwirtschaft dringend benötigt werden, zur Erfüllung der Reichsarbeitsdienstpflicht heranzuziehen." (34)

Schon ein Jahr früher hat der „Beauftragte für den Vierjahresplan", Ministerpräsident Generalfeldmarschall Hermann Göring, am 15. Oktober 1938 eine Notdienstverordnung zur Sicherstellung des Arbeitskräftebedarfs für Aufgaben besonderer staatspolitischer Bedeutung erlassen:

„(...) Sie bestimmt, dass die Bewohner des Reichsgebietes zur Bekämpfung öffentlicher Notstände sowie zur Vorbereitung ihrer Bekämpfung für eine begrenzte Zeit zu Notdienstleistungen herangezogen werden können. Die Behörden, die solche Notdienstleistungen zur Erfüllung hoheitlicher Aufgaben anfordern können, werden von dem Beauftragten für den Vierjahresplan im Benehmen mit dem Reichsminister des Innern bestimmt. Die Notdienstleistungen kommen vor allem zur Bekämpfung von Katastrophen, z.B. großen Überschwemmungen, Waldbränden usw. in Frage, für die die vorhandenen Arbeitskräfte nicht ausreichen. Soweit diese Heranziehung zum Notdienst den allgemeinen Arbeitseinsatz berührt, ist die Einschaltung der Arbeitsämter vorgesehen.

Notdienstpflichtige, die in einem Beschäftigungsverhältnis stehen, sind aus ihm für die Dauer des Notdienstes zu beurlauben. Die Verordnung unterscheidet im übrigen zwischen kurzfristigem und langfristigem Notdienst. Langfristiger Notdienst liegt nur dann vor, wenn er hauptberuflich erfolgt und entweder länger als drei Tage dauert oder für länger als drei Tage bemessen wird. In allen anderen Fällen liegt kurzfristiger Notdienst vor; er begründet keinen Arbeitsvertrag. Der Notdienstpflichtige hat bei kurzfristigem Notdienst Anspruch auf das regelmäßige Arbeitsentgelt und die sonstigen Bezüge bis zu drei Tagen aus seinem bisherigen Beschäftigungsverhältnis." (35)

Zum 26. August 1939 trat dann die erste Durchführungsverordnung zur Notdienstverordnung in Kraft, die lautete:

„Durchführung der Notdienstpflicht. Der Reichsinnenminister hat eine erste Durchführungsverordnung zur Notdienstverordnung erlassen, die mit Wirkung vom 26. August in Kraft getreten ist. Zum Notdienst sind danach nicht heranzuziehen: 1. Personen unter 15 Jahren und über 70 Jahre, 2. Mütter von Kindern unter 15 Jahren, die mit ihnen in häuslicher Gemeinschaft leben, soweit die Dienstleistungen mit den Pflichten der Mütter gegenüber ihren Kindern nicht vereinbar sind, 3.

Schwangere vom 6. Monat der Schwangerschaft an bis 2 Monate nach der Niederkunft, 4. arbeitsunfähige Personen." (36)

Auch diese Notdienstverordnung ist im Zusammenhang mit den Kriegsplänen Adolf Hitlers zu sehen. Sie galt nicht nur für Überschwemmungen und Waldbränden, wie suggeriert wurde, sondern auch für spätere Luftschutzübungen, Lazaretttätigkeiten, Ernteeinsätze und vieles mehr. Zu diesen wurden auch die HJ und der BdM herangezogen. Hier galt es jetzt als „Ehrendienst".

Mit dem Angriff der Deutschen auf Polen mit dem Beschuss der Westerplatte bei Danzig begann am 1. September 1939 der Zweite Weltkrieg. Für die Hitlerjugend wurde es jetzt ernst. Sie waren die letzten Jahre einer militärischen Vorausbildung unterworfen, zunächst noch versteckt, dann immer offener. Jetzt wurden sie im Laufe der Kriegsjahre zunehmend in den Kriegseinsatz geschickt.

Pimpfe bei der Gasmaskenübung. Webfund

HJ bei Schießausbildung. Webfund

Plakat. Webfund

EN vom 13.12.1939

Am 1. September 1939 erließ Adolf Hitler den Euthanasiebefehl, der das Töten von Erbkranken erlaubte. Dieser Befehl wurde nicht als Kann-Befehl, sondern als Muss-Befehl aufgefasst und ausgeführt. Propagandistisch wurde schon lange darauf hingearbeitet:

Webfund

```
                    Berlin, 1. Sept. 1939

Reichsleiter Bouhler und
Dr. med. Brandt

sind unter Verantwortung beauftragt, die Befug-
nisse namentlich zu bestimmender Ärzte so zu er-
weitern, dass nach menschlichem Ermessen unheilbar
Kranken bei kritischster Beurteilung ihres Krank-
heitszustandes der Gnadentod gewährt werden kann.

                         Adolf Hitler
```

Euthanasiebefehl Adolf Hitlers. Aus: Binder, Gerhard: Epoche der Entscheidungen. Stuttgart 1960. S. 553.

Elmshorn zu Beginn des Zweiten Weltkriegs

Zu Beginn des Krieges wurden der Kreisleiter Emil Paulsen und der Ortsgruppenleiter von Klostersande, Hans Schlüter, zum Heeresdienst einberufen. Für den Kreisleiter übernahm der Stellvertreter Schmidt die Amtsgeschäfte, für Schlüter wurde Lorenzen-Schmidt zum Ortsgruppenleiter ernannt. (1)

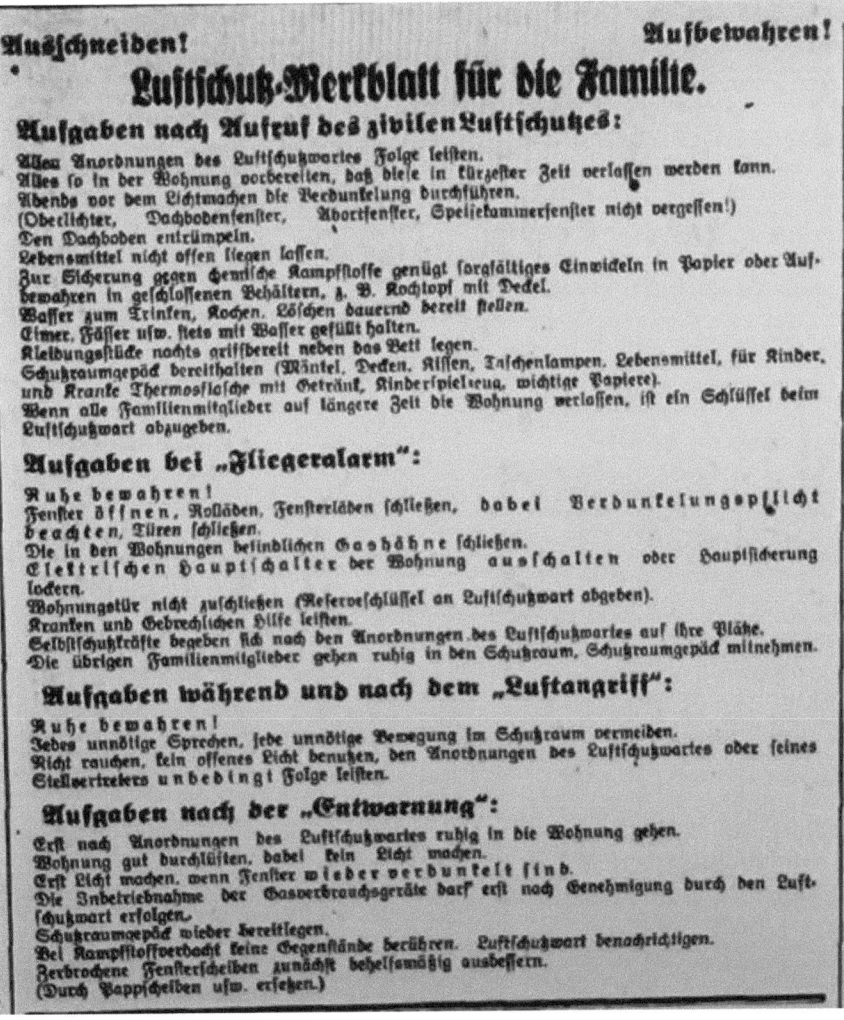

EN vom 1.9.1939

Aufgaben der Selbstschutzkräfte nach „Aufruf des zivilen Luftschutzes".

1. Für den Luftschutzwart:

Das Haus luftschutzbereit herrichten lassen, d. h. die Bewohner sofort vom Aufruf des Luftschutzes benachrichtigen, die Einsatzbereitschaft der Selbstschutzkräfte (ihre Ausrüstung) überprüfen.

Schutzraum fertigstellen und zur sofortigen Benutzung einrichten; Dachboden (Speicher) entleeren.

Alles Gerät an Ort und Stelle bringen.

Alarmgerät im Treppenhaus ständig bereit halten.

Die zur Verfügung stehenden Wasserbehälter füllen.

Die Verdunkelungseinrichtungen überprüfen.

Haus nur verlassen, wenn ein Stellvertreter anwesend.

Durch einen Hausalarm überprüfen, ob alle Maßnahmen richtig durchgeführt sind.

Persönliche Ausrüstung zum sofortigen Gebrauch bereit legen.

2. Für die Feuerwehrleute:

Verteilt die Löschgeräte und gefüllten Wasserbehälter im Treppenhaus auf die einzelnen Stockwerke, wobei das einmalig vorhandene Gerät auf dem Treppenabsatz des obersten Stockwerks aufgestellt wird. Sorgt besonders für die Räumung der Böden von allen brennbaren Gegenständen und für Offenbleiben der Bodenräume.

Legt persönliche Ausrüstung zum sofortigen Gebrauch bereit.

3. Für die Laienhelferinnen:

Sorgt dafür, daß alles Sanitätsmaterial in der Gasschleuse untergebracht wird. Bei Fehlen einer Luftschutzhausapotheke wird sofort folgendes Sanitätsmaterial besorgt (außer den unter „Aufgaben im Frieden" angegebenen): 6 Verbandpäckchen, 4 Brandbinden, ca. 100 Gramm Chloraminpuder oder andere Chlorkalkpräparate. Legt persönliche Ausrüstung bereit.

Wenn die Sirene heult!

Von besonderer Wichtigkeit für die Bevölkerung sind weiterhin die den Fliegeralarm betreffenden Anordnungen. Wir können uns diesmal nicht durch einen Probealarm vorbereiten, sondern haben gleich mit dem Ernstfall zu rechnen. Sobald das rasch abwechselnde Heulen der Sirenen ertönt, heißt es, aus dem Bett springen, in die Kleider fahren und die Treppen hinunter den Weg zum Luftschutzraum antreten. In der Wohnung dürfen nur bettlägerige Personen verbleiben und der treue Hüter „Kamerad Hund", der aber festgelegt werden muß für den Fall, daß Luftschutzkräfte die Räume zu betreten haben. Ein paar Eimer mit Wasser haben bereit zu stehen, um als erstes Löschmittel verwandt zu werden. Im übrigen ist den Anordnungen des Luftschutzwartes Folge zu leisten. Es sei noch darauf hingewiesen, daß es verboten ist, sich an den Fenstern zu zeigen, nachdem der Alarm ergangen ist.

* * *

Alle unterwegs befindliche Personen räumen die Straße und suchen entweder durch die gelb-roten Hinweisschilder gekennzeichneten öffentlichen Schuträume auf oder begeben sich in die Hausflure. Der gesamte Verkehr kommt zum Stillstand. Kraftfahrer machen die Hauptverkehrsstraßen frei, fahren in die Nebenstraßen und parken dort. Unter Hauptstraßen sind nicht etwa nur die wenigen mit der Vorfahrt ausgestatteten Straßen zu verstehen, sondern alle Straßenzüge mit lebhafterem Verkehr. Alle Fahrzeuge müssen bei Fliegeralarm in die Nebenstraßen einfahren, und das Licht muß gelöscht werden. Die Fahrzeuge und Motorräder sind an die Hauswand zu stellen und anzuschließen.

Völlige Verdunkelung.

** Wie bereits bekannt gegeben, ist der zivile Luftschutz aufgerufen worden. Um jeden Zweifel zu beheben, wird ausdrücklich darauf aufmerksam gemacht, daß von gestern ab bis auf weiteres völlige Verdunkelung durchzuführen ist. Es ist also nicht nur die Lichtreklame auszuschalten, sondern auch die Wohnungen sind so zu verdunkeln, daß kein Lichtschein ins Freie treten kann. Auch die Straßenbeleuchtung wird nicht brennen.

Es ist weiter zu beachten, daß mit dem Aufruf des zivilen Luftschutzes Vorsignale zum Fliegeralarm nicht gegeben werden. Wenn die Sirenen ertönen, dann bedeutet das Fliegeralarm; die Bevölkerung hat sich dann sofort in die Luftschutzräume zu begeben und sich bis zur Entwarnung darin aufzuhalten.

Es gibt nur zwei Signale: der langgezogene auf- und abschwellende Heulton bedeutet Fliegeralarm, der langgezogene, in der Tonhöhe gleichbleibende Heulton bedeutet Entwarnung.

EN vom 2.9.1939

Im Kriegszustand mit England und Frankreich.

EN vom 4.9.1939

Familienunterstützung für Angehörige von Soldaten
Beihilfen für Lebensunterhalt, Miete, Ersatzkräfte usw.

Während des besonderen Einsatzes der Wehrmacht wird für die nächsten Angehörigen der zum Wehrdienst Einberufenen durch die Familienunterstützung gesorgt. Voraussetzung ist, daß der Angehörige zu den Unterstützungsberechtigten gehört und daß der notwendige Lebensbedarf nicht auf andere Weise gesichert ist. Unterstützungsberechtigt ist die engere Familie, insbesondere die Ehefrau und die ehelichen Kinder des Einberufenen, ferner eine zweite Gruppe von Angehörigen unter der Voraussetzung, daß der Einberufene ganz oder zu einem wesentlichen Teil ihr Ernährer ist. Zu der letzteren Gruppe gehören namentlich die Eltern des Einberufenen, ferner Enkel und Pflegekinder sowie Geschwister, die mit dem Einberufenen in Haushaltsgemeinschaft gelebt haben und uneheliche Kinder, für die die Vaterschaft des Einberufenen von ihm anerkannt oder gerichtlich festgestellt ist.

Die Unterstützungsanträge können auf dem Lande beim Landrat oder beim Bürgermeister der Aufenthaltsgemeinde, in den Städten beim Oberbürgermeister, in Berlin beim Bezirksamt, in Wien beim Bezirkshauptmann gestellt werden. Wird das Vorliegen der Voraussetzungen plaubhaft gemacht, so wird schon vor der endgültigen Feststellung der Familienunterstützung eine Abschlagszahlung oder vorläufige Unterstützung gewährt.

Für die Höhe der Unterstützung besteht der Grundsatz, daß allgemein ein Unterstützungssatz für den laufenden Lebensunterhalt gewährt wird. Daneben werden Mietbeihilfen zur Deckung des Wohnbedarfs, d. h. in der Regel in der Höhe der vollen Miete, ferner Krankenhilfe, Hilfe für Schwangere und Wöchnerinnen, Erziehungs- und Ausbildungsbeihilfen, Sozialversicherungsbeiträge und Abzahlungsbeihilfen (bei laufenden Abzahlungsgeschäften bestimmter Art) gewährt. Selbständige Gewerbetreibende, Landwirte und Angehörige freier Berufe erhalten eine Wirtschaftsbeihilfe, wenn ohne diese eine Gefährdung ihrer wirtschaftlichen Lage eintreten würde. Die Wirtschaftsbeihilfe wird namentlich für Einstellung einer Ersatzkraft an-

stelle des Einberufenen und zur Bestreitung der Miete für gewerbliche Räume gewährt. Diese Mietbeihilfe für gewerbliche Räume darf auch bei ruhendem Betrieb gewährt werden, wenn die Miete weiter zu entrichten ist.

Darüberhinaus gelten noch folgende Sonderbestimmungen: Zur Erhaltung der Anwartschaft auf eine bestehende Lebensversicherung wird dem Einberufenen oder dem Unterstützungsberechtigten eine Beihilfe bis zur Höhe des erforderlichen Risikobeitrages gewährt. Zur Erfüllung besonderer Verpflichtungen, die nach der bisherigen wirtschaftlichen Lage des Unterstützungsberechtigten oder des Einberufenen angemessen waren, können neben dem Unterstützungssatz zusätzliche Beihilfen gewährt werden, soweit die weitere Erfüllung dieser Verpflichtungen auch nach dem Einstellungstage als angemessen anzuerkennen ist. Reicht die Wirtschaftsbeihilfe einschließlich der Mietbeihilfe nicht aus, um eine Gefährdung der wirtschaftlichen Lage abzuwenden, so kann eine zusätzliche Wirtschaftsbeihilfe je nach Lage des Einzelfalles gewährt werden. Der Wehrsold und die Frontzulage, die der Einberufene erhält, bleiben bei der Bemessung der Familienunterstützung seiner Angehörigen in jedem Falle außer Ansatz.

Bezüge im öffentlichen Dienst laufen weiter.

Der Reichsfinanzminister hat sich in einem Erlaß damit einverstanden erklärt, daß den nichtbeamteten Gefolgschaftsmitgliedern öffentlicher Verwaltungen und Betriebe bei Einberufung der Wehrmacht aus dem Beurlaubtenstande oder im Verhältnis eines Ersatzreservisten bis auf weiteres die bisherigen Dienstbezüge weitergewährt werden. Es fallen jedoch fort Mehrarbeits- und Ueberstundenzuschläge, Sonntags- und Feiertagszuschläge, Zuschläge für Nachtarbeit, Gedinge-Ueberverdienst und bestimmte außertarifliche Zulagen.

Man muß stündlich bereit sein, mit der guten Sache zu fallen, wenn es die Vorsehung beschlossen hat.   Stein.

EN vom 4.9.1939

In den ersten Kriegstagen brachten die EN eine Vielzahl von Merkblättern im Zusammenhang mit den Bezugsscheinen für Kleidung, Nahrung und sonstige Haushaltswaren, aber auch für Versorgung der Familien der eingezogenen Soldaten und Verdunkelung und Fliegeralarm. In den EN vom 5. September wurde unpassend in der Überschrift verharmlosend von „Plauderei" gesprochen.

Fünf Minuten zeitgemäße Plauderei.
Wenn in Elmshorn die Alarmsirenen heulen . . .

Die Verdunkelung ist nach den entsprechenden Vorschriften durchzuführen, ebenso ist das Luftschutzgerät dem Luftschutzwart zur Verfügung zu stellen. Größere, im Freien verbleibende Tierbestände sind nach Möglichkeit in kleinere Gruppen zu unterteilen. Zirkusse, Menagerien und ähnliche bewegliche Anlagen sind in Stadtrandgebiete umzuquartieren. Lebensmittel in gewerblichen Betrieben und Haushaltungen sowie Bedarfsgegenstände in gewerblichen Betrieben sind möglichst nicht offen liegen zu lassen, sondern durch Verwahren in dicht schließenden Schränken oder anderen geeigneten Behältnissen, durch Einwickeln oder einseitiges Bedecken gegen Einwirkungen flüssiger Kampfstoffe zu schützen.

Alle Personen, die sich in Gebäuden befinden, haben sich sofort — soweit vorhanden — mit Gasmaske in die vorhandenen Luftschutzräume zu begeben. Diese Verpflichtung erstreckt sich nicht auf Personen, deren körperlicher Zustand dies nicht zuläßt, einschließlich des Pflegepersonals. Vor Aufsuchen des Luftschutzraumes sind nach Möglichkeit Betriebe, insbesondere Kaufläden, zu schließen. Fensterläden, Fensterrolläden usw. zu schließen und alle Fenster weit zu öffnen und festzuhängen, alle Türen zu schließen und alle Hauptgashähne zu schließen. Im Luftschutzraum darf nicht geraucht und kein offenes Licht angezündet werden.

Wer vom Fliegeralarm auf Straßen, Plätzen usw. betroffen wird, hat den nächsten öffentlichen Luftschutzraum aufzusuchen oder andere Deckungsmöglichkeiten in Gebäuden auszunutzen. Ist Deckungsmöglichkeit nicht vorhanden, so bietet das Hinlegen auf den Boden den besten Schutz. Auf Märkten und Markthallen sind Bedarfsgegenstände, Lebens- und Futtermittel durch Abdecken gegen Einwirkungen flüssiger Kampfstoffe zu schützen. Lebende Tiere sind durch Anbinden oder sonst an der Fortbewegung zu hindern und nach Möglichkeit einzudecken.

Fahrzeuge, die nicht schienen- oder leitungsgebunden sind, sind anzuhalten und so abzustellen, daß die freie Durchfahrt nicht behindert wird. Die bestehenden Parkverbote gelten nicht für die Dauer des Fliegeralarms. Das Aufstellen von Fahrzeugen ist jedoch nicht gestattet an engen und unübersichtlichen Straßenstellen sowie scharfen Straßenkrümmungen in einer geringeren Entfernung als je zehn Meter vor und hinter Hydranten und sonstigen Wasserentnahmestellen, Brücken, Straßenkreuzungen und Einmündungen, ferner vor Eingängen zu Lazaretten, Krankenhäusern und Einfahrten, vor Eingängen zu öffentlichen Luftschutzräumen, an Verkehrsinseln und auf Gleisen von Schienenbahnen.

Kraftwagen und -räder mit Seitenwagen sind möglichst auf freien Plätzen abzustellen. Krafträder ohne Seitenwagen auf dem der Fahrbahn zugekehrten Rand der Gehbahn.

Mit Tieren bespannte Fahrzeuge und Tiertransporte biegen in Seitenstraßen ein und sind am rechten Fahrbahnrand abzustellen. Die Zugtiere sind auszuspannen und nach Möglichkeit in Höfen, an Bäumen usw., notfalls auch am fest abgebremsten Fahrzeug fest anzubinden, nicht aber an Warenentnahmestellen. Auf Fahrzeugen befindliche Tiere werden auf diesen fest angebunden. Im übrigen sind die Tiere nach Möglichkeit einzudecken. Fahrräder sind an die Hauswände, Bäume oder Laternen anzulehnen und möglichst anzuschließen. Handwagen werden auf der Gehbahn aufgestellt. Schienenfahrzeuge halten einen Abstand von mindestens zehn Meter voneinander. Führer, Begleiter und Insassen von Fahrzeugen suchen die Luftschutzräume auf.

Nach der Entwarnung ist der Luftschutzraum auf Anordnung des Ordners oder Luftschutzwartes zu verlassen. Bei Verdacht oder Feststellung von Kampfstoff ist dem Luftschutzwart oder Werkluftschutzleiter Meldung zu erstatten, ebenso, wenn Bedarfsgegenstände, Lebens- und Futtermittel infolge sonstiger Einwirkungen von Luftangriffen in ihrer Verwertbarkeit beeinträchtigt werden.

EN vom 6.9.1939

Liebe Hausfrau, das geht dich an!

Bezugscheinfreie Waren.

Im folgenden bringen wir noch einmal eine Zusammenstellung der wichtigsten bezugscheinfreien Waren:

1. Modische Besatzartikel bis zu 30 Zentimeter auch als Meterware;

2. Kragen, Krawatten, Hosenträger, Ärmelhalter, Sockenhalter, Lederhandschuhe;

3. Teppiche (Läuferstoffe sind dagegen bezugscheinpflichtig);

4. undichte Gewebe, wie Gardinenstoffe, Spitzen, Tüll usw., sowie Stickereien, Posamentierwaren, Bänder, Börtchen, Rüschen und ähnliche Schmalgewebe oder -geflechte;

5. Arbeits- und Berufsoberkleidung, soweit diese zur Ausübung des Berufes benötigt werden, wie z. B. Monteurkittel, Schlosseranzüge usw., nicht dagegen Straßenbekleidung, die im Büro getragen wird;

6. Riemenschuhe, Schuhe mit Holzboden, Riemensandaletten, Sommerstoffschuhe, Strandschuhe, Pantoffeln aller Art;

7. Gesellschafts- und Tanzkleider, sofern diese nicht durch einfache Umarbeitung als gewöhnliche Straßenbekleidung verwandt werden können.

8. alle Reparaturen am Schuhwerk (bezugspflichtig dagegen ist der Erwerb von Leder zur Besohlung von Schuhen).

9. Kleidungs- und Wäschestücke (Gebrauchstaschentücher, Leibwäsche, Strümpfe, Socken, Füßlinge und Fußlappen, sowie Schlaf- und Reisedecken, Kniewärmer, Leibbinden, Pulswärmer, Halstücher und Strickhandschuhe für Kinder im Alter bis zu drei Jahren.

Welche Milcherzeugnisse ohne Bezugschein?

!— In einer Bekanntmachung der Hauptvereinigung der deutschen Milchwirtschaft zur vorläufigen Regelung der Lieferung bezugscheinpflichtiger Erzeugnisse wird festgelegt, daß Kleinverteiler oder Hersteller, die unmittelbar an Verbraucher liefern, Milch, Milcherzeugnisse, Oele und Fette auf die Abschnitte der Ausweiskarten oder sonstige Bezugsbescheinigungen nur dann an Verbraucher abgeben dürfen, wenn sie das

EN vom 6.9.1939

Mit Kriegsausbruch kam die Furcht vor Spionage ausländischer Staaten und Kriegsgegner. Die Zeitungen warnten vor Geschwätzigkeit nach dem Motto:

Nicht schwatzen – Mund halten – Feind hört mit!

Gleichzeitig wurde verschärft gewarnt vor Meckerei und Beleidigungen der Regierung. So wurde am 6. September eine namentlich genannte Frau in Elmshorn verhaftet, *„da sie in schamloser Weise den Führer beschimpfte und unsere Soldaten verunglimpfte."* Die Bevölkerung wurde aufgefordert, solche Vorfälle bei der Polizei anzuzeigen. (2)

Die Pflicht für jedermann.
Nicht schwatzen — Mund halten — Feind hört mit!

GD. Der ausländische Nachrichtendienst unterhält zahlreiche Agenten in Deutschland und arbeitet mit riesigen Geldmitteln. Die Agenten bleiben im Hintergrunde, sie bedienen sich der Mithilfe bestochener Volksgenossen als Spitzel. Aufgabe dieser Spitzel ist es, auf alle mögliche Weise Nachrichtenmaterial zusammenzutragen. Sie gewinnen ihr Material meist durch anscheinend harmloses Ausfragen von Zivil- und eventuell Militärpersonen.

Unbedingte Verschwiegenheit in allen Dingen, die irgendwie mit militärischen Maßnahmen oder mit unserer Rüstungsindustrie und Landesverteidigung zusammenhängen, ist deshalb Pflicht jedes Deutschen!

Der Nichteingeweihte kann sich gar nicht vorstellen, auf wieviel verschiedenen Kanälen der ausländische Nachrichtendienst unsere Wehrmacht, unsere Waffen und militärischen Maßnahmen auszuspionieren versucht! Aus vielen kleinen, oft für unscheinbar gehaltenen Angaben kann der feindliche Nachrichtendienst wichtige Schlüsse ziehen, die für ihn bei der Kriegsführung von größtem Nutzen sein und uns unermeßlichen Schaden zufügen können!

Dabei kommt dem feindlichen Nachrichtendienst sehr zustatten, daß der Deutsche sehr mitteilsam ist und leicht dazu neigt, sich wichtig zu machen. Ein Beispiel: Während des Weltkrieges im Zuge Berlin-Stettin. Bei der Ausfahrt aus Berlin wird in einem Vorort ein Fabrikbau passiert. Ein älterer Mann erzählt seinen Reisegefährten im Abteil: „Hier stellen sie jetzt auch Torpedos her!" Wenn heute bei dem Bestreben des Feindes, durch Luftangriffe die Rüstungsindustrie zu vernichten, eine derartige Nachricht durch Agenten, die überall vermutet werden müssen, in feindliche Hände gelangen würde, so wäre sie dem Feinde höchst willkommen, denn er hätte nun Kenntnis von einem Objekt mehr, das sich zu zerstören lohnt. Wer also in seiner Schwatzhaftigkeit derartige Dinge erzählt, begeht Landesverrat und fügt seinem Vaterlande schwersten Schaden zu!

Wir wissen — und haben dies im Kriege leider erst zu spät erkannt! — daß die englische Admiralität auf schnellstem Wege und in kürzester Zeit über das Auslaufen unserer Flotte oder von Flottenteilen aus Wilhelmshaven unterrichtet war. Wie kam das? Abgesehen davon, daß die englische Admiralität deutsche Funksprüche auffing und entzifferte, lag an großen Teil die Schuld an der Schwatzhaftigkeit der Wilhelmshavener Flottenbevölkerung. In Wilhelmshaven hielten sich Spitzel des feindlichen Nachrichtendienstes auf. Wurden unerwartet Besatzungen an Bord unserer Schiffe oder Torpedoboote gerufen, weil diese in See gehen sollten, so sprach sich das in der Stadt sehr schnell herum, obwohl von allen Seiten größte Verschwiegenheit am Platze gewesen wäre.

Die holländische Grenze war nicht weit. Unter dem Deckmantel harmloser Drahtnachrichten gingen die Angaben über Holland an die englische Admiralität. Am 24. Januar 1915 war die englische Flotte schon ausgelaufen, ehe noch unsere deutschen Schlachtkreuzer die Jade verließen. So gut hatte dieser englische Spionagedienst gearbeitet! Mit Uebermacht wurden unsere Schlachtkreuzer auf der Doggerbank angegriffen, SMS. „Blücher" ging dabei verloren, er sank mit wehender Flagge. Ein großer Verlust für die deutsche Flotte.

EN vom 7.9.1939

216

In Elmshorn wurde von der NS-Frauenschaft ein Bereitschaftsdienst auf dem Bahnhof und im „Holsteinischen Hof" eingerichtet.

„In dieser schweren Zeit werden alle Hände gebraucht, sei es, dass die Frauen in den Fabriken die Plätze der Männer einnehmen, sei es, dass sie im freiwilligen Dienst die Volksgenossen mit ihren Familien betreuen, die die gefährdeten Gebiete verlassen.

Unter Leitung von Fräulein Ohlhoff ist auf dem Bahnhof und im „Holsteinischen Hof" ein Bereitschaftsdienst eingerichtet, der von Mitgliedern der NS Frauenschaft, Mädchen vom BDM und Knaben von der HJ und der DJ versehen wird. Die Frauen haben die Aufgabe, durchreisenden Frauen mit Kindern und alten, hilfsbedürftigen Frauen und Männern behilflich zu sein. Im Wartesaal 3. Klasse ist eine Hilfsstation eingerichtet worden. Mehrere Betten sind vorhanden, die ruhebedürftigen Frauen und Kindern zur Verfügung stehen. Ferner ist Waschgelegenheit geschaffen, damit die Reisenden sich erfrischen und säubern können. Auch für Kleinkinderpflege ist gesorgt. In Krankheitsfällen wird ihnen hier auch die erste Hilfe zuteil. Ebenfalls wird für das weibliche Wohl der Durchreisenden gesorgt. Eintopfgerichte sind auf Vorrat angeschafft. Ein Gaskocher ist aufgestellt, auf dem das Essen schnell hergerichtet werden kann. Warme Milch für Säuglinge und Kleinkinder ist auch schnell zubereitet.

Auf dem Bahnhof sind drei Frauen in Bereitschaft, die sich alle vier Stunden, Tag und Nacht, ablösen. Für Botengänge sind HJ, DJ und BDM zur Stelle. Im „Holsteinischen Hof" sind ebenfalls drei Frauen der Frauenschaft, die die Durchreisenden, die hier längeren Aufenthalt nehmen müssen, betreuen. Auf der Kegelbahn ist eine Unterkunft eingerichtet, wo eine große Zahl der Durchreisenden untergebracht werden kann. Somit ist von der Elmshorner Frauenschaft vorgesorgt, dass die Volksgenossen und Volksgenossinnen, die ihre Heimat verlassen mussten, bei einem Aufenthalt in Elmshorn vorbildlich betreut werden." (3)

Welche öffentlichen Luftschutzräume gibt es in Elmshorn?

-tm- Der zivile Luftschutz ist aufgerufen; die vorbereitenden Luftschutzmaßnahmen sind zum größten Teil beendet, die Häuser sind verdunkelt und in den Kellern sind die behelfsmäßigen Luftschutzräume eingerichtet. Wie alle wissen, daß wir in einem Gebiet leben, das von feindlichen Fliegern angegriffen werden kann; es ist also selbstverständlich daß wir mit großem **Verantwortungsbewußtsein** uns der Sache des Luftschutzes widmen.

Bei **Fliegeralarm** heißt es, sofort mit den nötigen Kleidungsstücken und Lebensmitteln, die griffbereit zu hängen haben, den Luftschutzkeller aufzusuchen. Irgendeine **Vorwarnung** das sei noch einmal ausdrücklich festgestellt, wird **nicht gegeben**. Damit der Fliegeralarm in allen Stadtteilen gut zu hören ist, werden die Elmshorner **Fabriksirenen** die Luftschutzsirene unterstützen.

Während jeder Hausbewohner weiß, wohin er im Alarmfalle sich in Sicherheit zu bringen hat, besteht über die **öffentlichen Luftschutzräume** in weiten Kreisen noch erhebliche Unklarheit. Die öffentlichen Schutzräume sind für diejenigen Volksgenossen bestimmt, die auf dem Wege zur Arbeit, beim Spaziergang oder bei Besorgungen vom Fliegeralarm überrascht werden. Es ist Pflicht aller Volksgenossen, sich die öffentlichen Schutzräume **genauestens einzuprägen**, damit jeder, der sich auf einem Gang durch die Stadt befindet, im Alarmfalle sofort weiß, wo sich der nächste öffentliche Schutzraum befindet.

Elmshorn besitzt folgende öffentliche Luftschutzräume:

1. **Im Keller der Adolf-Hitlerschule**, Eingang vom Schulhof aus (Fassungsvermögen 250 Personen).

2. **Im Keller der Bismarckschule**, Eingang von der hinteren Seite des Gebäudes (Fassungsvermögen 500 Personen).

3. **Im Keller des Geschäftshauses Thams u. Garfs**, Eingang von der Königstraße und von der Schauenburger Straße über die zum Geschäft gehörende Krückaubrücke (Fassungsvermögen 250 Personen).

4. **Im Keller des Geschäftshauses Ferd. Harms Söhne**, Marktstraße 9. Eingang von der Marktstraße und von der Adolf-Hitlerstraße (Fassungsvermögen 160 Personen).

5. **Im Keller der Schule Hafenstraße**, Eingang vom Schulhof aus (Fassungsvermögen 120 Personen).

In diesen Tagen werden die Hinweisschilder für die Luftschutzräume angebracht. Die Keller dürfen nur von solchen Volksgenossen aufgesucht werden, die ihren eigenen Keller **nicht mehr** erreichen können. Es ist selbstverständlich Pflicht, Ordnung und Disziplin zu halten und den Anordnungen des Luftschutzwartes **unbedingt zu gehorchen**.

Wer in den Luftschutzkellern keinen Platz mehr findet, muß versuchen, Deckungsgräben zu erreichen. Solche Gräben sind an der **Wilhelm-Gustloffstraße** und an der **Straße Lieth** ausgeworfen worden. Sie bieten guten Schutz gegen Sprengstücke. Gasabwurf ist bisher nicht wahrscheinlich; sollte jedoch Gas bemerkt werden, bietet ein angefeuchtetes Taschentuch vor Mund und Nase einen behelfsmäßigen Schutz.

EN vom 8.9.1939

Noch nahmen einige Elmshorner den Krieg nicht ernst, sei es, dass durch die Erfolgsmeldungen der Wehrmacht in der Presse und im Rundfunk der Krieg als sehr weit weg empfunden wurde, sei es, aus Leichtsinn. So musste die Polizei die Bevölkerung warnen, den Krieg nicht auf die leichte Schulter zu nehmen:

„In der vergangenen Nacht ertönte in Elmshorn Fliegeralarm. Zum ersten Mal musste die Bevölkerung Elmshorn zeigen, was sie durch die früheren Luftschutzübungen gelernt hatte. Ohne Hast wurden überall die Keller aufgesucht, in denen die Hausgemeinschaft verblieb, bis die Entwarnung erfolgte.

Von polizeilicher Seite werden wir gebeten, auf eine Unsitte hinzuweisen, die bei wieder vorkommenden Fällen eine strenge Bestrafung nachziehen wird. Es ist festgestellt worden, das viele Volksgenossen und selbst Luftschutzwarte, anstatt im Keller zu bleiben, auf die Straße gingen, um am Himmel Flugzeuge zu suchen. Anschließend fanden sich dann regelrechte Debattierklubs zusammen. Es ist Pflicht aller Luftschutzwarte, mit gutem Beispiel voranzugehen und dafür zu sorgen, dass alle Hausbewohner ordnungsgemäß den Luftschutzkeller aufsuchen.

Auch hat sich herausgestellt, dass viele Schlafzimmer nicht ordnungsmäßig abgeblendet waren. Beim Alarm leuchteten plötzlich viele Schlafzimmerfenster auf und wiesen den Fliegern den Weg. Auch nach der Entwarnung sah man wieder in manchem Schlafzimmer Licht. Es ergeht an die Bevölkerung hiermit eine letzte Warnung, alle Schlafzimmer Fenster abzudichten, damit auch in der sogenannten Schreckminute kein Licht nach draußen fallen kann." (4)

Durch den Beschuss der feindlichen Flugzeuge mit der Flak kam es nach den Angriffen zu Munitionssplittern von Flakmunition, die die Autos beschädigen konnten. Daher forderte der Luftschutz-Oberführer Hencke die Luftschutzwarte auf, sofort bei Signal „Entwarnung" die Straßen zu säubern. (5)

An sämtliche Luftschutzwarte.

?? Es hat sich die Notwendigkeit ergeben, nach Fliegerangriffen, sobald das Signal „Entwarnung" ertönt ist, die Straßen von etwa niedergegangenen Splittern und dergleichen der Flakmunition zu säubern, damit Verkehrsunfälle, besonders Reifenschäden, vermieden werden.

Die Luftschutzwarte haben daher vor ihrem oder vor den von ihnen betreuten Hausgemeinschaften die Straße nach der Entwarnung sofort zu untersuchen und, falls sich Granatsplitter finden, diese sofort zu beseitigen, und zwar bei doppelseitiger Bebauung bis zur Straßenmitte, bei einseitiger Bebauung über die ganze Straßenbreite. Es wird darauf hingewiesen, daß dieses mit der gebotenen Vorsicht zu geschehen hat.

Wer außerhalb der Bebauung derartige Granatsplitter in verkehrsgefährdender Zahl oder Größe auf den Straßen findet, hat sie zu beseitigen oder der örtlichen Luftschutzleitung sofort mitzuteilen.

Bei einem Fliegerbeschuß ist ein Verbleiben in den Schutzräumen unbedingt erforderlich.

Der Kreisgruppenführer
J. V.: gez. Hencke, L. S. Oberführer.

EN vom 9.9.1939

Bei Kriegsbeginn wurde der Kraftfahrzeugverkehr auf das Nötige eingeschränkt. Dazu wurden Tankausweiskarten ausgegeben, auf denen der Grund für die Genehmigung aufgeführt war. Da sich einige Kraftfahrer darüber hinwegsetzten und auch Privatfahrten unternahmen, wiesen die EN darauf hin, dass in Zukunft diesen Fahrern die Tankausweise entzogen würden. (6)

Ab 20. September durften nur noch Autos mit einem abgestempelten roten Winkel auf dem Kennzeichen fahren. (7)

Da einige Volksgenossen die Verdunkelung und den Fliegeralarm ausnutzten, um Verbrechen zu begehen, informierte der Generalfeldmarshall Göring als Vorsitzender des Ministerrats für die Reichsverteidigung die Bürger,

„wer bei Fliegeralarm oder unter dem Schutze der Verdunkelung zu rauben oder stehlen, andere zu verletzen oder gar das Leben eines Volksgenossen anzugreifen unternimmt, wird mit dem Tode oder mit lebenslanger oder zeitlicher Zuchthausstrafe bis zu 15 Jahren bestraft. (...)" (8)

Schutz gegen Volksschädlinge.

Todes- und Zuchthausstrafen für gemeine Verbrecher.

DNB. Berlin, 8. September. Die zur Abwehr feindlicher Fliegerangriffe gebotene Verdunkelung darf verbrecherischen Elementen nicht den Anreiz bieten, in ihrem Schutz ein lichtscheues Treiben zu entfalten. Eine eben erschienene Verordnung, die vom Ministerrat für die Reichsverteidigung unter dem Vorsitz des Generalfeldmarschalls Göring beschlossen wurde, schiebt derartigen Versuchen einen Riegel vor:

Wer bei Fliegeralarm oder unter dem Schutze der Verdunkelung zu rauben oder stehlen, andere zu verletzen oder gar das Leben eines Volksgenossen anzugreifen unternimmt, wird mit dem Tode oder mit lebenslanger oder zeitlicher Zuchthausstrafe bis zu 15 Jahren bestraft. Dieselbe Strafe trifft nach der Verordnung auch denjenigen, der in anderer Weise unter Ausnutzung der durch den Kriegszustand geschaffenen besonderen Verhältnisse eine Straftat begeht, wenn das gesunde Volksempfinden wegen der besonderen Verwerflichkeit der Straftat eine besonders harte Strafe erfordert. Wer etwa einen Betrug an der Familie eines Kriegsteilnehmers darauf aufbaut, daß ihr natürlicher Beschützer, der Ehemann und Vater, im Felde steht, wer die Bestimmungen über die Kriegsbewirtschaftung von Vorräten umgeht, wer Warenbestände vernichtet, um aus anderen Waren höheren Gewinn einzustreichen, wer als Verwalter kriegswirtschaftlich wertvolles Gutes in die eigene Tasche arbeitet, den sollen nach der Verordnung die schärfsten Strafen bis zur Todesstrafe treffen.

Noch schärfer faßt die Verordnung zwei andere Gruppen von Fällen an:

Ausschließlich mit dem Tode bedroht sie denjenigen, der zum Schaden der deutschen Wehrkraft und Wirtschaftskraft Gebäude in Brand setzt, den Verkehr auf der Eisenbahn und Straßenbahn gefährdet oder sonst eine gemeingefährliche Straftat begeht.

Schließlich verfällt dem Tode, wer in einem Gebietsstreifen, den die Zivilbevölkerung aus militärischen Gründen geräumt hat, plündert; wer in solchen Gebieten stiehlt, ist so verächtlich, daß die Verordnung hier den Vollzug der Todesstrafe durch Erhängen vorsieht.

So wird mit den härtesten Waffen der Kampf gegen gemeine Verbrecher aufgenommen, die sich in ernster Zeit aus Selbstsucht, Habgier oder durch niedrige Beweggründe außerhalb der Volksgemeinschaft stellen; die Verordnung zeugt von dem unbeugsamen Willen, derartige Volksschädlinge anzuprangern und auszumerzen. Das deutsche Volk, das in geschlossener Front hinter seinem Führer steht, um den ihm aufgezwungenen Kampf zum siegreichen Ende zu führen, soll die Gewißheit haben, daß, wer aus dieser Front ausbricht, um auf dem Rücken seines Volkes eigennützige verbrecherische Zwecke zu verfolgen, notfalls mit den härtesten Waffen vernichtet wird.

EN vom 9.9.1939

221

Gemeinschaftsarbeit zum Schutze der Allgemeinheit.

-b. Wer gestern morgen in früher Stunde durch die Straßen Elmshorns ging, sah viele Männer, jung und alt, die mit Spaten, Schaufeln und Kreuzhacken „bewaffnet" waren. Alle strebten sie einem Ziel zu: dem Stadtbauamt. Es waren die Männer der SA., des NSKK. und der SS., die auf Befehl des Standortführers sich zu freiwilliger Arbeit stellten, um Deckungsgräben zum Schutze der Bevölkerung bei Fliegerangriffen anzulegen. Äußerst zahlreich waren die Männer der Stürme zu dieser Gemeinschaftsarbeit angetreten. Die Einteilung zur Arbeit ging schnell vonstatten. Die SS. und der Sturm 21/265 legten die Gräben auf dem Propstenfeld an. Der Motorsturm des NSKK. 21/M 113 und der Marinesturm wurden nach dem Schulhof in Langelohe beordert. Der Nachrichtensturm 265 und der Motorsturm 21/M. 113 wirkten in der Wilhelm-Gustloffstraße. Sturm 5/265 und der Pioniersturm 265 hoben die Gräben am Platz Flamweg-Gerberstraße und an der Gerberstraße selbst aus. Sie wurden später durch die Männer vom Sturm 21/265 verstärkt.

Auf dem Propstenfeld hatten die städtischen Arbeiter und Gärtner, unterstützt von Männern der Technischen Nothilfe am Sonnabend in den Nachmittagsstunden in freiwilliger Arbeit 90 Meter Graben ausgehoben und die restlichen 60 Meter Graben vorbereitet, die gestern morgen von den Stürmen der SA. und der SS. fertiggestellt wurden.

In bester Stimmung zogen die Stürme an ihre Arbeitsplätze. Mit Humor wurde die schwere Arbeit begonnen, für manchen, der sonst nur mit dem Federhalter umging, recht ungewohnt. Mancher treffende Witz lief durch die Kolonne, so daß die Arbeitsplätze oft von dröhnendem Lachen erfüllt waren. Die Sonne, die sich morgens hinter leichten Regenwolken verborgen gehalten hatte, kam später ganz zum Vorschein und sandte ihre heißen Strahlen auf die im Schweiße ihres Angesichts arbeitenden Männer. Wo aber Schweißtropfen fallen, da gibt es auch labende Gegenmittel. Bei einigen Stürmen gab es Spender, die für kühlen Gerstensaft sorgten; andere bewiesen Gemeinschaftssinn, legten ihr Geld zusammen und holten sich einen Kasten Brause; ganz überrascht waren die Männer, die auf dem Platz Flamweg-Gerberstraße arbeiteten, als eine Frau aus dem Hause Flamweg 12 ihnen einen Eimer voll Saft schickte. Aber dabei sollte es nicht bleiben. Eine andere Frau, die neben dem Platz wohnt, füllte nachher den Inhalt des Eimers wieder auf. Das war ein Dank dieser Frauen für die Arbeit, die die Männer zu ihrem Schutze leisteten.

Um die Mittagszeit war die Arbeit auf allen Plätzen beendet, und befriedigt zogen die Männer wieder ab.

In ganz Elmshorn sind jetzt 500 Meter Deckungsgräben vorhanden, die den Leuten und Kindern Schutz bieten, die auf der Straße von einem Fliegerangriff überrascht werden und nicht gleich einen Schutzraum erreichen können. An die Eltern und Lehrer ergeht aber die Bitte, die Kinder darüber zu belehren, daß die Gräben nicht dazu da sind, daß sie darin „Räuber und Soldat" spielen. Denn dann würden sie wohl bald wieder zugeschüttet sein und ihren eigentlichen Zweck verfehlen. Jeder Einwohner ist verpflichtet, dies Werk zum Schutze der Allgemeinheit vor Verfall und Zerstörung zu schützen.

Heute morgen begab sich eine Klasse der Berufsschule nach dem Haus am Lönsweg, um hier auf dem freien Platz Deckungsgräben anzulegen. Mit Eifer gingen die Jungens an die Arbeit; man sah es ihnen an, daß sie Freude an dieser Beschäftigung hatten. — Für die Hilfsschule sollen an geeigneter Stelle am Mühlendamm auch noch Deckungsgräben ausgehoben werden.

EN vom 11.9.1939

222

Mit dem Einmarsch in Polen wurden auch Einsatzkräfte in der Heimat abkommandiert, um den Soldaten den hinter der Front den Rücken freizuhalten und die Ruhe und Ordnung sicherzustellen. Diese „Einsatzgruppen", zusammengestellt aus SS-Leuten und Polizeikräften durchkämmten die eroberten Gebiete nach Partisanen und Saboteuren, aber vor allem auch nach polnischer Intelligenz und Persönlichkeiten und vor allem Juden. Hierbei kam es zu vielen Verbrechen und Massakern an jüdischen Männern, Frauen und Kindern.

Für diese Einsatzgruppen wurden auch Männer in Elmshorn gesucht, bei der Waffen-SS und Ortspolizei:

Der Höhere SS- und Polizeiführer
Nordwest
-Der Inspekteur der Ordnungspolizei-
P.II.Tgb.Nr.710/39

Hamburg 13, den 7.September 1939
Feldbrunnenstraße 16

Betr.: Einsatz von Kräften des Einzeldienstes im besetzten Gebiet.

Der RFSSuChdDtPol. im RMdJ. teilt mit Erlaß vom 6.9.1939 -O.Kdo.O Nr.65/39-
mit, daß er starke Kräfte der Ordnungs- und Sicherheitspolizei zur Säuberung
des besetzten Gebietes von Banden, versprengten polnischen Soldaten usw. ein-
gesetzt hat, damit die kämpfende Truppe restlos für den Vormarsch frei wird.
Nach dem Einsatz der Truppenpolizei wird in Kürze auch noch der Einsatz von
starken Kräften des Einzeldienstes aus der Schutzpolizei des Reiches, der
Gemeinden und der Gendarmerie erforderlich werden.

Ich setze als selbstverständlich voraus, daß sich alle Dienststellen über
die unbedingte Notwendigkeit eines starken polizeilichen Einsatzes im Rücken
der kämpfenden Armeen klar sind. Ich bitte, dafür zu sorgen, daß diese Er-
kenntnis bei allen Polizeiverwaltungen besteht und alle Rücksichten auf das
Heimatgebiet zurückgestellt werden. Der Polizeidienst im Heimatgebiet muß
deshalb in noch höherem Maße durch die Ergänzungskräfte des VPS wahrgenommen
werden.

Ich bitte deshalb zu veranlassen, daß die Polizeiführer unverzüglich Über-
legungen anstellen, wieviel und welche Kräfte des Einzeldienstes für den er-
forderlich werdenden Einsatz abgegeben und durch welche geeigneten Männer aus
den Ergänzungskräften des VPS die dann entstehenden Fehlstellen ergänzt werden
können. IVG.

Verteiler:
Ministerium des Innern Oldenburg 6
Reg.Bürgermeister Bremen 4
Polizeipräsident Hamburg.............. 3
Reg.Präsident Schleswig 11
Reg.Präsident Hannover............... 4
Reg.Präsident Aurich................. 4
Reg.Präsident Lüneburg............... 4
Reg.Präsident Stade.................. 6
Inspekteur d.Ordn.Pol.Hamburg........ 3

nachrichtlich:
Inspekteur d.Ordn.Pol.Kiel 1
46

Der Reichsführer -SS und
Chef der Deutschen Polizei im
Reichsministerium des Innern.

Berlin, den 12. September 1939.

O.Kdo. O (6) Nr. 350/39.

Schnellbrief

Betrifft: Bereitstellung von Kräften der
Schutzpolizei der Gemeinden für
Ostoberschlesien.

-----

1. Für die Besetzung der freigemachten Gebiete in Ostoberschlesien sind weiter Kräfte der Schutzpolizei der Gemeinden bereit
zustellen, und zwar insgesamt 1 Offizier und 50 Pol.-Meister (SB) und
Pol.-Wachtmeister (SB.)

Bei je 5 zu stellenden Pol.Beamten ist von den hierfür
in Frage kommenden Gemeindepol.-Verwaltungen 1 Pol.Meister (SB.) zu
stellen.

2.

An

a) die Inspekteure der Ordnungspolizei in Kiel und Stettin
   - mit je 3 Abdrucken -

b) die Regierungspräsidenten in Schleswig und Köslin
   - mit je 2 Abdrucken -

c) Major der Schutzpolizei A b e ß n e r ,
   Kommandeur der Schutzpolizei beim C.d.Z.,
   z.Zt. in Kattowitz (Wojewotschaft)
   - mit 2 Abdrucken -

d) Nachrichtlich
   dem Kommando der Schutzpolizei Gleiwitz
   - mit 2 Abdrucken -

e) dem Inspekteur der Ordnungspolizei in Hamburg
   - mit 2 Abdrucken.-

E. den 25/9 39.

J. d. A.

2. Die in Ziffer 1 aufgeführten Kräfte (B.B.5) sind nach erfolgter Bereitstellung, die unverzüglich zu erfolgen hat, so in Marsch zu setzen, daß sie spätestens am 15. September 1939 in Gleiwitz eintreffen.

Meldung beim Kommando der Schutzpolizei in Gleiwitz.

Der Einsatz in Ostoberschlesien erfolgt unmittelbar durch den dem C.d.Z. als Kommandeur der Schutzpolizei zugeteilten Major der Schutzpolizei Abesser.

3. Soweit im Zuge der bisherigen Aufgaben Kräfte der Schutzpolizei der Gemeinden der Schutzpolizei des Reichs zur Verfügung gestellt worden sind, ist der erforderliche Ausgleich durch den Inspekteur der Ordnungspolizei vorzunehmen.

4. Für die bereitzustellenden Kräfte ist die erforderliche Bekleidung und Ausrüstung sofort zu beschaffen.

Es ist nur 1 Garnitur einschl. Wintermantel mitzugeben. Statt des Tschakos ist der Stahlhelm zum Dienstanzug zu tragen. Die Ausrüstung mit einem zweiten Paar Schaftstiefel ist erforderlich.

An Ausrüstungstücken sind je Mann mitzugeben:

          1 Gasmaske,
          2 Decken,
          1 Zeltbahn,
          1 Tornister,
          1 Brotbeutel mit Feldflasche und Trinkbecher,
          1 Kochgeschirr,
          1 Patronentasche,
          1 Signalpfeife,
          1 Handfessel
          1 Taschenlampe mit 2 Ersatzbatterien,
          1 Dienstfahrrad mit Reservebereifung,
          Verbandzeug
          Reinigungszeug für Waffen.

Die Mitnahme von Wäsche hat sich auf das Notwendigste zu beschränken (2 Hemden, 2 Unterhosen, 1 Unterjacke und Strümpfe).

An Waffen sind das Polizeiseitengewehr, Pistole 08 und Karabiner 98 mitzugeben.

Die Ausrüstung mit Karbinern ist durch den Inspekteur der Ordnungspolizei zu veranlassen.

An Munition sind für die Pistole 64 Schuß und für den Karbiner 45 Schuß mitzugeben.

Die Mitnahme von Zivilkleidung ist verboten.

Fehlen Ausrüstungstücke, so ist bei der SA auf die vorhandenen Bestände zurückzugreifen.

5. Für die bei den Gemeindepol.-Verwaltungen ausfallenden Männer sind VPÖ.-Kräfte oder ehemalige Pol.-Beamte zu verwenden.

6. Einsendungen jeglicher Art gegen die der Polizei gestellte besondere Aufgabe erschweren nur den Dienstbetrieb und sind zu unterlassen.

7. Mit einer weiteren Abgabe von Kräften haben die Gemeindepol.-Verwaltungen zu rechnen. Frühzeitige Einweisung von Hilfskräften ist angezeigt.

8. Die sanitäre Betreuung der eingesetzten Kräfte (s.Ziff.1) erfolgt durch die dem Kommandeur der Schutzpolizei beim C.d.Z. hierfür zu Verfügung stehenden Stellen.

9. Über die wirtschaftliche Versorgung ergeht besonderer Erlaß. Die Beamten sind einstweilen gemäß VdPsV. abzufinden. Auf die Zahlung eines ausreichenden Vorschusses weise ich besonders hin.

10. Die überplanmässig entstehenden Kosten übernimmt das Reich.

11. Über die gemäß Erlass vom 16. August 1939 - O,K.do.g.d.Nr. 1/39 g.R.- Befehl Nr. 1 - für die Pol.-Batl. bereitgestellten Einzeldienstbeamten kann verfügt werden.

In Vertretung:
gez.Daluege

(Siegel)

Beglaubigt:
gez. Unterschrift.
Verwaltungssekretär.

Stadtarchiv 001.03.31.50.01.42 Polizei Verschiedenes 1939-1942

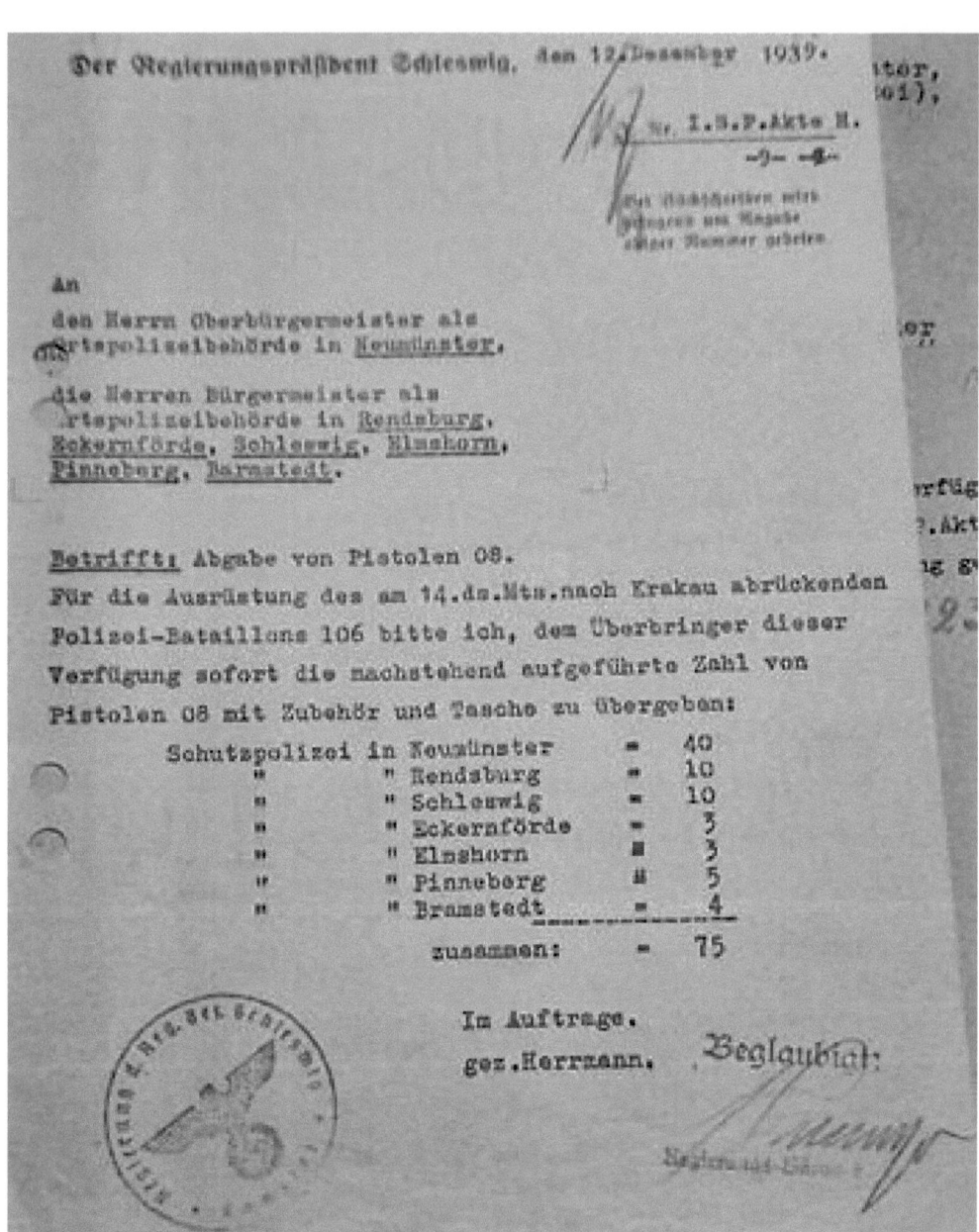

Der Regierungspräsident Schleswig, den 12.Dezember 1939.

Nr. I.S.P.Akte H.

An

den Herrn Oberbürgermeister als
Ortspolizeibehörde in Neumünster,

die Herren Bürgermeister als
Ortspolizeibehörde in Rendsburg,
Eckernförde, Schleswig, Elmshorn,
Pinneberg, Barmstedt.

Betrifft: Abgabe von Pistolen 08.

Für die Ausrüstung des am 14.ds.Mts.nach Krakau abrückenden
Polizei-Bataillons 106 bitte ich, dem Überbringer dieser
Verfügung sofort die nachstehend aufgeführte Zahl von
Pistolen 08 mit Zubehör und Tasche zu übergeben:

Schutzpolizei in Neumünster	=	40
" " Rendsburg	=	10
" " Schleswig	=	10
" " Eckernförde	=	3
" " Elmshorn	=	3
" " Pinneberg	=	5
" " Bramstedt	=	4
zusammen:	=	75

Im Auftrage.

gez.Herrmann.   Beglaubigt:

Stadtarchiv 001.03.31.50.01.42 Polizei Verschiedenes 1939-1942

228

Umstellung der Elmshorner Stadtverwaltung auf die Verteidigungs-Wirtschaft.

Am Freitag fand im Elmshorner Rathaus eine Sitzung der Elmshorner Ratsherren statt, die ganz im Zeichen des Deutschland aufgezwungenen Verteidigungskampfes stand. Vor Eintritt in die Tagesordnung wies Bürgermeister Krumbeck auf die weltpolitischen Ereignisse der vergangenen Tage hin und gab für die Gemeinderäte das Gelöbnis ab, in unbeugsamer Pflichterfüllung in der Front der Heimat lange zu arbeiten, bis der Ruf den Einzelnen erreicht, mit der Waffe in der Hand für die Verteidigung und den Schutz des Vaterlandes einzutreten. Eine große Anzahl städtischer Gefolgschaftsmitglieder, Beiräte und Ratsherren sei bereits zu den Waffen geeilt.

Anschließend erklärte der Bürgermeister in kurzen Ausführungen die Einführung der Verteidigungswirtschaft in Elmshorn. Die Ausgabe der Rosa-Bezugsscheine am Sonntag, dem 27. August, konnte in bester Zusammenarbeit zwischen Partei und Verwaltung ohne Schwierigkeit durchgeführt werden. Am Montag, dem 28. August, begann die Bezugscheinausgabe zunächst im Rathaus und vom 3. September ab in der Oberschule für Mädchen. Die Arbeiten wurden durchgeführt vom Stadternährungsamt und Stadtwirtschaftsamt, die beide von Pg. Lehmann geleitet wurden. Die große anfallende Arbeit ergab die Notwendigkeit, die Leitung der beiden Aemter ab 9. September zu teilen. Von diesem Zeitpunkt an steht Pg. Lehmann nur noch dem Stadternährungsamt vor, während das Stadtwirtschaftsamt von Stadtoberinspektor Langbehn geleitet wird. Das städtische Rechnungsprüfungsamt, bisher die Arbeitsstätte des Herren Langbehn, wird seine Tätigkeit auf das Notwendigste beschränken; die Arbeiten werden hier vom Pg. Lamp geleitet.

Bürgermeister Krumbeck lobte bei dieser Gelegenheit den vorbildlichen Einsatz der hauptamtlichen und nebenamtlichen Kräfte bei der Bezugscheinausgabe. Neben sechs hauptamtlichen Kräften mußten 26 nebenamtliche Kräfte, meist Lehrer und Lehrerinnen, eingesetzt werden. Diese nebenamtlichen Kräfte haben sich freudig in den Dienst der Sache gestellt und bei allen Schwierigkeiten, die solche Uebergangszeiten stets mit sich bringen, ihren Mann gestanden. Inzwischen ist beim Stadtwirtschaftsamt eine Personalkartei und beim Stadternährungsamt eine Haushaltskartei eingerichtet worden, wodurch die Abfertigung erleichtert und das Hamstern von Bezugsscheinen zur Unmöglichkeit gemacht wird.

Durch diese Karteien wird die Anzahl der nötigen Kräfte von 32 auf 24 fallen.

Umfangreiche Arbeiten erfordert in der heutigen Zeit auch das Fürsorgeamt, dem die Fürsorge für die Familien der zum Wehrdienst einberufenen Männer übertragen wurde. Viel Arbeit brachte die ordnungsgemäße Durchführung des Luftschutzes. Hier wurde die Polizei tatkräftig von den Männern vom Reichsluftschutzbund unterstützt. Die durchgeführten Maßnahmen, insbesondere des Werkluftschutzes, wurden kontrolliert. Weitere Kontrollen werden in den nächsten Tagen folgen. Für die Luftschutzsicherung der Schulen sind inzwischen weitere Deckungsgräben aufgeworfen worden, die gegen Splitterwirkung einen sicheren Schutz bilden.

Bürgermeister Krumbeck erläuterte dann den nach der Kriegswirtschaftsverordnung von den Gemeinden zu zahlenden Kriegsbeitrag, der sich für Elmshorn auf 47 707,50 RM. monatlich beläuft. Rund 150 000 RM. für die nächsten 3 Monate konnten aus Ueberschüssen des Rechnungsjahres 1939 zur Verfügung gestellt werden. Weiter wurden u. a. nachbewilligt 17 000 RM. für den Einbau einer Schulküche in die Schule Hafenstraße, da die bisherige Schulküche im Arbeitsamt als Luftschutzraum gebraucht wird, 7350 RM. für eine neue Kühlanlage im Krankenhaus, 8000 RM. Schadenabgeltung für die Jahre 1935—1938 an den Krückauanliegerverband, 10 000 RM. für Vergütung an Hilfskräfte für die Reichsverteidigung usw. Die Nachtragshaushaltssatzung, die einschließlich des Kriegsbeitrages von 150 000 RM. mit 393 000 RM. abschloß, konnte ausgeglichen werden.

Die weiteren Punkte der Tagesordnung erledigten sich sehr schnell. Die Schiffswerft D. W. Kremer Sohn braucht weiteres Gelände zu ihrer Ausdehnung. Die Stadt verkauft an die Firma einen neuen Streifen zwischen Westerstraße und Krückau. Dem Vertrag mit dem Preußischen Staat über die Ablösung der Unterhaltspflicht für die Mühlen- und Umlaufbrücke im Zuge der Straßen Mühlendamm-Langelohe erteilen die Gemeinderäte ihre Zustimmung. Die Satzung für das Elmshorner Jugendamt wird aufgehoben, da dieses Amt durch reichsgesetzliche Bestimmungen geregelt wird.

Damit war die Tagesordnung erledigt, und Bürgermeister Krumbeck schloß die Sitzung mit der Ehrung des Führers.

EN vom 12.9.1939

Die Zeitungen versuchten durch Propaganda den Eindruck zu erwecken, dass die jungen Männer freiwillig mit großem Wunsche in den Krieg ziehen würden. Die EN schrieb am 12. September:

„Die Front am Feinde und in der Heimat.

„Ich will ins Feld" - Diesen Wunsch hört man jetzt so oft von jungen und alten Männern. Er ist verständlich. Aber er beruht auf einer anderen Auffassung vom Kriege, die heute nicht mehr gültig ist.

In früheren Zeiten war es so, dass sich nur die Heere und Armeen an einer oder mehreren Fronten bekämpften, während in der Heimat alles in wenig veränderter Weise seinen Fortgang nahm. Heute ist dies anders geworden. Die Front ist unser ganzes Vaterland und ein jeder Volksgenosse, mag er nun eine Uniform anhaben oder nicht, ein Soldat der inneren Front. Auf ihn sieht der Führer gleichermaßen wie auf die Feldgrauen am Feinde. Er erwartet von ihm, dass er genauso seine Pflicht tut, wie der Soldat. Alle, Mann, Frau, Junge, Mädel sind heute Kämpfer für das Volk. Jeder an seinem Platz, wo er auch immer stehen mag.

Die tapfersten Heere können auf die Dauer nicht siegreich sein, wenn sich „die innere Front" der Heimat nicht ebenso siegreich schlägt." (9)

Nicht nur die Erwachsenen, auch die Kinder mussten sich im Kriege umstellen. Sie hatten ohne Angst und Widerspruch in den Luftschutzkeller zu gehen, auch falls die Eltern einmal nicht anwesend waren, sich die Gasmaske aufzusetzen und bei Luftangriffen ohne Panik im Keller auszuharren.

Fünf Minuten zeitgemäße Plauderei.
Kinder lernen spielend Luftschutz.

:: Jede verantwortungsbewußte Mutter wird vor allem darauf bedacht sein, ihre Kinder bei etwaigen Luftangriffen zu schützen. Ebenso wichtig wie die Uebungen der Großen sind die der Kleinen und Kleinsten. Es muß für das Kind ebenso selbstverständlich sein wie für den Erwachsenen, beim Ertönen der Sirene in voller Ruhe in den Luftschutzraum zu gehen.

Es ist nun nicht ganz einfach, die Kinder dazu zu bringen. Wenn man ihnen einen wohlgesetzten Vortrag hält, sie auf die Gefahren eines Luftangriffes aufmerksam macht und ihnen mit ernstem Gesicht und erhobenem Zeigefinger einschärft, wie sie sich zu verhalten haben, dann erreicht man bestimmt das genaue Gegenteil. Sie werden ängstlich, fangen an zu weinen und machen doch alles falsch. Kinder erfassen den Ernst der Lage nicht und brauchen es auch gar nicht. Ihnen muß alles nahegebracht werden wie ein einfaches Spiel.

Meine beiden Jungen, drei und fünf Jahre alt, spielen am liebsten Soldaten. Diese Vorliebe machte ich mir zunutze. Eines Tages erschien ich mit den Gasmasken und erzählte ihnen dabei, daß ich ihnen ein wunderbares neues Spielzeug mitgebracht hätte. So etwas hätte jeder richtige Soldat, folglich müßten sie es auch haben. Voller Begeisterung ließen sie sich daraufhin die Gasmaske aufsetzen und waren riesig stolz darauf, marschierten durch die ganze Wohnung und sangen sogar dabei.

Dann haben wir „Luftschutz" gespielt. Mutti ging in die Küche und war „Sirene", eine Ecke des Kinderzimmers „Luftschutzraum". Mit schauerlichen Heultönen gab Mutti „Alarm", die Kinder verschwanden mit den Gasmasken in ihrer Ecke und ließen sich erst wieder bei der „Entwarnung" sehen. Mit Gewalt mußte ich schließlich das „schöne Spiel" abbrechen.

Voll Freude konnte ich dann beim Probealarm feststellen, daß sie ohne jede Furcht und ganz selbstverständlich mit in den Keller gingen, vergnügt ihr mitgebrachtes Brot futterten und sich wunderten, warum denn nur ihr kleiner Spielkamerad, der auch da war, so herzzerreißend weinte.

Auch auf etwaigen nächtlichen Alarm sind sie vorbereitet. Am Bett sind griffbereit Hausschuhe und Wintermäntel, die schnell übergestreift sind. An der Wohnungstür steht eine fertig gepackte Tasche, in der Strümpfe, Wäsche und Anzüge für die Kleinen bereit liegen. Wenn es im Keller zu kühl ist, kann man sie dort ruhiger und besser anziehen als in der Wohnung. Etwas Obst ist auch da, das gegen gleichzeitig Hunger und Durst stillt, einige Riesentaschentücher und etwas Verbandszeug. Unten im Schutzraum stehen schon ihre kleinen Stühlchen, auf dem einen erwartet sie „Teddy", auf dem anderen „Moll", das Hundchen. Und weil die Großen Werkzeuge haben, dürfen auch die beiden Spaten, mit denen sie im Sommer so schön gebuddelt haben, nicht fehlen. So fühlen sie sich gleich heimatlich, nichts ist ihnen fremd und neu, und sie werden im Ernstfall das sein, was sie so gern sein wollen: tapfere kleine „Soldaten".   L.R.

EN vom 13.9.1939

Nachdem die HJ im dritten Quartal 1939 vor allem im Ernteeinsatz gestanden hatte, wurde jetzt wieder der regelmäßige Einheitendienst aufgenommen, der nach folgenden Gesichtspunkten ausgestaltet war:

1) Beschleunigte vormilitärische Ausbildung der beiden ältesten Jahrgänge und des unmittelbar nachrückenden Jahrganges der HJ.
2) Gründliche politische Schulung aller Jahrgänge.

3) Sportliche Ausbildung aller Jahrgänge unter Wegfall des Leistungssportes. Zu den Sondereinsätzen gehörten weiterhin u.a. der Kurierdienst, die Hilfeleistung bei der NSV und die Erntearbeit. Weitere Aufgaben liegen bei der Wehrmacht, der Polizei und dem Roten Kreuz. (10)

Umstellung der Kraftfahrzeuge auf Treibgasbetrieb.

B. A. Im Reichsverkehrsblatt, Ausgabe B, Kraftfahrwesen, Nr. 44 vom 21. September 1939 hat der Reichsverkehrsminister einen Erlaß veröffentlicht, der bestimmt, daß alle Kraftfahrzeuge mit Verbrennungsmotoren, deren Weiterbenutzung nach der Verordnung vom 6. September 1939 gestattet ist und die durch einen roten Winkel am Nummernschild gekennzeichnet sind, auf Treibgasbetrieb umzustellen sind. Die Kraftfahrer werden aufhorchen, denn das ist natürlich etwas grundlegend Neues in der gesamten deutschen Kraftverkehrswirtschaft! Aengstliche Gemüter mögen vielleicht glauben, daß diese Maßnahme deswegen ergriffen worden sei, weil wir zu wenig Benzin im Lande hätten. Das Gegenteil aber ist der Fall.

Diese Maßnahme wäre wohl etwas später auch gekommen, wenn wir nicht in kriegerische Verwicklungen verstrickt worden wären, denn gerade durch unsere stetig steigende Entwicklung der Herstellung synthetischen Benzins, ein Gebiet, auf dem Deutschland bekanntlich führend ist, fallen so große Mengen an Treibgasen als Nebenprodukt an, daß es einfach nicht möglich ist, diese großen Mengen nichtflüssiger Kraftstoffe anders in geeigneter Weise auszunutzen. Im übrigen ist das Ausland, auf den deutschen Erfahrungen aufbauend, auch schon seit langem zur Herstellung synthetischen Benzins übergegangen, obwohl ihm unbeschränkte Einfuhrmöglichkeiten zur Verfügung stehen und gewinnt neben dem eigentlichen Erzeugnis Benzin ebenfalls noch große Mengen von Treibgasen.

Je mehr nun Deutschland seine Benzinfabriken entwickelt, umso größer wird naturgemäß auch der Anfall der bei der Herstellung mitgewonnenen Treibgase, in erster Linie Propan und Butan, sein. Diese Gase, die sich hervorragend zum Antrieb von Verbrennungsmotoren eignen, sollen nun zum Betrieb der in Privathänden laufenden Kraftwagen mit herangezogen werden. Weiterhin wird man auch das sogenannte Generatorgas in größerem Maße zum Antrieb von schweren Kraftwagen und Zugmaschinen verwenden.

Der große wirtschaftliche Vorteil aller Treibgase, seien es Flaschengase, — so genannt, weil sie in Stahlflaschen aufbewahrt werden —, oder seien es Generatorgase, besteht darin, daß sie eine erhebliche Steuervergünstigung mit sich bringen. Dazu kommt die Wirtschaftlichkeit im Betrieb, die sich durchschnittlich mit 30 Prozent Ersparnis auswirkt, je nach der Fahrweise.

Für den Treibgasbetrieb gibt es bereits seit langer Zeit gutentwickelte Apparate, die von der Industrie serienmäßig hergestellt werden. Die großen Generatoranlagen für Holz, Kohle, Torf-Schwelgas sind natürlich nur bei Lastfahrzeugen und Omnibussen wegen Raumbedarfs zu verwenden. Anders steht es aber mit den Flaschengasanlagen. Diese Gase werden in Stahlflaschen geliefert, die wir in ihrer grauen Färbung schon überall an Lastwagen gesehen haben. Für Personenwagen wird man natürlich kleinere Flaschen entwickeln, die sich an geeigneter Stelle am oder im Wagen unterbringen lassen. Die Anlagen sind von außen in keiner Weise am Fahrzeug erkennbar. Der Einbau der Apparate macht sich in kurzer Zeit durch die große Wirtschaftlichkeit und Betriebssicherheit wieder bezahlt!

EN vom 27.9.1939

Achtung!
Der Feind hört mit!

"—" An Gesprächsstoff ist kein Mangel. Jeder will den anderen übertrumpfen. „Sehen Sie hier" — und die Frau holt aus ihrer Handtasche einen arg zerknitterten Brief hervor (wie oft hat sie ihn schon Bekannten gezeigt) — mein Neffe hat wieder geschrieben. Er ist doch bei der Flak. Er schreibt, wir brauchen keine Bange zu haben. Aber wo habe ich den Satz? Ah, hier. Wir haben uns fabelhaft getarnt .... Unsere Batterie liegt beim Dorf M. ... In der Nähe ist ein großer Bauernhof, sonst wohnen hier nur kleine Besitzer. Die Frau auf dem Bauernhof gibt uns immer Milch, sie verwöhnt uns besonders, weil wir vom Regiment ... aus ihrer Heimat stammen."

Der Feind hat mitgehört. Ueber eine Karte des westdeutschen Grenzgebietes beugt sich ein französischer Generalstabsoffizier. Das Dörfchen M. ist schnell gefunden — die mutmaßliche Stellung in der Nähe des einzigen Bauernhofes eingezeichnet.

Ein Soldat, der sonst seine Pflicht tut, schrieb ein paar unvorsichtige Zeilen. Eine leichtfertige Frau tratscht aus Renommiersucht, und gibt den feindlichen Agenten wertvolle Fingerzeige. Sie hat sich nichts dabei gedacht. Fahrlässiger Landesverrat.

In Deutschland gibt es immer noch Leute, die sich die Disziplin des größten Teiles unserer Volksgenossen nicht zu eigen machen. Sie tratschen und kolportieren Schauermärchen. Zu Hause, im Beruf, auf der Straße, in den Geschäften, im Zug, auf der Straßenbahn — und ahnen nicht, wie sie die Interessen ihres Vaterlandes gefährden. Gegen diese unverantwortlichen Elemente richtet sich die ganze Schärfe des Gesetzes. Alle Volksgenossen aber werden aufgerufen, mitzuhelfen an der Ausrottung dieser leidigen Redesucht. — Wer redet, gefährdet sein Volk!

EN vom 28.9.1939

233

An wen wendet sich die Frau?

Die Zuständigkeit der verschiedenen Dienststellen.
Wo erhält man Rat und Auskunft?

NSK. Die Neuregelung vieler Zuständigkeiten und das ständige Auftauchen neuer Fragen, die vor allem die Frauen angehen, deren Männer an der Front stehen oder sonst an irgend einer Stelle ihren Dienst tun, macht nachstehende Uebersicht interessant, die eintreten kann, in welche Dienststellen man sich in den verschiedenen Fällen, die eintreten können, wendet. Die Frage nach der Regelung von wirtschaftlichen Dingen, nach der Gewährung des Familienunterhalts, der Entlastung der Frau und Mutter wird ebenso beantwortet wie Fragen nach Deutschen im Ausland, Vermißten oder Flüchtlingen.

1. In wirtschaftlichen Fragen:

a) Bezugsscheine: Antragstellung, auch für Zusatzkarten, Abgabe überzähliger Ausweiskarten, Vorlage der Karten bei jedem Wohnungswechsel außerhalb des Stadt- und Landkreises:

Zuständig sind die unteren Verwaltungsbehörden, das sind Oberbürgermeister oder Landräte des Wohnorts, in dringenden Fällen des Aufenthaltsorts. Von diesen Behörden wurden in den einzelnen Bezirken besondere Stellen eingerichtet. Siehe Anschläge an Litfaßsäulen, im Rathaus, in den Wohnhäusern usw.

b) Beratung in allen volkswirtschaftlich-hauswirtschaftlichen Fragen:

Beratungsstellen des Deutschen Frauenwerks. Zu erfragen bei der Ortsgruppe der NS.-Frauenschaft.

c) Genehmigung für die Weiterbenutzung von Kraftfahrzeugen; roter Winkel:

Die Genehmigung erteilt die Kreispolizeibehörde. Das ist entweder der Polizeipräsident, Polizeidirektor, Landrat oder der Oberbürgermeister.

2. Versorgung, Entschädigung, Unterhalt für die Familie:

a) Familienunterhalt bei Einziehung des Ernährers zur Dienstleistung bei Wehrmacht, bewaffneten Teilen der SS, Reichsarbeitsdienst, behördlichen Luftschutz, freiwilliger Krankenpflege, Notdienst.

Für Personen, die infolge behördlich angeordneter Räumung gefährdeter Gebiete ihren Lebensunterhalt verlieren.

b) Wehrmachtsversorgung, Fürsorge und Betreuung der Hinterbliebenen, Verwundeten usw.:

Beratung erfolgt durch Fürsorge- und Versorgungsdienststellen der Wehrmacht oder Versorgungs- und Hauptversorgungsämter oder Dienststellen der NSDAP. oder Dienststellen des Reichsbundes ehemaliger Berufssoldaten.

c) Fürsorge und Versorgung von Personen und deren Hinterbliebenen, die infolge eines Angriffs auf das Reichsgebiet oder Maßnahmen unserer bewaffneten Macht und Behörden Schaden an Leib oder Leben erlitten:

Antrag wird bei den Fürsorge- und Versorgungsdienststellen der Wehrmacht gestellt.

b) Sachschäden innerhalb des großdeutschen Reichsgebiets infolge eines Angriffs auf das Reichsgebiet oder Maßnahmen unsererseits:

Antrag erforderlich beim Bürgermeister der Gemeinde, in der der Schaden entstand oder in der sich der Beschädigte aufhält.

c) Sachschäden der Luftschutzdienstpflichtigen:

Auskunft hierüber erteilt die Ortspolizeibehörde.

f) Arbeitslosenhilfe:

Das Arbeitsamt ist zuständig.

g) Trennungszuschläge und Sondervergütung für Dienstverpflichtete:

Arbeitsamt der neuen Arbeitsstelle.

h) Not-Arbeiterunterstützung:

Arbeitsamt, in dessen Bezirk der Betrieb liegt.

3. Entlastung der Frau und Mutter:

a) Nachbarschaftshilfe, Hilfe für die Landfrau, Haushaltshilfe:

Vermittelt die Ortsgruppe der NS.-Frauenschaft.

b) Kindergärten, Kinderstuben:

Anmeldung: Ortsgruppe der NS.-Frauenschaft oder der NSV. (soweit Kindergärten.)

4. Mithilfe der Frau:

a) Durch ehrenamtliche Tätigkeit in Nachbarschaftshilfe, Haushaltspflege, Erntehilfe u. Arbeit im bäuerlichen Haushalt:

Anmeldung: Ortsgruppe der NS.-Frauenschaft.

b) Durch entgeltliche Tätigkeit:

Arbeitsamt.

c) Ungestörte Meldung nach Kündigung eines Arbeitsverhältnisses. Zur Kündigung zumeist Genehmigung des Arbeitsamtes erforderlich:

Arbeitsamt.

d) Weiblicher Arbeitsdienst:

Meldungen an die Bezirksleitungen; Formulare bei den zuständigen Polizeidienststellen.

e) Ausbildungslehrgänge des Deutschen Roten Kreuzes:

Meldung bei den Kreisgeschäftsstellen des Deutschen Roten Kreuzes.

f) Frauenhilfsdienst für Wohlfahrts- und Krankenpflege:

Kreis- oder Gaustellen des Deutschen Frauenwerks, Abtlg. Hilfsdienst.

5. Entlastung der Geschäftsfrauen:

a) Hilferuf für das Geschäft:

Vermittelt Ortsgruppe der NS.-Frauenschaft.

b) Beratung für Einzelhandel und Handwerk:

Erteilt im Gau Berlin die Ortsgruppe der NSDAP.

6. Deutsche im Ausland, Vermißte, Flüchtlinge:

a) Volksdeutsche in Polen:

Auskunft erteilt: Bundesamt des VDA. Berlin SW., Korn-Lutherstraße 97.

b) Rückführung deutscher Flüchtlinge nach Polen:

Ortsgruppe der NSV.

c) Auffindung des Aufenthaltsorts von Personen der geräumten westlichen Grenzzone: Zentralauskunftstelle Berlin S 2, Alexanderstraße 10, Einwohnermeldeamt.

d) Deutsche im feindlichen Ausland:

Auskunft: Auswärtiges Amt, Berlin W 8, Kronenstraße 10. Genaue Angaben über Personen, Staatsangehörigkeit, letzte Wohnung notwendig.

e) Sicherheitsvermerk des Passes für Personen, die nicht im amtlichen oder parteiamtlichen Auftrag ins Ausland gehen:

Kreispolizeibehörde: entweder Polizeipräsident, Polizeidirektor, Landrat oder Bürgermeister. Protektorat Böhmen und Mähren: Oberlandrat.

Berlin: Paßstelle 2 des Polizeipräsidiums, Burgstraße 10, Zimmer 1.

7. Rechtsfragen, Miete, Aufgebot:

a) Rechtsberatung für Minderbemittelte:

NS.-Rechtsberatungsstellen (beim Gericht zu erfragen).

b) Rechtsangelegenheiten aus dem Arbeitsverhältnis:

Rechtsberatungsstellen der DAF.

c) Rechtsaufklärung, insbesondere über Familienrecht:

U.-Abteilungen Recht und Schlichtung der NS.-Frauenschaft und des Deutschen Frauenwerks in Gauen und Kreisen.

d) Beratung in Mietfragen:

Ortsgruppe der NSV.

e) Befreiung vom Aufgebot:

Standesamt.

f) Meldung bei Wohnungswechsel binnen drei Tagen:

Polizeimeldebehörde.

EN vom 29.9.1939

Auf Sekunden funktioniert unsere Luftabwehr.

GD. Im Dienste der Verteidigung unserer Heimat vor Fliegerangriffen halten Soldaten der aktiven Luftabwehr und Männer des Luftschutzes eiserne Wache. Ein überaus fein gegliedertes Meldenetz — technisch auf das vollendetste ausgerüstet und mit vielen anderen Hilfsmitteln versehen — dient Tag und Nacht der Überwachung jeder geringsten Bewegung feindlicher Flieger. Mit welcher Sicherheit das Ganze ineinander arbeitet, davon gibt nachstehendes Bild aus sachkundiger Feder einen anschaulichen Einblick.

Auf einer einsamen Feldwache, die gut getarnt beste Hörmöglichkeit bietet, beginnt der Faden des Meldenetzes. Der Posten auf dieser Flugwache hört Motorengeräusch aus Richtung . . . Sofort leitet der Fernsprecher diese Beobachtung auf direktem Draht in das Flugwachkommando. Hat der Posten durchs Glas auch noch etwaige Höhe und sogar den Flugzeugtyp feststellen können, wird diese Angabe natürlich ebenfalls mitgeteilt. Die Meldung kommt unmittelbar in mehreren Ausfertigungen an die Auswertungsstelle. Auf großen Kartenblättern wird der Vorgang eingezeichnet. Der feindliche Flieger wird aber auch von anderen Flugwachen gesichtet oder gehört. Auch sie geben ihre Wahrnehmung befehlsmäßig an das Flugwachkommando. Aus mehreren Meldungen ergibt sich so blitzschnell ein Bild davon, welchen Kurs der feindliche Flieger eingeschlagen hat, und vermutlich auch weiter nehmen wird. Die in langjähriger Schulung erprobten Männer der Auswertung haben einen sicheren Blick für die Beurteilung der Lage.

Inzwischen sind die Jagdstaffeln und die Flakbatterien sowie alle angeschlossenen Kommandostellen der Luftwaffe verständigt und treffen nun ihre Vorbereitungen, um den Gegner zu packen. Die Jäger steigen auf, die Geschützrohre richten sich gegen Himmel feuerbereit. Die Abwehrkräfte sind mobilisiert. Der zivile Luftschutz wird alarmiert und gibt über seine Luftschutzzentralen im Notfall den Befehl zur Auslösung des Fliegeralarms. So wird durch eine Kette von Abwehrmaßnahmen das bedrohte Gebiet geschützt.

An Hand der Auswertung läßt sich mit größter Schnelligkeit ein klares Bild gewinnen, welches Ziel die Angreifer ansteuern, in welchem Umfange sie erscheinen und nach welcher Richtung sie sich dem Flakfeuer oder der Verfolgung der Jäger entziehen. Und die Heimat hat das beruhigende Gefühl, daß eine lückenlose Beobachtung des Luftraumes sichergestellt ist. Aktive Luftabwehr und Luftschutz sind durch die Wachkommandos in ein festes Meldesystem eingespannt, das über die modernsten Mittel des Nachrichtenwesens verfügt und dank des großen Verantwortungsgefühls der Angehörigen des Flugmeldedienstes die beste Gewähr für ein reibungsloses Funktionieren der Luftverteidigung leistet.

EN vom 5.10.1939

Im Oktober erging eine Anordnung des Reichsministers für Wissenschaft, Erziehung und Volksbildung, dass jede Schule verpflichtet sei, 500 bis 1000 zweijährige Maulbeeren im Frühjahr 1940 anzupflanzen und zu pflegen, zum Zwecke des Kokonerzeugung für den Seidenanbau. (11)

Am 10. Oktober wurde das Kriegswinterhilfswerk eröffnet. (12)

Bei Abschuss eines feindlichen Flugzeugs kam es vor, dass Personen die Flugzeuge geplündert haben. Hiervor warnten die EN bei Androhung schwerster Strafen. (13)

Die Errichtung eines eigenen jüdischen Schulwesens durch die Reichsvereinigung der Juden in Deutschland wurde am 11. Oktober 1939 angekündigt. Die Lehrpläne sollten sich nach den Erfordernissen für eine Auswanderung richten.

Feldpost von Wilhelm Petersen.
Der Elmshorner Maler über seine Kriegserlebnisse in Polen.

Das „Hamburger Tageblatt", das am Sonnabend in seiner Kunstdruckbeilage drei Seiten mit eindrucksvollen Skizzen von Wilhelm Petersen unter der Ueberschrift „Totentanz aus Polen" veröffentlichte, brachte folgenden Feldpostbrief, den Wilhelm Petersen einem Freunde schrieb:

„Es ist mehr Grauen, als man sich vorstellen kann. Nur durch die endlose, schwermütige Landschaft, die einen zum Stoizismus zwingt, ist eine Betrachtung möglich. Die grausigsten Bilder treten einem plötzlich überraschend vor Augen, wie sie kaum erdacht werden können.

Im Kellergewölbe einer Kirche, eng zusammengedrängt auf Lumpenbündeln, zerfressen von östlichen Krankheiten, eine Gruppe Frauen. Dazwischen Tote. Ein altes, abgezehrtes Weib über einen Sarg gelehnt im Schein einer Trauerkerzel.

Ein Bauernkarren mit mageren Kleppern, darauf ein Pansje, gelb und schwarzstoppelig, hinter ihm übereinander zwei aufgedunsene Leichen, einen süßlichen bestialischen Gestank verbreitend.

Der Weg, den wir ziehen, ist gesäumt von gefallenen, aufgedunsenen Pferden, die einen so schauerlichen süßlichen Gestank verbreiten, daß man ihn kaum aus der Nase verliert. Und dazu ziehen in endlosen Kolonnen an uns die Flüchtlinge vorüber. Ein Zug des Elends, grotesk schauerlich in seiner Zusammenstellung. Sinnloses, zerbrochenes, wertloses Gerümpel, zusammengeraffte Betten, darauf Frauen, Säuglinge

und Greise, in Lumpen gehüllt — eine Armut, wie man sie gar nicht für möglich hält. Ihre Gehöfte sind abgebrannt, zerstört; nur auf den Feldern lebt die Natur: Hühner, Enten und Schweine jagen umher.

Und dann Juden. Es kann einem wirklich ein Grauen ankommen. Ein Abschaum der Menschheit, der es einem schwer macht, auch nur ein Fünkchen Gefühl dafür aufzubringen. Ein Menschenmist schlimmster Art.

Ein Alarmbefehl. Wir sollen gegen ausgebrochene polnische Kavallerie. Es ist abends 10 Uhr. Gleich gehts los. Alle sind noch emsig beschäftigt. Mäntel zusammenbinden, Gewehre zu laden. Ich sitze neben meinem MG. und schreibe noch eben diese Zeilen. Ach, Mensch, na, nun geht es los . . . .

Wir haben die Nacht am Chausseerand in Stellung gelegen. Die Polks sind bei uns nicht durchgekommen; die Aufregung und Unruhe ist erstmal vorüber. Gegen 2 Uhr haben wir uns aus einem zerschossenen Gehöft Stroh geholt. Ein Teil von uns hat sich aufs Ohr gehauen. Ich auch, neben meinem MG.

Heute haben wir Häuserblocks abgeriegelt und etwa 500 Verhaftungen vorgenommen. Wir sind immer im Gange und werden truppweise verwendet.

Mensch, eben kommt die Post — zum ersten mal! Also, jetzt muß ich lesen. Herzlichst an alle.

Euer alter Wilhelm Petersen."

EN vom 17.10.1939

236

Der Elmshorner Maler Wilhelm Petersen nahm in Polen als Kriegsberichterstatter an dem Krieg teil. Er schrieb einen Leserbrief an die EN in einer menschenverachtenden fürchterlichen Art über die Juden in Polen.

„ (...) Und dann Juden. Es kann einem wirklich ein Grauen ankommen. Ein Abschaum der Menschheit, der es einem schwer macht, auch nur ein Fünkchen Gefühl dafür aufzubringen. Ein Menschenmist schlimmster Art (...)" ()

Prof. Petersen profitierte viel von den Nationalsozialisten, wurde, obgleich er nie studiert hatte, von Hitler zum Professor ernannt und wurde von ihnen protegiert. Zeitlebens distanzierte er sich nie von seinem Rassismus. Nach dem Kriege ist er beinahe zum Ehrenbürger Elmshorns ernannt worden. Dieses scheiterte letztendlich am Widerstand der SPD und der Berichterstattung in den EN.

Wilhelm Petersen. 1965 in Bordesholm. Aus: Scholz, Ernst-Gerhardt: Leben in SchwarzWeiß. Beiträge zur Elmshorner Geschichte 26. S. 147.

Am 18. Oktober wurde den Jugendlichen durch eine Polizeiverordnung untersagt, sich nach 21 Uhr auf der Straße aufzuhalten. Ausnahmen gab es nur für Partei-, HJ-, BDM und für die Begleitung von Erziehungsberechtigten und deren Vertreter. Es konnten Strafen bis zu 150 RM oder bis zu drei Wochen Haft verhängt werden. (15)

Am 25. Oktober 1939 erschien in den EN ein Artikel über das „mustergültige"
Kriegsgefangenenlager in Itzehoe für 1500 Offiziere. Zu dieser Zeit befanden sich
dort rund 900 polnische Offiziere, darunter 30 Stabsoffiziere und zwei
Divisionsgenerale, sowie zwei französische und zwei englische Fliegeroffiziere.

Sie sind in Itzehoe!

Mustergültige Unterbringung und Betreuung unserer Kriegsgefangenen. Besuch in einem Offiziersgefangenenlager.

DRB. Berlin, 30. September. Die ritterliche Art deutscher Kriegsführung findet ihr Spiegelbild in der humanen, alle völkerrechtlichen Vereinbarungen strikt innehaltenden Behandlung der Kriegsgefangenen. Wir hatten Gelegenheit, eines der ersten deutschen Gefangenenlager zu besuchen, das in einem modernen Kasernenneubau der schleswig-holsteinischen Kreisstadt Itzehoe für etwa 1500 Offiziere eingerichtet wurde, und konnten uns davon überzeugen, wie man bestrebt ist, diesen Menschen das an sich bittere Los der Gefangenschaft zu erleichtern. Schon rein äußerlich erweden die stattlichen, von weiträumigen Grünflächen und kleinen gärtnerischen Anlagen umgebenen hellroten Backsteinbauten keineswegs den Eindruck eines Kriegsgefangenenlagers. Lediglich das das Lagergelände umgrenzende breite Graben, der dreifache, durch ein Gewirr spanischer Reiter verstärkte Stacheldrahtzaun und die sechs mit Maschinengewehren „bestückten" Wachttürme verraten ihre neue Bestimmung und lassen jeden Fluchtgedanken von vornherein illusorisch werden.

Im Kommandanturgebäude, wo uns der Kommandant — ein Oberst und bewährter Frontsoldat des Weltkrieges — mit seinen Offizieren empfängt und allgemeine Erläuterungen gibt, erhalten wir gleichsam zur Begrüßung die heute gerade auf der Speisekarte stehende Mittagskost vorgesetzt: ein solides, schmackhaft zubereitetes Gericht, in das wir kräftig einhauen. Die wichtige Magenfrage ist vorbildlich gelöst. Die Verpflegung der Gefangenen aus der in deutschen Kasernen üblichen großen Mannschaftsküche ist — den kriegswirtschaftlichen Verhältnissen angepaßt — einfach, aber gut und reichlich. Im Lager sind zur Zeit rund 900 polnische Offiziere, darunter 30 Stabsoffiziere und zwei Divisionsgenerale, untergebracht, ferner zwei französische und zwei englische Fliegeroffiziere. Täglich werden bis zur Auffüllung auf etwa 1500 Mann weitere Gefangenentransporte erwartet.

Jeder neue Schub wird in einer Aufnahmebaracke erstmal verpflegt. Anschließend erfolgt in den musterhaft angelegten Duschräumen eine gründliche Körpersäuberung, während gleichzeitig Kleidung und Uniform in die neuzeitliche Des-infektionsanlage wandern, um hier dem besonders bei den polnischen Gefangenen dringend notwendigen sorgfältigen Reinigungsprozeß unterzogen zu werden.

Ein deutscher Offizier nimmt dann die planmäßige Verteilung der Leute auf den Stuben vor. Jeder der drei großen Kasernenblocks ist mit rund 300 Mann belegt. Je 100 Mann wieder bilden eine Flurgemeinschaft. Für das disziplinierte Verhalten der Gefangenen untereinander hat jeweils ein zum Lagerkommandanten zum Flur- bezw. Blockführer ernannter polnischer Offizier im Range eines Hauptmanns Sorge zu tragen. Er ist dem Lagerkommandanten und seinen Offizieren für jede etwa vorkommende Disziplinwidrigkeit unmittelbar verantwortlich. Die kleineren Stuben sind mit je sechs Hauptleuten, die Normalstuben mit zwölf und mehr jüngeren Offizieren bezw. Fähnrichen belegt. Die Generale und die Stabsoffiziere sind in einem besonderen Gebäude untergebracht. Die Stabsoffiziere liegen zu viert zusammen; je zwei Generale bewohnen ein Zimmer, desgleichen auch die beiden Engländer und die beiden Franzosen.

Gemäß den internationalen Vereinbarungen erhalten sämtliche Kriegsgefangenen einen entsprechenden Wehrsold, der aber aus erklärlichen Gründen nicht etwa in Reichsmark, sondern in sogenanntem Lagergeld ausgezahlt wird, das nur im Bereich des Lagers Gültigkeit hat. Die von ihnen in eigener Regie durch eine Kommission bewirtschaftete Kantine führte sämtliche kleinen Artikel des täglichen Bedarfs, ferner Zigaretten, Tabak, Obst, alkoholfreie Getränke usw. Ausgenommen sind natürlich solche Waren, die der Bezugsscheinpflicht unterliegen oder nur auf Lebensmittelkarten erhältlich sind, wie etwa Textilien, Lederzeug, Fette oder auch Schokoladen. Das Geschäft, dessen Reingewinn der Gesamtheit der Gefangenen zukommt, geht ausgezeichnet.

Außer der Kantinenkommission gibt es noch eine besondere Sportkommission, denn es wird viel und eifrig Sport getrieben — wobei die erforderlichen Geräte usw. selbstredend von den Lagerinsassen gekauft werden müssen — sowie eine Lese- und Unterrichtskommission. Diese sorgt für die Beschaffung von Büchern und Zeitungen, und wenn auch gegenwärtig noch ein fühlbarer Mangel an polnisch-sprachiger Lektüre herrscht, so befaßt man sich umso mehr mit Sprachenunterricht. Weitaus am begehrtesten sind bezeichnenderweise deutsch-polnische Wörterbücher, die bereits zu Hunderten bestellt wurden.

Der Tagesablauf im Lager? Um sieben Uhr Aufstehen, eine Viertelstunde Frühgymnastik, Frühstück, Appell, Freizeit, Mittagessen, Freizeit, Abendbrot, Appell, um 21 Uhr Schlafengehen. Punkt 21.30 Uhr wird das Licht gelöscht. Die internationalen Bestimmungen besagen nämlich, daß kriegsgefangene Offiziere nicht mit Arbeit beschäftigt werden dürfen.

Unter Führung des stellvertretenden Kommandanten, eines Majors, unternehmen wir einen Rundgang durch das Lager. Der regenverhangene, naßkalte Herbstnachmittag hat die Gefangenen in ihren Stuben zurückgehalten. Am Eingang des Kasernenbaues Nr. 3 erweist der Blockführer, ein polnischer Hauptmann, der leidlich deutsch spricht, die militärische Ehrenbezeugung; denn natürlich besteht gegenüber den deutschen Offizieren die Grußpflicht. Auf den Treppenaufgängen und in den Fluren stehen weitere Gefangene. Sie unterbrechen ihre Unterhaltung, reißen die Hacken zusammen und grüßen. Aber ihr Gruß nach polnischer Art, d. h. Mittel- und Zeigefinger am Mützenrand — wirkt einigermaßen salopp.

Die Kaserne hat Zentralheizung und ist dem gemäß gut durchgewärmt. Wir wandern durch die Kantine, in der augenblicklich eine Anzahl der den kriegsgefangenen Offizieren zur Verfügung stehenden rund 200 polnischen Ordonnanzen mit dem Aufräumen beschäftigt ist. Wir werfen einen Blick in einen der hygienisch eingerichteten Waschräume und besichtigen mehrere Stuben, die mit ihren sauber ausgerichteten Bettenreihen, Tischen, Bänken oder Stühlen durchaus an die Mannschaftsstuben unserer Wehrmacht erinnern. Doch nicht überall herrscht heute schon die bei uns gewohnte Ordnung. Die will erst gelernt sein! Denn, als wir in eine große, mit 15 Mann belegte Stube eintreten, bemerken wir, daß auf dem schönen Parkettfußboden zahllose Zigarettenstummel, Obstreste und Brotkrumen in wüstem Durcheinander umherliegen. Als der deutsche Major dem polnischen Blockführer energisch klarmacht, daß ein derart unwürdiger Zustand nicht mit soldatischer Zucht vereinbar sei, zumal es sich hier noch um Offiziere handele, stammelt dieser beschämt, die Belegschaft der Stube bestehe nur aus Fähnrichen (!). Eine Verlegenheits-Ent-

schuldigung, die bemerkenswerte Rückschlüsse zuläßt.

Inzwischen hat das Wetter aufgeklart; die Freizeit hat die Lagerinsassen nach draußen gelockt. Sie spazieren meist zigarettenrauchend in lebhafter Unterhaltung umher, ein Gewimmel lehmgrauer, häufig völlig verschlissener Uniformen. Auf dem Sportplatz ist ein eifriges Fußballspiel im Gange. Wir halten aufmerksam Umschau, und immer wieder fällt uns auf, wie die weit überwiegende Mehrzahl dieser Männer ihrer Haltung und ihrem Äußern nach nicht als Offiziere anzusprechen wären. Man sieht völlig den abgründigen Unterschied, der zwischen dem deutschen und dem ehemals polnischen Offizierskorps klafft, ein recht anschaulicher Kommentar gleichzeitig zu der katastrophalen Unfähigkeit der polnischen Heerführung.

Wir vermissen die gefangenen französischen und englischen Fliegeroffiziere, die — wie uns ein amerikanischer Journalist, der sie soeben besuchte, erzählt — in zwei sehr wohnlichen Zimmern untergebracht sind und sich ihm gegenüber freimütig über die glänzende Behandlung geäußert haben. Die Franzosen waren am Abend von einem deutschen Jagdflieger zur Landung gezwungen worden. Bei den Engländern handelt es sich um jene zwei Flieger, die sich über deutschem Gebiet verirrt hatten und in Thüringen notlandeten. Nun, in Gefangenschaft, kommen häufig alle vier zusammen und spielen Bridge. Von ihren polnischen "Waffengefährten" sondern sie sich indessen mit auffallender Betontheit ab. Man bleibt lieber unter sich. Die gegenseitige Wertschätzung beschränkt sich im allgemeinen auf Fernsicht. Unterhaltungen könnten wohl doch nur zu peinlichen Erörterungen führen!

Wir besichtigten abschließend noch die große Aufnahmehalle, die im Winter u. a. als Sporthalle Verwendung finden wird, ferner die Duschräume, die Desinfektionsanlage und das von einem deutschen Oberstabsarzt geleitete Lazarett, dem auch mehrere gefangene polnische Militärärzte beigegeben sind. Außerdem versieht in dem Kasernenblock ein weiterer polnischer Arzt den Tagesdienst. So vervollständigt sich unser Eindruck. Wie alles in diesem Offiziersgefangenenlager, ist auch die ärztliche Betreuung vorbildlich. Die von dem berüchtigten englischen Propagandaministerium bei jeder Gelegenheit schamlos verleumdeten, als barbarisch und grausam geschmähten bösen Deutschen lassen ihren Kriegsgefangenen eine in jeder Hinsicht mustergültige Behandlung angedeihen!

EN vom 25.10.1939

Die „Strafe" für Juden in Form einer Vermögensabgabe wurde zum 15. November von 20% auf 25% des Vermögens erhöht. (16)

Deutschlands Jugend tritt an.

Vormilitärische Ausbildung der Hitler-Jugend im Kriege.
Umfangreiche Vorschriften.

DNB. Berlin, 25. Oktober. Die Dienststelle des Jugendführers des Deutschen Reiches gibt, wie kurz berichtet, bekannt:

Für die Leibeserziehung der Hitlerjugend in der Kriegszeit ist in diesen Tagen von der Reichsjugendführung, Befehlsstelle 2, eine Ausbildungsvorschrift erlassen worden. Danach wird die Leibeserziehung der Jugend auch im Krieg unter Berücksichtigung besonderer Aufgaben mit allen Mitteln fortgeführt. Ziel ist die Gesunderhaltung und Förderung der körperlichen Leistungsfähigkeit der gesamten Jugend.

Für die Hitlerjungen vom 16. bis zum vollendeten 18. Lebensjahr tritt eine Spezialausbildung im Geländedienst und Kleinkalberschießen hinzu. Da sie in der Woche durch ihre Berufsarbeit in Anspruch genommen sind, findet diese Sonderausbildung grundsätzlich nur Sonnabendabends und Sonntags statt. Dafür entfällt die Teilnahme an den Leibesübungen. Jedoch können die Sechzehn- bis Siebzehnjährigen an einem Abend in der Woche und an zwei Sonntagnachmittagen am freiwilligen Leistungssport teilnehmen. Mit dieser vormilitärischen Ausbildung, die im Einvernehmen mit den Oberkommandos der Wehrmacht und des Heeres erfolgt, bereitet die Hitlerjugend ihre drei ältesten Jahrgänge (1923, 1922, 1921) planmäßig auf den Wehrdienst vor und sichert unserer Armee einen mit Gelände und Schußwaffe bereits vertrauten Nachwuchs. Diese Ausbildung erstreckt sich über einen Zeitraum von 6 Monaten und schließt mit einer Prüfung. Bei Bestehen der Prüfung erhält der Teilnehmer den K-Ausbildungsschein verliehen.

Für die vierzehn- bis fünfzehnjährigen Hitlerjungen wird noch kein Schieß- und Geländedienst durchgeführt. Für sie ist eine Ausbildung in der Grundschule der Leibesübungen vorgesehen. Soweit es sich um Schüler handelt, wird der Dienst an einem Wochentag in einer Doppelstunde durchgeführt; berufstätige Hitlerjungen dieses Alters sollen abends keine Sportausbildung mehr erhalten, sondern hier ist diese Doppelstunde während der Arbeitszeit vorgesehen. Darüber hinaus wird an zwei Sonntagen im Monat für zwei Stunden von allen Hitlerjungen dieses Alters gemeinsam die Grundschule der Leibesübungen durchgeführt. Sie haben ferner alle Gelegenheit, an dem freiwilligen Sport teilzunehmen.

Unsere 10- bis 14jährigen Pimpfe sind weitgehend für Sammelaktionen eingesetzt. Ferner hat der Jungvolkdienst bis auf weiteres bis Sonnenuntergang beendet zu sein. Aus diesem Grunde werden z. B. Fahrten, Geländespiele und Luftgewehrschießen vielfach ausfallen müssen. Durchgeführt wird jedoch als wesentlichster Bestandteil des Jungvolkdienstes wöchentlich eine Doppelstunde Leibesübungen. Ferner kann der freiwillige Leistungssport der Pimpfe an zwei Sonntagvormittagen im Monat zur Durchführung gelangen. Dort wo Sammelaktionen ausfallen, werden der Leistungssport und die Grundschule für Leibesübungen wieder verstärkt in den Dienstbetrieb aufgenommen.

Die Ausbildungsvorschrift gibt zunächst den Einsatz in der Zeit vom 15. Oktober 1939 bis 15. April 1940 bekannt und enthält alle Angaben über den Ausbildungsstoff in jeder Woche des Winterhalbjahres. Als Uebungsleiter für die vormilitärische Ausbildung werden Angehörige von Parteigliederungen und von der Wehrmacht die HJ unterstützen. Für die Sonderformationen der Hitlerjugend ergehen noch zusätzliche Anordnungen.

EN vom 25.10.1939

Hitlerjugend in der Schulstraße

Zeitzeugen Stadtarchiv. Interview Lieselotte Bornhold, geb Möller youtube .
Screenshot_20230123_160509_YouTube

Im Jahre 1879 wollte der jüdische Unternehmer Isaak Mendel in Elmshorn für die Armen und Arbeitslosen eine „Volksküche" eröffnen, wo diese verpflegt werden konnten. Dieses wurde allerdings nicht erlaubt.

In einem Artikel der „Elmshorner Nachrichten" vom 8. Februar 1879, der die Einführung einer Volksküche für Arbeitslose diskutierte, stand zu lesen:

„(...) Eine Volksküche ist der vorgerückten Zeit nicht zu empfehlen, obgleich Herr I. Mendel in der freundlichsten Weise ein Local hergeben will, sodaß bedeutende Kosten erspart würden (...)" (16)

Diese Küche wurde dann am 11. August 1923 von einigen Elmshorner Industriellen, von der Stahlhelmhilfe und dem Wohlfahrtsamt gegründet und zum 20. August eröffnet. Von der Höchstzahl von 1700 Portionen sank die Zahl bis 1939 auf 30 herab, so dass die Tätigkeit der Hilfsküche am 28. Oktober 1939 ihre Tätigkeit einstellte. (17)

EN vom 30.10.1939

Der Arbeitsplan der Volksbildungsstätte Elmshorn.

Der Arbeit der Elmshorner Volksbildungsstätte stellt Bürgermeister Krumbeck folgende Worte voran:

In schwerer Kriegszeit wird von der NS.-Gemeinschaft "Kraft durch Freude" im Rahmen des Volksbildungswerkes die "Volksbildungsstätte Elmshorn" ins Leben gerufen. Diese Initiative verdient Anerkennung und jede Unterstützung.

Vielfache Ansätze zur "Erwachsenenbildungsarbeit" sind in den zurückliegenden Jahren gemacht worden; zu einem entscheidenden und bleibenden Erfolg konnten sie nicht führen, weil den Bemühungen die einheitliche Trägerschaft und Ausrichtung und damit die Planmäßigkeit fehlte.

Mit der Schaffung der Volksbildungsstätte wird dieser Mangel beseitigt. Ihre Aufgabe wird es sein, Vorträge, allgemeinbildende Lehrgänge und Kurse, Dichterlesungen, Studienfahrten und dergleichen in einem solchen Ausmaße durchzuführen, daß der örtlichen und später auch der Gemeinschaft des Kreises daraus der höchsterreichbare kulturelle und geistige Nutzen entspringt.

Wenn in der Kriegszeit die Verhältnisse auch zu einer gewissen Beschränkung zwingen werden, so wird die Entstehung der Volksbildungsstätte gerade in dieser Zeit der Einrichtung doch ihren besonderen Wert und ihre Festigkeit verleihen. Denn was an kultureller Arbeit in harten Kampfestagen durchsteht, muß aufgrund dieser Bewährung in kommender Friedenszeit reiche Früchte tragen.

In dieser starken Hoffnung beginnt die Volksbildungsstätte Elmshorn ihr Wirken. Es soll allewegt getragen sein von dem Willen, dem Führer zu dienen und seine Idee und seine Ideale zum Allgemeingut des Volkes zu machen.

* * *

A. Blick in die Welt. Vortrag: Was will Japan? Redner: Dr. Haus, Breslau. Arbeitsgemeinschaft: Was jeder vom heutigen Europa wissen muß! Leiter: Pg. Gust. Vollert.

B. Volkstum und Heimat. Vortrag: Der Osten ruft Deutschland. Redner: Prof. Dr. Recke, Danzig. Arbeitsgemeinschaft: Grundfragen der Volksgesundheit. "Lebendige Dorfgeschichte". Leitung: Rektor i. R. Struve, Elmshorn.

C. Geschichte und Politik. Vortrag: Die germanische Sendung in Südost-Europa. Redner: Janko Janeff, Dozent an der Berliner Universität. Arbeitsgemeinschaft: "Deutsche Geschichtsauffassung". Leiter: Pg. Wilh. Kober, Elmshorn.

D. Wehrhaftes Volk. Vortrag: Wehrpolitische Brennpunkte. Redner: Oberstleutnant Dr. Dähne, Magdeburg. Arbeitsgemeinschaft: "Politik und Kriegsführung in neuerer Zeit".

E. Volk an der Arbeit. Arbeitsgemeinschaft: "Was jeder Schaffende vom Arbeitsrecht wissen muß". "Das Bund der Rundfunks und des Fernsehens". Leitung: Pg. Karl Pleß, Elmshorn.

F. Deutsches Kultur- und Geistesleben. Dichterlesung: Hans Christoph Kaergel, Schlesien. (Hat bereits stattgefunden.) "Volksdeutsche Woche vom 8. bis 13. April 1940". Erwin Wittstock, Siebenbürgen.

G. Arbeitskreise. Zeichnen und Malen im Dienste der Heimatgestaltung. Leitung: Pg. Ernst Witt, Elmshorn. Schöpferische Werkarbeit. Leitung: Pg. Ernst Witt, Elmshorn. Wie entwirft man Handarbeiten? Leitung: Frl. Therese Rehr, Elmshorn. Modellbau. Leitung: Emil Bay, Elmshorn. Liebhaberfotografie. Leitung: Pg. Gustav Borreick, Elmshorn. Briefmarkenkunde. Leitung: Pg. Christian Welsner, Elmshorn. Schach. Leitung: Pg. Heinrich Schlüter, Elmshorn. Das Auto und sein Motor. Leitung: wird noch bekanntgegeben. Die Kunst des Sprechens, Vortragens und der freien Rede. Leitung: wird noch bekanntgegeben. Musikunterricht für alle Instrumente wie: Streichinstrumente, Holzblasinstrumente, Blechblasinstrumente, Blockflöten, Zupfinstrumente. Gemeinschaftssingen. Dirigentenkursus für Leiter von Laienkapellen, Werkkapellen und -chören in Zusammenarbeit mit der Reichsmusikkammer. Laienspielkurse der Hitler-Jugend.

H. Kurse. Gutes Deutsch in Wort und Schrift. Leitung: Döhring, Diplomhandelslehrer. Richtiges Rechnen bringt Gewinn und spart Ärger. Leitung: Döhring, Diplomhandelslehrer. Englisch für Anfänger. Italienisch für Anfänger. Russisch für Anfänger.

I. Lehrwanderungen. Fotolehrwanderungen. Mit dem Omnibus zur Autobahn und zur Motorsportschule Nordoe. "Besichtigung der Betriebe" und der Städtischen Bücherei, Elmshorn.

EN vom 4.11.1939. Vorlesungsplan der Volksbildungsstätte in Elmshorn 1939.

Mordversuch an Adolf Hitler.

Sechs Alte Kämpfer durch Explosion getötet und über 60 verletzt.

DNB. München, 9. November. Der Führer traf gestern anläßlich der Erinnerungsfeier der Alten Kämpfer zu einem kurzen Besuch in München ein. An Stelle des Parteigenossen Heß hielt der Führer selbst im Bürgerbräukeller die Ansprache. Da die Staatsgeschäfte den Führer zwangen, noch in der Nacht nach Berlin zurückzukehren, verließ er früher als ursprünglich vorgesehen, den Bürgerbräukeller und begab sich zum Bahnhof zu dem dort bereitstehenden Zug.

Kurz nach Abfahrt des Führers ereignete sich im Bürgerbräukeller eine Explosion. Von den noch im Saal anwesenden Alten Kämpfern der Bewegung wurden sechs getötet und über 60 verletzt.

Das Attentat, das in seinen Spuren auf ausländische Anstiftung hinweist, löste in München sofort eine fanatische Empörung aus.

Zur Feststellung der Täter ist eine Belohnung von 500 000 Reichsmark ausgesetzt worden.

...iffe abgewiesen.

...berkommando der Wehrmacht gibt bekannt:
...owohl südöstlich Saarbrücken wie südwest... von etwa ein bis zwei Kompanien gegen unsere ...Grenze abgewiesen und im Gegensatz mehrerer ...lebhafterer Artillerietätigkeit keine besonderen...

EN vom 9.11.1939

Vor dem Standgericht der Heimatfront.

Todesstrafe für Verdunkelungsverbrecher.

Adf. Berlin, 8. November. Mit einem besonders schweren Fall von Verbrechen während der Verdunkelung hatte sich das Berliner Sondergericht in dem Verfahren gegen den 27jährigen, zweimal wegen schweren Diebstahls vorbestraften Franz Blawat aus Wittenberge zu befassen. Der aus Flatow gebürtige Angeklagte war am 21. 10. d. Js., einem Sonnabend, mit seiner 19jährigen Freundin nach Berlin gekommen und hatte hier gegen 19 Uhr 40 Min., also nach Eintritt der Dunkelheit in der Manteuffelstraße in Berlin SO. eine 42jährige Einkäuferin überfallen und ihr die Handtasche mit 25 RM. Bargeld und sonstigem Inhalt geraubt. Dann flüchtete er, konnte aber auf die Hilferufe der Überfallenen von Passanten gestellt, zu Fall gebracht und dann festgenommen werden. Die geraubte Handtasche hatte er auf der Flucht weggeworfen.

Nach seiner Verhaftung und auch in der jetzigen Gerichtsverhandlung suchte der Angeklagte die Dinge so darzustellen, als ob es sich um eine, aus einer augenblicklichen Notlage heraus entstandene Gelegenheitstat handelte. Er will mit seiner Freundin nach Berlin gekommen sein, um sich die Reichshauptstadt anzusehen. Kurz nach 19 Uhr habe er dann zu seinem Schreck bemerkt, daß er seine Rückfahrkarte verloren habe. Während nun seine Freundin eine in der Nähe wohnende Tante besuchte, sei er auf den Gedanken gekommen, sich das fehlende Geld im Wege des Straßenraubes zu beschaffen.

Diese Darstellung wurde jedoch durch die Freundin widerlegt, die unter atemloser Spannung der Zuhörer erklärte, B. habe schon in Wittenberge den Plan gefaßt, in Berlin ein „Ding zu drehen", um schöne Reisen machen zu können. Alle ihre Warnungen und sogar der Hinweis, daß auf ein solches Verbrechen nach den verschärften Kriegsgesetzen unter Umständen sogar die Todesstrafe stehe, habe er in den Wind geschlagen und geäußert, er werde sich schon nicht fassen lassen.

Nach Beendigung der Zeugenvernehmung ergriff der Staatsanwalt das Wort zu interessanten grundsätzlichen Ausführungen über die Bedeutung der Sondergerichte in Kriegszeiten, die er als eine Art Standgericht der Heimatfront bezeichnete. Durch sie müsse dafür gesorgt werden, daß die innere Front der Heimat einen restlosen Schutz gegenüber verbrecherischem Gesindel genieße. Der Staatsanwalt beantragte daher die Todesstrafe.

Das Berliner Schwurgericht erkannte entsprechend dem Antrag des Staatsanwalts wegen Verbrechens gegen Paragraph 2 der Verordnung gegen Volksschädlinge vom 5. September 1939

EN vom 4.11.1939

Im Laufe des Krieges kamen immer mehr Kriegsgefangene ins Deutsche Reich und damit in Berührung mit den deutschen Bürgern. Deshalb sah sich die NS-Regierung bemüßigt, vor einem zu engen Kontakt mit ihnen zu warnen:

„Kriegsgefangene bleiben Feinde.

In den letzten Wochen sind viele Tausende von Kriegsgefangenen in Deutschland eingetroffen. Zum größten Teil sind sie in Arbeitskommandos eingesetzt, ganz besonders in der Landwirtschaft. Dadurch gelangte die Bevölkerung in enge Berührung mit Kriegsgefangenen.

Die Erfahrungen des Weltkrieges 1914-18 haben gelehrt: Feind bleibt Feind, auch in der Gefangenschaft. Dementsprechend muss sich die Bevölkerung den

Kriegsgefangenen gegenüber verhalten. Vor allem ist Vertrauensseligkeit im Verkehr mit den Kriegsgefangenen nicht am Platze. Im Weltkrieg hat der kriegsgefangene Feind der deutschen Wehrmacht und der deutschen Wirtschaft erheblichen Schaden zugefügt. Auch den jetzigen Kriegsgefangenen ist ein berechtigtes Misstrauen entgegenzubringen.

Es verbietet sich daher, sich neugierig an Kriegsgefangene heranzudrängen oder von ihnen „Erinnerungsstücke" anzunehmen. Jeglicher Handel und Tauschgeschäfte mit den Kriegsgefangenen müssen unterbleiben. Verstöße dagegen sind strafbar. Als „Landesverrat" wird die Postbeförderung an Kriegsgefangene und von solchen durch Vermittlung der Bevölkerung angesehen und verfolgt.

Die Bevölkerung wird darüber hinaus aufgefordert, sich tätig bei der Abwehr der Gefahren zu beteiligen, die durch die Kriegsgefangenen hervorgerufen werden können. So hat sie insbesondere alle schädigenden Handlungen des Kriegsgefangenen und den Verdacht hinsichtlich solcher sofort der nächsten Polizeistelle zu melden." (17)

Immer wieder musste die Bevölkerung auf die Kriegswirtschaft eingestellt werden, sei es durch Erläuterungen zu den Lebensmittel- und Kleidermarken, zum Umgang mit Ämtern und Behörden, zu vielen Fragen des täglichen Lebens, da viele Männer fehlten und die zurückgebliebenen Frauen die Familien allein versorgen und durch diese Zeiten bringen mussten. Viele hatten die große Belastung durch Berufstätigkeit und Haushalt und keinen Ansprechpartner mehr. Es mussten sich viele Frauen auch umstellen, was das Einkaufen und Kochen betraf. Es kam zu Nörgeleien oder Verständnislosigkeit gegenüber den Einschränkungen im Krieg, der zu dieser Zeit noch gar nicht einmal die Heimat betraf. Das sollte sich später gründlich ändern. Den Frauen wurde eingeimpft, dass sie an als Soldat der Heimat an der Heimatfront stünden und so ihren Beitrag zur Unterstützung der Männer an der Front zu leisten hatten. Am 13. November 1939 brachten die EN den Beitrag *„Soldat der Heimat"*, der sich an die Frauen richtete.

Soldat der Heimat.

BN. „Was für ein großes Wort — „Soldat der Heimat!" So denkt Frau Ilse und schüttelt den Kopf. Und dennoch sollst auch Du, liebe Frau Ilse, so ein Soldat der Heimat werden. Ein großes Wort ist es wohl, aber auch ein schönes und wahres, das auf so viele deutsche Frauen heute zutrifft und — sicherlich bald auch auf Dich. Du brauchst Dir nur einmal klar zu machen, was es bedeutet, und dann wirst auch Du danach streben, Dir diesen Ehrentitel zu verdienen.

Zu einem großen Teil hast Du Dir die ihn schon errungen dadurch, daß Du zwei Deiner Lieben, Deinen Gatten und Deinen Bruder, hast an die Front ziehen lassen müssen. Und wenn Du auch um sie bangst, hat man keine Klage aus Deinem Munde gehört, und Du hast es sogar fertiggebracht, Deine Sorgen vor Deinem eifrigen Töchterchen, das jeden Tag nach dem Papa fragt, zu verbergen. Und als man Dich fragte, ob Du gute Nachricht hättest, hast Du dies fröhlich bejaht, abgleich Du Näheres von ihnen garnicht mußtest. Wie zum Lohn für Deine vernünftige Absicht, möglichst viel Ruhe und Zuversicht um Dich zu verbreiten, brachte Dir der Postbote am nächsten Tag zwei ausführliche Feldpostkarten.

Eines tut aber ein „Soldat der Heimat" trotzdem nicht, liebe Frau Ilse. Erinnere Dich bitte: Als Du neulich beim Fleischer „Schlange standest", und der Geselle allen gut zuredete, in Zukunft doch nicht mehr auf einmal zu kommen, da doch jeder sein Teil bekäme und dieses Anstellen unnötig und für die Angestellten obendrein hinderlich sei, da hast Du Dich genau wie einige andere Unvernünftige gesträubt, weil Du fürchtetest, später statt der gewünschten Schweinekoteletts etwas anderes nehmen zu müssen. Denke einmal nach, liebe Frau Ilse, ist es nicht im Grunde gleichgültig, ob man Schweinekoteletts oder Beefsteak oder Rinderschmorbraten ißt? Haben wir heute nicht andere Sorgen.

Und dann, wenn es noch einmal vorkommt, daß die dicke Frau Müller aus dem Nebenhaus ein solches Jammerkonzert wie neulich anfängt über die ernsten Zeiten und die Unbequemlichkeiten, die sie mit sich bringen, höre Dir das Zeug nicht wieder unwidersprochen an, sondern mache der guten Frau klar, wie nutzlos und dumm es ist, zu Hause zu stöhnen und zu jammern, statt den Kopf oben zu behalten. Wofür kämpfen denn unsere Väter, Söhne und Brüder? Doch nur für uns und für den Schutz unserer Heimat. Sie entbehren tausendmal mehr als wir an Ruhe, Bequemlichkeit und Sicherheit, — wie undankbar und wie unsinnig wäre es daher, ihnen mit Unzufriedenheit und mit Angst gewissermaßen in den Rücken zu fallen! Es ist selbstverständliche Pflicht der deutschen Frau, die Heimat, die unsere Männer verteidigen, zu hüten. Dazu gehören: Opferbereitschaft, Ruhe, Mut, Haushalten und — Fleiß!

Ja, liebe Frau Ilse, auch Fleiß gehört dazu. Warum liest Du einen Roman oder stickst an einem Deckchen, während der drei oder vier Nachmittagsstunden, die Du nach Besorgung Deines kleinen Haushaltes für Dich hast? Wieviel Nützliches kannst Du für die deutsche Volksgemeinschaft tun, wenn auch Du ein Teilchen Deiner freien Zeit opferst. Melde Dich bei Deiner NSV.-Blockwalterin; sie ist sehr überlastet und wird sich gewiß freuen, wenn Du ihr ein Amt abnehmen oder ein paar Kinder betreuen willst, deren Mütter heute längst den verwaisten Arbeitsplatz ihrer Männer als „Soldaten der Heimat" ausfüllen.

Auch Du wirst Dir durch kluges Haushalten, Ruhe und Opferbereitschaft den Ehrentitel erwerben, den schon so viele Deiner deutschen Mitschwestern mit Fug und Recht tragen: „Soldat der Heimat"!

EN vom 15.11.1939

Zwischen dem Oberkommando der Wehrmacht und der Reichsführung der HJ wurde im November der Einsatz von Frontkämpfern und älteren Mitgliedern der HJ, die schon an der Front eingesetzt waren, an Heimabenden der HJ vereinbart. Hier sollten sie von ihren „Fronterlebnissen" berichten. Es sollte die *innere*

Anteilnahme der gesamten männlichen Jugend an dem siegreichen Einsatz der deutschen Waffen" gesteigert werden. (18)

Zehn Gebote für den Einsatz.

Vom Hauptamt für Kriegsopfer in der NSDAP. und seiner Organisation der NSKOV. ist nach einem Erlaß des Stellvertreters des Führers im Einvernehmen mit dem Chef des Wehrmachtkommandos der Wehrmacht die gesamte Betreuung der Hinterbliebenen und der Verwundeten des jetzigen Krieges übertragen worden. Die Reichsdienststelle der Frontsoldaten des Weltkrieges und seiner Hinterbliebenen hat die Erfüllung dieses großen Aufgabengebietes und die unentwegte Einsatzbereitschaft eines jeden Einzelnen zusammengefaßt unter folgende „10 Gebote des Einsatzes":

1.

Du hast in Deinem Berufe voll und ganz Deinen Mann zu stehen, denn Du arbeitest für einen Kameraden mit, der an der Front für Deutschland kämpft.

2.

Auch Deine Feierstunden gehören jetzt Deinem Volke. Das ist das mindeste, was der Führer von Dir verlangen kann, dafür, daß er so vorbildlich für Dich gesorgt hat.

3.

Unterlasse jede unfruchtbare und überflüssige Kritik an notwendigen und durchdachten Maßnahmen! Denn Du weißt als Frontsoldat des letzten Krieges, daß es nicht darauf ankommt, Kritik zu üben, sondern zu handeln.

4.

Mache Dir niemals fremde Kritik zu eigen und trage sie gedankenlos weiter, sondern überzeuge harmlose Schwätzer von der Notwendigkeit der getroffenen Maßnahmen, die Front wird Dir dafür dankbar sein!

5.

Die Familien Deiner jungen an der Front stehenden Kameraden können von Dir Rat und Hilfe erwarten. Also hilf!

6.

Die an der Front fechtenden Kameraden müssen den festen Rückhalt der Heimat besitzen. Deine kleinen Entbehrungen und Deine selbstverständlichen Opfer interessieren sie weniger als die Zuversicht in der Heimat.

7.

Handle im täglichen Leben so, daß Dein Handeln der Kritik der Front standhält.

8.

Schlage jedem Gerüchtemacher aufs Maul. Umlaufende Latrinenparolen stammen vom Gegner!

9.

Den Hinterbliebenen der Gefallenen und den verwundeten Kameraden gehört Deine ganze Hilfsbereitschaft. Erziehe auch andere dazu. Aber warte nie auf andere, wenn Du selbst zufassen kannst.

10.

Du hast als Erbe der Toten des Weltkrieges der gute Geist Deines Volkes zu sein! Die Toten des Weltkrieges sind um ihren Sieg betrogen worden. Gib Du mit Deiner Pflichterfüllung, Deinem Beispiel und Deiner Beharrlichkeit dem Führer und der kämpfenden Front die Gewißheit des Sieges!

EN vom 17.11.1939

Am 16. November fand die Verpflichtungsfeier der Werkfrauengruppe der Firma Peter Kölln im Betrieb statt. Diese war die erste Werkfrauengruppe im Kreis Pinneberg und bestand schon ein Jahr. Für die Bestätigung war die Teilnahme an einem Kursus des Reichsmütterdienstes und eine Ausbildung im Sanitätsdienst Voraussetzung. (19)

EN vom 22.11.1939

Die Fußgänger wurden aufgefordert, links auf der Kleidung Leuchtplaketten zu tragen und rechts zu laufen, damit die Fußgänger in der Dunkelheit nicht zusammenstoßen. (20)

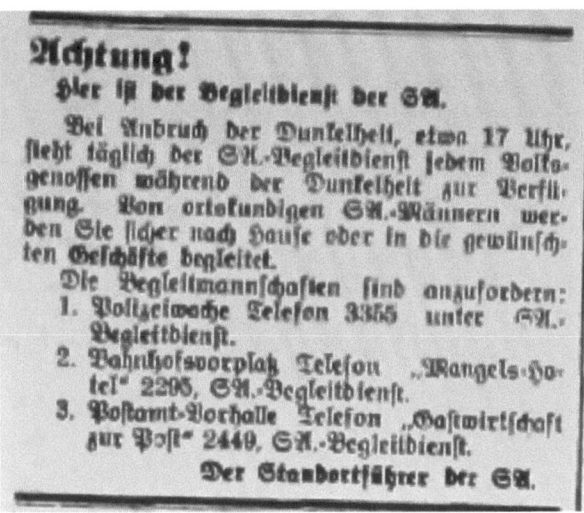

EN vom 2.12.1939

Sie wachen für dich.

NSK. Du siehst keine Hand vor Augen. Nur wenige Zentimeter dann und wann ein grünlich schillerndes Pünktchen, das schemenhaft vorüberhuscht. Aber du hörst die Schritte vieler Menschen. Du hörst Flüstern, Lachen und auch mal den Ruf: Vorsichtig, Mann!

Du gehst deinen Weg wie sonst auch. Es ist Krieg, aber Angst? Davon spürst du nichts. Es sei denn, du fürchtest den nächsten Bordstein oder Briefkasten, den du vielleicht zu spät entdecken könntest. Aber gerade in dem Augenblick schießt dann plötzlich ein greller Strahl in den Himmel, der mit einemmal deinen Weg ein ganz kleines bißchen erhellt.

Dort wacht die Flak. Der silberne Finger wandert die hohe Wolkendecke entlang und sucht. Sucht — und findet den feindlichen Flieger nicht, denn er wagt sich nicht hierher. Sein Versuch wäre gleichbedeutend mit dem sicheren Tod. Was ist es, was dir auch in der Dunkelheit die Ruhe und Sicherheit gibt, die dich alle Wege gehen läßt.

Die Soldaten da draußen vor der Stadt wachen für dich. Nacht für Nacht. Zu jeder Stunde sind sie auf dem Posten und haben tausend Augen. Dann und wann triffst du mal einen dieser Männer mit den roten Spiegeln in der Stadt. Du kennst ihn nicht mit Namen, aber du ahnst, daß er einer von denen ist, dem du dich anvertraut hast. Du möchtest ihm Dank sagen, aber du weißt, daß er darüber lächeln würde, denn er tut ja nur seine Pflicht wie du auch auf einem anderen Platz.

Du kannst deinen Feierabend in Ruhe genießen, deiner Liebsten Treueschwüre ins Ohr flüstern, du kannst deine Freunde aufsuchen, du bist überall geschützt.

Abend für Abend spielen diese Strahlen am nächtlichen Himmel. Beinahe wie ein Spiel ist es wirklich, und doch steht ein tiefer Ernst hinter diesen silbernen Fingern. Dort, wo sie aufleuchten, wartet der Tod, der Schritt für Schritt mit dem Strahl am Himmel entlangwandert. Aber auch dieser Ernst stärkt dich nur. Denn du vertraust auf die Männer, die dort vor den Toren der Stadt am Scheinwerfer stehen.

Nur vor dem nächsten Bordstein bist du in Unruhe. Doch dagegen hilft Aufmerksamkeit. Genau wie sie jene Männer mit den roten Spiegeln ausbringen müssen, die uns schützen.

EN vom 29.11.1939

250

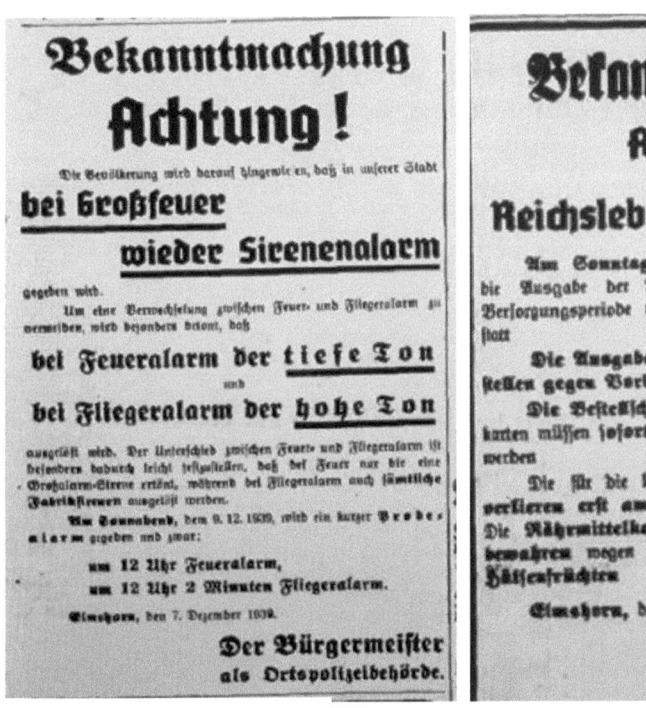

EN vom 7.12.1939   EN vom 8.12.1939

Die Hitlerjugend bekam zum 15. Februar 1940 einen neuen Dienstplan:

Die Jugend zum Einsatz bereit.

Einzelheiten zum Kriegsdienstplan, der am 15. Februar beginnt

„!" Der Kriegsdienstplan der Hitlerjugend tritt am 15. Februar in Kraft und wird jetzt in seinen Einzelheiten bekanntgegeben. Schon wenige Monate nach Kriegsausbruch liegt ein genauer Dienstplan vor, der allen neuen Anforderungen gerecht wird und den Einsatz der Jugend regelt ohne daß körperliche Ueberanstrengungen zu fürchten sind.

So wird zum Beispiel einmal in der Woche ein Heimabend für HJ und BDM und ein Heimnachmittag für die Pimpfe und die Jungmädel eingeführt. Die Zusammenkünfte, die der weltanschaulichen und charakterlichen Schulung dienen, dürfen nicht länger als zwei Stunden dauern.

Auf den Plätzen der Städte und Dörfer, in Lazaretten und Betrieben auf Elternabenden und den neu eingeführten Versammlungen der Jugend wird die HJ. singen und spielen. Konzerte, Theaterabende, Dichterlesungen werden wie bisher die HJ. an die wertvollsten Kulturgüter des Volkes heranführen.

Für alle Einheiten, mit Ausnahme der 16- bis 18jährigen Hitler-Jungen und der Angehörigen des BDM.-Werkes „Glaube und Schönheit", findet wöchentlich ein zweistündiger Sportdienst in der Grundschule für Leibesübungen statt. Dieser Pflichtsportdienst kann auch am ersten und dritten Sonntag im Monat durchgeführt werden. Für die 14- und 15jährigen Jungen der Sondereinheiten sind zweimal monatlich Pflichtübungen angesetzt.

Der Ausbildungsplan für die vormilitärische Ertüchtigung der 16- bis 18jährigen Jungen ist auf acht Monate ausgedehnt worden. Die Abschlußprüfungen müssen bis zum 15. Oktober beendet sein.

Appelle der Gefolgschaften und Fähnlein finden im Winterhalbjahr alle zwei Monate, im Sommer monatlich in Verbindung mit einem anderen Dienst statt. Stammappelle sind nicht erlaubt.

Der Dienstschluß für Pimpfe und Jungmädel ist bis einschließlich Februar auf 18 Uhr, für März auf 19 Uhr und für die Sommermonate, bis einschließlich September, auf 20 Uhr festgesetzt. Für HJ. und BDM. gilt 22 Uhr als Dienstschluß. Kundgebungen der Partei, Theater, Konzerte usw. sind von dieser Regelung ausgenommen. Der Dienst muß pünktlich und regelmäßig durchgeführt werden. Der zweite und vierte Sonntag sind dienstfrei. Beurlaubungen für die übrigen Dienstsonntage können nicht gewährt werden.

In den Sommermonaten sind Kurzfahrten und 14tägige Zeltlager ohne Benutzung der Eisenbahn mit höchstens 100 Jungen geplant, die im eigenen Gebiet bezw. Obergau durchgeführt werden müssen. Ausnahmen bilden nur die Gebiete Hamburg, Berlin und Wien. Längere Abwesenheit der Jungen und Mädel vom Elternhaus ist nur beim Ernteeinsatz zu erwarten. Wochenendfahrten dürfen während der Sommermonate nur einmal stattfinden.

Selbstverständlich wird die Jugend neben dem allgemeinen Kriegsdienst auch weiterhin zu besonderen Sammelaktionen hinzugezogen und bei längerer Dauer der übrige Dienst entsprechend eingeschränkt. Die in der vormilitärischen Ausbildung stehenden Hitlerjungen sind von diesem Einsatz befreit. Die 13- und 14jährigen Pimpfe und die Jungmädel nehmen auch weiterhin an der Luftschutzausbildung teil.

Die Modellbau-Arbeitsgemeinschaften der beiden ältesten Jahrgänge des Jungvolks haben wöchentlich zwei Stunden zusätzlichen Dienst. Einmal monatlich werden die gebauten Modelle im Sonderdienst eingeflogen.

Die 16- und 17jährigen Mädel erhalten eine zusätzliche Ausbildung im Gesundheitsdienst, für den monatlich zwei Doppelstunden zur Verfügung stehen.

So sind für alle Teile der Hitlerjugend Anordnungen getroffen worden, die einen reibungslosen Ablauf des Dienstes im Kriege gewährleisten und auch der Ausbildung des Führernachwuchses ihre besondere Aufmerksamkeit zuwenden. Es werden in verstärktem Maße Führerausbildungseinheiten gebildet, in denen die Führeranwärter die nötige Schulung erhalten. Selbstverständlich wird die HJ.-Führerschaft planmäßig geschult und in Arbeitstagungen über ihre Aufgaben unterrichtet.

Der Kriegsdienstplan steht, und die deutsche Jugend wird sich ihm würdig erweisen, denn sie trägt nicht umsonst als besondere Verpflichtung den Namen des Führers.

EN vom 5.1.1940

Bei einem Treffen im Sitzungssaal des Elmshorner Arbeitsamtes am 12. Februar 1940 hielt der Vorsitzende des Arbeitsamtes Weihmann eine Rede und sagte u.a. folgendes:

„In diesem Existenzkampf unseres Volkes darf keine Frau, die nur irgendwie zum Arbeitseinsatz unter der selbstverständlichen Bringung eines Opfers dazu körperlich in der Lage ist, abseits stehen.

Auf jede einzelne Frau kommt es an und jedes persönliche Opfer wird ihr durch den Gedanken leicht werden, dass gerade durch ihren Einsatz die Front ihrer im Felde stehenden Männer, Söhne und Brüder gestärkt und dadurch ein Baustein zum Endsiege wird. Keine Frau wird vor einem Arbeitseinsatz zurückschrecken bei der großen Verantwortung, dass ein Teil des Schicksals der Front auf ihre Schultern gelegt ist.

Es gilt daher jetzt durch die Beauftragten der NS Frauenschaft innerhalb der Ortsgruppen: 1. die Frauen festzustellen, die bereits im Arbeitsprozess standen und 2. Frauen, die infolge ihrer gesundheitlichen und familiären Lage für einen Einsatz in Frage kommen. Von jeder in Frage kommenden Frau muss erwartet werden, dass sie die Arbeit der Beauftragten der NS Frauenschaft durch Bereitwilligkeit und Opfersinn erleichtert, wenn auch auf der anderen Seite die NS Frauenschaft für besondere Verhältnisse und Umstände Verständnis aufbringen wird. Grundsätzlich wird die Aufforderung zum Arbeitseinsatz an alle Frauen ohne Unterschied der sozialen und wirtschaftlichen Stellung gehen. In den nächsten Tagen schon wird die weitere notwendige Aufklärung durch Flugblätter und Aufrufe in den Zeitungen des Kreises Pinneberg erfolgen." (21)

Was droht Kriegsschiebern und Hamsterern?

Die Auslegung des Kriegsschieber-Paragraphen.

)—(Wer Rohstoffe oder Erzeugnisse, die zum lebenswichtigen Bedarf der Bevölkerung gehören, vernichtet, beiseiteschafft oder zurückhält und dadurch böswillig die Deckung dieses Bedarfs gefährdet, wird mit Zuchthaus oder Gefängnis bestraft. In besonders schweren Fällen kann auf Todesstrafe erkannt werden. Diesen grundlegenden § 1 der Kriegswirtschaftsverordnung erläutert im Amtsblatt des Reichsjustizministers Staatsanwalt Dr. Rüfe:

Richter und Staatsanwalt sollen sich stets vor Augen halten, daß der § 1 ihnen als scharfes Kampfmittel gegen die Parasiten des Krieges gegeben sei. Sie dürfen daher, wenn sich der Täter als besonders asoziale Persönlichkeit erweist, nicht vor der Todesstrafe zurückschrecken. „Lebenswichtiger Bedarf der Bevölkerung" seien nicht nur die lebensnotwendigen Dinge, sondern auch Genußmittel, Kaffee, Tabakwaren, alkoholische Getränke. Nur ausgesprochene Kunst- und Luxusgegenstände seien nicht als lebenswichtig anzuerkennen, es können jedoch kostbare Gebrauchsgegenstände lebenswichtig sein, z. B. Möbel oder Seidenstoffe, Hand- und Mundharmonikas, wohl auch Klaviere seien zu den wichtigsten Bedarfsartikeln des Volkes zu rechnen. Diebstahl und Handel mit Bezugskarten seien ebenfalls typisch für

§ 1. Auch dann liege ein solches kriegsschädliches Verhalten vor, wenn der Täter ihm selbst gehörende Sachen zurückhalte. Zweifelhaft sei, ob auch der unter § 1 fällt, der sich größere Mengen einer bestimmten Ware vor dem Kriege anschaffte und sie jetzt nicht zur Verfügung stellt. Während man bei einem Kaufmann dies viel eher bejahen könne, werde man einer Privatperson gegenüber nur bei Hamstern in besonders großem Umfange die moralische Pflicht zum Inverkehrbringen zu einer Rechtspflicht verstärken können. Im übrigen genüge die bloße Gefährdung des Bedarfs. Darauf, daß er wirklich beeinträchtigt würde, komme es nicht an. Es genüge bereits eine örtliche Gefährdung, wobei das Zurückhalten einer kleineren Menge in einem Dorfe bereits die Bestrafung ermöglichen könne, während sie in einer Großstadt erst bei wesentlich größerem Umfang — immer auf § 1 bezogen — zutreffe.

Richtschnur sei stets, daß § 1 den Kriegsschieber und Kriegsgewinnler treffen will, wie er sich 1914 bis 1918 herausbildete. § 1 verlange weiter, daß der Täter böswillig (aus Gewinnsucht) handele. Als Normalstrafe für den Kriegsschieber sei Zuchthaus anzusehen.

EN vom 5.3.1940

Am 10. März fand die Verpflichtungsfeier der 14jährigen Pimpfe und Jungmädel im „Holsteinischen Hof" durch Kreisleiter Sievers statt. (22)

Bürgermeister Krumbeck verabschiedete sich am 8. März von seinen Mitarbeitern und Mitarbeiterinnen, da er zum Wehrdienst eingezogen worden war:

Der Bürgermeister.
Kr/Rg

Elmshorn, den 8. März 1940.

346

Mitarbeiter und Mitarbeiterinnen!

Endlich ist der Augenblick gekommen, wo auch ich zur
Fahne des Führers eilen darf. Ich verlasse meinen Arbeits=
platz in der Überzeugung, dass unsere Verwaltung die
großen Aufgaben, welche die Kriegsverhältnisse auch für
sie mit sich bringen, meistert. Die Organisation unserer
Verwaltung hat sich in den ersten 6 Kriegsmonaten bereits
bewährt. Vor allem aber hat sich bewährt die Einsatzfreu=
digkeit, der Fleiß und der so oft unter Beweis gestellte
Gemeinschaftsgeist aller Gefolgschaftsmitglieder.

Bei meinem Abschied bitte ich Euch: Haltet diesen Geist
hoch und betätigt ihn, damit es nach siegreichem Abschluß
des Heldenkampfes unseres Volkes einmal heißt:
     Auch die Männer und Frauen der Elmshorner Stadt=
     verwaltung taten ihr Bestes!

Heil Hitler!
Krumbeck.

Stadtarchiv 001-
03.31.50.01.06
Handhabung der
Ortspolizei 1933-
1942

Hermann Göring rief am 15. März zur Metallspende als Geburtstagsgeschenk für
Adolf Hitler auf. (23) Diese Spende stand unter einem besonderen Schutz. Wer sich
an ihr vergriff, musste mit der Todesstrafe rechnen. (24)

Schutz der Metallsammlung des deutschen Volkes.

Todesstrafe für Bereicherung.

-dnb- Der Ministerrat für die Reichsverteidigung hat heute, am 29. März, eine Verordnung zum Schutz der Metallsammlung des deutschen Volkes erlassen. Die Verordnung hat folgenden Wortlaut: Der Ministerrat für die Reichsverteidigung verordnet mit Gesetzeskraft:

Die Metallsammlung ist ein Opfer des deutschen Volkes für das Durchhalten in dem ihm aufgezwungenen Lebenskampf.

Wer sich an gesammeltem oder vom verfügungsberechtigten zur Sammlung bestimmten Metall bereichert oder solches Metall sonst seiner Verwendung entzieht, schädigt den großdeutschen Freiheitskampf und wird daher mit dem Tode bestraft.

Diese Verordnung tritt mit der Verkündung durch Rundfunk in Kraft. Sie gilt auch in den eingegliederten Ostgebieten.

Berlin, den 29. März 1940.

Der Vorsitzende des Ministerrates für die Reichsverteidigung

gez. Göring, Generalfeldmarschall.

Der Reichsminister und Chef der Kanzlei

gez. Dr. Lammers.

*　　*　　*

Ablieferung bis zum 20. April verlängert.

Die Frist zur Ablieferung kriegswichtiger Metalle, zu deren Sammlung Generalfeldmarschall Göring am 14. März aufgerufen hat, ist bis zum 20. April verlängert worden.

EN vom 30.3.1940

Ihr spendet Waffen!
Ein Besuch auf einer Metallsammelstelle in Elmshorn.

-tm- Der Worte sind genug gewechselt! Jetzt kommen die Taten! Die Elmshorner Metallsammelstellen haben ihre Tore geöffnet, und es hat sich, wie nicht anders zu erwarten war, sofort ein reger Betrieb entwickelt. Auf langen Tischen sieht man das glänzende Metall ausgebreitet, das jetzt seinen Weg in Deutschlands Waffenschmiede antreten soll, um gegen alle eingesetzt zu werden, die Deutschland sein Lebensrecht bescheiden wollen.

Photo: Elmshorner Nachrichten

Das obige Bild wurde aufgenommen in der Sammelstelle der Ortsgruppe Elmshorn-Altstadt. Schon über 30 Zentner Metall ist hier zusammengetragen worden, und noch immer bricht der Strom der Spendenden nicht ab. Als erste kam eine 80jährige Frau, die voller Stolz ein paar Erinnerungsmünzen brachte. Alte Leute sind besonders eifrig im Sammeln. Gerade in den alten Hausständen finden sich auch viel überflüssige Dinge, die jetzt einer besseren Verwendung nutzbar gemacht werden können. Hitlerjungen brachten ihre Bleisoldaten, Jungmädel schleppten kistenweise Staniol heran, eine Witwe trennte sich von einem Erinnerungsstück, der Sparkasse ihres längst verstorbenen Mannes mit den letzten Nickelmünzen, ein Studienrat hatte die metallenen Leuchter von seinem Klavier geschraubt und legte sie auf den Geburtstagstisch des Führers, er brachte gleich eine Erinnerung aus dem Weltkrieg, eine zum Aschenbecher umgearbeitete Kartusche mit. Immer wieder macht man die Feststellung, daß selbst die ärmsten Leute nicht zurückstehen wollen und ihren Hausstand gründlich nach Metall durchgesehen haben.

Unter den metallenen Bergen fand man, z. B. Bleirohre, Kessel, Kannen, Leuchter, Lampen, Service, Tabletts, alte Wecker und Uhren, Grammophontrichter, Kugeln, Krüge, Mörser, Schußhalter für Kamine, Wandteller, Plaketten, Bronzebüsten aus der staubfängerischen Zeit der Jahrhundertwende und vieles mehr. Wir raten allen, die etwas abliefern, sich die vielseitige Sammlung recht genau anzuschauen, denn dabei kommen die besten Einfälle. Immer wieder hört man „Ach so etwas habe ich ja auch noch zu Hause", und schon wird es herbeigeholt. So konnte es geschehen, daß Volksgenossen drei- und mehrmal kamen und solche Sachen brachten, die sie in der Sammlung gesehen hatten. Unter der Masse der Sachen fielen uns fünf Zinnbecher in geschwungener Biedermeier-Form auf, mit den Namen Franz, Carl, Helene, Max und Emmy. Zwei alte Damen brachten sie und erzählten, daß sie mit ihren Geschwistern bis zum 14. Lebensjahre aus diesen Bechern Milch getrunken hätten. Die Becher stammen übrigens, wie der Stempel erkennen läßt, von der englischen Firma James Dixon u. Sons, Sheffield. Sie werden jetzt uns helfen, den Krieg gegen England zu gewinnen.

Schon ein kurzer Besuch gibt Gelegenheit zu vielen kleinen interessanten Szenen: „Ist das auch etwas?" Mit dieser Frage bringt ein strammer Hitlerjunge eine anderthalb Meter lange Metallampel, legt eine Fleischersfrau einen Wurstkessel, eine Mutter den Metallbeschlag einer Wiege auf die Waagschale, holt ein altes Mütterchen mit zitternden Händen alte Nickelstücke aus der durchlöcherten Geldtasche aus Großvaters Zeiten hervor: ein hochwillkommenes „Groschengrab" eigener Art. Eine Spenderin bleibt, nachdem sie ein halbes Warenlager „auf den Tisch des Hauses" gelegt hat, zögernd stehen. Sie hat noch etwas auf dem Herzen. „Na, was gibt's denn?" ermuntert man sie. „Ich weiß nicht", kommt die stockende Antwort, „ich habe da zu Hause noch so ein paar alte Messinggardinenstangen..." „Her damit!" tönt es freudig im Kreise, und eine hinter der Zögernden stehende Frau öffnet lachend den Beutel. „Ich habe auch ein paar solche Stangen."

„Dann komme ich gleich nochmals wieder", erklärt nun, wie von einem Alpdruck befreit, die erste, „und bringe sie auch. Ich dachte man bloß.

weil sie doch so altmodisch sind." Lachend erklärt
man ihr, daß das Altmodische jetzt „für Hermann"
gerade sehr modern, sozusagen der letzte Schrei der
Mode sei.

Es sei noch einmal betont: Kunstgegenstände,
Dokumente alten Handwerks und jahrhundertelanger
Familientradition fallen selbstverständlich n i c h t
unter das Ehrengebot der Sammlung. Aber es gibt
hundert und tausend Dinge, die man mit bestem Gewissen s o f o r t b e r e i t h a l t e n d a r f. Da ist
beispielsweise der „herrliche" Tombolagewinn vom
Himmelfahrtsfest 1911 des Rauchklubs „Blauer
Dunst": eine verwegene Marmorschale mit einem
b r o n z e n e n Amor, dem eine dito Venus die Jä-
gerpfeife stopft. Weg damit! Auch B r i e f b e -
s c h w e r e r, die bronzene Engel, Walrosse oder
Babenzen tragen, gehören nicht unbedingt zu den
Lebens - N o t w e n d i g k e i t e n.

Einen beachtlichen und nachahmenswerten Aufruf hat der Leiter des Sängerkreises 5 (Remscheid-
Rhein-Wupperkreis) an die Gesangvereine seines Bereiches gerichtet. In manchen Vereinsschränken der
Sänger lägen, sagt er, noch alte P l a k e t t e n,
W e t t s t r e i t p r e i s e und T r o p h ä e n von anno
dazumal, die der Vergessenheit anheim gefallen sind
und für viele Vereine kaum noch Wert haben. Dagegen hätten sie wegen ihres Metallgehalts jetzt für
das Reich große Bedeutung und könnten die Metallspende und damit das Geburtstagsgeschenk für
den Führer bereichern helfen. Die Gesangvereine
werden aufgerufen, sich von diesen alten Sachen zu
trennen, soweit sie nicht einen ausgesprochenen Er-
innerungs- oder Kunstwert haben. — Was hier für
die G e s a n g v e r e i n e gesagt worden ist, kann in
gleicher Weise auf alle V e r e i n e bezogen werden, insbesondere auch auf Turn- und Sportvereine,
bei denen noch mancher P o k a l aus längst vergan-
gener Zeit sich wertvoll verwerten ließe.

Die Sammlung ist noch b i s z u m 2 0. A p r i l
verlängert worden. Bis dahin wird jeder Elmshorner wissen, was seine P f l i c h t ist; Elmshorn
muß auch im Erfolg der Metallsammlung an einer
der e r s t e n S t e l l e n des Reiches stehen!

EN vom 30.3.1940

Im Krieg konnte es dazu kommen, dass Soldaten oder Wehrmachtspersonal
zwangsweise in Privathaushalten untergebracht werden mussten, da Kasernen zur
Unterbringung nicht ausreichten. Später kamen auch Ausgebombte aus allen Teilen
im Reich. Diese „Einquartierung" geschah unter Beschlagnahme von Wohnraum
oder Zuweisung in Familien. Da diese Einquartierung Unruhe hervorrief, versuchte

die Propaganda die Unannehmlichkeiten, die damit verbunden waren, herunterzuspielen.

„Ehrengast der Familie.

Wie stellen wir uns zu unserer Einquartierung?

Der Krieg hat die Menschen näher zueinander geführt; er lässt uns Deutsche immer mehr zu einer großen Volksfamilie zusammenwachsen. Allerdings werden dadurch auch erhöhte Anforderungen an jeden Einzelnen gestellt, und zwar am meisten wohl an die Frauen. Aus ihren Pflichten im Beruf, Haus und Lebenskreis soll einmal eine Aufgabe herausgegriffen werden, die ungezählte Frauen mit Freude erfüllen, obgleich sie das Maß der Fürsorge und Verantwortung beträchtlich erhöht. Das ist die Einquartierung.

Wenn auch oft mehrere Soldaten in einer Familie einquartiert sind, wenn sie vielleicht Unruhe ins Haus bringen und den feststehenden Tageslauf der Familie stören, so sind doch nicht nur die Kinder, sondern auch die Eltern stolz auf ihre Einquartierung. Oft werden die Zimmer der Soldaten durch ein paar Verschönerungen, durch kleine Annehmlichkeiten wohnlich ausgestattet. Doch damit ist es noch nicht getan. Denn keine Frau lässt es damit genügen, den Soldaten nur ein Zimmer zur Verfügung zu stellen. Wenn der Soldat Freizeit hat, dann soll er spüren, dass er in einer deutschen Familie zu Gast ist. Es ist ganz selbstverständlich, dass er mit an den Familientisch geladen wird und dass man in herzlicher Kameradschaft an seinem Geschick Anteil nimmt. Vielleicht ist ein Sohn der Gastfamilie auch als Soldat draußen, vielleicht fand auch er bei fremden Menschen Unterkunft. So kommt es, dass jede Mutter ihren einquartierten Soldaten aufnimmt wie den eigenen Sohn.

Dankbar empfinden die Soldaten jedes kleine Zeichen der herzlichen Aufnahme. Wenn man müde und durchfroren von einer Übung kommt, ist schon der Kaffee gekocht; da stehen plötzlich nach dem Dienst ein paar warme Hausschuhe im Flur, die Löcher in den Strümpfen sind gestopft, ein heimlicher Wunsch ist erfüllt, noch ehe man ihn auszusprechen wagte. Und die Hauptsache: Menschen sind da, die einem zuhören und die ein gutes Wort sagen. Auf immer neue Weise versuchen nun wieder die Soldaten ihre Dankbarkeit zu zeigen. Sie spielen mit den Kindern, sie helfen auch einmal im Haushalt und bringen mit Liedern und Scherzen fröhliches Leben ins Haus.

Das gegenseitige Geben und Nehmen, das Bereiten einer heimatlichen Umgebung und das Sichzuhausefühlen machen Quartiergeber und Einquartierung gleichermaßen Freude. So ist es zu verstehen, dass in vielen Gauen für Soldaten, die in Massenquartieren liegen, eine Art Privatquartierersatz geschaffen wurde. Die Soldaten werden in ihrer Freizeit, an Sonn- und Festtagen zu frohen gemeinsamen Stunden in Familien eingeladen. Dort verbringen sie in gewohnter Lebensordnung, in einem Kreis, der die sorgsame Hand einer Hausmutter spüren lässt, eine schöne Zeit. So erfüllen die deutschen Frauen auch in der nach außen hin wenig sichtbaren Fürsorge für einquartierte Soldaten eine Aufgabe von großer Bedeutung." (25)

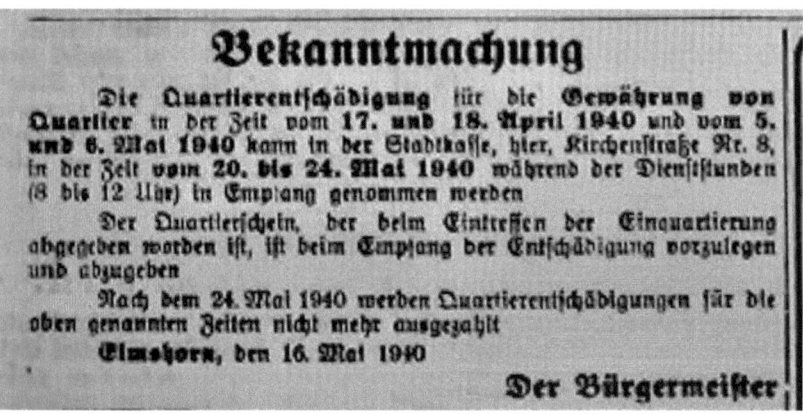

EN vom 18.5.1940

Am 9. April 1940 beginnt die deutsche Invasion in Norwegen und Dänemark (Unternehmen Weserübung).

Mißglückter englischer Luftangriff auf einen Bahnhof in Schleswig-Holstein.

Der erste Fall eines planmäßigen Vorgehens?
Deutschland wird die notwendigen Folgerungen ziehen.

DNB. Berlin, 12. April. Englische Flugzeuge haben einen kleineren Bahnhof in Schleswig-Holstein mit Bomben angegriffen. Die tatsächliche Wirkung dieses Angriffes war zwar gering; es sind nur ein Sportplatz beschädigt worden und durch die Detonation einer Bombe neben einem Eisenbahngleis die Fenster eines Warteraumes zersprungen. Der Vorgang ist jedoch von anderen Gesichtspunkten besonders bedeutungsvoll. Es ist hier der erste Fall im jetzigen Kriege zu verzeichnen, daß von feindlichen Fliegern eine deutsche Verkehrsanlage angegriffen wurde. Sollte sich durch Wiederholung eines derartigen Versuches herausstellen, daß es sich um ein planmäßiges Vorgehen gehandelt hat, so ist für Deutschland eine gänzlich neue Sachlage in der Führung des Luftkrieges gegen England gegeben.

Es werden dann hieraus sofort die notwendigen Folgerungen gezogen.

EN vom 13.4.1940

Warnung an England:
Bombe wird mit Bombe vergolten!

DNB. Berlin, 25. April. In allerletzter Zeit mehren sich die Fälle, in denen britische Flugzeuge offene Städte, die keinerlei militärische Bedeutung haben, mit Bomben belegen.

Es wurden am 12. April der Bahnhof der an der schleswig-holsteinischen Küste gelegenen Stadt Heiligenhafen, in der Nacht vom 22. zum 23. April die Wohnviertel der Zivilbevölkerung in Oslo und in der darauffolgenden Nacht die Stadt Heide in Schleswig-Holstein und der Badeort Wenningstedt auf der Insel Sylt durch britische Bombenflugzeuge angegriffen und mit Bomben belegt.

Wenn auch der durch die Angriffe angerichtete Schaden außer zersprungenen Fensterscheiben, Splittern im Hotel „Kronprinz" in Wenningstedt und Beschädigungen an Bürgerhäusern nicht wesentlich ist, so zeigen derartige Vorfälle doch ein gewisses System, dem Deutschland nicht mehr länger gleichgültig gegenüberstehen darf. Noch hat die deutsche Fliegertruppe den starken Befehl, offene feindliche Städte ohne militärische Bedeutung nicht anzugreifen. Sollten aber die Engländer mit ihren Angriffen auf nichtmilitärische Ziele fortfahren, so wird es eines Tages für sie ein böses Erwachen geben und dann Bombe mit Bombe vergolten werden.

EN vom 26.4.1940

Am 13. April rief die NSDAP in Elmshorn zur *„Erzeugungsschlacht"* auf:

„Die Erzeugungsschlacht beginnt! Kein Grundstück darf brach liegen bleiben.

Die Leitung der NSDAP ist dabei, die Bestellung der Klein- und Siedlergärten zu sichern. Auch solche Landstücke, die bisher brach lagen, sollen in diesem Jahr bebaut werden, um die Ernährung unseres Volkes zu sichern. Jedes Stück Land, sei es auch noch so klein, muss der Benutzung zugeführt werden. Das gilt auch für kleine Landstücke auf Grundstücken in der Stadt.

In Elmshorn Altstadt hat Pg. Letje die Leitung der Erzeugungsschlacht in die Hand genommen. Er hat den Pg. Dierks als seinen Beauftragten bestellt, der die Arbeiten überwachen soll. Die Zellenleiter haben Feststellungen getroffen, welche Gartenbesitzer zum Heer eingezogen sind, oder am Westwall arbeiten oder sonst Pflichtarbeit machen. Den Frauen dieser Männer soll die schwere Gartenarbeit abgenommen werden. Schon viele Volksgenossen haben von sich aus vielen dieser Frauen geholfen. Aber diese Hilfe ist nicht ausreichend, besonders nicht in den Randsiedlungen, wo große Hausgärten vorhanden sind. Daher sind für heute und morgen Parteigenossen, SA-Männer, Volksgenossen, Jungwehrmänner und HJ aufgerufen worden zur Gemeinschaftsarbeit. Am Dienstag wurden die Arbeitsgebiete festgelegt und am Mittwoch durch die Zellen- und Blockleiter die Männer bestellt, die heute Nachmittag zur Gemeinschaftsarbeit antreten. Etwa 40 bis 50 Jungens aus der DJ haben in den zu bearbeitenden Gärten schon die Vorarbeiten geleistet, Dünger gestreut, Kohlstrünke entfernt usw. Heute Nachmittag um 15 Uhr traten die freiwilligen Mannschaften auf dem Schulplatz der Adolf-Hitler-Schule an, um sich an die Arbeitsplätze zu begeben.

Zuerst werden die Gärten am Gerlingweg in Angriff genommen. Für die Zukunft wird diese Arbeit fortgesetzt. Auch diejenigen, die keine Aufforderung erhalten haben, können sich bei ihren Block- und Zellenleiter melden, damit sie in die Gemeinschaftsarbeit eingegliedert werden können.

Wer Brachland liegen hat, dass er selbst nicht bebauen kann, wende sich an Pg. Letje, damit das Land genutzt werden kann. Es werden dann Volksgenossen bestimmt, die es bebauen. Der Ertrag dieser Ländereien wird der NSV zugeführt."
(26)

Es hat geklappt!

Es kann gepflanzt und gesät werden!

„!" Am Sonnabend und am Sonntag waren die zur Gemeinschaftsarbeit aufgerufenen Männer und Hitlerjugendführer zur Arbeit erschienen. Auf dem Adolf-Hitler-Schulplatz klärte der Ortsgruppenleiter Pg. Letje mit kurzen Worten auf über die zu leistende Arbeit. Die Spaten wurden verteilt und dann begab sich der Ortsgruppenleiter mit seinen Männern, Zellenleitern, Blockleitern, SA.-Männern, HJ.-Führern und Jungens und Jungwehrmännern hinaus zum Gerlingweg, zu den Kleingärten der zum Wehrdienst einberufenen Volksgenossen. Die zuständigen Blockleiter ordneten an Ort und Stelle die Arbeitseinteilung an, und schon gings an die Arbeit, für manchen war sie zwar ungewohnt, aber nach kurzer Ueberwindung gings schon. Bis zum Abend war ein großer Teil der Arbeit geschafft.

Am Sonntagfrüh ging es dann mit verstärkter Mannschaft wieder los. Es konnten auch die Gärten in den anderen Zellen der Ortsgruppe in Angriff genommen werden. Die Einteilung auf die Zellen ging rasch von statten und wieder gings an die Arbeit, galt es doch, mit Rücksicht auf die vorgerückte Jahreszeit, den größten Teil der Grabarbeiten in den Gärten zu schaffen. War am Sonnabend gutes Wetter, so sollte es am Sonntag anders werden. Die frisch-fröhliche Arbeit konnte auch durch den eintretenden Schneefall nicht aufgehalten werden. Alle hielten aus und zur Mittagszeit konnte festgestellt werden, daß der größte Teil der Arbeiten geschafft war.

Am Montagabend hatte der Ortsgruppenleiter, Pg. Letje, seine Zellenleiter und seinen Beauftragten, Pg. Oterds, zusammengerufen zu einer Besprechung über die Arbeit am Sonnabend und Sonntag. Die Zellenleiter berichteten über den Stand der Arbeiten. Der Ortsgruppenleiter konnte feststellen, daß der Arbeitseinsatz klappte und alle Männer und Jungen mit Freude und großer Bereitschaft gearbeitet haben. Das zeige am besten der Erfolg, denn anders wäre diese Arbeit nicht zu schaffen gewesen. Jeder Teilnehmer hat gerne mitgearbeitet.

Der Ortsgruppenleiter gab dem Wunsch Ausdruck, daß auch diejenigen Volksgenossen, die künftig zur Gemeinschaftsarbeit aufgerufen würden, mit der gleichen Bereitschaft ans Werk gehen. Sobald die Witterung es erlaubt, wird die Arbeit fortgesetzt. Wir müssen uns nach der Witterung richten, deshalb muß jeder, der aufgerufen wird, sich danach einrichten. Volksgenossen, die noch Hilfe haben müssen, wollen sich an die Blockleiter, Zellenleiter oder an den Ortsgruppenleiter wenden.

EN vom 16.4.1940

Der Geburtstag Adolf Hitlers wurde auch 1940 groß gefeiert. Hierbei wurden die SA und die Jungwehrverbände per Standortbefehl verpflichtet, daran teilzunehmen.

Aus der SA. d. NSDAP.

Standortbefehl zur Gedenkfeier der SA. am Sonntag, dem 21. 4. 1940, Geburtstagsfeier des Obersten SA.-Führers.

Zur Gedenkfeier der SA. ist auf Anordnung der Obersten SA.-Führung für alle Männer und Jungwehrmänner der Formationen Dienst befohlen.

Um 12 Uhr spricht über alle deutschen Sender der Stabschef der SA. Alle anderweitigen Befehle für die SA.-Männer und Jungwehrmänner wie Gartenarbeit und Sammeln haben für diesen Sonntag zu unterbleiben. Antreten um 9.45 Uhr auf den befohlenen Plätzen. Für gute Uebertragung ist gesorgt.

Ab 11 Uhr Platzkonzert auf dem Schulhof der Adolf-Hitlerschule. Es spielt ein Musikkorps der Luftwaffe.

Die Bevölkerung Elmshorns wird gebeten, an dieser Kundgebung teilzunehmen und ihre Häuser zu beflaggen.

Der Standortführer der SA.

* * *

Hieran schließt sich um 12.30 Uhr ein Propagandamarsch durch folgende Straßen: Adolf-Hitler-Straße, Flamweg, Marktstraße, Königstraße, Holstenstraße, Vorbeimarsch an der Adolf-Hitler-Schule. Danach erfolgt auf dem Schulhof die Auflösung des Zuges. Die Volksgenossen, die an den Straßen wohnen, die der Festzug durchzieht, werden gebeten, ihre Häuser durch Flaggen zu schmücken.

EN vom 20.4.1940

EN vom 22.4.1940

Um die Jugend zum Ernteeinsatz freizustellen, wurden die Sommerferien um eine Woche verlängert. (27)

In den ersten Jahren der NS-Zeit waren die Jugendlichen vorwiegend begeistert von der Hitlerjugend. Die Begeisterung ließ aber sehr schnell nach, als das Prinzip der Freiwilligkeit aufgegeben wurde. Die häufigen Dienste in der HJ wurden mehr und mehr belastend und viele Jugendliche empfanden diese als Zwang. Hinzu kamen die vielen Sonderaktionen, wie Sammlungen, Arbeitsdienste usw.

Im Jahre 1940 verschärfte die NSDAP den Ton gegenüber Jungen und Mädel, die versuchten, sich diesen Sonderdiensten zu entziehen. Es lief jetzt immer mehr auf einen Zwang hinaus, von Freiwilligkeit war jetzt keine Spur mehr. Die Nationalsozialisten setzten nicht nur die Jungen und Mädchen unter Druck, sondern auch deren Eltern.

Einführung der HJ.-Dienstpflicht für alle Jugendlichen

}—{ Am Mittwochabend fand im Saalbau zu Frankfurt a. M. eine Kundgebung der HJ. und des BdM. statt, in der der Bevollmächtigte des Reichsjugendführers Stabsführer Hartmann-Lauterbacher sprach. Er entwickelte das Programm der äußersten Aktivierung der Jugendorganisationen und betonte, daß zu diesem Zweck die Einführung der Dienstpflicht für alle Jugendlichen erforderlich sei, die sofort erfolgen solle.

Grundsätzlich soll zwar das Prinzip der Freiwilligkeit nicht aufgegeben werden, aber der Jugendführung sollten die Mittel in die Hand gegeben werden, um zu erreichen, daß jeder Junge und jedes Mädel vom 10. Lebensjahre an, von der Organisationspflicht erfaßt würden. Alle Jungen und Mädel, die der HJ. ange-

hörten, würden dienstpflichtig. Ein Ausscheiden und Fernbleiben vom Dienst gebe es nicht mehr. Während die jüngeren Jahrgänge bereits auf der Grundlage der Freiwilligkeit fast hundertprozentig erfaßt seien, müßten nun die älteren Jahrgänge systematisch herangezogen werden. In Fällen, wo sich Jungen oder Mädel weigerten, ihre Pflicht zu erfüllen, sollte die Führung mit Disziplinarmitteln wie mit dem Ausschluß aus der HJ., der praktisch ein Ausschluß aus der Volksgemeinschaft sei, eingreifen können. Gegen die Erziehungsberechtigten sollten Geldstrafen verhängt werden, falls sie nicht dafür sorgten, daß die Jungen oder Mädel zum Dienst kämen. Auf diese Weise würde sich der HJ.-Dienst so einführen, wie sich die Schulpflicht eingeführet habe.

EN vom 25.4.1940

Der Bevollmächtigte des Reichsjugendführers, Stabsführer Lauterbacher, entwickelte auf einer Kundgebung in Frankfurt a. M. das Programm der äußersten Aktivierung der Jugendorganisation und betonte, dass zu diesem Zweck die Einführung der Dienstpflicht für alle Jugendlichen erforderlich sei, die sofort erfolgen solle.

„Grundsätzlich soll zwar das Prinzip der Freiwilligkeit nicht aufgegeben werden, aber der Jugendführung sollten die Mittel in die Hand gegeben werden, um zu erreichen, dass jeder Junge und jedes Mädel vom zehnten Lebensjahr an von der Organisationspflicht erfasst würden. Alle Jungen und Mädel, die der HJ angehörten, würden dienstpflichtig. Ein Ausscheiden und Fernbleiben vom Dienst gebe es nicht mehr. Während die jüngeren Jahrgänge bereits auf der Grundlage der Freiwilligkeit fast hundertprozentig erfasst seien, müssten nun die älteren Jahrgänge systematisch herangezogen werden.

In Fällen, wo sich Jungen oder Mädel weigerten, ihre Pflicht zu erfüllen, sollte die Führung mit Disziplinarmitteln, wie mit dem Ausschluß aus der HJ, der praktisch ein Ausschluß aus der Volksgemeinschaft sei, eingreifen können. Gegen die Erziehungsberechtigten sollten Geldstrafen verhängt werden, falls sie nicht dafür sorgten, dass die Jungen und Mädel zum Dienst kämen. Auf diese Weise würde sich der HJ-Dienst so einführen, wie sich die Schulpflicht eingeführt habe." (28)

Nach diesen Ausführungen klingt das Prinzip der Freiwilligkeit wie Hohn.

EN vom 25.4.1940

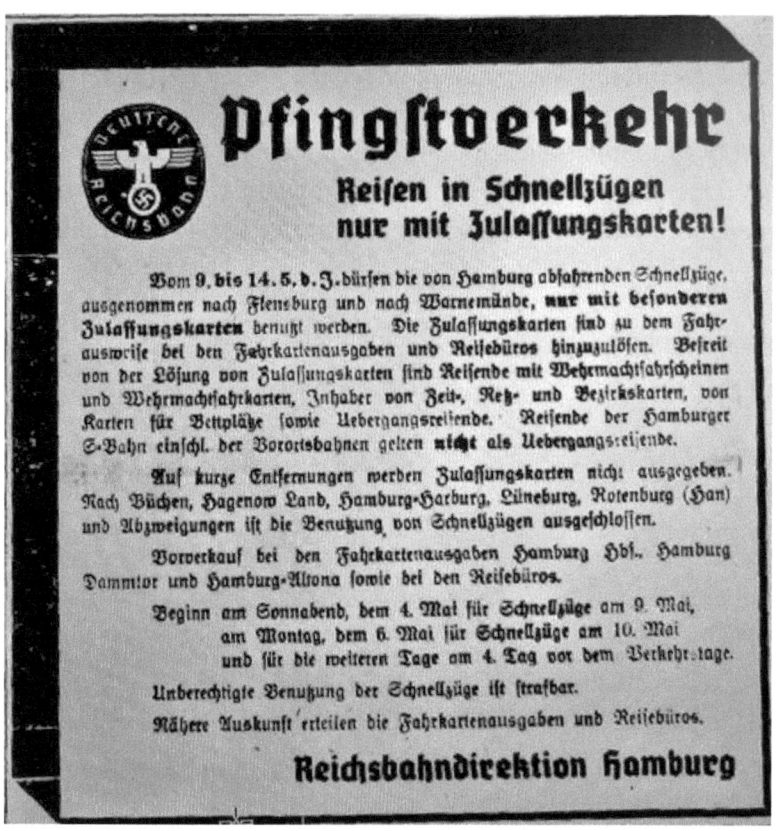

EN vom 30.4.1940

Auf dem Großappell der Ortsgruppe Elmshorn-Fuchsberg sprach Ortsgruppenleiter Wilhelm Nicolai über einige Punkte, die in diesen Kriegszeiten streng beachtet werden sollten:

1) *„Die deutsche Geschwätzigkeit muss endlich aufhören. Der Feind hört überall mit!*

2) *Mit Sorgen komme man nicht unseren Soldaten, sondern gehe damit zur Ortsgruppenleitung.*

1) *Die Kriegsgefangenen müssen auch von der Heimat stets als Feinde behandelt werden.*

2) Kein Deutscher darf durch Abhören fremder Sender geistige
    Selbstverstümmelung begehen.

Der Redner schloss mit dem Appell, noch mehr als bisher sich einzustellen in die Volks- und Schicksalsgemeinschaft und dort zu helfen, wo geholfen werden muss, sei es in der Nachbarschaftshilfe, in dem freiwilligen Landeinsatz, in der Fürsorge für unsere Soldatenfrauen oder im Kampf gegen Volksschädlinge. (…)" (29)

Deutsche Jugend dient dem Volk.

Die gesetzlichen Grundlagen der Dienstpflicht aller Jugendlichen

* Der bevollmächtigte Vertreter des Reichsjugendführers hat in Duisburg auf dem Führerappell des Gebietes Ruhr-Niederrhein noch einmal die Erfordernisse und die moralischen Grundlagen des Jugendeinsatzes dargestellt. Dieser Einsatz beruht heute oder auch auf gesetzlicher Grundlage. Die Jugenddienstpflicht ist durch Gesetze und Verordnungen festgelegt, die in ihrem wesentlichen Inhalt vom "Berliner Lokal-Anzeiger" bereits veröffentlicht wurden. Sie enthalten die grundsätzliche Dienstpflicht aller Zehn- bis Achtzehnjährigen und die gesetzliche Pflicht der Erziehungsberechtigten zur Anmeldung der Zehnjährigen zur Aufnahme in die HJ. beim zuständigen HJ.-Führer.

Die Durchführungsverordnungen enthalten Strafbestimmungen gegen vorsätzliche Zuwiderhandlungen. Durch einen Erlaß des Reichsjugendführers vom 30. November vorigen Jahres wurden die Richtlinien über die Erlassung und praktische Durchführung der Jugenddienstpflicht der Zehnjährigen des Jahrganges 1929/30 bestimmt, mit dessen Aufnahme am 20. April dieses Jahres die Jugenddienstpflicht erstmalig praktisch in Erscheinung trat. Ein zweiter Erlaß des Jugendführers vom 26. März dieses Jahres dehnte die praktische Durchführung der Jugenddienstpflicht weiter aus, und zwar auf alle Jungen und Mädel vom 10. bis 18. Lebensjahr, die der HJ. bereits freiwillig angehören oder sich freiwillig zur Ableistung ihrer Jugenddienstpflicht melden. Ein anderer Erlaß von demselben Tage ermächtigt die nachgeordneten Dienststellen, die Strafverfolgung wegen Zuwiderhandlungen zu beantragen. Bei hartnäckigem Nichterscheinen zum Dienst, Weigerung usw. kann auch polizeiliche Vorführung zum HJ.-Dienst erfolgen.

Die Jugenddienstpflicht wird gleichzeitig begrifflich gegrenzt. Sie erstreckt sich zunächst auf den normalen, im allgemeinen HJ.-Dienstplan festgelegten Dienst. Ebenso aber auch auf Sondereinsatzmaßnahmen, die vor allem jetzt im Kriege notwendig sind. Hierhin gehören Feldbestellungs- und Ernteeinsatz, Altmaterialsammlung, Sammlung von Kräutern und Früchten, Einsatz für das Winterhilfswerk, für Partei, Staat, Gemeinden und Wehrmacht, Hilfsdienst der weiblichen Jugend usw., so weit sie vom Jugendführer angeordnet werden. Nicht zur Jugenddienstpflicht zählt dagegen der Dienst, der aus irgend welchen Gründen von unteren Befehlsstellen der HJ. außerhalb des allgemeinen Dienstplanes angesetzt wird. Auch der Sonderdienst, der auf Veranlassung außenstehender Dienststellen verlangt werden sollte, wie etwa das Stellen von Ehrenformationen, Spalierbilden usw. ist naturgemäß nicht Teil der Jugenddienstpflicht. Durch einen Erlaß, der in diesen Tagen erscheinen wird, wird schließlich die Jugenddienstpflicht auf alle Angehörigen des Jahrganges 1923 ausgedehnt.

EN vom 8.5.1940

89. Jahrgang.   Freitag, den 10. Mai 1940.   Nr. 108.

Der Entscheidungskampf im Westen begonnen.

Aufruf des Führers an die Truppen der Westfront!

Das deutsche Westheer zum Angriff angetreten. Der Führer an der Front.

EN vom 10.5.1940

Am 10. Mai begann der Westfeldzug. Sieben deutsche Armeen griffen die neutralen Staaten Niederlande, Belgien und Luxemburg an.

Die Reichsfrauenführerin zum Kriegs-Muttertag 1940

Wenn wahrer Glaube immer schon den Einsatz und die Hingabe E i n z e l n e r forderte, dann wird er in unserer Zeit zum bedingungslosen Einsatz eines ganzen Volkes für seine Zukunft. Der Einzelne ist vergänglich, das Volk aber trägt den Ewigkeitsgedanken in sich, den zutiefst immer die Mutter empfinden wird, weil sie immer und ewig die Quelle alles Lebendigen ist.

Gertrud Scholtz-Klink

EN vom 18.5.1940

89. Jahrgang.   Montag, den 20. Mai 1940.   Nr. 115.

Tief nach Frankreich hinein!

Rückzug und Verfolgung auf der Gesamtfront.
Die Linie St. Quentin-Laon-Rethel erreicht.
110 000 Gefangene, ohne die holländische Armee.
Zahlreiche Geschütze bis zu 28-cm-Kaliber erbeutet.
147 feindliche Flugzeuge vernichtet.
Die Schelde westlich Antwerpen überschritten.
Ganz Holland in deutscher Hand.

Englische Truppen in Eilmärschen nach den Kanalhäfen.
Das Schlachtfeld an der Somme erreicht.
feindliche Ausbruchsversuche abgewiesen.
Luftwaffe vernichtet zahlreiche Panzer.
Neue Erfolge an der französisch-belgischen Küste.

EN vom 20.5.1940

SA der NSDAP.

An alle wehrfähigen Männer des Standortes Elmshorn und Umgegend!

Nach dem Willen des Führers sollen alle wehrfähigen Männer, die das 18. Lebensjahr vollendet haben, zur vormilitärischen Wehrerziehung durch die SA. herangezogen werden.

Meldet Euch zur vormilitärischen Ausbildung der SA!

Ein geeintes und geschlossenes Volk steht in seiner auf Gedeih und Verderb verschworenen Gemeinschaft bereit, sein Lebensrecht endgültig zu erkämpfen und sicherzustellen.

Meldet Euch sofort zu den

Wehrmannschaften der SA

Es gilt nun auch, Euch vorzubereiten für den Ehrendienst in der Wehrmacht des Führers.

Die Aufstellung der neuen Wehrmannschaften
findet am Sonntag, dem 2. Juli, statt.

Keiner, der sich der großen Verantwortung, die auf jeden von uns lastet, bewußt ist, darf fehlen!

Meldet Euch noch heute bei folgenden Meldestellen:

Geschäftsstellen der Ortsgruppen Altstadt, Klostersande, Fuchsberg, Langelohe, Rathaus, Zimmer 20, bei Pg. R. Möller, Polizeiwache, SA.-Standortführer, Finanzamt und Stormstraße 12.

Frontkämpfer des Weltkrieges bildet Euch aus.

Wie der Soldat an der Front Sonntage nicht kennt, sondern angesichts von Tod und Gefahren ständig auf dem Posten steht oder oder in kühnem Angriff dem Feind zu Leibe rückt, so wollen und werden auch die Männer, die heute in der Heimat zurückbleiben müssen, sich denen draußen würdig erweisen.

Ausbildungszeiten:

Jeden Dienstag in der Woche 2 Stunden, zweimal an einem Sonntag im Monat, vormittags 3 Stunden.

Das sind keine Opfer.

Ueber 500 Männer des Standortes sind bereits ausgebildet und tragen zum großen Teil schon den grauen Rock.
Es gibt für uns alle nur ein Ziel, Euch vorzubereiten für den siegreichen Kampf des Führers und Deutschlands Freiheit und Größe!

Es lebe der Führer!

Sieg Heil!

Der Standortführer der SA.

Langeloh, SA.-Sturmführer.

EN vom 22.5.1940

Nach Meldungen über Misshandlungen deutscher Kriegsgefangener durch Franzosen erließ Hermann Göring folgende Anordnung:

„Da auf Grund des vorliegenden Berichts und zahlreicher anderer Meldungen die völkerrechtswidrige Behandlung deutscher Flieger durch die Franzosen hinlänglich bewiesen ist, hat der Generalfeldmarschall mit dem 28. Mai 1940 angeordnet, dass die bisher erlassenen großzügigen Bestimmungen über die Behandlung feindlicher Fliegergefangener derart eingeschränkt werden, dass alle Kriegsgefangenen der französischen Luftwaffe grundsätzlich so zu behandeln sind, wie die Franzosen die deutschen Flieger zu behandeln pflegen. Künftighin werden alle französischen Fliegergefangenen nach französischem Vorbild sofort bei Gefangennahme in Fesseln gelegt und unter Ausschaltung aller bisher gewährten Erleichterungen unter Anlegung strengsten Maßstabes in den Gefangenenlagern besonders untergebracht. Der Oberbefehlshaber der Luftwaffe sah sich zu diesen strengen Maßnahmen gezwungen, da sich täglich die Berichte über die schlechte Behandlung gefangener Flieger durch die Franzosen häufen.

Der Generalfeldmarschall wird künftighin jedes Mal, wenn ihm eine Ermordung deutscher Flieger gemeldet wird, für jeden ermordeten deutschen Flieger fünf französische gefangene Flieger erschießen lassen. Das Gleiche gilt auch für den Fall, dass wiederum in Luftnot befindliche, mit Fallschirmen abspringende deutsche Flieger beschossen werden, jedoch mit dem Unterschied, dass in diesem Falle fünfzig feindliche Gefangene erschossen werden.

Auf die gefangenen englischen Flieger finden die vorgenannten Maßnahmen keine Anwendung, da die Engländer bisher keine Veranlassung zu derartigen Gegenmaßnahmen gegeben haben." (30)

Prüft die Luftschutzräume!
Mängel sofort abstellen.

)K(Der Feind hat bereits offene Städte und die Zivilbevölkerung in brutalster Weise mit Bomben beworfen. Sicherheit und Schutz gegen solche Angriffe bietet der Luftschutzraum!

Jeder überzeuge sich von der Bereitschaft seines Luftschutzraumes und nehme umgehend etwa notwendige Verbesserungen vor. Hierbei beachte man folgendes:

1. **Hat der Luftschutzraum einen Notausgang?** Außer dem Eingang zum Luftschutzraum muß mindestens ein Notausgang (durch Nachbarkeller, andere Kellereingänge usw.) oder ein Not-Ausstieg (durch ein Kellerfenster usw.) — Fenstergitter beseitigen! vorhanden sein.

2. **Ist er splittersicher?** Die Splitterschutz-Vorrichtungen vor den Fenstern oder Außentüren im Luftschutzraum müssen ausreichend dick sein. Bretter oder Kistendeckel genügen nicht! Folgende Mindeststärken sind notwendig:

Anschütten und Feststampfen von Erde
in etwa 1,00 Meter Dicke.
Kisten mit festgestampfter Erde
in etwa 0,75 Meter Dicke.
Sandsack-Packungen in etwa 0,50 Meter Dicke.
Stein-Packungen in etwa 0,50 Meter Dicke.
Rundhölzer in etwa 0,40 Meter Dicke.
Holzbalken in etwa 0,30 Meter Dicke.
Kies und Schotter zwischen Holzwänden
in etwa 0,25 Meter Dicke.

Die Splitterschutz-Vorrichtungen müssen über die Oeffnung seitlich und oberhalb möglichst weit hinausragen (etwa halb so viel als die Splitterschutz-Vorrichtung dick ist). Wo Splitterschutz an Fenstern inzwischen entfernt worden ist, muß er umgehend wieder angebracht werden!

3. **Ist der Luftschutzraum gassicher?** Die notwendige Gassicherheit des Luftschutzraumes kann schon durch einfachste Maßnahmen erreicht werden. Ein Vorhang vor Türen oder Fenstern, der die Oeffnung nach allen Seiten überdeckt und der vor Türen auch auf dem Fußboden aufliegen muß, bildet schon ein gassicheres Luftpolster.

4. **Ist die Luftschutzraum-Decke abgesteift?** Wo eine Deckenabsteifung bisher unterlassen worden ist, hole jeder nach, was mit vorhandenen Mitteln zu machen ist. Es hat sich immer wieder gezeigt, daß behelfsmäßige Absteifungen auszuführen waren, wenn Haus und Grundstück auf verwendbare Baustoffe durchstöbert wurden (z. B. lose Ziegel für Unterstützungspfeiler aus Trockenmauerwerk, Kant- oder Rundholzstämme usw.). Aus den Brettern von Verschlägen in Boden und Kellern lassen sich durch Zusammennageln und Umbrahten behelfsmäßige Unterstützungsstiele und -Balken herstellen.

5. **Ist die Innen-Einrichtung vollständig?** Bei der inneren Einrichtung der Luftschutzräume ist auf ausreichende Sitzgelegenheit und einen Notabort zu achten. Eine Notbeleuchtung ist auf jeden Fall bereit zu halten, auch wenn elektrisches Licht vorhanden ist. Auch Werkzeuge (Brechstange, Schaufel, Hammer, Beil, Zange, Nägel, Draht usw.) gehören zur ständigen inneren Einrichtung.

Je sorgfältiger die Luftschutzräume hergerichtet werden, umso größer ist die Sicherheit für die Insassen! Jeder, insbesondere jeder Hauseigentümer, prüfe daher umgehend seinen Luftschutzraum und sorge mit allem Nachdruck für die schnellste Abstellung etwa vorhandener Mängel!

EN vom 1.6.1940

273

Wenn du einen Brief ins Ausland schreibst!
Die neue Nachrichtenverordnung des OKW.

Bd. Millionen deutscher Volksgenossen wohnen im Ausland. Auch sonst verbinden uns ungezählte Fäden mit Ausländern, die seit Generationen wirtschaftliche Beziehungen mit uns unterhalten und dadurch auch oftmals persönliche Freundschaften mit Reichsdeutschen geschlossen haben. Es ist deshalb verständlich, daß auch während der Kriegszeit über den rein geschäftlichen Rahmen hinausgehend ein reger Gedankenaustausch sowohl mit den Auslandsdeutschen wie mit Ausländern gepflogen wird.

Der Verlauf des Krieges hat uns nun aber gezeigt, wie wichtig es ist, alle für die Kriegführung wichtigen Vorgänge in Deutschland geheimzuhalten. Der Feind verfügt über einen riesigen Nachrichtenapparat im gesamten Ausland, der ihm mosaikartig alle Meldungen, oftmals die unscheinbarsten, zusammenträgt. Deshalb besteht ein dringendes Interesse daran, daß der Briefwechsel mit dem Ausland während der Kriegszeit aufs äußerste beschränkt wird und andererseits nur Nachrichten ins Ausland gegeben werden, aus denen wirklich keinerlei Rückschlüsse auf kriegerisch wichtige Dinge möglich sind.

Aus diesem Grunde hat das Oberkommando der Wehrmacht eine Nachrichtenverkehrsverordnung erlassen, die am 7. Juni in Kraft getreten ist und die nun peinlichste Beachtung von allen deutschen Volksgenossen fordert, die mit dem Ausland korrespondieren, da empfindliche Strafen für die Nichtbeachtung festgesetzt sind. Die Verordnung ist abgedruckt im Reichsgesetzblatt Nr. 95. Gleichzeitig findet sich dort eine erste Durchführungsverordnung, die eine große Reihe von technischen Einzelheiten für die Handhabung des Nachrichtenverkehrs bekannt gibt.

Für den Hausgebrauch muß sich jeder folgendes merken:

1. Jeder Nachrichtenverkehr mit dem feindlichen Ausland ist vollständig untersagt. Ausnahmen kann nur das Oberkommando der Wehrmacht bewilligen. Es dürfen also auch keine Nachrichten über das nichtfeindliche Ausland zur Weiterleitung an feindliche Ausländer gegeben werden. „Nachricht" ist hier im allerweitesten Sinne zu verstehen: schriftlich und mündlich, einschließlich des Paket- und Frachtverkehrs, Zeitungen, Warenproben, Mustersendungen usw., gleichgültig, ob in Form von Briefen, Telegrammen, Bildfunk, Postscheckanweisungen usw.

2. Für den Verkehr mit dem nicht feindlichen Ausland muß man sich folgendes merken: die nach dorthin bestimmten Briefe dürfen nicht mehr in den Briefkasten geworfen und auch nicht mehr selbst frankiert werden. Sie müssen vielmehr am Postschalter abgegeben werden, wobei man sich durch Paß, Kennkarte usw. dem Postbeamten gegenüber legitimieren muß. Schickt man einen Boten, so muß sich auch dieser ausweisen können und seine Anschrift muß vermerkt werden.

3. Für die Abfassung der Briefe ist folgendes zu merken: grundsätzlich verboten ist die Versendung von Ansichtspostkarten aller Art, von aufgeklebten Photographien, Blindenschriftsendungen, Schachaufgaben, Kreuzwort- und anderen Rätseln, ferner der Gebrauch von Geheimschriften, Kunstsprachen und Geheimsprachen sowie von hebräischen Schriftzeichen. Ferner dürfen die Briefe auch nicht in Kurzschrift verfaßt sein. Alle Briefe und sonstigen Postkarten sollen möglichst mit Schreibmaschine verfaßt sein oder sonst deutlich und leicht lesbar geschrieben. Geschäftsbriefe sind nur in Schreibmaschinen- oder Druckschrift zulässig. Briefe nicht geschäftlichen Inhalts dürften höchstens vier Seiten umfassen und im Format 210 : 297 Millimeter. Drucksachen, Geschäftspapiere, Warenproben usw. sind nur im geschäftlichen Verkehr zugelassen. Zeitungen und Zeitschriften muß man in Zukunft direkt durch den Verlag schicken lassen. Gelesene Blätter können also nicht mehr ins Ausland weitergegeben werden. Alle Sendungen müssen auf der Außenseite die vollständige Anschrift des Absenders tragen. Die Briefumschläge dürfen nicht gefüttert sein.

4. Hinsichtlich des Inhalts der Briefe ist zu merken, daß keine Nachrichten über die militärische, wirtschaftliche oder politische Lage übermittelt werden dürfen, die geeignet sind, das Wohl des Reiches oder mit ihm verbündeten oder befreundeten Staaten zu gefährden. Die Abschnitte von Postanweisungen dürfen nur solche kurzen Mitteilungen enthalten, die sich auf den Zahlungsgrund beziehen.

5. Die zur Prüfung des Nachrichtenverkehrs eingerichteten Dienststellen haben das Recht, Nachrichten oder Sendungen ohne Angabe von Gründen ganz oder teilweise von der Übermittlung oder Beförderung auszuschließen.

EN vom 8.6.1940

Feindliche Bomber greifen an - und kein Bericht?

)l(Wie die Schleswig-Holsteinische Presse meldete, ist die Nordmark das Ziel englischer Bombenangriffe aus der Luft gewesen. Warum haben wir keine Einzelheiten über diese kriegerischen Ereignisse erfahren, so werden sich sicher manche unserer Leser gefragt haben, denn sie sind es von ihrer Zeitung gewöhnt, daß sie ausführlich und zutreffend über alle Ereignisse, besonders, wenn sie schwerwiegende Folgen haben, berichtet. Auch diese Regel gilt selbstverständlich nur bedingt in Kriegszeiten und auch da nur, soweit dabei nicht höhere Interessen irgendwie berührt oder gar verletzt werden.

Jetzt aber haben wir Krieg, Krieg in seiner vollen Härte. Zurückhaltung in der Berichterstattung ist daher wichtiges Gebot. Hier gilt, was für jede Unterhaltung und jedes Gespräch in engem Kreise oder vor breiter Oeffentlichkeit gilt: Der Feind hört mit! Er ist vermutlich an solchen Berichten noch mehr interessiert als der Freund. Denn ihm geht es ja darum, aus diesen Berichten praktische Lehren zu ziehen, um vielleicht künftige Fliegerangriffe noch wirksamer zu gestalten.

Wir möchten jedoch genau das Gegenteil, nämlich, daß solche Angriffe möglichst wirkungslos bleiben. Wir müssen den Feind in Ungewißheit darüber lassen, ob und wo er getroffen hat, ob er sich die besten Ziele ausgesucht, und ob er bei seinen Flügen den richtigen Weg eingeschlagen hat. Denn gerade die bisherigen Erfahrungen mit den feindlichen Bombenangriffen auf das deutsche Hinterland im Westen und unsere Küstengebiete im Nordwesten des Reiches haben gezeigt, daß diese Fliegerangriffe ziemlich ziel- und planlos angelegt waren und darum auch nur im geringsten Maße militärische Ziele getroffen, in der Mehrzahl aber nichtmilitärische, Wohnhäuser und dergleichen berührt haben.

Wir dürfen also auch sicher auf das Verständnis unserer Leser rechnen, deren eigenes Interesse sich mit dem militärischen deckt und deren Gesundheit und Leben vor feindlichen Fliegerangriffen geschützt werden sollen, wenn wir uns in der Berichterstattung eine wohlbegründete Zurückhaltung auferlegen. Dies gilt nicht nur für unser Blatt, sondern für die deutsche Presse ganz allgemein. Dabei werden diese Ereignisse nicht aus den Augen gelassen, und zu gegebener Zeit wird gewiß über diese Fliegerangriffe mehr gesagt werden können, und das wird auch dann noch immer lebhaftes Interesse bei den Lesern finden.

EN vom 11.6.1940

275

Vor Bomben mit Zeitzündern warnten die EN am 11. Juni 1940:

„Es ist wiederholt festgestellt worden, dass durch feindliche Flieger Bomben mit Langzeitzünder abgeworfen werden. Es handelt sich also nicht, wie vielfach angenommen, um Blindgänger, sondern vielmehr um Bomben, die nach einer gewissen Zeit explodieren. Aus diesem Grunde besteht überall da, wo Bombenabwurf stattgefunden hat - auch in Wäldern und Feldern - bevor nicht eine systematische Absuchung des Gebietes stattgefunden hat, eine gewisse Gefahr. Die Einschläge dieser Bomben rufen ein etwa mannsdickes Loch oder eine flache Mulde von zirka 60 - 80 Zentimeter hervor. Wo derartige verdächtige Mulden festgestellt werden, muss sofort für eine Absperrung im Umkreis von 500 Metern Sorge getragen werden. Die nächste Polizeistelle ist sofort zu benachrichtigen und naheliegende Häuser zu räumen." (31)

Mit zunehmenden Umgang mit Kriegsgefangenen wurden manchmal keine Distanz mehr gewahrt, was die NSDAP zu folgender Warnung veranlasste:

„Kriegsgefangene dürfen keine Einkäufe machen. Für die Kriegsgefangenen sind Einkäufe aller Art verboten. Das Einkaufen besorgt der Wachmann oder der Lagerkommandant. Auch Einladungen zu Festlichkeiten in die Wohnungen, gemeinsame Mahlzeiten und gemeinsame Gänge mit Kriegsgefangenen sind untersagt; überhaupt jede Gewährung von Familienanschluss. Jede Zuwiderhandlung gegen diese Verbote wird schwer bestraft. Unter Umständen wird Anklage wegen Landesverrat erhoben. Dieses Verbot wird in Erinnerung gebracht, zumal während der Arbeitszeit der Arbeitgeber die Verantwortung für die Kriegsgefangenen trägt." (32)

Aus der Frauenarbeit im Kreise Pinneberg.

⚬⚬ Die Kreisfrauenschaftsleiterin des Kreises Pinneberg der NSDAP. teilt mit:

Es ist wieder spät geworden für unseren Bericht. Andere Arbeit war wichtiger. Ortsgruppen und Kreisstellen waren vorbereitend tätig für den weiblichen Arbeitseinsatz. Wir dürfen stolz sein auf viele deutsche Frauen, die sich freiwillig dazu gemeldet haben. Junge Mütter waren bei uns, die ein Kind unter dem Herzen trugen und dennoch bereit waren, zu arbeiten, wohin man sie stellte. Es ist klar, daß das nur in Ausnahmefällen geschieht. Alle unsere Sorge muß denen gelten, die das Leben der Nation in die Zukunft tragen. Es gibt noch andere Reserven. Wo das Verständnis dafür fehlt, hoffen wir, daß hier lediglich alte Gewohnheiten im Wege stehen. Es wäre unwürdig, wenn die Heimat an irgendeiner Stelle den tätigen Dank an die Front vermissen ließe. Auf das „was" kommt es bei unserer Arbeit nicht an. Unsere Nachfragen haben ergeben, daß es tatsächlich kaum noch deutsche Frauen gibt, die als „unbeschäftigt" gelten können. An mancher Stelle wird lediglich eine Umstellung nötig sein.

Umso mehr fallen die Ausnahmen auf. Es ist eine sehr reinliche Scheidung, die der Krieg vollzieht, und wenn wir auch darauf verzichten können, die wenigen Volksgenossen, die außerhalb der Front stehen, hineinzuzwingen, — umso weniger verzichten wir darauf, sie uns gut anzusehen. Vielleicht hat manche Frau, der wir zumuteten, noch etwas hinzuzunehmen an anderen Pflichten, an jene wenigen gedacht, bei denen wir das unterließen. Sie alle mögen wissen: Wir haben Vertrauen zu allen denen, um die wir uns bemühen und es ist ein Urteil, wenn wir einige wenige — laufen lassen. Das muß vielleicht gesagt werden. Die letzte Entscheidung der Frau ist immer eine Entscheidung des Herzens. Sie darf nicht erzwungen werden. Wir können heute schon sagen, daß wir damit auf einem guten Wege sind. Ein Beispiel dafür: Eine Ortsfrauenschaftsleiterin schreibt uns, der einzige Erfolg der englischen Einflüge in unserem Kreis sei eine Verdoppelung der Spenden für das Deutsche Rote Kreuz gewesen. Daran erkennen wir unsere Frauen!

Es fällt uns schwer, in dieser Zeit von unserer Arbeit im einzelnen zu berichten. In einer Hölle von Blut und Stahl schreitet die Front von Sieg zu Sieg. Es scheint uns sehr klein, was wir dagegen tun. Dennoch muß es geschehen, und es geschieht ja sehr gern. Die Beschäftigung unserer Ortsgruppen mit kultur- und weltpolitischen Themen war recht lebhaft im Mai. In Elmshorn begann die Gruppe Grenz/Ausland wieder zu arbeiten. Auch unsere Jugendgruppen beschäftigten sich mit Kolonial- und Grenzlandfragen. Erfreulich war das Ansteigen der eigenen Filmvorführungen auch in kleineren Ortsgruppen. Heidgraben zeigte eine Reihe von Heimatfilmen: Ostpreußen, Oberschlesien, daneben unsere Heimat. Heede brachte einen kulturpolitischen Film, ebenso Quickborn. Pinneberg zeigte Lichtbilder zu einem rassenpolitischen Vortrag unserer Sachreferentin. In Uetersen sprach wieder Pg. Koch über den deutschen Osten mit Lichtbildern. Rellingen stellte zu Ehren des Muttertages lebende Bilder aus deutschen Märchen von wirklichem, künstlerischem Wert. Es waren 200 Frauen erschienen; erzielt wurde dieses Ergebnis durch persönlichen Einsatz der Blockleiterinnen. Wie wir immer sagen: Die persönliche Werbung! — Im Uebrigen beherrschte das Thema „England und wir" und die Rassenpolitik unsere Gemeinschaftsabende.

Eine Kreistagung des Frauenamtes der DAF., über die bereits gesondert berichtet wurde, sowie eine Presseschulungstagung des Kreises, die von der Gauabteilungsleiterin Presse/Propaganda selbst geleitet wurde, fanden im Mai statt. Die Pressetagung bezweckte eine erstmalige Durchschulung der Ortspressehelferinnen, denen der Bericht an den Kreis obliegt, für ihre Aufgaben. Stilübungen wurden gemeinsam gemacht, Ausschnittdienst, Propaganda in Wort und Schrift, sowie der Photodienst besprochen, die Wichtigkeit einer Kriegschronik in den Ortsgruppen erneut betont. Der sehr interessante Vortrag unserer Gauabteilungsleiterin über unsere Aufgaben und Verantwortung fand die volle Aufmerksamkeit unserer Frauen.

Die Arbeit der Kindergruppen unseres Kreises entwickelt sich gut, wo sie begonnen ist. Leider ist das noch viel zu wenig der Fall. Daran muß ernstlich gegangen werden. Manchmal ist lediglich Schwerfälligkeit der Grund dafür, daß man keinen Raum findet. Wenn in einer ganzen Schule nachmittags reingemacht werden muß, dann kann zweifellos ein Raum für zwei Stunden davon verschont bleiben. Persönliche Werbung wird auch hier etwas tun. Wir möchten hiermit auch gerne werben!

Von der praktischen Arbeit, die in alter Weise weitergeht, ist wenig besonderes zu sagen. Elmshorn-Altstadt und Elmshorn-Fuchsberg halfen bei der Betreuung von durchreisenden, polnischen Arbeitskräften, zusammen an 400 Personen. Diese Ortsgruppen waren auch sehr tätig in der Vorarbeit für den Arbeitseinsatz. Elmshorn-Altstadt — eine sehr gut arbeitende Ortsgruppe — konnte bisher bereits 25 Freiplätze für Ferienkinder melden, auch einige Mütter wurden von anderen Ortsgruppen verschickt. Andere arbeiteten an Behelfen (Binden, Dreiecktüchern usw.) für das Rote Kreuz. Im Uebrigen stand die Arbeit sehr im Zeichen der Anbautätigkeit und der Landwirtschaft. Der Flickbeutel führt sich weiter ein. Ausbaubedürftig ist immer noch Geist und Arbeit der Nachbarschaftshilfe. Wir hoffen auch hier auf Besserung.

EN vom 12.6.1940

Kriegswerbung. EN vom 15.6.1940

Da die Männer an der Front standen und nicht in ihren Fabriken produzieren konnten, waren jetzt die Frauen gefragt. Gerade in den kriegswichtigen Betrieben, wie Munitions- und Rüstungsbetrieben fehlten die Arbeiter, so dass jetzt mehr und mehr Druck auf die Frauen ausgeübt wurde, erst subtil, später dann mit immer größerem Druck.

„Mutti, was hast du im großen Krieg getan?

Vor einigen Tagen kündigte in einer Großstadtzeitung einer an: Steptanzkurse beginnen wieder. Unwillkürlich denken wir bei dieser eigenartigen Ankündigung daran, wie die kommenden Generationen sich einst zu unseren Leistungen stellen werden.

Wenn dann ein Mädchen seine Mutter fragt: Mutti, was hast du im großen Krieg getan? und sie nur antworten kann: Mein Kind, ich habe Steptanzen gelernt, wird diese Mutter dann nicht ihre Oberflächlichkeit verfluchen und sich schämen, dass die große Stunde an ihr spurlos vorübergegangen ist? Wenn es Frauen und Mädchen gibt, die wirklich heute noch nicht wissen, wie sie ihre Zeit totschlagen sollen, die wirklich glauben, Stunden, die dem Vaterland gehören, "aus Zeitvertreib" mit dem mühsamen Erlernen eines Steptanzes vertun zu müssen, so sollten sie doch daran denken, dass ihre anscheinend überschüssige Kraft und Arbeitsfreude ein viel schöneres Betätigungsfeld finden kann.

Die Frau wird zu Hause ebenso wie der Mann gebraucht. Wir lesen von den herrlichen Siegen unseres Heeres. Da genügt es aber nicht, das Englandlied und das Frankreichlied und die Lieder der Nation mit von Begeisterung geschwellter Brust zu singen. Jede deutsche Frau, jedes deutsche Mädel muss, wenn es die stolzen Siegesnachrichten hört, sich der Pflicht der Heimat erinnern. Die Heimat muss dafür sorgen, dass der Front draußen nichts, aber auch nichts, kein Laib Brot, keine Zigarette, keine Patrone, keine Granate fehlt. Wir wissen, dass heute schon viele Frauen, deren Männer an der Front stehen, freudig arbeitend in den Rüstungsbetrieben sich befinden.

Die Frau des Frontsoldaten kann an die Frage der Mitarbeit in Rüstungsbetrieben je nach ihrer Denkungsart herantreten. Die eine Frau sagt: Ich habe schon so viel geopfert. Mein Mann steht ja draußen. Diese Frau verzehrt sich in nutzlosem Grübeln und nutzlosem Schmerz. Wir wissen, die Männer draußen denken anders. Die denken an die Frau, die sich sagt: Ich will meines Mannes würdig sein. Was ich leiste, ist ja doch so wenig im Vergleich zu den ungeheuren Opfern, die von den Soldaten an der Front gefordert und freudig getragen werden. Ich bin dem Führer dankbar dafür, dass er mir Gelegenheit bietet, ihm zu helfen. Ich will mitarbeiten, damit der Front nichts fehlt! Dann habe ich keine Zeit zum Grübeln. Und wenn mein Mann nach Hause kommt, dann wird er mir erzählen, was er erlebt hat. Und ich kann ebenso wie die Tausende von Frauen, die mit mir arbeiten, stolz sagen: Auch ich bin nicht müßig gewesen. Und wenn dann ein Kind einst zu mir sagt: „Mutti, was hast du im großen Krieg getan?", dann werde ich ohne erröten zu müssen stolz sagen können: „Mein Kind, ich habe gearbeitet für den Führer, für Deutschland, für dich!" (33)

Fliegeralarm oder nicht?

-dnb- Verschiedentlich ist darüber Klage geführt worden, es seien feindliche Bombenabwürfe erfolgt, ohne daß die Bevölkerung rechtzeitig vorher durch Fliegeralarm gewarnt worden sei. Es ist darin völlig zu unrecht ein Versagen der zuständigen Luftschutzorgane erblickt worden.

Von zuständiger militärischer Seite erfahren wir hierzu, daß aus wohlerwogenen Gründen nicht in allen Fällen beim Einflug feindlicher Flieger in deutsches Reichsgebiet sogleich Fliegeralarm gegeben wird, und zwar aus folgenden Gründen:

Die immer wieder bestätigten Beobachtungen der letzten Wochen haben zweifelsfrei ergeben, daß oft Nacht für Nacht Einflüge einzelner feindlicher Flugzeuge in deutsches Reichsgebiet erfolgt sind, die etwa zwei Stunden lang große Strecken über ganze Gaue hinweg im Rundflug abstreiften und manchmal überhaupt keine, manchmal erst auf dem Rückflug Bomben abwarfen. Daraus ergibt sich, daß im Falle der sofortigen Alarmgebung Nacht um Nacht ganze Provinzen unnütz Stunden hindurch alarmiert werden, was eine unnötige Beunruhigung der Bevölkerung und einen beträchtlichen Produktionsausfall wichtiger Rüstungsbetriebe zur Folge hat. Dadurch aber wird letzten Endes die Schlagkraft unserer Wehrmacht und dadurch die Entscheidung des Krieges, dort wo sie nur fallen kann — an der Front — nachteilig beeinflußt. Einzig und allein auf die Erhaltung der militärischen Schlagkraft aber kommt es im Kriege an. Alle übrigen Gesichtspunkte müssen dem zwangsläufig untergeordnet werden.

Die Bevölkerung kann dessen gewiß sein, daß Fliegeralarm in jedem Falle sofort erfolgt, wenn der Einflug vieler Flugzeuge oder ganzer Verbände festgestellt worden ist. Fälle, in denen Fliegeralarm noch nach einem Bombenabwurf gegeben wurde, standen unter dem Eindruck, daß diesem Bombenabwurf noch ein größerer Luftangriff folgen würde. Also auch hier liegt nicht etwa ein Versagen des Luftschutzes vor.

Im übrigen muß mit allem Nachdruck hervorgehoben werden, daß die Wirkungen der bisherigen Nachtangriffe nur deshalb verhältnismäßig gering waren, weil die Luftverteidigung des Reichsgebietes durchaus erfolgreich ist. Wenn trotz aller beobachteten Vorsicht und aller Verhütungsmaßnahmen hier und da Todesopfer zu beklagen sind, so ist dies in diesem Falle sehr zu bedauern. Wir müssen uns aber schließlich auch darüber einmal in nüchterner Erwägung klar werden, daß wir nun einmal in einem uns aufgezwungenen Kriege stehen, der für unser ganzes Volk die Entscheidung über Sein oder Nichtsein bringen wird. In einem solchen Entscheidungskampfe, der darüber hinaus das Schicksal der Welt auf lange Zeiten hinaus bestimmen wird, geht es aber — entsprechend dem Wesen eines heutigen totalen Krieges — nicht ohne jedes Opfer der zivilen Bevölkerung ab. Im Vergleich zu dem restlosen und bedingungslosen Einsatz unserer Wehrmacht erscheint ein solches Mittragen aller Kriegserfordernisse auch für uns in der Heimat als äußerst gering. Vollends ein Vergleich mit den von der vollen Wucht des Krieges betroffenen Teilen Belgiens und Frankreichs belehrt uns darüber, daß die Leiden der dortigen Zivilbevölkerung trotz klarer Beschränkung unserer Luftangriffe auf militärische Ziele unvergleichlich größer sein müssen.

Wenn also nicht in jedem Falle beim Einflug feindlicher Flieger ins Reichsgebiet Fliegeralarm gegeben wird, so ist dies nicht auf ein Versagen der zuständigen Luftschutzorgane, sondern auf Gründe wohlerwogener Art zurückzuführen. Es gilt somit, sich der ganzen Größe und Schwere der Zeit bewußt zu werden. Wir wollen nicht an Einrichtungen zweifeln, an deren bestmöglicher Vervollkommnung die zuständigen Stellen seit langem genau so gewissenhaft gearbeitet haben, wie an der sonstigen, jetzt im Ernstfall so überaus bewährten Wehrhaftmachung des Reiches. Das Gebot der Stunde ist vielmehr heute für jedermann, ob an der Front oder im Hinterland, sich innerlich stark zu machen für die Bezwingung der großen Aufgaben, die noch vor uns liegen und für deren Bewältigung notfalls jedes, auch noch so schwere Opfer gebracht werden muß.

EN vom 12.6.1940

89. Jahrgang. Dienstag, den 25. Juni 1940. Nr. 146.

Die Waffen schweigen im Westen!

„Nun danket alle Gott.“

Der Krieg im Westen ist beendet.
Französisch-italienischer Waffenstillstandsvertrag

Ein Aufruf des Führers.
Zehn Tage Beflaggung, sieben Tage Glockenläuten.
Der Führer hat folgenden Aufruf erlassen:

EN vom 25.6.1940

Gasmasken

für Männer, Frauen und Kinder sind im
Amt für Volkswohlfahrt (NSV.)
Elmshorn, Königstraße 36a
wieder käuflich zu erwerben

Reichsluftschutzbund
Gemeindegruppe Elmshorn

EN vom 29.6.1940

Bei der Arisierung der jüdischen Vermögenswerte, die nichts anderes war als ein Ausrauben der Juden, konnten viele Bürger und Banken große Gewinne einstreichen. Dieses war auch der Regierung bekannt, die von den Gewinnen auch etwas abhaben wollte. So schrieben die EN am 1. Juli 1940:

„Nachprüfung aller Entjudungsgeschäfte. Unangemessene Vermögensvorteile beim Erwerb jüdischer Unternehmen werden vom Reich eingezogen.

Für jeden Einsichtigen war klar, dass es nur eine Frage der Zeit sein konnte, bis alle Entjudungsgeschäfte einer gründlichen Nachprüfung seitens des Staates unterzogen wurden. Die Übernahme jüdischer Geschäfte ist ja teilweise sehr überstürzt erfolgt, weil es die Juden oft sehr eilig mit ihrer Abreise hatten, sodass sich die genehmigende Behörde nicht immer den notwendigen Überblick über die

Vermögensmasse, die dem neuen Eigentümer übergeben wurden, verschaffen konnte. Aber dass das nachgeholt würde, stand fest, denn was die Juden von deutschen Volksgenossen ergaunert hatten, das gehörte bei ihrem Auszug aus Deutschland wieder zurück in den großen Topf, aus dem sie es genommen haben, in die Hand des Volkes, des Staates! Wer ein jüdisches Unternehmen erwarb oder erwirbt, muss es also angemessen bezahlen, damit der Staat von dem Erlös den ihm zustehenden Teil erheben kann. Alle Aufregung in den Kreisen der Berufskameraden, dass der oder jener zu billig zu einem jüdischen Unternehmen gekommen sei und damit nicht nur ungerechtfertigt Vermögen erworben habe, sondern darauf fußend sich auch in einer zu vorteilhaften Wettbewerbslage befinde, war also unnütz.

Im Reichsgesetzblatt vom 22. Juni (Nr. 110) ist jetzt von Generalfeldmarschall Göring als Beauftragtem für den Vierjahresplan die notwendige Verordnung erlassen worden, um die Nachprüfung der Geschäfte und die Hereinholung der dem Reich zustehenden Gelder vornehmen zu können. Mit Hilfe dieser Verordnung werden nicht nur Ausgleichszahlungen für die Minderbewertung der übernommenen Vermögensmassen den jetzigen Eigentümern auferlegt werden, sondern es werden auch die Provisionen derjenigen nachgeprüft und angemessen beschnitten werden, die die Geschäfte vermittelt haben. Ferner werden auch die Vorteile, die der jetzige Unternehmer durch Kündigung leitender jüdischer Angestellter mit langfristigen hochdotierten Verträgen erzielte, durch Festsetzung einer Ausgleichszahlung in die Kasse des Reiches geleitet.

Die Verordnung ist schon mit dem 10. Juni in Kraft getreten. (...)" (34)

Am 6. ,Juli wurden in der näheren Umgebung einige Bomben abgeworfen, die nur geringe Sachschäden verursachten. Personen wurden nicht verletzt. (35)

Kriegsgefangene in der Landwirtschaft.

Einsatzbedingungen und Sonntagsruhe.

zbr. Die bisher noch bestehende Unklarheit über die Einsatzbedingungen von Kriegsgefangenen in der Land- und Forstwirtschaft und für Meliorationsarbeiten, beseitigt ein Erlaß des Reichsarbeitsministers.

Die im Einvernehmen mit dem Reichsernährungsminister, dem Reichsforstmeister und dem Oberkommando der Wehrmacht erfolgte Regelung schreibt zunächst vor, daß den Kriegsgefangenen freie Unterkunft und Verpflegung zu gewähren ist. Wo die Wehrmacht die Verpflegung und Unterkunft ganz oder teilweise übernimmt, sind von den Betriebsführern Entschädigungen dafür zu leisten. Sie betragen 0,80 RM. für die Tagesverpflegung, wobei 0,15 Reichsmark die Morgenkost, 0,40 RM. die Mittagskost und 0,25 RM. die Abendkost abgelten. Für die Unterkunft sind täglich 0,20 RM. an die Wehrmacht abzuführen.

Im ganzen Reichsgebiet sind für jeden eingesetzten Kriegsgefangenen 0,80 RM. je Arbeitstag oder 20,80 RM. je Arbeitsmonat an die Wehrmacht zu zahlen. Diese Regelung gilt bei Zeitlohnarbeit. Wo die Kriegsgefangenen mit Stücklohn beschäftigt werden, sind für jeden Mann 80 v. H. der tariflichen Akkordlöhne zu entrichten oder, wenn keine tarifliche Regelung vorliegt, 80 v. H. der ortsüblichen Akkordlöhne. Manche Akkordberechnungen der bestehenden Tarifverträge legen den tariflichen Zeitlohn zu Grunde. In derartigen Fällen tritt an die Stelle der tariflichen Zeitlohnsätze ein reichseinheitlicher Stundenlohn von 0,32 RM. Danach ist der Akkordverdienst zu berechnen, von dem 80 v. H. an die Wehrmacht abzuführen sind.

Bei Gewährung von Unterkunft und Verpflegung durch den Betrieb sind die oben genannten Sätze vom Gesamtverdienst abzuziehen. Für Krankheitstage braucht kein Barlohn gezahlt zu werden, doch ist freie Unterkunft und Verpflegung weiterhin zu gewähren. Dauert die Erkrankung an, so kann der Betriebsführer den Kriegsgefangenen in das Lager zurückschicken.

Ueber Einhaltung der Sonntagsruhe bestehen im Landvolk wahrhaftig keine Meinungsverschiedenheiten. Wer sechs Tage in der Woche angestrengt schafft, der hat auch Anspruch auf einen Ruhetag. Das ist ein wohlverdientes Recht, das allen tätigen Menschen zugute kommen muß. Aber das Landvolk weiß aus eigener Erfahrung, daß nicht selten davon abgewichen werden muß. Von der Frühjahrsbestellung bis zum letzten Erntetag ergibt sich immer wieder einmal die Notwendigkeit, auch am Sonntag die Arbeit fortzusetzen. Dabei gibt es keine Ausnahmen, auch nicht für die Kriegsgefangenen, die in den landwirtschaftlichen Betrieben arbeiten.

EN vom 12.7.1940

283

Die Kreisfrauenschaftsleiterin des Kreises Pinneberg der NSDAP teilte durch die EN am 12. Juli des Monatsbericht für Juni 1940 mit. In der Einleitung sagte sie u.a.:

„(...) Viele unserer Amtswalterinnen haben sich zur Arbeitsplatzablösung in den Fabriken gemeldet, darunter Frauen, die sowieso berufstätig sind, Hausfrauen mit Kindern, denen ihr Ehrenamt bei uns nicht wenig Arbeit macht usw. Es sind immer dieselben, die niemals feiern wollen - und es sind immer dieselben, die über jede „Zumutung", etwas für die Allgemeinheit zu tun, stöhnen und „persönliche Gründe" wittern, wenn die dazu verpflichteten Stellen in ihr geheiligtes Privatleben eindringen. Es wird von vielen Frauen noch viel zu wenig bedacht, dass der Soldat niemals gefragt worden ist, ob er Lust hat, aus dem schönsten Privatleben heraus seinen Kopf für das Wohl der Allgemeinheit hinzuhalten, und dass das zweifellos nie so selbstverständlich geworden wäre, wenn nicht zu irgendeiner Zeit und von da an konsequent „Druck" hinter den Militärdienst gesetzt worden wäre. Die Folgen einer falschen Liberalität und eines heiliggesprochenen Egoismus werden wir in England bewundern können, - wenn es dort ernst wird.

Aber wir wollen uns an die vielen halten, die auch unter uns Frauen begriffen haben, dass Siege nicht von Faulpelzen und für Faulpelze erkämpft werden. Den Rest können wir gern übergehen. Wir bitten auch unsere Block- und Zellenleiterinnen, die wieder einmal „an der Front stehen", es nicht tragisch zu nehmen, wenn ihre Bemühungen mit Unverständnis und Undank belohnt werden. „ Nationalsozialist sein heißt Kämpfer sein", sagt unser Führer. Kämpfer sein für eine große Idee ist Lohn in sich selbst. Und der Gedanke, dass wir dazu mithelfen durften, das an jedem Platz im Deutschen Reich der Mensch steht, der dafür gebraucht wird, ist sicherlich darüber hinaus eine große Freude. (...)" (36)

Am 9. August 1940 meldeten die EN den Bau eines Kriegsgefangenenlagers an der Bockelpromenade. Gebaut von Elmshorner Firmen, z.B. Gebr. Neunert. Das Lager soll eine Belegung von 200 Mann haben, die in den Betrieben eingesetzt werden. (37) Ein größerer Transport von Gefangenen traf am 10. August ein. (38)

Britisches Flugzeug über Südholstein abgeschossen.

nn. Kiel, 14. Juli. Am Sonnabend, dem 13. 7., zwischen 19 und 20 Uhr, wurde ein englisches Kampfflugzeug vom Muster Bristol-Blenheim in Südholstein von einem Messerschmitt-Jäger angegriffen und nach kurzem Luftkampf über den Wolken zum Absturz gebracht. Von der aus drei Mann bestehenden Besatzung retteten sich zwei Unteroffiziere durch Absprung mit Fallschirm, einer erlitt dabei Verletzungen. Beide wurden gefangengenommen. Der dritte Mann wurde tot aufgefunden. Die Gefangenen erklärten, daß sie den Auftrag gehabt hätten, die Kieler Hafenanlagen anzugreifen, durch den deutschen Jäger sei ihr Plan vereitelt worden.

Auch in diesem Fall ist der Versuch feindlicher Flieger, in den deutschen Luftraum einzufliegen, nicht nur gescheitert, sondern hat auch verlustreich geendet.

EN vom 15.7.1940

Der Kriegsgefangene ist nicht unser Freund.

|—| Feind bleibt Feind. Jeder Kriegsgefangene ist, auch wenn er willig seine Arbeit leistet, ein Soldat unserer Feinde. Jede Vertrauensseligkeit kann sich rächen. Bewahrt äußerste Zurückhaltung gegen Kriegsgefangene! Unterhaltet euch mit ihnen nur, so weit es für die Arbeit nötig ist! Setzt euch nicht mit ihnen an einen Tisch! Jede Anbiederung ist Verrat.

Macht keine Tauschgeschäfte mit Kriegsgefangenen, macht ihnen keine Geschenke! Sie dürfen kein deutsches Geld in Händen haben.

Denkt an die Sabotagegefahr. Sie haben vom Feinde Auftrag, uns zu schaden. Achtet darauf, daß Kriegsgefangene nicht Zivilkleidung, Alkohol, Streichhölzer, Feuerzeuge, Waffen usw. haben.

Kriegsgefangene dürfen nicht anders als durch ihr Kriegsgefangenenlager nach Hause schreiben.

Jeder nicht unbedingt notwendige Umgang mit Kriegsgefangenen ist verboten. Wer gegen diese Anordnung verstößt, wird schwer bestraft. Hilfeleistung zur Flucht und heimliche Nachrichtenübermittlung kann als Landesverrat mit dem Tode bestraft werden.

EN vom 17.8.1940

Schamlose Frauen.

Zuchthaus wegen verbotenen Umgangs mit Kriegsgefangenen.

Ndz. Berlin, 21. August. Das Berliner Sondergericht verurteilte die 25jährige Anna Höft aus Ernstfelde (Kreis Soldin) wegen verbotenen Umgangs mit Kriegsgefangenen in einem besonders schweren Fall zu drei Jahren Zuchthaus und drei Jahren Ehrverlust. Das schamlose Frauenzimmer hatte sich mit einem polnischen Kriegsgefangenen eingelassen, der aus seinem Lager entwichen und in ihre Kammer durch das von ihr verabredungsgemäß offen gelassene Fenster eingestiegen war. Als der Gefangene die Angeklagte in der nächsten Nacht wieder aufsuchen wollte, wurden beide festgenommen.

Ebenfalls zu drei Jahren Zuchthaus und drei Jahren Ehrverlust wurde die 32jährige Hedwig Grunewald aus Lübsee (Kr. Arnswalde) verurteilt, die sich in gleicher schamloser Weise mit einem polnischen Kriegsgefangenen eingelassen hatte, obwohl sie ebenso wie die Angeklagte Höft genau gewußt hatte, daß das verboten ist. Der Vorsitzende des Berliner Sondergerichts geißelte das Verhalten der Angeklagten in scharfen Worten und erinnerte daran, daß gerade Angehörige des polnischen Volkes es waren, die unmenschliche Taten an volksdeutschen Männern und Frauen verübt hatten.

EN vom 22.8.1940

In der ehemaligen Hainholzer Schule wurde am 28. August ein Arbeitsdienstlager für Maiden eingeweiht. (39)

Erziehung der weiblichen Jugend.

B. A. Seit der Machtübernahme sind von Partei und Staat eine Anzahl von Maßnahmen zur Erziehung und beruflichen Ertüchtigung der Jugend getroffen worden, über deren Aufgabe und Bedeutung noch oft Unklarheit besteht. Daher haben wir nachstehend die wichtigsten der in dieser Hinsicht getroffenen Maßnahmen einmal kurz umrissen.

Der Jugenddienst — im Rahmen der HJ. (BDM.) — ist Pflicht aller Jugendlichen vom 10. bis 18. Lebensjahr. Die Jugenddienstpflicht erstreckt sich zunächst auf den im HJ.-Plan festgelegten Dienst, darüber hinaus aber auch auf die verschiedenen, vom Reichsjugendführer angeordneten Sondereinsatzmaßnahmen, z. B. Ernteeinsatz, Altmaterialsammlung usw.

Das Landjahr ist eine politisch-erzieherische Einrichtung, um — wie es im Landjahrgesetz heißt — „die seelische Verbundenheit der schulentlassenen Jugend mit nationalem Volkstum und das Verständnis für den völkischen Wert gesunden Bauerntums zu wecken". Zur Teilnahme sind alle Jugendlichen verpflichtet, die nach der Schulentlassung zum Landjahr einberufen werden. Hierfür kommen nur die in charakterlicher, geistiger und körperlicher Hinsicht Tüchtigsten in Frage, deren Auswahl von einer besonderen Kommission wahrgenommen wird. Die Dauer des Landjahres beträgt neun Monate, von April bis Dezember jeden Jahres. Die Landjahrpflichtigen sind in geschlossenen Gemeinschaften in Landjahrheimen untergebracht und werden von sorgfältig ausgewählten Landjahrerziehern betraut.

Der Landdienst — eine Einrichtung der Reichsjugendführung — ist freiwillig und hat die Aufgabe, Jungen und Mädel aus der Stadt wieder dem Lande zuzuführen. Der Einsatz erfolgt in Gruppen und bedarf der Genehmigung der Arbeitsämter. Die Unterbringung erfolgt in Gemeinschaftsheimen unter Leitung von Landdienstgruppenführern. Die Dauer des Landdienstes und die Bezahlung wird durch Arbeitsvertrag geregelt.

Die Arbeitsdienstpflicht beginnt nach vollendetem 18. Lebensjahre und endet mit dem 25. Lebensjahr. Während die Heranziehung zum männlichen Reichsarbeitsdienst sich auf alle erstreckt, ist die Heranziehung zum weiblichen Reichsarbeitsdienst begrenzt. Seine Stärke ist z. Zt. auf 100 000 Arbeitsmaiden festgesetzt.

Der Ausgleichsdienst besteht für alle Abiturienten mit Studiumsabsicht, die nicht arbeitsdiensttauglich sind. Mit ihrer Durchführung ist die Reichsstudentenführung beauftragt. Der Ausgleichsdienst der Abiturientinnen wird bei der NSV. durchgeführt.

Das Pflichtjahr ist vor allem eine Arbeitseinsatzmaßnahme mit dem Ziel, den Mangel an Arbeitskräften in der Haus- und Landwirtschaft zu mindern und die Mädchen hauswirtschaftlich zu ertüchtigen. Die Ableistung ist Pflicht für alle weiblichen Arbeitskräfte unter 25 Jahren, die als Arbeiterinnen oder Angestellte in das Erwerbsleben eintreten wollen, und wird im Arbeitsbuch vermerkt. Arbeitsdienst, Landdienst, ländliche Hausarbeitslehre und hauswirtschaftliches Jahr finden auf das Pflichtjahr Anrechnung. Das Pflichtjahr kann im hauswirtschaftlichen Jahr abgeleistet werden. Dies ist in der Form vorgesehen, daß tüchtige Hausfrauen schulentlassene Mädchen zum Anlernen ein Jahr lang zusätzlich in ihre Haushaltungen aufnehmen. Die Durchführung und Ueberwachung obliegt den Arbeitsämtern gemeinsam mit den NS. Frauenschaft.

Im Deutschen Frauenwerk ist auf der Grundlage der Freiwilligkeit ein „Frauenhilfsdienst für Wohlfahrts- und Krankenpflege" eingerichtet. Er soll der Unterstützung der pflegerischen Kräfte in den Berufen der Schwestern, Kindergärtnerinnen, Jugendleiterinnen und Volkspflegerinnen dienen. Die Verpflichtung erfolgt auf zwei Jahre. Während dieser Zeit wird Unterkunft, Verpflegung und ein Taschengeld gewährt. Das Pflichtjahr kann durch den Frauenhilfsdienst abgeleistet werden.

EN vom 30.8.1940

89. Jahrgang.   Mittwoch, den 11. September 1940.   Nr. 213.

Feiger Ueberfall britischer Nachtpiraten auf Berlin.

London auch gestern das wichtigste Ziel der deutschen Vergeltungsangriffe.

Kriegswichtige Anlagen von Hafen und Stadt getroffen.

Herausfordernder Nachtangriff auf Berliner Wohn- und Geschäftsviertel.

Die Bombenangriffe auf England gehen weiter.

Ur. Schwerpunkt bleibt London.

Auch in der letzten Nacht haben deutsche Flieger, wie aus dem heutigen Heeresbericht hervorgeht, kriegswichtige Anlagen in der Stadt und im Hafen von London angegriffen. Zahlreiche neue Brände zeigten den Erfolg

Massenflucht aus London eingesetzt. Die Bevölkerung sucht — Hab und Gut auf aller Art Fahrzeuge verladen — dem Hexenkessel London zu entfliehen. Nach der "Yorkshire Post" ist die Räumung Lon-

EN vom 11.9.1940. Wenn Zwei das Gleiche tun, ist es doch nicht dasselbe.

Brandplättchen der „königlichen Luftwaffe".

•—• Jetzt, nachdem die Vergeltung für die Angriffe englischer Flieger auf die deutsche Zivilbevölkerung ihren Anfang genommen hat, kann die Mitteilung gemacht werden von einem ganz besonders verabscheuungswürdigen und gemeinen Kampfmittel, das die sogenannte „königliche Luftflotte" gebraucht.

Seit dem 11. August wurden zunächst vereinzelt und dann in ungeheuren Mengen sogen. Brandplättchen von englischen Fliegern bei ihren feigen Nachtflügen über weite Strecken Deutschlands verstreut. Die Plättchen bestehen aus Zelluloid, sind etwa fünf mal fünf Zentimeter groß und tragen in der Mitte ein Loch, in dem eine Brandhülle in Brandwatte eingepackt ist. Die Plättchen fingen unter der Einwirkung des Sauerstoffs in der Luft, mitunter unter der Wirkung der Sonnenbestrahlung Feuer, ergaben eine Stichflamme von etwa einem Meter Höhe und sollten in Brand setzen, was sie trafen.

Es bedarf keiner Worte darüber, daß diese Brandplättchen zur Schädigung militärischer Ziele völlig ungeeignet sind. So ist in keinem Fall auch nur der Versuch gemacht worden, eine militärische Anlage mit ihnen in Brand zu setzen. Zweck und Absicht dieses verabscheuungswürdigen Kampfmittels war es offensichtlich, die Objekte zu vernichten, für die die RAF. Brandbomben in großer Zahl nicht aufwenden wollte, also

Bauernhäuser, Scheunen, erntereife Felder usw.

Diese Zündplättchen sind mehrfach in außerordentlich großer Zahl abgeworfen worden. Mit dem Aufgebot aller zur Verfügung stehenden Organisationen wurde die Gefahr, die diese Brandplättchen bedeuteten, beseitigt. Trotzdem sind einige Bauerngehöfte, Getreidefelder, Scheunen, kleinere Waldstrecken und Heideflächen diesem feigen Kampfmittel zum Opfer gefallen. Insbesondere waren Brandverletzungen von Personen zu beklagen, die das heimtückische Kampfmittel ahnungslos anfaßten oder in die Tasche steckten, wo es sich dann unerwartet entzündete.

Britische Verbrecher unternahmen den Versuch, ein ganzes Volk und dann einen ganzen Kontinent durch eine Blockade auszuhungern. Als dies scheiterte, setzten sie diesen Versuch fort in dem Bemühen, die Ernte unseres Landes zu vernichten. Wenn keine größeren Schäden entstanden sind, so ist dies der feuchten Witterung und dem entschlossenen Einsatz der Abwehrkräfte zu verdanken.

Wenn heute deutsche Bomben nach so vielen abgelehnten Friedensangeboten und so vielen in den Wind geschlagenen Warnungen militärische Objekte in London treffen, dann bedeuten diese Bomben die Vergeltung auch für diese unwürdige britische Kampfmethode.

EN vom 11.9.1940

Und wieder mußte ein Britenbomber runter . . .

Handley-Page „Hampden"-Maschine findet bei Elmshorn ihr Ende in einem Hühnerstall.

!—! Als „Vergeltung" für London versuchten in der Nacht von Sonntag zu Montag englische Bomber einen Großangriff auf Hamburg, der mißlang. In der näheren Umgebung der Hansestadt kam es dann zu wahllosen Bombenabwürfen aus großer Höhe, bei denen eine englische Maschine bei Elmshorn dran glauben mußte. Mitten in einem Feld zwischen einigen Häuschen liegen die Ueberreste der Maschine, die in großer Höhe von der Flak erwischt wurde und dann auf deutschem Boden ihr Ende fand. Es handelt sich um eine zweimotorige Handley-Page „Hampden"-Maschine, die vor uns liegt. Eine mehrere hundert Meter lange Schleifspur verrät uns den Weg, den der Bomber genommen hat.

„Glück haben wir gehabt", so sagt eine Frau, „daß wir im Keller waren." Jawohl, hier ist wieder ein eindeutiges Beispiel, wie notwendig es ist, daß gerade auch auf dem flachen Lande die Bewohner ihre Schutzräume aufsuchen. Zwischen zwei Häusern sauste die führerlose Maschine zur Erde und streifte dabei mit dem Flügelende das eine Häuschen, dessen Dach- und Hauswand an der einen Seite leicht aufgerissen wurde. Nur ein paar Meter weiter nach links und die Maschine wäre in das Haus gekracht. Wären dann die Bewohner nicht im Keller gewesen, hätte es böse kommen können. Aber so blieben alle unversehrt und freuen sich ob ihrer Disziplin und Vorsicht.

Hier schon riß die eine Luftschraube und wenig später der linke Motor, die Maschine bekam eine leichte Drehung, verlor dabei das Leitwerk, das in einen Hühnerstall stürzte und „landete" dann in einer Weidenpflanzung. Motoren- und Maschinenteile sind auf dem ganzen Schleifweg verstreut. Führersitz mit Steuerknüppel, Gangschaltung der Motoren und die übrigen Instrumente bis zum Morsetaster sind zu sehen, weiter hinten der Sitz des Beobachters und Bombenwerfers und oben schaut man in die Kanzel des Heckschützen hinein. Ein Gewirr von Drähten, die ehemals zum Leitwerk führten, hängen am Ende heraus. Die Flügel sind z. T. erhalten, haben oben den dunkelgrünen Tarnan"rich und sind unterhalb vollkommen schwarz. Bemerkenswert ist, daß an den Tragflächen die rotweißblauen Farbringe überhaupt nicht zu erkennen sind, also jedes offizielle Erkennungszeichen hier fehlt und nur am Rumpf sind die Farben, umgeben von einem gelben Ring, zu erkennen. Echt Tommy! Immer im Trüben fischen und aus großer Höhe wahllos die Bomben fallen lassen. Zwei Bomben waren übrigens, noch entschärft, in der Maschine und wurden gleich mühelos sichergestellt. Aus großer Höhe ist die Besatzung mit Fallschirmen abgesprungen und dann gefangen genommen worden. Unter ihnen befand sich der dritte Staffelkapitän, der in der Umgebung Hamburgs abgeschossen wurde, ein Major,

sowie drei blutjunge Sergeanten!

Während wir vor der Maschine stehen, haben sich viele sachkundige Besucher eingefunden. Es sind Flaksoldaten mit ihren Batteriechefs und andere unmittelbar Interessierte, die stolz ihre Freude über den gelungenen Abschuß zum Ausdruck bringen.

„Und wieder mußte ein Brite runter", sagt uns ein Flakwachtmeister freudig, „die kommen hier nicht ungeschoren durch, auch wenn sie meinen, auf dem flachen Lande ist die Abwehr nicht so groß und die Höhe sei der beste Schutz." Ja, so ist es. Ungestraft bombardiert man nicht die wehrlose Zivilbevölkerung.

Die Bewohner Elmshorns stehen in weitem Umkreis um „ihren Britenbomber" herum. Sie wissen, daß sie nicht ohne Schutz sind und sind durch solche nächtlichen Besuche nicht aus der Ruhe zu bringen. Sie haben die Gewißheit, daß jetzt Bombe um Bombe tausendfach vergolten wird und die Royal Air Force in nicht allzuferner Zeit sie nicht mehr belästigen wird.

Britische Flieger als Grabschänder.

Die neueste „Heldentat" der „Königlichen Luftflotte".

-nn- Hamburg, 10. September. Im Weichbild der Hansestadt Hamburg erstreckt sich über ein Gebiet von über 400 Hektar der „Ohlsdorfer", jener riesige, in der ganzen Welt berühmte größte Friedhof Europas. Die „allerfrömmste und allergerechteste" Nation auf Gottes Erdboden hat auch hier den traurigen Ruhm für sich errungen, den elementarsten Grundsätzen menschlichen Zusammenlebens und menschlicher Pietät und Sittlichkeit schallend ins Gesicht geschlagen zu haben: Der Ohlsdorfer Friedhof, als solcher weithin erkennbar, ist nachts durch Churchills Luftpiraten mit Bomben beworfen worden. Mit ihm in der gleichen Nacht ein kleinerer Friedhof in Altona.

Ein Besuch auf dem „Ohlsdorfer" bietet ein trauriges Bild der Verwüstung. Vier Sprengbomben haben Löcher gerissen, von denen das größte einen Trichter von 3½ Meter Tiefe und acht Meter Breite bildet. Zwei der Bomben sind über dem Urnenfriedhof nahe der zehnten Kapelle niedergegangen und haben die Urnen mit den Aschenresten und die schweren Grabplatten weit weg geschleudert. Die beiden anderen haben ihr Zerstörungswerk an Reihengräbern — nicht weit übrigens von den 300 Grabhügeln gefallener englischer Soldaten im Großen Kriege! — ausgerichtet. Ringsum verstreut sind zerschlagene und zersprengte Grabsteine, zerstörte Bäume, ausgerissenes Strauchwerk. Fürwahr ein Heldenstück der britischen „Kulturnation" das sich anderen aus diesem und dem vergangenen Kriege würdig anreiht . . .

EN vom 11.9.1940

Am 13. September 1940 brachten die EN eine Sonderseite über den Luftschutz in Elmshorn. (40)

Zu Beginn des Krieges wurden von der Reichsregierung Personen- und Sachschäden noch ersetzt. Bei Personenschäden galt nach der Personenschädenverordnung vom 1. September 1939, das deutsche Staatsangehörige, die infolge eines Angriffs auf das Reichsgebiet oder eines besonderen Einsatzes der bewaffneten Macht Schäden an Leib und Leben erlitten, und deren Hinterbliebenen auf Antrag Fürsorge und Versorgung erhielten.

Bei Sachschäden griff die Verordnung über die Feststellung von Sachschäden vom 8. September 1939. Die Feststellung erfolgte auf Antrag. Es wurden für die Instandsetzung Vorschüsse in Höhe der Kosten gewährt. (41)

Am 4. September wurde das neue Winterhilfswerk in Berlin eröffnet. (42)

89. Jahrgang.   Freitag, den 27. September 1940.   Nr. 227.

Militärbündnis Deutschland-Italien-Japan

Drei-Mächte-Pakt
zwischen Deutschland, Italien und Japan.
Feierlicher Staatsakt in der Reichskanzlei.

Wieder erfolgreiche
Tages- und Nachtangriffe gegen England.
Schwere Zerstörungen in London, Southampton, Liverpool und Birkenhead.
Erfolgreiche Luftkämpfe. — U-Boot versenkte 8 700 T.

EN vom 27.9.1940

EN vom 3.10.1940

289

** Achtet auf britische Brandröhrchen.
Neuerdings haben englische Flieger außer den
bekannten Phosphor-Zelluloid-Brandplättchen
auch Phosphor-Zelluloid-Brandröhrchen
abgeworfen. Diese Röhrchen sind achtrippig, 48
Millimeter lang und 13 Millimeter dick. Die
Röhrchen sind mit Phosphor gefüllt, der sich bei
entsprechender Berührung mit der Luft entzündet und in feuergefährlicher Umgebung
Brände verursachen kann. Bei Verdacht, daß
solche Brandröhrchen abgeworfen sein könnten,
ist das Gelände sofort nach den Röhrchen abzusuchen. Die Bekämpfung erfolgt genau so wie
die der Phosphor-Zelluloid-Brandplättchen. Die
Röhrchen sind in Gefäßen unter Wasser aufzubewahren und nach Beendigung der Suchaktion
sofort der nächsten Polizeidienststelle abzuliefern.

EN vom 10.10.1940

Brandplättchen mit Rattengift

)(Englische Flugzeuge haben wiederholt
sogenannte Brandplättchen abgeworfen. Sie
sehen aus wie die bekannten Rollfilmstreifen,
entweder farblos und durchsichtig oder schwarz.
Sie haben in der Mitte ein rundes Loch und
darüber ein Mullstreifchen oder ein Watte-
bäuschchen, das mit einer Art Büro-Stanzklam-
mer an dem Filmplättchen befestigt ist. In diesem Mullstreifen befindet sich ein kleines rundes
Scheibchen gelber Phosphor, das nur Bruchteile
eines Grammes wiegt und etwas kleiner ist als
ein Pfennigstück. Dieser Phosphor ist wachs-
weich und sehr giftig. Man hat ihn früher als
Rattengift verwendet. Er leuchtet im Dunkeln
und entzündet sich von selbst durch die Einwirkung des Luftsauerstoffes und von Wärme. Die
Verpackung des Phosphor in feuchte Watte oder
Mull hat den Zweck, seine vorzeitige Entzündung
zu verhindern. Erst wenn die Watte trocken
geworden ist, verbrennt der Phosphor und entzündet zugleich das aus Celluloid bestehende
Filmplättchen, welches sich natürlich nicht, wie
gelegentlich angenommen wird, von selbst ent-
zünden kann. Das ganze Plättchen brennt dann
einige Sekunden lang unter Entwicklung einer
bis 70 Zentimeter hohen Stichflamme. Man
soll diese Brandplättchen einsammeln und in
ein Gefäß mit Wasser werfen, aber auf keinen
Fall in die Hosentasche stecken. Wegen der erwähnten Giftigkeit ist möglichst auch jede Berührung mit dem Phosphor zu vermeiden, und
keinesfalls dürfen Kinder — durch das harmlose Aussehen verleitet — mit dem Phosphor
spielen.

EN vom 11.10.1940

NBZ vom 29.10.1940

290

Im Oktober 1940 wurde dann die Kriegsdienstkarte der HJ eingeführt, um eine Kontrolle über die geleisteten Dienste der Jugendlichen zu bekommen:

„Jeder Jugendliche, ganz gleich, ob er der HJ angehört oder nicht, soll in Zukunft eine „Kriegsdienstkarte der HJ" erhalten. Diese Karte soll als lückenloser Nachweis über geleistete Hilfsdienstarbeit im Kriege gelten und jederzeit eine Nachprüfung ermöglichen, wo und in welcher Weise der Jugendliche während des Krieges planmäßigen Hilfsdienst geleistet hat." (43)

Der Reichsarbeitsdienst der Mädel war harte unbezahlte Arbeit. Bei Beginn des Krieges wurde der „freiwillige" Arbeitsdienst zur „Pflicht". Die Nationalsozialisten betonten aber weiterhin das Prinzip der „Freiwilligkeit". Dafür machten sie einen zum Teil abenteuerlichen Spagat in ihren Begründungen.

„(...) schon der Ausdruck Arbeits"dienst" weist auf die geforderte Grundhaltung hin, denn, obwohl die jungen Mädel jahrgangsweise eingesetzt werden, dienen sie doch freiwillig dem Volke beim Bauern, beim Siedler, in der kinderreichen Familie. Es ist klar, dass die Arbeit Anforderungen an das Mädel stellt, denn im Gegensatz zu der gewohnten Arbeit in der Stadt, ist die Landarbeit keineswegs körperlich leicht. Es gehört schon ein Gutteil Willen und Überwindung dazu, 8 - 9 Stunden am Tag die gleiche Bewegung zu tun, wie es doch beim Bauern notwendig ist, z.B. in der Ernte oder beim Rübenziehen. So erzieht unsere Arbeit das Mädel als erstes zum Durchhalten, zur Treue, zur gewissenhaften Pflichterfüllung. Beim Scheiden der Sommerbelegschaft bestätigte ein Mädel, sie hätte nie gedacht, dass sie einmal so viel schaffen könnte und noch dazu fröhlich sein.

Als zweiter großer Erziehungsfaktor tritt das Lagerleben hinzu. Es ist klar, das Gemeinschaftsleben und -erleben Dinge vom Mädel fordert, die im bürgerlichen Leben außer Frage stehen. Die ersten Wochen im Reichsarbeitsdienst stehen folglich im Zeichen einer Umwandlung, und zwar einer äußerlichen sowie inneren. Die Tracht, Symbol der Willenseinheit, schafft, wenn auch anfangs nur äußerlich, eine Atmosphäre des Zusammengehörens. Im Laufe des halben Jahres wird das Gemeinschaftsgefühl immer stärker, bis es zu einer wahren Kameradschaft aufgestiegen ist.

Besser als jedes Gesetz, formt die Gemeinschaft das einzelne Mädel. Sie fordert Ordnung, Pünktlichkeit, Sauberkeit als elementarste Grundregeln. Sie fordert vom Einzelnen Unterordnung der persönlichen Interessen und Neigungen und verlangt eine immerwährende Einsatzbereitschaft des ganzen Menschen. Anfangs ist es für manches Mädel schwer sich einzuordnen, aber nur die Auseinandersetzung mit den Dingen schafft Kraft, und am Schluß steht die Fügung in Notwendiges und die Freude am Notwendigen.

Arbeit und Freude aber gehören zusammen, und gerade im Reichsarbeitsdienst ist die Freude ganz groß geschrieben. Es ist dem jungen Menschen an sich schon gegeben, sich an kleinsten Dingen zu erfreuen, und der Gemeinschaft ist hierfür ein großer Raum gelassen. Wir wollen aber keinen lauten Trubel, sondern eine Fröhlichkeit, die von innen heraus das Gesicht leuchten macht. Darum beginnt jeder Tag mit einer halben Stunde Singen, und oftmals klingt ein kleines Lied den ganzen Tag hindurch und läßt die Seele schwingen.

Zu einer nationalsozialistischen Ausrichtung gehört aber nicht nur eine charakterliche Formung, sondern vor allem auch die Erziehung zum politischen Menschen. Politisch denken muss heute nicht nur der Mann, sondern auch die Frau und dafür sind im Reichsarbeitsdienst Schulungsstunden und Feierabende, die den Mädeln den Sinn für das Zeitgeschehen schärfen und in ihnen den Stolz und die Freude, Deutsche zu sein, stärken.

Der Reichsarbeitsdienst strebt also danach, eine Mädelgeneration zu formen, die charakterlich und politisch unseren Soldaten von heute in keiner Weise nachsteht, die begriffen hat, dass es nicht so sehr auf den Einzelnen, sondern ganz allein darauf ankommt, die Gemeinschaft des Volkes zu fördern." (44)

EN vom 1.11.1940

Am 29. Oktober 1940 verschärfte die Reichsjugendführung den Dienststrafenkatalog der HJ durch Einführung eines Jugendarrests:

„Die neue Dienststrafe in der HJ der Jugenddienstarrest

Die beginnende Durchführung der allgemeinen Jugenddienstpflicht und die Notwendigkeit, während des Krieges die Disziplin und Ordnung in der HJ auf jeden Fall zu gewährleisten, haben den Jugendführer des Deutschen Reiches veranlaßt, im Benehmen mit dem Reichsführer SS und Chef der deutschen Polizei eine weitere Dienststrafe in der HJ einzuführen,

nämlich den Jugenddienstarrest,

der neben dem kürzlich neugeschaffenen „strafrechtlichen Jugendarrest" steht. In allen Fällen, in denen die Anwendung einer Ehrenstrafe nicht genügt, kommt die neue Dienststrafe des Arrests in Betracht. Der Erlaß des Reichsjugendführers bestimmt hierzu, daß der Jugenddienstarrest auf männliche Angehörige der HJ vom 14. Lebensjahr an beschränkt ist. Er wird weder im polizeilichen Führungszeugnis noch im Strafregister eingetragen. Er kann verhängt werden als Wochenendarrest von Sonnabend 14 Uhr bis Sonntag 19 Uhr, als Wiederholung des Wochenendarrestes bis zu drei Wochenendarrests nacheinander oder als zusammenhängender Arrest von drei bis acht Tagen.

Die Art der Gemeinschaftserziehung in der HJ wird in den meisten Fällen die Anwendung einer Ehrenstrafe zulassen. Die Verhängung des Jugenddienstarrests wird daher auf wenige Fälle beschränkt. Insbesondere ist der Jugenddienstarrest nicht zur Ahndung von Dienstversäumnissen bestimmt. In derartigen Fällen kommt vielmehr u.a. die polizeiliche Zwangshaft zur Erzwingung der Jugenddienstpflicht in Frage. Diese Maßnahme ist nicht mit dem Jugenddienstarrest zu verwechseln. Erst wenn eine mehrmalige Anwendung polizeilicher Maßnahmen nicht ausreicht und sich das hieraus ergebende grobe HJ-widrige Verhalten eine Dienststrafe erfordert, kann auch Jugenddienstarrest verhängt werden.

Nach einem sorgsamen Prüfungsverfahren der Vorinstanzen hat in jedem Fall ein Sonderbeauftragter der Reichsjugendführung zu entscheiden, ob Jugenddienstarrest zu verhängen ist. Um die erzieherische Wirkung zu erhöhen, muß der Vollzug des Arrests vor der Gefolgschaft des Beschuldigten bekanntgegeben werden. Es ist hierzu ein besonderer Appell anzusetzen, bei dem der Beschuldigte vor die Front geholt und die Strafe bekanntgegeben wird. Der Arrest wird in einem geeigneten Dienstzimmer der Polizei vollstreckt. Die Verwendung von Gefängnis- oder Arrestzellen ist verboten." (45)

Zur Verordnung über den Jugendarrest erfolgte im Dezember eine Erläuterung:

„Es wird nochmals klargestellt, daß der Jugendarrest ein Zuchtmittel ist und keine Strafe. Neben der Verhängung von Jugendarrest können Erziehungsmaßregeln angeordnet werden. Weiter wird gesetzlich festgelegt, daß die Aussetzung der Vollstreckung unter Bewilligung einer Probezeit bei Verurteilung zu Jugendarrests nicht zulässig ist. Bei Verurteilung zu Wochenendkarzer treten, falls die Freizeit des Jugendlichen nicht in das Wochenende fällt, die entsprechenden Zeiträume der Freizeit an die Stelle des Wochenendes." (46)

Nachdem am 5. November 1940 der damalige Staatssekretär im Justizministerium Dr. Roland Freisler (47) den Disziplinarkatalog für die Jugend noch einmal darlegte (48), erschien am 15. November die Durchführungsverordnung.

Die ausdrückliche und ausführliche Schilderung der Strafen bei Nichterscheinen zum HJ-Dienst weist daraufhin, dass mittlerweile nicht mehr jeder Jugendliche voller Begeisterung zu den Abenden erschien, sondern dass durch die Abkehr von der Freiwilligkeit zur Zwangsorganisation eine Ernüchterung stattgefunden hat. Bei Begeisterung wäre eine Strafandrohung nicht nötig gewesen.

Außer dem Jugendarrest Verwarnung und Abbitte.

Durchführungsbestimmungen des Reichsjustizministers.

)—(Das neue Erziehungsmittel der Rechtspflege gegen Jugendliche, der Jugendarrest, wird mit sofortiger Wirkung durchgeführt, wie der Reichsminister der Justiz soeben auf einer Tagung der Jugendrichter in Berlin bekannt machte. Der Minister hat nunmehr auch die erforderlichen Durchführungs-Anweisungen an die Justizbehörden erlassen. Danach soll der Jugendrichter auf Jugendarrest erkennen, sei es als Wochenendarrest oder Dauerarrest, wenn Erziehungsmaßregeln nicht passen oder nicht ausreichen und andererseits Strafe, die dem Jugendlichen zum Vorbestraften stempelt, nicht erforderlich ist. In der Regel kommt daher Jugendarrest in Betracht für alle Fälle, die bisher mit Geldstrafe, Haft oder Gefängnis bis zu drei Monaten geführt wurden.

Zu Jugendarrest werden nicht solche Jugendliche verurteilt werden, denen bereits der Weg zum Verbrechertum vorgezeichnet ist. Neben Jugendarrest kann auf Erziehungsmaßregeln erkannt werden. Es empfiehlt sich, wie der Minister hierzu bemerkt, die Verwarnung in Gegenwart des Erziehungsberechtigten oder des zuständigen HJ.-Führers auszusprechen. Wird Abbitte auferlegt, so sollte sie vor Gericht geleistet werden. In manchen Fällen ist die Auflage, angerichteten Schaden durch eine Arbeitsleistung wiedergutzumachen, eine geeignete Erziehungsmaßnahme. Geldstrafen bittet der Minister gegen Jugendliche in allen Fällen nicht mehr zu beantragen. In geeigneten Fällen wird die Auferlegung der Verpflichtung zu prüfen sein, eine Geldbuße an die NSV, oder das Winterhilfswerk zu zahlen, etwa in Raten, die dem Arbeitseinkommen des Jugendlichen angepaßt sind.

Die Verhängung und der Vollzug des Jugendarrestes muß der Tat möglichst auf dem Fuße folgen. Eine Aussetzung der Vollstreckung des Jugendarrestes ist unzulässig. Die Bewährung des Jugendarrestes steht und fällt damit, daß der Richter sich um jeden einzelnen im Vollzug befindlichen Jugendlichen persönlich kümmert. Dies ist die vornehmste Pflicht des Jugendrichters, dem die Anwendung des Jugendarrestes anvertraut ist. Die Beeinflussung des Jugendlichen muß vom Appell an seine Ehre getragen sein.

EN vom 15.11.1940

Sehr ausführlich beschreibt Freisler die Durchführung des Jugendarrestes:

„In der „Deutschen Justiz" veröffentlicht Staatssekretär Freisler ausführliche Richtlinien zur Handhabung des Jugendarrestes, insbesondere zum Vollzug. Danach wird er strebt, dass jedes Amtsgerichtsgebäude seinen Wochenendkarzer hat. In der Zelle soll sich nichts befinden, was das Ehrgefühl des Jugendlichen verletzt. Auch nichts Unhygienisches soll die Jugendarrestzelle belasten. An Licht soll es nicht fehlen, und ebenso soll selbstverständlich die Jugendarrestanstalt eine Brauseeinrichtung, einen Arbeits- und Turnhof haben. Grundsätzlich darf sie aber

nicht in einem Gebäude eingerichtet werden, indem auch Freiheitsstrafe vollzogen wird.

Die Behandlung der jugendlichen Arrestanten soll nach dem Grundsatz gleichmäßig fester Gerechtigkeit erfolgen. Dabei soll der Richter auch sein Augenmerk auf den Einfluss lenken, den Besucher auf den Jugendlichen haben können. Es ist durchaus unerwünscht, dass ausgerechnet den Jugendarrest alle Tanten und Onkel benutzen, um den Arrestanten zu bedauern und zu bemitleiden und vielleicht sogar das Urteil zu bemänteln. Das muss der Vollzugsrichter zu verhindern wissen. Während des Wochenendkarzers sind Besuche überhaupt unerwünscht. Die gleichmäßige Gerechtigkeit, mit der der Jugendliche behandelt werden muss, schließt ein, dass sein Ehrgefühl nicht verletzt werden darf. Es soll im Gegenteil angerufen werden. Deshalb soll auch zunächst der Jugendarrest in einer Zelle mit unvergitterten Fenstern vollstreckt werden.

Arbeit darf den Jugendlichen nie als Strafe zudiktiert werden. Sie enthält auch dann nichts Entehrendes, wenn sie schmutzig ist. Überwiegend soll es sich um Außenarbeit handeln, nicht etwa um eine Beschäftigung nach Art von Berufsschularbeiten. Neben der Arbeit ist im Dauerarrest Schulung nicht ausgeschlossen. Insbesondere erscheint die Besprechung wichtiger Tagesereignisse zur Pflege des nationalsozialistischen Gemeinschaftssinns durch den Aufsichtsrichter geeignet. Zur Selbstbeschäftigung der Jugendlichen soll eine Bücherei vorhanden sein.

Vor allem ist notwendig, dass sich der Vollzugsrichter persönlich um den Jugendlichen kümmert. Er muss jeden Wochenendkarzer-Arrestanten einmal ins Gebet nehmen, den Jugendlichen im Dauerarrest öfter. Darüber hinaus wird er mit den Eltern, mit dem Lehrer, dem Betriebsführer, dem Lehrmeister und anderen Personen sprechen können.

Sehr wichtig ist, dass der Jugendliche nach Verbüßung des Jugendarrests wieder in seine Lehrstelle aufgenommen wird. Man darf mit Bestimmtheit annehmen, dass kein Gericht die Verurteilung zu Jugendarrest als Grund zur Beendigung des Lehrverhältnisses anerkennt. Die Aufnahme in den Betrieb muss auch tatsächlich ohne Demütigung erfolgen." (49)

Eine Schlacht siegreich geschlagen!

-b- Sonnabend und Sonntag waren wieder Großsammeltage für das Kriegswinterhilfswerk, gegen Hunger und Kälte. Am Freitag versammelten sich in den Abendstunden die Führer der Einheiten der SA., Marine-SA., NSKK., NSFK. und der SS. im Haus der NSV., um hier die Munition für die Großkampftage zu empfangen. Es wurden 11 500 Bomben und Granaten, Seeminen, Torpedos, Handgranaten und Infanterie-Munition ausgegeben. Vom Standortführer W. Langeloh war befohlen, daß am Sonnabend der Kampf schlagartig einzusetzen habe. Vorher durfte keine Munition „verklötert" werden.

Schon in den frühen Morgenstunden des Sonnabend sah man vor Arbeitsbeginn die SA.-Männer vor den Betrieben stehen, um die Volksgenossen, die zur Arbeit gingen, mit der ihnen zusagenden Munition zu versorgen. Genau so ging es am Bahnhof. Die nach der nahen Großstadt fahrenden Volksgenossen wurden hier vor der Abfahrt mit Munition versorgt. Als es heller wurde, sah man in allen Straßen die Männer der Gliederungen bei der Verteilung der Munition. Auf dem Wochenmarkt war ein dankbares Absatzgebiet, denn neben dem Obst und Gemüse, das die Hausfrauen hier aufkauften, kauften sie auch Munition gegen Hunger und Kälte. In ganz kurzer Zeit sah man in den Straßen nur noch Menschen mit „Bomben und Granaten" gehen. Es gab ja hin und wieder noch „Schlachtenbummler" ohne diese Kampfabzeichen, aber es dauerte meistens nicht lange, bis sie von einem SA.-Mann geschnappt wurden, dessen scharfes Auge das Fehlen des Kampfabzeichens bemerkte. Dann nützte es nichts, er mußte sich zu irgend einer „Waffe" bekennen.

Aber auch die DJ. wollte in dem Kampf gegen Hunger und Kälte nicht fehlen. Da die übergroße Mehrzahl der SA.-Männer zu den Waffen einberufen ist, füllten die Jungens die Lücken auf und verkauften mit Begeisterung die Abzeichen.

Am Sonnabend war gegen Abend auf dem Platz vor dem „Holsteinischen Hof" ein Platzkonzert, das von dem Musikkorps einer Luftnachrichtenabteilung ausgeführt wurde. Viele Zuhörer hatten sich hier eingefunden, die den flotten Weisen lauschten und reichen Beifall spendeten. Auch bei diesen musikalischen Genüssen wurde der Sinn des Kampfes nicht vergessen. Manche Bombe und Granate wurde hier noch verkauft, so daß nach Beendigung des Konzerts die „Schlacht" eigentlich schon gewonnen war, denn die „Munition" war bis auf einen kläglichen Rest „verschossen". Dieser Rest wurde am Sonntag zu dem letzten „Nachstoß" eingesetzt und auch in wenigen Stunden „verpulvert". Kein Schuß liegt mehr in dem Munitionsdepot der NSV. Hier in Elmshorn wurde der Kampf gegen Hunger und Kälte siegreich beendet.

EN vom 4.11.1940

Mit einem Schweigemarsch der Elmshorner NS-Formationen und einer Feierstunde im „Holsteinischen Hof" wurde der 9. November begangen. (50)

Mit einem Rundschreiben vom 29. November 1940 informierte die Elmshorner Ortspolizeibehörde die Firmen über den erweiterten Selbstschutz:

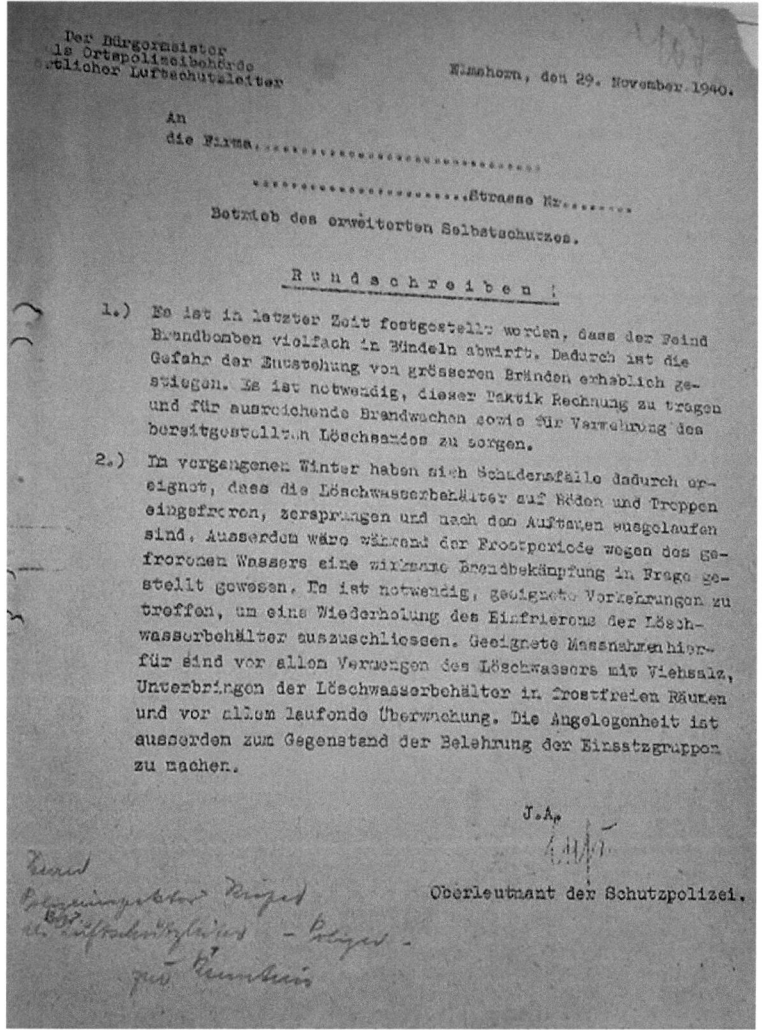

Stadtarchiv 001-03.31.50.01.06 Handhabung der
Ortspolizei 1933-1942

Am 24. November 1940 fand in Elmshorn die feierliche Aufnahme der 18-jährigen HJ- und BDM-Angehörigen in die NSDAP statt. (51) Es wurden 25 Jungmänner auf die Stürme verteilt. Es wurden verschiedene Gefolgschaften der HJ mit dem Karabiner 98 K ausgebildet. Am 9. September 1940 erwarben etwa 150 Hitlerjungen den K-Schein, eine Übung bzw. Prüfung vergleichbar der Gruppe 3 des SA-Wehrabzeichens. Etwa 50 Hitlerjungen und Angehörige des DJ erwarben das HJ-Leistungsabzeichen. ()

HJ beim Schießunterricht im Wehrertüchtigungslager.

Kleinkalibergewehr 98k. An diesem Gewehr wurde die HJ ausgebildet.

Bei ihrem Diensteinsatz waren die jungen Pflichtjahrmädchen auch der Gefahr von sexuellen Übergriffen ausgesetzt. Durch ein Reichsgerichtsurteil wurde klargestellt, dass die Mädel unter einem besonderen Schutz stehen. So wurde ein Arbeitgeber, der sich an einem Mädchen sittlich vergangen hatte, nach §174 des Strafgesetzbuches mit Zuchthaus bestraft. Das Reichsgericht hat sich auf den Standpunkt gestellt, dass der Angeklagte nicht nur Arbeitgeber des Mädchens, sondern dass er, da es sich um ein 16jähriges Mädel handelte, auch als ihr Erzieher zu gelten hatte. (53)

Abholdienst der HJ.

Da es in heutiger Zeit für viele Volksgenossen und Volksgenossinnen schwierig ist, die ihnen zugewiesenen Kohlenmengen vom Kohlenhändler in die eigene Behausung zu bringen, zumal es den Kohlenhändlern an Zeit gebricht, die zugewiesenen Mengen aufzubringen, hat die NSDAP. in Zusammenarbeit mit der HJ. und der DJ. einen Abholdienst eingerichtet. Alte Leute, kranke Frauen usw. wenden sich an den Ortsgruppenleiter, wenn ihnen Kohlen vom Wirtschaftsamt zugewiesen werden. Die Partei sorgt dafür, daß von der HJ. und der DJ. Jungen zur Verfügung gestellt werden, die die Kohlen vom Kohlenhändler abholen und den Volksgenossen ins Haus bringen. Den betr. Volksgenossen entstehen durch diesen Abholdienst durch die HJ. keinerlei Kosten. Es ist ein Ehrendienst, den HJ. und DJ. für alte Leute, kranke Frauen und die Frauen unserer Soldaten leisten. Es braucht sich niemand zu schämen, diesen Ehrendienst in Anspruch zu nehmen. Vor allen Dingen müssen sich die Volksgenossen aber an ihren Ortsgruppenleiter wenden, dann wird die Sache schon klappen.

EN vom 7.2.1940

Seit Februar 1941 wurden anstelle der HJ-Ausweise Ausweiskarten mit Stempelfeldern für die Dienstappelle ausgegeben. Diese Änderung wurde wegen des Wegfalls des Beitrags zur HJ und der Quittungsmarken eingeführt. (54) Das Verhältnis Schule, Elternhaus und HJ in den Kriegszeiten wurde in den EN am 11. Februar 1941 dargelegt:

Dreieinigkeit der Erziehung

Schule, Hitler-Jugend und Elternhaus aufeinander abgestimmt.

Tm. Zwischen dem Reichsminister für Erziehung und Unterricht und dem Reichsjugendführer ist ein Abkommen geschlossen worden, dem auch der Stellvertreter des Führers zugestimmt hat, damit ist ein weiterer Schritt zur einheitlichen Ausrichtung unserer Jugenderziehung getan, bei dem sowohl die Erfahrungen der letzten Jahre, wie auch die besonderen Aufgaben der Kriegszeit berücksichtigt sind.

Der Wirkungsbereich und die ausschließliche Arbeitssphäre der **Schule** wurde auf die sämtlichen Vormittage verlegt, während der **Hitler-Jugend** und dem **Elternhaus** die Nachmittage verbleiben. **Zwei** Nachmittage der Woche, und zwar auf jeden Fall der Sonnabend und ein zweiter, im einzelnen noch zu bestimmender, werden grundsätzlich von Schulaufgaben **freigestellt** werden, von denen auch das Wochenende nicht beansprucht werden soll. Damit verbleiben der Schule **drei** Nachmittage, an denen die Jugend sich ihren Schulaufgaben widmen kann und die gleichzeitig auch den Zwecken des **Elternhauses** und der persönlichen Freizeit des Jugendlichen zugute kommen sollen.

Eine sehr wichtige und interessante Regelung wurde für die **Körperertüchtigung** und für die Erziehung **im Lager** und auf **Fahrten** getroffen. Soweit nicht die Schule von ihrem Morgenplan einen Teil der Körperschulung widmen kann und soweit nicht die Notwendigkeit beschnitten wird, Lehrwanderungen durchzuführen, für die jeweils ein ganzer Tag im Monat vorgesehen ist, werden Turnen und Sport der HJ. vorbehalten. In die Ferien, deren Massierung in der Sommerzeit allgemein angestrebt wird, sollen dann die Fahrten und Lager der HJ. fallen, die also nicht mehr der Unterrichtung und damit den Lehrplan beeinträchtigen brauchen.

Das hervorstechende Moment dieses Abkommen ist die Konzentration der einzelnen Aufgabenbereiche: der Schularbeit an erster Stelle, die sich nunmehr ganz der Durchorganisierung eines, wenn man so sagen soll, geschlossenen und festgefügten Zeit-Blockes widmen kann; der HJ.-Arbeit sodann, die jetzt ebenfalls bestimmte Größenordnungen an Zeit und Initiative zur Verfügung hat, nachdem kürzlich erst der Dienstbetrieb als solcher in neue Bahnen gelenkt worden war. Daß auch das Elternhaus dabei nicht zu kurz kommt, geht ja u. a. auch aus der Regelung für die Sonntage hervor und nicht zuletzt auch aus der Aufteilung der Nachmittage, die klare Verhältnisse hinsichtlich der Rechte und Pflichten aller Erziehungsbeflissenen schaffen.

EN vom 11.2.1941

301

Werbeplakat für die Kinderlandverschickung

Seit Ende des 19. Jahrhunderts und ab 1916 gab es schon die Kinderlandverschickung. Hierbei wurden bedürftige und gesundheitlich gefährdete Stadtkinder zu Erholungsaufenthalten in Pflegestellen aufs Land geschickt. Dieses behielten auch die Nationalsozialisten bei. Nach Ausbruch des Weltkrieges brachte man vor allem ab Oktober 1940 Schulkinder sowie Mütter mit Kleinkindern aus den vom Luftkrieg bedrohten deutschen Städten längerfristig in weniger gefährdeten Gebieten unter.

Am 27. September 1940 schrieb Reichsleiter Martin Bormann in einem vertraulichen Rundschreiben:

„Auf Anordnung des Führers werden Kinder aus Gebieten, die immer wieder nächtliche Luftalarme haben, zunächst insbesondere aus Hamburg und Berlin, auf Grund freier Entschließung der Erziehungsberechtigten in die übrigen Gebiete des Reiches verschickt. Mit der Durchführung dieser Maßnahmen hat der Führer Reichsleiter Baldur von Schirach beauftragt (…) Die NSV übernimmt die Verschickung der noch nicht schulpflichtigen Kinder und der Kinder der ersten vier

Schuljahrgänge; die HJ übernimmt die Unterbringung vom 5. Schuljahre an. Die
Unterbringungsaktion beginnt am Donnerstag, den 3. Oktober 1940." (55)
Die Bezeichnung „Evakuierung" wurde vermieden; beschönigend wurde nur von
„Unterbringungsaktion" und später von „Erweiterter Kinderlandverschickung"
gesprochen. Die Bevölkerung aber durchschaute diese verschleiernde
Sprachregelung.

Die „Reichsdienststelle KLV" evakuierte bis Kriegsende insgesamt wahrscheinlich
über 2.000.000 Kinder und versorgte dabei vermutlich 850.000 Schüler im Alter
zwischen 10 und 14 Jahren, aber auch ältere in KLV-Lagern. (56)

„Von Eltern und sonstigen Erziehungsberechtigten wird immer noch die Sorge
geäußert, dass die von der erweiterten Kinderlandverschickung erfassten Schüler
und Schülerinnen ebenso wie die als Helfer eingesetzten Jugendlichen in ihrer
Schulausbildung Nachteile haben könnten. Insbesondere gilt dies bezüglich der
Versetzung in die nächste Schulklasse. Im Hinblick hierauf lässt der
Reichserziehungsminister folgenden Hinweis ergehen:

1. Die an der Landverschickung beteiligten Kinder werden auch an ihren
Unterbringungsorten schulisch betreut und gefördert. Entsprechende Maßnahmen
sind von den damit beauftragten Dienststellen der NSDAP getroffen worden.

2. Nach Rückkehr der Kinder werden etwaige Lücken in den Schulkenntnissen durch
geeignete Sondermaßnahmen der Unterrichtsverwaltungen ausgeglichen.

3. Keinem deutschen Schulkinde sollen aus unverschuldeten Störungen des
ordnungsgemäßen Schulbesuches infolge der erweiterten Kinderlandverschickung
Nachteile erwachsen, auch nicht hinsichtlich der Versetzung in die nächste
Schulklasse." (57)

Kinder aufs Land!

Einiges zur erweiterten Kinderlandverschickung in der Nordmark.

Schon immer bestand im Rahmen der NSV.-Arbeit eine Verschickung erholungsbedürftiger Kinder aufs Land. Als mit Beginn des Luftkrieges häufiger werdende Fliegeralarme den Nachtschlaf von Erwachsenen und Kindern des öfteren unterbrachen, gab der Führer Anweisung zur Erweiterung der bereits bestehenden Kinderlandverschickung, und zwar sollte eine solche grundsätzlich auf **freiwilliger Grundlage** erfolgen. Dem Reichsleiter Baldur von Schirach wurde die Durchführung dieser Aufgabe führungsmäßig übertragen. NSV., HJ. und NS.-Lehrerbund arbeiten seit Monaten gemeinsam an der ordnungsmäßigen Durchführung derselben.

Verschickung auf Wunsch der Eltern.

Für eine Erfassung unserer Jungen und Mädel zur erweiterten Kinderlandverschickung kommen einmal 6—10jährige und zum anderen 14jährige in Frage. Während die jüngeren Jahrgänge ausschließlich in Familienstellen und Privatpflege untergebracht werden, erfolgt eine solche für die Jahrgänge 10—14 in geschlossenen Lagern.

Nach Anmeldung der betreffenden Jungen oder Mädel durch die Eltern bei der zuständigen NSV.-Ortsgruppengeschäftsführung und der ärztlichen Untersuchung erfolgt der Transport in eigens zusammengestellten Sonderzügen der Reichsbahn. Für ausreichende Ausrüstung der Kinder mit Kleidung, Unterwäsche, festem Schuhwerk usw. haben die Eltern — bei Minderbemittelten evtl. in Zusammenarbeit mit der NSV.-Ortsgruppe — zu sorgen. Betont sei, daß für die Entsendung, also auch den Aufenthalt, keinerlei Kosten erwachsen. Anmeldungen können jetzt noch vorgenommen werden.

Schulungsunterricht und Betreuung im Lager.

Während die in Privatpflege aufgenommenen Jungen und Mädel (6—10jähr.) die jeweils zuständigen Schulen ihres Aufenthaltsortes besuchen, wird in den Lagern (10—14jähr.) klassenweise Schulunterricht durch den Lagerleiter gegeben. Dieser ist in jedem Falle ein vom NS.-Lehrerbund bestimmter Lehrer. Dem Lagerleiter zur Seite steht für den HJ.-Dienst und die weltanschauliche Betreuung verantwortlich ein HJ.-Führer bezw. eine BDM.-Führerin.

Von den zuständigen HJ.-Gebieten wird darüber hinaus eine laufende kulturelle Betreuung der Lager durch Verschickung von HJ.-Spielscharen usw. gewährleistet. Diese sollen mit den Jungen und Mädeln der Lager singen, spielen, ihnen vormusizieren sowie Laien- und Stegreifspiele und Puppenspiele veranstalten.

Für jedes Lager der erweiterten Kinderlandverschickung steht ausgebildetes Küchenpersonal zur Verfügung. Nach genauen, von der Reichsjugendführung herausgegebenen Rahmenplänen werden den Kindern täglich Mahlzeiten verabreicht. Dem Koch stehen je Kind und Tag zwei Reichsmark ausschließlich für Verpflegung zur Verfügung. Zur Kontrolle der Durchführung obiger Rahmenpläne sind in jedem Aufnahmegau Ernährungs-Referenten der HJ.-Gebiete tätig, deren Aufgabe es einzig und allein ist, laufend Verpflegungskontrollen bezüglich Güte und Menge der Verpflegung durchzuführen.

Beurlaubung von Lehrlingen und Schülern als Helfer.

Ergibt sich die Notwendigkeit, daß Lehrlinge oder Schüler der Abschlußklassen von Mittelschulen als HJ.-Führer in KLV.-Lagern eingesetzt werden müssen, erfolgt die 2—3monatige Beurlaubung durch die Kammer oder Schulleitung. Irgendwelche beruflichen oder schulischen Nachteile sollen nach dem Willen der vorgesetzten Staatsdienststellen diesen zum Einsatz kommenden Jungen und Mädeln nicht erwachsen.

Noch ein Wort an die Eltern bereits verschickter Kinder.

Es ist selbstverständlich, daß die Eltern der bereits zur Verschickung gelangten Kinder mit besonderer Aufmerksamkeit die ersten Schreiben ihrer Lieben durchlesen. Bedenkt bitte dabei, daß es in der Natur der Sache liegt, wenn Eure Kinder anfangs aus einem verständlichen Heimweh heraus eventuelle kleine Unzuträglichkeiten allzu schwarz malen. Örtliche NSDAP.-Kreisleitungen, NSV., NS.-Lehrerbund und Gebietsführungen der HJ. wirken gemeinsam daran, in den Lagern alles so wohnlich und gemütlich wie nur irgend möglich zu gestalten. Jeder Lagerleiter wetteifert mit dem anderen, seinen Jungen und Mädeln so gut es überhaupt möglich ist, das Elternhaus zu ersetzen. Kleinere Erkrankungen eurer Kinder finden — genau so wie zu Hause oder manchesmal noch besser — sofortige ärztliche Hilfe beim Lagerarzt, im Notfall stehen Sanatorien oder Krankenhäuser jedem kleinen Kranken offen. Die zuständigen Stellen werden ein übriges tun und auf direktem Wege in Elternbriefen oder über die Tageszeitungen laufend Berichte über das Leben in unseren KLV.-Lagern geben.

EN vom 1.3.1941

Erfahrung bei der Kinderlandverschickung.

Baldur von Schirach belehrt die Eltern.

|—] Die Kinderlandverschickung ist jetzt zu einem gewissen Abschluß gelangt, so daß sich heute schon etwas über die Erfahrungen bei der Durchführung der vom Führer befohlenen Aktion sagen läßt. Das tat Reichsleiter Baldur von Schirach in Berlin vor Pressevertretern, und aus seinen Ausführungen ist vieles auch für die Eltern der verschickten Kinder sehr beachtenswert.

Nach dem Willen des Führers soll der Jugend aus den luftgefährdeten Großstädten die Möglichkeit geboten werden, auf dem Lande weiterunterrichtet zu werden und dort zugleich Erholung zu finden. Die Schwierigkeiten des Transportes, der Unterbringung, Verpflegung und der Unterrichtseinrichtungen wurden schnell und gut überwunden. Das Hauptproblem war psychologischer Natur: Die Trennung der Kinder von den Eltern.

Heute kann festgestellt werden, daß es gelungen ist, auch diese große psychologische Schwierigkeit zu überwinden. Die Krise der ersten vierzehn Tage war nicht bei den Kindern, sondern hauptsächlich bei vielen Eltern vorhanden, die um das Schicksal ihrer Sprößlinge besorgt waren. Nach dem Eintreffen der ersten Briefe der landverschickten Kinder war in den meisten Fällen auch diese Krise behoben. Vor allem kann jede Mutter versichert sein, daß ihr Kind ausgezeichnet verpflegt wird. Die Landverschickten bekommen in den Lagern zwanzig Prozent mehr als zu Hause. Die Kost ist besonders auf Vitamin-Reichtum ausgewählt. Es ist bereits eine durchschnittliche Gewichtszunahme zwischen fünf und siebzehn Pfund festgestellt, in einigen Fällen bis zu fünfundzwanzig Pfund. Ganz ausgezeichnet ist auch die Unterbringung geregelt. Die Großstadtkinder bewohnen in vielen Kurorten die besten Hotels und Pensionen. Nach dem Bekanntwerden dieser Tatsache setzte denn auch — die Aktion ist ja freiwillig und soll es bleiben — ein wahrer Anmeldesturm aus den gefährdeten Großstädten ein. Bei der vorgesehenen Erweiterung der Landverschickung wird sich mancher Stammgast luxuriöser Badehotels damit abfinden müssen, daß für unsere Jugend das Beste gerade gut genug ist.

Der Schulunterricht der Landverschickten ist tatsächlich besser als der zu Hause war. Das ergibt sich aus den gesteigerten Leistungen der Schüler. Die Verkürzung der Unterrichtszeit auf dreieinhalb Stunden wird mehr als wettgemacht durch das Zusammenleben der Lehrer mit den Schülern, wobei die schwächeren Schüler auch außerhalb der Unterrichtsstunden manche wertvolle Förderung erfahren.

Im allgemeinen läßt sich feststellen, daß die Kinder nach einer kurzen Heimweh-Periode sehr tapfer die Trennung von den Eltern ertragen und freudig das große Erlebnis genießen, das ihnen hier geboten wird. Es wäre nur zu wünschen, daß sich die Eltern nicht von den Kindern an Tapferkeit beschämen lassen, wie es bisher leider in vielen Fällen vorgekommen ist.

Es hat beispielsweise zu üblen Erscheinungen geführt, daß die wohlhabenden Mütter eines Teils der landverschickten Großstadtkinder in einem Kurort nun in denselben Ort übersiedelten und wie ängstliche Glucken ständig das Lager „umgackerten". Ihren Jungs und Mädels haben sie damit keinen Gefallen getan, denn die fühlten sich in echt nationalsozialistischer Kameradschaft mit den Arbeiterkindern ihres Lagers verbunden. Sie litten sogar unter dem Odium, als Muttersöhnchen zu gelten. Die Arbeiterkinder aber sahen eine gewisse Ungerechtigkeit darin, daß nach dem Unterricht die reichen Mamas ihre Kinder zum Waldspaziergang abholten, während ihre eigenen in der Großstadt arbeitenden Mütter sich den Aufenthalt in dem noblen Kurort nicht leisten können. In Zukunft sollen die Elternbesuche einheitlich und gerecht geregelt werden, so daß keine Bevorzugung der Bessersenden eintritt.

Das Kapital der Eltern ist überhaupt bisher noch der einzige dunkle Fleck auf dem sonst so glänzenden Erfolg der Kinderlandverschickung. Wenn eine Mutter ihrem zwölfjährigen Töchterchen schreibt, daß in der Nähe ihrer Wohnung ein Wohnhaus vollständig vernichtet worden sei, so hat sie damit eine Wirkung erzielt, über die sie beim Schreiben sicherlich nicht nachgedacht hat. Die Insassinnen des Lagers stammen ja alle aus dem gleichen Ort, und sämtliche Nachbarkinder laufen natürlich weinend herum, weil sie fürchten, daß gerade ihr Elternhaus getroffen sei und die Eltern vielleicht Schaden erlitten haben.

Die Ausstattung, mit der vor manchen Eltern die Kinder ins Lager geschickt wurden, ließ auch erkennen, daß man auf diese Weise billig zu Kleidungsstücken kommen wollte. Wenn der Junge, der Lederhandschuhe besitzt, mit leichten Turnschuhen in die Bahn gesetzt wird, so steckt dahinter natürlich die Spekulation, daß man ihn im Lager schon anständig ausstatten wird. Das geschieht natürlich auch, aber auf diese Art wird der Allgemeinheit vieles entzogen zugunsten von Egoisten, die den nationalsozialistischen Grundsatz „Gemeinnutz geht vor Eigennutz" vielleicht im Munde führen, aber auf sich selbst nicht anwenden.

Baldur von Schirach wird sicherlich allgemein Zustimmung finden mit der Forderung: Die Eltern sollten sich ihrer tapferen Jugend würdig zeigen!

Von diesen Kinderlandverschickungen kamen die Kinder sehr häufig schwer traumatisiert zurück. (58)

EN vom 26.2.1941

Unter dieser Rubrik standen in den Zeitungen die Meldungen der NS-Formationen

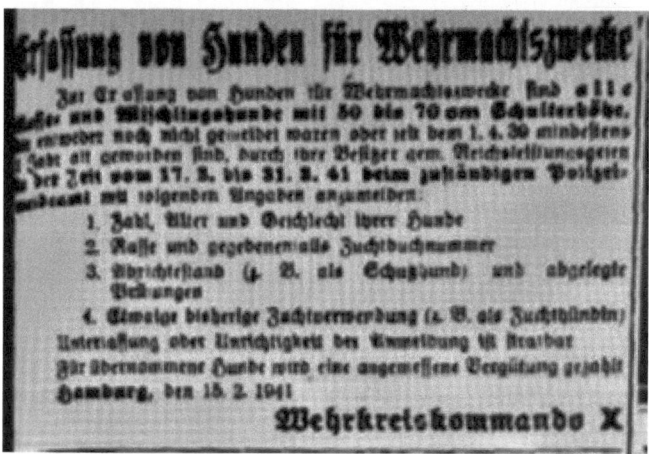

EN vom 1.3.1941

EN vom 3.3.1941

Letzter Eintopf-Opfersonntag.

!—! Nun tritt die Heimat am Sonntag, dem 9. März, geschlossen zum letzten Eintopf-Opfersonntag an. Kein Haushalt steht abseits, wenn der Ruf des Führers uns mahnt, für die Volkswohlfahrt des Winterhilfswerks ein Opfer zu bringen:

„Wer sein Volk liebt, beweist es einzig durch die Opfer, die er für dieses zu bringen bereit ist!"

Der Führer erwartet, daß jeder einzelne sein Opfer nach seinem Können bestimmt. Jeder soll daran denken, daß jede Mark mithilft, unser Volk gesundheitlich zu stärken und England gegenüber einen unüberwindlichen Wall der Kraft zu errichten.

Die Losung für den letzten Eintopf-Opfersonntag sei wiederum:

Dein Opfer für den Sieg!

EN vom 4.3.1941

Juden im deutschen Arbeitseinsatz.
Vorläufige Regelung.

DRB. Berlin, 6. März. Die Ausschaltung des Judentums aus dem deutschen Staats- und Wirtschaftsleben ist seit längerer Zeit vollzogene Tatsache. Es wäre aber mit der Fülle der Aufgaben, die der Wirtschaft gestellt worden sind, nicht vereinbar gewesen, Arbeitskräfte nur deshalb ungenutzt zu lassen, weil sie einer fremden Rasse angehörten. So begann man schon bald, die bei den Arbeitsämtern sich zur Arbeit meldenden Juden mit einfachen Hilfsarbeiten bei Bauten, Meliorationen usw. zu beschäftigen und damit deutsche Volksgenossen für vordringliche, staatspolitisch wichtige Aufgaben freizumachen. Die lückenlose Erfassung aller Arbeitsreserven ist im Kriege besonders wichtig. Deshalb sind in zunehmendem Maße jüdische Arbeitskräfte wieder in den Arbeitsprozeß eingeschaltet worden. Ueber die Frage der vorläufigen arbeitsrechtlichen Behandlung der Juden, die in diesem Zusammenhang akut geworden ist, gibt ein Bericht von Oberregierungsrat Hans Küppers vom Reichsarbeitsministerium Auskunft, der im „Reichsarbeitsblatt" erschienen ist.

Besonders geeignete Arbeiten für Juden sind Erdarbeiten, Straßenreinigung, Erfassung und Sortierung von Altmaterial, Hilfsarbeiten in den Betrieben usw. Doch ist Vorsorge getroffen, daß leistungsfähigeren Juden auch ihrer Fähigkeit entsprechende hochwertige Arbeiten zugewiesen werden.

Nach dem bisherigen Stand der arbeitsrechtlichen Behandlung der Juden soll grundsätzlich auch jüdischen Beschäftigten der volle Lohn für ihre Arbeitsleistung verbleiben. Voraussetzung ist, daß vollwertige Arbeit geleistet wird.

EN vom 7.3.1941

Verpflichtungsfeier der Elmshorner Hitler-Jugend.

·b. Im März finden im Obergau und Gebiet Nordmark in allen Stadt- und Landeinheiten die Verpflichtungsfeiern der HJ. statt. Sie werden gemeinsam von der Partei und der Hitler-Jugend durchgeführt.

An diesem Tag werden die 14jährigen Jungmädel und Pimpfe nach ihrer Dienstzeit im JM.-Bund und im Jungvolk in den BDM. und die HJ. überwiesen. Somit ist für sie eine Zeit des unbeschwerten und erlebnisreichen Dienstes vorüber, in der ihnen immer wieder die Gestalt des Führers zum Vorbild und Richtmaß aller Dinge gemacht wurde. Von ihm kam alle Begeisterung, deren Jungmädel und Pimpfe besonders fähig sind und die auch ihren Dienst besonders kennzeichnen. In diesen vier Jahren des JM.- und Jungvolklebens wurde die Grundlage der Erziehung gelegt, die der Führer für seine Nationalsozialistische Jugendorganisation fordert. Im Dienst erkannte das kleinste Jungmädel, der jüngste Pimpf, daß das Leben eines jeden einzelnen keine sogenannte „Privatangelegenheit" ist, sondern im Dienste der Gemeinschaft eines ganzen Volkes stehen muß.

Diese Erkenntnis soll nun von den 14jährigen Jungen und Mädeln in die Tat umgesetzt werden, indem sie draußen im Beruf und in allen Fragen des Lebens, die jetzt an sie herantreten werden, richtig entscheiden. So ist die Uebernahme der Jungvolk-Jungen und Jungmädel keine HJ.-eigene Sache, sondern geht darüber hinaus an alle Eltern und Verwandte. Denn die Jungmädel und Jungen, die an dem Tage in die ältere Gliederung der HJ. eintreten und somit vor neuen Verpflichtungen stehen, sind doch in erster Linie Kinder deutscher Eltern.

HJ. und Partei führen die Feiern gemeinsam durch. An Stelle der früheren Lebenswendefeiern der Partei stehen die Verpflichtungsfeiern die nicht nur eine Ueberweisung von einer Gliederung in die andere sind — sondern darüber hinaus für jeden Einzelnen die Beendigung des Kindseins und der Beginn der Zeit, in der jeder junge Deutsche durch die eigene Tat und sein eigenes Leben den Glauben an den Führer und das Reich aller Deutschen ausdrücken muß.

Für die Elmshorner Jungmädel und Jungvolk-Jungen war gestern der große Tag gekommen, an dem sie in die größere Gemeinschaft aufgenommen wurden. Der Saal des „Holsteinischen Hofes" war festlich geschmückt. Auf der Bühne wurde die Gruppe der Fahnen und Wimpel von frischem Grün und Frühlingsblumen umrahmt. Ein Fanfarenmarsch der HJ. leitete die Feier ein. Nach dem gemeinsam gesungenen Lied: „Wir tragen das Vaterland in unsern Herzen" spielte die Liebhaberkapelle: „Die Himmel rühmen des Ewigen Ehre". Packende Gedichte und Sprüche, vorgetragen von Angehörigen des BDM. und der HJ. schufen rechte Feiertagsstimmung und bereiteten die Herzen auf die feierliche Verpflichtung der Jungmädel und Pimpfe vor.

Die M.-Ringführerin Ilse Mahrt nahm dann die Aufnahme der Jungmädel in den BDM. vor, während Kurt Gellert als Standortführer der HJ. die Pimpfe in die HJ. übernahm und sie danach auch gleich alle verpflichtete. Nach der Verpflichtung wurden den Neuaufgenommenen im BDM. und der HJ. die Urkunden überreicht.

Pg. Hans Lotje wies in einer Ansprache auf den besonderen Sinn der Feier hin. Sie sei eine Stunde der Besinnung. Die Pimpfe und Jungmädel hätten den ersten Abschnitt der Bewährung hinter sich. Sie hätten manche Stunde im frohen Kameradenkreis verlebt. Die Sorgen hätten die Eltern und die Lehrerschaft ihnen bisdahin abgenommen. Sie hätten aber jetzt gelernt, daß es gelte, Pflichten zu erfüllen. Menschen, die keine Pflichten kennen, würden niemals Freude am Leben haben. Sie hätten eiserne Pflichterfüllung in der Jugendbewegung des Führers kennengelernt. Wer sein Leben meistern wolle, müsse sich klar sein, daß es nicht um seiner selbst willen geschieht, sondern aus Pflicht gegenüber seinem ganzen Volk. Dann gab er einen kurzen Rückblick auf das Werk des Führers, der das Großdeutsche Reich schaffen konnte. Wenn ein Volk anständig leben wolle, müsse es sich seiner Pflichten bewußt sein. Der Einzelne sei nichts, das Volk alles. Er wies ihnen den Weg, den sie von jetzt ab zu gehen haben: Leben nach den Gesetzen des Nationalsozialismus. Er ermahnte sie zum Schluß: „Bleibt zu allen Zeiten eurem Volk und dem Führer treu".

Mit dem Fahnenlied und der Führerehrung fand die stimmungsvolle Feier ihren Abschluß.

EN vom 17.3.1941

Der Geburtstag Adolf Hitlers am 20. April wurde in Elmshorn im Rosengarten gefeiert. Die Verbände marschierten geschlossen zum Veranstaltungsort, wo Kreisleiter Kurt Wilhelm Meenen seine Lobrede hielt, die schon ins religiöse Pathos abglitt:

„(...) Aus der Enge des Alltags sind wir hier in der freien Gottesnatur zusammengekommen, um in Andacht und Ergriffenheit den Blick auf den Mann zu richten, der schon zu Lebzeiten eine mythische Figur geworden ist. Es ist schwer, mit Worten das wiederzugeben, was uns heute bewegt. Vor unseren Augen und Herzen steht eine Gestalt von fast unbegreiflicher Größe. Wir ahnen nur die zwingende Gewalt, die von dieser einmaligen Persönlichkeit ausgeht. Das Größte in unserer ereignisreichen Zeit bleibt der Mensch Adolf Hitler, nicht nur der politische Führer, das Staatsoberhaupt, der geniale Feldherr, sondern der Mensch, bei dem jeder Deutsche sich geborgen weiß. Der Blick auf den Führer macht uns stark und hoffnungsfreudig und gibt uns neue Kraft für den gegenwärtigen Schicksalskampf. (...)

„Das Rad des Schicksals rollt", so schloss der Redner seine Ausführungen, *„wer die Zukunft seines Volkes will, muss bereit sein, sie zu erkämpfen; wer kämpfen will, muss siegen und wer siegen will, muss den Glauben an den Sieg haben. Das deutsche Volk hat diesen festen Glauben an den Sieg; der Führer gab ihn uns. Möge der Himmel dem Führer Kraft und Gesundheit für die Lösung der großen Aufgaben schenken und dem deutschen Volke Sieg und Frieden."* (59)

Am 29. April meldeten die EN, dass der nationale Feiertag, der 1. Mai, in diesem Jahre ohne allgemeine Beflaggung und Ausschmückung der Gebäude gefeiert wird. Offizielle Feierlichkeiten wurden, abgesehen von kameradschaftlichen Betriebsfeiern, ebenfalls nicht durchgeführt. (60)

Welche Pflichten hat der Luftschutzwart?
Als Führer der Luftschutzgemeinschaft bestimmt er ihren Geist

** Die planlosen nächtlichen Einflüge der Briten auch in unserem Gau im Norden des Reiches haben allen Menschen in Schleswig-Holstein die Notwendigkeit der klaren Befolgung der Luftschutzvorschriften gezeigt. Für die genaue Durchführung der Luftschutzanordnungen ist der Luftschutzwart als Führer der Luftschutzgemeinschaft verantwortlich. Er hat mancherlei Pflichten zu erfüllen; so wird er sich zuerst die genaue Kenntnis der räumlichen Verhältnisse des Hauses und seiner Umgebung sowie ein Personen- und Geräteverzeichnis verschaffen. Sodann hat der Luftschutzwart für die absolute Verdunkelung des Hauses zu sorgen. Er hat die einwandfreie Verdunkelung von Sonnenuntergang bis Sonnenaufgang zu kontrollieren und schafft so nach außen hin die notwendige Abwehr und Sicherung des Hauses.

Im Haus selbst hat er auf die Entrümpelung und Entstaubung des Dachbodens und die Ausgestaltung des Luftschutzraumes zu dringen. Weiterhin hat er auf die Bereitstellung aller Selbstschutzgeräte, wie Axt, Einreißhaken, Feuerpatsche, Leine, Luftschutzhandspritze, Sandkiste, Schaufeln, Wassereimer, Wasserbehälter usw. zu achten. Für die Weitergabe des öffentlichen Alarms hat der LS-Wart möglichst ein Alarmgerät, wie Hupe, Pfeife, Glocke, Gong usw. bereit zu halten, das jedem Hausbewohner bekannt sein muß. Endlich hat er die Bereitstellung des für den Aufenthalt im Luftschutzraum unbedingt notwendigen Luftschutzraumgepäcks, warme Decken, Lebensmittel, wichtige Dokumente und Kinderspielzeug enthaltend, zu überprüfen. -.-

Ist auf diese Weise das ganze Haus durchorganisiert, so ist die Aufgabe des Luftschutzwartes keineswegs erschöpft. Vielmehr beginnt erst hier seine Hauptarbeit: die Erziehung seiner LS-Gemeinschaft zu luftschutzmäßigem Verhalten. Ist die Organisation der Luftschutzgemeinschaft noch nicht vollständig, so wird der rechte Geist die Ausrüstung trotz der Geldfrage vervollständigen. Durch Ueberprüfung, Aufsuchen der Hausbewohner, Erweiterung ihres luftschutzmäßigen Wissens an Hand der neuen Merkblätter aus seiner Dienstmappe hat er die Luftschutzgemeinschaft für ihre Aufgabe stets wach zu halten.

Bei Luftangriffen hat der Luftschutzwart dafür zu sorgen, daß alle in der Luftschutzgemeinschaft Anwesenden sofort den Luftschutzraum aufsuchen. Treten im Verlauf eines Luftangriffes Schäden ein, so hat der Luftschutzwart aus dem Kreis der Anwesenden geeignete Kräfte zur Schadensbekämpfung einzusetzen. Alle Anwesenden unterstehen bei Luftschutzübungen oder Luftangriffen dem Befehl des Luftschutzwartes. Seinen Anordnungen ist unbedingt Folge zu leisten.

Verläßt der Luftschutzwart für kürzere Zeit seine Luftschutzgemeinschaft, so ist er verpflichtet, für diese Zeit einen Stellvertreter einzusetzen, der seine Aufgaben übernimmt. Jeder Luftschutzwart ist verantwortlich für den Geist seiner Luftschutzgemeinschaft.

EN vom 29.7.1941

In der Nacht vom 2. auf den 3. Mai 1941 fand ein Bombenangriff auf Elmshorn statt. (61)

Der Fliegerangriff der letzten Nacht.

• Das Reichspropagandaamt Schleswig-Holstein teilt mit:

In der letzten Nacht wurden auf Wohnviertel unserer Stadt eine Anzahl Sprengbomben abgeworfen, die an Wohnhäusern größeren Sachschaden hervorriefen. Unter der Zivilbevölkerung sind ein Toter und einige Verletzte zu beklagen.

Auch im übrigen Kreisgebiet sind durch abgeworfene Spreng- oder Brandbomben Bauernhöfe und Wohnhäuser in Mitleidenschaft gezogen worden. Hier sind ebenfalls einige Tote und Verletzte unter der Zivilbevölkerung zu beklagen.

EN vom 3.5.1941

Elmshorn im Luftkrieg 1939 – 1945

Dieses Kapitel wurde von **Per Koopmann (1928-2012)** im dritten Band der „Beiträge zur Elmshorner Geschichte" im Jahr 1989 veröffentlicht und vom „Verein zur Förderung des Stadtarchivs" im Internet als Auszug in einer Abschrift von Arno Freudenhammer erneut veröffentlicht. (1)

Bombenschäden im Bereich Jürgensstraße – Lindenstraße – Bauerweg

Bei Kriegsausbruch am 1. September 1939 hatte Elmshorn 22 243 Einwohner. Die wehrpflichtigen Männer waren eingezogen und an der Front, die in der Heimat gebliebenen hatten in öffentlichen Anlagen Splittergräben in Zickzackform ausgehoben und die Fenster und Eingänge der Luftschutzkeller mit Sandsäcken oder Steinmauern gesichert. Die „Schutzräume" waren durch

Holzbalken verstärkt, über die Stadt verteilt waren „Rettungsstellen" eingerichtet, und jedes Haus hatte Sand, Wassereimer, kleine Handspritzen und „Feuerpatschen" in Griffnähe bereitgestellt. Die Dachböden waren – so man den öffentlichen Aufrufen gefolgt war – „entrümpelt", und nachts war die totale Verdunklung angeordnet.

Den ersten Fliegeralarm erlebte die Stadt Elmshorn am 9. September 1939. Hastig ergriffen die Bürger ihr vorbereitetes „Luftschutzgepäck" mit Dokumenten und Wertsachen und eilten in die ihnen zugewiesenen Keller. Offenbar hatten einzelne britische Flugzeuge einen Aufklärungsflug unternommen und den nächtlichen Alarm ausgelöst. Von Bombenabwürfen auf das Reichsgebiet ist nichts bekanntgeworden.

Anders verlief der Fliegeralarm am 18. Mai 1940, als viele neugierige Elmshorner aus der Ferne den ersten Angriff auf die Hansestadt Hamburg miterlebten, bei dem etwa 30 Bomber 80 Spreng- und 400 Brandbomben warfen und 39 Menschen getötet wurden.

Von nun ab gab es fast jede Nacht „Alarm", der meistens zwei bis drei Stunden dauerte, auch wenn das Stadtgebiet zunächst verschont blieb. Doch schon Mitte 1940 fielen in Uetersen 12 Sprengbomben und töteten ein 5jähriges Kind, während einen Monat später auch auf Elmshorner Gebiet – in Sibirien – neun Sprengbomben niedergingen.

Diese „Notabwürfe" britischer Bomber, die ihr Ziel nicht gefunden hatten und sich ihrer gefährlichen Last irgendwo entledigten, hatten auch in kleineren Städten und auf dem Lande eine terrorisierende Wirkung, die von der Royal Air Force auch als solche eingeplant war. Sie schürte aber auch Hass auf die „Luftpiraten"„, und als im September 1940 ein zweimotoriger „Hamburg-Bomber", eine britische „Hampden-Maschine", von der Flugabwehr abgeschossen und in Raa bei Elmshorn abstürzte, nahm man diesen Abwehr-Erfolg mit großer Genugtuung auf und verfluchte die vierköpfige Besatzung die sich mit Fallschirmen hatte retten können.

Der erste Angriff auf Elmshorn

Ein Jahr nach Kriegsbeginn zählte man in Elmshorn bereits 100mal-
meist nächtlichen – Fliegeralarm. Wenn auch noch nichts
Schwerwiegendes geschehen war, so hatten diese „Störungen" – besonders für alte
Mitbürger, Kleinkinder und Schulpflichtige – doch eine zermürbende Wirkung. Es
ist sicher verständlich, wenn eine gewisse Gewöhnung eintrat und manche Bürger
schließlich bei Alarm auch mal nicht in den Keller gingen. So wurden viele
Elmshorner in der Nacht zum 3. Mai 1941 durch eine gewaltige Explosion aus dem
Schlaf gerissen und – von Schreck und Angst ergriffen – in den
nächstgelegenen Keller gejagt. Die Detonation einer Luftmine, 1000 oder aber auch
2000 lbs schwer und wahrscheinlich an einem Fallschirm hängend, hatte
auf Kaltenweide fünf Häuser zerstört und bis weit in die Innenstadt hinein fast 60
große Laden- und über 3000 Fensterscheiben zersplittern lassen.

Zerstörte Schaufensterscheiben des Fotogeschäftes Hermann Koopmann (rechts im Bild) in der Holstenstraße am 3. Mai 1941

Aus den Trümmern auf Kaltenweide barg man den ersten Bombentoten der Stadt, den Gärtnermeister Oeding, und zwei Schwerverletzte, darunter eine Frau, die man erst nach fünf langen Stunden in ihrem Bett liegend unter ihrem Haus begraben fand! 20 Mitbürger erlitten leichtere Verletzungen, und als einige Tages später auch aus Hamburg eine Serie schwerer Angriffe mit hohen Verlusten gemeldet wurden, wusste oder ahnte die Bevölkerung, dass der „Luftkrieg an der Heimatfront" nunmehr eine neue bedrohliche Dimension erreicht hatte.

In der Nacht zum Palmsonntag 1942 sank die alte Hansestadt Lübeck in Schutt und Asche, und zwei Monate später führten 1000 Bomber ihren berüchtigten Angriff auf Köln. Der erste große „Brandangriff' mit Phosphorbomben traf in der Nacht vom 26./27. Juni 1942 besonders die Innenstadt von Hamburg und tötete 494 Menschen. Die Elmshorner Feuerwehr wurde hier ebenso zur Hilfestellung eingesetzt, wie später in Wedel und Kiel.

Anfang Februar 1943 werden Schüler der Elmshorner Bismarckschule als „Luftwaffenhelfer" eingezogen. So stehen 15jährige Elmshorner im Harburger Raum an schweren Flakgeschützen, als im Juli 1943 die „Schlacht um Hamburg" beginnt.

Der schwerste Angriff auf die Stadt

Seit dem ersten verheerenden Nachtangriff der „Schlacht um Hamburg" in den frühen Stunden des 25. Juli 1943, den der englische Luftmarschall Sir Arthur Harris und dem zynischen Begriff „Unternehmen Gomorrha" befohlen hatte, waren an drei darauffolgenden Tagen amerikanische Superfestungen gegen die Hansestadt geflogen und hatten das Vernichtungswerk fortgesetzt. Zwei weitere Nachtangriffe der Briten „in Maximalstärke" folgten und entfachten den „Feuersturm‚", der als beispielloser Wahnsinn der Vernichtungswut gegen Wehrlose und Unschuldige in die Geschichte eingegangen ist.

Die Elmshorner hatten diese sechs Angriffe auf ihre große Nachbarstadt in ihren Schutzräumen erlebt und das Donnern der fernen Detonationen bedrohlich wahrgenommen. Als sie ihre Luftschutzkeller verlassen konnten, sahen sie den

Himmel im Südosten glutrot gefärbt und am Tag eine riesige schwarze Wolkenwand über der Hansestadt.

Die in Hamburg ausgebombten und vor der Hölle fliehenden Menschen waren schon seit dem ersten Angriff mit der Bahn, mit Omnibussen und Lastwagen nach Elmshorn gekommen und hatten Schreckliches berichtet. Tausende der schließlich fast eine Million Hamburg-Flüchtlinge, die nach Holstein und Niedersachsen entkommen konnten, wurden hier von freiwilligen Helfern verpflegt, mit Kleidungsstücken versehen und ärztlich versorgt. In den nächsten Tagen erwarteten alle weitere Angriffe, dennoch gab es Stadtteile in Hamburg, die nicht betroffen waren. Doch der englische Vernichtungsstratege „Bomber Harries" hatte – aus ungeklärten Gründen – den leidgeprüften Hamburgern eine Gnadenfrist von vier Tagen und drei Nächten gewährt, an denen keine weiteren Bomben fielen.

Auch die Elmshorner Bürger erlebten diese Frist wie eine unheimliche „Ruhe vor dem Sturm", der dann tatsächlich in der Nacht zum 3. August 1943 als in der Stadtgeschichte größte Katastrophe über ihre Stadt hereinbrechen sollte. Das „Unternehmen Gomorrha,,, das der von seinen Bomberbesatzungen „Butcher,,, zu Deutsch „Schlachter,,, genannte Luftmarschall Harries sich ausgedacht hatte und welches Hamburg „ausradieren" sollte, traf in dieser Nacht Elmshorn am schwersten von weiteren mindestens einem Dutzend Zielen im Umkreis von 100 Kilometer um den gesetzten Anflugpunkt nördlich der Außenalster in Hamburg.

Im Wachbuch des Beobachtungspostens auf dem Turm der Nicolai-Kirche ist minutiös aufgezeichnet, wie sich die Zielsuche der durch Gewitter und schlechte Sicht behinderten „Pfadfinder" den mit Bild-Radar ausgestatteten Markierungsflugzeugen über fast eine Stunde hinzog, bis die nachfolgenden viermotorigen Bomber in einem über 50 Minuten dauernden Bombardement ihre tödliche Fracht aus 5000 bis 6000 Meter Höhe über der Stadt „abluden". Tapfer auf seinem gefährlichen Posten ausharrend, hat der Turmbeobachter die Meldungen über die einzelnen Bombenabwürfe an die Befehlsstelle durchgegeben, mit der er durch ein direktgeschaltetes Feldtelefon verbunden war. Das Original des Wachbuches – aus Platzgründen hier nur im Auszug wiedergegeben – enthält dreimal so viele Eintragungen.

Aus dem Wachbuch des Turmbeobachters von St. Nicolai vom 3.8.1943

(Auszug)Windrichtung: SSicht: schlecht/Regen 1.02 Uhr Fliegeralarm – akustisch 1.03 Uhr S Feuerschein einer Brandstelle (vom Gewitter) 1.20 Uhr alles ruhig. Brand im S. ist nicht weit weg 1.26 Uhr NW schweres Flakfeuer 1.40 Uhr NW Scheinwerfertätigkeit und Motorengeräusche 1.43 Uhr SSO Feuerschein (Hellgrau, wahrscheinlich Brandbomben) NW Flakfeuer und Motorengeräusch. W ein Leuchtschirm. 1.44 Uhr W heller Feuerschein, Motorengeräusch über uns 1.49 Uhr SO zwei Leuchtschirme 1.56 Uhr SO drei grüne „Tannenbäume"1.57 Uhr SO vier grüne Leuchtraketen (neu, Flak schießt danach) 1.58 Uhr Motorengeräusche über uns. SO, aus den 4 grünen fallen neue Rote Leuchtraketen 1.59 Uhr SW Bombeneinschläge 2.01 Uhr NW Einschläge in Elmshorn 2.02 Eine Lage Brandbomben über Königstraße Richtung Bahnhof, Stadt taghell 2.08 Uhr Holzplatz Junge brennt 2.09 Uhr Motorengeräusch überall nach W Bombenabwürfe 2.19 Uhr Bis 2.54 Serienabwurf in S (nah)Brand- und Sprengbomben ununterbrochen im Stadtgebiet 2.56 Uhr Motorengeräusch ziemlich verstummt 3.32 Uhr Entwarnung – akustisch 3.37 Explosionen.

Ein Augenzeuge berichtet

Zusammen mit den letzten Juli-Tagen des von der Hamburger Bombenkatastrophe gekennzeichneten Sommers war auch eine sehr heiße Wetterperiode zu Ende gegangen. Mit Beginn der ersten Augustwoche hatte einsetzendes Regenwetter die herbeigesehnte Abkühlung gebracht. Als auch noch ein Gewitter aufzog, waren wir in Elmshorn nach anstrengenden und aufgeregten Tagen und Nächten in dem Bewusstsein zur Ruhe gegangen, dass der „Tommy", die englischen Bomber, uns in dieser Nacht wahrscheinlich in Ruhe lassen würden. Doch wir sollten uns getäuscht haben. Um zwei Minuten nach ein Uhr heulten die Sirenen. Über 300mal haben wir in den vergangenen Jahren diese Angst beschwörende Alarmierung erlebt, doch diesmal greifen wir hastiger zu unseren Kleidern, sind wir schneller auf der Straße. Es regnet in Strömen und grelle Blitze – gefolgt von heftigem Donner – zucken durch die Nacht. „Bei den Regen ist das sicher nur eine Störangriff, das ist kein Fliegerwetter" meint mein Vater, der im Ersten Weltkrieg selber geflogen ist und jetzt beim „Luftschutz" Dienst macht. Und wie er denken viele in diesen Minuten des beginnenden Dienstages, des 3. August 1943.

Während die Mutter in den Keller einer ein paar Häuser weiter liegenden „Luftschutzgemeinschaft" geht, muss ich in die Befehlsstelle der örtlichen Luftschutzleitung wo ich seit Anfang des Jahres als Melder eingesetzt bin. Zusammen mit einem weiteren Schüler bediene ich dort eines der beiden Feldtelefone. Vom örtlichen Fernsprechnetz unabhängig ist der Apparat, den ich in dieser Nacht besetze, mit dem Beobachtungsposten auf dem Kirchturm von St. Nicolai verbunden. „Turmbeobachter auf Posten" meldet sich dieser routinemäßig, und er berichtet von einem Feuer, welches – offenbar durch Blitzschlag entzündet – in südlicher Richtung „nicht weit weg" zu sehen ist. (Tatsächlich brannte in dieser Nacht der Bauernhof Kalandt in Uetersen/Lohe, etwa sieben Kilometer von Elmshorn.)

Wenngleich ansonsten „Alles ruhig" gemeldet wird, löst die Nachricht in der Befehlsstelle Besorgnis aus, denn schon wenig später heißt es „schweres Flakfeuer, Scheinwerfertätigkeit und Motorengeräusch". Etwa 40 Minuten nach dem akustischen Fliegeralarm sieht der Turmbeobachter in Südsüdosten (Richtung Schenefeld bei Hamburg) und im Westen (Richtung Kollmar) jeweils zwei helle Feuerscheine, die „wahrscheinlich" von Brandbomben herrühren, außerdem den ersten Leuchtschirm (W) und sechs Minuten später zwei weitere im Südosten (Richtung Pinneberg).

Auf einer Landkarte werden die Richtungen dieser Leuchtmarkierungen eingezeichnet, jetzt – vier Minuten vor zwei Uhr – drei grüne „Tannenbäume„, dann – eine Minute später- vier grüne „Tannenbäume" (das sind wie Christbäume aussehende Flächenleuchten an Fallschirmen) wieder im Südosten. Zwar versucht die Flak jetzt, die gefährliche Beleuchtung abzuschießen, aber schon fallen rote Raketen und melden der Turmbeobachtung „Motorengeräusche über uns" und Bombeneinschläge im Südwesten, und – um genau eine Minute nach zwei Uhr – fallen die ersten Sprengbomben auf das Stadtgebiet im Nordwesten und Sekunden darauf „eine Lage Brandbomben" auf die Königstraße „in Richtung Bahnhof". „Die Stadt ist taghell„, „Motorengeräusch über uns, Brandbomben explodieren in den Straßen„, „Bombeneinschläge im Nordosten der Stadt" (Friedensallee?), im Osten (Langelohe)?, im Süden (Klostersande), „Holzplatz Junge brennt" und „anhaltendes Motorengeräusch überall„. Ich kann so schnell kaum mitschreiben, wie diese

Hiobsbotschaften einlaufen. Revierleutnant Möller lässt sich den Hörer geben und spricht alle Meldungen wie eine laufende Reportage mit, so dass alle in der Befehlsstelle den Angriff verfolgen können, der, darüber bestehen nun keine Zweifel mehr, unserer Stadt gilt.

Copyright: Per Koopmann

Befehlsstelle der örtlichen Luftschutzleitung, v.l. sitzend: Albert Hirschfeld, Arthur Fehrs, Hans Letje, Paul Junge, Max Prechtel, Willi „Putz" Möller, Dr. Johannes Göttsche, Magda Stieler. Stehend v.l.: 3 Melder mit Klaus Mohr (Mitte), Christian Meissner, Otto Reiss und Karl Prehm.

Über die zweite Direktleitung setzt der Chef der Polizei, Revieroberleutnant Prehm, die für die Hilfsmaßnahmen entscheidende Meldung an die übergeordnete Leitstelle ab: „Katastrophenalarm für Elmshorn."

Während die ersten Brände in der Königstraße in manchen Häusern durch beherzte Selbstschutzkräfte noch eingedämmt werden können, brennen Holzplatz und Junge´sche Mühle an der Mühlenstraße lichterloh. Zwei weitere – im Abstand von vier Minuten wiederum im Südosten gesetzte Tannenbäume – sogenannte Nachmarkierungen der „Pfadfinder-Bomber„, weisen den nächsten Angriffswellen den Weg, welches durch das Großfeuer auf dem Holzplatz Junge ebenso eindeutig wie verhängnisvoll markiert ist. Es beginnt ein nicht enden wollendes fast fünfstündiges Bombardement, durch das besonders das Gebiet östlich der Bahn von der Jürgenstraße bis zur kleinen Gärtnerstraße, aber auch auf der Altstadt-Seite die Holstenstraße, die Parallelstraße und andere Viertel entlang der Bahnstrecke nach Glückstadt betroffen sind.

Das Licht des örtlichen Netzes fällt nach einer Serie schwerer Sprengbombeneinschläge, die auch die dicken Wände des Befehlsstandes erzittern lassen, aus. Im Schein von Notleuchten tasten wir uns durch den Raum. „Draußen ist die Hölle los„, berichtet ein hereinstürzender Polizeibeamter, dessen Gesicht rußgeschwärzt ist. „Die ganze Stadt brennt, über den Bahnübergang kommt man nicht zum Bauerweg, ein Motorrad ist zwecklos, die Straßen sind durch Trümmer blockiert." Das ist das Zeichen für uns Melder. Der erste Einsatz unter kriegsmäßigen Bedingungen.

„Sieh zu, dass du zum Sandberg durchkommst, da stehen am Ortsrand die Feuerlöschfahrzeuge aus Neuendorf und Kollmar. Stell fest, ob die Straßen passierbar sind und leite sie zur Genossenschaftsmühle (in der Schulstraße), dort werden sie eingesetzt." Irgendwer gibt mir noch ein nasses Handtuch. „Um den Hals binden und vor dem Mund halten„, sagt jener, der schon draußen gewesen war. Dann öffnet er die Stahltür des Kellers, und keine 20 Meter vor mir, auf der anderen Straßenseite, türmt sich glutrot und siedend heiß eine Feuerwand. Vor zwei Stunden stand hier noch unversehrt das alte Gebäude der Druckerei Kindt, jetzt eine Flammenhölle. Ein Blick in Richtung Holstenstraße, Bahnschranken: Feuer; Feuer überall. Jetzt höre ich auch das Prasseln der Flammen und das Krachen

einstürzender Fassaden. Ich greife instinktiv nach meinem Schutzhelm und laufe nach rechts, wo neben mir das Stadtbauamt (Schulstraße 30) lichterloh brennt. Am Probstenfeld vorbei, wo links die Berufsschule und die Mädchenschule in Flammen stehen. Die Kleine Peterstraße, unpassierbar, die Fabrik von Mahncke-Mohr und anderer Häuser, ein Flammenmeer. Die aufkommenden sorgenvollen Gedanken „Wo sind die Eltern, steht das Haus noch, was ist mit dem Atelier?" werden verdrängt, ich kämpfe mit der Hitze, dem Funkenregen und dem Rauch. Kaum Menschen auf der von Trümmern übersäten Straße; links die brennende Genossenschaftsmühle. Hier ist vielleicht noch etwas zu retten, weiter, nur weiter, Hilfe holen.

Am Flamweg treffe ich auf Leute. „Durch die Gerberstraße kannst du nicht, da sind große Bombenkrater, vielleicht auch noch Zeitzünder oder Blindgänger." Der Flamweg und auch der Sandberg sind anscheinend relativ gering betroffen. So komme ich bis zum Ortsrand durch, wo tatsächlich schon eine Feuerwehr aus der Marsch wartet. Kräftige Männerhände hieven mich auf das Dach des Löschfahrzeuges, zwischen Schläuchen und Gerät hockend dirigiere ich die Wehr durch die Straßen.

An der Marktstraße kann ich die Männer alleine weiterfahren lassen. Ich laufe durch die Königstraße, hier sehe ich die Löschtrupps bei verzweifelter Brandbekämpfung. Bäckerei Ott ist ausgebrannt, ebenso die Schuhhäuser Salamander und Nero-Schlüter. Die Volksbank, gegenüber das Cafe Schrader und der schöne Holsteiner Hof, bis ins unterste Stockwerk in Flammen. Die Angst und die unerträgliche Hitze schnüren mir die Kehle zu, als ich in die Holstenstraße komme. Unser Atelier, unten das Schmuck- und Uhrenhaus Köhncke, daneben unser Fotogeschäft, der Stolz meines Vaters, alles steht in hellen Flammen; nichts ist mehr zu retten. Und so die ganze Straße, Haus bei Haus, in Mühen aufgebaut und blühende Existenzen sinken in Schutt und Asche. Tausende in der Stadt sind über Nacht brotlos geworden.

Wir haben jedes Zeitgefühl verloren, es wird kein Tag, obgleich die Brände unter den schwarzen Qualmwolken die Straßen gespenstisch erleuchten. Und immer noch Detonationen von den tückischen Zeitzünderbomben. In der Befehlsstelle sind inzwischen weitere Schreckensmeldungen eingegangen. Das Krankenhaus brennt, und die Patienten liegen unter freien Himmel vor dem Gebäude. Auch die Rettungsstelle in der Friedenstraße ist schwer getroffen; das dort stationierte Löschfahrzeug zerstört und der Feuerwehrmann Max Uebel tot.

Am Bauerweg und auf Kaltenweide sind Menschen in Kellern unter den Trümmern eingeschlossen. Ich muss an meine Eltern denken, sie wissen noch nichts von mir, und ich weiß nicht, wie es ihnen geht. So geht es vielen in diesen Stunden in der Stadt. Angehörige suchen einander, helfen dem Nachbar oder sind in freiwilligen Organisationen eingesetzt, während sie selbst obdachlos werden.

Erst nach Stunden und weiteren Einsätzen kann ich meine Eltern gesund in die Arme schließen. Tapfer, wie alle in dieser Nacht schwer heimgesuchten Bürger, tragen sie den Verlust ihrer Existenz und trösten sich, dass wenigstens die Privatwohnung erhalten blieb. Erst später – als es heller wird – finden wir im Esszimmer einen Blindgänger, eine Phosphorbrandbombe, die das Dach, die Decke und einen Tisch durchschlagen hat und – ohne zu zünden – auf dem Teppich liegengeblieben ist. Wir müssen das Haus verlassen und verbringen die nächste Nacht – wie tausend andere Elmshorner auch – auf dem freien Feld außerhalb der Stadt.

Mein Vater, der Fotograf Hermann Koopmann (1882 – 1951), hat eine 6/9 Kamera mit unserem Luftschutzgepäck gerettet, und so besorgen wir uns am nächsten Tag auf abenteuerlicher Weise streng kontingentierte Filme und ziehen fotografierend durch die Trümmer unserer Stadt. Es entstehen die Bilddokumente, von denen ein diesem Bericht nur einige wenige Beispiele gezeigt werden können.

Nach dem Angriff: Bilanz des Schreckens

Durch den Angriff starben in Elmshorn 61 Menschen, 30 Männer, 29 Frauen und 2 Kinder. Unter den Toten war ein Feuerwehrmann und ein Soldat sowie neun französische Zivilarbeiter und zwei russische Kriegsgefangene, die fern ihrer Heimat ihr Leben ließen.

Viele der 61 Bombenopfer des großen Angriffs vom 3. August 1943 wurden auf dem Elmshorner Friedhof in einem Gemeinschaftsgrab beigesetzt. Im 10. Jahr nach der Machtübernahme der Nationalsozialisten standen SA-Männer an der Grube mit den Särgen der Opfer des Krieges, den ihr Führer entfacht hatte.

30 Mitbürger wurden schwer verletzt und 120 leicht verletzt. 2435 Elmshorner, das waren 11% der damaligen Bevölkerung, wurden obdachlos und mussten anderweitig untergebracht werden.

Nach Schätzungen warfen bis zu 70 viermotorige britische Bomber über 60 schwere Minen-Sprengbomben (je mindestens 1000lbs), mindestens 1200 Phosphor-Brandbomben (je 30 lbs) und 10 000 bis 12 000 Stabbrandbomben.

Totalschaden erlitten sieben Schulen, das Stadtbauamt und die Sparkasse sowie das Gebäude der NS-Volkswohlfahrt (Drückhammers Gang).

Zerstört wurden ferner das Empfangsgebäude und die Güterabfertigung der Reichsbahn sowie ein Güterzug mit 25 Waggons. Auf der Strecke der Elmshorn-Barmstedter Bahn wurden in Höhe des Friedhofes die Gleise durch Sprengbomben aufgerissen.

Vernichtet wurden zwölf Fabriken, fünf Mühlen, sechs Speicher und ein Silo. Zwei große Holz- und ein Dachpappenlager gingen ebenso in Flammen auf wie die zwei Buchdruckereien, ein großes Hotel und weitere mittlere und kleine Übernachtungs- und Gaststättenbetriebe.

Schwer beschädigt wurden die Werft- und Hafenanlagen, das Krankenhaus, die Stiftskirche, das Finanzamt und das Gerichtsgefängnis. Außerdem wurden 254 Häuser total zerstört, 220 schwer und 1261 leicht beschädigt.

Zur Beseitigung der größten Schäden wurden 145 Maurer, 25 Zimmerer, 51 Tischler, 76 Glaser, 50 Dachdecker, 60 Klempner und 86 Kriegsgefangene eingesetzt. Die Licht-, Gas- und Wasserversorgung war bereits am 5. August 1943 wieder in Ordnung.

Zur Hilfeleistung kamen ca. 50 Feuerwehren aus den Kreisen Pinneberg und Steinburg, aber auch aus entfernten Städten der Provinz Schleswig-Holstein, aus Neumünster, Kiel und Schleswig ebenso wie aus Heide und Husum.

Aus britischer Quelle ist bekannt, dass von den 737 Bombern, die in der von der RAF sogenannten „Nacht des Gewitters" eingeflogen, 35 Maschinen durch Witterungseinflüsse, Flak und Nachtjäger verlorengingen. Gestartet, um das „Unternehmen Gomorrha" zu einem grauenhaften Ende zu bringen, hatten manche Piloten Hamburg nicht erreicht und waren auf Ziele im norddeutschen Raum ausgewichen. Während die meisten ihre Bombenfracht „blind" abwarfen, war Elmshorn, das unglücklicherweise in einem wolkenlosen Gebiet lag, als Ziel ausgemacht worden, und bis zu 70 Bomber entwickelten einen beträchtlichen Angriff.

So schreibt es der englische Historiker Martin Middlebrook in seinem Buch „Hamburg Juli´43", und er schließt das Kapitel über den 3. August mit der Feststellung, dass weder der Stadt Hamburg noch irgendeinem anderen Ziel in

Deutschland nennenswerte Schäden zugefügt wurden, ausgenommen nur der unglücklichen Stadt Elmshorn!

Weiterhin Alarme, Bomben, Zerstörungen, Tote

Eine erste amtliche Zählung der Toten nennt 57 Gefallende. Fünf Männer und drei Frauen werden noch vermisst, auch sie findet man tot unter den Trümmern. In einer offiziellen Meldung von zwölf Zeilen, die das „Reichspropagandaamt Schleswig-Holstein" herausgibt, heißt es „Die Verluste an Menschen sind erfreulicherweise gering". Das Angriffsziel Elmshorn wird nicht genannt. In einer Traueranzeige, die der Gauleiter und Oberpräsident Lohse unterzeichnet, werden 36 Elmshorner namentlich genannt. So bleibt der Bevölkerung bis weit nach dem Krieg unbekannt, wie viele Mitbürger tatsächlich getötet wurden.

Das an ihrem Tod die Juden schuld sein sollen, entspricht dem Denken der propagandistischen Ausnutzung des tragischen Geschehens für die Ziele des Nationalsozialismus. Das wird deutlich, wenn Gauleiter Lohse von einem „jüdisch-plutokratischen" Bombenangriff spricht und wenn bei der Trauerfeier und der Beisetzung der meisten Opfer in einem Gemeinschaftsgrab ein Massenaufgebot von SA-Männern und anderen Uniformträgern des Regimes die Stunde der Trauer zur Demonstration ihrer fragwürdigen Macht missbraucht.

Von der Bevölkerung weitgehend unbemerkt bleibt die lebensgefährliche Arbeit des Sicherheits- und Hilfsdienstes (S.u.H.) bei der Unschädlichmachung und Sprengung von Blindgängern und Langzeitzünderbomben. Hier sind unter der Leitung erfahrender Sprengmeister meistens auch Menschen im Einsatz, die als Zuchthäusler und KZ-Häftlinge einen undankbaren und sicher auch nie gedankten Beitrag für ihre Mitmenschen leisten.

Weitere Alarme halten die Elmshorner in Atem, und während die Engländer die Nächte für ihre Angriffe bevorzugen, kommen die Amerikaner meistens am Tage. Bei einem solchen „Störangriff" am 21. Mai 1944 erscheinen in der Mittagszeit fünf US-Maschinen, die – nach Augenzeugen – nur etwa 600 Meter hoch fliegen und von denen eine Bombe ausgeklinkt wird, deren Fall bis Aufschlag auf der Wagnerschen Fabrik deutlich zu sehen ist. Fünf weitere Sprengbomben fallen in der Plinkstraße und in der Gegend der Stormstraße. Sie reißen Krater von sechs Meter Durchmesser und richten Dach- und Fensterschäden an.

Nach Flugzeugabsturz gefangengenommen

Am 18. Juni 1944 bekommen einige Elmshorner auch Besatzungsmitglieder eines Bombers der 8. US-Army Air Force zu Gesicht. Bei einem morgendlichen Alarm meldet kurz nach zehn Uhr der Turmbeobachter auf St. Nicolai, dass „in Richtung Barmstedt" eine Maschine abgestürzt und ein Fallschirm zusehen sei. Der Revier-Leutnant der Schutzpolizei Möller und ein Feuerwehrmann fahren mit dem Motorrad in Richtung Kaltenweide und treffen auf dem Grundstück des Bauern Meyn auf mehrere Bürger, die einen Mann in Fliegerkombination umringen. Dieser weist sich als Angehöriger der USAAF aus, und weitere Papiere lassen erkennen, dass er schwedischer Staatbürger mit dem Namen Jeland Beckmann ist. Außer Notproviant, Landkarten und privaten Utensilien hat er 20 Geldscheine und eine Anweisung der „Bank of England" in Höhe von fünf Pfund bei sich. Man bringt ihn zur Polizeiwache in der Adolf-Hitler-Straße (heute Schulstraße).

Zur gleichen Zeit hat Bürgermeister Hell aus Kurzenmoor angerufen und gemeldet, dass über Seester/Seestermühe drei Fallschirme niedergegangen und inzwischen schon zwei „feindliche Flieger" festgenommen sind.

Nachdem auch diese beiden Amerikaner, die keine Ausweispapiere mit sich führen, abgeholt und in die Elmshorner Polizeiwache gebracht sind, überführt man die drei Amerikaner zunächst in das Gerichtsgefängnis und verständigt den Landrat in Pinneberg.

Der US-Bomber, zu dem offenbar alle drei arretierten Besatzungsmitglieder gehören, ist auf der Chausssee nach Barmstedt in Höhe der Ortschaft Bokhorn aufgeschlagen und in Brand geraten. Er gehört zu einer Flotte von 800 Maschinen, die an diesem Morgen bei bedecktem Himmel einen ersten Großangriff auf Hamburg seit dem berüchtigten „Unternehmen Gomorrha" geführt haben. An diesem Tag starben in Hamburg 408 Männer, 224 Frauen und 47 Kinder, 738 Menschen wurden verletzt und 5 470 obdachlos.

Angriffe durch Jagdbomber

Mit der sich immer mehr an Norddeutschland heranschiebenden Front kommen auch die Jagdbomber, die „Lightnings" mit ihren charakteristischen Doppelrumpf. Im Tiefflugangriff werden Züge und Straßen, manchmal sogar einzelne Menschen und Vieh auf der Weide mit Bordkanonen und Maschinengewehren beschossen. Auf dem Bahnhof wird eine Lokomotive regelrecht „durchsiebt" und ein Tanktransport der Reichsbahn in Brand geschossen. Am 17. April 1945 ist „Kuddl Barmstedt" das Ziel eines Tieffliegerangriffes, bei dem fünf Menschen getötet und 25 schwerverletzt werden.

Die schwersten und verlustreichsten Angriffen aber fliegen die Jagdbomber zweimal an einem Tag: am Morgen des 26. April 1945 – einem Donnerstag – um 7 Uhr und am Nachmittag desselben Tages zwischen 18 und 18.30 Uhr. Diesmal werfen sie 101 schwere und mittelschwere Sprengbomben und töten – eine Woche vor Kriegsende – noch einmal 89 Elmshorner, 41 Männer, 28 Frauen und 20 Kinder. Sechs Soldaten und vier Ausländer sind darunter. 16 Frauen, 10 Kinder, vier Wehrmachtsangehörige und drei Ausländer werden schwer verletzt und 38 Menschen werden leicht verletzt. Erneut werden 324 Elmshorner, das sind 1,5% der bei Kriegsende 30.132 Elmshorner und 2222 Ausländer angewachsenen Bevölkerung, obdachlos. 18 Gebäude werden bei diesen letzten beiden Angriffen total zerstört, 22 schwer, 53 mittelschwer und 251 leicht beschädigt.

Während durch Bomben aufgerissene Gräber auf dem Friedhof die Totenruhe stören, bietet sich in Langelohe und ganz besonders an der Köllner Chaussee ein grauenhaftes Bild der Zerstörung und des Todes, das noch einmal die Erinnerung an den verheerenden Angriff vom 3. August 1943 heraufbeschwört. Erschütternde Einzelschicksale, in der Turbulenz dieser letzten Tage des Krieges kaum bekannt geworden, bilden das tragische Finale des mörderischen und sinnlosen Luftkrieges der Jahre 1939 bis 1945 in Elmshorn.

Über 150 Bombentote in dieser Stadt erheben zusammen mit über 650 an den Fronten gefallenden Mitbürgern ihre schweigende Klage gegen den Krieg. Die Leiden der vielen Verletzten, der Obdachlosen und der um Hab, Gut und Existenz

Gebrachten sind mahnende Verpflichtung für alle, dass sich diese Grausamkeiten nie wiederholen." (2)

Ein weiterer Augenzeuge war **Frithjof Altemüller**, dessen Schilderung ich hier ebenfalls aufführe:

Bombennacht in Elmshorn

Wenn feindliche Flugzeuge über Deutschland ihre Ziele anflogen, heulten die Sirenen ‚Fliegeralarm' und die Menschen mussten in Kellern, in Bunkern oder anderen ‚sicheren' Räumen Schutz suchen gegen die Bombenangriffe. In der Regel kamen die Flieger nachts. Dann weckten uns unsere Eltern, wir zogen uns warm an und gingen aus dem Haus an der Kruck über die Straße auf die Weide gegenüber, weit genug weg von den Häusern, und legten uns auf die mitgenommenen Wolldecken.

Eigentlich sollten wir in den Keller des Maschinenhauses in der Kläranlage gehen. Als mein Vater sich dort den Raum drei Stahltreppen tief unter der Erde angesehen hatte, darüber die schweren Pumpanlagen, entschied er, niemals mit seiner Familie dort hinzugehen. „Auf der Weide sind wir viel sicherer vor den Bomben!" Deshalb verbrachten wir, meine Eltern mit ihren vier Jungs, seit 1942 so manche Nacht gut eingepackt draußen auf der Weide in der Dunkelheit. Jeder von uns wusste, was er vom immer bereitstehenden kleinen Gepäck zu greifen, mitzunehmen und nicht mehr aus den Augen zu lassen hatte: die Wolldecken, einen Koffer oder Rucksack, einen Korb mit Verpflegung ... Ich war für einen Beutel mit unseren wichtigen Papieren verantwortlich. Irgend welche Straßenbeleuchtung oder Licht aus den verdunkelten Häusern gab es natürlich nicht. Aber wir kannten auch im Finstern die Zufahrt über die Wettern zu Milchmann Pipers Haus und durch das Gatter auf die Weide wie unsere Hosentasche. Hier spielten wir doch tagaus tagein.

Eines Nachts im Sommer war es wieder einmal so weit. Nachts gegen 1 Uhr heulten die Sirenen. Es war die Nacht vom 2. auf den 3. August 1943. Es war schwül, gewittrig und stockfinster. Ab und zu zuckten Blitze und erhellten das Land mit gespenstisch blauem Licht. Fast zu unheimlich, um nach draußen zu gehen. Dazu die

Motorengeräusche der herankommenden Flugzeuge. Scheinwerferstrahlen suchten den Himmel nach den Bombern ab.

Bald hörten wir schon Bomben und Luftminen fallen und über Elmshorn wurde die Dunkelheit zum blutroten Tag. Es krachte und heulte überall, als ob das flackernde Inferno gleich um die Ecke hinterm Deich wäre. Wir hielten einer den andern. „Kommt, jetzt gehen wir alle gemeinsam über die Straße, damit wir hier wegkommen." Doch genau in dem Moment hörten wir ein unbekanntes Geräusch, wie von tausend Hufen auf dem Steinpflaster, klappern und schnaufen. Rasend schnell kam es von Elmshorn näher, wie die wilde Jagd. Und da erkannten wir sie auch, sie brausten an uns vorbei, schwarze Körper, eine Koppel losgelassener Pferde, in wildem Galopp mit fliegenden Mähnen und Schweifen, ihre eisenbeschlagenen Hufe sprühten Funken auf dem Kopfsteinpflaster, stürmten sie die Straße entlang in die Marsch.

Wir wichen vor Schreck ein paar Schritte zurück. Just in diesem Moment explodierte über Elmshorn eine der großen Luftminen. Eine Druckwelle warf uns fast gegen die Hauswand, während hinter uns in allen Fenstern die Scheiben zersprangen und die Scherben hinter unseren Rücken auf das Kopfsteinpflaster vorm Haus prasselten. Vor Schreck sprangen wir wieder vor. Nun waren auch die Pferde vorbei und wir machten, dass wir auf unsere sichere Lagerstelle auf der Weide kamen.

Richtung Neuendorf hörten wir noch das Getrappel der Pferde.

Die Lagerhalle vom Fuhrunternehmer Inselmann am Marktplatz war getroffen worden, jemand hatte die Boxen geöffnet und die Pferde hinausgetrieben. In wilder Panik suchten sie den Sandberg hinunter das Weite.

Es wurde immer heller von den Bränden in der Stadt. Allmählich lernten wir sogar das Heulen und Pfeifen der Brand- und Sprengbomben zu unterscheiden, duckten uns bei jeder größeren Explosion dicht auf unsere Decke am Boden. Dazu immer das unheimliche Donnerkrachen des Gewitters. Erst gegen halb vier Uhr kam von den Sirenen ‚Entwarnung'.

Von Elmshorn zogen dichte Schwaden von Qualm und Rauch herüber, die uns die Luft nahmen. Schwarze Wolken verfinsterten auch tags darauf noch den Himmel.

Die Luft roch verbrannt, tagelang noch flogen schwarze Aschereste herum. Die Feuerwehren versuchten zu retten, wo es ging. Der widerliche Brandgeruch lag noch lange über den Trümmern.

Meinen täglichen Schulweg durch die Königstraße, am Bahnhof vorbei nach Langelohe, konnte ich beinahe nicht mehr finden. Viele Häuser im Zentrum waren total zerstört. Nur ein schmaler Pfad führte noch zwischen den Trümmern hindurch durch die Königstraße. Der Bahnhof war zerstört, unsere Schule in Langelohe - meine Mutter war dort Lehrerin – war ausgebrannt. Ab da musste ich nach Hainholz in die Schule gehen.

Ich kann heute noch nicht an einem ausgebrannten Haus vorbeikommen, ohne dass mir der ganzen Schrecken dieser Brandnacht wieder vor Augen steht. (3)

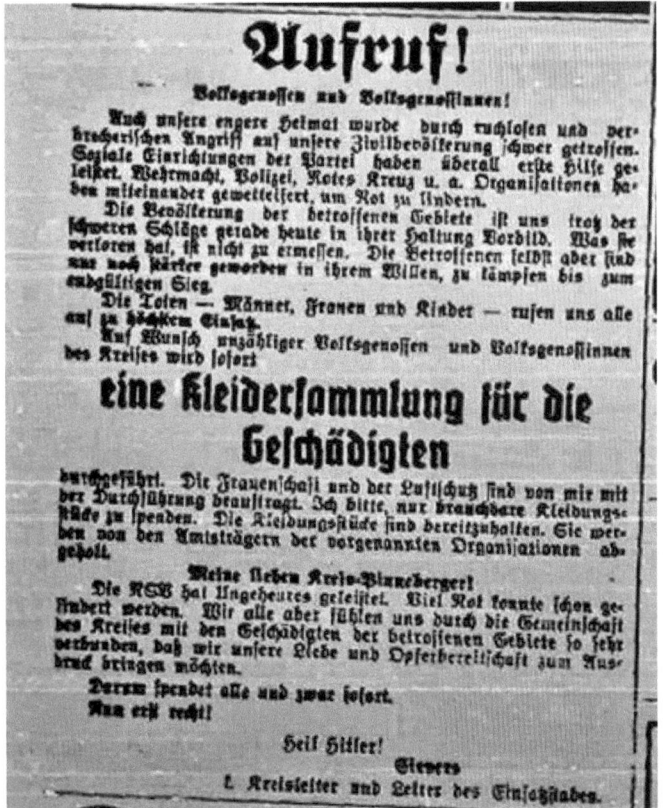

EN vom 8.3.1943

329

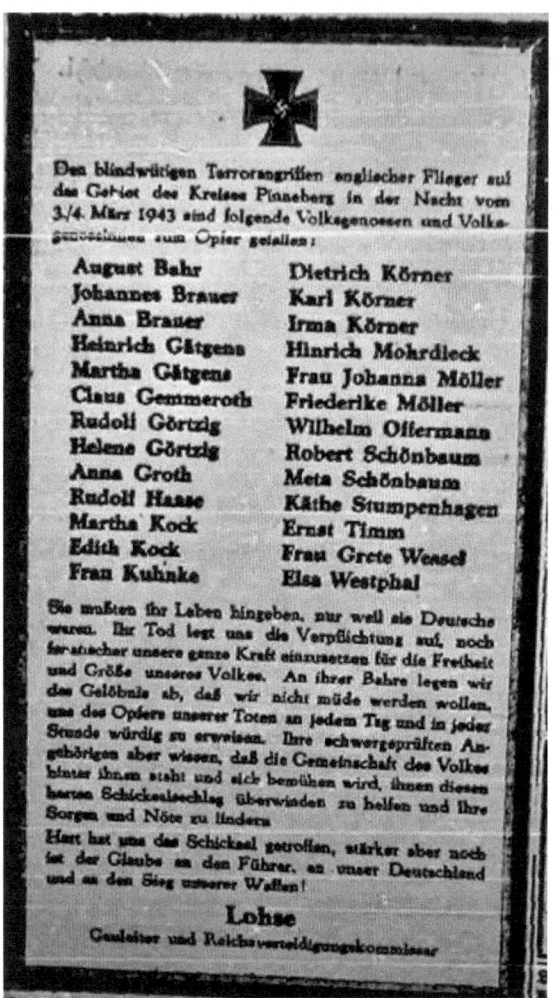

Den blindwütigen Terrorangriffen englischer Flieger auf
das Gebiet des Kreises Pinneberg in der Nacht vom
3./4. März 1943 sind folgende Volksgenossen und Volksgenossinnen zum Opfer gefallen:

August Bahr	Dietrich Körner
Johannes Brauer	Karl Körner
Anna Brauer	Irma Körner
Heinrich Gätgens	Hinrich Mohrdieck
Martha Gätgens	Frau Johanna Möller
Claus Gemmeroth	Friederike Möller
Rudolf Görtzig	Wilhelm Ottermann
Helene Görtzig	Robert Schönbaum
Anna Groth	Meta Schönbaum
Rudolf Haase	Käthe Stumpenhagen
Martha Kock	Ernst Timm
Edith Kock	Frau Grete Wessel
Frau Kuhnke	Elsa Westphal

Sie mußten ihr Leben hingeben, nur weil sie Deutsche
waren. Ihr Tod legt uns die Verpflichtung auf, noch
fanatischer unsere ganze Kraft einzusetzen für die Freiheit
und Größe unseres Volkes. An ihrer Bahre legen wir
das Gelöbnis ab, daß wir nicht müde werden wollen,
uns des Opfers unserer Toten an jedem Tag und in jeder
Stunde würdig zu erweisen. Ihre schwergeprüften Angehörigen aber wissen, daß die Gemeinschaft des Volkes
hinter ihnen steht und sich bemühen wird, ihnen diesen
harten Schicksalsschlag überwinden zu helfen und ihre
Sorgen und Nöte zu lindern.

Hart hat uns das Schicksal getroffen, stärker aber noch
ist der Glaube an den Führer, an unser Deutschland
und an den Sieg unserer Waffen!

Lohse
Gauleiter und Reichsverteidigungskommissar

EN vom 5.3.1943.

Bei dieser Stadt handelte es sich um Wedel. Es starben 37 Wedelerinnen und
Wedeler und es wurden 157 Menschen verletzt. (4)

Eine Botschaft des Oberbefehlshabers der britischen Kampfflugzeuge an das deutsche Volk

NOCH nie hat der Mann, der die Bombenangriffe auf ein Land leitet, eine Botschaft an die Bevölkerung dieses Landes gerichtet.

Ich, Luftmarschall Harris, Oberbefehlshaber der britischen Kampfflugzeuge, die Deutschland angreifen, habe mich entschlossen, diese Botschaft an das deutsche Volk zu richten.

Wir in England haben zur Genüge erfahren, was Luftangriffe bedeuten. Zehn Monate hindurch hat uns eure Luftwaffe mit Bomben belegt. Zuerst bei Tage. Als wir das abgestellt hatten, kam sie bei Nacht. Ihr hattet damals eine starke Luftwaffe. Eure Flieger schlugen sich gut. Zweiundneunzig Nächte hintereinander haben sie London gebombt; Coventry. Plymouth, Liverpool und andere britische Städte haben sie schwer angegriffen. Der Schaden, den sie anrichteten, war beträchtlich: 43.000 britische Männer, Frauen und Kinder sind dabei ums Leben gekommen; viele historische Bauten, die uns lieb und teuer waren, sind zerstört.

Damals glaubtet ihr, — denn Göring hatte es euch versprochen — dass ihr selber vor Bomben sicher seid. Und tatsächlich konnten wir nur mit wenigen Flugzeugen antworten. Jetzt sind die Rollen vertauscht. Jetzt kommen nur ab und zu ein paar deutsche Maschinen zu uns; und wir bomben Deutschland nach Noten.

Warum wir das tun? Nicht aus Rachsucht — obwohl wir Warschau, Rotterdam, Belgrad, London, Plymouth, Coventry nicht vergessen. Wir bomben Deutschland, eine Stadt nach der andern, immer schwerer, um euch die Fortführung des Krieges unmöglich zu machen. Das ist unser Ziel. Wir werden es unerbittlich verfolgen. Stadt für Stadt: Lübeck, Rostock, Köln, Emden, Bremen, Wilhelmshaven, Duisburg, Hamburg—und die Liste wird immer länger. Lasst euch von den Nazis mit ins Verderben reissen, wenn ihr wollt. Das ist eure Sache.

* * *

IST das Wetter gut, dann kommen wir bei Nacht. Schon jetzt fliegen tausend Bomber eine Stadt wie Köln an und zerstören innerhalb einer Stunde ein Drittel von ihr. Wir wissen das, denn wir haben die Luftaufnahmen. Ist der Himmel bewölkt, so kommen wir bei Tag und bomben eure Fabriken und Docks; Danzig, so weit entfernt es auch ist, weiss Bescheid. Wir kommen bei Tag und bei Nacht; kein Teil des Reiches ist sicher.

In Köln, im Ruhrgebiet, in Rostock, Lübeck oder Emden mag man der Ansicht sein, dass wir mit unsern Bombern schon allerhand geleistet haben. Wir sind anderer Ansicht. Was ihr bisher erlebt habt, wird nicht zu vergleichen sein mit dem was kommt, sobald unsere Production von Bombenflugzeugen erst zu einem Strom anschwillt und die amerikanische sich verdoppelt und vervierfacht.

Ich möchte ganz offen darüber sprechen,

G. 41

ob wir einzelne militärische Ziele angreifen oder ganze Städte. Selbstverständlich bomben wir lieber eure Fabriken, Docks und Eisenbahnen; das trifft Hitlers Kriegsmaschine am schwersten. Aber die Arbeiter, die in diesen Werken beschäftigt sind, wohnen dicht um sie herum. Deshalb fallen unsere Bomben auf eure Wohnhäuser und — auf euch.

Wir bedauern, dass das notwendig ist. Die Arbeiter des Dieselmotorenwerks Humboldt-Deutz in Köln z. B., von denen eine Anzahl in der Nacht des 30. Mai umkam, mussten die Gefahren des totalen Krieges auf sich nehmen, genau wie die Seeleute unserer Handelsflotte, gegen welche die (mit Motoren von Humboldt-Deutz ausgerüsteten) U-Boote ihre Torpedos abgefeuert hätten. Waren die Arbeiter der Flugzeugwerke von Coventry, ihre Frauen, ihre Kinder nicht auch „Zivilbevölkerung" ganz wie die Arbeiter der Rostocker Flugzeugwerke und deren Familien? Aber Hitler hat es so gewollt!

* * *

ES stimmt, dass eure Abwehr unseren Bombern Verluste zufügt. Eure Führer erzählen euch zu eurem Trost, diese Verluste seien so schwer, dass wir unsere Luftangriffe bald nicht mehr würden fortsetzen können. Wer das glaubt, wird bitter enttäuscht werden. Ich, der die britischen Kampfflugzeuge befehligt, will euch sagen, wie gross unsere Verluste sind: nicht einmal 5 v. H. der Bomber, die wir über Deutschland schicken, gehen verloren. Eine solche Verlustrate kann kaum den ständigen Zuwachs verzögern, der durch die steigende Produktion unserer eigenen und der amerikanischen Fabriken sichergestellt ist.

* * *

AMERIKA greift erst jetzt in Europa ein. Die ersten Geschwader, Vorläufer einer ganzen Luftflotte, sind aus U.S.A. in England eingetroffen. Ist es euch klar, was es bedeutet, wenn die auch Deutschland angreifen? Allein aus einem einzigen amerikanischen Betrieb, den neuen Fordwerken in Willow Run, Detroit, rollt schon jetzt alle zwei Stunden ein neuer viermotoriger Bomber heraus, der vier Tonnen Bomben nach jeder deutschen Stadt tragen kann. Und Willow Run ist nur ein Betrieb unter Dutzenden. An diese Anlagen könnt ihr nicht heran. Auch eure U-Boote können die amerikanischen Bomber nicht am Herüberkommen verhindern; denn die *fliegen* über den Atlantik.

Bald werden wir jeden Tag und jede Nacht erscheinen, bei Regen, Sturm und Schnee — wir und die Amerikaner. Ich war gerade acht Monate drüben, und so weiss ich genau, was bevorsteht. Wenn ihr uns dazu zwingt, werden wir das Dritte Reich von einem Ende zum andern heimsuchen. Ihr könnt uns nicht hindern, und ihr wisst das.

Ihr habt keine Chance. Ihr habt uns 1940 nicht schlagen können, als wir waffenlos waren und allein standen. Eure Führer waren dann so verrückt, auch noch Russland und Amerika anzugreifen (aber eure Führer *sind* eben verrückt — das weiss die ganze Welt, ausser Italien.) Wie könnt ihr jetzt auf einen Sieg hoffen, da wir, mit Russland und Amerika, immer stärker werden, während euch die Kraft mehr und mehr ausgeht? Nein, ihr habt keine Chance.

* * *

VERGESST Eines nicht: wie weit eure Armeen auch vormarschieren, sie können nie bis nach England kommen. Sie konnten schon nicht herkommen, als wir waffenlos waren. Sie können siegen, soviel sie wollen, — den Luftkrieg müsst ihr dann immer noch mit uns und den Amerikanern ausfechten. Den könnt ihr nie gewinnen — aber wir gewinnen ihn bereits.

Nun noch ein letztes Wort:

Es steht bei euch, mit Krieg und Bomberei Schluss zu machen. Stürzt die Nazis, und ihr habt Frieden! Es ist nicht wahr, dass wir einen Rachefrieden planen. Das ist eine deutsche Propagandalüge. Aber wir werden es ganz gewiss jeder deutschen Regierung unmöglich machen, noch einmal einen totalen Krieg anzufangen. Ist das nicht ebenso euer Interesse wie das unsere?

A. T. Harris
Air Marshal
R.A.F.

Abgeworfenes Alliiertes Flugblatt 1944. Stadtarchiv Wedel. Aus: Brandmeister Uwe Pein: 1944 Luftangriff auf die Ölraffinerie Ende des II. Weltkriegs.. 27.6.2022. https://www.wedel.de/fileadmin/user_upload/media/pdf/Kultur_und-Bildung/Stadtarchiv/Forschungen/WedelTeil11.pdf

Sie starben, Deutschland, für dich!

Der Kreis Pinneberg nahm Abschied von seinen beim Terrorangriff gefallenen Angehörigen

In einer ergreifenden Trauerfeier, der die Angehörigen und in großer Zahl auch die Bevölkerung der betroffenen Ortschaften beiwohnten, nahm gestern auf dem Rellinger Friedhof der Kreis Pinneberg Abschied von den Opfern, die der Terrorangriff britischer Luftpiraten im Kreisgebiet gefordert hat. Mit allen Ehren, die denen gebührt, welche gemeinsam an der Erringung eines großen Zieles arbeiten, haben sie auch in einer gemeinsamen Grab ihre letzte Ruhestätte gefunden. Wir waren dabei, als einige dieser Opfer von Kameraden der Technischen Nothilfe aus den Trümmern ihres Hauses geborgen wurden. Noch einmal entstand vor dem geistigen Auge dieses so grauenvolle Bild, als wir an ihren Särgen standen, die das Hakenkreuztuch bedeckte. Was unter den obwaltenden Verhältnissen geschehen konnte, war getan worden, um die Abschiedsstunde würdig zu gestalten. Ein Meer von Kränzen und eine Überfülle von Blumen schmückten den Rand des Grabes, während aus den an der Stirnwand aufgestellten Polonen die unruhigen Feuer brannten.

Durch den Aufmarsch der Formationen mit ihren Fahnen und Standarten ehrte die Bewegung das Andenken der Toten. Als Hoheitsträger der Partei wohnte Kreisleiter Sievers, in dessen Begleitung sich Landrat Duvigneau, Vertreter der Wehrmacht und die betreffenden Ortsgruppenleiter befanden, der Trauerfeier bei. Nach dem Verklingen des vom Musikzug der SA-Standarte 265 intonierten Trauermarsches von Beethoven, übermittelte dann Kreisleiter Sievers den Angehörigen Gruß und Teilnahme des Gauleiters und nahm in einer von tiefem Ernst getragenen und heiligem Feuer durchloderten Traueransprache Abschied von den Opfern. Er sprach von dem großen Schmerz, den die Partei mit den Angehörigen um den Verlust dieser Väter, Mütter und Söhne umsomehr empfindet, als diese in der Familie die Keimzelle sieht, aus der sich das Leben der Nation immer wieder erneuert. Er sprach aber auch von dem starken Band der Gemeinschaft, daß in der Gemeinsamkeit des Zieles ihrer Arbeit und ihres Kampfes die einzelnen Glieder immer enger zusammengeschlossen hat und daher nur schwer eines von ihnen entbehren kann. Der Kreisleiter fand zu Herzen gehende Worte, als er sagte, daß es trotz der tiefen Trauer um den Vater, als des Er-

nährers und Kämpfers, um die Mutter als der ewigen Erhalterin deutschen Lebens, aber auch um das Kind als des Sonnenscheins und des Freudenquells der Familie, umso nötiger sei, daß wir uns an ihrem Grabe wieder aufrichten, um die Pflichten erfüllen zu können, die uns der Tod auferlegt. „Wir wissen", so fuhr Kreisleiter Sievers fort, „daß wir um die Freiheit und das Glück unseres Volkes kämpfen und Opfer bringen müssen. Wir kennen diesen Kampf und wir fürchten ihn nicht, wenn er mit ehrlichen Mitteln ausgetragen wird. Leider aber steht uns in diesem Ringen heute kein ehrlicher Feind gegenüber, sondern das Judentum mit seinem fanatischen und satanischen Haß und seinem willenshörigen Anhang. Immer war der Jude die Triebkraft gegenseitiger Vernichtung der Völker, aber auch immer noch verstand er sich zu zirnen. Nun hat er die Maske fallen lassen und zeigt uns sich in seiner brutalsten Form. Weil wir das Leben aufbauen wollten nach einer gottgewollten Ordnung, haßt uns der Jude. Daher auch, weil sein Ziel unsere Vernichtung ist, fordern die Toten von uns, daß wir das vollenden, wofür sie ihr Leben hingaben: für eine gerechte Sache, für den Sieg und die Freiheit Deutschlands.

Bei gesenkten Fahnen und unter den Klängen des Liedes vom guten Kameraden rief dann der Kreisleiter die Namen der gefallenen Volksgenossen auf und legte anschließend an den Särgen den Kranz der Partei nieder, dabei noch einmal die Toten grüßend. Die Fahnen stehen wieder im Winde, und machtvoll erklingen über dem offenen Grab, als ein letzter Gruß an die Toten, als unsterblicher Kämpfer an die Lebenden, die Lieder der Nation.

Nach dem Kreisleiter legten Landrat Duvigneau den Kranz des Kreises Pinneberg, ein Offizier der Luftwaffe den Kranz der Wehrmacht und die einzelnen Ortsgruppenleiter Blumen an den Särgen nieder. Damit hatte die Trauerfeier ihren Abschluß gefunden. Noch einmal gehen Kreisleiter und Landrat an den Angehörigen und bringen ihnen ihre persönliche Anteilnahme zum Ausdruck.

An der anschließenden kirchlichen Trauerfeier fand Pastor Köhler für die Angehörigen schöne Worte des Trostes und der Aufrichtung.

EN vom 30.7.1943

Noch kurz vor Ende des Krieges wurde Elmshorn am 26. April 1945 Opfer eines verheerenden Bombenangriffs. Der EN-Redakteur **Carsten Petersen** schrieb zum 70jährigen Gedenken unter dem Titel „Eine Stadt in Trümmern":

„Am 26. April 1945 forderte ein Bombenangriff mindestens 92 Opfer. Wie war die Anlage zu diesem Zeitpunkt an der Krückau, wie sah es nach dem Angriff aus?

Kalter Frühling in Elmshorn 1945: Die Stadt ist seit fast zwei Jahren zu einem erheblichen Teil durch Bombenangriffe zerstört. Viele Elmshorner Männer sind als Soldaten außerhalb der Stadt oder auch schon gefallen, trotzdem steigt die Bevölkerungszahl stetig: Flüchtlinge aus dem Osten sowie Ausgebombte aus Hamburg suchen Schutz in Elmshorn. In Zahlen: Die Bevölkerung wächst von Januar bis Ende Mai 1945, also in nur fünf Monaten, um fast 10.000 Menschen. Außerdem sind noch Kriegsgefangene und Zwangsarbeiter in Lagern untergebracht.

Nicht nur die Wohnungssituation ist sehr angespannt, auch die Versorgungslage ist extrem schlecht. Hinzu kommen Trauer und Angst, und auch in der Nacht zum Donnerstag, 26. April, fliegen unentwegt feindliche Bomber über die Stadt. Viele Menschen schlafen in Kellern, zumindest aber auf den Fluren inmitten der Häuser, weil sie dort mehr Schutz vor Bombensplittern haben. Morgens fallen dann auch in Elmshorn wieder Bomben. Der schwerste Angriff erfolgt zwischen 18 und 18.30 Uhr im Bereich Langelohe, Steindamm, Köllner Chaussee.

Die Propaganda in den Holsteiner Nachrichten spricht von der „Harburger Front" und dem „Stellungskrieg vor den Toren Hamburgs". Die Todesanzeigen aus Elmshorn in derselben Ausgabe geben ein Zeugnis über die schlechte Ernährungslage und medizinische Versorgung wider: Der zweijährige Siegfried starb „nach kurzer, schwerer Krankheit", nur ein Jahr älter wurde das Flüchtlingskind Erika, und auch die 18-jährige Hildegard starb nach „kurzer, schwerer Krankheit".

Die Lage ist nach dem Angriff vom 26. April noch schlechter. Abgesehen von den Opfern und dem Leid der Menschen werden innerhalb von wenigen Stunden auch 324 Personen obdachlos, was etwa 1,5 Prozent der damaligen Bevölkerung entspricht.

Nach einem undatierten Bericht des Elmshorner Polizeioberleutnant Willi Möller, sind bei den beiden Angriffen am 26. April 1945 auf Elmshorn 101 schwere und mittelschwere Bomben geworfen worden. Eine umfassende Schadensbilanz der Stadtverwaltung stammt aus dem Jahre 1949: Demnach sind an jenem Tag an der Köllner Chaussee 16 Wohnungen in sieben Gebäuden und auf Langelohe fünf

Wohnungen in drei Gebäuden total zerstört worden. 27 Wohnungen wurden auf der Köllner Chaussee so stark zerstört, dass sie nur noch als „Ausbaufähige Ruinen" galten. Auf Langelohe waren es in dieser Kategorie sechs Wohnungen in vier Gebäuden und auf dem Steindamm acht Wohnungen in drei Häusern. Zu berücksichtigen ist allerdings, dass der Bereich Langelohe auch schon beim Bombenangriff im August 1943 Schaden genommen hatte." (5)

Bombenschäden im Bereich Jürgensstraße – Lindenstraße – Bauerweg. 1943. Foto: Per Koopmann. Stadtarchiv Elmshorn.

Bombenschäden 1943. Foto: Per Koopmann. Stadtarchiv Elmshorn.

Das Kriegsjahr 1941 in Elmshorn

Eine Woche nach dem Bombenangriff auf Elmshorn wurden HJ-Kinder im Alter von 14 bis 17 Jahren mit der Kinderlandverschickung nach Zinnowitz und Stettin transportiert.

HJ.

Kinderlandverschickung
der 10- bis 14jährigen Jungen und Mädel.

In der kommenden Woche werden nunmehr die Verschickungen der 10- bis 14jährigen Jungen und Mädel für die erweiterte Kinderlandverschickung stattfinden. Der erste Transport findet am Dienstag nach Zinnowitz, der zweite Transport am Donnerstag, dem 15. Mai, nach Stettin statt. Die Jungen und Mädel haben sich an dem betreffenden Tage bis morgens 6.30 Uhr in Pinneberg beim Bahnhof einzufinden. Die Teilnehmer müssen unbedingt pünktlich erscheinen, da die bis zur Abfahrt des Zuges verbleibenden zwei Stunden unbedingt für die notwendigen Vorarbeiten benötigt werden. Eltern, sorgt für rechtzeitiges Erscheinen eurer Kinder. Die Jugendlichen werden in den Bestimmungsorten in Hotels und Pensionen untergebracht.

In den Bestimmungsorten werden die Lehrkräfte als Lagerleiter eingesetzt werden, denen dann als Lagermannschaftsführer bzw. -führerin ein HJ-Führer und eine BDM.-Führerin zur Seite steht. Von Seiten der Bannführung wird noch besonders darauf hingewiesen, daß die Teilnehmer nach Möglichkeit mit ausreichender warmer Kleidung auszurüsten sind und daß die Anreise in HJ.- bzw. BDM.-Uniform erfolgt. Die Unterkunftsräume sind so ausgewählt, daß die Jungen und Mädel klassenweise zusammengefaßt werden und somit den Unterricht der Schule ungestört weiter durchführen können. Somit ist nicht nur die Weiterbildung der Jungen und Mädel trotz der Verschickung gewährleistet, sondern es wird diesen ein Aufenthalt in den besten unserer Ostseebädern geboten. Wir wünschen allen Jungen und Mädeln viel Freude und gute Erholung in ihrem neuen Lager der erweiterten Kinderlandverschickung.

EN vom 8.5.1941

Nachbarschaftshilfe — eine selbstverständliche soziale Pflicht.

— Die Nachbarschaftshilfe ist uns längst zu einem ganz vertrauten Begriff geworden. Es hat gewiß schon immer eine Hilfsbereitschaft unter Nachbarn gegeben, die natürlich und selbstverständlich eintritt, wo Menschen nahe beieinander wohnen. Aber die vom Deutschen Frauenwerk organisierte Nachbarschaftshilfe ist doch noch etwas mehr. Sie ist eines der planmäßig aufgebauten Hilfsmittel in diesem Kriege geworden, mit dem die Familien einander die Sorgen dieses Krieges tragen helfen. Jede Hausfrau und Mutter kennt ihre Nachbarschaftshelferin, die entweder in einem der nächsten Häuser wohnt oder im Häuserblock sogar Tür an Tür mit den übrigen Hauseinwohnern. Sie erteilt Auskunft und Hilfe in allen Schwierigkeiten und sorgt auch für einen tatkräftigen Einsatz der Frauen untereinander, wenn es sich darum handelt, einer Kameradin zu Hilfe zu kommen.

Was muß die Nachbarschaftshelferin alles können? Mancherlei, was sonst im allgemeinen Sache der Männer ist. Sie muß zum Beispiel Bescheid wissen über den Umgang mit **Behörden**. Sie versteht sich genauestens auf das Ausfüllen aller Arten von geschäftlichen und behördlichen Papieren und Formularen. Wie leicht kommt es vor, daß eine Frau, deren Mann eingezogen ist, zum ersten Mal vor der Notwendigkeit steht, selbständig mit Behörden umzugehen. Da ist nun die Nachbarschaftshelferin gern bereit, die Dinge mit ihr durchzusprechen und selbst in besonders gelagerten Fällen gemeinsam mit der Volksgenossin einen Weg anzutreten, der zur Abwicklung ungewohnter geschäftlicher oder behördlicher Regelungen gemacht werden muß, damit die weniger Erfahrene von ihr lernen und selbständiger werden kann.

Der Aufgabenkreis einer Nachbarschaftshelferin kann unter Umständen recht groß werden, zumal in einer Gegend, die viele **werktätige** Frauen hat. Die Kinder dieser Frauen werden während der Abwesenheit der Mütter zur Betreuung in einem Heim oder einer Familie untergebracht. Dabei finden die Frauen umgehend Rat und Unterstützung bei der Nachbarschaftshelferin. Zuweilen ist es möglich, daß die Kinder während der Abwesenheit der Mutter bei einer benachbarten Familie unterkommen. Eine solche Regelung hat vieles für sich und bleibt zuweilen die beste Lösung, wenn der Weg zum nächsten Kinderheim zu weit ist. Auch um Krankheitsfälle in ihrem Bezirk kümmert sich die Nachbarschaftshelferin. Es ist selbstverständlich, daß für eine kranke Frau umsichtig von den gesunden Nachbarinnen mitgekocht wird, daß man für Sauberkeit sorgt und den Kindern ihr Recht werden läßt. Besonders gern wird diese selbstverständliche soziale Pflicht da ausgeübt, wo sich ein neuer kleiner Erdenbürger eingestellt hat.

Es ist wunderschön, für die im Felde stehenden Soldaten, daß sie um diese Kameradschaft ihrer Frauen wissen können. Es ist ein beruhigendes Gefühl: Mutter daheim ist niemals verlassen. Die Volksgemeinschaft bewährt sich in ihren **kleinsten Zellen.** Nachbarschaftshelferinnen sind Frauen mit mütterlichem Herzen und helfenden Händen.

EN vom 9.5.1941

Weibliche Hilfskräfte gesucht

Die Sozialabteilung des BdM.-Obergaues Nordmark gibt bekannt:

Im Rahmen einer Sonderaktion wird für die Heime in Pommern eine erhebliche Anzahl von weiblichen Hilfskräften für laufend anfallende Arbeiten in **Haus** und **Küche** benötigt. Besoldung je nach Alter und Leistung zuzüglich freier **Wohnung und Verpflegung**.

Mütter, deren Kinder verschickt werden, so wie sämtliche Frauen und Mädel (die Tätigkeit wird auf das Pflichtjahr angerechnet), die hier Kriegseinsatzdienst leisten und ihre Arbeitskraft für die Dauer der Kinderlandverschickung zur Verfügung stellen wollen, melden sich umgehend beim zuständigen Arbeitsamt und erfahren dort alles Nähere.

In Ausnahmefällen können Mütter mit 1 Kind (Mindestalter 3 Jahre) sich eben als für diesen Einsatz melden.

Im Augenblick in Arbeit stehende Kräfte kommen für diesen Einsatz nicht in Frage.

EN vom 9.5.1941

337

Auch im Jahr 1941 wurde der Einsatz der HJ genau geregelt. Während bei den 14-18jährigen Jungen die Wehrertüchtigung mit Leibesübungen, Kleinkaliberschießen, Geländedienst und theoretischer Unterricht auf dem Plan steht, durchlaufen die 16-17jährigen Mädchen im BDM eine Gesundheitsdienst-Ausbildung. Das Jungvolk haben Leibesübungen, Modellbau, Luftgewehrschießen und Spiele auf dem Plan. Hinzu kommen der Einsatz in der Frühjahrsbestellung und der Ernte und Kartoffelernte (erst ab 13 Jahren), Heilkräutersammeln der Mädel im Mai, Lindenblütensammeln der Jungen im Juni und Kastanien- und Heilkräutersammeln im September. Ergänzt werden die Aufgaben durch Schulungen auf Heimabenden, sportliche Wettkämpfe und Wochenendfahrten. Für den Pflichtdienst wird der erste und dritte Sonntag im Monat festgesetzt. (1)

Am 18. Mai fand im Gemeinschaftshaus der Firma Wagner u. Co. die Mütterehrung und Namensgebung der Kinder statt. Ortsgruppenleiter Hans Letje hielt die Rede und zitierte Adolf Hitler:

„In meinem Staat ist die Mutter die erste Staatsbürgerin. Was der Mann an Heldenmut einsetzt, setzt die Frau ein in ewig geduldigem Leiden und Ertragen. Jedes Kind, das sie zur Welt bringt, ist eine Schlacht, die sie besteht für Sein und Nichtsein ihres Volkes." Dann zeichnete er 31 Mütter mit dem Ehrenkreuz der Mutter aus. (2)

Das Ehrenkreuz der Deutschen Mutter, kurz Mutterkreuz, wurde am 16. Dezember 1938 per Verordnung von Adolf Hitler gestiftet.

Die Einteilung des Ehrenkreuzes folgte den damaligen Ordensstatuten und war dreistufig angelegt. So konnte die Mutter die:

dritte Stufe („Bronze") erhalten, wenn sie vier oder fünf Kinder hatte,

zweite Stufe („Silber") erhalten, wenn sie sechs oder sieben Kinder hatte,

erste Stufe („Gold") erhalten, wenn sie acht oder mehr Kinder hatte. (3)

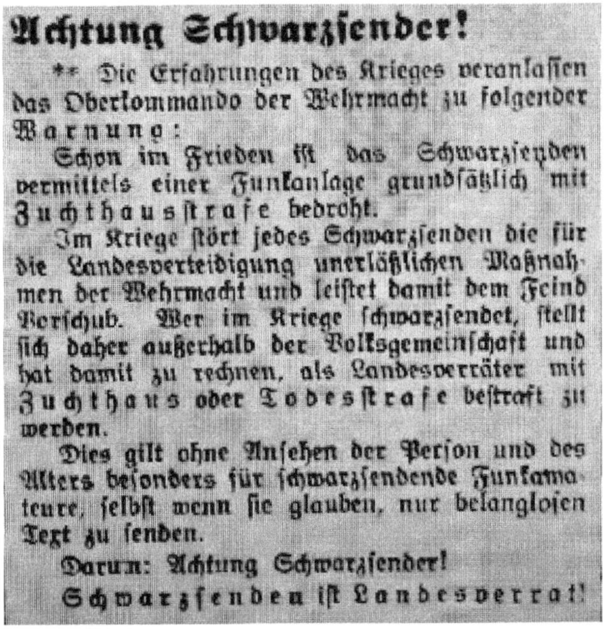

Achtung Schwarzsender!

** Die Erfahrungen des Krieges veranlassen das Oberkommando der Wehrmacht zu folgender Warnung:

Schon im Frieden ist das Schwarzsenden vermittels einer Funkanlage grundsätzlich mit **Zuchthausstrafe** bedroht.

Im Kriege stört jedes Schwarzsenden die für die Landesverteidigung unerläßlichen Maßnahmen der Wehrmacht und leistet damit dem Feind Vorschub. Wer im Kriege schwarzsendet, stellt sich daher außerhalb der Volksgemeinschaft und hat damit zu rechnen, als Landesverräter mit **Zuchthaus** oder **Todesstrafe** bestraft zu werden.

Dies gilt ohne Ansehen der Person und des Alters besonders für schwarzsendende Funkamateure, selbst wenn sie glauben, nur belanglosen Text zu senden.

Darum: Achtung Schwarzsender!

Schwarzsenden ist Landesverrat!

EN vom 24.5.1941

Im Juni wurden in allen Stadt- und Landkreisen der Provinz Schleswig-Holstein Altgummi gesammelt, da dieses für die Kriegsführung sehr wichtig war. Bei Ablieferung wurde die Einlieferung gewogen und nach Gewicht bezahlt. (4)

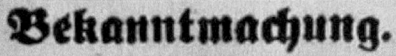

Bekanntmachung.

Unter Bezugnahme auf die

Aufforderung zur Ablieferung von Altgummi

vom 9. Juni 1941 bringe ich zur Kenntnis, daß die Vorsammelstelle bei Herrn **Robert Winz**, Elmshorn, Reichenstraße 9, eingerichtet ist. Die Ablieferung von Altgummi hat am 17., 18., 19. und am 24., 25. 28. Juni 1941 von 7—17 Uhr zu erfolgen.

Abzuliefern sind alle alten, nicht mehr brauchbaren **Autodecken und -Schläuche, Fahrraddecken und -Schläuche, Reifen von Pferdezugwagen, Kinderwagen und Sportkarren** sowie sonstiges **Altgummi**, wie alte **Gummimatten, Wärmflaschen, Bälle** usw.

Alles Altgummi ist bei der Neuherstellung von Gummi äußerst wertvoll, daher wird auch jede kleinste Menge gebraucht. Die restlose Ablieferung ist daher vaterländische Pflicht und liegt darüber hinaus noch im Interesse jedes Einzelnen, da aus dem Altgummi neues Material gewonnen wird, welches für die noch laufenden, unentbehrlichen Fahrräder und Kraftfahrzeuge dringend gebraucht wird.

Elmshorn, den 18. Juni 1941.

Der Bürgermeister.

EN vom 9.6.1941

Am 22. Juni 1941 startete der Russland-Feldzug (Operation Barbarossa):

EN vom 23.6.1941

Am 7. Juli erreichte die Elmshorner, das ihr Bürgermeister Karl Krumbeck, der zum Kriegseinsatz abkommandiert war, in Russland gefallen war:

Bürgermeister Krumbeck gefallen.

—o— Bürgermeister Krumbeck ist gefallen. Diese Kunde durcheilte am Sonnabend unsere Stadt. Leider fand sie alsbald ihre Bestätigung. An der Spitze seiner Kompanie fand Karl Krumbeck den Heldentod für Führer, Volk und Vaterland. Für uns ist einer der tüchtigsten Söhne der Heimat, als er tapfer zum Schutz dieser Heimat antrat, dahingegangen. Die reichsten Gaben, die die Heimat einem ihrer Söhne mitgeben kann, die sich schon reich entfalteten und noch mehr für die Zukunft versprachen, sind nicht mehr. Ein Ueberblick über sein Leben und Schaffen gibt ein Bild davon, was mit Bürgermeister Krumbeck ins Soldatengrab gesunken ist.

Alsbald nach der Machtübernahme, am 6. Juli 1933, wurde Bürgermeister Krumbeck als Nachfolger des Bürgermeisters Spieler zum Leiter der Gemeinde Elmshorn berufen. Vorher war er fünf Jahre Rechtsanwalt und Notar in Bad Bramstedt.

In seiner achtjährigen Amtszeit hat er mit großer Energie, seltener Arbeitskraft und Schaffensfreude sich für das Wohl der Stadt Elmshorn eingesetzt. Mit zäher Ausdauer und unermüdlichem Fleiß hat er die vielseitigen Aufgaben unserer rührigen Industriestadt angepackt. Die schon früher ohne Erfolg gebliebene Eingemeindung der Nachbargemeinden konnte am 1. April 1938 zum Erfolg führen. Die alten Probleme der Beseitigung der Abwässer, Eindeichung der Stadt, Umbau des Bahnhofes, Neubau der Berufsschule waren soweit gefördert, daß sie zur Ausführung kommen konnten. Der Ausbruch des Krieges 1939 hat jedoch die Verwirklichung dieser Pläne zurückgestellt. Sein Interesse galt weiter der Beseitigung der Elendswohnungen und der Herstellung gesunder Wohnungen für alle Volksgenossen. Mustergültige Siedlungen sind entstanden, weitere Siedlungen waren vorgesehen. Mit Erfolg hat er an der Verschönerung des Stadtbildes gearbeitet und das Kulturleben stets gefördert. Die Gründung der Elmshorner Speeldeel, des Heimatbundes Elveshörn usw. ist sein Werk, gute Theatervorstellungen, Ausstellungen großer Künstler, die Heimatwochen hat er veranstaltet und die neuzeitliche, vielbenutzte Stadtbücherei geschaffen. Die 500-Jahrfeier der Stadt lag ihm sehr am Herzen.

Seine Sorge galt ferner der Vermehrung des Grundbesitzes der Stadt, der Schönheit der Arbeit in Verwaltung und Betrieben und der Förderung von Industrie und Wirtschaft. Das Stadtheim Elbmarsch ist durch seinen Einsatz in das Eigentum der Stadt übergegangen und zu einem mustergültigen Heim mit eigener Landwirtschaft ausgebaut, das Krankenhaus ist wesentlich vergrößert worden. Neue Straßen sind geschaffen, das alte Straßennetz ist verbessert.

Seine besondere Fürsorge galt der Verbesserung der Finanzen, er war bemüht, die alten Schulden außerordentlich zu tilgen und neue Schulden nicht zu machen. Für die Ausführung der vielen Bauvorhaben sind bedeutende Rücklagen angesammelt worden.

Während seiner Amtszeit sind zwei Arbeitsdienstlager nach Elmshorn gekommen und gut untergebracht.

Bürgermeister Krumbeck bekleidete viele Ehrenämter; er war Vorsitzender des Aufsichtsrates der Elmshorn-Barmstedt-Oldesloer Eisenbahn AG., Kreisamtsleiter für Kommunalpolitik, Leiter der Arbeitsgemeinschaft Süd des Deutschen Gemeindetages, Vorstandsmitglied vieler Organisationen usw.

Vieles von dem Schaffen und Planen Karl Krumbecks ist bisher unausgeführt geblieben. Es ist ihm nicht vergönnt gewesen, Begonnenes zu vollenden. Das ist jetzt unsere Aufgabe. Wir Weiterschaffenden wollen ihn zum Beispiel nehmen für die Gegenwart und die Zukunft. In seinem Vorbild, in seiner Tatkraft, in seiner Entschlußfreudigkeit, seinem aufgeschlossenen klaren Wesen, worin sich Idealismus verband mit dem Blick für die Erfordernisse der Wirklichkeit, sind uns Waffen gegeben im Kampf und Aufbau einer glücklichen Zukunft. Seine guten Waffen gibt Karl Krumbeck weiter an die Lebenden. Er erlitt den Tod, damit Deutschland leben kann. Er setzte sein Leben ein, damit uns das Leben gewonnen sei. Mit Lorbeeren umkränzt wird das Gedenken an Bürgermeister Karl Krumbeck, an den Elmshorner Bürgermeister des Krieges, weiterleben, verbunden mit immerwährendem D a n k an das von ihm Geschaffene, mit dem Gelöbnis, ihm nachzueifern und zu vollenden das von ihm Erstrebte. Karl Krumbeck ging dahin im Kampf für Deutschlands Freiheit und Größe. Karl Krumbeck ist nicht gestorben. Seine Taten, sein Vorbild werden weiterwirken und weiterleben.

EN vom 7.7.1941

„Karl Krumbeck".

Das Bild eines herrlichen Menschen tritt jedem vor die Seele — jedem der um ihn weiß.

Alle starken Eigenschaften des niederdeutschen, des plattdeutschen Menschenschlages vereinigten sich in ihm.

Darum konnte er auch Jedem geben aus seinem jugendfrohen und reichen Wesen — und er gab gerne.

Er war aber auch gierig zu empfangen; unentwegt suchte er auf dem Felde des Edlen und Schönen, um zu finden, um es mehren zu helfen, um es weiter zu geben — zu geben seiner Stadt und allen Menschen, die um ihn waren.

Es ist schier unmöglich, sein Seelenbild erschöpfend zu malen. — Man sehe sein Antlitz, so sieht man seine Seele; denn er war offen wie ein aufgeschlagenes Buch, in dem in klarer Schrift, in untrüglicher Sprache viel Edles und Schönes, viel Weisheit geschrieben stehet — und alles ist lebendig, alles ist Tat und Leben — ist Gegenteil von Tod, Schlaf und Hohlheit.

Der Wille zum Edlen, Guten und Schönen in Zusammenfassung ist seines Wesens Fundament — und die edle Reinheit und der klare Blick der Erkenntnis — und dann das felsenfeste Bekenntnis zum Göttlichen!

Und auf Erkenntnis folgen stets Entschluß und Tat! Und immer war er Idealist, der mit beiden Beinen auf der Erde stand — für sein Amt geschaffen wie kein anderer. Heldisch ist seine Art — und als Held ist er gestorben, gestorben an seinem Geburtstag, gestorben für sein Ideal, für Volk und Vaterland. So ist es auch zu lesen in dem Brief von der Hand seines Bataillons-Kommandeurs, in jenem Brief, der seiner Gattin die erschütternde Nachricht brachte.

Und am Tage vor seinem Geburts- und Sterbetage schrieb er in seinem letzten Brief an seine Gattin: „Es geht los! Der Sturm zur Vernichtung des Bolschewismus bricht an! — und wenn dies morgen sein würde, so wäre es mein herrlichstes Geburtstagsgeschenk!" — Und es geschah!

Als Vorbild stürmte er seiner Kompanie voran —, im festen Glauben an den Sieg deutschen Wesens vollzog sich sein Heldenlos; fest und entschlossen bis zum letzten Atemzuge!

Es war nicht seine Art, zu zagen und zu klagen — es wäre auch nicht in seinem Sinne, daß wir um ihn weinen. — Mitstürmen! Jeder auf seinem Platz, auf den ihn die Berufung gestellt hat — das ist's, was er von uns allen fordert!

Und wir geloben ihm Aug in Aug, seinem heldischen Vorbild zu folgen, jeder seinen Mann zu stehen, stark und fest, damit der steil nach oben führende Weg unseres Volkes sich vollende.

Für uns ist Karl Krumbeck nicht tot — er lebt und wirkt in unser aller Seelen — wie er sein Leben gab für uns alle.

Wir werden ihm nacheifern und handeln in seinem Geiste. — Seine Haltung, sein Wille sei unser aller — sein heldisch Wesen springe über auf uns alle, damit sein angefangen Werk sich vollende durch uns!

Nur so wollen und können wir vor ihm bestehen!

Karl Krumbeck lebt, so wie alle ihm nachleben!

Fritz Höger.
7. 7. 41.

EN vom 7.7.1941

Der bekannte Elmshorner Architekt und Baumeister Fritz Höger (u.a. Chilehaus und Sprinkenhof in Hamburg) ließ es sich nicht nehmen, einen Nachruf auf Krumbeck zu schreiben. Eine nach ihm in Elmshorn benannte Straße wurde inzwischen umbenannt.

Für Führer und Volk fiel am 22. Juni in den Kämpfen im Osten mein geliebter Mann, unser allzeit froher Vater, der

Leutnant **Karl Krumbeck**

als er seiner Kompanie voranstürmte, um die feindliche Belästigungslinie zu durchbrechen

In tiefstem Schmerz:

Nora Krumbeck, geb. May
und Kinder Klaus, Frauke und Maren

Elmshorn, im Juli 1941

Unser Parteigenosse, Kreisamtsleiter, Bürgermeister

Karl Krumbeck

ist als Leutnant und Kompanieführer gefallen

Solange Parteigenosse Krumbeck der nationalsozialistischen Bewegung angehörte, war er ein aktiver, stets einsatzbereiter Mitkämpfer des Führers, als SA-Mann und Politischer Leiter zunächst in Elmshorn und seit mehreren Jahren als Kreisamtsleiter für Kommunalpolitik, Kreiskulturhauptstellenleiter und Kreisschulungsredner

Für Führer und Volk zu wirken und zu kämpfen war ihm Lebensinhalt. Seine Haltung und seine erfolgreiche Arbeit sichern ihm in unseren Reihen ein bleibendes Andenken. Wir haben einen Kämpfer und guten Kameraden verloren.

**Die Kreisleitung Pinneberg der NSDAP.
und die Ortsgruppe Elmshorn-Altstadt**
Hans Letje, k. Kreisleiter u. Ortsgruppenleiter

Für Führer und Volk ist am 22. Juni 1941 unser

Bürgermeister Karl Krumbeck

Leutnant in einem Inf.-Regt.

als er seiner Kompanie voranstürmte, in den Kämpfen im Osten gefallen. Die Stadt Elmshorn verliert ihren Bürgermeister, der mit seltener Energie, großer Arbeitskraft und Schaffensfreude die Stadt geführt hat. Er hat in seiner 8jährigen Amtszeit mit zäher Ausdauer und Verwirklichung der für Elmshorn sehr wichtigen Aufgaben mit großem Erfolg gearbeitet

Wir danken dem Verstorbenen für seine der Stadt Elmshorn geleisteten großen Dienste. Sein Wirken soll uns weiter Vorbild sein, wir werden in seinem Geiste weiterarbeiten. Seiner werden wir in Ehren gedenken

Im Namen der Beigeordneten, Ratsherren u. Beiräte
Bindemann, Stadtrat

EN vom 8.7.1941

Am 11. Juli 1941 konnte Elmshorn seine 800-Jahresfeier begehen. Wegen der Kriegszeit wurde auf eine große Feier verzichtet. Am 23. Juli 1941 kam die Nachricht, dass auch der SS-Mann Wilhelm Grezesch, früher Elmshorn, gefallen ist.

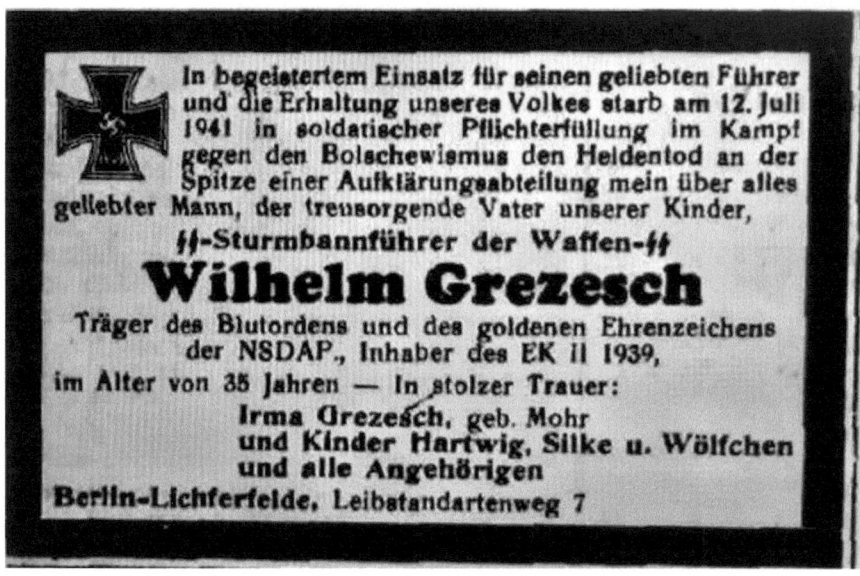

In begeistertem Einsatz für seinen geliebten Führer und die Erhaltung unseres Volkes starb am 12. Juli 1941 in soldatischer Pflichterfüllung im Kampf gegen den Bolschewismus den Heldentod an der Spitze einer Aufklärungsabteilung mein über alles geliebter Mann, der treusorgende Vater unserer Kinder,

SS-Sturmbannführer der Waffen-SS

Wilhelm Grezesch

Träger des Blutordens und des goldenen Ehrenzeichens der NSDAP., Inhaber des EK II 1939,

im Alter von 35 Jahren — In stolzer Trauer:

Irma Grezesch, geb. Mohr
und Kinder Hartwig, Silke u. Wölfchen
und alle Angehörigen

Berlin-Lichterfelde, Leibstandartenweg 7

EN vom 23.7.1941

Eine ernste Warnung schrieben die EN am 25. Juli:

„Ein plumper Versuch:

Gefälschte Kleiderkarten aus britischen Flugzeugen abgeworfen.

Nach Schleswig-Holstein eingeflogene britische Flugzeuge haben in den letzten Tagen gefälschte Kleiderkarten abgeworfen. In einem abgeschossenen englischen Bombenflugzeug wurden große Stapel solcher gefälschten Karten gefunden. Die Fälschungen sind als solche leicht erkennbar. Die Engländer beabsichtigen offenbar mit diesem plumpen Trick Verwirrung und Unruhe in das Gebiet der im Kriege notwendigen Verbrauchslenkung zu tragen. Es ist selbstverständlich, dass jeder deutsche Mann und jede deutsche Frau, die eine solche Karte finden, diese sofort bei der nächsten Polizeidienststelle abliefern und sie nicht zu benutzen versuchen.

Die Verwendung einer solchen Karte bedeutet Sabotage an der Kriegswirtschaft. Wer sich ihrer schuldig macht, muss damit rechnen, dass er als Volksschädling durch das Sondergericht zu langjähriger Zuchthaus- oder gar Todesstrafe verurteilt wird." (5)

Hier spricht die NSDAP
Nationalsozialistische Deutsche Arbeiterpartei
Ortsgruppen Elmshorn-Altstadt, ·Fuchsberg, ·Klosterlande, ·Langelohe

Wilhelm Grezesch — gefallen.

Vor wenigen Tagen erhielten wir die Mitteilung, daß unser Wilhelm Grezesch als Sturmbannführer der Waffen-SS. im Kampfe gegen den Bolschewismus gefallen ist.

Jeder Elmshorner, insbesondere die alten Kämpfer der nationalsozialistischen Bewegung in Elmshorn und im Kreise Pinneberg und darüber hinaus werden unwillkürlich an die Zeit zurückgedacht haben, in der Wilhelm Grezesch in Elmshorn und im Kreise Pinneberg für unseren Führer Adolf Hitler kämpfte. Mancher wird die zum 10jährigen Bestehen der Ortsgruppe Elmshorn im Jahre 1935 herausgegebene Schrift wieder zur Hand genommen haben, um in Gedanken noch einmal Abschnitte aus diesen Tagen der Kampfzeit unserer Bewegung zu erleben, die unter Adolf Hitlers Führung unser Volk wieder groß, stark und frei gemacht haben.

Schon in frühester Kampfzeit war Wilhelm Grezesch unter den Aktivisten Elmshorns zu finden. 1926 wird er der erste tatkräftige Führer der Elmshorner Nationalsozialisten. Die Ortsgruppe leitete er bis zu seinem Fortzug nach Trier 1928. 1929 kehrte er nach Elmshorn zurück und übernahm wieder die Leitung der Ortsgruppe, die er bis Oktober 1931 inne hatte. Pg. Grezesch erhielt dann den Auftrag, im Kreise Pinneberg die SS. zu organisieren.

Wir alle kennen Wilhelm Grezesch als den aktivsten Kämpfer Elmshorns. Im Kampf für Führer und Volk ging sein weg in der Kampfzeit durch Straßen- und Saalschlachten, durch Gefängnisse und Zuchthäuser der da-maligen Systemregierung. Ob er schwer verwundet im Bruderkampf aus einer Straßen- oder Saalschlacht herausgetragen werden mußte oder ob man ihm auch die Freiheit nahm, seine Kraft und sein Kampfgeist waren nicht zu brechen. Mit neuem Mut und neuer Kraft stürzte er sich immer wieder in den Kampf, all denen, die damals zusammen mit ihm kämpften, ein leuchtendes Vorbild, seine Mitkämpfer immer mit sich vorwärtsreißend. So erlebte er den 30. Januar 1933 und wirkte 1933 bis zu seiner Berufung in die Leibstandarte Adolf Hitlers als SS.-Führer und Stadtrat in Elmshorn. Mit der Ortsgruppe, in der er die Kampfzeit erlebte, blieb er immer verbunden.

So wie damals in der Zeit des Kampfes im Innern unseres Reiches, so stand er auch jetzt im Kampf gegen denselben Feind, der in unseren Tagen das Reich und Volk bedroht, in vorderster Front. Am 12. 7. 1941 ist Wilhelm Grezesch im Kampf gegen den Bolschewismus gefallen. Wie damals in der Kampfzeit — an der Spitze einer Aufklärungsabteilung. Wie damals uns Elmshornern und seinen SS.-Männern Vorbild, so auch jetzt im Kampf im Osten seinen SS.-Männern vorausstürmend.

So werden wir Elmshorner unseren Wilhelm Grezesch, dessen Leben Kampf war für seinen Führer und sein Volk, Kampf bis zur Selbstaufgabe, für alle Zeiten in Erinnerung behalten.

Einen Kämpfer und guten Kameraden haben wir verloren.

EN vom 25.7.1941

Die durch britische Bomber abgeworfenen Brandplättchen bedrohten nicht nur die Städte und Dörfer, sondern auch die Ernte auf den Anbauflächen. Es handelte sich hierbei um Plättchen, die mit einem kleinen Stück Phosphor gefüllt waren, die sich an der Luft entzündeten, sobald sie trockneten.

„Im Flugzeug in wassergefüllten Behältern mitgenommen, wurde die Entzündung des Phosphors bei Berührung mit Sauerstoff zunächst durch die Wirkung der feuchten Brandwatte verzögert. Beim Austrocknen des Gewebes durch Verdunstung des Wassers entzündete sich der Phosphor und anschließend das Zelluloidplättchen, letzteres mit meterlanger Stichflamme von allerdings nur kurzer Dauer. Später wurden auch Brandröhrchen geworfen, achtrippige, mit Phosphor gefüllte Zelluloidröhrchen von 48 Millimeter Länge und 13 Millimeter Dicke. Den oben erwähnten Brandplättchen folgten dann später ähnliche Plättchen größeren Formats. (...) Die Abwehrmaßnahmen sind ebenso einfach. Die Phosphorpräparate müssen sofort in wassergefüllten Behältern gesammelt, stets unter Wasser aufbewahrt werden. Hat man zunächst kein Wasser zur Hand, bedeckt man das Brandplättchen, Brandröhrchen oder Brandsteinchen mit Erde, merkt sich aber die Stelle, um das auf diese Weise vorübergehend unschädlich gemachte Phosphorpräparat später einzusammeln. Verstreute Gebiete sind sorgfältig abzusuchen. Vor allem ist der nächsten Polizeistelle sofort Meldung zu machen." (6)

Am 1. August begann in Elmshorn die Spinnstoff-Sammlung im Jahr 1941 (7), eine Woche später erfolgte die Altpapiersammlung durch die Hitlerjugend. (8)

Zu früh gefreut hatten sich junge Frauen, die ihren Arbeitsdienst absolviert hatten. Per Erlass Hitlers wurde diese Dienstzeit um weitere sechs Monate als Kriegseinsatz verlängert. Der Kriegshilfsdienst wurde in Bürobetrieben, bei Dienststellen der Wehrmacht und bei Behörden, bei gesundheitlichen und sozialen Einrichtungen (z.B. Kinderlandverschickungen, Krankenhäuser) und in Einzelfällen auch bei kinderreichen Familien abgeleistet. Außerdem wurde eine Erhöhung der Stärke des Reichsarbeitsdienstes der weiblichen Jugend auf 180000 Arbeitsmädchen befohlen. (9)

EN vom 5.8.1941

Die Bürger befürchteten, dass die Kosten des Krieges durch Vermögensabgabe von ihnen finanziert werden sollten. Dem trat der Staatssekretär im Reichsfinanzministerium, Fritz Reinhardt, entgegen.

„(...) Bei dieser Gelegenheit weist der Staatssekretär darauf hin, dass alle Gerüchte, wonach der Kriegsfinanzbedarf die Erhebung einer allgemeinen „Vermögensabgabe" oder gar die „Beschlagnahme von Sparguthaben" bedinge, Unsinn sind. Die Vermögenssteuer habe im Kriege keinerlei Erhöhung erfahren, und sie werde auch keinerlei Erhöhung finden. Es sei kein Kriegszuschlag zur Vermögenssteuer eingeführt worden, und es werde auch kein Kriegszuschlag zur Vermögenssteuer kommen. (...) Das Gerücht, dass eine „Beschlagnahme von Sparguthaben" erwogen werde, sei so unerhört, dass jeder, der so dummes Gerede nachredet, vor den Volksgerichtshof gehöre. Jeder Sparer möge versichert sein, dass es eine Geldanlage, die sicherer als Sparguthaben ist, nicht gibt und dass er von seinem Sparkapital weder im Kriege noch nach dem Kriege etwas verlieren werde. (...) Auch eine Erhöhung der Erbschaftssteuer sei nicht beabsichtigt." (10)

Gauobmann Bannemann aus Kiel meldete sich mit einem Appell „Der Führer ruft die deutsche Frau" in den EN:

„(...) Bessere Lebensbedingungen, geschaffen durch den Nationalsozialismus, höhere Löhne, Beseitigung der Arbeitslosigkeit und die sozialpolitischen Maßnahmen auf allen Gebieten des Gemeinschaftslebens waren die Voraussetzung für das in den Jahren 1933 bis 1939 fühlbare Nachlassen der Frauenarbeit. Wenn auch diese materiellen Grundlagen und besonders die gute Sicherstellung der Soldatenfamilien und auch der kinderlosen Soldatenfrau heute nach wie vor gegeben ist, so muss doch – oder gerade trotzdem – das deutsche Mädchen und muss insbesondere die kinderlose Frau gleichfalls bereit sein, über ihren bisherigen Pflichtenkreis hinaus eine kriegswichtige Aufgabe zu übernehmen. (...)" (11)

Gauobmann Bannemann vergisst bei seinen Ausführungen, dass sehr viele berufstätige Frauen in den Jahren 1933 -1939 wegen des notwendigen Abbaus der Arbeitslosigkeit aus den Betrieben vertrieben wurden und berufstätigen Frauen vorgeworfen wurden, dass sie den Männern ihre Arbeitsplätz wegnehmen würden.

Samstag ist Badetag

Dafür sind die Lumpen zu schade, um in den Badeofen zu wandern! Erstens gibt es ein schlechtes Feuer mit viel Qualm, und zweitens ist es eine regelrechte Vergeudung, diesen „Rohstoff" in Brand zu stecken. Denn wertvoll war er von jeher. Früher wurde aus Lumpen hauptsächlich Papier gemacht. Zur Zeit Friedrichs des Großen führten Preußen und Hannover erbitterte Zollkriege um diesen Rohstoff für die Papiermühlen. Heute bekommt die Papierindustrie nur 15 % der anfallenden Lumpen für ihre Zwecke. Davon wird Dachpappe für Häuser, Baracken und Ställe hergestellt und Papier von besonderem Wert. Das hauchdünne feine Zigarettenpapier, der braune Tausendmarkschein, das Gaudiplom und andere Dokumente werden aus jenen Lumpen hergestellt, die in manchen Häusern und Bauernhöfen am Badetag noch heute achtlos vertan werden. Denken Sie daran! - Alles kann verwandt werden. Nichts geht verloren. Gebt darum alle Stoffreste und Alterdillen in die Reichs-Spinnstoff-Sammlung vom 28. Juli bis 23. August 1941! 10

Aus der Elmshorner Hitler-Jugend.

Unser Stammführer Ernst Rann im Osten gefallen!

Wir trauern nicht an kalten Sarkophagen,
Wir treten hin und sagen: Einer war,
der das gewagt hat, was wir alle wagen;
das macht, die Kameradschaft ist unwandelbar.

An diese Worte eines H.-J.-Führers muß ich heute abend denken, wie ich die Gedanken zum toten Stammführer wandern lasse. Dennoch traf mich vor einigen Tagen die Nachricht von deinem Tode, lieber Ernst, sehr schmerzlich. Wohl keiner deiner alten Pimpfe und Kameraden konnte es zuerst glauben, daß du nie mehr zu uns zurückkehren wirst, nie mehr unser Führer sein wirst. In dieser späten Abendstunde muß ich 10 Jahre zurückdenken, als wir Pimpfe zu dir kamen, du unser Vorbild warst und uns Jungen zu Soldaten formtest.

Im Heeder Wald waren wir zu Hause, und das Landheim war dein Werk. Ein neues Deutschland entstand. Mit deiner jungen Mannschaft bautest du die Hitlerjugend unserer Heimatstadt auf. Wir durften dir zur Seite stehen. Du warst immer im Dienst. Wie schnell doch die Jahre vergingen.

Aus uns jungen H.-J.-Führern wurden Soldaten, und im September 1939 standest du in Polen. Du kamst heil durch die Flandernschlacht, und auf Urlaub im September 1940 erzählten wir uns zuletzt vom Kampf und der Zukunft.

Nun bist du gefallen, Ernst! Gehörst zur größeren Armee und hinterließest uns allen die Verpflichtung, weiter zu bestehen.

Wir wollen darum nicht klagen. Dein Opfer und das vieler Kameraden darf nicht umsonst gewesen sein. Wir Lebenden wollen dafür Garanten sein.

Schlaf' wohl, Kamerad! Uns ruft die Fanfare des Lebens weiter zu Pflicht und Kampf, und über allem steht ein Name: Deutschland.

Dir ein letztes Frisch auf, Stammführer!

Uffz. Fr. Krüger.

EN vom 19.8.1941

350

Einen Teil der Aufwendungen für den Luftschutz konnten die Bürger erstattet bekommen. Dieses galt für die Herrichtung von Luftschutzräumen, für vorgeschriebene Beleuchtung, Heizeinrichtungen und Brandmauerdurchbrüche. (12)

Haben sich die Eltern freiwillig entschieden, ihre Kinder zur Kinderlandverschickung zu schicken, mussten die Kinder mindestens sechs Monate im Kinderlandverschickungslager aushalten. Eine Einzelrückführung zu den Eltern war nicht möglich. Danach wurden die Kinder geschlossen zurückgeführt. (13)

EN vom 10.9.1941

Der „deutsche Gruß" war Pflicht:

„(...) Der Deutsche grüßt mit dem Hitler-Gruß, und einen anderen Gruß gibt es nicht. Wird die Frau, das Mädchen nun durch das Erheben des rechten Armes begrüßt und sie antwortet mit einem süßen Kopfnicken, so wirkt das peinlich und muss ebenso als Nichtachtung aufgefasst werden, wie früher der unhöfliche Gruß des Mannes (Anm. Verf.: wenn der Hut nicht gezogen wurde beim Gruß hieß es, man trage Spatzen unter dem Hut). *Die Frau und das Mädchen, die Blei im Arme haben, sind den Männern, die Spatzen unter dem Hute tragen, ebenbürtig und darüber hinaus: Wer den Gemeinschaftsgruß des deutschen Volkes nicht erweist, der stellt sich abseits der Volksgemeinschaft des nationalsozialistischen Deutschland!"* (14)

Mit Beginn des neuen Schuljahres 1942 wurde in der deutschen Schule die Normalschrift eingeführt. Bisher hatten die Schüler acht Alphabete zu erlernen:

Die großen und kleinen Buchstaben der „deutschen" Schreibschrift, die großen und kleinen Buchstaben der „lateinischen" Druckschrift und der lateinischen Schriftschrift. Jetzt kommen die großen und kleinen Buchstaben der Normalschrift. (15)

Am 14. September wurde das neue Kriegswinterhilfswerk eröffnet. (16)

):(Frauen sollen keine Männerkleidung tragen, es sei denn, daß sie es aus beruflichen Gründen tun müssen. Wenn andere Frauen Männerkleidung tragen, dann ist das grober Unfug. Die deutsche Frau soll Frau bleiben und nicht männlich werden. Das liegt ihr nicht. Es mehren sich die Fälle, daß die Frauen Männerkleidung tragen, ohne hierzu genötigt zu sein. Dagegen wird jetzt behördlich eingeschritten und diejenigen Frauen, die ohne Grund in Männerkleidung angetroffen werden, werden wegen groben Unfugs belangt. Als Kleidung gilt auch schon eine Männerhose. Diese Zeilen mögen den Frauen zur Warnung dienen, die von dem bequemen Kleid zur Männerhose übergegangen sind.

EN vom 22.9.1941

Die Überweisung des Jahrganges 1923 der Hitlerjugend in die Partei fand am 28. September in der Aula der Bismarckschule statt:

„(...) Dieser Tag ist das wichtigste Ereignis im politischen Leben des jungen Deutschen. Die Jungen füllen die Front der alten Kämpfer auf , halten ihre Fahnen und singen ihre Lieder. Ein anderes Gesicht füllt die Lücke des Vordermannes, doch unverändert ist der Geist des Hintermannes. Alljährlich schöpft die NSDAP aus diesem Jungbrunnen des Volkes, alljährlich ruft sie die Besten und Bewährtesten in ihre verschworene Gemeinschaft, und täglich mahnt sie die Jüngsten, nach bestem Vermögen dem Vaterlande zu dienen. (...)

Anschließend stellte Kreisleiter Hans Letje in längeren Ausführungen die Bedeutung des Tages heraus. Wer der Partei beitrete, müsse sich innerlich vom „Ich" trennen und nur noch das „Wir" kennen und danach leben. Dies sei entscheidend in allen

Lebenslagen. Als leuchtendes Vorbild müsse immer der Führer gegenwärtig sein, auf dass für alle Zeiten sein Vermächtnis gewahrt werde. Für die jungen Parteigenossen aber habe stets der Grundsatz zu gelten: Der Führer hat immer Recht, und Recht ist das, was der Bewegung und damit dem deutschen Volk nützt. (...)" (17)

Während des Krieges wurden die Lebensmittelrationen für die Juden gekürzt. Von Zuteilungen für Süßigkeiten etc. waren sie gänzlich ausgeschlossen. Jetzt kam es in Elmshorn, wie auch in anderen Städten, vor, dass Bekannte, aber auch Unbekannte, den jüdischen Mitbürgern heimlich Lebensmittel zusteckten. (18) Selbst als es nur noch wenige Juden in Elmshorn gab, veröffentlichte die Zeitung einen „Bilderwitz", der, wie wir heute wissen, die „Endlösung der Judenfrage" offen darstellte: (19)

Zum Terror kommt noch die Verhöhnung der Opfer. EN vom 4. 2.1941.

Überhaupt zeigten die Nationalsozialisten keine Scheu vor den Begriffen „Vernichtung" und „Ausrottung". Hitler sprach in seiner Rede am 30. Januar 1939 zum Tag der Machtergreifung:

„ (...) Und eines möchte ich an diesem vielleicht nicht nur für uns Deutsche denkwürdigen Tag nun aussprechen: ich bin in meinem Leben sehr oft Prophet gewesen und wurde meistens ausgelacht. In der Zeit meines Kampfes um die Macht war es in erster Linie das jüdische Volk, das nur mit Gelächter meine Prophezeiungen hinnahm, ich würde einmal in Deutschland die Führung des Staates und damit des ganzen Volkes übernehmen und dann unter vielen anderen auch das jüdische Problem zur Lösung bringen. Ich glaube, dass dieses damalige schallende Gelächter dem Judentum in Deutschland unterdes wohl schon in der Kehle erstickt ist. Ich will heute wieder ein Prophet sein: Wenn es dem internationalen Finanzjudentum in und außerhalb Europas gelingen sollte, die Völker noch einmal in einen Weltkrieg zu stürzen, dann wird das Ergebnis nicht die Bolschewisierung (20) der Erde und damit der Sieg des Judentums sein, sondern die Vernichtung der jüdischen Rasse in Europa!" (20)

Diese Rede wurde nicht nur im Rundfunk übertragen, sondern auch in jeder Zeitung im Wortlaut abgedruckt. Jeder konnte also erfahren, was die jüdischen Mitbürger im Falle eines Krieges erwartete.

Die totale Isolation und der Gipfel der vielen Verordnungen, Anordnungen und Gesetze war die Einführung des „Judensterns" am 19. September 1941. (21)

„Polizeiverordnung über die Kennzeichnung der Juden, vom 1. September 1941.

§ 1.

1) Juden (§ 5 der Ersten Verordnung zum Reichsbürgergesetz vom 14. November 1935 - RGBl. I. S. 1333), die das sechste Lebensjahr vollendet haben, ist es verboten, sich in der Öffentlichkeit ohne einen Judenstern zu zeigen.

2) Der Judenstern besteht aus einem handtellergroßen, schwarz ausgezogenen Sechsstern aus gelbem Stoff mit der schwarzen Aufschrift „Jude". Er ist sichtbar auf der linken Brustseite des Kleidungsstücks fest aufgenäht zu tragen.

§ 2.

Juden ist verboten,

a) den Bereich ihrer Wohngemeinde zu verlassen, ohne eine schriftliche Erlaubnis der Ortspolizeibehörde bei sich zu führen,

b) Orden, Ehrenzeichen und sonstige Abzeichen zu tragen.

§ 3.

Die Paragraphen 1 und 2 finden keine Anwendung

a) auf den in einer Mischehe lebenden jüdischen Ehegatten, sofern Abkömmlinge aus der Ehe vorhanden sind und diese nicht als Juden gelten, und zwar auch dann, wenn die Ehe nicht mehr besteht oder der einzige Sohn im gegenwärtigen Kriege gefallen ist;

b) auf die jüdische Ehefrau bei kinderloser Mischehe während der Dauer der Ehe.

§ 4.

1) Wer dem Verbot der Paragraphen 1 und 2 vorsätzlich oder fahrlässig zuwiderhandelt, wird mit Geldstrafe bis zu 150 RM oder mit Haft bis zu 6 Wochen bestraft.

2) Weitergehende polizeiliche Sicherungsmaßnahmen sowie Strafvorschriften, nach denen eine höhere Strafe verwirkt ist, bleiben unberührt.

§ 5.

Die Polizeiverordnung gilt auch im Protektorat (22) Böhmen und Mähren mit der Maßgabe, dass der Reichsprotektor in Böhmen und Mähren die Vorschrift des § 2 Buchst. a den örtlichen Verhältnissen im Protektorat Böhmen und Mähren anpassen kann.

§ 6.

Die Polizeiverordnung tritt 14 Tage nach ihrer Verkündigung in Kraft (...)" (23)

In den „Elmshorner Nachrichten" konnte man nachlesen:

„Juden müssen Judenstern tragen. DRB. Im Reichsgesetzblatt wird eine Polizeiverordnung veröffentlicht, durch die bestimmt wird, dass Juden sich in der Öffentlichkeit nur mit einem gelben Judenstern zeigen dürfen. Er ist sichtbar auf der linken Brustseite des obersten Kleidungsstückes zu tragen. Die Verordnung tritt mit dem 19. September in Kraft. Ihre Einzelheiten sind dem Reichsgesetzblatt zu entnehmen. Der deutsche Soldat hat im Ostfeldzug den Juden in seiner ganzen Widerwärtigkeit und Grausamkeit kennengelernt. Er hat die Folgen der GPU-Gräuel (24) und die Verelendung der Massen gesehen: das Werk der Juden. Dieses Erlebnis lässt den deutschen Soldaten und das deutsche Volk in seiner Gesamtheit fordern, dass dem Juden in der Heimat die Möglichkeit genommen wird, sich zu tarnen und damit jene Bestimmungen zu durchbrechen, die dem deutschen Volksgenossen die Berührung mit dem Juden ersparen." (25)

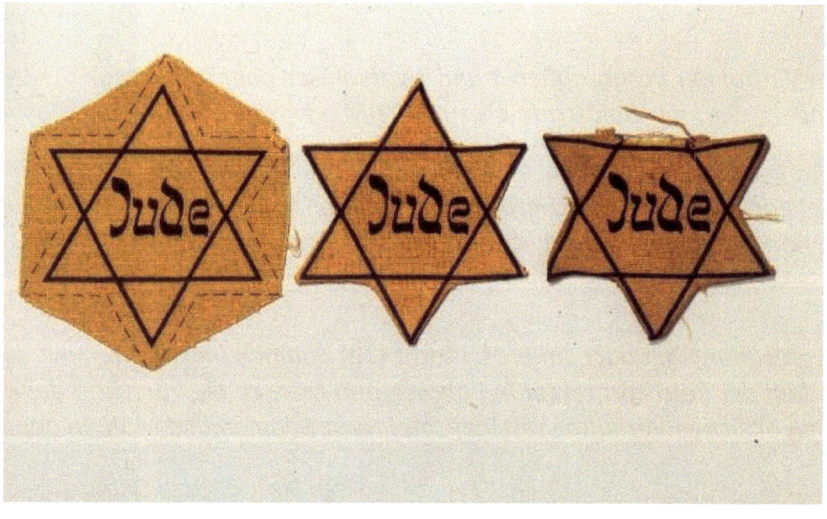

„Judensterne" (=Davidsterne). Jüdisches Museum Berlin, a.a.O.

Die Gezeichneten.

Das deutsche Volk hat jetzt einen endgültigen Strich gezogen zwischen sich und zwischen den Juden. Die hetzerischen Betrüger, die immer wieder versuchten, unter der Maske der Scheinheiligkeit und Harmlosigkeit sich unter deutsche Menschen zu mischen, tragen nun das Kennzeichen, den Judenstern, der sie von allen anständigen Menschen unterscheidet. Sie haben jahrelang Deutschland beherrscht und ausgesogen. Nun haben sie die klar gekennzeichnete Stellung, die ihnen zukommt als fremden Parasiten in einem gesunden Volk.
(Scherl-Bilderdienst-M.)

EN vom 29.9.1941

Am 8. Oktober 1941 erfuhren die Elmshorner in einem Nachruf vom Tode zweier „alten Kämpfer" in Russland und Afrika, dem SS-Mann und Schutzpolizisten Kurt Geisler und dem Sanitätsgefreiten, Zellenleiters der Ortsgruppe Elmshorn-Fuchsberg und SA-Mannes Max Bothe.

Karl Geisler gefallen.

In diesen Tagen traf die Nachricht ein, daß nun auch unser Karl Geisler als SS-Oberscharführer der Waffen-SS im Kampf gegen den Bolschewismus gefallen ist.

Jeder Elmshorner, insbesondere die alten Kämpfer der nationalsozialistischen Bewegung in Elmshorn, die SS-Angehörigen des Standortes, im Kreise Pinneberg und darüber hinaus wissen, wie sich „unser Fay" rückhaltlos für seinen Führer Adolf Hitler einsetzte. So manchen Tag und manche Nacht war er an der Spitze seiner SS-Männer unterwegs im Kampf für die Bewegung und seinen Führer. Immer war er an der Spitze seiner SS-Männer zu finden. Kein Dienst war ihm zu viel, trotzdem er in seinem Dienst als Rev.-Oberwachtmeister der Schutzpolizei voll in Anspruch genommen war.

Karl Geisler gehörte zu den aktivsten Kämpfern von Elmshorn. Wie er sich seinen Weg bahnte, war ihm egal. Immer wieder stürzte er sich in den Kampf und war allen ein leuchtendes Vorbild. Genau wie im Kampf im Innern des Reiches, so war er auch jetzt im Kampf gegen den Feind angetreten, der den Bestand des Reiches und Volkes bedrohte. Am 8. September 1941 ist Karl Geisler im Kampf gegen den Bolschewismus gefallen. Er ist uns ein stolzes Vorbild des Kämpfers für die Freiheit des Volkes geworden und hat als letztes Zeichen seiner Einsatzbereitschaft sein Leben für Führer und Vaterland eingesetzt.

Die Elmshorner Parteigenossen, insbesondere seine Kameraden von der SS und der Schutzpolizei und mit ihnen die vielen Volksgenossen, die ihn kennen und schätzen gelernt haben, werden unsern Karl Geisler für alle Zeiten in Erinnerung behalten.

Einen Kämpfer und guten Kameraden haben wir verloren.

EN vom 8.10.1941

Hier spricht die NSDAP

Nationalsozialistische Deutsche Arbeiterpartei

Pg. Max Bothe,

Träger des goldenen Ehrenzeichens der NSDAP. und der Dienstauszeichnungen der NSDAP. für 10- und 15jährige aktive Dienstzeit, ist einem Unglücksfall, fern der Heimat, in Afrika, zum Opfer gefallen. Diese Nachricht hat wohl alle, die unsern Max kannten, erschüttert.

Als Sanitätsgefreiter hat er seinen Dienst für Führer und Volk getan. Lange Zeit war es ihm nicht vergönnt, am aktiven Kampf teilzunehmen, bis ihn eines Tages der Dienst nach dem fernen Süden rief. Schon einmal ist er dem Schicksal des Todes entgangen. Durch Feindeinwirkung ging ihm alles verloren, nur das nackte Leben konnte er retten.

Pg. Max Bothe fand schon früh den Weg zu Adolf Hitler: seit 1928 ist er unermüdlich aktiv tätig gewesen. Sein Betätigungsfeld war zunächst die SA. Alle SA-Männer des ehemaligen SA-Sturmbannes 2/31 und später 2/245 werden sich an unseren Max als Sturmbanngeldverwalter erinnern. Er war die Ruhe selbst. Seiner Aufgabe war er voll gewachsen; er war der Betreuer aller seiner Kameraden, es gab nicht eine Schwierigkeit, die unser Max mit seiner eisernen Ruhe nicht zu meistern wußte.

Als SA - Verwaltungsobersturmführer schied Pg. Bothe 1934 aus dem aktiven SA.-Dienst aus und ging hauptamtlich zur Kreiswaltung der DAF. Er fand dort ein großes Aufgabengebiet, das seine Zeit voll in Anspruch nahm, das er aber durch sein ruhiges, überlegtes Wesen vollauf meistern konnte.

Seine besondere Betreuung galt als Zellenleiter den Partei- und Volksgenossen der Zelle 3 der Ortsgruppe Elmshorn-Fuchsberg. Hier hat er viel Arbeit geleistet, die für die NSDAP. von unschätzbarem Wert ist.

Pg. Max Bothe hat seine Pflicht gegenüber Führer und Volk in der Heimat, wie auch als Soldat in jeder Beziehung erfüllt. Auch er hat sein Leben für Deutschland hergegeben. Max war ein Kämpfer für Adolf Hitler und seine Ideen. Sein Geist wird unter uns weiterleben, sein unermüdlicher Einsatz wird stets uns zum Vorbild gereichen.

EN vom 21.10.1941

Entwichene Kriegsgefangene festnehmen!

!—! Entflohene Kriegsgefangene, insbesondere sowjetische, können eine große Gefahr für die Sicherheit unseres Vaterlandes werden. Ihre Wiederergreifung ist deshalb dringend notwendig. Militärbehörden und Polizei setzen alles daran, entwichener Kriegsgefangener wieder habhaft zu werden.

Die Frage ist nun, inwieweit die Mithilfe der Zivilbevölkerung hierbei erwünscht und erlaubt ist. Daß kein Volksgenosse Kriegsgefangene auf der Flucht durch Gewährung von Unterkunft, Verabreichung von Eßwaren und dergleichen begünstigen darf, versteht sich von selbst. Darüber hinaus hat jeder Deutsche alle Wahrnehmungen, die eine beabsichtigte Flucht von Kriegsgefangenen vermuten lassen, sofort der nächsten Polizeidienststelle oder Wehrmachtsdienststelle mitzuteilen. Schließlich besteht eine Pflicht der Bevölkerung zur aktiven Mithilfe bei der Wiederergreifung der Kriegsgefangenen, die sich aus der allgemeinen Pflicht der Bevölkerung, der Verteidigung des Vaterlandes zu dienen, ergibt. Hieraus entspringt auch die Befugnis für jeden Volksgenossen zur Festnahme entwichener Kriegsgefangener.

Es ist jedoch ein Unterschied zu machen zwischen der Festnahme eines Kriegsgefangenen durch Soldaten oder Polizei und Zivilpersonen. Der Soldat und Polizist kann einen evtl. Widerstand des Gefangenen mit allen Mitteln brechen und darf Flucht durch Waffengebrauch verhindern. Die Zivilbevölkerung dagegen, die nur die Befugnis zur Festnahme hat, darf nicht von der Waffe Gebrauch machen, sie darf auch nicht auf einen flüchtenden Kriegsgefangenen schießen.

Anders ist es dagegen, wenn die Zivilperson bei der Festnahme von dem Kriegsgefangenen angegriffen werden sollte und sich der Fall der Notwehr ergibt. Schon eine Bedrohung durch einen sowjetischen Kriegsgefangenen ist regelmäßig als ein Angriff anzusehen. In einem solchen Falle kann die Verteidigung, so weit sie erforderlich ist, um den Angriff abzuwenden, mit der Waffe erfolgen.

EN vom 22.11.1941

Deportationen jüdischer Mitbürger

In den Elmshorner Nachrichten erschien am 4. Dezember 1941 eine kleine Notiz:

"Freiwillig aus dem Leben geschieden ist der frühere Besitzer der Holsteinischen Konservenfabrik H. Man fand ihn in einem Toilettenraum auf dem Ohlsdorfer Friedhof erhängt auf." (1)

Was steckte hinter dieser Nachricht?

Bis 1940 ging es den Nationalsozialisten in erster Linie darum, die Juden zur Auswanderung in andere Länder zu bewegen. Als Hitler im September 1939 in Polen einmarschierte und er damit den Zweiten Weltkrieg entfesselte, war dieser Plan hinfällig geworden. Die Länder sperrten ihre Grenzen. Es kam zwar noch gelegentlich zu Auswanderungen, aber es war jetzt jedem Juden klar, dass er in Deutschland in der Falle saß. Mit der Eroberung der polnischen Gebiete und dem Einmarsch in Russland (22.6.1941) begannen die Deportationen. Durch die zwangsweise Umsiedelung sollten die Juden in abgegrenzte Sperrbezirke (Ghettos) gebracht werden. Aber die Ghettos waren nur eine Zwischenstation. Sie wurden nach und nach aufgelöst, die Bewohner entweder in abgelegenen Gegenden von „Sonderkommandos" ermordet oder in Konzentrationslager oder Vernichtungslager wie Auschwitz-Birkenau überführt.

Was sollte nun aber zunächst mit den in solchen Lagern zusammengepferchten, von Seuchen und Hungere heimgesuchten Menschen geschehen? Darüber sollte die geheimgehaltene „Wannsee-Konferenz" Klärung bringen. Diese fand unter der Leitung von Heydrich am 20. Januar 1942 in der Villa „Am Großen Wannsee 56-58" in Berlin statt:

„(...) Er (Verf.: Heydrich) gab dann einen Überblick über die bisher gegen die Juden ergriffenen Maßnahmen und erwähnte, dass das ursprüngliche Programm die Auswanderung der Juden zum Ziele hatte. Trotz gewisser Schwierigkeiten, wie zum Beispiel Mangel an Geld, Mangel an Schiffsraum, Reichsfluchtsteuer, Begrenzung

der Auswanderungen und ähnliche, seien dennoch über 300.000 Juden aus Deutschland entfernt worden, 147.000 aus Österreich und 30.000 aus dem Protektorat Böhmen und Mähren (...)

Der Krieg habe diesem Verfahren jedoch ein Ende gesetzt, und an Stelle der Auswanderung sei nunmehr als weitere Lösungsmöglichkeit nach entsprechender vorheriger Genehmigung durch den Führer, die Abschiebung der Juden nach Osten getreten. Diese Aktionen seien jedoch lediglich als Ausweichmöglichkeit anzusprechen, im Zuge der Endlösung der europäischen Judenfrage kämen ungefähr elf Millionen Juden in Betracht, von denen nur 131.800 in dem ursprünglichen Reichsgebiet lebten, 43.700 in Österreich und 74.200 in dem Protektorat Böhmen und Mähren. Unter richtiger Leitung sollten im Zuge der Endlösung die Juden in geeigneter Weise im Osten zum Arbeitseinsatz kommen, und zwar in großen Arbeitskolonnen und unter Trennung der Geschlechter. Es werde zweifellos ein Großteil durch natürliche Minderung ausfallen, die Überlebenden müssten entsprechend behandelt werden, da sie bei Freilassung als Keimzelle eines neuen jüdischen Aufbaus anzusprechen seien (...)" (2)

Die Wannsee-Konferenz stellte die Weichen zu der planmäßigen Vernichtung der jüdischen Menschen im deutschen Machtbereich.

Haus der Wannsee-Konferenz, Postkarte , o.J., Webfund

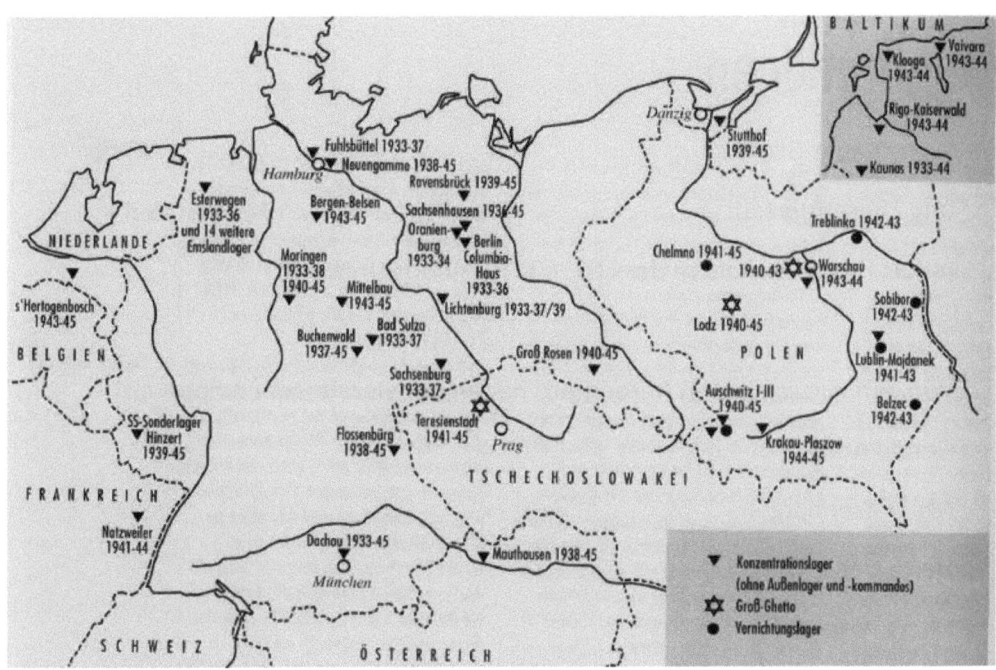

Konzentrationslager und Ghettos unter NS-Herrschaft. Nach: Angaben des Internationalen Suchdienstes des Roten Kreuzes, Arolsen. Nach: Kühn, a.a.O.

wurden deportiert. Werden alle in Elmshorn geborenen, zeitweise oder auch ständig lebten, hinzugezählt, so sind mindestens 43 Personen deportiert worden. (3)

Hiervon verschleppten die Nationalsozialisten nach

Fuhlsbüttel	1
Auschwitz	7
Bergen-Belsen	1
Trawniki (Lublin)	1
Lodz (Litzmannstadt)	2

Minsk	6
Riga	6
Warschauer Ghetto	1
und Theresienstadt	17 Juden.

Albert Hirsch nahm sich das Leben in Hamburg-Ohlsdorf.

Von den verschleppten Mitbürgern haben nur vier Personen überlebt:

Gerald Adler

Max Hasenberg

Herta Helischkowski und

Minni Petersen.

Die anderen wurden in den verschiedenen Lagern ermordet oder kamen unter den entsetzlichen Bedingungen ums Leben.

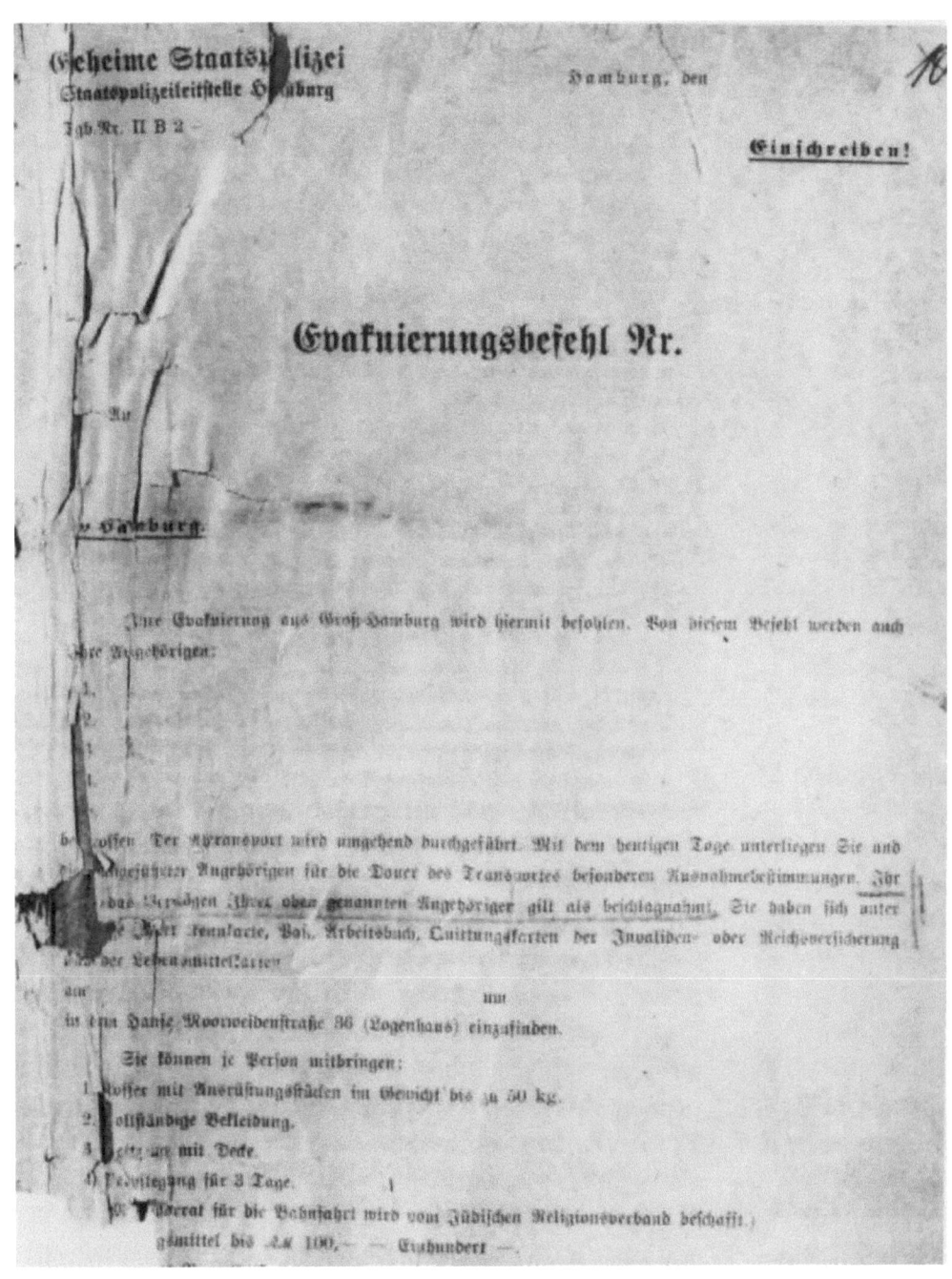

Deportationsbefehl (Evakuierungsbefehl). Aus: Bauche, a.a.O.

1) Platz an der Moorweide, Hamburg. Hier wurden die Juden vor der Deportation gesammelt. 2) Platz der Deportationen an der Moorweide, Hamburg. Fotos: Harald Kirschninck

Provinzialloge für Niedersachsen. Logengebäude am Dammtorbahnhof an der Moorweide, Hamburg. Foto: Harald Kirschninck

Der erste Transport ging am 25. Oktober 1941 von Hamburg nach Litzmannstadt (Lodz). Hierzu gehörten auch die beiden ehemaligen Elmshorner, Änne und Julius Rosenberg. (4) Der Vorsitzende der Jüdischen Gemeinde Hamburg, Dr. Max Plaut, hatte über diesen Transport einen Bericht erfasst:

„Die Betreffenden erhielten durch die Gestapo per Einschreibebrief einen „Evakuierungsbefehl", in dem ihnen mitgeteilt wurde, dass sie sich einen Tag vor

Abtransport im Gebäude der „Provinzialloge für Niedersachsen",
Moorweidenstraße, einfinden sollten. Wörtlich hieß es:

*„Ihre Evakuierung nach Litzmannstadt ist angeordnet. Ihr Vermögen wird mit
sofortiger Wirkung beschlagnahmt, jede Verfügung über Vermögen wird bestraft."*

Es folgten genaue Anweisungen über Mitnahme von Reisegepäck, Wegzehrung und
Taschengeld. 50 Kg Gepäck (Wäsche, Kleidung und Decken), Mundvorrat für 2 Tage
wurden erlaubt. Die Transportteilnehmer hatten außerdem ein mit-gesandtes
Vermögensverzeichnis auszufüllen und mit dem übrigen Bargeld im
Versammlungslokal abzuliefern. Nach Verlassen der Wohnung mussten die
Schlüssel auf dem zuständigen Polizeirevier abgeliefert werden. Die Wohnungen
wurden zunächst polizeilich versiegelt. Auf Grund der Beschlagnahmeverfügung zog
später der Oberfinanzpräsident das Eigentum der evakuierten Juden zugunsten des
Reiches ein (...)

In dem Logengebäude wurden die Transportteilnehmer von Beamten der Gestapo
abgefertigt: Gepäckkontrolle, Geldabnahme (auch des Taschengeldes), Abnahme
der Vermögensverzeichnisse usw. (...)

Die Beamten der Gestapo hatten die Anweisung, die Juden anständig zu behandeln
und von jeder Schikane abzusehen. Trotzdem kam es gelegentlich zu hässlichen
Entgleisungen (...)

Anderntags erfolgte der Abtransport mit Lastautos zum Hannoverschen Bahnhof,
der für alle Deportierungen zuständig bleiben sollte. Ein großes Aufgebot von
Gestapobeamten, aber auch von Helfern der jüdischen Gemeinde, war zur Stelle.
Reichlich Lebensmittel und Medikamente waren ebenso wie Decken eingebracht.
Als Begleitpersonal fuhren ein Leutnant und 15 Mann Schutzpolizei in Uniform mit
(...)

Die Vorschriften blieben für alle folgenden Transporte die gleichen, auch die
Modalitäten der Abfertigung. Die Versammlungslokale wechselten. Neben der Loge
in der Moorweidenstraße waren noch eine Schule am Sternschanzenbahnhof und
das jüdische Gemeinschaftshaus, Hartungstraße (Auschwitztransport),
Sammelpunkte. Ältere Leute, Kriegsversehrte, Insassen von Alters- und

Pflegeheimen sowie das dazugehörige Personal wurden grundsätzlich nach dem KZ Theresienstadt deportiert. Die Formalitäten wurden hier anders gefasst, die Prinzipien blieben immer die gleichen (...)" (5)

Frau Wecker, die zu den Helfern der jüdischen Gemeinde in Hamburg gehörte, berichtete darüber, wie die zu deportierenden Juden im Logenhaus am Dammtor-Bahnhof übernachten mussten. Wegen der großen Kälte im Dezember rissen die Menschen den Parkettboden auf und verheizten das Holz. Die hygienischen Verhältnisse waren katastrophal. Es kam soweit, dass die Toiletten überliefen und mit Essenskannen, die man eiligst aus der Hartungstraße herbeiholte, ausgeschöpft werden mussten. Die Helfer der jüdischen Gemeinde hatten bei den ersten Transporten noch keine Ahnung, welches Ziel die Deportationen hatten und was mit den Menschen geschehen sollte. (6)

Heinz Rosenberg schilderte ebenfalls den Verlauf einer Deportation aus Hamburg. Über die Abfertigung in der Loge an der Moorweidenstraße schrieb er:

„ Am 7. November 1941 erhielten wir folgenden Brief:

„Der Jude Fritz Alexander Israel Rosenberg, seine Frau Else Sara, sein Sohn Heinz Ludwig Israel und seine Tochter, Irmgard Sara, haben sich am 8. November zwischen 10 und 12 Uhr in der früheren Jüdischen Loge in der Moorweidenstraße einzufinden. Der Wohnungsschlüssel ist vor Verlassen auf der nächsten Polizeistation abzugeben. Die Wohnung und ihr Inhalt darf nicht verkauft oder beschädigt werden. Sie sind in gutem Zustand zu hinterlassen. Jedes Mitglied der Familie kann einen Koffer mitnehmen, der 50 Pfund Kleidung, Bettwäsche und Schuhe enthalten darf. Alles Eigentum, Konten, Bargeld und Wertgegenstände sind hiermit beschlagnahmt.

gez. Das SS Kommando von Hamburg. Die Stadt Hamburg."

Am nächsten Morgen, am 8. November 1941, brachte mein Vater unseren Hausschlüssel zur Polizeistation, und als er zurückkam, erzählte er uns, dass schon Hunderte von Juden vor ihm dort gewesen seien. Das wenigstens war ein klein bisschen Hoffnung: Wir würden nicht allein sein. Wir verließen die Hansastr. 40 um zehn Uhr, warfen noch einen Blick auf das, was wir nie wiedersehen würden.

Als wir uns in der alten Loge an der Moorweidenstraße meldeten, wurden unsere Koffer zuerst von Mitgliedern des Judenrates und der Gestapo untersucht und dann in einem Lagerraum abgestellt. Dann mussten wir uns nach den Anfangsbuchstaben unserer Namen entweder rechts oder links aufreihen. Es standen vier Tische an jeder Seite und dahinter jeweils ein Mitglied des Judenrates und ein Gestapo- oder SS-Mann.

Am Tisch Nr. 1 musste man seinen Namen angeben, Geburtsdatum und Adresse. daraufhin wurde eine Karte aus der Kartei genommen, und der SS-Mann strich den Namen auf einer langen Liste durch. Am nächsten Tisch musste man seine Kennkarte abgeben und folgendes Dokument unterzeichnen:

„Ich, der unterzeichnete Jude, bestätige hiermit, ein Feind der Deutschen Regierung zu sein und als solcher kein Anrecht auf das von mir zurückgelassene Eigentum, auf Möbel, Wertgegenstände, Konten oder Bargeld zu haben. Meine deutsche Staatsbürgerschaft ist hiermit aufgehoben, und ich bin vom 8. November 1941 ab staatenlos."

Sobald das Dokument unterschrieben war, legte der SS- oder Gestapomann es in die alte Kennkarte. Man wurde zum nächsten Tisch weitergeschoben, um dort alle Taschen auszuleeren und Brieftasche oder Geld in einen großen Papierkorb zu werfen sowie jede Art von Briefen zu zerreißen, die man bei sich hatte. Der vierte Tisch war für die Einsammlung von Gold, Silber oder Juwelen bestimmt. Die Gestapo hatte augenscheinlich vergessen, dass die Juden schon 1939 alle Wertsachen hatten abgeben müssen (...)" (7)

Kontrolle von persönlichen Sachen von Juden kurz vor der Deportation, November 1941, Turnhalle ehem. Kampstrasse 62 der ehem. Jüdischen Schule in Hamburg; Zeichnung der Augenzeugin Wecker. Aus: Stätten jüdischen Lebens und Leidens, a.a.O.

Oben: Ehemaliges jüdisches Gemeinschaftshaus in der Hartungstrasse. Harald Kirschninck

Unten: Der Hannöversche Bahnhof diente als Deportationsbahnhof für fast alle Transporte aus Hamburg. Aus: Bauche, a.a.O.

Die Tarnung wurde auch in den *„Richtlinien zur technischen Durchführung der Evakuierung von Juden nach Ostland"* aufrechterhalten:

„Nach den „Richtlinien (...)" hatte die jeweilige Evakuierungsdienststelle (Stapostelle) die zu evakuierenden Juden zu erfassen, sie zu konzentrieren, für ihren Abtransport mit einem Sonderzug zu sorgen sowie die vermögensrechtlichen Angelegenheiten zu regeln. Dem zu evakuierenden Personenkreis gehörten alle Juden an, mit Ausnahme von:

a) Juden ausländischer Staatsangehörigkeit (nicht ausgenommen jedoch staatenlose, polnische, luxemburgische und sowjetrussische Staatsangehörige),

b) in deutsch-jüdischer Mischehe lebenden Juden,

c) in geschlossenem Arbeitseinsatz stehenden Juden samt Familie, falls das zuständige Rüstungskommando und Arbeitsamt der Evakuierung nicht zustimmten,

d) Juden über 60 Jahre.

Weiter bestimmten die Richtlinien, welche Gegenstände mitgenommen werden mussten. Außer 50,- RM pro Person und einem Koffer mit Ausrüstungsgegenständen (Höchstgewicht 50 Kg) mussten vollständige Bekleidung, Bettzeug mit Decke sowie Verpflegung für 14 Tage bis 3 Wochen einschließlich Essgeschirr mitgenommen werden. Nach Möglichkeit sollten die Transporte zusätzlich noch Bauwerkzeug, Äxte, Hacken, Schaufeln, Öfen, Matratzen, Eimer, Schüsseln usw. mitführen. Ebenfalls waren, falls vorhanden, jüdische Ärzte und Sanitäter mit Sanitätsmaterial jedem Transport zuzuteilen (...)" (8)

Die von diesen Richtlinien ausgeschlossenen Juden wurden in den „Richtlinien zur technischen Durchführung der Evakuierung in das Altersgetto Theresienstadt" erfasst. (9)

Von diesem Schulgelände aus
wurden über 1500 jüdische Männer,
Frauen und Kinder am 15. und 19. 7. 1942
nach Theresienstadt (Terézin) deportiert.

Fast alle sind in den Vernichtungslagern
umgebracht worden.

Die Bilder zeigen die Volksschule an der Sternschanze in Hamburg. Von hier gingen die Transporte nach Theresienstadt. Fotos: Harald Kirschninck

Zu den älteren Leuten gehörte auch die 69-jährige Henriette Lippstadt, die Mutter von Anna Lötje. Sie wurde am 15.Juli 1942 nach Theresienstadt deportiert. (10)

Im Altersheim auf dem Sandberg lebte der 61jährige Karl Löwenstein. Er war ein Pflegefall. Am 1. Dezember 1941 wurde er verhaftet und nach Kiel *„zur Verfügung der Gestapo"* überstellt. (11) Karl Löwenstein ist mit dem Kieler Transport am 7. Dezember 1941 nach Riga deportiert worden. Von diesem Transport gibt es einen überlebenden Augenzeugen, den Juden H. aus Kiel. Dieser berichtete darüber Folgendes:

„Ich erinnere mich daran, dass die Rede davon war, wir sollten Handwerkszeuge mitnehmen. Ich hatte den Beruf des Maschinenbauers erlernt und war im Besitze von Präzisionswerkzeugen. Diese Werkzeuge hatte ich auch mitgenommen und hatte sie in meinem Gepäck. Ich kann heute nicht mehr sagen, ob und in welcher Höhe unser Handgepäck gewichtsmäßig beschränkt war. Ich meine, dass jeder von uns etwa zwei Koffer, Rucksack und Bettzeug mithatte. Dieses Gepäck ist dann im Rathauskeller von den Angehörigen der Gestapo durchsucht worden. Wir hatten uns am 4. Dezember im Rathaus einfinden müssen und am frühen Morgen des 7.12.1941 gegen 03.15 Uhr begann unser Abtransport. Wenn ich recht erinnere, wurde mit einem LKW. zuerst unser Gepäck zum Bahnhof gefahren. Ich erinnere, dass es ein Polizei-LKW war. Mit diesem Gepäck fuhren einige Leute von uns, die das Verladen besorgten. Anschließend wurde unsere gut 50 Mann starke Gruppe mit dem LKW zum Bahnhof gefahren, ich weiß allerdings nicht mehr, ob das in einer Fuhre durchgeführt wurde. Wir kamen in einen Personenwagen, der auf dem Gleis außerhalb des Hauptbahnhofes an der Wasserseite stand (...)

An unseren Personenwagen angehängt war ein Waggon, in dem sich unser Gepäck befand. Wir hatten strenge Anweisungen bekommen, nicht den Kopf aus dem Fenster zu stecken. Ich möchte noch erwähnen, dass es aus Platzmangel gar nicht möglich gewesen wäre, unser umfangreiches Gepäck mit in dem Personenwagen unterzubringen. Wie ich schon in der ersten Vernehmung erwähnt habe, fuhren wir von Kiel über Neumünster nach Bad Oldesloe. Dort wurde der Zug richtig zusammengestellt, d.h. es kamen einige Wagen aus Lübeck dazu, die zusammen mit unserem an den schon dort stehenden Hamburger Zug angekoppelt wurden. Am

Morgen des 9.12.1941 wurde der Transport auf dem Bahnhof von Skirotowa bei Riga ausgeladen (...)" (12)

In einer weiteren Vernehmung sagte H. aus:

„ (...) Zu dem Kieler Transport möchte ich noch auf Frage erwähnen, dass ich von den 54 dieses Transportes heute noch als einzigster lebe. Die meisten dieses Transportes sollen bei Selektionen in Riga ausgesondert und vom Lager Jungfernhof aus in das angebliche Lager Dünamünde verbracht worden sein. Sie sollten angeblich dort in der Fischkonservenfabrik zur Arbeit eingesetzt worden sein. Wie ich aber damals hörte, sollen diese Selektierten alle getötet worden sein (...)

Ich habe aus Unterhaltungen mit Letten aus Riga und Umgebung zu erfahren versucht, wo Dünamünde liegt und wieweit es von Riga entfernt lag und was dort für Fabriken seien. Die Antwort war in jedem Fall einstimmig, dass es dort lediglich einige Fischerhütten geben würde und von Fabriken keine Rede sein könnte. Daraus entnahm ich damals, dass der Arbeitseinsatz in Dünamünde lediglich ein Vorwand war und die dorthin verbrachten Juden beseitigt werden sollten." (13)

Von Karl Löwenstein aus Elmshorn, der mit diesem Transport deportiert wurde, hat man nie wieder etwas gehört. Nach Aussagen von H. wurden die Waggons aus Kiel und Lübeck an den Hamburger Deportationszug angehängt. Mit diesem Zug sollte auch der ehemalige Vorsteher der jüdischen Gemeinde in Elmshorn und ehemalige Besitzer der Konservenfabrik am Gerlingsweg, Albert Hirsch (14), deportiert werden. Er hatte Ende November 1941 den Deportationsbefehl bekommen. Albert Hirsch zog den Freitod vor und erhängte sich am 1. Dezember 1941 in einem Raum des jüdischen Friedhofs Ohlsdorf in Hamburg. (15)

Hierüber erschien auch eine kleine Notiz in den „Elmshorner Nachrichten":

„Freiwillig aus dem Leben geschieden ist der frühere Besitzer der Holsteinischen Konservenfabrik H. Man fand ihn in einem Toilettenraum auf dem Ohlsdorfer Friedhof erhängt auf." (16)

Die Deportationen und Konzentrationslager haben nur vier von 43 deportierten Elmshorner Juden überlebt. (17)

Der Aufwand mit den Deportationen konnte nicht geheim gehalten werden. Wer sich Anfang Dezember 1941 in Hamburg am Dammtor-Bahnhof aufgehalten hatte, dem fielen natürlich die zusammengetriebenen, durch Wachposten bewachten Menschen mit ihren Koffern und sonstigen Habseligkeiten auf der Moorweide auf.

Um „Gerüchten" vorzubeugen, die beim Verschwinden von Nachbarn und Bekannten jüdischen Glaubens auftraten, wurden in den Zeitungen Berichte über die Ziele der Deportationen veröffentlicht. So schrieben die „Elmshorner Nachrichten":

„Eine Judenstadt im Protektorat. Im Verordnungsblatt des Reichsprotektors ist eine Verordnung erschienen, durch die die Zusammenfassung der Juden des Protektorats in geschlossener Siedlung geregelt wird. Seit einigen Monaten gehen bereits Transporte nach einer hierfür bestimmten Stadt, und es ist bisher gelungen, einen gewissen Prozentsatz von Juden getrennt von der ortsansässigen arischen Bevölkerung unterzubringen. Da bei weiteren Transporten dies allerdings nicht mehr möglich ist, musste zur Umsiedlung der arischen Bevölkerung geschritten werden. Die Verordnung gewährleistet eine möglichst freie Wahl des künftigen Aufenthaltsortes der arischen Bevölkerung, den Ersatz, der sich aus der Umsiedlung etwa ergebenden Schäden und den ordnungsmäßigen Verlauf der ganzen Aktion. Eine geschlossene Ansiedlung der Juden ist schon deshalb im Protektorat unbedingt notwendig, weil das freie Zusammenleben von den Juden zur Bildung von Zersetzungs- und Unruheherden sowie von Zentren der Flüsterpropaganda ausgenutzt wurde." (17)

Am 1. April 1940 berichteten die „Elmshorner Nachrichten" in einem Artikel über das Ghetto Lublin, in dem sie zu dem Schluss kommen, „ die deutsche Ordnung gäbe hier den Juden eine einzigartige Chance." (18)

Man beachte hierbei auch das Datum! Es wird sich zum 1. April um eine Verhöhnung der Opfer gehandelt haben.

Letzte Reihe: Fünfter v. links: Albert Hirsch. Foto: Heinz Hirsch.
Privatarchiv Harald Kirschninck

Gertrud und Albert Hirsch. Foto: Heinz Hirsch. Privatarchiv Harald
Kirschninck

Abschrift.

Geheime Staatspolizei. Kiel,den 15.Nov.1941.
Staatspolizeileitstelle Kiel.
B.Nr.II B 5 -5350/41.

Abschrift.

An den
Herrn Landrat
in Pinneberg.

Betr.: Evakuierung von Juden.
Vorg.: Meine Rdvf.Nr.1 II B 5 - 535/41 v.25.10.41.
Anl. : 2

Als Anlagen übersende ich 2 Vordrucke über Vermögenserklärung
für Juden mit der Bitte, sie den für die Evakuierung vorgesehenen Juden Albert Israel Hirsch und Karl Israel Löwenstein
in Elmshorn mit der Anweisung auszuhändigen, sie xxxxxxxxxx
umgehend gewissenhaft und gut leserlich auszufüllen, wenn
möglich mit -Schreibmaschine. Sachen, die mitgenommen werden,
sind nicht einzutragen. Für die Mitnahme sind je Person zugelassen:
1. Ein Koffer mit Ausrüstungsstücken im Gewicht bis zu 50 kg.
2. Vollständige Bekleidung, möglichst festes Schuhwerk.
3. Bettzeug mit Decke.
4. Verpflegung für 14 Tg.bis 3 Wochen.
5. Bargeld bis zu RM 50,-.

Von der Mitnahme sind ausgeschlossen Wertpapiere, Devisen,
Sparkassenbücher, Wertsachen jeder Art mit Ausnahme des Eherin-
ges, lebendes Inventar. Das Vermögen der für die Evakuierung
vorgesehen Juden ist rückwirkend ab 15.10.41 beschlagnahmt.

Den für die Mitnahme vorgesehenen Barbetrag von RM 50,- bitte
ich, falls vorhanden, einzuziehen und zusammen mit den ausgefüllten Vordrucken bis zum 20.11.41 nach hier einzusenden.
Den Termin des Abtransportes werde ich noch bekannt geben.
Vorsorglich bitte ich, den Betrag für die Eisenbahnfahrt vom
Wohnort der Betroffenen bis nach Kiel von deren Vermögen sicher
zu stellen.

                    I.A.   Beglaubigt:
                  gez.Barnekow.   gez.Wiese,
                                           Kanzleiangestellte.

F.d.R.d.A.

Vermögenserklärung als Anhang zum Deportationsbefehl von der Gestapo
für Albert Hirsch und Karl Löwenstein. Bundesarchiv Koblenz, Z 42 III/3214
Aus: Paul/Carlebach: Menora und Hakenkreuz, a.a.O., S. 512

Israelitischen Kalender von 1926/27. Inserat Kal.SH 5687, S. 68.

Wohnhaus der Familie Hirsch in der Lornsenstrasse 35. Foto: Heinz Hirsch. ©Privatarchiv Kirschninck.

Ehem. Fabrik Hirsch im Gerlingweg 13. Aufn. Von Sartorti. O. J. http://www.spurensuche-kreis-pinneberg.de/spur/zwangsarbeiterlager-lager-wilhelm-bull-gerlingweg-13/

Konservenfabrik Hirsch. Bild von Heinz Hirsch. ©Privatarchiv Kirschninck

Konservenfabrik Hirsch. Bild von Heinz Hirsch. ©Privatarchiv Kirschninck

Albert Hirsch war der Besitzer der Konservenfabrik Hirsch am Gerlingsweg. Mit Beginn des Nationalsozialismus begannen auch der Niedergang der Fabrik und die schweren Jahre für die Familie Hirsch. Seit Juni 1935 durfte auf den Geschäftspapieren der Fabrik nicht mehr das Elmshorner Stadtwappen stehen. Dieses wurde in der Beigeordnetensitzung vom 12.6.1935 beschlossen. (19) 1938 wurde die Fabrik schließlich arisiert, d.h. von einem Nationalsozialisten enteignet. Gauwirtschaftsberater Wilhelm Bull, der neue Besitzer verschickte am 1. August 1938 Briefe, in denen er sich der Kundschaft empfahl. Jetzt prangte auf dem Briefkopf auch wieder das Elmshorner Stadtwappen. (20)

Am 28. Juli 1938 wurde in den Elmshorner Nachrichten über die Arisierung der Fabrik berichtet. (21) Die Fabrik wurde später für ca. 65 Zwangsarbeiter aus der Sowjetunion, Lettland, Litauen und Frankreich als Lager genutzt. Verantwortlich für das Lager war die NSDAP Ortsgruppe Altstadt. Die Zwangsarbeiter wurden im Betrieb eingesetzt, der von dem Juden Hirsch übernommen wurde. (22)

Im November 1941 erhielt Albert Hirsch seinen Deportationsbescheid nach Riga. (23) Er begab sich am 1. Dezember 1941 auf den jüdischen Teil des Ohlsdorfer Friedhofs, wo seine Frau Gertrud beerdigt worden war, und wurde dort um 15.30 Uhr aufgefunden.

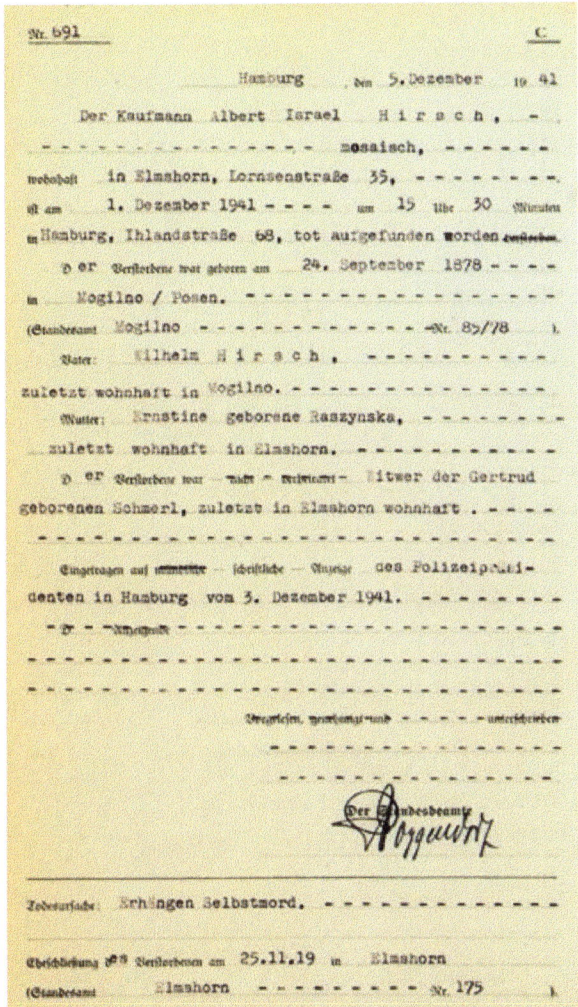

Am 27.April 1942 wurde das Vermögen von Albert Hirsch und dessen nach Peru geflüchteten Stiefsohn Horst Karlick *„wegen volks- und staatsfeindlichen Bestrebungen des von Abschiebung erfassten Juden Hirsch"* eingezogen. (24)

Über die Schicksale weiterer ausgewanderter und deportierten Elmshorner Juden vergleiche die Bücher von Harald Kirschninck in der Bibliografie.

Regierungspräsident Schleswig, 27.April 1942 J.Nr. IPP.6318
(Kiel) 8.3.

An den
Herrn Oberfinanzpräsidenten

in Kiel

2 Anl.
(Aktenstücke)

Abschrift

uf Grund des Gesetzes über die Einziehung kommunistischen Vermögens
om 26.5.1933 - RGBl.I S.293 - in Verbindung mit der Durchfüh-
ungsverordnung des Preuss.Ministers des Innern vom 31.5.33 - GSS.207-
nd mit dem Gesetz über die Einziehung. volks- und staatsfeindlichen
ermögens vom 14.7.33 (RGBl.I S.479) werden die nachstehend aufgeführ-
en und die übrigen noch nicht bekannten Vermögenswerte im Deutschen
eiche des am 1.12.41 verstorbenen Juden Albert Israel Hirsch, geb.
4.9.78 in Mogilno, RD., wohnhaft gewesen in Elmshorn, Lornsenstraße
5, nämlich:

```
1 Wohnhaus mit Ingut in Elmshorn, Lornsenstr.35  =        13 300 M
1     "      in Königsberg, Otto Reinkestr.14    =         5 400 M
Wertpapiere bei der Kommerzbank Elmshorn         =        50231,25 M
2 Hypothekenbriefe nebst aufgelaufenen Zinsen
für den Juden Horst Erwin Karlick in Lima (Peru),
und zwar:                                        =        14 500 M
1 : 2500 GM eingetragen im Grundbuch von
    Elmshorn Bd.117 Bl.4324 in Abt.III,Nr.17,
    Eigentümer des Grundstücks Max Engelbrecht
    in Elmshorn, Schillerstraße 8
1 : 12000 GM eingetragen im Grundbuch von Eckholt
    Bd.II Bl.35 A in Abt.III Nr.2, Eigentümer
    des Grundstücks Ehefrau Martha Kröger, geb.
    Kimmerle, Franzosenhof bei Elmshorn
```

eschlagnahmt und unter Bestätigung der staatspolizeilichen Beschlag-
ahme der Stapo Kiel vom 15.10.41 gemäß Erlaß des Führers und Reichs-
anzlers über die Verwertung des eingezogenen Vermögens von Reichsfein-
en vom 29.5.41 (RGBl.I S.303) zugunsten des Deutschen Reiches einge-
ogen.
Der Reichsminister des Innern hat festgestellt, daß die Bestrebungen
es von der Abschiebung erfaßten Juden Hirsch in Elmshorn volks- und
staatsfeindlich gewesen sind.
Dies wird nach § 6 des Gesetzes vom 26.5.33 (RGBl.I S.293) öffentlich
bekannt gemacht.

Schleswig, den 27.April 1942
Der Regierungspräsident
Im Auftrage
gez. Unterschrift

IPP.6318 (Kiel) 8.3.

Beglaubigt
Wiech
Reichsangestellte

Schreiben des Regierungspräsidenten in Schleswig an den
Oberfinanzpräsidenten in Kiel vom 27.4.1942 aus: Paul/Carlebach:
Menora und Hakenkreuz. a.a.O. S. 512

Meine Innigstgeliebten daheim!

Heute sollt Ihr Lieben mal etwas ausführlicher von Euer[m]
Vater hören, was sich so im Laufe der Tage, die nun verstri[chen]
sind, zugetragen hat. Über meinen Arbeitsbereich darf i[ch]
Euch so viel wie garnichts berichten. Vorerst danke ich f[ür]
die Papiere, welche ich heute abend erhalten habe.
Also liebe Anne und Ihr 3 lieben Sterne, es geht hier
sehr militärisch zu, die Lagerführung untersteht der
Wehrmacht (Luftwaffe). Es wird Sonntags wie Alltags
von 6 Uhr früh bis abends 6 Uhr gearbeitet, dann gibts
auch noch Appelle u. 2 mal in der Woche Kino* Dorthin
geht es geschlossen u. darf sich keiner ausschließen.
Ihr Lieben seht schon, es bleibt nicht viel Zeit zum
Luftholen. Die Verpflegung ist gut, nur zu wenig für
den langen Tag, das soll aber dann nicht heißen
daß Du liebe Anna mir etwas schicken sollst, es wäre
schade drum, es kommt so gut wie garnicht über,
das viele Bahnstrecken um Magdeburg herum ge=
sperrt sind, deshalb geht die Post ja auch so lange.
Vielleicht bist Du mein Herzchen so gut, und fragst
mal bei Ibia an, ob Sie wohl ein paar Reisebrotmarken
für Ihren Bruder übrig hat. Kartoffeln gibt es auch
sehr wenig, und wenn man den ganzen Tag im
Freien arbeitet, da gibts Appetit. Raucherkarten bek[ommen]
wir vorläufig auch nicht, wenn wir überhaupt noch
bekommen; aber das ist auch ja nicht wichtig, nur ich
könnte mir allerlei dafür eintauschen. Hier sind Leute
die für 1 Zigarette 5 Rth. geben und für 1 Brot 120 Rth.
* Dazu kommt noch Stubendienst und Essenholen. ∨

Wir sind hier mit 600 Berliner Mischlingen und
jüdisch versippten, so wie ich es bin, darunter sind
Ärzte, Rechtsanwälte, Zahntechniker und Großkaufleute
mit einem Wort alles vertreten. Mit Herrn Petersen
aus Glückstadt du weißt doch Meine Herz Mann, bin ich
hier zusammen, ein sehr gebildeter Mensch.
So könnte ich Dir noch vieles schildern, aber leider
muß ich davon absehen - einen Brief in der Woche
dürfen wir nur schreiben.
Und nun zu Euch meine Innigstgeliebten in dem
Herrn: Wie geht es Euch denn so ohne den Vati?
Ich bin ein bißchen in Sorge um Dich mein Liebster
Du weißt doch warum? nicht wahr? Der Herr möge
geben, daß dieses schreckliche Völkerabschlachten bald
ein Ende nehme, und wir in friedliche Tagearbeit
wieder unser Leben führen können.
Habt Ihr die Fahrraddecken schon geholt, und ehe ich
es vergesse, geht doch mal zu Bullemann wegen der
Portmonaie und der Federhaltertasche, wenn er das gemacht hat, hatte ich Ihm ein paar Zigaretten versprochen. Und wegen dem Gondelkoks mußt du wohl
mal selber mit dem anderen Kohlenhändler sprech
damit es nicht in Vergessenheit gerät.
Dann zu den Hühnern; möchte Dich doch bitten,
keine von den Italienern zu schlachten, denn ich
glaube nicht, daß das eine braune Kücken so gut legen
wird. Wenn ich Dir sonst einen Rat erteilen kann
so bitte ich mir das wissen zu lassen, mein lb. Kind
Indem ich nochfür alle aufopfernde Liebe, die Du mir
bisher erwiesen hast, danke, bin + bleibe ich Dein tr.
Grüße recht herzl. die 3 Sterne + gibt jeder einen 5 Minutenkuß. Vati

Nachdem die Nationalsozialisten die sogenannten „Volljuden" und „Dreivierteljuden" vertrieben, deportiert und getötet haben, gingen sie gegen Ende des Krieges gegen die „Halbjuden" und „jüdisch-versippten" vor. Jüdisch-Versippte wurden Angehörige genannt, die mit Juden verheiratet waren. In diesen Fällen versuchte man wegen der christlichen Verwandtschaft die Paare zur Trennung zu zwingen, was auch viele taten. Bei den Paaren, die zusammenblieben, und den Drohungen widerstanden, waren die jüdischen Partner zunächst noch geschützt. Bei einer Trennung wurden sie deportiert. Gegen Kriegsende verschleppte man die christlichen Partner in Lager der in Rüstungsbetriebe „Organisation Todt". So erging es auch dem Ehemann der Elmshorner Jüdin Anna Lötje, Oskar Lötje.

Die Kriegsjahre 1941 – 1943 Dem Untergang entgegen

Japan erklärt Krieg an England und USA!

EN vom 8.12.1941

3 Völker gemeinsam in Krieg und Sieg!

Kriegszustand Deutschland-USA.

Vier britische Schiffe mit 27 700 BRT versenkt.

EN vom
12.12.1941

Das Heeres-Oberkommando vom Führer übernommen.

EN vom
22.12.1941

:: Nochmals Sand für Luftschutzzwecke. Nachdem nun von allen Sandlagerplätzen der Sand restlos verbraucht worden ist, läßt der örtliche Luftschutzleiter in den nächsten Tagen frischen Sand für Luftschutzzwecke anfahren. Jeder Luftschutzwart muß Sorge tragen, daß in seinem Hause genügend Löschsand zur Verfügung steht. In diesem Zusammenhang darf aber auch noch auf eines hingewiesen werden: Das Anfahren von größeren Sandmengen durch den örtlichen Luftschutzleiter ist mit großen Schwierigkeiten und Kosten verbunden. Viele Volksgenossen (Hausbesitzer) sind in der glücklichen Lage, in ihren Gärten in ganz geringer Tiefe selber weißen Sand ausgraben zu können. Diese Hausbesitzer sollen sich im Interesse des Schutzes ihres eigenen Hauses doch selber der Mühe unterziehen und ein größeres Loch auswerfen. Sie können dabei noch anderen Volksgenossen kleinere Sandmengen zur Verfügung stellen und sich somit ohne Kosten selber helfen.

EN vom 11.12.1941

Verordnung des Führers
zum Schutz
der Sammlung von Wintersachen für die Front.

dnb. Eine Verordnung des Führers zum Schutze der Sammlung von Wintersachen für die Front hat folgenden Wortlaut:

Die Sammlung von Wintersachen für die Front ist ein Opfer des deutschen Volkes für seine Soldaten. Ich bestimme daher:

Wer sich an gesammelten oder vom Verfügungsberechtigten zur Sammlung bestimmten Sachen bereichert oder solche Sachen sonst ihrer Verwendung entzieht, wird mit dem Tode bestraft.

Diese Verordnung tritt mit der Verkündung durch den Rundfunk in Kraft. Sie gilt im Großdeutschen Reich, im Generalgouvernement und in den von deutschen Truppen besetzten Gebieten.

Führerhauptquartier, den 23. Dezember 1941
Der Führer
gez. Adolf Hitler.
Der Reichsminister und Chef der Reichskanzlei
gez. Dr. Lammers.

Wollsachen für unsere Soldaten

Ohrenschützer, Pullover, Wollhemd, Unterhosen, Socken, Strümpfe, Pulswärmer, Handschuhe und Schal. Alle diese Dinge können unsere Soldaten sehr gut gebrauchen. Denkt deshalb an den Aufruf des Führers und beweist den Opfersinn durch zahlreiche Spenden.

(Zeichng. Scherl-Bilderdienst-Zimmermann)

EN vom 24.12.1941

389

Am 5. Januar 1942 schrieben die EN über Himmlers Verlobungs- und Heiratsbefehl bei der SS:

„Am 31. Dezember waren 10 Jahre vergangen, seit der Reichsführer SS den Verlobungs- und Heiratsbefehl für die Schutzstaffel der NSDAP herausgegeben hat. Der Befehl, dessen Ziel die erbgesundheitlich wertvolle Sippe deutscher nordisch bestimmter Art ist, geht davon aus, dass die SS ein nach besonderen Gesichtspunkten ausgewählter Verband deutscher nordisch bestimmter Männer ist. Die Heiratsgenehmigung des Reichsführers SS wird einzig und allein nach rassischen und erbgesundheitlichen Gesichtspunkten erteilt oder verweigert. Die Bearbeitung der Heiratsgesuche erfolgt im Sippenamt des Rasse- und Siedlungshauptamtes der SS, das auch das Sippenbuch der SS führt. Mit dem Befehl wurde erstmals dem blutzersetzenden und volkszersetzenden Liberalismus Einhalt geboten, der in erschreckendem Maße die Gattenwahl beherrschte. Wurde der Verlobungs- und Heiratsbefehl in den ersten Jahren auch nicht verstanden und als Eingriff in „private Angelegenheiten" empfunden, so hat er doch, wie die NSK mitteilt, mit den Jahren neben der Verhinderung unerwünschter Ehen eine erzieherische Wirkung ausgeübt. In erfreulichem Maße mehrten sich die Fälle, in denen die SS-Männer ihre Lebensgefährtin mit voller Überzeugung wählen. Sie ließen sich dabei von Beweggründen leiten, die an die Auffassung unserer ältesten Vorfahren erinnern. Geld und gesellschaftliche Tünche verloren immer mehr an Anziehungskraft. Gutes Blut und selbstsichere Haltung seien die Grundlagen. Die Verinnerlichung dieses Denkens schafft auch die seelische Bereitschaft für den Willen zum Kinde. In zahlreichen SS-Ehen sei schon das dritte Kriegskind zur Welt gekommen, und es gebe heute kaum eine SS-Ehe, in der nicht innerhalb eines Jahres nach der Eheschließung das erste Kind geboren ist." (1)

Einen Aufruf zur Abgabe von Skier brachten die EN am 8. Januar.

„Es sei wiederholt, dass alle Skier (von der Länge 1,70m ab) und alle Skistiefel (ab Größe 41) der Front zur Verfügung gestellt werden müssen." Nur im Ausnahmefall sollten dafür Vergütungen gewährt werden. (2)

An Wollsachen vergriffen — zum Tode verurteilt.

DNB. Berlin, 10. Januar. Am 30. Dezember 1941 versuchte der mehrfach vorbestrafte Volksschädling Carl Sachs Wollsachen aus der Sammlung für unsere Soldaten in seinen Besitz zu bringen. Schon am 3. Januar wurde er vom Sondergericht Kassel angeklagt und am 7. Januar auf Grund der Verordnung des Führers zum Tode verurteilt. Das Todesurteil wurde am Morgen des 10. Januar vollstreckt.

Sachs, ein als haltlos und arbeitsscheu bekannter Mann, hatte sich in Fulda als Sammler für Woll- und Wintersachen ausgegeben und auf diese Weise einen Pullover und Pulswärmer an sich gebracht, die für die Sammlung bestimmt waren. Die Pulswärmer verkaufte er für 1,50 RM. und legte das Geld in Alkohol an.

EN vom 10.1.1942

Einstellung in die Waffen-SS
Die Leibstandarte ruft!

Gerade vor einem Jahr sprach der Führer anläßlich der Teilnahme an der Weihnachtsfeier seiner Leibstandarte folgende Worte:

„Was Euer Schicksal ist, meine Männer der Leibstandarte, das weiß ich nicht. Aber das eine weiß ich daß Ihr bei jedem Einsatz in erster Linie beteiligt sein werdet. Solange ich die Ehre habe, an der Spitze des Reiches den Kampf zu leiten, ist es für Euch, die Ihr meinen Namen tragt, eine Ehre, an der Spitze dieses Kampfes zu stehen."

So sprach der Führer. Die Leibstandarte kämpft, Seite an Seite mit den übrigen Divisionen der Waffen-SS und den Heeresverbänden in vorderster Front gegen den Weltfeind. Auf Befehl des Führers wird die Leibstandarte-SS „Adolf Hitler" weiter ausgebaut, sie umfaßt — wie die gesamte Waffen-SS — alle Waffengattungen des Heeres und ist voll motorisiert. Auch jetzt wieder ist bevorzugt die Möglichkeit gegeben, als Freiwillige in der Leibstandarte der Wehrpflicht zu genügen.

Außer der Einstellung in die Leibstandarte-SS „Adolf Hitler" werden auch Freiwillige in die Divisionen der Waffen-SS und SS-Polizei-Division angenommen. Einstellungsbedingungen sind bei den Annahmeuntersuchungen zu erfahren.

Annahmeuntersuchungen finden statt:

am 17. 1., um 9 Uhr in Hamburg, Hamburg-Langenhorn, SS-Kaserne Germania.

am 18. 1., um 9,30 Uhr, in Hamburg, HJ-Heim, Neuer Pferdemarkt.

am 19. 1., um 9 Uhr, in Lübeck, Gaststätte Stadtpark, Travemünder Allee 28.

am 20. 1., um 9 Uhr, in Lüneburg, Hotel Schießgraben, Am Schießgraben.

am 20. 1., um 14,30 Uhr, in Stade, Gaststätte im Goldenen Löwen, Bremervörderstraße 37.

Ergänzungsamt der Waffen-SS — Ergänzungsstelle Nordsee (X) Hamburg 13, Mittelweg 161 (vorübergehend Johnsallee 41) Fernsprecher: Hamburg 44 58 82/83.

EN vom 15.1.1942

Auf sein Scheidungsgesuch erhielt ein Mann vom Reichsgericht eine Absage:

„(…) Die Ehe, die das Reichsgericht zu beurteilen hatte, bestand schon etwa 30 Jahre. Der Mann hatte sich einer anderen Frau zugewendet und begehrte die Scheidung der Ehe nach Paragraph 55 des Ehegesetzes. Das Reichsgericht hat seinem Antrag nicht stattgegeben.

Es entspricht nicht dem sittlichen Wesen der Ehe und ihrer hohen Bedeutung als Grundlage des völkischen Gemeinschaftslebens – so heißt es u.a. in den Entscheidungsgründen - ‚dass, selbst wenn eine Ehe in langjähriger Dauer ihre Aufgabe für die Partner und für die Volksgemeinschaft im Wesentlichen erfüllt hat, die darüber gealterte Frau von dem weniger verbrauchten Mann in eigensüchtiger Weise verstoßen werden könnte, nur weil er sich nunmehr von ihr ab- und einer anderen, vielleicht noch lebenstüchtigeren, zugewandt hat und von dieser nicht lassen will.

Eine Frau, die der Erfüllung ihrer Pflichten als Gattin und Mutter ihre besten Lebensjahre geopfert hat, hat einen sittlichen und rechtlichen Anspruch darauf, dass sie, sofern nicht überwiegende Belange der Volksgemeinschaft das ihr zumutbar erscheinen lassen, nicht in ihren alten Tagen aus ihrer Stellung in der Ehe verdrängt und auf sich allein gestellt, möglicherweise darüber hinaus noch wirtschaftlichen Schwierigkeiten ausgesetzt wird, nur um dem Mann eine zweite Heirat zu ermöglichen.

Dabei ist es für die Versagung der Scheidung keineswegs notwendige Voraussetzung, dass die in der Ehe gealterte Frau darin mehr als ihre volle Pflicht als Gattin und Mutter getan oder sonstige ungewöhnliche Opfer gebracht hat. Einer solchen Frau gegenüber könnten vielmehr nur besondere, für die Belange der Volksgemeinschaft gewichtigere Umstände die Scheidung als sittlich gerechtfertigt erscheinen lassen." (3)

Ende Januar 1942 wurde eine „Raucherkarte" eingeführt. (4)

EN vom 28.1.1942

Die tägliche Abgabenmenge belief sich auf fünf Zigaretten oder eine Zigarre oder zwei Zigarillos. Es durften nicht mehr als 10 Tage vorgegriffen werden. (5)

Der 30. Januar wurde mit allen Ortsgruppen in der Bismarckschule gefeiert. Der Kreisleiter Hans Letje hielt die Festrede. (6)

Reichsjugendführer Artur Axmann kündigte vor jungen Führer und Führerinnen der Hitlerjugend an, dass die Jugendarbeit des Jahres 1942 bestimmt sei durch die Parole „Osteinsatz und Landdienst". Daneben führte die Hitlerjugend ausschließlich Aufgaben durch, die auf die Notwendigkeiten des Krieges gerichtet sind.

Zu den Aufgaben des Kriegseinsatzes gehörte die stärkere Betreuung der Soldaten an der Front und der Hinterbliebenen der Gefallenen. Eine besondere kriegsnotwendige Aufgabe sei die Wehrertüchtigung der Siebzehnjährigen. Ihrer Vorbereitung für den soldatischen Einsatz würden in diesem Jahr die Zeltlager der HJ ausschließlich zur Verfügung stehen. (7)

An der Front in Russland wendete sich langsam das Blatt. Kamen bis hierin die Meldungen für die Bodengewinne und das Vorrücken der deutschen Truppen, änderte sich der Ton langsam in den Zeitungen. Jetzt war zwar immer noch von den hohen Verlusten auf Seiten der Sowjets die Rede, aber diese Verluste wurden durch die Angriffe der Sowjets verursacht. Auf deutscher Seite sprach man jetzt von Abwehrkämpfen. (8)

Am 9. Februar 1942 änderte sich die Ortsgruppenleitung in Elmshorn-Klostersande. Der Ortsgruppenleiter Lorenzen-Schmidt, der für den eingezogenen Ortsgruppenleiter Hans Schlüter die Geschäfte führte, wurde auf eigenen Wunsch von seiner Aufgabe entlassen. Der neue Ortsgruppenleiter hieß jetzt Volckmann. Lorenzen-Schmidt übernahm jetzt die Kreisleitung der NSV des Kreises Pinneberg. (9)

Wochenspruch der NSDAP.

„Wenn ich vom deutschen Volke Opfer und, wenn es notwendig, alle Opfer fordere, dann habe ich dazu ein Recht, denn auch ich bin heute genau so bereit, wie ich es früher war, jedes persönliche Opfer zu bringen." Adolf Hitler.

Vor allem Großen steht das Opfer, hinter dem Opfer steht der Glaube.
Im Glauben an Deutschland opferte sich einst schleswig-holsteinische Jugend bei Bau, stürmten deutsche Freiwillige bei Langemarck. Deutsche Jugend besser Art ließ nicht von ihrem Glauben, mochten in der Zeit des Zusammenbruchs die Opfer noch so vergeblich und sinnlos erscheinen, mochte die Hoffnungslosigkeit wie eine schleichende Seuche immer mehr vom deutschen Volk Besitz ergreifen, mochten immer mehr in Verzweiflung und Bitternis die Frage stellen: Warum die Blutopfer, warum die Entbehrungen, warum das unsägliche Leid! War alles doch umsonst.
Er war nicht umsonst. Heute erfüllen Glaube und Opferbereitschaft das ganze Volk. Vor der Glaubenskraft und der Opferhärte e i n e s Mannes wichen die Hoffnungslosigkeit und Verzweiflung an ihm, dessen ganzes Leben ein einziger Opfergang und steter Kampf für sein Volk ist, entzündete sich von neuem der Glaube des deutschen Volkes diesseits und jenseits seiner Grenzen. Das Warum fand durch ihn und in ihm seine Antwort, die Antwort, die stets auch deutsche Jugend gab und geben wird:
Alles für Deutschland!
Für Deutschland alles!
So lebt er uns vor, so leben deutsche Männer und Frauen ihm nach.

EN vom 10.3.1942

Bekenntnis zu Volk, Reich und Führer.

Der Jahrgang 1928 wird am 22. März 1942 verpflichtet.

:—: Am 22. März 1942 begehen hunderttau-
... Jungen und Mädel des Jahrganges 1928 die
Verpflichtung der Jugend".

Unwillkürlich geht unser Blick um 10 Jahre
... nämlich auf das Jahr 1932 — zurück und wird
... an das, was damals unsere 14jährigen
... gen und Mädel erwartete. Für die meisten
... es damals wie heute, daß das, was in der
... als Grundlage geschaffen wurde, nun im
... Verwendung finden sollte. Aber damals
... die Lehrstellen und für viele war das Ende
... Schulzeit gleichbedeutend mit dem Beginn der
... leitslosigkeit. Zum arbeitslosen Vater und den
... schwistern kam nun noch der arbeitslose Sohn
... die Tochter hinzu. Grau war die Zukunft
... ein drückendes Gefühl war in manchem Eltern-
... bei dem Gedanken an die Schulentlassung des
...des.

Nun liegt das Jahr 1932 zehn Jahre hinter
... und die meisten der nun zur Schulentlassung
... menden Jungen und Mädel können wohl nicht
... ermessen, was es heißt, arbeitslos zu sein —
... Hoffnung, keinen Glauben und damit keine
... zu haben.

Damals, vor zehn Jahren, kamen dann die
... teien und Verbände und versuchten, sich ihre
... aus dieser Jugend herauszuholen und ihre
... in diese jungen Menschen hineinzubringen.

Und heute? Alle Jungen und Mädel dieses
... ganges 1928 tragen als Pimpfe und Jung-
... das Kleid der Bewegung und sind

stolz darauf, daß die Organisation der Jugend den
Namen des Führers trägt.

Am 22. März 1942 werden nun diese Jungen
und Mädchen die Verpflichtung der Jugend begehen, werden sich mit Körper, Seele und Geist dem
Führer verpflichten.

Ein Glaubensbekenntnis legt nun in
jedem Jahr der Jahrgang der 14jährigen ab, wie
es mit der Hingabe und Gläubigkeit seine Jugend
abgelegt hat. Keine Klassen und Konfessionen kennen diese Jugend, sondern nur Liebe und Treue
zum Führer und zum Reich. Und mit dem Bekenntnis zum Reich legt diese Jugend auch das Bekenntnis ab zur Arbeit, zum Mitschaffen für den
großen Freiheitskampf Deutschlands und Europas.

In diesem Jahr soll die „Verpflichtung der Jugend" noch viel stärker als große Bekenntnisfeier
der Jugend ausgestaltet werden und bereits jetzt ist
die Partei und die Hitler-Jugend dabei,
alle Vorbereitungen für diesen Feiertag des Jahrganges 1928 zu treffen. Und mehr noch als bisher
wird dieser Tag auch im Kreise des Elternhauses
und der Verwandtschaft festlich begangen werden.
Wenn früher die Jugendweihe der Dissidenten oder
die Feiern der Konfessionen den neuen Lebensab-
schnitt bestimmten, so steht heute dem gegenüber die
„Verpflichtung der Jugend" als Feier, von der ohne
Ausnahme jeder Junge und jedes Mädel erfaßt
wird. Diese Jugend weiß, daß die Arbeit für dieses Reich zugleich Gottesdienst ist und jeder glücklich sein darf, der in dieser großen Zeit leben und
schaffen kann.   Bruno Kielmann.

EN vom 6.3.1942

Der Reichsluftschutzbund antwortete am 18. März auf die Frage, wie man sich als
LKW-Fernfahrer verhalten sollte, wenn man auf der Landstraße von einem
Luftalarm überrascht werden würde.

*„ Wenn man außerhalb von Ortschaften feststellt, dass in der Umgebung
Fliegeralarm gegeben worden ist, dann muss man unverzüglich die
Fahrbahnbeleuchtung auf die Tarngeräte beschränken. Bei unmittelbar drohenden
Luftangriffen, wenn man etwa die feindlichen Flugzeuge schon hört oder sieht,
wenn das Feuer der Flak vernehmbar näher kommt, oder Leuchtfallschirme am
Himmel stehen, dann muss man halten und das Fernlicht, das Abendlicht sowie den*

Tarnscheinwerfer ausschalten. Das Kraftfahrzeug darf dabei nicht auf Brücken, unter Unterführungen, an Straßenkreuzungen und sonst freizuhaltenden Stellen abgestellt werden . Der Fahrer selbst begibt sich am besten abseits der Straße in Deckung." (10)

Am 22. März fand die Verpflichtung der Jugend, d.h. der Übergang vom Jungvolk und der Jungmädel zur HJ bzw. BDM, im „Holsteinischen Hof" in Elmshorn statt. Ortsgruppenleiter Böge sprach im Namen der Ortsgruppen Fuchsberg und Klostersande. Er sagte u.a.:

„(...) Seid stets eingedenk, dass mit Euch Deutschland sein Lebensrecht weiter erkämpfen und erhalten muss. Die Helden, die Ihren Schwur mit dem Leben eingelöst haben, werden auch Euch die Stärke geben für die heilige Pflicht, die Ihr heute auf Euch nehmt. Eure Arbeit, Euer Streben und, wenn es sein muss, Euer Leben für Deutschland einzusetzen, damit es ewig bestehen bleibt." (11)

Vorher hatte schon die Verpflichtung der Ortsgruppen Altstadt und Langelohe stattgefunden. Redner waren hier Ortsgruppenleiter Hans Letje und Rektor Krüdener. (12)

Auf der Großkundgebung der NSDAP sagte Reichsredner Lothar Bothe im „Holsteinischen Hof" am 26. März:

„(...) Wir haben in der Kampfzeit gelernt. Rücksichtslos zu sein, wenn es um die Interessen unseres Volkes geht. Zum ersten Mal in der Weltgeschichte wird diesmal der Jude, der Kriegstreiber in allen feindlichen Staaten, zahlen müssen. Dieser Krieg wird die Ausrottung des Juden in Europa bringen. (Beifall)" (13)

Die Folgen für die jüdischen Mitmenschen wurden offen angesprochen. Wer nicht blind, taub oder ignorant war, konnte es wissen.

Die Aufnahme der Zehnjährigen in das Jungvolk fand am 19. April in der Aula der Bismarckschule statt. (14) Die Aufnahmefeier für die Jungmädel fand in der Oberschule für Mädchen statt. (15)

Von der Stadt wurden an verschiedenen Stellen auf Plätzen und an Straßenecken Vorräte an Sand abgeladen worden, die für Luftschutzzwecke verwendet werden sollten. Es passierte nun aber, dass Kinder sich diesen Sand an einigen Stellen geholt haben, um ihre Sandkisten damit zu füllen. Das war strengstens verboten. Eltern hafteten für ihre Kinder. (16)

Photographieren verkehrswichtiger Anlagen verboten.

ndj. Im Reichsgesetzblatt ist eine Polizeiverordnung des Reichsinnenministers erschienen, wonach es verboten ist, folgende Gegenstände zu photographieren, zu filmen oder zeichnerisch darzustellen:

a) Eisenbahnen: Gleisanlagen, Bauwerke, Anlagen oder Einrichtungen sonstiger Art und unvollendete Neubaustrecken, Truppen- und militärische Transportzüge.

b) Reichsautobahnen: Reichsautobahnen, Bauwerke, Anlagen oder Einrichtungen sonstiger Art in und an Reichsautobahnen und unvollendeten Neubaustrecken, Truppen- und sonstige militärische Transporte auf Reichsautobahnen.

c) Wasserstraßen, Talsperren und Häfen: Brücken über Reichswasserstraßen, Schleusen und Wehre an Wasserläufen, die dem Schiffsverkehr dienen, Talsperren, Hafenanlagen, Truppen- und sonstige militärische Transporte auf Wasserstraßen und in Hafenanlagen.

Verboten ist das Photographieren oder sonstige Darstellen der bezeichneten Gegenstände sowohl von einem Standpunkt auf diesen Gegenständen oder dem zugehörigen Gelände aus, wie auch von einem außerhalb gelegenen Standpunkt.

Vorsätzliche oder fahrlässige Verstöße gegen all diese Bestimmungen werden mit Geldstrafen bis zu 150 RM. oder Haft bis zu 6 Wochen bedroht, wenn die Tat nicht nach anderen Strafbestimmungen schwerer zu ahnden ist.

* * *

∴ Verbot aller Wertabbildungen. Auf Grund eines jetzt vorliegenden Erlasses ist die Verwendung von Firmenbogen, Besucherkarten, Verpackungsmaterial, Etiketten, Katalogen, Ansichtskarten, Zeitungsinseraten, Reklameartikeln usw., auf oder in denen Wertabbildungen oder -darstellungen jeder Art wiedergegeben sind, mit sofortiger Wirkung verboten. Den Firmen wird anheimgestellt, die Abbildungen oder Darstellungen durch Abschneiden oder Herausnehmen zu entfernen oder durch Überdruck zu verdecken.

EN vom 9.4.1942

Am 9. April 1942 appellierte die Regierung an die Bürger, nur in dringenden Fällen einen Arzt aufzusuchen, da sehr viele Ärzte zum Wehrdienst einberufen waren. (17)

Die Regierung suchte nach Freiwilligen Aus der Hitler-Jugend, um die eroberten Ostgebiete zu besiedeln:

„Das Jahr 1942, vom Reichsjugendführer unter die Ostland-Parole gestellt, dient der bewussten Hinlenkung der jungen Herzen auf die Errichtung eines unüberwindlichen Ostwalles deutschen Volkstums. Deutsche Bauern, Handwerker und sonstige Arbeiter der Stirn und Faust werden in so großer Zahl für die neu eingegliederten Ostgebiete gebraucht, dass auch die selbstverständliche Vorrangstellung der Frontkämpfer den Bedarf nicht decken kann. Es ist daher umso erfreulicher, dass schon jetzt, bei Beginn der systematischen Aufklärung, gerade die Jugend in steigender Zahl für die Besiedlung des Ostens gewonnen wird.

Wie von der zuständigen Dienststelle der Reichsjugendführung mitgeteilt wird, haben sich zu Ostern 1942 wieder Tausende von Jungen und Mädeln freiwillig für den Landdienst der HJ in den eingegliederten Ostgebieten gemeldet. Es ist sogar eine Verdoppelung der Zahl der vierzehn- und fünfzehnjährigen Jungen und Mädel, die sich entschlossen haben, über den HJ-Landdienst Ostlandbauer oder Ostlandbäuerin zu werden, eingetreten." (18)

Wie im letzten Jahr startete auch jetzt die NSDAP der Ortsgruppen Altstadt und Fuchsberg eine Aktion, um durch Umgraben und Bodenbearbeitung neue Anbauflächen in der Stadt zu schaffen. So wurden allein in der Altstadt 30000 qm geschafft. (19)

Reichsminister Hermann Göring ordnete im Mai 1942 für die Kriegszeit eine Erhöhung der Mindestarbeitszeit für Beamte von wöchentlich 56 Stunden an. Die Begrenzung der täglichen Arbeitszeit auf höchstens neun Stunden fiel weg.

„Wie der Soldat an der Front ungeachtet aller Entbehrungen und Gefahren keine Begrenzung seines Dienstes kennt, hat jeder Behördenangehörige seine Dienstgeschäfte täglich so wahrzunehmen, dass keines unerledigt bleibt. Am Sonnabendnachmittag und Sonntag herrscht keine Arbeitsruhe. (...)" (20)

!! **Einsatz auch der Lehrer während der Ferien.** Die Leiter und Lehrer der öffentlichen Schulen können im Kriege Erholungsurlaub nur in dem Umfang erhalten, den die Kriegsverhältnisse erlauben. Der Reichserziehungsminister hat bestimmt, daß der Urlaub, soweit er hiernach möglich ist, während der Schulferien genommen werden muß. In der übrigen Ferienzeit stehen die Leiter und Lehrer der öffentlichen Schulen für die verschiedensten dienstlichen Zwecke zur Verfügung, z. B. für den Luftschutzdienst, den Vertretungsdienst, die Lehrerfortbildung und die Erledigung schulischer Sonderaufgaben. Soweit sie für diese Zwecke nicht in Anspruch genommen werden, bezeichnet es der Minister als erwünscht, und zwar besonders während der Sommerferien, daß die Leiter und Lehrer sich für andere Aufgaben zur Verfügung stellen, vor allem für Kriegshilfsdienste, für Erntehilfe, Urlaubsvertretungen in Kartenstellen usw. Auch ein geschlossener Einsatz von Lehrern für solche Aufgaben kann erfolgen.

EN vom 12.5.1942

Bekanntmachung

Mit Rücksicht auf den unverhältnismäßig hohen Gasverbrauch werden wir ab heute, dem 11. ds. Mts., bis auf weiteres

Gassperrstunden einlegen

und zwar zunächst von **20 Uhr bis 4 Uhr**

Sollte die vorstehende Zeit **nicht genügen**, wird die Gasabgabe auch noch in folgenden **Tagesstunden** gesperrt: 8 bis 10 Uhr, 14 bis 17 Uhr

Damit Unglücksfälle vermieden werden, machen wir darauf aufmerksam, daß Gaskocher und sonstige Gasgeräte stets unter Aufsicht zu halten und die Gashähne der in Betrieb befindlichen Apparate beim Fortbleiben des Gasdrucks sofort zu schließen sind. Insbesondere sind etwaige Stichflammen in Gasapparaten immer zu schließen.

Wir bitten nochmals, den Gasverbrauch auf das notwendigste Maß zu beschränken, damit die Gassperrung bald wieder aufgehoben werden kann

Stadtwerke Elmshorn

EN vom 11.5.1942

Kundgebung der Hitler-Jugend

mit dem **SS-Hauptsturmführer Holzer**,
Träger des Deutschen Kreuzes in Gold

am 18. Mai 1942, 19.30 Uhr, in der Aula der Bismarckschule

Ich lade die Einwohnerschaft hierzu herzlich ein

Der K.-Führer des Bannes Pinneberg (499)
gez. **Hans Möller**, Hauptgefolgschaftsführer

EN vom 15.5.1942

* **Warnung vor Ballonen.** Der Gegner verwendet in der letzten Zeit zu verschiedenen Zwecken, zum Beispiel Abwurf von Flugblättern, freiliegende kugelförmige Ballone von zwei bis drei Meter. Sie sind mit Wasserstoff gefüllt und verbrennen mit einer Stichflamme von mehreren Metern. Die Bevölkerung wird davor gewarnt, niedergegangene Ballone wegen der damit verbundenen Verbrennungsgefahr zu berühren. Wer einen derartigen Ballon sichtet oder findet, ist verpflichtet, sofort die nächste Polizeidienststelle zu benachrichtigen, die das Weitere veranlassen wird. Soweit die Ballone mit einem Halteseil oder -Draht versehen sind, sind sie damit an einen Baum, Zaun, Fahrzeug oder dergleichen anzubinden.

EN vom 16.5.1942

EN vom 20.6.1942

Blitzmädel bekommt eine Schwester.

„Stabshelferinnen" beim Heer.

-nby- Die immer stärkere Heranziehung von Frauen und Mädchen auch zu Hilfsarbeiten für die Wehrmacht führt jetzt beim Heer zu einer Reorganisation. Die verschiedenen Arten von Helferinnen, wie Schwesternhelferinnen und Nachrichtenhelferinnen, die sogenannten Blitzmädel, werden nunmehr ergänzt durch die Stabshelferin. Es handelt sich dabei um weibliches Hilfspersonal, das vom Heer bei seinen Dienststellen in den besetzten Gebieten eingesetzt wird.

Nach einem Bericht von Oberstintendant Frese in der OKH.-Zeitschrift „Die Heeresverwaltung" verrichten die Stabshelferinnen des Heeres alle Aufgaben, die statt von Soldaten von Frauen erfüllt werden können. Insbesondere werden sie, je nach Eignung, Ausbildung und bisheriger Tätigkeit, im Geschäftszimmerdienst als Schreibkräfte, Stenotypistinnen, Maschinenschreiberinnen, mit Registratur- und Kanzleiarbeiten sowie im Boten- und sonstigen Hilfsdienst beschäftigt. Verwendung zu persönlichem und Aufwartedienst ist jedoch unzulässig.

Zunächst werden Stabshelferinnen nur im Bereich der Militärbefehlshaber in Frankreich, in Belgien und Nordfrankreich und im Generalgouvernement sowie bei den Heeresdienststellen im Bereich der Wehrmachtbefehlshaber Südost, in den Niederlanden und Norwegen eingesetzt.

EN vom 23.5.1942

EN vom 29.5.1942

EN vom 6.7.1942

Das undeutsche „Dschüs".

—·— In einem beachtenswerten Artikel, der vor einigen Tagen in der Presse erschien, schreibt Parteigenosse Hans Beel, Spersbiek, über das leider jetzt so häufig und gedankenlos gebrauchte Grußwort „Dschüs" u. a. folgendes:

Wahrscheinlich aus der napoleonischen Zeit herrührend, hatte sich bis zum Ausbruch des Weltkrieges als Grußform „Adieu" (Adjö) beim Auseinandergehen erhalten. Im Plattdeutschen sagte man „Adjüus" oder abgekürzt „Dschüs". Als aber der Weltkrieg ausbrach, legte das deutsche Volk in einmütiger Geschlossenheit alles Fremde ab, und auch der französische Gruß „Adieu" und „Adjüs" wurden ersetzt durch das deutsche „Auf Wiedersehen" oder kurz gesagt „Wiedersehen".

Das Wort „Adjö" oder „Adjüs" hörte man in vielen Jahren überhaupt nicht mehr. Das Deutsche hatte sich mit „Heil Hitler" auch im Gruß durchgesetzt.

Bis vor einigen Jahren plötzlich wieder, zunächst ganz vereinzelt und nur von Backfischen, denen das „Heil Hitler" vielleicht zu kämpferisch und nicht leger genug klang, das Wort „Dschüs" beim Auseinandergehen gerufen wurde. Völlig instinktiv wird nun dieses Wort in modeartiger Manier nachgeäfft. Immer mehr hört man es jetzt. Es soll etwas Besonderes sein, obwohl die wenigstens wahrscheinlich verstehen oder gar wissen, woher es einmal gekommen, und das es fremdländischen Ursprungs ist. Glücklicherweise sind es ausnahmslos Mädchen und nur vereinzelt Frauen, die sich dieses Grußes bedienen. Wenn man sich die so Grüßenden ansieht, sind die meisten schon dem Äußeren danach. Jedenfalls sind sie in ihrem ganzen Auftreten nicht dazu angetan, den Eindruck zu erwecken, als wenn sie wirklich Kämpferinnen für Adolf Hitler oder gar für Deutschland wären, geschweige für die Zukunft unseres Volkes einen besonders vertrauenerweckenden Eindruck machen. „Dschüs" paßt auch nur für Damen und Dämchen, niemals für deutsche Mädchen und Frauen, die von gläubigem Wollen erfüllt sind. Von Männern habe ich „Dschüs" noch niemals gehört, dafür aber von Dämchen oder solchen, die es gern sein wollen.

Fort mit dem undeutschen fremden „Dschüs"! Jeder Deutsche und jede Deutsche, die sich zum Führer und damit zu Deutschland und seinen tapferen Soldaten bekennen, grüßen nur mit „Heil Hitler"!

EN vom 24.6.1942

„Oeffentliche Luftwarnung".

Neues Luft-Warnsignal.

!! Für den Luftschutzort Berlin wird mit dem 28. August 1942, sieben Uhr morgens, ein neues Luftwarnsignal eingeführt. Es heißt „Oeffentliche Luftwarnung" (OeLW) und besteht aus einer dreimaligen Wiederholung eines hohen Dauertones von etwa 15 Sekunden Länge. Jedes Intervall beginnt mit einem ansteigenden und endet mit einem abklingenden Ton. Dauer des gesamten Signals etwa 1 Minute.

Das neue Signal bedeutet, daß feindliche Flugzeuge einfliegen, daß aber mit größeren Luftangriffen nicht gerechnet wird. Der Abwurf einzelner Bomben ist jedoch nicht ausgeschlossen. Durch dieses Signal soll die Oeffentlichkeit zu erhöhter Aufmerksamkeit veranlaßt werden. Allgemeines luftschutzmäßiges Verhalten ist hierbei nicht vorgeschrieben. Verkehr und Wirtschaftsleben gehen weiter. Dieses Signal wird demnächst auch in Elmshorn eingeführt werden.

Bei Signal „Fliegeralarm" — wie bisher eine Minute Heulton — ist in jedem Fall, auch wenn dieses Signal nicht im Anschluß an das Signal „Oeffentliche Luftwarnung" gegeben werden sollte, luftschutzmäßiges Verhalten allgemeine Pflicht.

EN vom 29.8.1942

Bei den zahlreichen Luftangriffen wurden viele Menschen obdachlos, weil die Bomben ihre Wohnungen und Häuser trafen und zerstörten. Diese mussten untergebracht werden:

„Aufnahme Bombengeschädigter ist gesetzliche Pflicht! Grundlose Ablehnung wird bestraft.

Wenn eine Stadt durch feindliche Terrorangriffe ernsthafter in Mitleidenschaft gezogen wird, wie das in Hamburg in der Nacht vom 26. auf den 27. Juli 1942 geschehen ist, so entsteht für die zuständigen Dienststellen der Stadt und der Partei unter anderem die Aufgabe, eine größere Zahl von Volksgenossen, die plötzlich obdachlos geworden sind, sofort angemessen unterzubringen. Es ist selbstverständlich, das ist nicht für alle Obdachlosen sofort eine eigene Wohnung nachgewiesen werden kann. Deshalb müssen diese zunächst, aber auch nur vorübergehend, bei solchen Volksgenossen, die das Glück gehabt haben, unbetroffen zu sein, einquartiert werden. Es entspricht nationalsozialistischer Auffassung, dass hierbei in erster Linie an die freiwillige Hilfsbereitschaft der Volksgenossen appelliert wird. Im Allgemeinen haben sich auch viele Volksgenossen, sogar solche, denen die Unterbringung Geschädigter an und für sich schwer fiel, gern dazu bereit erklärt.

Es wird gewiss in manchen Fällen berechtigte Gründe der Ablehnung geben, die dann selbstverständlich beachtet werden. In einzelnen Fällen aber ist die Aufnahme Obdachloser ohne derartige Gründe abgelehnt worden, obwohl die Bitte an Volksgenossen mit großen Wohnungen, in denen ohne weiteres Platz gewesen wäre, gerichtet worden war. Ein besonders krasser Fall beschäftigte das Hamburger Schnellgericht. Der Buchmacher Wilhelm Sühr bewohnt allein ein Einfamilienhaus mit sieben Zimmern. In seiner unmittelbaren Nachbarschaft waren mehrere Häuser zerstört und eine ganze Reihe Familien obdachlos geworden. Er wurde nun aufgefordert, eine Familie mit zwei Kindern bei sich aufzunehmen. Er lehnte dies ab und beharrte darauf auch, nachdem er durch den zuständigen Hoheitsträger der Partei in eingehender Weise auf seine Pflichten gegenüber der Volksgemeinschaft hingewiesen worden war. Er erklärte sogar, dass er im Falle eines Zwanges sein Haus sofort verlassen würde. Sühr wurde nach Paragraph 330 c des St.G.B. zu der gesetzlichen Höchststrafe von zwei Jahren Gefängnis verurteilt. Die sofortige Vollstreckung des Urteils wurde angeordnet." (21)

Ausgebombte aus Hamburg am Elmshorner Bahnhof. Foto: Per Koopmann. Stadtarchiv Elmshorn

Kampf um Stalingrad schreitet unaufhörlich vorwärts!

91. Jahrgang.   Donnerstag, den 17. September 1942.   Nr. 218.

EN vom 17.9.1942

Am 27. September fand die Verpflichtung und Aufnahme der 18jährigen Jungen und Mädchen in die Partei im „Holsteinischen Hof" statt. (22)

Gauredner Lühr-Oldigs sprach am 1. November im „Holsteinischen Hof" auf einer Großkundgebung der NSDAP. Aus seinen Worten konnte man entnehmen, dass die Begeisterung der Menschen doch sehr abgeflacht war. Es seien immer nur die gleichen Menschen, die zu den Veranstaltungen kämen und diejenigen, die eine Aufklärung nötig hätten, sich verstecken würden. Er entwarf dann ein Scenario über die Lage, die die Deutschen bei einem Sieg der Gegner zu erwarten hätten:

„(...) Leider gibt es auch viele Menschen, die die Erfahrungen des Weltkrieges wieder vergessen haben, vor allem, dass der Zusammenbruch der Heimat, den der Front nach sich zog. Damals sind 750000 deutsche Menschen, meist junge, an Hunger gestorben. Wenn jetzt jemand die Behauptung aufstellen sollte, er müsse hungern, der lügt. Nach Hermann Görings Worten kann unsere Ernährungslage sich nur noch verbessern. (...) Leider gibt es auch jetzt noch bei uns einige Menschen, die sich keine ernsten Gedanken darüber machen, was dem deutschen Volke bevorstehe, wenn die Feinde die Möglichkeit hätten, die deutsche Wehrmacht zu zerschlagen.- 20000 Ärzte sollen dann dafür sorgen, dass das Wachstum des deutschen Volkes unmöglich ist. Die deutschen Kinder sollen deportiert und der Heimat und dem deutschen Wesen völlig entfremdet werden. Wie das deutsche Volk auf Wilson und Versailles hineingefallen ist, so gibt es auch jetzt noch Menschen, die solche Drohungen nicht ernst nehmen oder infolge ihrer Gleichgültigkeit von solchen Dingen überhaupt nichts wissen. Hier hat jeder deutsche Mensch die ernste Aufgabe, aufklärend zu wirken. (...)" (23)

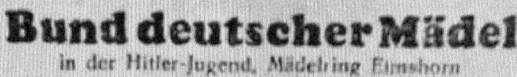

Bund deutscher Mädel
in der Hitler-Jugend, Mädelring Elmshorn

Wir Mädel singen, spielen und musizieren für unsere Mütter

Sonnabend, den 12. Dez., um 19.30 Uhr
in Elmshorn, „Holsteinischer Hof"

Soldatenfrauen u. -mütter sind herzlich eingeladen.   Eintritt frei

---

Hitler-Jugend arbeitet für die Soldatenkinder

Der **Verkauf** der **Werkarbeiten** der Hitler-Jugend an die Angehörigen der Soldatenkinder findet am **Sonntag,** dem 13. Dezember 1942, in der **Markthalle in Elmshorn** wie folgt statt:

Ortsgruppe Lieth	14.00 Uhr
Ortsgruppe Klostersande	14.30 Uhr
Ortsgruppe Langelohe	15.30 Uhr
Ortsgruppe Fuchsberg	16.00 Uhr
Ortsgruppe Altstadt	17.00 Uhr

Die zugestellten Ausweise hierfür sind auf jeden Fall mitzubringen. Wer keinen Ausweis erhalten, meldet sich sofort bei seiner Ortsgruppe, Kleingeld mitbringen.

Kurt Gellert, Standortführer

EN vom 11.12.1942

EN vom 14.12.1942

Deutsche Frauen und Mädel! Helft mit!

Die Deutsche Reichspost ist zur Bewältigung ihrer Aufgaben, die für Front und Heimat gleich wichtig sind, auf Eure Mitarbeit dringend angewiesen. Bei Aemtern in Stadt und Land könnt Ihr in allen Dienstzweigen eingesetzt werden, insbesondere im

Brief- und Paketzustelldienst, Brief- und Paketverteildienst, Schalterdienst bei d. Postämtern, Telegraphendienst (Fernschreiber) Fernsprech- und Rentenrechnungsdienst, Postscheckdienst, Postsparkassendienst (nur in Wien), Fernsprechvermittlungsdienst, Kraftwagenführerdienst, Bürodienst (Schreibmaschine-Kurzschrift) sowie in rein technischen Dienststellen, falls Ihr leichte handwerkliche Arbeiten übernehmen wollt.

Die Aufgaben der Deutschen Reichspost sind so vielseitig, daß jede Frau und jedes Mädel eine ihrer Neigung und Begabung entsprechende Arbeit erhalten kann. Für den Außendienst wird schmucke Dienstkleidung unentgeltlich gestellt. Ihr könnt zur Aushilfsbeschäftigung (auch tage- und stundenweise) im Angestellten- oder Arbeiterverhältnis oder zur Dauerbeschäftigung mit Aussicht auf Berufung in das Beamtenverhältnis (Aufstieg bis zur Oberpostsekretärin) eingestellt werden. Tarifmäßige Vergütung auch während der Ausbildung. Merkblätter mit genauen Bedingungen erhaltet Ihr bei jedem Postamt.

Deutsche Frauen und Mädel! Meldet Euch zur DEUTSCHEN REICHSPOST!

EN vom 19.12.1942

2. Jahrgang. Mittwoch, den 6. Januar 1943. Nr. 4.

...chwere Abwehrkämpfe und deutsche Gegenstöße im Don-Gebiet

Das Bild an der Front wandelte sich immer mehr zu Abwehrkämpfen. EN vom 6.1.1943

talingrad, leuchtendes Vorbild heroischen Soldatentums.

EN vom 16.1.1943

EN vom 30.1.1943
„Das deutsche
Schwert schützt die
Heimat"

Die Anzeichen der Kriegsmüdigkeit häuften sich auch in den Berichten der
Tageszeitungen:

Wenn einer etwa sagt:
"Ich kann nicht mehr!"

Wie, lieber Freund, du kannst nicht mehr? Du willst also aufgeben, willst die Arme sinken lassen und zusehen, wie die anderen weiterschaffen? Du denkst nur an dich, scheint mir. Denkst du wohl an die Front? Wo wären wir, wenn der Soldat vorm Feinde sagte: "Ich kann nicht mehr". Sieh hin nach Stalingrad, denke an die Helden dort, die im Kampf um Leben und Tod stehen und die aushalten, was auch immer das Schicksal ihnen beschieden haben mag. "Unsterbliche Ehre haben sie an ihre Fahnen geheftet. So heißt es in dem Wehrmachtbericht vom 25. Januar. Ihr Kampf ist unser aller Kampf, es ist der Kampf um Leben und Tod. Das Schicksal stellt uns vor die Entscheidung: Sieg oder Bolschewismus. Die Kämpfer in Stalingrad stehen, bis der Tod ihnen die Waffe aus der Hand schlägt. Das eiserne Gesetz der Pflichterfüllung bis zum letzten Atemzug beherrscht sie. Sie kämpfen nicht für sich, sie kämpfen für uns, für unsere Kinder, für unsere Zukunft.

Und du? Du willst sagen, du kannst nicht? Es gibt nur ein Muß, und unter diesem harten Gebot steht jeder von uns, ob Mann oder Frau. Das ist ein ehernes Gesetz, das keine Schwachen duldet und keine Lauen leidet. Vor diesem Gesetz müssen wir alle bestehen. Unsere Kraft darf keine Grenzen haben, denn der Kampf, in dem wir heute stehen, entscheidet über uns, über jeden einzelnen. Den Sieg erringen nur starke Herzen, Herzen, die entschlossen sind, jedes Opfer zu bringen, und sei es ihr Leben. Siegen heißt für die Front kämpfen und sterben. Siegen heißt für die Heimat schaffen ohne Unterlaß, arbeiten und immer noch mehr arbeiten, verbissen und zum Letzten entschlossen. Ist der Kampf hart, so müssen wir noch härter sein.

Das, lieber Freund, laß dir gesagt sein: "Ich kann nicht" könnte nur heißen: "ich will nicht". Und wer heute nicht das Letzte einzusetzen bereit ist, der ist ein Verräter an der Gemeinschaft.

EN vom 30.1.1943

. Jahrgang.   Montag, den 1. Februar 1943.   Nr. 26.

Kampf bis zum unzweideutigen Sieg!

Südgruppe der 6. Armee von der Uebermacht bewältigt. — Die Proklamation des Führers an die Nation.

Nordgruppe wehrte starke Feindangriffe ab.

Jänner 522 000 BRT durch U-Boote und Luftwaffe vernichtet.

EN vom 1.2.1943

Auf der Gedenkkundgebung am 31. Januar zum 10jährigen Tag der Machtergreifung im „Holsteinischen Hof" sprach der Kreisleiter Sievers:

„(...) Es gibt aber auch heute noch Menschen, die von diesem Geiste nichts verspürt haben, die gern an allen Segnungen des Aufbaus für sich Anteil nehmen, bei allem aber nur ihr kleines Ich im Auge haben. Sie behaupten, ohne Adolf Hitler wäre der Krieg nicht gekommen. Nein, das wäre er bestimmt nicht, weil Deutschland ohne die Wehrhaftmachung des Volkes durch den Führer nie einen Krieg hätte führen können. Dann wäre das deutsche Volk ohne Widerstand eine Beute des blutrünstigen Bolschewismus geworden. Blut und Tränen, Elend und Schreckensbilder entsetzlichen Ausmaßes wären über Deutschland hereingebrochen. Und wenn jetzt wieder deutsch sein wollende Menschen den geforderten Einsatz der deutschen Frau als eine Kulturschande zu bezeichnen wagen, so muss das als Schande bezeichnet werden. Früher haben in Notzeiten Frauen und Mädchen den kämpfenden Männern Wehr und Waffen in die Kampfreihe gereicht, und heute sollten sie nicht bereit sein, ihren Männern, Söhnen und Brüdern die nötigen Waffen zu schaffen, sollten sie im Stich lassen, dass sie widerstandslos verbluten müssen! Solche Meinungen sind eine Herabsetzung der Ehre der deutschen Frau und Mutter. Und wer selbst keine Angehörigen draußen hat, wird sich für die Söhne seines Volkes einsetzen. (...)"

Der Kreisleiter bedrohte dann in seiner Rede noch die Neinsager und Pessimisten:

„Sie sind nicht unbekannt und werden im Auge behalten werden." (24)

EN vom 3.2.1943 Der Kampf um Stalingrad ist beendet

Aufruf zur totalen Mobilisation der gesamten Nation.

DNB. Berlin, 3. Februar. Der Generalbevollmächtigte für den Arbeitseinsatz,

Gauleiter Sauckel,

hat an die Präsidenten der Landesarbeitsämter, die Reichstreuhänder und Sondertreuhänder der Arbeit und die Leiter der Arbeitsämter einen Aufruf gerichtet, in dem es heißt:

Der Kampf unseres Volkes um seine Existenz ist auf seinem Höhepunkt angelangt. Der Führer hat die

totale Mobilisation der gesamten Kampf- und Arbeitskraft der Nation

angeordnet. Mit Stolz schaut die Heimat auf den Heldenkampf ihrer Männer an allen Fronten. Dieser Krieg ist aber ebensosehr ein Kampf der gewaltigsten

Arbeitsleistung und der Konzentrierung aller Kräfte in der Heimat,

um unseren Soldaten die besten Kampfmittel aller Art zu schaffen und ihre und der Heimat Versorgung zu gewährleisten.

Die Organisation des Arbeitseinsatzes, die Treuhänderschaft für Millionen Schaffender ist uns anvertraut. Auf ihre Schultern lege ich die Verantwortung für diese kriegsentscheidende Aufgabe, aber auch sehr schwierige Aufgabe. Ich appelliere an ihr Pflichtbewußtsein, ihren Fleiß, die Schärfe ihres Verstandes, ihr sachliches Können, vor allem aber an ihr nationalsozialistisches Herz.

Unsere Aufgabe ist im höchsten Sinne eine nationalsozialistische. Wie noch nie zuvor, ist unser Volk von der Hingabe an die großen Aufgaben des Krieges erfaßt. Sein Blick ist in höchstem Vertrauen auf den Führer gerichtet. An uns liegt es nun das nationalsozialistische Gesetz unserer Volksgemeinschaft erfüllen zu helfen. Wir müssen immer wieder zur höchsten Leistung aufrufen und

immer neue Arbeitsreserven freimachen.

Wenn jetzt die Männer und Frauen unseres Volkes zu uns kommen, um sich für den Kriegseinsatz zu melden, dann sollen sie das Gefühl erhalten, daß

ihr Dienst der schönste Ehrendienst

sein wird. Darum verpflichte ich Sie, allen diesen Menschen Begeisterung und Kraft zum Arbeitsanfang zu geben. Bürokratische Gleichgültigkeit muß überwunden werden.

Wir sind es aber den anständigen Deutschen, die zu uns kommen, schuldig, daß sie gegenüber den Unanständigen nicht benachteiligt werden. Darum soll

Drückebergerei irgendwelcher Art schärfstens unterdrückt werden.

Um so gerechter vermögen wir dann gegenüber den Frauen und Müttern unseres Volkes zu sein, deren Schutz dem Führer so außerordentlich am Herzen liegt.

So wollen wir unsere Arbeit in der nächsten Zeit auffassen. Wir wollen mit heißem Herzen bestrebt sein, alle Deutschen, die noch einsatzfähig sind, im nationalsozialistischen Geiste zur höchsten Leistung bis zum Endsieg zu befähigen."

EN vom 4.2.1943

Am 4. Februar 1943 verkündeten die EN die Konzentration der Wirtschaft und des Handels auf kriegswichtige Versorgung der Bevölkerung. Dazu gehörten u.a. die Versorgung mit Lebensmitteln, Kohlenhandel, Dünge- und Futtermittel und Saatguthandel. Alle anderen Betriebe und Geschäfte wurden zugunsten des „totalen Krieges" stillgelegt. Dieses zeigte schon die verzweifelte Reaktion auf die Wende des Krieges. (25)

EN vom 8.2.1943

Der Krieg erforderte immer mehr die Erfassung jeder abkömmlichen Arbeitskraft. Dafür führte man eine Meldepflicht bei den Arbeitsämtern ein, wo sich die arbeitsfähige Bevölkerung registrieren musste. Es sollte zunächst nur die Abgabe der Meldung erfolgen. Ob und wann der Meldepflichtige herangezogen wurde, war damit noch nicht entschieden. (26) Einzelheiten wurden am 13. Februar mitgeteilt. (27)

Aufruf.

Auf Grund der Verordnung des Generalbevollmächtigten für den Arbeitseinsatz vom 27. 1. 43 (RGBl. I S. 67) über die Meldung von Männern und Frauen für Aufgaben der Reichsverteidigung werden hiermit aufgerufen:

1. Alle Männer vom vollendeten 16. bis zum vollendeten 65. Lebensjahr,
2. alle Frauen vom vollendeten 17. bis zum vollendeten 45. Lebensjahr, soweit sie nicht auf Grund der Bestimmungen des Abs. II dieses Aufrufes ganz oder vorläufig von der Meldung befreit sind.

Die Meldepflicht erstreckt sich auf Reichsdeutsche, Protektoratsangehörige, Schutzangehörige und Staatenlose.

II. A. Von der Meldung sind befreit: 1. Ausländer. 2. Männer und Frauen, die in einem öffentlich-rechtlichen Dienstverhältnis stehen sowie die zur Wehrmacht, zur Polizei und zum Reichsarbeitsdienst Einberufenen, (Ruhestandsbeamte usw. sind nicht ausgenommen.) 3. Männer und Frauen, die mindestens seit dem 1. 1. 43 in einem Beschäftigungsverhältnis stehen, deren Arbeitszeit 48 Stunden oder mehr in der Woche beträgt. 4. Selbständige Berufstätige, die am 1. 1. 43 mehr als 5 Personen beschäftigt haben. 5. Männer und Frauen, die in der Landwirtschaft voll tätig sind. 6. Männer und Frauen, die hauptberuflich selbständig im Gesundheitswesen tätig sind. 7. Geistliche. 8. Schüler und Schülerinnen, die eine öffentliche oder anerkannt private allgemein-bildende Schule besuchen. (Mittel- oder Höhere Schule) 9. Anstaltspfleglinge, die erwerbsunfähig sind. 10. Werdende Mütter sowie Frauen mit einem noch nicht schulpflichtigen Kind oder mindestens 2 Kindern unter 14 Jahren, die im gemeinsamen Haushalt leben.

B. Noch nicht aufgerufen werden: 1. Alle im Handel, Handwerk und im Gaststätten- und Beherbergungsgewerbe selbständigen Berufstätigen.
2. Schüler, Schülerinnen und Studierende von Fachschulen, Hochschulen und Universitäten.

III. Der Aufruf zur Meldung erstreckt sich auch auf die vorübergehend ortsabwesenden Meldepflichtigen.

IV. Die Meldung hat auf einem Formblatt zu erfolgen. Die Ausgabe der Formblätter erfolgt alsbald durch die Politischen Leiter. Diese nehmen die ausgefüllten Vordrucke auch wieder entgegen. Sofern Meldepflichtige auf diesem Wege nicht erfaßt worden sind, sind die Formblätter von den Dienststellen der Arbeitsämter anzufordern und diesen wieder zuzustellen. Der Meldepflichtige muß bis zum 28. 2. 43 seiner Meldepflicht nachgekommen sein.

V. Männer und Frauen, die hiermit noch nicht aufgerufen sind, können sich nach wie vor bei dem zuständigen Arbeitsamt zum freiwilligen Arbeitseinsatz für Aufgaben der Reichsverteidigung melden.

VI. Die Meldepflichtigen haben dem Arbeitsamt auf Verlangen alle notwendigen Unterlagen vorzulegen, sowie alle erforderlichen Auskünfte zu erteilen. Das Arbeitsamt kann auch das persönliche Erscheinen der Meldepflichtigen anordnen.

VII. Den Meldepflichtigen wird vom Arbeitsamt eine Bestätigung über die von ihnen erstattete Meldung ausgestellt, die vom Empfänger sorgfältig aufzubewahren ist. Das Formblatt für die Bestätigung wird zugleich mit dem Meldevordruck ausgegeben und ist von dem Meldepflichtigen, abgesehen von der Unterschrift des Arbeitsamtes, vor der Abgabe auszufüllen.

VIII. Die Einweisung in Arbeit erfolgt nach Bedarf mit möglicher Beschleunigung, jedoch erst nach eingehender Prüfung der persönlichen Verhältnisse.

IX. Das Arbeitsamt kann von dem Meldepflichtigen die Meldung sowie das persönliche Erscheinen durch Zwangsgeld bis zur Höhe von RM. 1000.— erzwingen.
Meldepflichtige, die gegen die Verordnung vom 27. 1. 43 oder gegen die Bestimmungen dieses Aufrufes verstoßen, können mit Gefängnis und Geldstrafe oder mit einer dieser Strafen bestraft werden.

Am 16. Februar 1943.

Die Leiter der Arbeitsämter

Bad Oldesloe, Elmshorn, Flensburg, Heide, Kiel, Lübeck, Neumünster, Rendsburg, Schleswig.

EN vom 16.2.1943

Am 18. Februar 1943 hielt Dr. Joseph. Goebbels die berühmte Rede über den
„Totalen Krieg" im Berliner Sportpalast. Mit zehn Fragen führte er die Anwesenden
immer emotionaler zu dem Zugeständnis eines totalen Krieges.

Zehn Fragen — eine Antwort.

Ihr also, meine Zuhörer, repräsentiert in diesem Augenblick die Nation. Und an euch möchte ich zehn Fragen richten, die ihr mir mit dem deutschen Volke vor der ganzen Welt, insbesondere aber vor unseren Feinden, die uns auch an ihrem Rundfunk zuhören, beantworten sollt. (Nur mit Mühe kann sich der Minister für die nun folgenden Fragen Gehör verschaffen. Die Masse befindet sich in einem Zustand äußerster Hochstimmung. Messerscharf fallen die einzelnen Fragen. Jeder einzelne fühlt sich persönlich angesprochen. Mit letzter Anteilnahme und Begeisterung gibt die Masse auf jede einzelne Frage die Antwort. Der Sportpalast hallt wider von einem einzigen Schrei der Zustimmung.)

Die Engländer behaupten, das deutsche Volk habe den Glauben an den Sieg verloren.

Ich frage euch: Glaubt ihr mit dem Führer und mit uns an den endgültigen totalen Sieg des deutschen Volkes?

Ich frage euch: Seid ihr entschlossen, dem Führer in der Erkämpfung des Sieges durch dick und dünn und unter Aufnahme auch der schwersten persönlichen Belastungen zu folgen?

Zweitens: Die Engländer behaupten, das deutsche Volk ist des Kampfes müde.

Ich frage euch: Seid ihr bereit, mit dem Führer als Phalanx der Heimat hinter der kämpfenden Wehrmacht stehend, diesen Kampf mit wilder Entschlossenheit und unbeirrt durch alle Schicksalsfügungen fortzusetzen, bis der Sieg in unseren Händen ist?

Drittens: Die Engländer behaupten, das deutsche Volk hat keine Lust mehr, sich der überhandnehmenden Kriegsarbeit, die die Regierung von ihm fordert, zu unterziehen.

Ich frage euch: Seid ihr und ist das deutsche Volk entschlossen, wenn der Führer es befiehlt, zehn, zwölf, und wenn nötig, vierzehn und sechzehn Stunden täglich zu arbeiten und das Letzte herzugeben für den Sieg?

fügung zu stellen, die sie braucht, um dem Bolschewismus den tödlichen Schlag zu versetzen?

Ich frage euch siebtens: Gelobt ihr mit heiligem Eid der Front, daß die Heimat mit starker Moral hinter ihr steht und ihr alles geben wird, was ihr nötig hat, um den Sieg zu erkämpfen?

Ich frage euch achtens: Wollt ihr, insbesondere ihr Frauen selbst, daß die Regierung dafür sorgt, daß auch die deutsche Frau ihre ganze Kraft der Kriegführung zur Verfügung stellt und überall da, wo es nur möglich ist, einspringt, um Männer für die Front freizumachen und damit ihren Männern an der Front zu helfen?

Ich frage euch neuntens: Billigt ihr, wenn nötig, die radikalsten Maßnahmen gegen einen kleinen Kreis von Drückebergern und Schiebern, die mitten im Kriege Frieden spielen und die Not des Volkes zu eigensüchtigen Zwecken ausnutzen wollen? Seid ihr damit einverstanden, daß, wer sich am Krieg vergeht, den Kopf verliert?

Ich frage euch zehntens und zuletzt: Wollt ihr, daß, wie das nationalsozialistische Parteiprogramm es gebietet, gerade im Kriege gleiche Rechte und gleiche Pflichten vorherrschen, daß die Heimat die schweren Belastungen des Krieges solidarisch auf ihre Schultern nimmt und daß sie für hoch und niedrig und arm und reich in gleicher Weise verteilt werden?

Als die ungeheure Woge der Zustimmung verklungen war, fuhr Dr. Goebbels fort:

Ich habe euch gefragt, ihr habt mir eure Antwort gegeben. Ihr seid ein Stück Volk, durch euren Mund hat sich damit die Stellungnahme des Deutschen manifestiert. Ihr habt unseren Feinden das zugerufen, was sie wissen müssen, damit sie sich keinen Illusionen und falschen Vorstellungen hingeben.

Somit sind wir, wie vor der ersten Stunde unserer Macht an und durch all die zehn Jahre hindurch fest und brüderlich mit dem deutschen Volke vereint. Wir, Kinder unseres Volkes, zusammengeschweißt mit dem Volke in der größten

414

EN vom 19.2.1943

„[...] Ich möchte aber zur Steuer der Wahrheit an Euch, meine deutschen Volksgenossen und Volksgenossinnen eine Reihe von Fragen richten, die ihr mir nach bestem Wissen und Gewissen beantworten müsst. Als mir meine Zuhörer auf meine Forderungen am 30. Januar spontan ihre Zustimmung bekundeten, behauptete die englische Presse am anderen Tag, das sei ein Propagandatheater gewesen und entspreche in keiner Weise der wahren Stimmung des deutschen Volkes. Ich habe heute zu dieser Versammlung nun einen Ausschnitt des deutschen Volkes im besten Sinne des Wortes eingeladen. Vor mir sitzen reihenweise deutsche Verwundete von der Ostfront, Bein- und Armamputierte, mit zerschossenen Gliedern, Kriegsblinde, die mit ihren Rote-Kreuz-Schwestern gekommen sind, Männer in der Blüte ihrer Jahre, die vor sich ihre Krücken stehen haben. Dazwischen zähle ich an die fünfzig Träger des Eichenlaubes und des Ritterkreuzes, eine

glänzende Abordnung unserer kämpfenden Front. Hinter ihnen erhebt sich ein Block von Rüstungsarbeitern und -arbeiterinnen aus den Berliner Panzerwerken. Wieder hinter ihnen sitzen Männer aus der Parteiorganisation, Soldaten aus der kämpfenden Wehrmacht, Ärzte, Wissenschaftler, Künstler, Ingenieure und Architekten, Lehrer, Beamte und Angestellte aus den Ämtern und Büros, eine stolze Vertreterschaft unseres geistigen Lebens in all seinen Schichtungen, dem das Reich gerade jetzt im Kriege Wunder der Erfindung und des menschlichen Genies verdankt. Über das ganze Rund des Sportpalastes verteilt sehe ich Tausende von deutschen Frauen. Die Jugend ist hier vertreten und das Greisenalter. Kein Stand, kein Beruf und kein Lebensjahr blieb bei der Einladung unberücksichtigt. Ich kann also mit Fug und Recht sagen: Was hier vor mir sitzt, ist ein Ausschnitt aus dem ganzen deutschen Volk an der Front und in der Heimat. Stimmt das? Ja oder nein! Ihr also, meine Zuhörer, repräsentiert in diesem Augenblick die Nation. Und an euch möchte ich zehn Fragen richten, die ihr mir mit dem deutschen Volke vor der ganzen Welt, insbesondere aber vor unseren Feinden, die uns auch an ihrem Rundfunk zuhören, beantworten sollt:

Die Engländer behaupten, das deutsche Volk habe den Glauben an den Sieg verloren. Ich frage euch: Glaubt ihr mit dem Führer und mit uns an den endgültigen Sieg des deutschen Volkes? Ich frage euch: Seid ihr entschlossen, mit dem Führer in der Erkämpfung des Sieges durch dick und dünn und unter Aufnahme auch schwerster persönlicher Belastungen zu folgen?

Zweitens: Die Engländer behaupten, das deutsche Volk ist des Kampfes müde. Ich frage euch: Seid ihr bereit, mit dem Führer als Phalanx der Heimat hinter der kämpfenden Wehrmacht stehend, diesen Kampf mit wilder Entschlossenheit und unbeirrt durch alle Schicksalsfügungen fortzusetzen, bis der Sieg in unseren Händen ist?

Drittens: Die Engländer behaupten, das deutsche Volk hat keine Lust mehr, sich der überhandnehmenden Kriegsarbeit, die die Regierung von ihm fordert, zu unterziehen. Ich frage euch: Seid ihr und ist das deutsche Volk entschlossen, wenn der Führer es befiehlt, zehn, zwölf und - wenn nötig - vierzehn und sechzehn Stunden täglich zu arbeiten und das Letzte herzugeben für den Sieg?

Viertens: Die Engländer behaupten, das deutsche Volk wehrt sich gegen die totalen Kriegsmaßnahmen der Regierung. Es will nicht den totalen Krieg, sondern die Kapitulation. Ich frage euch: Wollt ihr den totalen Krieg? Wollt ihr ihn, wenn nötig, totaler und radikaler, als wir ihn uns heute überhaupt noch vorstellen können?

Fünftens: Die Engländer behaupten, das deutsche Volk hat sein Vertrauen zum Führer verloren. Ich frage euch: Ist euer Vertrauen zum Führer heute größer, gläubiger und unerschütterlicher denn je? Ist eure Bereitschaft, ihm auf allen seinen Wegen zu folgen und alles zu tun, was nötig ist, um den Krieg zum siegreichen Ende zu führen, eine absolute und uneingeschränkte?

Ich frage euch als sechstens: Seid ihr bereit, von nun ab eure ganze Kraft einzusetzen und der Ostfront die Menschen und Waffen zur Verfügung zu stellen, die sie braucht, um dem Bolschewismus den tödlichen Schlag zu versetzen?

Ich frage euch siebtens: Gelobt ihr mit heiligem Eid der Front, dass die Heimat mit starker Moral hinter ihr steht und ihr alles geben wird, was sie nötig hat, um den Sieg zu erkämpfen?

Ich frage euch achtens: Wollt ihr, insbesondere ihr Frauen selbst, dass die Regierung dafür sorgt, dass auch die deutsche Frau ihre ganze Kraft der Kriegsführung zur Verfügung stellt, und überall da, wo es nur möglich ist, einspringt, um Männer für die Front frei zu machen und damit ihren Männern an der Front zu helfen?

Ich frage euch neuntens: Billigt ihr, wenn nötig, die radikalsten Maßnahmen gegen einen kleinen Kreis von Drückebergern und Schiebern, die mitten im Kriege Frieden spielen und die Not des Volkes zu eigensüchtigen Zwecken ausnutzen wollen? Seid ihr damit einverstanden, dass, wer sich am Krieg vergeht, den Kopf verliert?

Ich frage euch zehntens und zuletzt: Wollt ihr, dass, wie das nationalsozialistische Programm es gebietet, gerade im Krieg gleiche Rechte und gleiche Pflichten vorherrschen, dass die Heimat die schwersten Belastungen des Krieges solidarisch auf ihre Schultern nimmt und dass sie für hoch und niedrig und arm und reich in gleicher Weise verteilt werden?

Ich habe euch gefragt; ihr habt mir eure Antworten gegeben. Ihr seid ein Stück Volk, durch euren Mund hat sich damit die Stellungnahme des deutschen Volkes manifestiert. Ihr habt unseren Feinden das zugerufen, was sie wissen müssen, damit sie sich keinen Illusionen und falschen Vorstellungen hingeben. [...]" (28)

"Nun, Volk, steh auf und Sturm brich los!". Goebbels appellierte mit diesen Worten an die "Volksgenossen", sich mit aller Kraft für den Kampf gegen den Feind einzusetzen. Vor dem Hintergrund einer Industrieanlage, die ungebrochene Wirtschaftskraft signalisiert, vereinen sich Arbeiter und Soldat, Heimat und Front, zu einer Volksgemeinschaft im "totalen Krieg" - NS-Propagandabroschüre zum "Totalen Krieg", herausgegeben von der Reichspropagandaleitung der NSDAP im Jahr 1943. (© Deutsches Historisches Museum). https://berlin.museum-digital.de/singleimage?imagenr=66963

„(...) Unnötig und zu verurteilen aber sind Radfahrten, die allein dem Vergnügen oder ähnlichen Zwecken dienen. Wer das Fahrrad zu unnötigen Zwecken benutzt, handelt den Erfordernissen unserer Zeit entgegen. Wir wissen, auch mit dem Gummi müssen wir als einem wichtigen Rohstoff haushalten. Es ist deshalb auch in keiner Weise zu rechtfertigen, wenn Kinder nutz- und planlos mit dem Fahrrad herumfahren. Anders ist es, wenn sie im allgemeinen Interesse Fahrräder benutzen müssen, wie z.B. zum Ausfahren von Zeitungen in entferntere Gegenden des Landes. Wenn körperliche Betätigung als Entschuldungsgrund sonst nutzloser Betätigung angeführt werden sollte, so sei nur gesagt, dass dafür der Sportplatz als geeignete Stätte zur Verfügung steht. Außerdem lässt sich die Schönheit unserer Heimat besser durchwandern, als dass unbedingt das Fahrrad bei Ausflügen genutzt werden muss. (...)" (29)*

● Auch Brandbomben sind kein Kinderspielzeug. In einem Ort der Umgegend fanden auf dem Gelände eines Schießstandes mehrere Jungen eine etwa 14 kg schwere englische Phosphorbrandbombe. Anstatt den Fund der zuständigen Stelle zu melden, schleppten die Jungen die Bombe nach einem Knick und versteckten sie dort. Am Montagnachmittag trafen sich an dieser Stelle auf Verabredung neun Jungen, von denen einige die Brandbombe auf die Schulter nahmen und nach dem Schießstand trugen. Vom Dach des Schießstandes aus ließen sie nun das gefährliche Spielzeug auf den Anzeigerstand mehrmals herunterrollen, wobei sie jedesmal in Deckung gingen. Beim dritten Mal explodierte die Bombe, und es entstand eine hohe Stichflamme, so daß die hölzerne Bedachung des Schießstandes und eine Grasfläche in der Umgebung in Brand gerieten. Während einige Uebeltäter davonliefen, löschten die anderen beherzteren Jungen und hinzueilende Männer die Flammen. Der Vorfall beweist erneut, die Kinder immer wieder auf die Gefährlichkeit derartiger Funde hinzuweisen, die trotz aller Vorsicht in unberufene Hände kommen oder von Kindern gefunden werden können.

EN vom 19.3.1943

Am 28. März fand wieder die Verpflichtung der 14-jährigen Jungens und Mädels und ihre Aufnahme in die HJ und BDM statt. Bei der Verpflichtung bekamen sie eine Urkunde ausgehändigt. Am Vorabend der Verpflichtungsfeier sprach der Stellv. Gauleiter Sietz vor HJ und den Eltern:

„(...) In den verschiedensten Stellen des öffentlichen Lebens sind im Rahmen des Kriegseinsatzes 17-, 16-, ja 15-jährige eingesetzt. Sie beweisen, dass auch die Jüngsten aus des Führers Gefolgschaft die Bedeutung unseres Lebenskampfes erfasst haben und ihre Pflicht zu erfüllen wissen. (...)" (30)

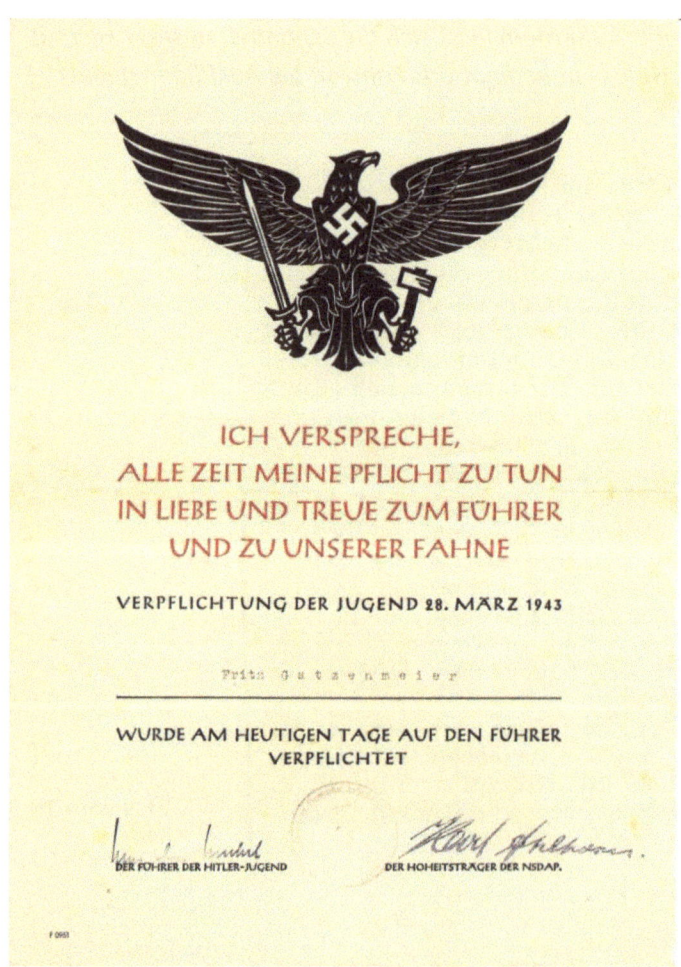

Verpflichtungsurkunde von Fritz Gatzenmeier. Archiv Jens Gatzenmeier

Ehrentag der deutschen Jugend.
Elmshorner Jungen und Mädel auf den Führer verpflichtet.

-tw. In allen deutschen Gauen fanden sich unsere Vierzehnjährigen am Sonntag, dem Tag der Verpflichtung der Jugend, zu würdigen und festlich ausgestalteten Feierstunden zusammen. Ueber eine Million Jungen und Mädel legten im Kreise ihrer Führer und Führerinnen, ihrer Eltern und Verwandten, ihrer Lehrer und Lehrerinnen ein heiliges Gelöbnis zum Führer ab, erfüllt von dem Bewußtsein, daß diese Verpflichtung gerade in diesem Jahre des totalen Krieges für sie mehr denn je Opfer und letzten Einsatz bedeutet. Die meisten von ihnen treten nun in das Berufsleben ein. Die sorglosen Jahre sind für sie zu Ende und es beginnt der Ernst des Lebens. Zugleich wechseln sie auch aus dem Jungvolk und dem Jungmädelbund in die Gemeinschaft der Hitler-Jugend und des Bundes Deutscher Mädel hinüber, wo ihrer größere und ernstere Pflichten harren.

In Elmshorn fanden die Verpflichtungsfeiern gestern vormittag um 9 Uhr für die Ortsgruppen Altstadt und Fuchsberg und um 11 Uhr für Langelohe und Klostersande im festlich geschmückten Saal des „Holsteinischen Hofes" statt. Die Feier um 11 Uhr erhielt ihre besondere Bedeutung durch das Erscheinen des Gebietsführers Meiforth, der hier die Uebernahme der Vierzehnjährigen in die HJ. vornahm.

Fanfarenklänge leiteten die festliche Stunde ein. Nach einer Einleitungsmusik sang der Chor das Lied „Wir Jungen schreiten freudig der Sonne zugewandt", Worte, die symbolisch über der Feierstunde zu stehen schienen. Ida Mußfeldt sprach das Bekenntnis zum Führer.

Dann wandte sich Rektor Krüdener als Vertreter der Schulen an die Jungen und Mädel, die zur Entlassung kommen. Er kennzeichnete den Tag der Verpflichtung als Meilenstein im Leben der Jugend, der hineingeformt sei in unsere große, bedeutungsvolle Zeit. Wir Lehrer haben Fenster und Türen geöffnet, um den Sturmhauch des gewaltigen Geschehens in unsere Schulen zu lassen. So schmiedeten wir die Waffen, die ihr, meine Jungen und Mädel, für den Lebenskampf gebraucht: die heißen Fleiß, Aufrichtigkeit, Kenntnisse und Treue. Mit diesen Waffen werdet ihr euren Lebenskampf bestehen. Haltet Treue eurer Familie, eurem Volk und eurem Führer. Im Glauben an Deutschland sollt ihr eure ganze Kraft einsetzen für die großen Ziele des Führers, getreu dem Wort, das während der letzten Schulwoche unser Tagesspruch war: „Mehr tun als unsere Pflicht befiehlt!"

Nach markigen Worten des Sprechers Jens-Uwe Görtzen und nach einem weiteren Chorlied sprach Ortsgruppenleiter Bolckmann über die große Aufgabe, die die Jungen und Mädel dem Vaterland gegenüber haben. Seht eure Arbeit stets als Arbeit für Deutschland an, so führte er u. a. aus, denkt stets, daß nicht die Uhrzeit, sondern eure Leistung wichtig ist, haltet Körper und Seele rein und denkt in allem, was ihr tut, an Deutschland und den Führer. Wenn unsere Jugend stets von den Idealen des Führers beseelt ist, wird die Zukunft unseres Reiches gesichert sein.

Nach dem gemeinsamen Lied „Heilig Vaterland" fand die Uebernahme der Vierzehnjährigen durch Gebietsführer Meiforth statt, der in eindringlichen Worten auf den tiefen Sinn des Tages hinwies, an dem die Jugendlichen ihr erstes entscheidendes Bekenntnis zu Volk, Führer und Vaterland ablegen. Wir wollen, so führte er u. a. aus, mit der Verpflichtungsfeier keine Dome umstürzen oder Kirchen zerstören und das aus dem Herzen reißen, was anderen Menschen ihr Leben lang gut und heilig war, sondern etwas Neues schaffen, das über dem Willen der verschiedenen Auffassungen in Geist und Form das Gemeinschaftsleben des deutschen Volkes beherrscht. Wenn wir heute versuchen, in die Herzen der Jungen zu dringen, so wissen wir, daß eine lange, mühevolle Erziehungsarbeit weiter die Jungen in die Zeit hineinführen muß, um sie fest in der nationalsozialistischen Idee zu verankern. Was in Jahrhunderten Bestand haben soll, muß langsam wachsen. Diese Stunde der Verpflichtung soll eine der großen Säulen in eurem Leben sein, an der ihr, Jungen und Mädel, euch aufrichten sollt, wenn ihr zweifelnd steht zwischen Gut und Böse.

Anschließend fand die Verpflichtung der Jugendlichen durch Ortsgruppenleiter Bolckmann statt. Nach Aushändigung der Gedenkblätter und der Führerehrung fand die Feierstunde ihr Ende.

Um 9 Uhr hatte bereits die Verpflichtungsfeier für die Ortsgruppen Altstadt und Fuchsberg stattgefunden. Hier verabschiedete als Vertreter der Schulen Oberstudiendirektor Kienast die Jugendlichen, die Feierrede hielt Ortsgruppenleiter Söge und die Uebernahme in die HJ. nahm HJ.-Standortführer Geilert vor.

Am Abend vor der Verpflichtung wurde vom Bann Pinneberg im „Holsteinischen Hof" eine Feierabendveranstaltung durchgeführt, zu der sich viele Eltern mit ihren Kindern eingefunden hatten.

Den Höhepunkt des Tages der Verpflichtung der Jugend bildete die Reichsfeier im Deutschen Opernhaus in Berlin mit einer Ansprache, in der Reichsjugendführer Axmann den tiefen Sinn dieser Verpflichtung deutete.

EN vom 29.3.1943

Im März 1943 feierte die Bismarckschule ihr 50jähriges Bestehen.
Oberstudiendirektor Humpf schrieb aus diesem Anlass eine mehrteilige Artikelserie
in den EN.

Am 27. März warnten die EN vor Spielen von Kindern in Gebäudetrümmern oder in
Bombentrichtern auf der Suche nach Bomben- oder Flaksplittern. (31)

Foto: Per Koopmann.
Stadtarchiv Elmshorn

Führerschein für Frauen kostenlos!

A. Auf die vielen Anfragen aus den Kreisen der Frauen und Mädchen, die Näheres wissen wollten über die Ausbildung zur Kraftfahrerin in den Kursen des Nationalsozialistischen Kraftfahrerkorps, teilt die NSKK.-Motorgruppe Nordmark in Kiel eine Reihe von Einzelheiten mit, die zu wissen wichtig sind.

Jede Frau, die ihrer Meldepflicht beim Arbeitsamt nachkommt, hat die Möglichkeit, sich für den Beruf der Kraftfahrerin zu entscheiden. Es liegt auf der Hand, daß nicht daran gedacht ist, nun etwa ab morgen die schweren Last- und Fernlastzüge von Frauen steuern zu lassen, aber auch die große Zahl der Schnell-, Liefer-, Ärzte-, Dreirad- und ähnlicher Fahrzeuge ist ein Arbeitsfeld, auf dem noch mancher wehrfähige Mann durch eine Frau ersetzt werden kann. Denn die Front braucht Fahrer in großer Zahl.

Wer den Ausbildungsplan der in der nächsten Woche beginnenden Kurse durchsieht, wird feststellen müssen, daß hier den Schülerinnen nicht nur das Steuern, Kuppeln, Schalten, Gasgeben und Bremsen beigebracht wird, sondern daß sie auch vertraut gemacht werden mit der Handhabung des Bordwerkzeuges, daß sie beispielsweise den Reifenwechsel genau so lernen, wie das Erkennen und Beseitigen kleinerer Störungen am Motor und Getriebe, ob es sich um benzin- oder generatorangetriebene Fahrzeuge handelt. Manche Frauen und manches junge Mädchen wird dieses praktische und theoretische Wissen später, nach dem Kriege, außerordentlich gut verwenden können, wenn der private Autoverkehr wieder einsetzen wird und der Volkswagen die Möglichkeit zu weiten Autoreisen gibt.

Und der Kostenpunkt? Das Korps ist seit jeher Träger des Gedankens der Motorisierung. Wenn eine Frau Lust hat, den Führerschein Klasse 3 zu erwerben und als Kraftfahrerin ihren Beitrag zum Gelingen unseres Kampfes abzuleisten, so darf kein finanzielles Opfer diesen Entschluß belasten. Die Ausbildung der Frauen ist daher völlig kostenlos! Am Ende der an sechs Abenden erfolgten Ausbildung steht die Prüfung, die durch bewährte NSKK.-Führer abgenommen wird, und die Aushändigung des Führerscheins Klasse 3, der zur Führung von PKW., Dreiradwagen und leichteren Lasten berechtigt.

Die Praxis sieht so aus, daß die vorgeladenen Frauen auf dem Arbeitsamt bei der Besprechung ihrer Berufswünsche ihre Neigung zur Tätigkeit als Kraftfahrerin äußern. Nach einer gründlichen ärztlichen Untersuchung gibt das Arbeitsamt seine Zustimmung und schickt die Auszubildenden in die Lehrwerkstätten des NSKK. im Bereich der Motorgruppe Nordmark, wo die Kurse abgehalten werden. Endlich gibt es noch viele Tausende von Frauen, die zwar schon im Besitze eines Führerscheins sind, einen Teil ihrer Fahrkenntnisse aber verloren haben, da ihr Wagen seit Jahren stillgelegt ist. Bevor diese — wohlgemerkt: soweit sie Interesse dafür haben — als Kraftfahrerinnen eingesetzt werden, müssen ihre Kenntnisse im NSKK. aufgefrischt und neupoliert werden. Sie sollen in Kurzkursen unterrichtet und vor allem in der Sicherheit am Steuer durch praktische Uebungen gefördert werden. Die Zuweisung erfolgt auch hier über das Arbeitsamt.

Anmeldestelle für die am 7. April 1943 beginnenden Lehrgänge ist das Arbeitsamt Elmshorn und die zuständige NSKK.-Einheit, in Elmshorn NSKK.-Sturmführer Maal, Bismarckstraße.

·— Weitere Steigerung der Rinderauftriebe. (Bearbeitet von der Marktberichtstelle des Reichsnährstandes.) Wie erwartet, haben sich die Auftriebe zu den Schlachtviehmärkten in Rindern weiter beachtlich gesteigert. Es handelt sich hierbei um Tiere, deren Nutzen den Futteraufwendungen entspricht. Noch nicht schlachtreife Jungtiere wurden Mastbetrieben zugeleitet, um sie nach weiterer Anmästung später dem Schlachthof zuzuführen. Vom Standpunkt der Fleischgewinnung aus wäre es unwirtschaftlich, diese noch nicht schlachtreifen Jungtiere vorzeitig abzuschlachten. Wieder war es in der Berichtswoche möglich, nennenswerte Entnahmen für die Vorratswirtschaft zu tätigen. Die Auftriebszahlen an Kälbern und Schweinen hielten sich auf Vorwochenhöhe.

·— In dem Schülerwettbewerb in Stenografie und Maschinenschreiben, der vom NSLB. durchgeführt wurde, beteiligte sich hier die hiesige Berufsschule mit gutem Erfolg. In Stenografie wurde a) im Richtigschreiben und b) im Schnellschreiben geprüft. Folgende beste Ergebnisse wurden erzielt: 60 Silben: Ursel Kappelmann (2:1), Marianne Stendorf (2:1) 80 Silben: Annemarie Ahrens (3:2), Hermine Schlott (3:4), Lisa Siegemann (3:2). 100 Silben: Elisabeth Nebel (2:1), Herta Jensen (2:2), Elfriede Wilkens (1:2), Elly Schlüter (2:2), Gertrud Studt (2:1). 120 Silben: Gerda Soltwedel (2:1), Werner Helwig (2:1), Erika Köln (2:1), Gerda Witt (2:2), Elisabeth Hucsfeldt (2:2), Inge Grabener (2:1), Inge Lefer (2:1), Hilda Brück (3:2), Liselotte Hauschildt (2:2), Gretel Claser (2:2), Elisabeth Schleef (2:2), Lisa Harder (2:1), 140 Silben: Helga Wulf (1:3), Helga Vorburg (3:3). Im Maschinenschreiben war eine Briefgestaltung vorgeschrieben und ein Schnellschreiben wurde erledigt. Die besten Ergebnisse waren: Erika Jähne 293 Reinanschläge, Briefgestaltung 4 und Schnellschreiben 3; Elisabeth Sastoloki 264, 3:2; Helga Vorburg 254, 1:1; Hilde Beud 251, 3:1; Elisabeth Schleef 250, 2:2; Ursula Claßing 249, 2:2; Marianne Wagner 248, 4:1; Margot Mangels 244, 4:3; Gerda Soltwedel 242, 3:3; Elisabeth Hucsfeldt 242, 1:1; Helga Wulf 232, 2:1; Gerda Köln 230, 2:1; Elfriede Drowe 221, 2:1; Inge Storjohann 221, 1:3.

·— Frühe Baumblüte zu erwarten. Im Gegensatz zum verflossenen Jahre kann mit einer frühen Baumblüte gerechnet werden. Einige warme Tage werden genügen, um die Kirschblüte hervorzuzaubern. In der Landwirtschaft ist die erste Obstbaumspritzung bereits abgeschlossen.

⊹ Gefunden wurden einige Urlauber-Lebensmittelkarten und eine Kinderbrille. Die Sachen können vom Fundamt abgeholt werden.

EN vom 1.4.1943 Aprilscherz   423

Am 29. April veröffentlichten die EN folgenden Bericht:

„Todesstrafe für Plünderer.

Die Kammer 3 das Hanseatischen Sondergerichts verurteilte die Eheleute Alfred und Martha Lück wegen Plünderns gemäß Paragraph 1 der Volksschädlingsverordnung vom 5. September 1939 zum Tod und zum Verlust der bürgerlichen Ehrenrechte auf Lebenszeit. Die Angeklagten wohnten in einem Hamburger Stadtteil in einem Etagenhaus, dass nach schwerer Beschädigung durch feindlichen Bombenangriff auf polizeiliche Anordnung geräumt werden musste. Beim Bergen eigene Sachen haben sie den Umstand, dass die übrigen Wohnungen ihrer Hausnachbarn infolge der angerichteten Schäden und nach der Räumungsanordnung unbeaufsichtigt und frei zu betreten waren, ausgenutzt und aus diesen Wohnungen Geschirr, Silberzeug, Kleidungsstücke, Radioapparate und andere Sachen in großem Umfang gestohlen. Die beiden Angeklagten haben sich auch nicht gescheut, sich an bereits geborgenen und vor der Tür des bombengeschädigten Hauses abgestellten oder zunächst im Luftschutzkeller sichergestellten Sachen ihrer Hausgenossen zu vergehen und haben diese auf das Übelste und zum Teil um Ihre letzte Habe geschädigt. Für solche Plünderer sieht das Gesetz die Todesstrafe vor, die gegen beide Angeklagten ausgesprochen wurde." (32)

Der 30. April 1943 war zunächst einmal der letzte Erscheinungstag der „Elmshorner Nachrichten". Die Zeitung erschien jetzt unter dem Namen „Holsteiner Nachrichten" (HN) und fasste mehrere Zeitungen zusammen. Ab diesem Zeitpunkt waren die Artikel über Elmshorn kürzer und sparsamer, da die Zeitung einen größeren Bereich abdeckte und zunehmend auch Zeitungspapier gespart werden musste.

An unsere Leser!

Mit der heutigen Ausgabe erscheinen die „Elmshorner Nachrichten" vorläufig zum letzten Male in der bisherigen alten Form und Gestalt.

Wir sind im totalen Krieg um Sein oder Nichtsein des deutschen Volkes. Es gilt alle Kräfte zusammenzufassen, sie einzusetzen dort, wo sie am besten nützen können, zu schaffen und zu arbeiten, um den Endsieg zu erringen.

Neben die Freistellung von Menschen für dieses hohe Ziel, für das Wohl der Nation, tritt die Einsparung von Material, von Kraft und Strom. Die deutsche Presse hat die Pflicht und Aufgabe, auf diesem Wege voranzugehen und Beispiel zu sein. Diesem Rufe folgen auch die Zeitungen unserer engeren Heimat. In Konzentrierung aller Kräfte legen sie ihr Kriegskleid an. So haben die Zeitungen der Städte Elmshorn, Pinneberg und Uetersen einen Gemeinschaftsverlag gebildet, der unter Berücksichtigung der bisherigen Titel, eine Tageszeitung

„Holsteiner Nachrichten"

herausgeben wird.

Das äußerliche Gesicht wird sich ändern, der Geist, der Sinn, die Pflege des Heimatlichen werden in den für die Kriegszeit erscheinenden kriegsbedingten neuen „Nachrichten" die alten bleiben. Für die Leser unserer „Elmshorner Nachrichten" treten keine Änderungen ein. Es werden dieselben Schriftleiter die Feder führen, die bisherigen Boten werden in Stadt und Land die neuen „Nachrichten" ins Haus bringen. Die Annahme von redaktioneller Mitarbeit und von Anzeigen erfolgt in der alten Stätte in Elmshorn, Adolf-Hitlerstraße 13. Der heimatliche, örtliche Teil wird dieselbe Berücksichtigung und heimatverbundene Pflege finden.

Durch bald ein volles Jahrhundert haben unsere Leser uns die Treue gehalten, in allem Wechsel der Zeiten. Wir wissen, daß sie es auch wie den alten, den neuen „Nachrichten" gegenüber so halten werden, bis dereinst nach dem Endsieg ein Wiederkommen und Wiedersehen sein wird, wenn alsdann die „Nachrichten" ihr Kriegskleid abgelegt haben und in der alten bisherigen Tracht wieder vor ihre Leser treten.

EN vom 30.4.1943

HN vom 11.5.1943

Am 12. Mai warnten die HN, dass Luftschutzräume nicht nur splitter- und trümmersicher, sondern auch gassicher sein müssten. Einige Luftschutzräume mussten während des Angriffs der Alliierten geräumt werden, da Rauchgase und Qualm eingedrungen waren. (33) Hunde und andere Haustiere durften nicht in den Luftschutzraum mitgenommen werden. Sie hatten während des Angriffs in der Wohnung zu bleiben. (34)

In der Stadt wurden nur Frauen bis 45 Jahren für den Arbeitseinsatz erfasst, während in der Landwirtschaft auch ältere Frauen die schwere Arbeit verrichten müssen. Da immer mehr Arbeitskräfte gebraucht wurden, rief man jetzt auch Frauen über 45 Jahren zur Arbeit in den Fabriken auf. ()

Vorsicht vor feindlichen Ballonen!

nbj. Der Feind läßt seit einiger Zeit frei fliegende Gummiballone in das Reichsgebiet einfliegen. Die Ballone sind gelb, kugelförmig und haben zwei bis drei Meter Durchmesser. An diesen Ballonen hängen in manchen Fällen Drähte, andere Ballone tragen Glasflaschen mit Brandflüssigkeit in der Größe einer Seltersflasche, die nach einer bestimmten Flugzeit selbsttätig abgeworfen werden und bei ihrem Aufschlag Ernte-, Wald- und Heidebrände erzeugen können. In neuester Zeit hängen an den Ballonen auch Säcke mit Holzwolle, die durch eine elektrische Vorrichtung entzündet werden, sobald der Ballon gegen einen Baum oder ein Gebäude treibt. Der Ballon selbst verbrennt dabei mit explosionsartiger Stichflamme. Die Bevölkerung wird gewarnt, solche Ballone zu berühren.

Es ist jedoch eine selbstverständliche Pflicht eines jeden Volksgenossen, sobald er einen derartigen Ballon treibend sichtet, die nächste Polizei- oder Wehrmachtdienststelle zu benachrichtigen, damit der Ballon durch Fachkräfte unschädlich gemacht werden kann. Von gelandeten Ballonen sind bis zum Eintreffen der Polizei Unbefugte, insbesondere Kinder und Neugierige, fernzuhalten.

HN vom 21.6.1943

Wer fällt unter den Begriff „Ostarbeiter"? In den Straßen unserer Stadt sieht man oft ausländische Arbeiter, die durch das blaue Schild „Ost" gekennzeichnet sind. Wie im Amtsblatt der Regierung zu Schleswig bekanntgegeben wird, gelten alle diejenigen zivilen Arbeitskräfte als „Ostarbeiter", die am 22. 6. 1941 in dem ehemals sowjetischen Gebiet — mit Ausnahme der ehemaligen Staatsgebiete Litauens, Lettlands, Estlands, sowie der Bezirke Bialystok und Lemberg — ansässig waren und seit dem genannten Zeitpunkt ins Reich zum Arbeitseinsatz gebracht worden sind. Zu dem „ehemals sowjetischen Gebiet" gehören auch die nach Beendigung des Polenfeldzuges an die Sowjetunion abgetretenen Gebiete des ehemaligen Polens.

HN vom 20.7.1943

Wiederholt wurden die Elmshorner gewarnt, die Luftschutzräume während eines Angriffs zu verlassen. Dieses sei lebensgefährlich.

„Leichtfertiges Verlassen der Schutzräume. Es kommt immer wieder vor, dass Volksgenossen bei Fliegerangriffen den Tod finden, weil sie sich während des Alarms nicht in den Keller- oder Schutzräumen, sondern in anderen Räumen ihres Hauses oder gar im Freien aufhalten. Besonders bei langer Dauer des Alarms, während der es zunächst nicht zu Bombenabwürfen gekommen ist, oder wenn Pausen im Flakbeschuss eingetreten sind, verlassen oft Neugierige ihre Deckung oder ihren Schutzraum und stellen sich im Hausflur oder gar auf der Straße auf. Durch dieses unverantwortlich leichtsinnige Verhalten untergraben diese Volksgenossen nicht nur die Luftschutzdisziplin, sondern bringen sich selbst in schwerste Lebensgefahr. Es ist nur den für die Kontrollgänge eingesetzten Brandwachen gestattet, die Schutzräume während des Alarms zu verlassen. Alle anderen Hausbewohner müssen sich unbedingt während der ganzen Alarmzeit bis zur Entwarnung in den Schutzräumen aufhalten." (36)

Nach Bombenangriffen erschienen in den HN Listen mit ausgebombten oder vermissten Bürgern, in der Hoffnung, die betreffenden Personen zu finden.

Es werden gesucht

folgende Volksgenossen aus Hamburg:

Elselotte Roggow, zuletzt wohnhaft Hamburg, Riebekstraße 30, Haus 1, gesucht von Rudolf Otte bei Ernst Schlüter, Langstedt, Post Pinneberg. — Familie Heinr. Gielow, zuletzt wohnhaft Barmbed, Volksdorfer Str. 7, I., und Familie Emil Gielow, zuletzt wohnhaft in Barmbed, Holtmannstr. 66, Hinterhs, gesucht von den Eltern Emil Gielow, bei Magens in Grönland über Elmshorn. — Oberzahlm. Ernst Hartmann und Frau, zuletzt wohnhaft Hamburg, Eiffestr. 24, gesucht von Hartmann, Pinneberg, Mühlenstr. 12. — Wo sind Peter Schütt und Frau, zuletzt wohnhaft Hamburg 33, Eckmannsweg 1, gesucht von Irmgard Schütt, Pinneberg, Kreiskrankenhs. — Frau Martha Cordes, Hans Cordes, Christa Cordes, Hamburg 1, Bankstraße 91, I., werden gesucht von Grete und Inge Cordes, bei H. Bein, Pinneberg, Hörnkamp 23. — Gefr. Willi Maczewsky, gesucht von Leni, z. Zt. Pinneberg, Moorkamp 2, Grapentin. — Frau Emmy Pessel, Elmsbüttel, Voigtstr. 18, Frau Frieda Mortensen, Elmsbüttel, Vollaustr. 4, gesucht von ihrer Schwester Frau H. Möller, Pinneberg, Fahltskamp 1. — Frau Edith Scholz, Hamburg-Altona, Holstenstr. 159, mit 3 Kindern, Friedel, Fritz und Christa, wird von ihrer Mutter, Frau Ella Babe, bei Kirst in Horst i. Holst., Schulstr. 28, gesucht. — Herr Julius Vendt und Frau Margarete, zuletzt wohnhaft Wolfgangsweg 9, gesucht von Marta Mateya, Pinneberg, Prisdorfer Str. 43. — Hermann Ott und Frau Julie, zuletzt wohnhaft Billstr. 107, gesucht von Erwin Groth, Pinneberg, Prisdorfer Str. 43. — Wo befindet sich Emma Möhring aus Altona, Hohenzollernring 222, sofort neue Adresse angeben. Bin in Altona. John Möhring. — Ich suche meine beiden Töchter Helene Hoffmann und Gertrud Gerkens aus Hamburg-Barmbed, Imsiedt 83. Nachricht an Anna Hoffmann, Pinneberg, Ob-

HN vom 3.8.1943. Ausschnitt

Holsteiner Nachrichten

Elmshorner Nachrichten · Pinneberger Tageblatt · Uetersener Nachrichten

Mittwoch, den 4. August 1943 — Nummer 80

Anwachsen der heftigen Abwehrkämpfe im Osten

Orel-Brückenkopf und am Ladogasee feindliche Angriffe gescheitert — Im Raum von Orel erfolgreicher Widerstand gegen überlegene Feindkräfte

HN vom 4.8.1943.

Durch Flucht vieler Hamburger nach den Luftangriffen ins Umland wurden die Gemeinden sehr stark belastet, sodass viele in weiter entfernte Orte weitergeleitet werden mussten. Eine weitere Folge war, dass viele Arbeitskräfte geflohen sind. Dadurch kam die Hamburger Wirtschaft in große Schwierigkeiten. Die HN bat am 7. August, dass die geflohenen Arbeitskräfte sich wieder bei ihren Arbeitgebern oder bei dem Arbeitsamt melden. (38)

Am 7. August 1943 wurden die bei dem letzten Bombenangriff getöteten 61 Personen auf dem Elmshorner Friedhof in einem Gemeinschaftsgrab beigesetzt. (39)

Beisetzung von 61 Bombentoten. Foto: Per Koopmann. Stadtarchiv Elmshorn.

Unsere Toten sind uns Verpflichtung zum Kampf bis zum Sieg!

Der Kreis Pinneberg nahm Abschied von den Opfern des letzten Terrorangriffs.

Unter den alten Buchen, zu Füßen des Ehrenmals der Helden des ersten großen Weltkrieges, haben die Opfer des Terrorangriffs, der einer Stadt unseres Kreises Pinneberg traf, ihre letzte Ruhestätte gefunden. Noch einmal erleben wir die Stunde, als die britischen Handlanger jüdischer Mordgesellen Eisen und Feuer auf die friedliche Stadt dagegen ließen und ihr das harte Gesicht der Frontstädte aufzwangen; noch einmal stehen vor unseren Augen die grauenvollen Bilder, als einige dieser Opfer aus den Trümmern der Häuser geborgen wurden, und wir spüren mit grimmiger Entschlossenheit, diese Nacht hat uns hassen gelehrt: Wehe dir England! Aus den Opfern und Zerstörungen wächst uns neue Kraft, die neue furchtbare Rache zur Auslösung bringen wird.

In einer von tiefem Ernst getragenen würdigen Trauerfeier nahm die Bevölkerung Abschied von ihren Toten. Die gesamten Formationen waren mit ihren Fahnen und der Standarte Pinneberg aufmarschiert, um den Toten die letzte Ehre zu erweisen. Kreisleiter Sievers und Kreisleiter Paulsen, Landrat Dubigneau und Vertreter der Regierung, der Wehrmacht, der Stadt und der Wirtschaft nahmen an der Trauerfeier teil. In dem gemeinsamen Grab verschwanden die Särge fast unter der Fülle der Kränze und Blumen, die noch einmal den ganzen Farbenreichtum des Sommers über Tod und Trauer ausschütteten.

Kreisleiter Sievers nahm in tief ergreifenden Worten Abschied von den Opfern und überbrachte den Angehörigen das herzliche Mitgefühl des Gauleiters. Gerade die Partei empfinde zutiefst die Trauer der Angehörigen, denn sie sehe in der Familie die Keimzelle des Lebens und wisse um den Schmerz, wenn aus dem umfriedeten Kreis der Familie plötzlich Glieder mit rauher Hand herausgerissen werden. Der Geist unserer lieben Toten werde aber ganz allmählich uns wieder aufrichten, werde die trauererfüllten Herzen wieder öffnen und zu neuem Kampf stärken, damit unsere Toten können in Frieden ruhen. Auch in der Gemeinschaft der Stadt sei

eine schmerzliche Lücke entstanden! Wir aber rücken nur um so enger zusammen, um die Lücke zu schließen, werden dabei aber nie vergessen, daß auch diese Toten in unseren Reihen stets mitmarschieren. Sie sollen uns Verpflichtung sein, stets so zu handeln und zu kämpfen, daß diese unsere treuen Toten nicht umsonst gefallen sind. Wir haben ins wahre Gesicht des Juden geschaut und seine brutale, satanische Art erkannt. Wir wissen jetzt, daß dieser Kampf geführt werden muß, geführt bis zur Vernichtung der Juden und ihrer Helfer, wollen wir nicht, daß Millionen unserer Volksgenossen hinabgesenkt werden in die deutsche Erde. Unsere Toten seien uns Zeuge, daß dieser Terror gebrochen werden muß. Bei gesenkten Fahnen rief der Kreisleiter die Namen der Gefallenen und gab für die Lebenden das Gelöbnis ab, in Treue, Gehorsam und Pflichterfüllung dem Führer zu folgen, der auch den grausamsten Terror der Feinde zerbrechen wird.

Die Fahnen flattern wieder im Winde. Ein Sprecher ruft das ewige Deutschland und wie ein ehernes Gelöbnis, voll verbissener Entschlossenheit, erklingen die Lieder der Nation über dem offenen Grab. Der Kreisleiter, der Landrat und ein Offizier der Luftwaffe legen Kränze nieder, die Ortsgruppenleiter und Amtsleiter der Partei schmücken jeden Sarg mit einem Rosenstrauß. Nachdem der Kreisleiter und der Landrat den Angehörigen ihre persönliche Anteilnahme ausgesprochen hatten, fand die Trauerfeier ihren Abschluß.

In der anschließenden kirchlichen Abschiedsstunde fand Pastor Harder ergreifende Worte des Trostes für die Angehörigen.

Das Gemeinschaftsgrab unter den Buchen am Ehrenmal wird Generationen hindurch uns Mahnung sein, nie zu vergessen, was der Feind uns angetan. Wenn die Narben des Krieges schon verharrscht sind, werden hier die Menschen in Ehrfurcht stehen und der Opfer gedenken, die britisch-jüdische Mordlust von der Einwohnerschaft eines friedlichen Ortes forderte auch Opfer des Krieges, gefallen für die Freiheit und die Größe Deutschlands.

HN vom 9.8.1943.

Eine Folge der schweren Bombenangriffe auf Hamburg und Umgebung war, dass die Einschulung 1943 auf unbestimmte Zeit verschoben wurde. (40)

430

Die Schulen und deren Turnhallen wurden als provisorische Unterkünfte und Lazarette für die Ausgebombten benötigt.

Ausgebombte an der Turnhalle der „Blauen Schule". Foto: Per Koopmann. Stadtarchiv Elmshorn.

Der Zugverkehr nach Hamburg wurde stark eingeschränkt. Es durften nur noch Personen die Eisenbahn benutzen, die dort beruflich zu tun hatten. Die Bahnhöfe wurden durch Polizei abgesperrt. „*Diese Absperrung ist notwendig im Interesse der Durchführung der dringlichsten Aufgaben zugunsten der berufstätigen Bevölkerung von Hamburg und der Versorgung und des Weitertransportes der aus Hamburg abgewanderten Frauen und Kinder.*" (41)

Von „Christbäumen" und „Leuchttrauben"

Britische Luftangriffsmittel — Die Leucht- und Zielmarkierungsbomben

In den bombengefährdeten, durch Angriffe heimgesuchten Gebieten hat jeder ein erhöhtes Interesse an Art und Wirkung der Luftangriffsmittel, die der Brite sowohl als Brandbomben, -Plättchen, -Flaschen und -Stäbe als auch in Form von Leucht-, Blitz- und Zielmarkierungsbomben anzuwenden pflegt, wobei die Fortschritte der Technik und Erfahrung eine merkbare Weiterentwicklung der einzelnen „Waffen", wenn man diese Dinge so nennen will, zustande gebracht haben. Ueber diese Fragen alle schreibt in einem ausführlichen, bebilderten Beitrag in der „Sirene", Ausgabe 11 vom Mai 1943, Hauptmann (B.) im Reichsluftfahrtministerium Walter Reichmuth. Wir entnehmen diesen aufschlußreichen und autoritativen Darlegungen jenen Abschnitt, der sich mit den Mitteln beschäftigt, die den Zweck haben, das Zielfeld wirksam zu beleuchten, es für die Flugzeugführer und Bombenschützen zu erhellen. Wir lesen da u. a.:

Die Leuchtbomben können verschiedene Aufgaben haben. Meist dienen sie zum Aufhellen des Zielgeländes. Dann sind sie bei klarem Wetter weiß, bei dunstigem oder nebeligem Wetter gelb oder orangefarben. Die Leuchtstärke einer normalen britischen Leuchtbombe beträgt etwa 1,2 Millionen Hefnerkerzen. Die Bombe besteht aus einer zylindrischen Weißblechhülse, in der Fallschirm, Leuchtsatz, Ausstoßladung und Zünder untergebracht sind. Der Leuchtsatz wird in bestimmter Höhe durch einen einstellbaren Zeitzünder und eine Pulverladung nach oben aus der Blechhülse wie aus einer Kanone herausgeschossen. Dabei gerät er in Brand. Den Fallschirm schiebt er beim Ausstoß vor sich her. Die Brenndauer beträgt etwa 4 Minuten. Da der Leuchtsatz zwei Meter in der Sekunde am Fallschirm sinkt, durchfällt er in dieser Zeit 500 Meter Höhenunterschied. Es ist also notwendig, die Bombe, die aus jeder beliebigen Höhe abgeworfen werden kann, in 500 bis 1000 Meter Höhe zu zünden. Vor dem Abwurf wird der Zünder daher so eingestellt, daß die volle Bombe erst den Fallweg über 500 bis 1000 Meter Höhe durchfällt und dann den Leuchtsatz mit Fallschirm brennend ausstößt, während die leere Hülse zu Boden fällt. Das abwerfende Flugzeug ist inzwischen an einer ganz anderen Stelle. Falls Reste des Leuchtsatzes brennend oder glühend zu Boden fallen, können sie mit Wasser oder Sand gefahrlos gelöscht werden, falls dies erforderlich ist. Häufig verwendet der Gegner auch

rote oder grüne Leuchtbomben

aus denen noch eine Anzahl gleich- oder andersfarbiger Sterne herausfällt. Mit diesen Bomben, die in England „Skymarkers", d. h. Himmelsmarkierungen, heißen, gibt das Führerflugzeug Zeichen wie z. B. „Sammeln!" oder „Angriff" oder auch Richtpunkte für den Kurs an unerfahrene junge Besatzungen. Häufig werden auch mehrere Leuchtbomben zu Bündeln verschraubt und mit gleicher Zünderstellung gleichzeitig aufgeschlossen, so daß eine Art Traube am Himmel hängt; teilweise wird auch das Zielgebiet mit Buntleuchtbomben „eingekreist."

Weil aber die Leuchtbombe infolge ihrer zylindrischen Form keinen genau gezielten Wurf aus großen Höhen erlaubt und der Wind den Schirm während der vier Minuten Brenndauer seitlich mehrere hundert Meter forträgt, kann sie zur Markierung eines bestimmten Punktes am Boden nicht verwendet werden. Hiezu dient ein anderes Leuchtsignal, die sogenannte

Zielmarkierungsbombe 250 LB.

Sie hat äußerlich die Form einer großen Flüssigkeitsbrandbombe und erlaubt somit einen gezielten Wurf aus großen Höhen wie mit einer Sprengbombe. Im Innern sind 60 stabförmige Leuchtsätze, etwa von den Abmessungen der Stabbrandbombe, eingebaut. Mit Hilfe eines Leuchtbombenzeitzünders und einer Pulverladung werden die Stäbe 400 bis 800 Meter über dem Erdboden gezündet und nach hinten aus der Bombe herausgeschossen. Dann fallen sie wie ein roter, grüner, gelber oder weißer Sternregen zu Boden und brennen dort etwa drei Minuten lang mit starker Hitze und Leuchterscheinung ab. Sie ergeben einen bunten Leuchtfleck von etwa 100 Meter Durchmesser, den der Flieger auch durch dichte Wolken erkennen kann.

Zur Erzeugung weißer Sterne sind schnellbrennende Stabbrandbomben ohne Kopf und Zündung eingebaut. Aus größerer Entfernung sehen die fallenden Leuchtstäbe wie glühende Tropfen aus, so daß fälschlich häufig behauptet wurde, die britischen Flugzeuge „regneten Phosphor ab". Obwohl die gelben, roten und grünen Leuchtstäbe nur aus Weißblechhülsen bestehen, durchschlagen sie gewöhnliche Dächer und müssen wie Stabbrandbomben bekämpft werden! Es wäre völlig abwegig, im Luftschutzraum zu bleiben und einen etwaigen durch die Leuchtstäbe verursachten Brand sich selbst zu überlassen!

Also: brennende bunte Leuchtstäbe der Zielmarkierungsbombe wie Stabbrandbomben löschen!

Absicht des Gegners ist, in den durch die Zielmarkierungsbombe bzw. durch die aus ihr stammenden, am Boden hell brennenden Leuchtstäbe markierten buntbeleuchteten Farbfleck die Sprengbomben abzuwerfen. Der Brite will so mit diesem auch durch dichte Wolken erkennbaren Signalmittel durch erfahrene Besatzungen einen vorher verabredeten Punkt, z. B. ein Häuserviertel, deutlich markieren. Von diesem Punkte ausgehend sollen die anderen Besatzungen nach Winkeln und Entfernungen ihre Ziele suchen. Das ist dasselbe wie bei der Artillerie, die einen hervorstehenden Punkt, wie z. B. einen Kirchturm, als „Richtpunkt" oder „Hilfsziel" zum Richten und Aufsuchen der Ziele benutzt. So findet der bunte Sternregen, der von manchem Volksgenossen auf der Kontrollgängen beobachtet wurde und dessen Zweck bisher nur wenig bekannt war, seine einfache und natürliche Erklärung.

HN vom 11.8.1943

Am 11. August wurden zugunsten der ausgebombten und nach Elmshorn geflüchteten Hamburger Bevölkerung die Spinnstoffbezugsrechte im Kreis Pinneberg eingeschränkt. (42)

Gleichzeitig wurde die Meldung von Nebenwohnungen und unterbelegten Wohnungen Pflicht. (43)

Elmshorn

Bei der Unterbringung der obdachlosen luftkriegsbetroffenen Familien sind Schwierigkeiten aufgetreten. Bekanntlich sind selbständige Wohnungen nur in sehr beschränkter Zahl vorhanden, so daß hauptsächlich Teilwohnungen in Anspruch genommen werden müssen. Dazu ist die Mithilfe eines jeden Wohnungsinhabers notwendig. Mit geringen Einschränkungen läßt sich in den meisten Fällen Unterkunft und auch noch Gelegenheit zum Kochen schaffen und es wird erwartet, daß die Bevölkerung Entgegenkommen zeigt. Dadurch würde der Behörde die Unterbringung Luftkriegsbetroffener erheblich erleichtert.

HN vom 24.8.1943.

Beim Start des Winterhilfswerkes 1943/44 im September schrieben die HN:

„Noch niemals ist in unserem Volke das Bewusstsein für die Notwendigkeit des persönlichen Opfers so lebendig gewesen wie im gegenwärtigen Augenblick. Denn ganz gleich, wo wir heute leben: ob in den unmittelbar vom Lufterror heimgesuchten Gebieten oder weit abseits in der Stille - die Auswirkungen des gewaltigen Kampfes, der um Tod oder Leben geht, greifen auch in das entfernteste Dörfchen und Gehöft. Es gibt wohl kaum einen Ort in Deutschland, in dem nicht heimat- und obdachlos gewordene Menschen aus anderen Gauen Aufnahme gefunden hätten. Damit ist unser ganzes Volk unmittelbar vor das größte Gebot der Stunde gestellt, und das heißt: „Helfen!" Der erste Opfersonntag im Rahmen des neuen Kriegs-Winterhilfswerks ist der eindringlichste Aufruf dazu. Er unterscheidet sich grundsätzlich von den Opfersonntagen früherer Jahre. Denn wenn es damals darum ging, für die innere Gesundheit unseres Volkes Sorge zu tragen, das Wachsen

und Werden ganzer Familien sicherzustellen, so zeigt heute der Krieg sein härtestes Gesicht, und es gilt in erster Linie, der Not des Augenblicks Herr zu werden. Opfersonntag - das heißt genau, opfern, spenden aus freudigem Herzen für alle diejenigen, die von heut auf morgen von der Not des Krieges hart betroffen worden sind. Wer wie wir in einem bombengeschädigten Gebiet lebt, weiß, in welchem ungeheuren Masse hier die Hilfstätigkeit bei NSV auf dem Posten ist. Dass sie, angefangen bei der Gemeinschaftsverpflegung bis zur Unterbringung der obdachlos gewordenen Volksgenossen sich jedes Einzelnen liebevoll annimmt, um ihm über die schwere Zeit hinweg zu helfen. Diese umfassende Hilfstätigkeit aber erfordert die Mitarbeit und notwendige Opferbereitschaft des ganzen Volkes. Nur so ist es möglich, der Last des Krieges Herr zu werden und auch diese Zeit der härtesten Belastungsproben aus gemeinsamem Willen heraus zu überwinden. Wem heute noch Heim und Gesundheit erhalten blieb, der wird aus einem Dankgefühl heraus ganz von selbst seine „Spende" zum Opfersonntag in ein wirkliches „Opfer" verwandeln. Stärker als je wissen wir heute, dass die Not und das Leid unseres nächsten Volksgenossen auch unser eigenes Leid ist, dass das Schicksal, das ihn gestern traf, morgen unser eigenes sein kann. Dieses Bewusstsein aber schmiedet uns zusammen zu einer unlösbaren Not- und Schicksalsgemeinschaft, und wir wissen, dass wir nur gemeinsam in unerschütterlichem Helfen und Opfern der Aufgaben der Gegenwart Herr werden können. Darum ist der erste Opfersonntag dieses Kriegs-Winterhilfswerks ein Sinnbild der Notgemeinschaft und des unerschütterlichen Vertrauens des deutschen Volkes, dass ein gemeinsamer Wille und seine unermüdliche Opferbereitschaft über Leid und Not hinweg dennoch den Sieg erzwingen wird." (44)

Frauen, Kinder und Alte sollten bei Luftalarm in die Luftschutzräume. Für Männer galt das nicht:

„Männer beim Fliegeralarm. Wer nicht selbst seine Wohnung rettet, verliert seinen Besitz. Männer, die sich bei Alarm nicht auf ihrer Arbeitsstätte befinden, gehören beim Luftangriff in ihre Häuser oder in den Selbstschutztrupp. Wer, um sich selbst in Sicherheit zu bringen, Wohnung, Haus und Geschäft einfach im Stich lässt, hat den moralischen Anspruch auf Wohnung und Geschäft verloren; er möge nachher nicht

jammern und lamentieren, wenn er alles verloren hat. So unmöglich auch nur der Gedanke ist, dass sich der Frontsoldat bei einem Angriff rückwärts in die Etappe verdrückt, so wenig haben die Männer in der Heimat das Recht, sich in Sicherheit zu bringen. Sie haben zu kämpfen, nicht von vornherein ohne Kampf zu kapitulieren." (45)

HN vom 18.10.1943.

HN vom 30.11.1943.

Zwangsarbeiter und Kriegsgefangene

Mit Ausbruch des Krieges und seiner Ausweitung auf die europäischen Länder fehlten dem Deutschen Reich viele männliche Arbeitskräfte, da diese als Soldaten Dienst taten oder in den eroberten Gebieten eingesetzt waren. Einen Teil der fehlenden Arbeitskräfte mussten die Frauen auffangen, die zunächst auf freiwilliger Basis, später zunehmend gezungen wurden. Es wurde die Altersspanne herabgesetzt und heraufgesetzt, so dass auch die Jugend zu kriegswichtigen Arbeiten herangezogen wurde. Alle diese Bemühungen aber reichten nicht.

Daher begann die NS-Regierung, zunächst im Protektorat Böhmen und Mähren, später dann in allen besetzten Gebieten, Arbeitskräfte für eine Arbeit im Reich anzuwerben. Aber bald schon stand fest: es reichte immer noch nicht. So musste der Freiwilligenwerbung mit einer Meldepflicht für bestimmte Jahrgänge und mit Zwangsverpflichtungen nachgeholfen werden. Mit Lockungen und Versprechungen versuchte man dann auch in den besetzten Ostgebieten (Polen und Sowjetunion) Arbeitskräfte anzuwerben. Aber schon in der Anordnung des Oberkommandos des Heeres vom 10. Mai 1942, wonach die Anwerbung *„grundsätzlich freiwillig"* zu erfolgen habe, wurde bestimmt,

„dass nur wenn die freiwillige Werbung nicht zum Erfolg führe, zur zwangsweisen Dienstverpflichtung geschritten werden dürfe, um den Kräftebedarf des Reiches unter allen Umständen zu decken." (1)

Da die Freiwilligkeit immer mehr nachließ, wurden die deutschen Gewaltmassnahmen ihmer stärker. So wurden ganze Regionen dem Hunger ausgesetzt, das Vieh weggetrieben und Erschiessungen angedroht. Manches Mal wurden die Manschen gefesselt an die Bahnstationen getrieben. Wahllos wurden auch Schwerkranke und Krüppel, schwangere Frauen, Frauen mit Säuglingen und ganze Familien nach Deutschland verschleppt. Eine ehemalige Elmshornerin erinnerte sich, dass ihre 80 sowjetischen Frauen nach einem sechswöchigen Fussmarsch barfuss in Elmshorn ankamen. Auch die sowjetischen Kriegsgefangenen in der Bockelpromenade 56 und 60 sollen den langen Weg von Ostpreussen her zu Fuss zurückgelegt haben. (2)

„Die Lebensbedingungen der zwangsweise in Deutschland oder in den besetzten Gebieten für Deutschland arbeitenden Menschen waren je nach Nation, rechtlichem Status und Geschlecht unterschiedlich. Menschen aus der Sowjetunion (im NS-Jargon sogenannte Ostarbeiter) und aus Polen waren durch diskriminierende Sondererlasse der Willkür der Gestapo und anderer polizeilicher Dienststellen wehrlos ausgeliefert. Sie durften ihre Lager oft nur zur Arbeit verlassen und mussten entsprechende Kennzeichen ("OST", "P") auf der Brust tragen. (...)

Alle ausländischen Arbeitskräfte wurden durch einen rassistisch-bürokratischen Repressions- und Kontrollapparat aus Wehrmacht, Arbeitsamt, Werkschutz, Polizei und SS streng überwacht. Sie wurden in zugige Baracken oder in überfüllte Gaststätten und Festsäle eingepfercht. In den Lager- und Betriebskantinen wurden sie nur äußerst unzureichend verpflegt; ohne Lebensmittelmarken konnten sie von ihrem geringen Lohn nichts zu Essen kaufen und litten ständig Hunger. Die wenigen nach der oft zwölfstündigen Arbeitsschicht verbleibenden Stunden Freizeit nutzten sie zunächst, um ihr Überleben zu sichern. Sie versuchten auf dem Schwarzmarkt Brot zu erstehen oder putzten – gegen ein Mittagessen – für eine deutsche Familie. Damit konnten sich auch ärmere Deutsche ein Dienstmädchen oder einen Bauarbeiter ins Haus holen – wortwörtlich für ein Butterbrot.

Den Bombenangriffen waren die Zwangsarbeiterinnen und Zwangsarbeiter noch wehrloser ausgesetzt als die deutsche Bevölkerung, da sie meist keinen Zugang zu Schutzräumen hatten. Viele Frauen litten unter zusätzlichen Schikanen und Gewalttätigkeiten.

Trotz Repression, Denunziation, Orientierungslosigkeit und der verheerenden Lebensbedingungen in der besetzten und ausgeplünderten Heimat versuchten Zwangsarbeiterinnen und Zwangsarbeiter immer wieder zu fliehen; auch gab es Ansätze zu Widerstand und Sabotage. Ohne juristische Einspruchsmöglichkeiten und allein schon bei Verdacht auf diese Delikte konnten sie im Extremfall in Konzentrationslager eingewiesen oder gar hingerichtet werden. Im Falle von "Bummelei" oder Arbeitsverweigerung drohten die berüchtigten Arbeitserziehungslager." (3)

Lediglich zur mündlichen Eröffnung!

Pflichten der Zivilarbeiter und -arbeiterinnen polnischen Volkstums während ihres Aufenthalts im Reich

Jedem Arbeiter polnischen Volkstums gibt das Großdeutsche Reich Arbeit, Brot und Lohn. Es verlangt dafür, daß jeder ihm zugewiesene Arbeit gewissenhaft ausführt und die bestehenden Gesetze und Anordnungen sorgfältig beachtet.

Für alle Arbeiter und Arbeiterinnen polnischen Volkstums im Großdeutschen Reich gelten folgende besondere Bestimmungen:

1. Das Verlassen des Aufenthaltsortes ist streng verboten.

2. Während des von der Polizeibehörde entsperrten Ausgehverbots darf auch die Unterkunft nicht verlassen werden.

3. Die Benutzung der öffentlichen Verkehrsmittel, z. B. Eisenbahn, ist nur mit besonderer Erlaubnis der Ortspolizeibehörde gestattet.

4. Alle Arbeiter und Arbeiterinnen polnischen Volkstums haben die ihnen übergebenen Abzeichen stets sichtbar auf der rechten Brustseite jeden Kleidungsstückes zu tragen. Das Abzeichen ist auf dem Kleidungsstück fest anzunähen.

5. Wer lässig arbeitet, die Arbeit niederlegt, andere Arbeiter aufhetzt, die Arbeitsstätte eigenmächtig verläßt usw., erhält Zwangsarbeit im Arbeitserziehungslager. Bei Sabotagehandlungen und anderen schweren Verstößen gegen die Arbeitsdisziplin erfolgt schwerste Bestrafung, mindestens eine mehrjährige Unterbringung in einem Arbeitserziehungslager.

6. Jeder gesellige Verkehr mit der deutschen Bevölkerung, insbesondere der Besuch von Theatern, Kinos, Tanzvergnügen, Gaststätten und Kirchen, gemeinsam mit der deutschen Bevölkerung, ist verboten. Tanzen und Alkoholgenuß ist nur in den polnischen Arbeitern besonders zugewiesenen Gaststätten erlaubt.

7. Wer mit einer deutschen Frau oder einem deutschen Mann geschlechtlich verkehrt oder sich ihnen sonst unsittlich nähert, wird mit dem Tode bestraft.

8. Jeder Verstoß gegen die für die Zivilarbeiter polnischen Volkstums erlassenen Anordnungen und Bestimmungen wird in Deutschland bestraft; eine Abschiebung nach Polen erfolgt nicht.

9. Jeder polnische Arbeiter und jede polnische Arbeiterin hat sich stets vor Augen zu halten, daß sie freiwillig zur Arbeit nach Deutschland gekommen sind. Wer diese Bestimmungen nicht beachtet, wird besonders während des Kriegszustandes unnachsichtig zur Rechenschaft gezogen.

10. Über die hiermit bekanntgegebenen Bestimmungen zu sprechen oder zu schreiben, ist strengstens verboten.

Obowiązki robotników i robotnic cywilnych narodowości polskiej podczas ich pobytu w Rzeszy

Każdemu robotnikowi narodowości polskiej daje Wielka Rzesza Niemiecka pracę, chleb i zapłatę. Za to Rzesza wymaga żeby każdy swą jemu przekazaną pracę wykonał sumiennie i zastosował się starannie do wszystkich rozporządzeń i rozkazów obowiązujących.

Dla wszystkich robotników i robotnic narodowości polskiej we Wielkiej Rzeszy Niemieckiej zobowiązują następujące szczególne przepisy:

1. Opuszczenie miejscowości pobytu jest surowo zakazane.

2. W czasie, w którym przez władzy policyjną nie jest zezwolono zwiedzić miejscowość, także zakazano jest opuścić zamieszkanie.

3. Użytkowanie publicznych środków komunikacyjnych n. p. kolei, jest tylko zezwolone za specjalnem pozwoleniem miejscowej władzy policyjnej.

4. Wszyscy robotnicy i robotniczki narodowości polskiej są zobowiązani do stale widocznego noszenia, na prawej stronie piersi swej odzieży mocno przyszytych odznaków które im zostały wręczone.

5. Kto pracuje opieszale, pracę swą złoży, innych robotników podburza, miejsce pracy samowolnie opuszcza i. t. d., będzie karany pracą przymusową we wychowawczym obozie pracy. Czyny sabotażowe i inne ciężkie wykroczenia przeciw dyscyplinie robotniczej zostaną

surowo karane i to przynajmniej umieszczeniem we wychowawczym obozie pracy na dłużej lat.

6. Każde obcowanie z ludnością niemiecką, szczególnie odwiedzanie teatrów, kin, zabaw tanecznych, restauracji i kościołów razem z ludnością niemiecką jest zakazane. Tańczenie i używanie alkoholu jest polskim robotnikom tylko pozwolono w obeziach specjalnie dla nich przeznaczonych.

7. Spółkowanie z kobietą niemiecką lub z mężczyzną niemieckim względnie zbliżenie niemoralne do nich będzie karane śmiercią.

8. Każde wykroczenie przeciwko rozporządzeniom i przepisom wydanych dla robotników cywilnych polskiej narodowości, będzie karane w Niemczech, odstawienie do Polski nie nastąpi.

9. Każdy robotnik polski i każda robotniczka polska ma sobie każdego czasu o tem przypomnić, że przyśli dobrowolnie na pracę do Niemiec. Kto pracuje do zadowolenia otrzyma zasługę swoją jednakoż kto pracuje opieszale, i nie zastosuje się do przepisów, będzie niewzględnie zciągnięty do odpowiedzialności, i to szczególnie w czasie wojny.

10. O niniejszych rozporządzeniach rozmawiać lub pisać jest surowo zakazane.

https://de.wikipedia.org/wiki/Polen-Erlasse#/media/Datei:Pflichten_der_polen.jpg

„Mit den Erlassen der Reichsregierung vom 8. März 1940, den so genannten Polen-Erlassen, schuf die nationalsozialistische Reichsregierung per Polizeiverordnung ein Sonderrecht für in das Deutsche Reich verschleppte polnische Zwangsarbeiter. Die rassistisch begründete Vorstellung von einer Minderwertigkeit der „Zivilarbeiter" genannten Zwangsarbeiter und Kriegsgefangenen aus Polen war ein herausstechendes Merkmal dieser Anordnungen.

Die Anordnungen umfassten z. B. folgende Vorschriften:

- Kennzeichnungspflicht für polnische Zwangsarbeiter (ein „P" musste deutlich sichtbar an jedem Kleidungsstück befestigt werden)

- Geringere Löhne als für deutsche Arbeiter

- Weniger und/oder schlechtere Verpflegung als Deutsche

- Das Verlassen des Aufenthaltsortes war verboten

- Ausgangssperre ab der Dämmerung

- Der Besitz von Geld oder Wertgegenständen, Fahrrädern, Fotoapparaten oder Feuerzeugen war verboten

- Der Besuch von Gaststätten oder Tanzveranstaltungen war verboten

- Die Benutzung von öffentlichen Verkehrsmitteln war verboten

Der Kontakt von Polen mit Deutschen war strengstens verboten, selbst der gemeinsame Kirchenbesuch.

Die strafrechtlichen Bestimmungen wurden teilweise so ausgelegt, dass auch so genannte „unsittliche Berührungen" bestraft werden konnten. Zuwiderhandlungen wurden mit einer Einweisung in ein Arbeitserziehungslager oder ohne weitere Gerichtsverhandlung mit dem Tode bestraft.

Die Geheime Staatspolizei war für die Verfolgung und Bestrafung von Verstößen zuständig. Dabei wurden Kriegsgefangene entgegen der zweiten Genfer Konvention von 1929 verfolgt, in Arbeitserziehungslager eingewiesen oder sogar öffentlich von Mitarbeitern der Geheimen Staatspolizei gehängt.

Ostarbeiterabzeichen für sowjetische Zwangsarbeiter

*Nach dem deutschen Angriff auf die Sowjetunion kamen im „Ostarbeiter-Erlass"
vom 20. Februar 1942 nach dem Vorbild der Polen-Erlasse noch schärfer gefasste
Bestimmungen für sowjetische
Kriegsgefangene und Zivilarbeiter (sogenannte Ostarbeiter) und Deportierte hinzu.
Zu den Erlassen wurden schriftliche Anordnungen an die lokalen Verwaltungs- und
Polizeistellen sowie die Betriebsführer herausgegeben.*

Die „Ostarbeiter-Erlasse" enthielten z. B. folgende Bestimmungen:

- *Verbot, den Arbeitsplatz zu verlassen*

- *Verbot, Geld und Wertgegenstände zu besitzen*

- *Verbot, Fahrräder zu besitzen*

- *Verbot, Fahrkarten zu erwerben*

- *Verbot, Feuerzeuge zu besitzen*

- *Kennzeichnungspflicht: ein Stoffstreifen mit der Aufschrift „Ost" musste gut
  sichtbar auf jedem Kleidungsstück befestigt werden*

- *Die Betriebsführer und Vorarbeiter besaßen ein Züchtigungsrecht.*

- *schlechtere Verpflegung als für Deutsche*

- *weniger Lohn als Deutsche*

- *Verbot jeglichen Kontakts mit Deutschen, selbst der gemeinsame Kirchenbesuch war verboten.*

- *gesonderte Unterbringung der Ostarbeiter, nach Geschlechtern getrennt*

- *Bei Nichtbefolgen von Arbeitsanweisungen bzw. Widersetzlichkeiten drohte die Einweisung in ein Arbeitserziehungslager, die Bedingungen in diesen Lagern ähnelten denjenigen eines Konzentrationslagers.*

- *Strenges Verbot des Geschlechtsverkehrs mit Deutschen; darauf stand zwingend die Todesstrafe."* (4)

Es gab in Elmshorn während des Krieges ungefähr 2000 Zwangsarbeiter, die in 242 Elmshorner Betrieben unter Zwang beschäftigt wurden. 45 Prozent von ihnen waren unter 21 Jahre alt, 5 Prozent zwischen 11 und 15 Jahren und 20 Prozent zwischen 16 und 18 Jahren alt. Die meisten von ihnen kamen aus Polen und weitere aus der Sowjetunion. Sie mussten sich per Erlass mit einem „P" am Arm kennzeichnen. Diese waren zum großen Teil in Zwangsarbeitslagern, wie z. B. auf dem „Platz der Opferarbeit" hinter dem Jüdischen Friedhof an der Feldstraße (heute Olympiahalle), zum Teil aber auch in Privathaushalten oder landwirtschaftlichen Betrieben untergebracht.

„*Im Jahr 1945 hielten sich 2165 Zwangsarbeiter in Elmshorn auf. Der Altersdurchschnitt lag zwischen 18 und 20 Jahren. Die jüngsten Zwangsarbeiter waren 11 Jahre alt. Viele der Zwangsarbeiter, die auf dem Grabstein in Elmshorn stehen sind aufgrund der Bombenangriffe durch die Briten verstorben. Sie wurden während der Bombardierung in den Baracken eingeschlossen. Die Luftschutzräume standen ausschließlich der deutschen Bevölkerung zur Verfügung. Es gibt Berichte, dass Zwangsarbeiter, die bei der Entschärfung von Blindgängern eingesetzt worden sind und dass Kleinstkinder wegen Unterernährung auf einem Bauernhof in Kölln-Reisiek eingesetzt worden sind.*

88 Zwangsarbeiter sind im Sterbelager bei Kaltenkirchen durch Lungenentzündung, TBC, Unterernährung, Typhus gestorben. 30 Zwangsarbeiter (die meisten von ihnen unter 16 Jahre wurden ins KZ gebracht und sind dort vergast worden. 2 Zwangsarbeiter wurden hingerichtet, es gab mehrere Selbstmorde – unter anderem von einer Mutter, die mit ihrem Baby Selbstmord im See im Liether Wald begangen hat. Darüber hinaus haben 1-2 Hinrichtungen stattgefunden." (5)

Zwangsarbeitslager, später Flüchtlingslager, auf dem „Platz der Opferarbeit" an der Feldstraße. Foto: Stadtarchiv Elmshorn

Die Arbeitsbedingungen der Zwangsarbeiter, sofern sie nicht aus Polen oder der Sowjetunion stammten, regelten Vorschriften, die den Arbeitgebern in Form von Merkblättern ausgehändigt wurden.

Anlage zum Rundschreiben Nr.11/40 des
stellv. Gauleiters vom 19. März 1940

M e r k b l a t t !

Wie verhalten wir uns gegenüber den Polen?

Um die Ernährung des deutschen Volkes zu sichern und der Landwirtschaft die hierfür notwendigen Arbeitskräfte zur Verfügung zu stellen, werden in diesem Jahr eine große Anzahl Polen in der Landwirtschaft eingesetzt. Sie sollen es den deutschen Bauern erleichtern, den Aushungerungsversuch unserer Feinde zunichte zu machen. Dafür erwarten wir von allen Volksgenossen auf dem Lande:

Haltet Abstand von den Polen !

Sie gehören einem Volke an, dass noch vor wenigen Monaten 58000 Deutsche ermordet hat.

Werdet nicht zu Verrätern an der deutschen Volksgemeinschaft !

Die Polen gehören nicht zur deutschen Volksgemeinschaft. Wer sie wie Deutsche behandelt oder gar noch besser, der stellt seine eigenen Volksgenossen auf eine Stufe mit Fremdrassigen. Das gleiche gilt auch den deutschen Gruß. Wenn es nicht zu vermeiden ist, dass sie mit Euch unter einem Dach wohnen, dann bringt sie so unter, dass jede engere Berührung mit Eurer Familie ausgeschlossen ist.

Lasst Polen nicht mit an Eurem Tisch essen !

Sie gehören nicht zur Hofgemeinschaft, noch viel weniger zur Familie. Ihr sollt Ihnen zwar genügend zu essen geben, sie sollen aber getrennt von Euch essen.

Bei Euren Feiern und Festen haben die Polen nichts zu suchen !

Wir wollen in unseren Feiern und Familienfesten unter uns sein. Die Polen sind ein fremdes Volk. Sie werden unter sich ihre eigenen Feiern veranstalten.

Nehmt die Polen nicht in Eure Gasthäuser mit!

Sie werden es Euch nicht danken. Es wird dafür gesorgt werden, dass bestimmte Gasthäuser an einem Tag der Woche ausschließlich den Polen zur Verfügung stehen.

Gebt den Polen auch sonst keine Vergünstigungen!

Wenn Ihr glaubt, durch Geschenke ihre Arbeitsfreudigkeit zu steigern, so irrt Ihr Euch. Jede weichliche Behandlung schwächt erfahrungsgemäß ihren Willen zur Arbeit.

Seid gegenüber den Polen selbstbewusst!

Die Deutschen Soldaten haben im Polenfeldzug die "polnische Wirtschaft" kennen gelernt. Seid stolz auf Eure Überlegenheit in jeder Beziehung. Die Polen sind nicht nach Deutschland geholt worden, damit sie ein besseres Leben führen als in den primitiven Verhältnissen ihrer Heimat, sondern damit sie durch ihre Arbeit den unermeßlichen Schaden wiedergutmachen, den der polnische Staat dem deutschen Volke zugefügt hat. Ihr habt die Polen ehrlos zu behandeln, aber lasst keinen Zweifel daran, dass Ihr die Herren im eigenen Lande seid.

Haltet das deutsche Blut rein !

Das gilt für Männer wie für Frauen !
So wie es als größte Schande gilt, sich mit einem Juden einzulassen, so versündigt sich jeder Deutsche, der mit einem Polen oder mit einer Polin intime Beziehungen unterhält. Verachtet die tierische Trie...

Merkblatt der Gauleitung der NSDAP vom 19.3.1940 für den Einsatz polnischer Kriegsgefangener in der Landwirtschaft. Aus: Lehmann, Sebastian: „Feind bleibt Feind". Die Perspektive der schleswig-holsteinischen „Volksgemeinschaft", in: Danker, Uwe, Bohn,Robert, Köhler, Nils, Lehmann, Sebastian (Hg.): „Ausländereinsatz in der Nordmark". Zwangsarbeitende in Schleswig-Holstein 1939 – 1949. Bielefeld 2001. S. 292f

Die Zwangsarbeiter aus Polen und der Sowjetunion bekamen als Lohn 3,50 RM pro Tag, davon wurden 1,50 für Unterkunft und Verpflegung abgezogen. Deutsche Arbeiter Lohn erhielten 7 RM pro Tag. (6)

Noch schlechter als den Zwangsarbeitern ging es den Kriegsgefangenen. Kriegsgefangene aus Hamburg und Schleswig-Holstein unterstanden dem Kommandeur der Kriegsgefangenen des Wehrkreises X (Hamburg) (ab 1941 Generalmajor Schönberg). Die Bewachung fand in Elmshorn durch das Landesschützen-Bataillon 498 unter Major Seehausen mit Sitz Pinneberg, ab 1.3.1943 dann durch das Landesschützen-Bataillon 682 unter Hauptmann Eitzen in Kellinghusen statt. Die Bewachung der Kriegsgefangenen und die Kontrolle der Durchführung der Anweisungen des Stalag-Kommandanten lag in den Händen der

Wehrmacht. *„Die Wachmannschaften für die Kriegsgefangenen-Arbeitskommandos werden von der Wehrmacht gestellt. (...) Im Bedarfsfalle sind die militärischen Wachmannschaften durch Heranziehen von Zivilpersonen zu verstärken. Diese Zivilpersonen können Gefolgschaftsmitglieder des Unternehmers sein.“* (7)

Die Zuteilung von Kriegsgefangenen erfolgte über das Stammlager XA in Schleswig. Der Arbeitgeber stellte einen Antrag an das Arbeitsamt, dieses schloss einen Überlassungsvertrag mit dem Stammlager. Auch die Anforderung von zivilen Zwangsarbeitern verlief über die Arbeitsämter. (8)

Welche Lager gab es nun in Elmshorn?

Ortsgruppe Langelohe

1. **Langelohe 61, Langeloher Hof.** 160 polnische Männer in verschiedenen Betrieben eingesetzt.
2. **Langelohe 65, Elmshorn** Im Zwangsarbeiterlager **„Lager Horstmann“** in der Langelohe 65. 1. September 1940. Auf dem Gelände der Firma „Horstmann & Co. Baum- und Rosenschulen“ waren 35 polnische und sowjetische männliche Zwangsarbeiter untergebracht. Verantwortlich für das Lager war die NSDAP Ortsgruppe Langelohe. Es sind 5 Tote für das Lager verzeichnet. Die Zwangsarbeiter wurden in dem Betrieb eingesetzt.
3. **Plinkstraße 29, Saal der Gaststätte „Höögplacken“** von Hermann Lucht mit 50 polnischen Männern, eingesetzt in der Fleischfabrik Wetzel & Co.
4. **Steindamm Lager VII.** Im sogenannten „Lager VII“ waren russische männliche Zwangsarbeiter untergebracht. Verantwortlich für das Lager war die NSDAP Ortsgruppe Langelohe. Die Zwangsarbeiter wurden in den „Peter Kölln Mühlenwerken“ bzw. der „Reichsstelle für Öle und Fette“ eingesetzt.
5. Klein Nordende, Gemeinschaftslager Ziegelei „Roter Lehm“, Sowjetische Männer

Ortsgruppe Altstadt

1. **„Platz der Opferarbeit“ Feldstraße**, 1. September 1940.Gemeinschaftslager. 200 Frauen und Männer aus Frankreich, Belgien,

Holland, Bulgarien, Jugoslawien, Griechenland, Sowjetunion. Eingesetzt im Stadtbauamt und in zahlreichen Betrieben in Elmshorn. Ab Frühsommer 1944 für Schadensbeseitigung nach Bombenangriffen.

2. **Feldstraße Baracke.** 1. ,Juli 1944. 20 sowjetische Frauen für Margarinefabrik Gebr. Rostock. Die Zwangsarbeiterinnen wurden beim Stadtbauamt für die Schadensbeseitigung nach den Bombenangriffen eingesetzt.

3. **Johannesstraße 35 „Lager Köhler".** 25 Franzosen und Tschechen. Eingesetzt bei Hermann Köhler, Fahrzeugbau.

4. **Schulstraße 24 „Lager Gebr. Rostock",** 25 sowjetische Frauen für Margarinefabrik Gebr. Rostock

5. **Papenhöhe 29, Lager Timm & Co..** 35 Zwangsarbeiter und Zwangsarbeiterinnen aus Polen, der Sowjetunion und Frankreich, eingesetzt in Baumschulen Timm & Co.

6. **Papenhöhe 169, Saal der Gaststätte „Pfahlkrug".** 30 sowjetische Frauen und Männer (Russen und Letten) für Baumschule Timm & Co.

7. **Papenhöhe 169, Gaststätte „Pfahlkrug", Kommando 511.** 17 franz. Kriegsgefangene, eingesetzt in verschiedenen Baumschulen und Landwirten.

8. **Deichstr.4, Betriebsgelände des Marine-Nachrichten-Arsenals.** 270 Männer aus Polen, Italien, Tschechoslowakei, Sowjetunion (Ukraine), eingesetzt im Marine-Nachrichten-Arsenal

9. **Schleusengraben**, Das Zwangsarbeiterlager „Schleusengraben" befand sich vermutlich auf dem Gelände der ehemaligen „Lederfabrik Knecht" und wurde für ca. 20 männliche Zwangsarbeiter aus Kroatien, Frankreich, Belgien, Holland und Italien genutzt. Die Zwangsarbeiter wurden in der „Fleischwarenfabrik Claus Dölling" eingesetzt.

10. **Gerlingweg 13**, 1. September 1940. Das Zwangsarbeiterlager „Gerlingweg 13" befand sich auf dem Gelände der „(Holstein.) Konservenfabrik W. Bull" und wurde für ca. 65 Zwangsarbeiter aus der Sowjetunion, Lettland, Litauen und Frankreich genutzt. Die Zwangsarbeiter wurden im Betrieb eingesetzt, der von dem Gauwirtschaftsberater Wilhelm Bull von dem Juden Albert Hirsch „arisiert" wurde.

11. **Gerlingweg 85**, 1. September 1940, ca. 20 Polen, die bei der Reichsbahn eingesetzt wurden.
12. **Gärtnerstr. 30, „Lager Beuck"**, 1. September 1940, 129 Männer aus Frankreich, Belgien, Holland, Bulgarien und Italien genutzt. Verantwortlich für das Lager war die NSDAP Ortsgruppe Altstadt. Die Zwangsarbeiter wurden in der „Schlosserei Langer & Co.", bei der Firma Gillmann, bei der „Maschinenfabrik Ahrens" und bei der Reichsbahn eingesetzt. (auch eingesetzt „Holstenhof" (gemeint vermutlich Hotel „Holsteinischer Hof'", Königstr. 4.)

Ortsgruppe Klostersande

1. **Klostersande 30, Gaststätte „Klosterhof".** 1. September 1940. In der Gaststätte „Klosterhof" befand sich ein Zwangsarbeiterlager für 50 Frauen und Männer aus Polen, Frankreich, Belgien, Kroatien, der Sowjetunion, der Ukraine und Belgien. verantwortlich für das Lager war die NSDAP Ortsgruppe Klostersande. Die ZwangsarbeiterInnen wurden bei der „Atlas-Werke AG", einer Zweigniederlassung der Bremer Atlas-Werke in der Deichstraße 4, sowie bei der „Kältemaschinenfabrik Gebr. Neunert" in der Ollnsstraße eingesetzt.
2. **Schönaich-Carolath-Straße Barackenlager.** 1. September 1940. Im Bereich der Schönaich-Carolathstraße befand sich ein Barackenlager für 350 sowjetische Frauen und Männer. verantwortlich für das Lager war die NSDAP Ortsgruppe Klostersande. Die ZwangsarbeiterInnen wurden bei der Reichsbahn, der „Lederfabrik Knecht & Söhne", den „Mühlenwerken Peter Kölln" sowie der „Kältemaschinenfabrik Gebr. Neunert" in der Ollnsstraße eingesetzt.
3. **Am Hafen Lager Kremer-Werft.** 1. September 1940. Im Verbindungsweg am Hafen Elmshorn befand sich das Lager der „D.W. Kremer Werft" mit ca. 85 Zwangsarbeitern aus Italien, Polen, Frankreich, Holland, Bulgarien, der Sowjetunion, Lettland und Litauen. „Betreut" wurde das Lager von der NSDAP Ortsgruppe Klostersande. Die Zwangsarbeiter arbeiteten auf der Schiffswerft D.W. Kremer.

4. **Reichenstraße Lager Rostock**. 1. September 1940. Zwangsarbeitslager „Ausländerlager Rostock" ist vermutlich identisch mit dem Kriegsgefangenenlager „Ausländerlager I Rostock". Als Zwangsarbeitslager war das „Ausländerlager Rostock" in der Reichenstraße in Elmshorn mit mindestens 40 sowjetischen Frauen sowie einer unbekannten Zahl jugoslawischer Zwangsarbeiter belegt. Die Frauen und Männer wurden bei der „Fleischwarenfabrik Gebr. Rostock" sowie bei der „Margarinefabrik Wagner + Co" eingesetzt.
5. **Ollnsstraße 56**. 1. September 1940. Polnische Männer.
6. **Ansgarstraße**. Sowjetische Frauen, eingesetzt Maschinenfabrik Ahrens.

Ortsgruppe Fuchsberg

1. **Kaltenweide 101 „Turnerheim"**. Zwangsarbeiterinnenlager für ca. 40 sowjetische, litauische und lettische Frauen. Die Zwangsarbeiterinnen arbeiteten in der „Fleischwarenfabrik Walter Reumann" in Voßloch.
2. **Kaltenweide 30. „Kommando 1157"**. 1. September 1940. In der Kaltenweide 30 befand sich in der stillgelegten und von der Lederfabrik Knecht „arisierten" Lederfabrik Heymann ein Kriegsgefangenenlager mit ca. 82 französischen Kriegsgefangenen, die in einem Mühlenbetrieb und Kfz-Abschleppbetrieb eingesetzt wurden. Bei dem Luftangriff vom 3. August 1943 kamen 6 Franzosen ums Leben.
3. **Bockelpromenade 56. Russenlager II. Kommando 899. Stallgebäude Johann Stender**. 1. September 1940. Zunächst 41 französische und ab 1943 dann 160 sowjetische Kriegsgefangene, die in verschiedenen Handwerksbetrieben in Elmshorn eingesetzt wurden. Das dreiköpfige Wachkommande war in der Wohnung Stender einquartiert, das Essen wurde von Fritz Hell aus der Bockelpromenade 60 zubereitet.
4. **Bockelpromenade 60. Russenlager I**. 1.September 1940. In der Bockelpromenade befand sich in einem von der Firma „Kältemaschinenfabrik Gebr. Neunert" übernommenem Tanzlokal ein mit ca. 185 Russen belegtes Kriegsgefangenenlager, die bei verschiedenen Firmen eingesetzt wurden.

Die Liste der Zwangsarbeiter- und Kriegsgefangenenlager wurde aus dem Beitrag von Gerhard Hoch übernommen. (9)

In den EN und später den HN wurde das Thema „Kriegsgefangene" und „Zwangsarbeiter" offen behandelt.
So erschien am 14. Oktober 1940 ein Beitrag über erkrankte Kriegsgefangene:

Wenn Kriegsgefangene erkrankt sind.

n Im landwirtschaftlichen Betrieb bereitet es meist Schwierigkeiten, erkrankte Kriegsgefangene zu pflegen und zu beaufsichtigen. Es besteht daher im allgemeinen die Neigung, die nicht arbeitsfähigen Kranken unverzüglich in ihr Stammlager einzuweisen. Aber empfehlenswerter ist es zumeist, leicht erkrankte Kriegsgefangene dem Betriebe zu erhalten. Sie werden während der Erkrankung als „Revierkranke" behandelt. Für die Krankheitstage braucht nach der Anordnung des Oberkommandos der Wehrmacht kein Barlohn gezahlt werden. Wohl aber ist der Betriebsführer entsprechend der eingegangenen Vereinbarung verpflichtet, dem erkrankten Kriegsgefangenen Unterkunft und freie Verpflegung zu gewähren. Für den Betrieb besteht der Vorteil der „Revierbehandlung" darin, daß der Kriegsgefangene nach Wiederherstellung seiner Gesundheit sofort wieder zur Arbeitsleistung bereitsteht, während bei Inanspruchnahme des Stammlagers doch oft Zeitverluste entstehen.

Selbstverständlich müssen schwer erkrankte Kriegsgefangene in das Stammlager oder in ein Kriegsgefangenenlazarett überführt werden. In Fällen von ansteckenden Krankheiten ist sofort die Zurückziehung der Kriegsgefangenen beim Stammlager zu beantragen, das Anweisung hat, die unverzügliche Ueberführung in ein Lazarett vorzunehmen.

EN vom 14.10.1940

„Aus den amtlichen Eintragungen einschließlich der Liste des „Volksbundes Deutscher Kriegsgräberfürsorge", ist nicht ersichtlich, wieviele Kriegsgefangene sich unter den verstorbenen Sowjetbürgern befanden. Es scheinen aber auffallend wenige

gewesen zu sein. Das gibt zu denken, ist doch anzunehmen, dass es am Ort sehr vie-le sowjetische Kriegsgefangene gegeben hat, und die Sterberate unter ihnen war al-lenthalben sehr hoch. So muss damit gerechnet werden, dass von ihnen eine unbe-kannte Zahl, die krank und damit für das deutsche Reich unbrauchbar war, in das ei-gens dafür bestimmte, offiziell sogenannte „Erweiterte Krankenrevier des Stammlager XA Schleswig-Zweiglager Heidkaten" auf Kaltenkirchener Gebiet, ge-schafft wurden. Eine solche Verlegung bot sich von Elmshorn nahezu an, da die Ein-lieferung nach Heidkaten allgemein mit der Elmshorn-Barmstedt-Oldesloher Eisen-ahn (EBOE) erfolgte, an deren Bedarfsstation „Hoffnung" zwischen Langeln und Al-veslohe die Kriegsgefangenen ausgeladen und zu Fuß in das 1-2km entfernte Lager geführt wurden. Die wirkliche Zwecksbestimmung Heidkatens scheint freilich die ge-wesen zu sein, die Kranken dort sterben zu lassen. Die dortigen Sterbefälle – man muss mit einer vierstelligen Zahl rechnen – ist urkundenmäßig nicht festgehalten worden. Die Toten endeten in bisher nicht entdeckten Massengräbern in der Kalten-kirchener Heide." (10)

Die Regelungen für den Einsatz von Kriegsgefangenen wurde zum 1. November 1940 geändert:

Neuregelung der Einsatzbedingungen für Kriegsgefangene.

zbr. Die bisherigen Bedingungen über den Einsatz von Kriegsgefangenen galten — wie sich aus der Anordnung des Reichsbauernführers vom 13. 6. 1940 ergab — in der Hauptsache bis zum 30. September 1940. Nunmehr sind die neuen „Einsatzbedingungen der Kriegsgefangenen mit Ausnahme der polnischen Kriegsgefangenen in der Land- und Forstwirtschaft und bei Meliorationsarbeiten" in Kraft getreten. Für die Zeit vom 1. November 1940 bis zum 31. März 1941 tritt die Neuregelung in Kraft.

Sie schreibt vor, daß den Kriegsgefangenen bei Zeitlohnarbeit freie Unterkunft und Verpflegung zu gewähren ist. Erfolgt die Unterbringung und Beköstigung der Kriegsgefangenen außerhalb des Betriebes, so muß der Betriebsführer die dadurch entstehenden Kosten tragen. Wenn die Unterkunft und Verpflegung ganz oder teilweise von der Wehrmacht übernommen wird, so hat der Betriebsführer die festgesetzten Entschädigungsbeiträge an die Wehrmacht zu zahlen. Sie betragen für die tägliche Verpflegung 0,80 RM., nur für die Morgenkost 0,15 RM., nur für die Mittagskost 0,40 RM., nur für die Abendkost 0,25 RM., für die Unterkunft täglich 0,20 RM. Daneben sind für jeden Kriegsgefangenen folgende Barbeträge an die zuständigen Stellen der Wehrmacht abzuführen: je Arbeitstag 0,64 RM., je Arbeitsmonat 16,65 Reichsmark.

EN vom 1.11.1940

Da die Zwangsarbeiter, aber auch Kriegsgefangene, in einem bestimmten Radius ihre Arbeitsstätte oder Lager zu bestimmten Zeiten auch unbeaufsichtigt verlassen konnten, kamen sie auch mit Bürgern in Kontakt. Dieses war den Nationalsozialisten suspekt, da sie die Kontrolle über den Umgang nicht besaßen. Durch die Kontakt, auch am Arbeitsplatz, kamen sich einige Personen näher als es der Partei Recht war. Ein weiterer Grund war die Furcht vor Spionage. Daher ließen die Regierung es an Warnungen in den Tageszeitungen nicht fehlen.

.R. **Mehrere polnische Arbeiter festgenommen.** Immer wieder wird durch die Schutzpolizei festgestellt, daß die Arbeiter und Arbeiterinnen polnischen Volkstums sich nicht an die für sie vorgesehenen und ihnen bekannten Bestimmungen halten. So wurden am Sonnabend zwei Polen, die von auswärts gekommen waren, festgenommen und dem Polizeigefängnis zugeführt. Hinter den schwedischen Gardinen mußten sie den Sonntag verbringen; außerdem werden sie noch durch eine Geldstrafe auf ihre Pflichten hingewiesen. Auch am Sonntag wurde eine Polin festgenommen, die ohne Erlaubnis der Kreispolizeibehörde einen Abstecher nach hier gemacht, zur Fahrt hierher die Eisenbahn benutzt hatte und nicht das vorgeschriebene „P" am Mantel trug. Auch bei ihr endete der so nett angefangene Sonntag im Polizeigefängnis. Außerdem wurde eine ganze Reihe von Polen gebührenpflichtig verwarnt. Nur durch strenge Maßnahmen können die Polen an ihre Pflichten erinnert werden.

EN vom 14.10.1940

() **In Geschäften und Gaststätten** erscheinen hin und wieder ausländische Arbeitskräfte am Einkauf bezw. als Gäste, und in fast allen Fällen bestehen Unklarheiten, wie sich der Geschäftsinhaber zu verhalten hat. Aus diesem Grunde sei daran erinnert, daß Personen polnischen Volkstums verpflichtet sind, ein „P" zu tragen. Polen dürfen sich nur in solchen Gaststätten aufhalten, die eine besondere Genehmigung hierfür erhalten haben. In Geschäften dürfen Polen dagegen einlaufen. Die Ostarbeiter tragen sichtbar das Abzeichen „Ost". Ihnen ist jeder Einlauf in Geschäften und der Aufenthalt in Gaststätten grundsätzlich verboten. Inhaber von Gaststätten sind beim Erscheinen ausländischer Arbeitskräfte berechtigt, sich von deren Nationalität zu überzeugen und ihnen gegebenenfalls den Aufenthalt in ihren Räumen zu verbieten.

EN vom 4.12.1942

(f) **Umgang ausländischer Arbeitskräfte mit Kriegsgefangenen.** Nach der Verordnung über den Umgang mit Kriegsgefangenen vom 11. Mai 1940 (RGBl. I S. 769) Paragraph 1 ist jedermann jeglicher Umgang mit Kriegsgefangenen und jede Beziehung zu ihnen untersagt, sofern nicht ein Umgang mit Kriegsgefangenen durch die Ausübung einer Dienst- und Berufspflicht oder durch ein Arbeitsverhältnis der Kriegsgefangenen zwangsläufig bedingt ist. Soweit nach dieser Bestimmung ein Umgang mit Kriegsgefangenen zulässig bleibt, ist er auf das notwendigste Maß zu beschränken. Verstöße gegen diese Verordnung werden gemäß Paragraph 4 der Verordnung zur Ergänzung der Strafvorschriften zum Schutze der Wehrkraft des deutschen Volkes vom 25. November 1939 (RGBl. I S. 2319) schwer bestraft. Auch schärfste staatspolizeiliche Maßnahmen kommen gegebenenfalls zur Anwendung. Die angeführten Bestimmungen finden nach dem Erlaß des Generalbevollmächtigten für den Arbeitseinsatz vom 21. Dezember 1942 (RArbBL 1942 I S. 56) auch auf die im Reichsgebiet beschäftigten ausländischen Zivilarbeiter und -arbeiterinnen Anwendung. Ihnen ist demgemäß jeglicher Umgang mit Kriegsgefangenen verboten, sofern er nicht durch die Ausübung einer Dienst- oder Berufspflicht oder durch Arbeitsverhältnis der Kriegsgefangenen zwangsläufig bedingt ist.

EN vom 15.3.1943

Besondere Aufmerksamkeit richteten die Nationalsozialisten auf den Umgang von Frauen mit den Kriegsgefangenen und Zwangsarbeitern. Dieses geschah aus „rassistischen" Gründen, aber auch aus dem Umstand, dass die zum Teil engere Zusammenarbeit mit den in der Heimat gebliebenen Frauen Unruhe bei den Soldaten verursachte. Daher warnte Regierung vor sexuellen Verbindungen zwischen beiden Gruppen.

Umgang mit Kriegsgefangenen

Schon oft ist nachdrücklich darauf hingewiesen worden, daß das Verhalten der deutschen Volksgenossen und der Ausländer gegenüber Kriegsgefangenen völlig einwandfrei sein muß. Es gibt leßen immer wieder Volksgenossen, die den bedingt notwendigen Abstand von Kriegsgefangenen zum Unwillen der anständigen Bevölkerung vermissen lassen. Allen Volksgenossen sei halb wiederum zur Kenntnis gebracht, daß der private, außerdienstliche Umgang mit Kriegsgefangenen — dazu gehören auch die italienischen Militär-Internierten und die aus der Kriegsgefangenschaft beurlaubten französischen Kriegsgefangenen — verboten und unter Strafe gestellt ist. Beispielsweise hüte sich ein jeder davor, Kriegsgefangenen Geschenke jeder Art zu geben oder von ihnen solche anzunehmen. Da die Kriegsgefangenen in Deutschland voll und ganz verpflegt werden, dürfen sie weder deutsches Geld noch Lebensmittelkarten besitzen. Die Zuwendung von Lebensmittelkarten sowie Lebens- und Genußmitteln ist deshalb besonders zu vermeiden.

Vor allen Dingen müssen sich die deutsche Frau und das deutsche Mädchen äußerste Zurückhaltung gegenüber Kriegsgefangenen auferlegen, um sich der deutschen Volksgemeinschaft würdig zu erweisen und damit dem ganzen deutschen Volk und insbesondere den für den Bestand unseres Reiches schwer kämpfenden Frontsoldaten ein hervorragendes Beispiel für eine einwandfreie sittliche Haltung zu geben. Die Geschlechtsehre muß der deutschen Frau heilig sein. Es ist Pflicht eines jeden anständigen Deutschen, selbst wahrgenommene oder bekannt gewordene Verstöße gegen die Bestimmungen über den verbotenen Umgang mit Kriegsgefangenen möglichst umgehend anzuzeigen, damit die Unverbesserlichen und Ehrvergessenen der gerechten Strafe zugeführt werden können.

HN vom 30.3.1944

Umgang mit Angehörigen fremder Völker und Rassen

Umgang mit Angehörigen fremder Völker und Rassen muß jede deutsche Frau mit Selbstverständlichkeit weit von sich weisen. Leider gibt es immer noch Einzelfälle, in denen Frauen sich Kriegsgefangenen oder anderen Angehörigen fremder Völker gegenüber nicht die nötige Zurückhaltung auferlegen. Aus gegebener Veranlassung sei darauf hingewiesen, daß auch der Umgang mit beurlaubten Kriegsgefangenen strafbar ist.

EN vom 12.4.1944

Eine Mahnung an alle!
Verhalten gegenüber Kriegsgefangenen.

Jeder deutsche Volksgenosse, der ohne Erlaubnis mit Kriegsgefangenen Verbindung aufnimmt, wird nach den Kriegsgesetzen bestraft. Darunter fällt auch der Ankauf von Spielzeug bezw. Eintausch gegen Lebensmittel (Brotmarken usw.) oder die geschenkweise Annahme irgendwelcher Gegenstände aus dem Besitz von Kriegsgefangenen.

Deutscher Würde und deutschem Selbstbewußtsein entspricht daher nur eine Grundbedingung: Schweigende Ruhe und gelassener Stolz. Der Feind ist Feind. Er verdient daher weder Mitleid noch Haß. Jede Anbiederung, Vertrauensseligkeit und verbotene Hilfeleistung ist Volksverrat!

HN vom 11.4.1944

Verkehr mit Ausländern und Kriegsgefangenen streng verboten! Verschiedene Vorfälle geben Veranlassung, noch einmal in aller Schärfe darauf hinzuweisen, daß es jeder deutschen Frau unwürdig ist, sich in irgend einer Weise mit Ausländern einzulassen. Die stolze Haltung der deutschen Frau sollte eigentlich etwas Selbstverständliches sein. Für alle aber, die diese selbstverständliche Haltung nicht aufbringen können, sei gesagt, daß die anderen Volksgenossen strengstens darauf achten werden, daß nicht durch einige Wenige das Ansehen der deutschen Frau in den Schmutz gezogen wird. Feind bleibt Feind, das müßten vor allem unsere Soldatenfrauen, deren Männer mit den Stammesgenossen der hier herumlaufenden Ausländer auf Tod und Leben kämpfen, sich stets vor Augen halten.

HN vom 19.6.1944

Ehrvergessene deutsche Frauen. In den späten Abendstunden zum Dienstag wurden von der Kriminalpolizei drei französische Kriegsgefangene, die sich in der Wohnung der Kriegerfrau Kl. in der Neuen Straße ein Stelldichein gaben, festgenommen. Der Tisch war reichlich mit Essen und Getränken gedeckt. Die Herren Franzosen gaben an, Geburtstag zu feiern. Außerdem wurde noch die Anwesenheit der Kriegerfrau Str. festgestellt. Nur weil beide Frauen kleine Kinder zu betreuen haben, wurden sie auf freiem Fuß belassen. Die Gestapo wird in nächster Zeit diesen deutschen Frauen klarmachen, daß der Umgang mit Kriegsgefangenen und anderen Ausländern auf das Schärfste geahndet wird.

HN vom 6.7.1944

Ausländische Arbeiter genügend verpflegt. Es gibt immer noch Volksgenossen, die bettelnden ausländischen Arbeitern, insbesondere eigens auf das Betteln ausgeschickten Kindern und Frauen von Ostarbeitern Brot und Lebensmittel, sogar stellenweise auch Brot- und Lebensmittelmarken schenken. Sie übersehen hierbei vollkommen, daß alle ausländischen Arbeiter ausreichend verpflegt werden und daß im nationalsozialistischen Deutschland niemand, auch nicht der ausländische Arbeiter zu hungern braucht! Da das Betteln seitens der ausländischen Arbeiter in manchen Fällen geradezu planmäßig erfolgt, ergeht an alle Volksgenossen die dringende Mahnung, keinerlei Lebensmittel oder Lebensmittelmarken an ausländische Arbeiter zu verschenken, sondern diesen ruhig, aber bestimmt ihre Bitte abzuschlagen. Wenn eine Hausfrau Brot- oder Lebensmittelmarken übrig hat und diese aus ihrem guten Herzen heraus an Bedürftigere verschenken will, so ist die NSV. die richtige Verteilungsstelle.

HN vom 24.4.1944

Bettelunwesen und lose Marken.

Die Klagen, daß Ausländer in den Geschäften betteln oder Waren ohne Abgabe von Marken beziehen wollen, häufen sich. Hierzu wird darauf hingewiesen, daß für den arbeitenden Ausländer ausreichend gesorgt ist. Er ist nicht auf Betteln angewiesen. Es besteht daher der Verdacht, daß bettelnde Ausländer ihren Arbeitsplatz eigenmächtig verlassen haben und sich herumtreiben. Mildtätigkeit ist also durchaus nicht angebracht und würde im Gegenteil das staatsgefährliche Verhalten dieser Elemente noch unterstützen. Es ist daher Pflicht jedes Verteilers, niemals den Wünschen bettelnder Ausländer nachzugeben. Wenn diese etwa drohen oder tätlich werden sollten, ist die Hilfe der Polizei und, soweit diese nicht erreichbar ist, die der Nachbarschaft anzurufen.

Immer wieder wird auch festgestellt, daß Schlachtereien auf lose Marken auch ihnen völlig fremden Personen, sogar Ausländern Fleisch, Wurst und Schlachtfette abgeben, ohne daran zu denken, daß damit dem Diebstahl und den Fälschungen von Bezugkarten und -abschnitten sowie dem Handel mit diesen Vorschub geleistet wird. Lose Abschnitte der AZ-Karten dürfen unter keinen Umständen angenommen werden.

HN vom 5.8.1944

Würdiges Verhalten gegenüber Gefangenen.

Besatzungen abgeschossener Feindflugzeuge werden häufig von der Landbevölkerung oder der Landwacht festgenommen, bevor sie der Wehrmacht übergeben werden können. Es wird hierbei darauf hingewiesen, daß es strengstens verboten ist, sich mit den Gefangenen zu unterhalten, sie auszufragen, ihnen Verhaltungsmaßregeln zu geben usw. Oft bieten die Gefangenen Zigaretten, Kaugummi, Schokolade und ähnliches an. Die Annahme solcher Dinge ist nicht nur strafbar, sondern auch in höchstem Maße unwürdig. Soweit durch Nichtbeachtung dieser Verbote Feinderkenntnisse verhindert werden, ist wegen Schädigung der Reichsverteidigung mit besonders schweren Strafen zu rechnen.

HN vom 19.8.1944

Dem Kriegsende entgegen

Eine „Bombe" ganz anderer Art konnte ebenfalls vom Himmel fallen: leere Kraftstoffbehälter.

„Abwerfbare Zusatzkraftstoffbehälter. Es ist damit zu rechnen, dass die von eigenen Flugzeugen mitgeführten leeren Zusatzkraftstoffbehälter zum Abwurf gelangen. Der Behälter wird durch den Aufprall auf die Erde Formveränderungen aufweisen. Auf dem Behälter ist folgende Aufschrift angebracht:

Achtung! Kraftstoffbehälter. Keine Bombe.

Sofort bei der nächsten Polizeidienststelle oder Fliegerhorst Lage des Behälters melden. Belohnung RM 110,-. Jeder aufgefundene Behälter ist der nächsten Polizeidienststelle oder dem nächsten Fliegerhorst zu melden, die dann den Abtransport veranlassen und die Belohnung von RM 10,- auszahlen. – Offenes Licht und Feuer in der Nähe des Behälters vermeiden, da durch vorhandene Benzinreste Explosionsgefahr besteht." (1)

Bei Fliegeralarm sollten alle Türen unverschlossen gehalten werden. Bei Abwesenheit sollte ein Schlüssel dem Luftschutzwart oder dessen Vertreter ein Schlüssel gegeben werden. (2) Ansonsten sollten die Türen wegen der Zunahme von Diebstählen verschlossen werden. (3)

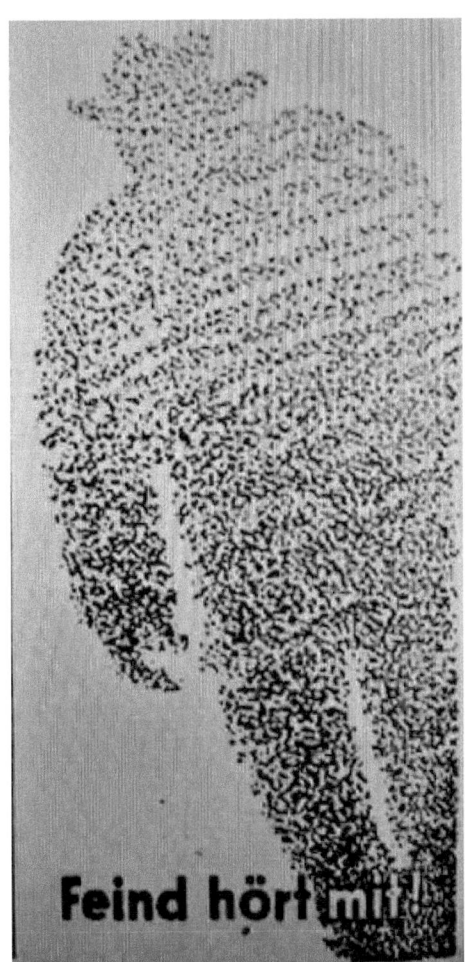

Feind hört mit

Der schwarze Mann

Vor acht Tagen war es, da trat uns plötzlich überall diese schwarze, schemenhafte Gestalt entgegen. Wir erblickten sie an den Schaufenstern und an den Anschlagsäulen, sie geisterte auf den Plakattafeln an freien Plätzen umher und saß uns im Nacken, wenn wir einen Blick aus der Bahn oder dem Omnibus tun wollten. Wer war es und was wollte sie. Manche Leute wollten sie mit Kohlenklau in Verbindung bringen, andere wieder glaubten, Churchill darin zu erkennen. Nur in einem war man sich einig: Dieser Schatten hatte etwas Unheimliches, um nicht zu sagen, Furchterregendes an sich. Man hatte bei diesem schwarzen Mann das Gefühl, als wenn er uns auf Schritt und Tritt verfolgte. Bekanntlich ist dort, wo viel Licht ist, auch viel Schatten. Genau so ist es dort, wo Menschen glauben, ihr Licht leuchten lassen zu müssen, will sagen, wo Menschen aus Angeberei oder aus Geltungsbedürfnis heraus glauben, ihr Wissen oder vermeintliches Wissen an den Mann bringen zu müssen. Solche Leute hat dieser schwarze Mann gerne. Hier bläht er sich zur vollen Größe auf, damit er in seinem schwarzen Mantel alles einfangen kann, was ihm des Wissens Wert erscheint. Er wird ja dafür von unseren Feinden gut entlohnt und ist ihnen bestimmt noch ein willigerer Diener als Kohlenklau. Ein unbedachtes Wort in seiner Gegenwart — und er ist überall — gesprochen, kann nicht ungeschehen gemacht, wohl aber unseren Soldaten, unserem Volk, ja uns selbst, zum Verhängnis werden, es kann unser Tod sein. Darum, wenn einmal und an irgendeiner Stelle die Unterhaltung auf wirtschaftliche oder militärische Dinge kommt, denken wir an den schwarzen Mann, halten wir uns sein Bild vor Augen und erinnern auch andere daran. Was der Feind nicht erfahren darf, braucht dieser „Buhmann" schon gar nicht zu wissen. Im übrigen galt heute mehr denn je das Sprichwort:

„Reden ist Silber,
Schweigen ist Gold."

Qr

HN vom 18.1.1944.   HN vom 24.1.1944.

459

14 Regeln für den Löschangriff

Wenn bei feindlichen Fliegerangriffen in Räumen der Zivilbevölkerung, besonders in Wohnräumen, ein größeres Feuer, etwa durch Phosphorbrandbomben, festgestellt wird, kann der Selbstschutz sehr wirksam arbeiten, wenn er sich nach folgenden Regeln richtet, die sich in der Praxis bewährt haben und von der „Sirene" jetzt veröffentlicht werden:

1. Sämtliche Türen der Brandräume sofort schließen. Falls die Brandraumtüren zerstört sind, schließt man die nächsten gangbaren Türen ab. Türen naß halten, um ein Durchbrennen in die Nachbarräume zu verhindern.

2. Gleichzeitig die Brandräume von allen Seiten einreißen. Uebergreifen des Feuers beobachten und mit allen Mitteln verhindern.

3. In den Nachbarräumen alle brennbaren Gegenstände aus Türnähe zum Brandraum entfernen. Gegenstände aber nicht im Treppenhaus abstellen.

4. Löschwasser- und Löschsandnachschub, z. B. Eimerkette, sicherstellen.

5. Fenster und Türen der Nachbarräume öffnen, damit beim Eindringen in den Brandraum Qualm und Rauch schnell abziehen können.

6. Feuer in den Brandräumen beobachten. Sobald die große Flammenerscheinung zurückgeht, sofort mit dem Löschangriff beginnen. Gegen Qualm und Rauch Volksgasmaske aufsetzen oder feuchtes Tuch vor Mund und Nase binden.

7. Vor dem Oeffnen der Brandraumtüren seitlich der Türen hinter dem Mauerwerk in gebückter Stellung Schutz nehmen. Aus dieser geschützten Stellung heraus vorsichtig und langsam Tür zum Brandraum öffnen, damit Schäden durch plötzlich herausschlagende Flammen vermieden werden.

8. In die Brandräume grundsätzlich in tief gebückter Haltung, in der Hocke, vordringen.

9. Kopf immer tief halten, weil die Luft in der Nähe des Fußbodens kühler und verhältnismäßig rauchfrei ist.

10. Zum Schutz gegen ausstrahlende Hitze Mauervorsprünge, Schornsteinecken, große Möbelstücke und dergleichen als Deckung ausnützen. Auch können bewegliche Möbel, wie Tische, Stühle usw. beim Eindringen vor dem Körper hergeschoben werden.

11. Beim Ablöschen möglichst nahe an den einzelnen brennbaren Gegenstand herangehen. Nach Möglichkeit mit einem kurzen geschlossenen Löschwasserstrahl arbeiten.

12. In den Brandräumen zuerst alle größeren brennenden Gegenstände angreifen und ablöschen, damit die Hauptkraft des Feuers gebrochen wird.

13. Das Ablöschen der einzelnen Gegenstände und Brandherde geschieht systematisch, Stück für Stück.

14. Den Löschstrahl nicht auf die Mitte der Gegenstände, Holzwände und dergleichen richten, und nicht ziellos auf den Gegenstand hin und herspritzen. Der Löschstrahl wird vielmehr grundsätzlich nach unten geführt. Also steis von unten mit dem Ablöschen eines jeden brennenden Gegenstandes beginnen, den Löschstrahl langsam in voller Breite des Gegenstandes weiter nach oben führen. Nur so lassen sich größere brennende Flächen schnell und wirkungsvoll ablöschen.

Li: HN vom 7.1.1944.

Re: HN vom 11.1.1944

Die Nacharbeitspflicht bei Fliegerangriffen

Nach den allgemeinen Anordnungen haben die Gefolgschaftsmitglieder für Ausfall von Arbeitsstunden infolge Fliegeralarms oder Schutzalarms grundsätzlich Anspruch auf Bezahlung, sofern diese Arbeitsstunden nicht durch Nacharbeit ausgeglichen werden können, und zwar im Rahmen der geltenden Arbeitszeitvorschriften. Schwierigkeiten haben sich daraus ergeben, daß in den Betrieben nicht alle Gefolgschaftsmitglieder einheitlich, sondern nur die sog. Engpaßabteilungen zur Nacharbeit herangezogen worden sind. Diejenigen Gefolgschaftsmitglieder, die ständig oder häufig nacharbeiten haben, ohne hierfür Bezahlung zu erhalten, fühlen sich dadurch benachteiligt. Der Generalbevollmächtigte für den Arbeitseinsatz hat mit einem Erlaß diese Schwierigkeiten behoben. Werden durch Fliegeralarm oder Schutzalarm ausgefallene Arbeitsstunden in allen Gefolgschaftsmitgliedern gleichmäßig oder im regelmäßigen Wechsel nachgearbeitet, dann bleibt es dabei, daß eine Bezahlung der Nacharbeitsstunden nicht stattfindet. Müssen jedoch ausgefallene Arbeitsstunden regelmäßig von wenigen Gefolgschaftsmitgliedern, unter Umständen nur immer der gleichen Abteilungen, nachgearbeitet werden, während die übrigen zur Nacharbeit nicht herangezogen werden, so kann für diese Nacharbeit als Mehrarbeit bezahlt werden. Der Erstattungsbetrag des ... für den früheren Lohnausfall wird ... nicht erfolgt.

460

Neuregelung des Alarmwesens bei Fliegerangriffen

Die Sirene warnt, alarmiert, vorentwarnt, entwarnt!

Im Alarmwesen bei Fliegerangriffen tritt künftig eine Neuregelung insofern ein, als zu den bisherigen Sirenenzeichen das einer „Vorentwarnung" tritt.

Es gibt nunmehr folgende Signale:

1. Die Sirene warnt durch das Signal „öffentliche Luftwarnung" (dreimal hoher Dauerton in einer Minute). Dieses Signal gibt an, daß sich zwar einzelne Feindflugzeuge innerhalb des Warngebietes befinden, daß jedoch keine Gefahr eines Großangriffs besteht. Es können also vereinzelt Bomben fallen und die Flakartillerie kann in Tätigkeit treten. Wirtschafts- und Verkehrsleben gehen bei Tage voll weiter, bei Dunkelheit ebenfalls, jedoch wird der Betrieb von elektrischen Bahnen, die Funkenbildung aufweisen, eingestellt. Es ist nicht Pflicht, bei „öffentlicher Luftwarnung" die Luftschutzräume aufzusuchen. Wer jedoch im Wirtschafts- und Verkehrsleben nicht eingespannt ist, tut gut daran, sich in Deckung zu begeben, zum mindestens aber besonders vorsichtig zu sein und während des Flakbeschusses Luftschutzräume oder Deckungsmöglichkeiten aufzusuchen.

Größere Ansammlungen von Menschen (Kinos, Theater, Sportveranstaltungen und dergl.) sind wegen der immerhin vorhandenen Gefahr aufzulösen.

2. Die Sirene alarmiert durch das Signal „Fliegeralarm" (eine Minute lang auf- und abschwellender Heulton). Dieses Signal bedeutet stets akute Gefahr. Mit größeren Angriffen muß gerechnet werden.

Das Signal kann auch im Anschluß an „öffentliche Luftwarnung" gegeben werden, wenn schwachen feindlichen Luftstreitkräften stärkere Verbände folgen.

Bei „Fliegeralarm" sind alle Vorkehrungen für einen Großangriff mit größter Beschleunigung durchzuführen. Luftschutzbunker und Luftschutzräume sind stets so schnell wie möglich aufzusuchen.

Wer sich bei „Fliegeralarm" gleichgültig verhält, und sich nicht bestmöglich schützt, gefährdet sein Leben und schädigt die Volksgemeinschaft.

Die Sirene warnt mit „öffentlicher Luftwarnung" und alarmiert mit „Fliegeralarm" nach Möglichkeit rechtzeitig vor mutmaßlichem Eintreffen der ersten Feindflugzeuge oder stärkeren Verbände über der Luftschutzort.

3. Die Sirene gibt „Vorentwarnung". Das Signal ist das gleiche wie bei „öffentlicher Luftwarnung" (dreimal hoher Dauerton in einer Minute). Das Signal bedeutet nach „Fliegeralarm", daß sich die Masse der Feindflugzeuge im Abflug befindet, daß sich aber noch einzelne Feindflugzeuge über dem Ort befinden. Es bestehen also dieselben Gefahrengrade wie bei „öffentlicher Luftwarnung", d. h. es können zwar noch vereinzelt Bomben fallen und die Flakartillerie kann in Tätigkeit bleiben, mit einer großen Gefahr, besonders mit massierten Angriffen, ist aber nicht mehr zu rechnen. Die Selbstschutzkräfte haben aber die schon während des „Fliegeralarms" vorgeschriebenen Rundgänge hinaus spätestens bei dem Signal „Vorentwarnung" die volle Schadensbekämpfung unverzüglich aufzunehmen. Wer nicht im Selbstschutz eingesetzt ist, kann sich verhalten wie bei „öffentlicher Luftwarnung".

Bei „Vorentwarnung" am Tage geht das Verkehrs- und Wirtschaftsleben sofort wieder weiter. Während der Dunkelheit werden die elektrisch betriebenen Verkehrsmittel noch nicht wieder in Betrieb gesetzt.

Öffentliche Ansammlungen von Menschen (einschl. Kinos, Theater, Sportveranstaltungen usw.) dürfen noch nicht fortgesetzt werden.

Wenn nach „Vorentwarnung" erneut stärkere feindliche Luftstreitkräfte sich dem Ort nähern sollten und damit wieder eine akute Gefahr eintritt, wird wiederum „Fliegeralarm" (eine Minute lang auf- und abschwellender Heulton) ausgelöst.

4. Die Sirene entwarnt durch das Signal „Entwarnung" (eine Minute hoher Dauerton). Das Signal wird gegeben, wenn alle Feindflugzeuge abgeflogen sind.

HN vom 11.1.1944.

Der beschränkte Anzeigenraum

zwingt uns zu der dringenden Bitte an unsere Inserenten, ihre Anzeigentexte so kurz wie irgend möglich zu fassen. Es ist andernfalls ausgeschlossen, alle Anzeigen unterzubringen. Während gewerbliche und Gelegenheitsinserate dieser Forderung nach Kürze heute schon weitgehend entsprechen, ist bei Familienanzeigen, zumal den Todes- und Danksagungsanzeigen, immer wieder festzustellen, daß durch viele überflüssige Worte und Sätze unnötig viel Raum in Anspruch genommen wird. Es ist z. B. unnötig, daß Todesanzeigen sämtliche Verwandten als Hinterbliebene aufzählen. Wenn der oder die allernächsten Leidtragenden im Namen aller Verwandten unterzeichnen, so dürfte damit allen Genüge geschehen sein. Und noch eins: In einfachen, schlichten Worten ehren wir das Andenken des Verstorbenen oder des für Bestand und Zukunft seines Volkes gefallenen Angehörigen sehr viel würdiger, als dies in überschwenglichen Ausdrücken geschehen kann oder gar durch einen anhängenden mehr oder weniger geglückten Spruch. Firmennachrufe, wie wir sie am Schluß von Traueranzeigen bis vor kurzem noch aufnahmen, dürfen nach einer neueren allgemeinen Regelung nicht mehr gebracht werden. Zu den Trauer-Danksagungen ist zu sagen: Wenn im allgemeinen allen gedankt wird, die ihre Teilnahme bekundeten, so muß das angesichts des beschränkten zur Verfügung stehenden Raumes genügen. Daß einzelne Persönlichkeiten, Organisationen und Betriebe nicht im besonderen aufgeführt werden, dafür wird heute jeder Verständnis haben. Bei dieser Gelegenheit seien auch die Tauschinserate erwähnt. Es verlohnt sich nur, wirklich wertvolle und gesuchte Gegenstände zum Tausch anzubieten. Dabei sei bemerkt, daß grundsätzlich nur gebrauchte Gegenstände zum Tausch angeboten werden dürfen — und ferner Haustiere nur gegen Haustiere!

Zum Schluß nochmals: Den Anzeigentext bitte kurz fassen!

„Holsteiner Nachrichten", Anzeigen-Abteilung.

HN vom 13.1.1944.

462

Mit einer Großkundgebung und einem Aufmarsch durch einige Straßen in Elmshorn sowie der Übergabe von Kriegsauszeichnungen wurde der 30. Januar 1944 gefeiert. Eine Beflaggung der Straßen sollte unterbleiben. (4)

SA. marschiert

Großaufmarsch vor Kreisleiter Sievers in der Elmshorner Reithalle

Ruhig und fest ist der Schritt der braunen Kolonnen, voller Kraft und heiligem Glauben an die nationalsozialistische Sache. So sahen wir sie marschieren zur Kampfzeit, als es galt, Deutschland von roten Ketten zu befreien, so marschieren sie auch heute im 5. Kriegsjahr für den Sieg und die Freiheit Europas.

Aus Städten und Dörfern des Kreises waren sie gekommen, die Aktivisten der Bewegung, um zum Geburtstag des Dritten Reiches durch den Mund ihres Kreisleiters aufs neue den Schwur unbedingter Gefolgschaftstreue dem Führer abzulegen, um ihren entschlossenen deutschen Kampfeswillen unter Beweis zu stellen, der keinen Frieden kennt ohne den hundertprozentigen deutschen Sieg. Und neben den Aktivisten der Partei stand eine Ehrenkompanie der Wehrmacht, schneidig und exakt, wie sie nur deutsches Soldatentum hervorbringt, und zeigte symbolhaft die Einheit von Partei und Staat, aus der heraus allein unsere Stärke wachsen konnte.

Bis in den letzten Winkel ist die weite Halle der Reitbahn besetzt, als Kreisleiter Sievers mit Landrat Dubiauau und den Kommandeuren der im Kreise Pinneberg stationierten Wehrmachtteile die Front der Ehrenkompanie abnimmt. Neue Kommandos künden den Einmarsch der Fahnen an, deren leuchtendes Rot bald den breiten Mittelgang füllt.

Dann nahm der Kreisleiter das Wort.

Hart rechnete er ab mit den jüdischen Kriegsverbrechern, die den Unfrieden über die Welt gebracht haben, und stellte ihnen gegenüber die eng geschlossenen Reihen der deutschen Kämpfer für ein neues Europa. Er erinnerte an den 30. Januar 1933. Damals wurde mit den Fackeln durch das Brandenburger Tor das Licht hineingetragen in das deutsche Volk; bald wird der Tag nicht mehr fern sein, wo Europa diese Fackeln der Freiheit begrüßen und alles Fremde aus ihren Völkern ausscheiden wird.

In eindrucksvoller Weise kennzeichnete der Kreisleiter die geschichtliche Wende am 30. Januar 1933. Wie in der Kampfzeit keiner fragte, wann der Sieg errungen sei, sondern jeder nur die Reihen schloß, um zu glauben und zu kämpfen, so gelte es auch heute, nur den Blick vorwärts zu richten auf die große Entscheidung, die von uns nicht verlangt als einen ausgebandelten Frieden, nämlich den totalen Sieg, der der Welt die Schicksalswende bringen soll, die der 30. Januar für das Deutsche Reich bedeutete. Das deutsche Volk hat in den Terrornächten feindlicher Mordbomber seine Bewährungsprobe bestanden. Es ist härter und entschlossener geworden, und hat damit alle Hoffnungen der Feinde zunichte gemacht.

Für ihren Einsatz bei der Betreuung der Hamburger Umquartierung und für andere vorbildliche Leistungen konnte der Kreisleiter 155 Männern und Frauen aus dem Kreise im Namen des Führers Kriegsauszeichnungen überreichen. Für ihre tapfere Haltung in Bombennächten wird demnächst weiteren 48 Männern, Frauen und Angehörigen der Jugendformationen aus dem Kreise das Verdienstkreuz mit Schwertern verliehen werden.

Jede Auszeichnung, so betonte der Kreisleiter, bedeutet immer nur eine größere Verpflichtung. Wir stehen in der Zeit der großen Vorbereitung, in der es mehr denn je heißt: Schweigen, damit der Feind nichts von unseren Absichten erfährt. Wir aber haben die Gewißheit, daß der Führer noch immer zur rechten Zeit zum vernichtenden Schlage ausgeholt und den Sieg errungen hat. So marschieren wir geschlossen im heiligen Glauben an den Führer. Er ist der Inbegriff unseres Volkes, in ihm vollenden wir unsere göttliche Sendung.

Hart und entschlossen braust das Siegheil durch die weite Halle und voll kampffroher Zuversicht erklingen die Lieder der Nation.

Damit hatte die eindrucksvolle Kundgebung ihr Ende gefunden. Die Formationen ordneten sich zum Propagandamarsch durch die Stadt, der allen ein sichtbares Zeichen von der Stärke und Einsatzbereitschaft der Bewegung im Kreise Pinneberg gab. Vor der Adolf-Hitler-Schule nahm der Kreisleiter den Vorbeimarsch ab. Der Gleichschritt der Massen ließ symbolhaft den Gleichschritt des ganzen deutschen Volkes lebendig werden. So marschieren wir in die deutsche Zukunft, unbeirrt durch Sturm und Regen, dem Siege entgegen.

HN vom 31.1.1944.

Für Kellereinbrüche: Todesstrafe.
Grundsätzliche Entscheidung des Berliner Sondergerichts.

HN vom 31.1.1944.

Im Februar 1944 wurde eine Einschränkung der Werbung im öffentlichen Raum vorgenommen. Das öffentliche Anschlagswesen stand nur noch der Propaganda von Partei und Staat zur Verfügung. Auch die Herstellung von Kinoplakaten wurde untersagt. (5)

Da die Front noch sehr weit weg zu sein schien, war das alles beherrschende Thema der Luftkrieg und der Luftschutz.

Wann schlägt die Bombe ein?

Lebensgefährliche Neugier während des Fliegeralarms.

Zu den Luftschutzmaßnahmen, die besonders während des Alarms beachtet werden sollten, gehört die Unterdrückung der lebensgefährlichen Neugier, die schon manches Opfer gefordert hat. Immer wieder gibt es Angehörige von Luftschutzgemeinschaften, die so leichtsinnig sind, während des Alarms ohne besondere Veranlassung und ohne daß eine Einsatzaufgabe sie dazu bestimmt hatte, auf die Straße hinauszugehen, lediglich, um ihrer Neugier zu genügen und möglichst etwas von den Vorgängen zu sehen, die sich in der Luft abspielen.

In diesem Zusammenhang hört man dann die verschiedensten Auffassungen darüber, wann diese Neugier am gefährlichsten sei bzw. wann denn nun eigentlich die Bombe einschlägt, ob, wenn das Flugzeug noch im Anflug ist oder wenn es über den Köpfen brummt oder wenn es schon davonflog. Hierzu wird nun in der „Sirene" aufklärend Stellung genommen. Danach liegen die Verhältnisse so, daß die Bomben zwar weit vor dem Ziel von dem Flugzeug selbst gelöst werden, daß sie aber erst dann im Ziel auf der Erde auftreffen, wenn das Flugzeug bereits über das Ziel hinweggeflogen ist. Die Auslösung der Bomben erfolgt vor dem senkrechten Ueberfliegen des Zieles, weil die losgelöste Bombe vom Flugzeug die Horizontalgeschwindigkeit mitnimmt. Sogleich aber bietet die Luft der Bombe Widerstand. Infolgedessen vermindert sich die Horizontalgeschwindigkeit und die Bombe bleibt hinter dem davonfliegenden Flugzeug auch in der Horizontale zurück.

Wenn die Bombe auf der Erde aufschlägt, ist also das Flugzeug schon längst über das Ziel hinausgeflogen. Solange das Flugzeug noch im Anflug ist, kann die Bombe noch nicht treffen, wenn auch bereits gelöst sein; aufschlagen wird sie erst, wenn das Flugzeug bereits das Ziel passiert hat. Es ist nun aber dabei durchaus nicht nötig, daß das Flugzeug senkrecht über die Aufschlagstelle hinweggeflogen ist. Hierzu müßten verschiedene Voraussetzungen erfüllt sein: das Flugzeug müßte nach dem Lösen der Bombe weiter in der gleichen Richtung fliegen, die Bombe dürfte nicht durch Wind abgetrieben werden usw. Auch weiß man nicht, ob nicht außer der von den Scheinwerfern erfaßten Feindmaschine, die der Neugierige beobachtete, noch weitere im Bereich sind. Deshalb besteht jederzeit Gefahr, gleichgültig, ob die Feindmaschine über einem steht, scheinbar noch im Anflug ist oder schon über den Beobachter hinweggeflogen ist. Die Folgerung aus diesem Tatbestand lautet ganz einfach: Man soll sich bei Alarm unnütz zu Beobachtungszwecken außerhalb des Luftschutzraumes aufhalten, sondern vielmehr den Luftschutzraum nur zu den notwendigen Kontrollgängen oder den sonst im Rahmen des Selbstschutzes erforderlichen Verrichtungen verlassen.

HN vom 18.2.1944.

Auf Anordnung Adolf Hitlers wurde die Aufnahme der HJ-Angehörigen von 18 auf 17 Jahre herabgesetzt. Dieses geschah erstmals am 29. Februar 1944 im „Elmshorner Hof" (der „Holsteinische Hof" war zerstört.) wegen der frühzeitigen Aufnahme in den Reichsarbeitsdienst und der Wehrmacht während des Krieges.

„(...) Das deutsche Volk ist in der Vergangenheit oft, zuletzt noch im November 1918, durch Mangel an politischer Führung um die Früchte seines soldatischen Kampfes und seiner Blutopfer gebracht worden. Die Bewegung ist entschlossen, einen solchen Mangel in Zukunft nie wieder eintreten zu lassen. Der Erfolg der Soldaten und Arbeiter gerade auch in diesem Kriege muss und soll durch eine dessen würdige politische Führung gesichert werden. Das ist der tiefere Sinn der alljährlichen Auslese der aktivsten und besten Jungen und Mädchen aus der HJ und ihre Aufnahme in den politischen Führerorden des deutschen Volkes. Weder Rang noch Stand sind für die Aufnahme maßgebend, sondern allein Leistung und Charakter. (...) Für die Aufnahme selbst ist die HJ-Dienstbescheinigung mit ihren Qualifikationen bedeutsam. Sie muss auch die Versicherung des zuständigen HJ-Führers enthalten, dass der Aufzunehmende freiwillig erklärt hat, der Partei beitreten zu wollen. (...)" (6)

HN vom 24.2.1944.

HN vom 2.3.1944.

In einer nichtöffentlichen Sitzung der Ratsherren und Gemeinderäte wurde am 3. März der Bürgermeister Karl Coors aus Pinneberg mit Wirkung vom 1. März 1944 mit der kommissarischen Verwaltung Stadt Elmshorn beauftragt und von Landrat Duvigneau, in Anwesenheit des kommissarischen Kreisleiters der NSDAP Sievers, in sein Amt eingeführt. (7)

Am 9. März wurde die Bevölkerung darauf hingewiesen, feindliche abgeworfene Flugblätter sofort bei der Polizei abzuliefern, Bei Nichtbeachtung drohten schwere Strafen. (8)

Am 21. März richtete der deutsche Rundfunk einen Meldedienst über die Luftlage ein, der jede volle Stunde am Tag und in der Nacht über die Lage berichtete. Bei Veränderungen auch zwischen den stündlichen Meldungen. (9)

Partei und Heimatfront
Kreisleiter Sievers sprach zu den Aktivisten der Bewegung.

HN vom 2.3.1944.

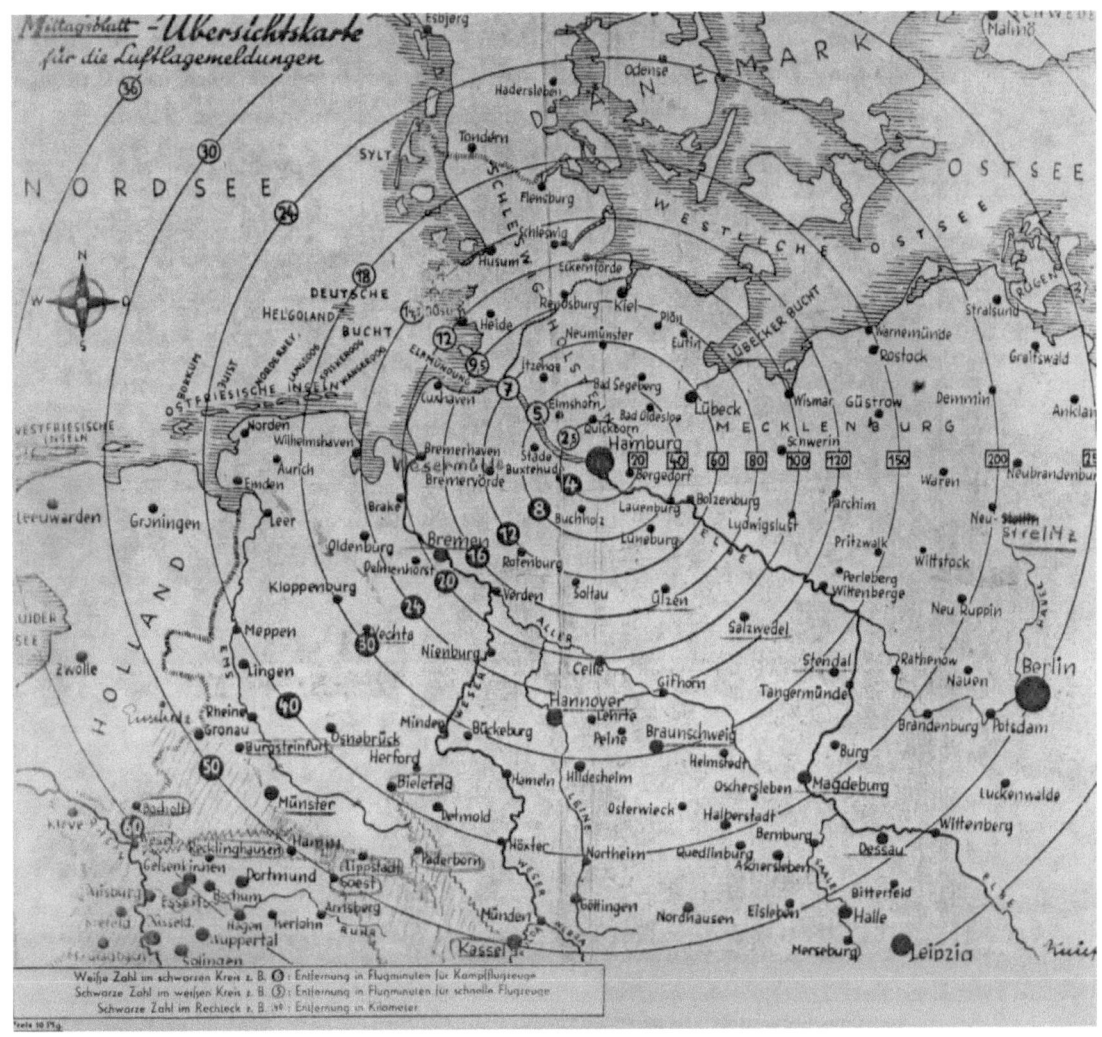

Übersichtskarte für Luftlagemeldungen. Foto aus Per Koopmann, a.a.O., S. 16

Die HN wiesen in einem Bericht vom 24. März darauf hin, dass es verpflichtend sei, einen amtlichen Ausweis bei sich zu führen, besonders auf Reisen.

„(...) Die Beschaffung eines amtlichen Lichtbildausweises ist zwar heute nicht auf Anhieb möglich, doch kann ihn sich auch jetzt noch jeder beschaffen, der sich ein wenig Mühe gibt. Zum Schluss sei gesagt: solange man wirklich keinen amtlichen Lichtbildausweis besitzt, ist jeder andere Lichtbildausweis oder überhaupt Personalausweis besser als überhaupt keinen Nachweis über die eigene Person."
(10)

Abwurf von gefälschten Bezugscheinen. In dem gegenwärtigen Existenzkampf Deutschlands und Europas ist den Feindmächten jedes erdenkliche Mittel recht zur Vernichtung des deutschen Volkes. So versuchen sie, durch Abwurf von gefälschten Bezugsberechtigungen (Bezugskarten und -scheinen) ein wirtschaftliches Chaos herbeizuführen. Die gegnerische Propaganda hofft, auch mit diesem Mittel zu erreichen, daß das Reich wie 1918 — militärisch unbesiegbar — von innen heraus zusammenbricht. Das darf ihr nicht gelingen! Jeder, der solche Bezugsberechtigung findet, ist deshalb verpflichtet, sie ebenso wie jedes Flugblatt unverzüglich bei der nächsten Polizeidienststelle abzuliefern. Schon derjenige, der falsche Bezugsberechtigungen findet und aufbewahrt, weitergibt oder entgegennimmt, ohne den Fund abzugeben oder anzuzeigen, wird als Kriegswirtschaftsverbrecher und Volksschädling angesehen: er hat mit schweren Zuchthausstrafen oder sogar mit Todesstrafe zu rechnen.

HN vom 25.3.1944.

Die Verpflichtung der Vierzehnjährigen auf den „Führer", der Übergang vom Jungvolk und Jungmädel zur HJ und BDM, fand am 27. März im Gemeinschaftsraum der Firma „Knecht und Söhne" in Anwesenheit von Kreisleiter Sievers, Rektor Krüdener und Rektor Peters statt. (11)

Für 5 kg Knochen = ein Stück Kernseife

Knochen sind wertvollster Rohstoff, jedoch im eigenen Haushalt wertlos. Jeder liefere die in Küchen und Verpflegungsstätten ausgekochten oder gebratenen Knochen regelmäßig an die Schulkinder für die Schulaltstoffsammlung oder an die Sammelstelle im Ortsgruppenbereich ab. Für ein Kilogramm Knochen wird eine Bezugsmarke ausgegeben. Ein Sammelbogen mit Bezugsmarken im Werte von 5 kg abgelieferter Knochen berechtigt zum Kaufe eines Stückes Kernseife.
DER REICHSKOMMISSAR FÜR ALTMATERIALVERWERTUNG

HN vom 15.4.1944.

Mit blumigen Worten versuchte Reichsjugendführer Artur Axmann, HJ-Jungen zur Wehrmacht zu locken. Er erklärte das Kriegsjahr 1944 zum Jahr der Freiwilligen für die HJ und hatte zum Teil Erfolg. Es meldeten sich Jugendliche als freiwilliger Nachwuchs für die Infanterie und andere Waffengattungen. (12)

Freiwillig zur Infanterie
Eine Ehre für jeden jungen Deutschen!

Wenn Urlauber von der Front erzählen, wenn Stoßtruppführer der Infanterie in heimatlichen Kundgebungen von dem Einsatz ihrer Verbände oder des einzelnen Grenadiers sprechen, immer meldet sich der Gedanke: was ist doch die deutsche Infanterie für eine wunderbare Waffe! Welch soldatisch harte und furchtlose Männer erzieht sie! Wie herrlich ist ihre Kameradschaft! Wie durch und durch deutsch ist ihr ganzes Wesen! Und welch entscheidender Anteil fällt ihr am Ruhm der Leistung und Lorbeer des Sieges zu!

In wieviel Waffengattungen sich die Wehrmacht auch gliedern mag, es ist immer noch so gewesen und erhärtet sich in dem gegenwärtigen Ringen aufs Neue: die Infanterie ist die „Königin der Waffen", das heißt, sie ist Kernpunkt, Herz und Seele des Kampfes und trägt damit auch in erster Linie die Entscheidung auf ihren Schultern. Die der Infanterie gestellte Aufgabe ist sicherlich sehr schwer, aber die härteste Waffe darf auch die stolzeste sein. Was der unbekannte Grenadier in diesem Kriege leistet, macht ihn zu einem Helden schlechthin. Das deutsche Volk hat in diesen bald fünf Jahren unzählige Zeugnisse für die Vortrefflichkeit seiner Infanterie bekommen. Waren im Frieden schon die Begriffe Volksheer und Infanterie nicht von einander zu trennen — was der deutsche Infanterist nun im Kriege leistet, das hat der Infanterie vollends die bewundernde Hochachtung und stolze Liebe der Nation geschenkt.

Der Reichsjugendführer hat das Kriegsjahr 1944 zum Jahr der Freiwilligen für die Hitlerjugend erklärt. Viele Jugendliche haben sich bereits als Freiwillige gemeldet, um in die Reihen der Kämpfer für Deutschland einzutreten. Je mehr dieser freiwillige soldatische Nachwuchs der Infanterie zugutekommt, je stärker die Bataillone der jungen Grenadiere sind, um so zufriedener darf das deutsche Volk mit dieser seiner Jugend und um so zuversichtlicher darf es über den Ausgang dieses ungeheuren Ringens sein. Der Grenadier an der Front — das ist der Inbegriff der soldatischen Leistung. Eine Ehre ist es darum für jeden jungen Deutschen, selbst teilhaben an dieser Leistung, mit der sich Schicksal und Zukunft der Nation entscheiden.

HN vom 19.4.1944.

470

Zum Geburtstag Adolf Hitlers am 20. April wurden auf Anordnung des Reichsministers für Volksaufklärung und Propaganda, Goebbels, wieder die Häuser und Wohnungen bis zum Sonnenuntergang beflaggt. (13)

So feierte Elmshorn den Geburtstag des Führers

Ortsgruppe Klosterfande

Im festlich geschmückten Saal des „Südpol" hielten sich gestern abend die Politischen Leiter, die Angehörigen der Gliederungen, Parteimitglieder, Mitglieder der NS.-Frauenschaft, viele Volksgenossen und die Jugend in großer Zahl eingefunden, um den Geburtstag des Führers würdig zu begehen. Nach dem Fahneneinmarsch begrüßte Ortsgruppenleiter Otto Steinicke die Festteilnehmer. Die Festansprache hielt Pg. Lepien. Er wies darauf hin, daß unser Tun und Denken heute und das Gesetz des Krieges falle, persönliche Sachen erscheinen klein vor den großen gemeinsamen Aufgaben sei draußen an der Front, schwere Arbeit in der Heimat, aber die ewigen Quellen unserer Kraft seien: das Wissen um die Notwendigkeit dieses Kampfes und die Gewißheit, daß an der Spitze unseres Volkes der Führer steht, in dem die besten Seiten des deutschen Wesens Gestalt bekommen haben. In klaren Bildern führte er den Zuhörern vor Augen, was dem deutschen Volke blühen würde, wenn Juda oder der Bolschewismus über uns die Herrschaft gewinnen würden. Nachdem er kurz den Werdegang des Führers geschildert hatte, schloß er seine Ansprache mit dem Gelöbnis, dem Führer unsere ganze Liebe zu schenken, ihm zu helfen in seinem Kampf um Deutschlands Zukunft, wo und wie wir können, zu arbeiten und zu kämpfen und nicht zu rasten und zu ruhen, bis der Sieg unser ist. Nach der Ansprache wurde die Vereidigung der neu ernannten Politischen Leiter vorgenommen. Die Feierstunde wurde umrahmt von Musikvorträgen und Gesang der HJ., sowie von gemeinsamen Liedern. Die Kapelle der Firma Peter Kölln hatte sich in den Dienst der guten Sache gestellt und erfreute die Besucher durch ihre Darbietungen. Nach der offiziellen Feier blieben noch viele Parteigenossen in gemütlicher Runde beisammen.

Ortsgruppe Fuchsberg.

Ortsgruppenleiter Pg. Hans Böge hatte seine Politischen Leiter und die Mitglieder der Bewegung in die Gastwirtschaft von Gustav Thormählen, Bisirien, zusammengerufen, um in würdiger Weise des Führers an seinem Geburtstage zu gedenken. Die festlich geschmückte große Veranda war bis auf den letzten Platz besetzt, als Pg. Böge ein eindringliches Bild des Führers zeichnete, von dem Sohn des Volkes, der jetzt den größten Kampf der Geschichte führen muß. Kein Fremder, so führte er u. a. aus, kann je ermessen, wie tief das deutsche Volk mit seinem Führer verbunden ist. Er ist die reichste Quelle unserer Kraft, die uns beseelt, in fanatischem Willen durchzuhalten bis zum endgültigen Sieg. Für rauschende Feste ist in der heutigen Zeit kein Platz: trotzdem wollen wir der großen Tage der Nation festlich gedenken und aus diesen Feierstunden neue Kraft schöpfen, um dem Alltag gerecht zu werden und uns in harten Zeiten zu bewähren. In unbedingtem Glauben schauen wir auf den Führer. In seiner Persönlichkeit liegt für uns die Gewißheit des Sieges. Wir alle aber sind stolz, mit ihm zusammen den Weg in das ewige Deutschland schreiten zu dürfen. Im Anschluß an die mit starkem Beifall aufgenommene Ansprache des Ortsgruppenleiters fand die Vereidigung neu ernannter Politischer Leiter statt. Gemeinsame Lieder und ein Kernspruch auf den Führer umrahmten die Feierstunde. Nach dem offiziellen Teil blieb man noch einige Zeit in kameradschaftlicher Weise zusammen.

Die Ortsgruppe Langelohe

hatte am Führergeburtstag zu einer Feierstunde nach dem Hörsaalheim geladen. Der Besuch war ausgezeichnet. Das Programm war unter Mitwirkung des Reichsarbeitsdienstes und des BDM. sehr reichhaltig gestaltet. Die Feierrede hielt der Ortsgruppenleiter Pg. Krüdener. Er brachte ein eindrucksvolles Bild vom Leben und Wirken unseres Führers. Die Rede klang aus in dem Gelöbnis, bereit zu sein die Zukunft zu erkämpfen und zu opfern, denn nur so wird uns der Sieg. Anschließend wurde die Vereidigung der Politischen Leiter, Walter und Warte von dem Hoheitsträger vorgenommen, woran sich die Aushändigung der Parteiabzeichen an die jüngsten Mitglieder der Partei knüpfte. Nach der Führerehrung wurde die Feier geschlossen.

HN vom 21.4.1944.

Am 24. April sprach General Quade von der Luftwaffe in der Reithalle vor „Tausenden der schaffenden Volksgenossen". Sein Thema lautete *„Luftwaffe und Heer in ihrer Zusammenarbeit auf den europäischen Kriegsschauplätzen"*.

In seinem Vortrag bekannte er die Schwierigkeiten für die Wehrmacht trotz anfänglicher Überlegenheit:

„(...) Die absolute Luftüberlegenheit ist jedoch bei einer längeren Dauer des Krieges nicht möglich, wenn die feindlichen Industrien im sicheren Hinterland die Möglichkeit haben, selbst schwerste Verluste wieder zu ersetzen. So liegt der Fall z.B. in Sowjetrussland, wo trotz der Zerstörung von 50.000 Flugzeugen die sowjetische Luftwaffe immer noch eine beachtliche Stärke besitzt. Aber auch hier sei es möglich, die Luftüberlegenheit zeitlich und räumlich dort zu erkämpfen, wo das Heer sie für seine Operationen braucht. (...)" (13)

Hiermit deutete Quade an, dass Deutschland den Krieg nicht mehr gewinnen kann, vor allem nicht, wenn die befürchtete Invasion der alliierten Mächte auf den europäischen Kontinent erfolgt. Der Nachschub an Waffen wird dann an allen Fronten den Ausgang des Krieges bestimmen.

HN vom 27.4.1944.

Am 8. April verlängerte Hitler durch einen Erlass die Dauer der Dienstzeit des weiblichen Reichsarbeitsdienstes auf 1,5 Jahre. (14)

Am 11. Mai warnten die HN noch einmal eindringlich vor Plündern, welches mit der Todesstrafe geahndet wurde.

„(...) Der Bombengeschädigte hat Anspruch auf den Schutz des Staates bis zum letzten Stück seines Besitzes. Jeder Gegenstand, den jemand für mitnehmenswert hält, hat auch noch Wert für seinen ursprünglichen Besitzer. Es kann dem Einzelnen nicht überlassen werden, darüber zu entscheiden, ob eine Sache wert- oder herrenlos ist. Infolgedessen ist der Begriff „Plündern" sehr weit zu fassen. Er gilt während des Angriffs und danach, und zwar für jeden Ort, für das Entwenden von Gegenständen aus Wohnungen und auch für jeden anderen vorläufigen Unterbringungsort von gerettetem Besitz. Das Rechtsempfinden des Volkes verlangt, dass jede Straßenecke ein ungefährdeter Abstellplatz für jedes Gut sein muss.

Bei erwiesener Plünderung ist der Richter verpflichtet, nach dem Gesetz auf die Todesstrafe zu erkennen. Die Rettung und Sicherstellung gefährdeter Gegenstände ist für jeden selbstverständliche Pflicht, aber das gerettete Gut gehört, sofern eine unmittelbare Rückgabe an den Besitzer nicht möglich ist, auf das nächste Polizeirevier, die nächste Sammel- oder Parteidienststelle und nicht in die Privatwohnung oder Unterkunft des Retters, der dann nach geraumer Zeit der Versuchung unterliegen kann, sich für immer an die „Aufbewahrung" zu gewöhnen." (15)

HN vom 23.5.1944.

Achtung!
An 5 Fingern abzuzählen:

Die 5 wichtigsten Gebote
der Erzeugungs- und Ablieferungsschlacht.

Noch mehr Milch,
noch mehr Fett,
noch mehr Gemüse,
noch mehr Kartoffeln,
noch mehr Brot.

Das Letzte leisten!

HN vom 15.5.1944.

Am 23. Mai warnten die HN vor feindlichen Tiefffliegern.

„Sie setzen ihre Jagdflieger an zur Einzeljagd auf Menschen. Auf alles Lebende, dessen sie aus der Luft habhaft werden können, richten die anglo-amerikanischen Terrorpiloten im Tiefflug ihre MG-Rohre. Spazierengehende Mädchen, Frauen mit Kinderwagen, Schrebergärtner, Gruppen wandernder BDM Mädel, spielende Kinder, einsame Angler, Sportplätze, Ausflugslokale, Personenzüge – das sind Ziele dieser Luftpiraten, deren Triebe man nicht einmal mehr tierisch nennen kann. Sie töten schon um des Tötens willen.

Dasa sie Züge beschossen, Brücken, Viadukte und Stellwerke angriffen, dass sie im Tiefflug, blind aus allen Rohren feuernd, über Bahnhöfe hinwegrasten, dass sie einzelne fahrende Lkws und kleine Lieferwagen auf den Landstraßen aufs Korn nahmen - diese Methoden der feindlichen Jagdwaffe haben wir in den letzten Wochen zur Genüge kennengelernt.(...)" (16)

Am 25. Mai erschienen schon die nächsten Artikel:

„Feindlicher Terror gegen Reisezüge.

Bei den starken Tageseinflügen feindlicher Jagdverbände am letzten Sonntag wurden auch im Bezirk der Reichsbahndirektion Hamburg eine größere Anzahl Reisezüge im Tiefangriff auf Bahnhöfen und freier Strecke angegriffen. Leider sind dabei auch Tote und Verletzte zu beklagen. Unter anderem wurde auf der Kieler Strecke ein Personenzug mit Bordwaffen beschossen. Schon beim Anflug der feindlichen Flieger entstand unter den Reisenden ein Durcheinander. Zahlreiche Personen suchten in Gräben oder sonstwie Schutz, aber unbarmherzig schossen die Feinde in wiederholtem Anflug auf die Reisenden und den Zug. Mehrere Reisende wurden tödlich getroffen, andere wurden schwer verletzt.

Ebenso erging es einem D-Zug auf der Berliner Strecke, der gleichfalls in mehrfachem Angriff stark beschossen wurde. Auch hier sind Tote und Schwerverletzte unter den Reisenden zu beklagen. Von einem in der Nähe Hamburgs von drei Feindmaschinen angegriffenen und mit Eisenbahn-Flakgeschützen versehenen Zug wurde ein Feindflieger abgeschossen, die beiden anderen wurden von ihrem Vorhaben abgedrängt. Hier sind nur einige Verletzte zu beklagen. Die Reichsbahn hat durch die Bereitstellung von Eisenbahnwagen, die mit Maschinengewehren und Flak besetzt sind, Maßnahmen in die Wege geleitet, um derartig gemeinen Angriffen auf wehrlose Reisende zu begegnen und nach Möglichkeit zu unterbinden." (17)

Bei Fliegeralarm vollständig anziehen! Es kommt vor, daß Volksgenossen bei Fliegeralarm die Luftschutzräume nur notdürftig bekleidet aufsuchen und im Falle eines Totalschadens dann nicht einmal mit den nötigsten Kleidungsstücken versehen sind. Wer so leichtfertig handelt, gefährdet nicht nur seinen Ersatzanspruch, sondern versündigt sich auch an der Allgemeinheit. Erneut sei daher darauf hingewiesen, daß man sich vollständig anzukleiden hat, bevor man bei Fliegeralarm den Luftschutzraum aufsucht. Darüber hinaus wird dringend empfohlen, nicht unbedingt benötigte Kleidungsstücke bei Verwandten oder Bekannten auswärts unterzubringen, damit bei einem Totalschaden noch eigene Kleidungsstücke zur Verfügung stehen.

HN vom 30.5.1944.

Ein wahrer Mordwahn der Luftgangster

Mordüberfälle in Schleswig-Holstein — Ein weiterer scharfer Protest Frankreichs

Die anglo-amerikanischen Luftgangster verübten auch im Gau Schleswig-Holstein Mordüberfälle auf wehrlose Zivilisten, Ausflügler und auf dem Felde arbeitende Bauern.

So wurde das Dorf Großenbrode durch zehn feindliche Jagdflugzeuge im Tiefflug angegriffen und die arbeitende Bevölkerung beschossen. Zwei Feindflugzeuge griffen um die Mittagszeit Friedrichstadt mit Bordwaffen an und mordeten das 19jährige Mädchen Lucie Axelsen, das sich auf einem Spaziergang befand, durch Herzschuß. Die Gaststätte „Strandhalle" wurde beschossen und dabei zwei Gäste, Karl Krohn und Arthur Engd, schwer verletzt. In Uelsnig wurde der 63jährige Bauer August Geldis, bei der Feldarbeit von den feindlichen Mordbanditen überfallen und durch Bordwaffenbeschuß schwer verletzt. Eine Frau kam mit leichteren Verletzungen davon.

•

Die Mordtaten der anglo-amerikanischen Luftgangster haben jetzt eine neue amtliche Stellungnahme der französischen Regierung ausgelöst, die gegen die barbarische Grausamkeit der Feinde protestiert und der Empörung des Volkes öffentlich Ausdruck verleiht. In diesem Zusammenhang wird auch die Antwort der englischen Kirchenleitung auf den Protest der französischen Kirchenfürsten gegen die Hinmordung der Bevölkerung als eine unverhüllte Weigerung gekennzeichnet, sich zugunsten unschuldiger Menschen einzusetzen. Dabei wird herausgestellt, daß die anglo-amerikanischen Luftbunnen „von einem wahren Mordwahn besessen" sind, die französische Bevölkerung zu dezimieren und die Städte Frankreichs in Ruinen zu verwandeln. Der Versuch der englischen Prälaten, diesen barbarischen Furor mit militärischen Argumenten zu legalisieren, werde aber schon durch die Tatsache hinfällig, daß ganze Stadtteile zertrümmert wurden,, die kilometerweit von jedem strategischen Objekte entfernt seien. In dieser amtlichen Auslassung wird schließlich der heuchlerische Appell des Präsidenten Roosevelt aus dem Jahre 1939 an die kriegführenden Regierungen, die Zivilbevölkerung zu schonen, den zynischen Äußerungen gegenübergestellt, die in jüngster Zeit sowohl in der englischen als auch in der amerikanischen Presse über die Aufgabe und den Zweck der anglo-amerikanischen Luftangriffe zu lesen waren.

Die französische Presse unterstützt nachdrücklich die amtliche Verlautbarung. Dasselbe geschieht in verstärktem Maße in Italien, wo die Luftangriffe der anglo-amerikanischen Gangster auf ungeschützte Städte und Dörfer und Tiefangriffe auf die Bevölkerung an der Tagesordnung sind. So wurden in der Provinz Toscana zahlreiche kleinere Ortschaften wahllos mit Bomben belegt. In der Nähe von Siena beschossen die Amerikaner im Tiefflug einen Kraftwagen mit Bordwaffen. In Vercelli wurden die Menschen auf offener Straße von den Maschinengewehren der Amerikaner dezimiert. Viele Tote und Verwundete, darunter Kinder, sind zu beklagen. In der Nähe von Pistoia sind einzelstehende Bauernhöfe und mehrere Ortschaften getroffen worden. In der Hafenstadt Zara zerstörten die Luftbunnen vier Kirchen, eine Klosterbibliothek, das Provinzkrankenhaus, eine Handelsschule, ein Gymnasium, ein Waisenhaus und das erzbischöfliche Seminar der Franziskaner sowie das Nationaltheater. — Aber auch die Holländer werden nicht in Ruhe gelassen. So ist der Schnellzug Arnheim—Utrecht in der Nähe von Maarsbergen von amerikanischen Flugzeugen beschossen worden. Die Zahl der Opfer beläuft sich auf 20 Tote und 50 Schwerverletzte.

•

Welchen Zweck die verantwortlichen Staatsmänner von England und USA, die für alle diese Mordtaten und Kulturschändereien einstehen haben verfolgen steht außer Frage. Sie werden damit aber weder die deutsche Widerstandskraft erschüttern noch die Bevölkerung der besetzten Gebiete gegen die deutsche Wehrmacht aufzuhetzen vermögen. Ganz im Gegenteil wächst in Frankreich Belgien und Holland von Woche zu Woche und von Tag zu Tag die Empörung und die Wut des Volkes gegen diese verantwortungslose Hinmordung der Zivilbevölkerung. Militärisch sind diese Barbareien sinn- und zwecklos da sie die deutsche Wehrmacht weder mittelbar noch unmittelbar berühren. Die Verbrechen, die von den Westmächten am laufenden Band begangen werden, sind um so ungeheuerlicher, als sie sowohl den elementarsten Grundsätzen des Völkerrechts als auch schon jedem Naturrecht Hohn sprechen.

USA-Fliegergeneral vermißt

Genf, 1. Juni. Der „Daily Herald" vom 30. Mai meldet, daß der USA-Brigadegeneral Russel A Wilson seit dem zweiten Tagesangriff auf Berlin vermißt werde. Sein Flugzeug sei bereits vor dem Bombenabwurf in Brand geraten und kurz darauf in der Luft explodiert.

HN vom 1.6.1944.

Die Invasion hat begonnen!

Sofortiges Einsetzen der Abwehr – Ueberraschungsmoment mißlungen   Luftlandetruppen teilweise bereits beim Absprung erfaßt –
Viele Fallschirmeinheiten aufgerieben – Schwere Artilleriekämpfe mit feindlichen Schiffseinheiten

HN vom 6.6.1944.

Auf der Großkundgebung am 9. Juni in der Reithalle in Elmshorn sprach u.a.
Kreisleiter Sievers:

*„(...) In scharfen Worten wandte der Kreisleiter sich gegen die Gerüchtemacher und
Defaitisten, besonders in der jetzigen Zeit dürfen wir ihnen gegenüber keine
Rücksicht mehr walten lassen, denn sie sind die Verräter an der Volksgemeinschaft
und Verräter sind schlimmer als unsere offenen Feinde und müssen ohne Gnade
ausgemerzt werden. (...)"* (18)

Der Luftkrieg im Heimatkriegsgebiet birgt mannigfache Gefahren in sich. Diese Gefahren müssen wir kennenlernen, damit wir ihnen gewappnet gegenüberstehen und uns in jeder Gefahrenlage richtig verhalten. Eine Gefahr besteht für die Insassen eines Luftschutzraumes, wenn in nahegelegenen Kellerräumen Kohlen, Koks und Holzvorräte in Brand geraten. Die sich dabei entwickelnden schädlichen Gase können die Insassen des Schutzraumes erheblich gefährden, wenn diese infolge eines lang anhaltenden Angriffs die Räume nicht verlassen oder aus anderen Gründen verspätet verlassen. Das Verbringen der Kohlen- und Holzvorräte in entfernt gelegene Kellerräume oder besser die Auslagerung aus den Kellern in Höfe oder Gärten abseits von Gebäuden ist, wenn irgend möglich, dringend anzuraten, auch um ein Uebergreifen des Feuers in die Keller zu verhindern.

HN vom 19.6.1944.

477

Jetzt wurden alle noch wehrfähigen Männer und Frauen einberufen:

Erweiterte Arbeitsmeldepflicht auf alle noch einsatzfähigen Männer und Frauen

Eine neue Verordnung des Generalbevollmächtigten für den Arbeitseinsatz

In diesem totalen Kriege ist jeder deutsche Mann, der nicht schon mit der Waffe in der Hand das Vaterland verteidigt, sowie jede deutsche Frau zur Dienstleistung für das Vaterland verpflichtet. Zur Erreichung des Endsieges muß jetzt jede noch irgendwie verfügbare Arbeitskraft eingesetzt werden. Zu diesem Zweck hat der Generalbevollmächtigte für den Arbeitseinsatz, Gauleiter und Reichsstatthalter Sauckel, am 10. Juni 1944 die zweite Verordnung über die Meldung von Männern und Frauen für Aufgaben der Reichsverteidigung erlassen. Nach dieser zweiten Meldepflicht haben sich grundsätzlich alle bisher noch nicht meldepflichtigen Männer vom 16. bis zum 65. Lebensjahr und Frauen vom 17. bis zum 45. Lebensjahr, die im Reichsgebiet wohnen, bei dem für ihren Wohnort zuständigen Arbeitsamt zu melden, sobald sie hierzu vom Arbeitsamt durch öffentlichen Aufruf in der Presse und durch Anschläge aufgerufen werden.

Die Aufrufe der Arbeitsämter erfolgen laufend.

Bekanntlich waren bereits nach der ersten Verordnung des Generalbevollmächtigten für den Arbeitseinsatz über die Meldung von Männern und Frauen für Aufgaben bis zum 65. Lebensjahr und alle Frauen vom 17. bis 45. Lebensjahr zur Meldung bei den Arbeitsämtern auf Grund besonderer Aufrufe verpflichtet. Dies war zunächst eine einmalige Meldepflicht-Aktion; für die vorgesehenen alten Grenzen war der Stichtag vom 29. 1. 1943 maßgebend. Damit waren bisher die Männer und Frauen der Meldung unterworfen, die am 29. 1. 1943 das 16. Lebensjahr vollendet hatten. Nachdem die der ersten Meldepflichtverordnung unterliegenden Personen auf Grund der Aufrufe bei ihrer Einsatzfähigkeit in kriegswichtiger Beschäftigung eingesetzt ist, gebieten die Notwendigkeiten und die Gerechtigkeit, im Arbeitseinsatz nunmehr auch die Volksgenossen in die Meldepflicht durch laufende Aufrufe der Arbeitsämter einzubeziehen, die seit dem 30. 1. 1943 das 16. Lebensjahr vollendet hatten oder künftig vollenden. Aus dem gleichen Grunde müssen dieser Meldepflicht auch die Volksgenossen unterworfen werden, bei denen inzwischen die Voraussetzungen für eine sonstige Befreiung von der Meldung nach der ersten Meldepflichtverordnung nicht mehr vorliegen oder künftig fortfallen. Dies geschieht durch die zweite Meldepflichtverordnung.

Von der Meldung befreit sind:
1. Männer und Frauen, die sich auf Grund der ersten Meldepflichtverordnung oder bei späteren Aufrufen der Meldepflichtverordnung beim Arbeitsamt schon einmal ordnungsgemäß gemeldet haben,
2. Männer und Frauen, die am Tage der Verkündung der zweiten Meldepflichtverordnung bereits im Freiwilligen Ehrendienst für die deutsche Kriegswirtschaft eingesetzt sind, für die Dauer dieser Tätigkeit,
3. Männer und Frauen, die mindestens seit einem Monat vor dem Tage des Aufrufes des Arbeitsamtes wenigstens 48 Stunden wöchentlich beschäftigt sind,
4. selbständige Berufstätige, die mindestens seit einem Monat vor dem Tage des Aufrufes des Arbeitsamtes mehr als 5 Gefolgschaftsmitglieder beschäftigen,
5. Männer und Frauen, die in der Landwirtschaft voll tätig sind,
6. Männer und Frauen, die in dem öffentlich-rechtlichen Dienstverhältnis (z. B. als Beamte) stehen sowie die zur Wehrmacht, zur Polizei und zum Reichsarbeitsdienst einberufenen,
7. Männer und Frauen, die hauptberuflich selbständig im Gesundheitswesen tätig sind,
8. Schüler und Schülerinnen, die eine öffentliche oder private allgemeinbildende Schule (Haupt-, Mittel- oder höhere Schule) besuchen,
9. Geistliche,
10. Anstaltspfleglinge, die erwerbsunfähig sind,
11. Ausländer (jedoch nicht Protektoratsangehörige, Schutzangehörige und Staatenlose).

Von der Meldung befreit sind werdende Mütter sowie Frauen mit einem noch nicht schulpflichtigen Kind oder mindestens zwei Kindern unter 14 Jahren, die im gemeinsamen Haushalt leben; haben jedoch diese Frauen kein Kind unter zwei Jahren, so sind sie dann zur Meldung verpflichtet, wenn sie mit weiblichen Familienangehörigen in Wohngemeinschaft leben, die das 18. Lebensjahr vollendet haben und nicht selbst berufstätig sind.

Zur Meldung werden nicht aufgerufen:
1.) Die meldepflichtigen selbständigen Berufstätigen einschließlich der Heimarbeiter,
2.) die Schüler und Schülerinnen von Fachschulen und Berufsschulen sowie die Studierenden an Hochschulen (für diese ergeht besondere Regelung).

HN vom 26.6.1944.

Feindlicher Massenansturm gegen die Festung Europa

Anhaltend schwere Abwehrkämpfe im Westen, Osten und Süden - Zunehmende Heftigkeit feindlicher Angriffe - Beispiellose Tapferkeit der deutschen Soldaten

HN vom 28.6.1944.

In deutscher Normalschrift

Mit dem heutigen Tage sind die „Holsteiner Nachrichten" auch in ihrem Textteil zur deutschen Normalschrift übergegangen. Die Gründe, aus denen diese Schrift in den Schulen eingeführt wurde, und sie auch nach und nach für die deutsche Presse zur Anwendung kommt, sind früher schon einmal erörtert worden. Zeitentwicklung und Blick in die Zukunft sind die maßgebenden Faktoren. Trotzdem wir schon seit längerer Zeit den Anzeigenteil in der Normalschrift setzen, — der Buchdrucker nennt sie Antiqua, der Schreibende „lateinisch" — wird manchem Leser doch diese Schrift zunächst ungewohnt sein. Die klare Einfachheit und Schönheit ihrer Züge jedoch wird — wie die Erfahrung lehrt — sehr bald die Anerkennung des Lesers gewinnen.

HN vom 3.7.1944.

Es kam immer wieder vor, dass abgeschossene Flugzeuge geplündert wurden. Dieses brachte nicht nur die Plünderer in Gefahr durch Munitionsreste, sondern wurde auch als Sabotage mit allen Folgen für die Täter angesehen. Daher erschienen immer wieder Warnungen in den HN.

Plündern abgestürzter Flugzeuge ist Sabotage.

Nach jedem Angriff größerer Feindverbände liegen Trümmer abgeschossener Feindflugzeuge auf dem Erdboden. Hier und da zeigt die Bevölkerung bei diesen Anlässen mangelndes Verständnis. Manch wertvolles Beutestück ist der Landesverteidigung durch „Andenkensammler" verloren gegangen, und manchem Feindflieger ist durch Unachtsamkeit der Bevölkerung die Flucht und Rückkehr nach England oder der Sowjetunion gelungen. Unverletzte Besatzungsmitglieder versuchen stets, sich durch Flucht der Gefangennahme zu entziehen. Ihre Uniformen lassen sich durch Abtrennen der Abzeichen leicht in unauffälliges Zivil verändern, wie es u. a. Monteure bei der Arbeit und auf Reisen tragen. Die feindlichen Flieger sind reichlich mit Geldmitteln versehen, um sich Fahrkarten und Reisebedarf kaufen zu können. Von arbeitsverpflichteten Ausländern — Männer wie Frauen — wird ihnen oft bereitwillig Vorschub geleistet, indem ihnen Bekleidungsstücke, Lebensmittel, sogar die eigenen Ausweise überlassen werden. In der Eisenbahn und auf Bahnhöfen ist von der Bevölkerung besonders auf Verdächtige zu achten. Man melde sie dem Bahnpersonal, Wehrmachtangehörigen oder Angehörigen der Parteiorganisationen zur Feststellung ihres Ausweises und Reisezieles. Die Anwesenheit eines anscheinend deutschen Begleitmannes bietet noch keine unbedingte Sicherheit, daß dieser nicht mit zu einer Flüchtlingsgruppe gehöre. Fahrer von Fernlastwagen und Führer von Lastkähnen auf Flüssen und Kanälen werden besonders davor gewarnt, Unbekannte mitzunehmen, da sie sich wegen Hilfeleistung bei der Flucht von Kriegsgefangenen schweren Strafen aussetzen. Dasselbe trifft für alle fremdländischen Arbeiter zu, die sich ohne rechtsgültige Ueberweisung in der Landwirtschaft zur Arbeit anbieten, um auf einige Zeit unterzutauchen und bei Gelegenheit, oft nach Ausführung von Diebstählen und Sabotageakten, ihre Flucht fortzusetzen. Wo sich solche zeigen, ist sofort die Ortspolizei zu benachrichtigen. Die Absturzstelle eines Flugzeuges zieht erfahrungsgemäß viele Neugierige an, die nicht daran denken, daß die Gefahr der Explosion groß ist.

HN vom 8.7.1944.

Nicht nur Japan besaß Kamikaze-Flieger, auch im Deutschen Reich gab es solche Piloten. Man nannte diese „Sturmstaffeln":

480

Männer, die keine Gefahr scheuen

Sturmstaffeln, eine neue Spezialwaffe der Tagjagd

Einer der letzten Wehrmachtberichte nannte zum ersten Mal eine deutsche Spezialwaffe der Tagjagd, die seit einiger Zeit bei der Abwehr der nordamerikanischen Luftangriffe mit ständig wachsenden Erfolgen zum Einsatz gelangt: die Sturmgruppen und Sturmstaffeln. Obwohl diese Verbände ihrem Aufbau nach Jagdformationen darstellen, kann man sie auf Grund ihrer Einsatzmethoden und ihrer taktischen Zielsetzung ausgesprochene Nahkampftruppen zur Luft bezeichnen. Sie verkörpern darüber hinaus den bedingungslosen deutschen Widerstandswillen gegenüber dem britisch-nordamerikanischen Bomben-Terror in klarster und schärfster Ausprägung.

In diesen Spezialverbänden der deutschen Luftwaffe stehen besonders verwegene, entschlossene und fanatische Flieger. Fast ausnahmslos sind es Männer, die sich freiwillig für die neue schwere Aufgabe meldeten und die mit unseren westlichen Gegnern ihre eigene Rechnung auszugleichen haben. Offiziere und Mannschaften sind unter ihnen, denen der Bombenterror alles raubte, was sie besaßen: ihr Heim, ihre Frau und ihre Kinder. Nichts blieb ihnen als die selbtgewählte große Aufgabe: der verbissene Kampf gegen die Terrorbomber und der rücksichtsloseste Einsatz ihres Lebens. In den vergangenen Wochen hatten sie oft Gelegenheit, ihr Vorhaben in die Tat umzusetzen. Sie taten es mit einer Kühnheit und einem Draufgängertum, das keine Gefahren scheute und Unmögliches möglich werden ließ.

Abschuß oder Vernichtung der britisch-nordamerikanischen Terrorbomber um jeden Preis waren die Parole der Sturmstaffeln. Trotz des wütenden Abwehrfeuers brechen sie bei ihren Einsätzen mitten hinein in die Reihen der feindlichen Bomberformationen und holen sich dort ihre Beute aus kürzester, zielsicherster Entfernung, manchmal in erbitterten Zweikämpfen, in denen sie — genau wie die Infanteristen in vorderster Linie — das Weiße im Auge ihres Gegners erkennen können. Wenn ihre Munition verschossen ist, dann bleibt ihnen noch ein Angriffsmittel, das den Feind in jedem Falle vernichtend treffen muß — sie rammen ihn in der Luft. Unter Preisgabe ihrer eigenen leichten Jagdmaschinen haben die Flieger deutscher Sturmstaffeln in den letzten Wochen in zahlreichen Fällen schwere viermotorige Bomber des Feindes durch Rammung zum Absturz gebracht. Es versteht sich von selbst, daß ein derartiger Einsatz ein Höchstmaß an fliegerischem Können und fanatischer, todesverachtender Entschlossenheit fordert. Die Männer unserer Sturmstaffeln besitzen beides. Schon heute können einige deutsche Sturmstaffeln neben vielen Luftsiegen zahlreiche erfolgreiche Rammungen verzeichnen.

Bei der Abwehr des nordamerikanischen Tagesangriffs gegen den mitteldeutschen Raum am 7. Juni zeichnete sich vor allem eine Sturmgruppe unter Hauptmann Moritz aus. Ihr gelang eine Leistung, die in der Geschichte dieses Luftkrieges einzigartig ist. Innehalb von zwei Minuten rieben die Männer dieses Verbandes einen nordamerikanischen Bomberpulk von etwa 30 Flugzeugen bis auf das letzte Flugzeug auf. Mit unwiderstehlichem Schwung brachen sie in die feindlichen Formationen ein und gaben keinen Pardon, bis der letzte feindliche Bomber zur Erde gestürzt war. Neben vielen Abschüssen führten sie dabei wiederum mehrere gelungene Rammungen durch. Die Wracks von 30 zertrümmerten USA.-Bombern, die rings um ein mitteldeutsches Städtchen auf engstem Raum nebeneinander lagen, bezeugen die Wirksamkeit dieses Vernichtungsschlages und die Schlagkraft unserer Sturmgruppen zur Luft. Der von Major Dahl geführte Gefechtsverband, zu dem diese Sturmgruppe gehört, erzielte an jenem Tage insgesamt 57 Abschüsse. Vier deutsche Flieger gaben für diesen Erfolg ihr Leben. Aber der Feind verlor neben wertvollstem Material 570 Mann seines fliegenden Personals.

HN vom 14.7.1944.

Durch Vorträge auf öffentlichen Kundgebungen und Vorträgen in den Schulen durch dekorierte Soldaten unternahm man den Versuch, die Schüler für den

Kriegseinsatz zu begeistern. So sprach Ritterkreuzträger Major Clüver vor Schülern der Bismarckschule und in der Adolf-Hitler-Schule. (19)

Flakwaffenhelferinnen im Einsatz

Harte Pflichten, härterer Wille. — Wir stehen an der Front.

Von Kriegsberichter Hein Ruck.

Welch großer Unterschied ist es, ob man einer mißvergnügten Kundin ein schönes Kleid auf den unförmigen Körper verpaßt und sie davon überzeugt, daß sie nun aussieht wie ein- undzwanzig, oder wenn man selbst in diesem Alter ist und außer der Uniform der Flakwaffenhelferinnen auch alles das mit anziehen muß, was nun einmal zum Bestandteil des Soldatenseins gehört. Es ist ja nicht so, daß man mit flott auf das linke Ohr gedrückter Mütze durch die Tage marschiert, einen kessen Schwung in der Uniform hat und sich freut, nun endlich „dazu" zu gehören. Sondern es ist alles das verbunden mit einer Reihe von Opfern, Entbehrungen und Entsagungen und die äußeren Erscheinungen geben am Ende nur das kund, das auch der Stolz des Soldaten ist: Wir gehören dazu und wir sind da!

Waffenhelferinnen der Flakartillerie zu sein, war der Wunsch vieler deutscher Mädchen und Frauen, die sich einsetzen wollten, in ihrem Vaterland zu dienen. Unzählige Frauen gehören heute zum unentbehrlichen Bestandteil der deutschen Armee. Angefangen von der Schwester in allen Lazaretten, Bahnhöfen und Betreuungsstellen, bis zur Nachrichtenhelferin aller Waffenteile. Kein Gebiet aber hat die deutsche Frau so begeistert wie die Möglichkeit, an der Verteidigung der deutschen Heimat gegen die heimtückischen Angriffe aus der Luft selbst teilzunehmen. Gerade die Frauen aus den luftgefährdeten Gebieten meldeten sich zu dieser Waffe. Waren sie doch froh, endlich der ohnmächtigen Untätigkeit in den Luftschutzräumen zu entrinnen und ihr Teil beizutragen, diese Bestien an der Erreichung ihres Zieles so weit wie möglich zu hindern.

So kam der Tag, wo sie aus Büro und Fabriken, hinter dem Ladentisch hervor und vom Büroschemel hinweg sich bei den Ausbildungskommandos meldeten. Nicht nur aus dem Gedanken beseelt, einen Soldaten zu ersetzen und ihn freizumachen für die kämpfende Front, sondern die Möglichkeit zu haben, einen Teil beizutragen am gemeinsamen Siege. Der Weg in die Kaserne war verhältnismäßig einfach. Das Bestehen innerhalb der Ordnungsgesetze der deutschen Wehrmacht bei weitem schwerer. Opfer, Verzicht, Disziplin, Treue, Verschwiegenheit, Unterordnung, Einsatzfreude, alles Worte, so oft gehört, hier erhielten sie mit einem Mal Sinn und Gestalt. Früher dahergesprochen ohne feste Vorstellungen wurden es nun mit einem Male lebendige Begriffe. Begriffe, die es in sich hatten, und mit denen man fertig werden mußte. Gerade für die Frau war dies alles anders als einfach. Veranlagung und Neigung standen oft hemmend im Wege bei Dingen, die dem Manne keinerlei Schwierigkeiten machten. Aber die Erkenntnis, daß eine höhere Ordnung notwendigerweise diese Dinge braucht, um Größeres zu gestalten, brach sich allgemach Bahn, und heute wird niemand mehr merken, wieviel persönliche Opfer unter der Uniform gebracht wurden.

Dafür aber tragen sie auch das Ehrenkleid des Soldaten und sie sind sich dessen auch bewußt. War die Ausbildung schon schwer, der Einsatz ist es nicht minder. Der Soldat wohnt nun mal nicht in einer Villa. Brötchen werden nicht an das Bett gebracht und Speisekarten gibt es höchstens einmal im Urlaub. Das läßt sich ertragen und wird gemeistert.

Aber wie wäre es mit einer Blume im Knopfloch? Oder die Mütze so ganz individuell, die Ring vom Großvater mit dem Riesensmaragd, würde sehr schön aussehen und die helle Bluse viel besser zum Sonntagswetter passen. Mit nichten. Der Krieg ist eine ernste Angelegenheit. Hier wird nicht gespaßt und nicht gespielt. Hier wird gearbeitet. Immer und immer wieder gearbeitet. Das Ehrenkleid wird nicht verschenkt, es wird verdient. Und wird immer wieder neu verdient! Einmalige Leistungen sind schön und gut. Der ständige Einsatz aber gibt ihnen erst die richtige Weihe!

Wenn in einsamer Stellung der Regen an die Fenster der Baracke plätschert und der Wind durchs Gelände heult, daß muß man schon ein festes Herz haben, um sich der Größe der Aufgabe auch im grauen Alltag bewußt zu sein. Lächerliche Dinge? Für Männer vielleicht, für Frauen in keiner Weise. Die Opfer, die sie gerade im Alltag bringen, sie sind die größten. Sie müssen sie buchstäblich abringen. Ständige Ausbildung und weitere Kenntnis der Geräte läßt sie bald ihren Scheinwerfer wie und bedienen. Wie es nun wiederum nur eine Frau kann. Ihr Einfühlungsvermögen macht sie gerade für dieses Gerät besonders geeignet. Und dann kommt für alle einmal der große Tag. Sie tragen ihren Teil bei. Den Terrorstrom auf die Heimstätten der Bevölkerung zu stoppen. Welche Freude, wenn der Gegner erfaßt ist und die langen Lichterarme mitwandern. Bis ihn der Feuerhagel der Flak vernichtet oder der Nachtjäger ihn aus dem Lichterdom herausschießt! Da sind alle Mühen vergessen. Freudig denken sie daran, daß sie es waren, die hier den Mann ersetzen und der Front direkt und ohne Umschweife halfen. Sie gehen am nächsten freien Tag, den ihnen der Dienst bietet, mit stolzem Gefühl durch die Reihen derjenigen, die zwar das schönere Sommerkleid tragen, deren Inneres aber über jenes zufriedene Gefühl erfüllter Pflicht beseelt, das gerade den Verteidigern der Heimat immer wieder Auftrieb zu neuer Einsatzfreude gibt.

HN vom 15.7.1944.

482

Nachdem die HJ-Jungen schon längere Zeit Dienst an der Flak taten, brauchte man jetzt auch die Mädchen, um diese als Flakhelferinnen zu unterstützen.

HJ an der Flak. Foto: Archiv Jens Gatzenmeier

Ganze Schulklassen der Bismarckschule wurden als Luftwaffenhelfer eingezogen. Foto: Per Koopmann, a.a.O. S. 57

Neben den „Sturmstaffeln" genannten Kamikaze-Fliegern besaß die Wehrmacht auch sogenannte „Einmann-Torpedos":

Der Ein-Mann-Torpedo

Erstes Ritterkreuz für einen Einzelkämpfer der Kriegsmarine

Berlin, 18. Juli. Der Führer hat auf Vorschlag des Oberbefehlshabers der Kriegsmarine Großadmiral Dönitz, dem Führer der in der Seine-Bucht eingesetzten Ein-Mann-Torpedos, Oberleutnant zur See Johann Krieg, und dem Schreiberobergefreiten Walther Gerhold für die mit einem Ein-Mann-Torpedo erzielte Versenkung eines feindlichen Kreuzers das Ritterkreuz des Eisernen Kreuzes verliehen.

Kriegs hervorragende Persönlichkeit verstand es, seine eigene Entschlossenheit und Energie, verbunden mit einem unbändigen Angriffswillen, auf die Männer seiner Kampfgruppe zu übertragen. Er ist damit maßgeblich an ihren Erfolgen beteiligt. Krieg, der am 14. März 1919, geboren wurde, ist in der ersten Einsatznacht schwer verunglückt.

Der 23 Jahre alte Schreiberobergefreite Gerhold ist der erste Einzelkämpfer der Kriegsmarine, der für die unter schwierigsten Bedingungen erzielte Versenkung eines britischen Kreuzers der „Aurora"-Klasse das Ritterkreuz erhielt. Gerhold passierte mit seinem Torpedo sechs Zerstörer in unmittelbarer Nähe, durchbrach diesen Sicherungsgürtel und griff kalt berechnend unter geschickter Umgehung aller Schwierigkeiten den dahinter liegenden Kreuzer an. Das Schiff ging nach einer schweren Kesselexplosion unter. Gerhold wurde wegen Tapferkeit vor dem Feind zum Schreibermaat befördert. Er wurde am 8. Juni 1921 geboren.

Bei der Bekämpfung feindlicher Kriegs- und Transportschiffe im Seegebiet der Invasionsfront

zeichneten sich neben einer Reihe anderer junger Soldaten der Kriegsmarine sechs Männer besonders aus,

von denen der jüngste 17 und der älteste 28 Jahre alt sind. Auch sie wurden wegen Tapferkeit vor dem Feind befördert und erhielten als äußeres Zeichen des rücksichtslosen Einsatzes das Deutsche Kreuz in Gold verliehen. Im einzelnen haben sich hierbei mit ihrem Ein-Mann-Torpedo Bootmann Schuldt, 28 Jahre, Bootsmannsmaat Zimmermann, 25 Jahre alt, Matrosenhauptgefreiter Breuer 24 Jahre alt, Matrosengefreiter Berger, 17 Jahre alt, Matrose Feddermann, 22 Jahre alt und Matrose Schachinger, 21 Jahre alt, hervorragend bewährt.

Der Ein-Mann-Torpedo wurde bereits in Italien vor Anzio und Nettuno erfolgreich eingesetzt und hat sich nun in der Seinebucht, wo ähnliche Verhältnisse vorlagen wie in Italien, als ausgesprochene Ueberraschungswaffe erneut bewährt. Seine Entstehung ist jüngsten Datums und auf die Forderung zurückzuführen, mit vorhandenen Mitteln ohne zeitraubende Eroberung und kostspielige Herstellung eine Waffe zu schaffen, die mit Aussicht auf Erfolg gegen Schiffsansammlungen eingesetzt werden kann, wie sie der Gegner vor Landeköpfen anzuhäufen gezwungen ist. Dabei stand von Anfang an fest, daß dieser Ein-Mann-Torpedo nur von Männern erfolgreich zum Einsatz gebracht werden konnte, die auch angesichts der starken feindlichen Ueberlegenheit mit todesmutiger Kampfentschlossenheit in unmittelbarer Nähe ihres Zieles fuhren, um sie zu vernichten. Mit dieser Waffe wurde den Männern der Kriegsmarine erstmalig ein Kampfmittel in die Hand gegeben, daß sie ebenso wie ihre Kameraden beim Heer und bei der Luftwaffe in die Lage versetzt, den Feind als Einzelkämpfer anzugreifen.

Der Ein-Mann-Torpedo ist eine einfache aber sinnreiche Verbindung von zwei Torpedos, wie sie von U-Booten, Zerstörern der Torpedobooten verschossen werden Der eine der beiden Torpedos ist der Träger, der andere der Gefechtstorpedo. Dieser ist an zwei Stellen unter dem Trägertorpedo aufgehängt und läuft nach Abfeuerung, durch elektrische Energie betrieben, mit hoher Geschwindigkeit auf sein Ziel zu. Die Zieleinrichtung, die dem Schützen zur Verfügung steht, besteht aus einem stabförmig ausgearbeiteten Korn und einer Markierung in der halbkugelförmigen Glaskuppel, die während der Fahrt über Wasser ragt. Die Glaskuppel aus das Korn sind auf dem etwa 1,50 Meter langen und 0,75 Meter breiten Kopf des Trägertorpedos angebracht. In diesem außerordentlich beschränkten Raum befindet sich der Schütze während seines langen Einsatzes. Er kann nur die allernotwendigsten Bewegungen machen und hat zwischen seinen Beinen die Steuerung und den Auslösehebel für den Gefechtstorpedo. Die Plexiglaskuppel schließt ihn von der Außenwelt luftdicht ab. Die Ausrüstung des Schützen während seines Einsatzes besteht aus einem Atmungsgerät, der Jägermaske und zwei Kali-Patronen, die für die unbedingte Erneuerung der Luft sorgen. Ferner erhält er Konzentratverpflegung, wie Koka Kola, Seenotproviant, wie ihn die U-Boote mit sich führen, Dextronenergen und anderes mehr. Während des Einsatzes wird der Tauchretter getragen. Die Atmung erfolgt durch die Jägermaske, die an die beiden Kali-Patronen angeschlossen ist. Mit Hilfe des Tauchretters ist der Schütze jederzeit in der Lage, den Trägertorpedo nach Abwerfen der Glaskuppel zu verlassen. Da außer der niedrigen Glashaube, die häufig vom Wasser überspült wird, von dem in Fahrt befindlichen Torpedo sonst nichts zu sehen ist, können die Männer ihre tödliche Ladung unter Umgehung weniger wertvoller Schiffsziele oder starker Sicherungen bis in die unmittelbare Nähe des ausgewählten Objektes heranführen und, wie die Versenkungen beweisen, zum Erfolg bringen; es steht dabei völlig außer Zweifel, daß in jedem einzelnen Fall von diesen kühnen Männern das höchste an Mut und Todesbereitschaft gegeben wird. Ihr bedingungsloser freiwilliger Einsatzwille und ihr unerschütterlicher Glaube an den Erfolg, auch einem zur Zeit materiell überlegenen Feind gegenüber, sind beispielhaft.

Am 20. Juli 1944 kam es zu dem Attentat auf Adolf Hitler.

Der Führer: „Diesmal wird abgerechnet"

Ein Verbrechen, beispiellos in der deutschen Geschichte – Die Verräter gerichtet – Reichsminister Himmler Chef des Heimatheeres

HN vom 21.7.1944.

Am 20. Juli 1944 sprach der Gebietsführer der HJ, Hubert Meifort, zum Abschluß der HJ-Leistungswoche auf einer Kundgebung in Elmshorn vor 3000 HJ-Angehörigen. Er sagte u.a.:

„(...) Wenn der Reichsjugendführer das härteste Kriegsjahr zum Jahr des Kriegseinsatzes und der Kriegsfreiwilligkeit erklärt hat, so hat es eine andere Parole, eine andere Verpflichtung für dieses Kriegsjahr gar nicht geben können. Das Ergebnis der Kriegsfreiwilligenmeldung ist geradezu überwältigend. Daran können wir feststellen, dass der Appell, den wir an die deutsche Jugend richteten, einen Widerhall gefunden hat, wie wir ihn schöner uns nicht vorstellen können. „Aber die Jugend hat Gelegenheit, sich in der ersten Division in der Waffen-SS, die sich aus 16- bis 17jährigen Kriegsfreiwilligen rekrutierte, zu bewähren", so führte der Gebietsführer weiter aus. „ Die Stunde der Bewährung kommt für jeden einmal in der Gemeinschaft oder als Einzelkämpfer." „Das Entscheidende ist für den Jungen heute, sich ohne „warum" und „was kommt" bei der deutschen Wehrmacht, besonders bei der Infanterie zu melden; denn sie ist das äußere Sinnbild des Kämpfers dieses Krieges überhaupt." (20)

Deutschland brauchte für den Kriegseinsatz Arbeitskräfte nicht nur für den Kampfeinsatz, sondern auch für kriegswichtige Beschäftigungen. So wurde eine 2. Meldepflichtverordnung für Männer und Frauen erlassen. Jetzt mussten sich Männer ab 16 Jahren und Frauen ab 17 Jahren melden.

„(...) Über die Abgabe der Meldung stellt das Arbeitsamt wieder eine Bestätigung aus. Für die Frage, ob Frauen infolge ihrer häuslichen Pflichten nur für den beschränkten Einsatz in Betracht kommen, wird entscheidend ins Gewicht fallen, ob

die Frauen infolge der Umquartierung ihrer Kinder oder durch Führung eines
kleineren Haushaltes in einer Ausweichunterkunft häuslich weitgehend entlastet
sind. Auf jeden Fall wird auch beim Einsatz dieser Frauen die möglichst schnelle
kriegswichtige Beschäftigung erstrebt. Auch Frauen mit einem noch nicht
schulpflichtigen Kind oder mindestens zwei Kindern unter 14 Jahren unterliegen
jetzt der Meldepflicht, wenn sie kein Kind unter zwei Jahren haben und mit
weiblichen Familienangehörigen in Wohngemeinschaft leben, die das 18.
Lebensjahr vollendet haben, nicht selbst berufstätig sind und deshalb auf die Kinder
aufpassen können. Diese Kinderbetreuung soll nicht zugemutet werden, wenn die
weibliche Familienangehörige das 70. Lebensjahr bereits vollendet hat oder wenn
sie wegen Krankheit oder einer Berufsausbildung an Fach- oder Hochschulen, die sie
voll in Anspruch nimmt, oder wegen sonstiger Umstände nicht in der Lage ist. (...)"
(21)

Am 26. Juli folgte der Erlass zum totalen Kriegseinsatz:

Führerhauptquartier, 25. Juli. Der Führer hat am 25. Juli 1944 für das Gebiet des Großdeutschen Reiches und entsprechend für die angegliederten besetzten Gebiete einen Erlaß über den totalen Kriegseinsatz vollzogen, dessen wesentliche Bestimmungen wir folgt lauten:

Die Kriegslage zwingt zur vollen Ausschöpfung aller Kräfte für Wehrmacht und Rüstung. Ich ordne daher an:

1. Der Vorsitzende des Ministerrats für die Reichsverteidigung, Reichsmarschall Hermann Göring, hat das gesamte öffentliche Leben den Erfordernissen der totalen Kriegführung in jeder Beziehung anzupassen. Zur Durchführung dieser Aufgabe schlägt er mir einen „Reichsbevollmächtigten für den totalen Kriegseinsatz" vor.

Dieser hat im besonderen dafür Sorge zu tragen, daß alle öffentlichen Veranstaltungen der Zielsetzung des totalen Krieges angemessen sind und Wehrmacht und Rüstung keine Kräfte entziehen.

Er hat den gesamten Staatsapparat einschließlich Reichsbahn, Reichspost und alle öffentlichen Anstalten, Einrichtungen und Betriebe mit dem Ziele zu überprüfen, durch einen restlosen, rationellen Einsatz von Menschen und Mitteln, durch Stillegung oder Einschränkung minder kriegswichtiger Aufgaben und durch Vereinfachung der Organisation und des Verfahrens das Höchstmaß von Kräften für Wehrmacht und Rüstung freizumachen.

Zu diesen Zwecken kann er von den obersten Reichsbehörden Auskünfte verlangen und ihnen Weisungen erteilen.

Die danach von den zuständigen obersten Reichsbehörden zu erlassenden Rechtsvorschriften und grundsätzlichen Verwaltungsanordnungen ergehen im Einvernehmen mit dem Reichsminister und Chef der Reichskanzlei, dem Leiter der Parteikanzlei und dem Generalbevollmächtigten für die Reichsverwaltung.

Der Leiter der Parteikanzlei wird die von mir angeordneten Maßnahmen durch den Einsatz der Partei auf Grund der ihm erteilten Vollmachten tatkräftig unterstützen.

Auf Grund dieses Erlasses hat der Führer auf Vorschlag des Vorsitzenden des Ministerrates für die Reichsverteidigung, Reichsmarschall Hermann Göring, Reichsminister Dr. Goebbels zum „Reichsbevollmächtigten für den totalen Kriegseinsatz" bestellt.

HN vom 21.7.1944.

Am 31. Juli wurde die Meldepflicht zum Kriegseinsatz von 45 Jahren auf 50 Jahre heraufgesetzt. (22)

Im Kreis Pinnebrg wurden im August von feindlichen Flugzeugen wieder gefälschte Lebensmittelkarten abgeworfen worden. Die HN warnten davor, diese zu verwenden und sie bei der Polizei abzugeben. Mißbrauch kann bis zum Todesurteil geahndet werden. (23)

Neue Maßnahmen zur totalen Kriegführung

Mit voller Kraft für den Endsieg — Gemeinsame Anstrengungen der schaffenden Heimat — Gerechte Verteilung der Lasten

HN vom 25.8.1944.

Blindgänger
berühren oder sich in deren
Nähe aufhalten bedeutet:

Lebensgefahr!

HN vom 30.8.1944.

Keine Angst vor der Fabrik.

Der Zustrom der Frauen, die nie in ihrem Leben eine Fabrik betreten haben, verbreitert sich. Aus allen Schichten der Bevölkerung werden sie jetzt herbeigerufen. Als ungelernte Arbeiterinnen finden sie ihren Platz in der Werkzeugmaschine, und sie, denen bislang ihr Haushalt und ihre Kinder die ganze Welt bedeuteten, sehen sich vollständig einbezogen in den täglichen grauen Fabrikdienst.

Gewiß bedarf es bei ihnen eines starken inneren Anstoßes, um sich in ihrer neuen Aufgabe zurechtzufinden. Aus den uns bekannt gewordenen Erfahrungen dieser Frauen läßt sich schließen, wie sehr die Werksleiter bemüht sind, allen diesen Frauen die Arbeitsplätze nach Eignung und Gesundheitszustand zuzuweisen. Es wird auch nirgendwo am guten Willen fehlen, denn am Ende des fünften Kriegsjahres hat wohl jede deutsche Frau begriffen, daß sich niemand mehr sein tägliches Leben beschaulich und fern vom großen Existenzkampf zurechtlegen darf.

Viele Frauen werden dabei die Entdeckung machen, daß so manche Fabrikarbeit gerade die Geschicklichkeit der Frauenhand verlangt. In vielen industriellen Fertigungen kommt es auch gar nicht auf Kraft an, sondern auf Handfertigkeit. Unschwer werden unsere Frauen dabei entdecken, daß es nicht nur düstere Werksgebäude in Rauch und Qualm, nicht nur Stahlöfen und Eisenhammer gibt, sondern lichte Hallen und saubere Produktionsprozesse und daß auf sie die Aufgabe wartet, komplizierte Apparaturen mit nie ermüdender Geduld zu über achen. So bedarf es oft nur weniger Tage, um die Fabrikangst zu überwinden, was überall da um so leichter gelingt, wo ein guter Werksleiter für eine Arbeitsgemeinschaft zu sorgen weiß.

HN vom 31.8.1944.

Am 11. September wurde auf Grund des „totalen Krieges" die wöchentliche Arbeitszeit von 48 Stunden auf 60 Wochenstunden erhöht. (24)

Feindliche Luftlandekräfte in Holland abgesetzt

HN vom 18.9.1944.

1944 meldete Artur Axmann, dass sich 70 Prozent der Hitlerjungen des Geburtsjahrganges 1928 als Kriegsfreiwillige für den Kampfeinsatz gemeldet hätten. Es sei stets der Herzenswunsch der Jugend gewesen, in Hitlers Sinne eine Bewegung von Kriegsfreiwilligen zu schaffen. Die Zahl der Freiwilligen sei mit jedem Kriegsjahr weiter angestiegen. Axmann sagte in seiner Rede an die Freiwilligen des Jahrganges 1928, die mit roten Kordeln gezeichnet und sich zu Formationen von Tausenden versammelt hatten:

„Er würdigte die unsterblichen Leistungen der deutschen Kriegsfreiwilligen aller Zeiten, die mit dem Bekenntnis zum Reich gegen seine Feinde gestürmt sind. Jener Geist sei in der nationalsozialistischen Bewegung wieder erstanden und lebt in der Jugend Adolf Hitlers in alle Zukunft fort. In diesen Wochen eines erbitterten Ringens um die Freiheit unseres Volkes sei es wieder die Ehre der Hitlerjugend, freiwillig in den Kampf für Großdeutschland zu ziehen. Axmann gedachte der Freiwilligen an allen Fronten, deren Geist die SS-Panzerdivision „Hitlerjugend" und die Kerndivision des Heeres „Großdeutschland" symbolhaft verkörpern und in deren Reihen es niemals einen Feigling gegeben habe. Die Feinde wüssten, dass ihnen in den jungen nationalsozialistischen Soldaten die größte Gefahr drohe. Die Kriegsfreiwilligen der Hitlerjugend würden dafür sorgen, dass diese Gefahr stetig weiterwachse. Der Reichsjugendführer versicherte den angetretenen Kriegsfreiwilligen die Anerkennung der gesamten Nation und des Stolzes ihrer Kameraden aus der Hitlerjugend. Als größte Freude aber übermittelte er den jungen Soldaten von morgen die Antwort des Führers auf die Meldung des Jahrganges 1928.

Der Reichsjugendführer gedachte der Opfer dieses Krieges, die die Jugend mit einer heiligen Unruhe treiben, das Werk der Gefallenen zu erfüllen. Die erlesene Garde der Kriegsfreiwilligen der Hitlerjugend wolle dem Führer in seinen schweren Sorgen für Deutschland und in seiner großen und einsamen Verantwortung Freude machen. Die Gedanken der gesamten Jugend seien in dieser Stunde in Ehrfurcht, Treue und Dankbarkeit bei Adolf Hitler. Mit dem Gruß an den Führer besiegelten die jungen Kriegsfreiwilligen das Gelöbnis zur fanatischen Kampfbereitschaft für den Sieg und die Freiheit des Reiches." (25)

Die Werbung der Nationalsozialisten für den Landdienst zeigten Wirkung. Es entschieden sich eine wachsende Anzahl von Hitlerjungen und BDM-Mädeln für eine Arbeit und Zukunft auf dem Lande.

Landdienst der Hitler-Jugend

In diesen Tagen blickt der Landdienst der Hitler-jugend auf ein zehnjähriges Bestehen zurück. Als sich 1924 junge deutsche Menschen in der sogenannten Arta-manen-Bewegung zum Kampf gegen die immer mehr um sich greifende Landflucht zusammenfanden, da ahnte noch niemand, daß sich hieraus einmal eine Bewegung entwickeln würde, in der sich die Jugend des ganzen deutschen Volkes in der klaren Erkenntnis der politischen und völkischen Notwendigkeit eines gesunden Bauerntums zum Dienst am Boden bekennen würde. 1934 wurde die Arta-manen-Bewegung in die Hitlerjugend übernommen und der Landdienst der Hitlerjugend, eine Schöpfung des heutigen Reichsjugendführers Axmann, begründet.

Es ist ein steiler Weg nach oben, den der Landdienst seit 1934 gegangen ist. Von 500 Landdienstfreiwilligen im Jahre 1934 stieg die Zahl in den folgenden Einsatzjahren zusehends und verzeichnete allein zwischen den Einsatz-jahren 1941/42 und 1942/43 eine Steigerung von 19 595 Landdienstfreiwilligen auf 29 604 Landdienstfreiwillige. Diese letzte Steigerung war in erster Linie die Auswirkung der durch die Jahresparole des Reichsjugendführers „Landdienst Osteinsatz" ausgelöste Aktivierung des Landdienst-gedankens.

Mit der Zahl der Landdienstfreiwilligen stieg auch die Zahl der für die bäuerlichen Berufe gewonnenen städtischen Jugendlichen. Im Gebiet Nordsee waren es im Einsatzjahr 1942/43 35 v. H. der Jungen und 30 v. H. der Mädel, die sich nach dem ersten Landdienstjahr für einen bäuerlichen Beruf entschlossen, und schon im folgenden Einsatzjahr waren es 75 v. H. der Jungen und 40 v. H. der Mädel. Diese Zahlen sprechen eine deutliche Sprache dafür, daß der Landdienstgedanke in den Reihen der Jugend immer mehr an Boden gewinnt. Sie lassen darüber hinaus erkennen, daß gerade die bäuerlichen Berufe eine Fülle von Einsatzmöglichkeiten bieten, zu denen der Land-dienst der Hitlerjugend mit seiner geordneten beruflichen Ausbildung den Weg freimacht.

NZ vom 12.10.1944

× **Die Wehrhilfe der Frauen.** Wie bereits gemeldet, sind die Frauen und Mädchen ab 18 Jahre zur Wehrhilfe aufgerufen worden. Dazu erfahren wir ergänzend, daß das erste Kontingent der neuen Wehrmachthelferinnen für die Luftwaffe eingesetzt wird, und zwar im Nachrichtenwesen, bei der Flakwaffe, auf Fliegerhorsten und Flugplätzen, bei der Bodenorganisation, im Wetterdienst, beim Sanitäts- und Nachschubwesen und für Sonderaufgaben. Die Frauen und Mädchen werden zuerst einmal lagermäßig erfaßt, untersucht und dann in die vorgesehene Spezialausbildung für ihren künftigen Einsatz gebracht. Ueber die Werbung hinaus werden auch von den Arbeitsämtern geeignete und jetzt nicht voll ausgelastete Kräfte für diese neuen Aufgaben innerhalb der Reichsverteidigung zur Verfügung gestellt.

NZ vom 6.12.1944

Der Einsatz von BDM-Mädel ab 16 Jahren als Nachrichtenhelferinnen im Rahmen des Kriegseinsatzes war bis Ende 1944 noch nicht ausreichend gesetzlich geregelt. Dieses geschah durch ein Gesetz des Reichsjugendführers im Dezember:

„(...) Die Mädel kommen als Fernsprecherinnen am Vermittlungsschrank und an der Aufnahme, als Funkerinnen, Fernschreiberinnen und Flugmeldehelferinnen zur Führung der Luftlage auf Karten in Betracht, sobald und soweit eine Anforderung der Gauleiter vorliegt. Auch hier besteht die Heranziehung in erster Linie auf Grund freiwilliger Meldung. Da die meisten Arbeitskräfte bereits gebunden sind, kommen für diesen Einsatz vor allem Mädel der im Zuge der verstärkten Kriegsmaßnahmen stillgelegten Handelsschulen, Höheren Handels-, Wirtschafts- und Wirtschaftsoberschulen sowie der Haushaltungsschulen in Frage, die für unmittelbare kriegswichtige Aufgaben bereitgestellt wurden. Sie werden im Einvernehmen mit dem Gauleiter und der Gebietsführung der Hitlerjugend dem Gauarbeitsamt genannt. Soweit erforderlich, werden die Mädel, wenn sie über 16 Jahre alt sind, von dem zuständigen Arbeitsamt für diese Dienstleistung bei der Gauleitung dienstverpflichtet. Mit Rücksicht auf den Mangel von Facharbeitern können außerdem auf Anforderung der Gauleiter für elektro-fernmeldetechnische Arbeiten in den Gaubefehlsständen und Kreisbefehlsständen die Einheiten der Nachrichten-Hitlerjugend herangezogen werden, um bei der Errichtung und

Unterhaltung von Fernsprechanlagen, besonders auch im Zusammenhang mit Luftangriffen, tätig zu werden." (26)

Die Hitlerjugend wurde nun auch für Schanzarbeiten an den Grenzen eingesetzt. (27)

Am 18. Oktober wurde der Volkssturm aufgestellt, dessen Aufgaben in Schanzarbeiten, Sicherungsmaßnahmen und Verteidigung der Ortschaften lag.

HN vom 19.10.1944.

16-Jähriger im Volkssturm

Panzerfaust

Reichsgesetzblatt

Teil I

1944	Ausgegeben in Berlin am 20. Oktober 1944	Nr. 53

Tag	Inhalt	Seite
25. 9. 44	Erlaß des Führers über die Bildung des Deutschen Volkssturms	253

Erlaß des Führers
über die Bildung des Deutschen Volkssturms.
Vom 25. September 1944.

Nach fünfjährigem schwerstem Kampf steht infolge des Versagens aller unserer europäischen Verbündeten der Feind an einigen Fronten in der Nähe oder an den deutschen Grenzen. Er strengt seine Kräfte an, um unser Reich zu zerschlagen, das Deutsche Volk und seine soziale Ordnung zu vernichten. Sein letztes Ziel ist die Ausrottung des deutschen Menschen.

Wie im Herbst 1939 stehen wir nun wieder ganz allein der Front unserer Feinde gegenüber. In wenigen Jahren war es uns damals gelungen, durch den ersten Großeinsatz unserer deutschen Volkskraft die wichtigsten militärischen Probleme zu lösen, den Bestand des Reichs und damit Europas für Jahre hindurch zu sichern. Während nun der Gegner glaubt, zum letzten Schlag ausholen zu können, sind wir entschlossen, den zweiten Großeinsatz unseres Volkes zu vollziehen. Es muß und wird uns gelingen, wie in den Jahren 1939 bis 1941 ausschließlich auf unsere eigene Kraft bauend, nicht nur den Vernichtungswillen der Feinde zu brechen, sondern sie wieder zurückzuwerfen und so lange vom Reich abzuhalten, bis ein die Zukunft Deutschlands, seiner Verbündeten und damit Europa sichernder Friede gewährleistet ist.

Dem uns bekannten totalen Vernichtungswillen unserer jüdisch-internationalen Feinde setzen wir den totalen Einsatz aller deutschen Menschen entgegen.

Zur Verstärkung der aktiven Kräfte unserer Wehrmacht und insbesondere zur Führung eines unerbittlichen Kampfes überall dort, wo der Feind den deutschen Boden betreten will, rufe ich daher alle waffenfähigen deutschen Männer zum Kampfeinsatz auf.

Ich befehle:

1. Es ist in den Gauen des Großdeutschen Reichs aus allen waffenfähigen Männern im Alter von 16 bis 60 Jahren der Deutsche Volkssturm zu bilden. Er wird den Heimatboden mit allen Waffen und Mitteln verteidigen, soweit sie dafür geeignet erscheinen.

2. Die Aufstellung und Führung des Deutschen Volkssturms übernehmen in ihren Gauen die Gauleiter. Sie bedienen sich dabei vor allem der fähigsten Organisatoren und Führer der bewährten Einrichtungen der Partei, SA., ℋℋ, des NSKK. und der HJ.

3. Ich ernenne den Stabschef der SA., Schepmann, zum Inspekteur für die Schießausbildung und den Korpsführer des NSKK., Kraus, zum Inspekteur für die motortechnische Ausbildung des Volkssturms.

4. Die Angehörigen des Deutschen Volkssturms sind während ihres Einsatzes Soldaten im Sinne des Wehrgesetzes.

5. Die Zugehörigkeit der Angehörigen des Volkssturms zu außerberuflichen Organisationen bleibt unberührt. Der Dienst im Deutschen Volkssturm geht aber jedem Dienst in anderen Organisationen vor.

6. Der Reichsführer ℋℋ ist als Befehlshaber des Ersatzheeres verantwortlich für die militärischen Organisationen, die Ausbildung, Bewaffnung und Ausrüstung des Deutschen Volkssturms.

7. Der Kampfeinsatz des Deutschen Volkssturms erfolgt nach meinen Weisungen durch den Reichsführer ℋℋ als Befehlshaber des Ersatzheeres.

8. Die militärischen Ausführungsbestimmungen erläßt als Befehlshaber des Ersatzheeres Reichsführer ℋℋ Himmler, die politischen und organisatorischen in meinem Auftrage Reichsleiter Bormann.

9. Die Nationalsozialistische Partei erfüllt vor dem Deutschen Volk ihre höchste Ehrenpflicht, indem sie in erster Linie ihre Organisationen als Hauptträger dieses Kampfes einsetzt.

Führer-Hauptquartier, den 25. September 1944.

Der Führer

Adolf Hitler

Der Leiter der Partei-Kanzlei

M. Bormann

Der Chef des Oberkommandos der Wehrmacht

Keitel

Der Reichsminister und Chef der Reichskanzlei

Dr. Lammers

Herausgegeben vom Reichsministerium des Innern — Verlag: Reichsverlagsamt — Druck: Reichsdruckerei

Das Reichsgesetzblatt erscheint in zwei gesonderten Teilen, Teil I und Teil II.

Laufender Bezug nur durch die Post. Bezugspreis: halbjährlich für Teil I 5,40 ℛℳ, für Teil II 3,20 ℛℳ. Einzelbezug jeder (auch jeder älteren) Nummer vom Reichsverlagsamt, Berlin C 2, Breite Str. 37 (Fernsprecher: 51 00 27 — Postscheckkonto: Berlin 96200); Einzelbezug von Nummern des laufenden und des vorangegangenen Jahrganges auch von der Manz'schen Verlagsbuchhandlung in Wien I, Kohlmarkt 16. Preis für jeden angefangenen achtseitigen Bogen 15 ℛₚ, aus abgelaufenen Jahrgängen 10 ℛₚ (zuzüglich Postgebühr); bei größeren Bestellungen 10 bis 60 v. H. Preisnachlaß.

Deutsches Reichsgesetzblatt 44T1 053 0253-254.

Nachbildung eines Volkssturm-Armbandes. Webfund.

Die Volkssturmmänner, -frauen und HJ-Jungen wurden an Gewehren und vor allem an Panzerfäusten geschult.

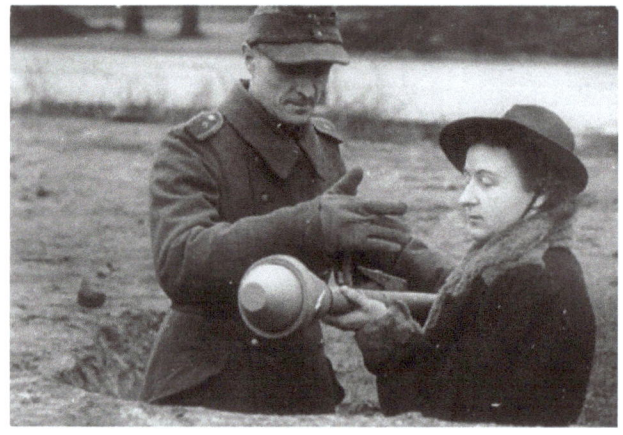

Volkssturm, Frau mit Panzerfaust

Vor Berlin, Volkssturm mit Panzerabwehrwaffe.

„Das Aufgabengebiet des Volkssturmes umfasste in erster Linie Bau- und Schanzarbeiten, Sicherungsaufgaben und die Verteidigung von Ortschaften, zumeist in unmittelbarer Heimatgegend. Die militärische Organisation, Ausbildung, Bewaffnung und Ausrüstung sollte vom Ersatzheer geleistet werden, das dem Reichsführer SS und Chef der Heeresrüstung Heinrich Himmler unterstand. Aufstellung und Führung der Bataillone des Volkssturms wurden in die Hände der Gauleiter gelegt, die sich dazu des Führungspersonals der lokalen Organisationen der NSDAP, der SA, der SS, des NSKK und der HJ bedienen sollten. (...) Nach der deutschen Bevölkerungsstatistik wären etwa sechs Millionen Männer volkssturmpflichtig gewesen. Dem standen jedoch Erfordernisse der Kriegswirtschaft entgegen. Produktionsrückgänge sollten möglichst vermieden werden. Je nach Alter und Tauglichkeit wurden die Volkssturmpflichtigen klassifiziert:

Das Aufgebot I umfasste alle tauglichen und waffenfähigen Männer der Jahrgänge 1884 bis 1924. Die meisten Angehörigen dieses Aufgebots waren über 50 Jahre alt und hatten bereits im Ersten Weltkrieg gedient. Sie konnten bis zu sechs Wochen ununterbrochen einberufen werden. Die aus ihnen gebildeten Volkssturmbataillone konnten auch außerhalb des Heimatgaus eingesetzt werden.

Das Aufgebot II bildeten Männer von 25 bis 50 Jahren, die einen als kriegswichtig erachteten Beruf ausübten und deswegen unabkömmlich („uk") gestellt waren. Diese Einheiten wurden immer nur kurzzeitig und in unmittelbarer Heimatnähe eingesetzt, um mögliche Rüstungsproduktionen nicht zu stören.

Das Aufgebot III umfasste die Jahrgänge 1925 bis 1928, soweit sie nicht schon bei der Wehrmacht oder Waffen-SS Dienst taten. Der Jahrgang 1928, damals 16-jährig, sollte bis zum 31. März 1945 in der Hitlerjugend (HJ) und dem Reichsarbeitsdienst (RAD) militärisch ausgebildet werden, die älteren Jahrgänge dieses Aufgebots waren bereits in der HJ organisiert oder zum RAD (Anm. Verf.: Reichsarbeitsdienst) eingezogen worden.

Das Aufgebot IV umfasste alle nicht kriegsdienstverwendungsfähigen, das heißt eigentlich wehruntauglichen Männer; sie sollten für Wach- und Sicherungsaufgaben eingesetzt werden.

*„Jüdische Mischlinge ersten Grades" sollten nach Vorschlag der Kanzlei des Führers
von der Teilnahme am Volkssturm ausgeschlossen werden. In der Regel wurden
zunächst nur die beiden ersten Aufgebote gebildet und aufgestellt. Mit dem
Geburtsjahrgang 1928 wurden Jugendliche eingezogen, die vollständig während der
nationalsozialistischen Herrschaft sozialisiert worden waren. Siebzig Prozent des
Jahrgangs meldeten sich freiwillig zum Waffendienst." (28)*

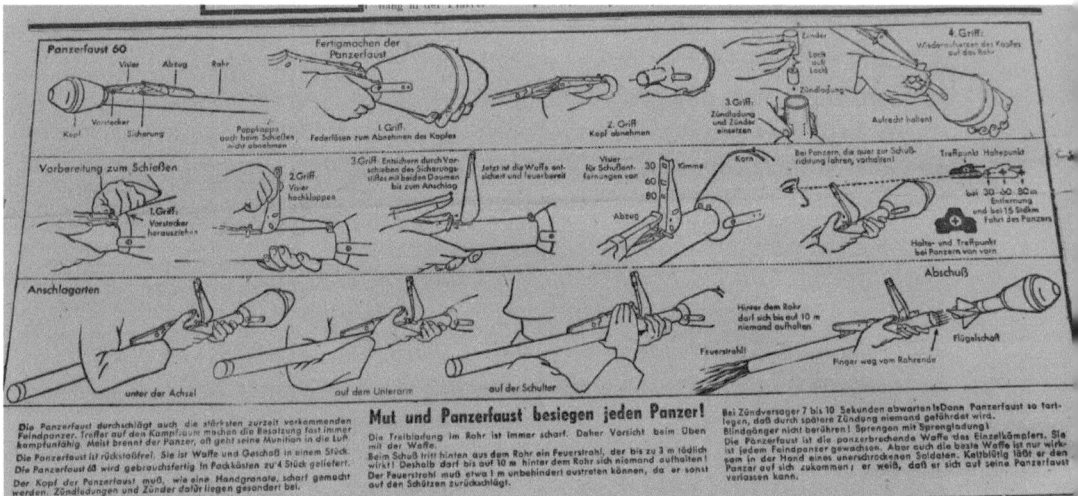

NZ vom 13.4.1945

Die Aufgabe des Volkssturms.

*Wie damals im Freiheitskrieg der Landsturm, so hat heute der Volkssturm die
Aufgabe, überall dort, wo der Feind unseren Heimatboden betritt, sei es durch den
Vorstoß auf der Erde, sei es durch Absprung aus der Luft ihn fanatisch anzupacken,
festzuhalten und ihn wohlmöglich aufzureiben.*

*Unsere Gegner werden begreifen lernen: jeder Kilometer, den sie in unser Land
vordringen wollen, wird sie Ströme ihres Blutes kosten. Jeder Häuserblock einer
Stadt, jedes Dorf, jedes Gehöft, jeder Graben, jeder Busch, jeder Wald wird von
Männern, Knaben, Greisen und - wenn es sein muss - von Frauen und Mädchen
verteidigt.*

Auch in dem Gebiet, dass sie glauben erobert zu haben, wird immer wieder in ihrem Rücken der deutsche Widerstandswille auflodern, und wie die Wehrwölfe werden todesmutige Freiwillige dem Feinde Schaden und seine Lebensfäden abschneiden.

Unsere verfluchten Feinde werden es feststellen und einsehen müssen, dass ein Einbruch in Deutschland, selbst wenn er irgendwo gelänge, für den Angreifer Opfer kostet, die für ihn dem nationalen Selbstmord gleichkommen.

Das Volksaufgebot wird die Aufgabe übernehmen, in bedrohten Gebieten der Wehrmacht zu helfen, damit sie fähig ist, sich wieder für den eigenen Angriff zu rüsten und aufzustellen.

Äußerlich und innerlich bereiten wir uns für unsere Pflicht vor. So wie es der Führer befohlen, werden durch die Gauleiter die Männer zusammengerufen und zu Bataillonen formiert. In kurzer Zeit werden sie durch Energie und Improvisation überall mit dem Notwendigen ausgerüstet und in nimmermüden Fleiß ausgebildet sein. dass wir über diese äußere Organisation und das militärische Können hinaus innerlich gerüstet und bereit sein müssen, darüber wollen wir uns klar sein.

Wie vor 5 Menschenalter unsere Ahnen im preußischen Landsturm, in den Freikorps in allen deutschen Gauen, in den Standschützenkompagnien der Tiroler, so wollen auch wir uns die Tugenden zu eigen machen, die zeitlos gültig allein den Sieg verbürgen.

Wir schwören ...

1. Wir schwören, dass wir so wie die Väter frei sein wollen, treu dem Führer, den der Herrgott uns gesandt, treu dem Reich, dass alle deutschen Stämme nach Jahrhunderten geeint und das wie ehedem die Ordnungsmacht des europäischen Kontinents ist und sein wird, treu dem Volk und damit uns selbst, weil wir das Kostbarste, des deutschen germanischen Volkes ewigen Lebens, seine Frauen, seine Kinder, und damit sein Blut, das so viel edler für die Menschheit geschaffen und geschöpft hat, verteidigen und bewahren werden.

Wir geloben...

2. Wir geloben, dass wir gehorsam sein werden allen Befehlen, die der Führer und unsere Vorgesetzten uns geben. Treue, Gehorsam und Tapferkeit begründen die Staaten und Reiche. Wenn Menschen von deren Eigenschaften erfüllt sind, so wird durch sie auch das kleinste Häuflein unüberwindlich stark.

Wir wissen...

3. Wir wissen, dass eines Volkes gewaltigste Kraft der Glaube seines Herzens, die Standhaftigkeit seiner Männer und Frauen, die Tapferkeit seiner Jugend und das Vertrauen in die eigene Stärke ist.

Wir wissen, dass der deutsche Geist Wunder moderner Technik geschaffen hat, die V 1 seit Monaten unbeirrbar ins Lebenszentrum unseres Gegners hämmert.

Wir wissen, dass genau so wie die erste dieser Waffen zum Einsatz kam, die nächste und alle folgenden kommen und zur rechten Zeit und Stunde gegen unsere Feinde Verwendung finden werden. Ebenso aber wissen wir, dass diese Waffen nur dann einen Erfolg bringen, wenn im Zusammenwirken mit ihnen des Deutschen Reiches stärkste Wunderwaffe eingesetzt wird: seines Volkes Aufgebot voll Tapferkeit und Fanatismus.

Wie erklären, dass wir uns keinen Augenblick irgendwelcher trügerischen und falschen Hoffnung hergeben. Wir haben es aus ihrem eigenen Munde vernommen, dass wir von unseren Feinden die Zerstörung unseres Landes, die Abholzung unserer Wälder, die Auflösung unserer Wirtschaft, die Vernichtung unserer Städte, die Niederbrennung unserer Dörfer und die Ausrottung unseres Volkes zu erwarten haben.

So wie die jüdische Etappe der amerikanischen Armee das Dörfchen Wallendorf niedergebrannt hat, so wie die jüdischen Kommissare in Rumänien, Bulgarien und Finnland die nationalen Kräfte liquidieren und die Arbeiter zu Zehntausenden wie Vieh nach Sibirien transportieren, ebenso ist uns bekannt, würde es dem gesamten deutschen Volke ergehen, wenn unsere Feinde die Überhand über uns gewinnen würden." (29)

„Seit zwei Wochen ist unser 14jähriger Junge zu Schanzarbeiten eingesetzt. Zusammen mit allen Kameraden seiner Klasse fuhr er ab. Zuerst bekamen wir nur

einen kurzen Gruß, dass sie gut an Ort und Stelle eingetroffen sein und dass morgen die Arbeit beginnen würde. Dann kam dieser Tage ein Brief, in dem Horst von dem Leben im Lager mit den Kameraden und von der Arbeit erzählt. Dass es bei den Schanzarbeiten wie in einem Bienenstock zugehe, dass ungeschützte Hände schippten, schippten und wie der schippten. „Zuerst", schrieb unser Junge, "war es ganz besonders schwer, weil wir uns an diese anhaltende Schipparbeit erst gewöhnen mussten, jetzt geht es schon etwas besser. Freilich manchen von uns wird es immer noch sehr schwer. Auch ich bin abends immer hundemüde und zerschlagen. Und wenn ich dann im Bett liege, denke ich bei dem Einschlafen immer an zu Hause und auch an die schönen Wanderfahrten, die wir noch vor zwei und drei Jahren gemacht haben. Dann weiß ich, dass wir unsere schöne Heimat beschützen müssen, und dann ist mir nichts zu schwer."

Diesen Brief trage ich seitdem immer bei mir, es ist, als gingen von ihm unsichtbare Kräfte aus. Ist es nicht das gleiche starke Gefühl, dass heute jeden einzelnen deutschen Menschen erfüllt? Wir wissen, dass wir unsere Heimat beschützen und verteidigen müssen, damit sie unser eigen bleibe und auf ihrem Boden immer wieder neues starkes gesundes deutsches Leben heranwachsen kann. "Darum ist uns nichts zu schwer" - auch das sagen wir jetzt alle aus tiefem Herzensgrunde. Das sagen alle, die unter feindlichen Bombenterror Hab und Gut verloren, das sagen auch alle diejenigen, die das schwerste Opfer brachten und Mann, Sohn, Bruder oder einen anderen geliebten Menschen in dem schweren Kampfe um die deutsche Freiheit hingaben.

Darum ist uns nichts zu schwer - daran werden wir auch denken, wenn am kommenden Wochenende die 2. Reichsstraßensammlung dieses Kriegswinterhilfswerks durchgeführt wird. Auch unsere reichliche Spende ist ein Baustein zum Sieg." (30)

Jugend mit Panzerfäusten. HN vom 25.10.1944

Kampf um jeden Preis bis zum Sieg
Die Parole des ganzen deutschen Volkes — Reichsminister Dr. Goebbels erörterte mit offener Freimütigkeit die Kriegslage

HN vom 28.10.1944.

HN vom 31.10.1944.

Verdunkelungssünder

Trotz aller Hinweise in der Presse, dauernder Belehrungen in den Lehrgängen des Reichsluftschutzbundes usw. sowie Verwarnungen und Bestrafungen gibt es noch einen Teil Volksgenossen und -genossinnen, die scheinbar meinen, daß die herausgegebenen Verdunkelungsvorschriften für sie nicht da sind und sie selber darüber bestimmen, wie weit sie diesen Verordnungen und Vorschriften Folge leisten. Ein anderer Teil ist der Meinung, daß diejenigen Kräfte, die besonders neben den Polizeibeamten mit der Kontrolle der Beachtung der Verdunkelungsmaßnahmen beauftragt sind, zu kleinlich verfahren und daß man sich so feinfühlig nicht sein solle. Beide Teile irren sich und sollen noch einmal energisch auf ihre Sünden hingewiesen werden.

Es dürfte wohl jedem Volksgenossen im Laufe des Krieges durch die nächtlichen Terrorangriffe bekannt geworden sein, von denen es hieß, daß an der oder jener Stelle Bomben geworfen wurden, Abwürfe, die bestimmt oder nur auf die schlechte Verdunkelung zurückzuführen seien. Schon die Nichtbefolgung der Verdunkelungsvorschriften, auch wenn hierdurch gerade einmal kein besonderer Schaden entsteht, ist strafbar und noch vielmehr, wenn dem betreffenden Verdunkelungssünder nachgewiesen werden kann, daß durch seine Nachlässigkeit Hab und Gut anderer Volksgenossen vernichtet, wenn sie nicht gar an Leib und Leben schwer betroffen wurden. Diese Sünder haben sich mit Recht dem Richter gegenüber zu verantworten. Jeder Lichtschein, mag er dem Betreffenden noch so gering erscheinen, bietet dem Feind ein Ziel, gleichgültig, ob auf dem flachen Land oder in den Ortschaften. Erhebliche Sachschäden an Gebäuden, Maschinen usw. sind die Folgen. Rücksichtsloses Einschreiten gegen diese Verdunkelungssünder ist notwendig und wird auch geschehen solange, bis auch der letzte Säumige oder gar Widerhaarige erzogen ist. Dieses ist gerade in der jetzigen Zeit ganz besonders notwendig. Diese Mahnung gilt auch noch einmal ganz besonders den Verkehrsteilnehmern und hier noch in besonderem Maße den Radfahrern. Häufig kann festgestellt werden, daß Radfahrer Verdunkelungskappen, wenn sie meinen die Luft ist rein, einfach von den Beleuchtungskörpern — Lampen — entfernen und mit unabgeblendetem Licht fahren. Auf ihre Sünden von anderen aufmerksam gemacht, werden sie gegenüber solchen Volksgenossen häufig noch schnodderig und frech. Das darf nicht sein. Es muß sich heute jeder seiner Pflicht so bewußt sein, daß er sich selber verantwortlich fühlt und deshalb eines Hinweises, einer Verwarnung oder gar einer Bestrafung nicht bedarf. Klage aber niemand, der sich nicht zur Befolgung der Verdunkelungsvorschriften bereitfindet über zu harte Bestrafung, denn sie kann gar nicht hart genug sein. Wir haben heute etwas anderes zu tun, als nur diese Sünder immer wieder zu belehren und zu bitten.

Die Aufgabe des Volkssturms

Wie damals im Freiheitskrieg der Landsturm, so hat heute der Volkssturm die Aufgabe, überall dort, wo der Feind unseren Heimatboden betritt, sei es durch den Vorstoß auf der Erde, sei es durch Absprung aus der Luft ihn fanatisch anzupacken, festzuhalten und ihn wohlmöglich aufzureiben.

Unsere Gegner müssen begreifen lernen: Jeder Kilometer, den sie in unser Land vordringen wollen, wird sie Ströme ihres Blutes kosten. Jeder Häuserblock einer Stadt, jedes Dorf, jedes Gehöft, jeder Graben, jeder Busch, jeder Wald wird von Männern, Knaben, Greisen und — wenn es sein muß — von Frauen und Mädchen verteidigt.

Auch in dem Gebiet, das sie glauben erobert zu haben, wird immer wieder in ihrem Rücken der deutsche Widerstandswille auflodern, und wie die Wehrwölfe werden todesmutige Freiwillige dem Feinde schaden und seine Lebensfäden abschneiden.

Unsere verfluchten Feinde werden es feststellen und einsehen müssen, daß ein Einbruch in Deutschland, selbst wenn er irgendwo gelinge, für den Angreifer Opfer kostet, die für ihn dem nationalen Selbstmord gleichkommen.

Das Volksaufgebot wird die Aufgabe übernehmen, in bedrohten Gebieten der Wehrmacht zu helfen, damit sie fähig ist, sich wieder für den eigenen Angriff zu rüsten und aufzustellen.

Aeußerlich und innerlich bereiten wir uns für unsere Pflicht vor. So wie es der Führer befohlen, werden durch die Gauleiter die Männer zusammengerufen und zu Bataillonen formiert. In kurzer Zeit werden sie durch Energie und Improvisation überall mit dem Notwendigen ausgerüstet und in nimmermüdem Fleiß ausgebildet sein. Daß wir über diese äußere Organisation und das militärische Können hinaus innerlich gerüstet und bereit sein

müssen, darüber wollen wir uns klar sein.

Wie vor fünf Menschenaltern unsere Ahnen im Preußischen Landsturm, in den Freikorps in allen deutschen Gauen, in den Standschützenkompanien der Tiroler, so wollen auch wir uns die Tugenden zu eigen machen, die zeitlos gültig allein den Sieg verbürgen.

HN vom 19.10.1944.

501

Aufruf!

In Ausführung des Erlasses des Führers vom 25. September 1944 über die Bildung des Volkssturms wird hiermit angeordnet:

1. Sämtliche waffenfähigen Männer der Jahrgänge 1884 bis 1928 im Kreise Pinneberg haben am Sonntag, dem 5. November 1944, um 8 Uhr, in den für sie zuständigen Ortsgruppen anzutreten.

2. Die vorgesehenen Appellplätze werden von den Ortsgruppenleitern ortsüblich bekanntgegeben.

3. Ueber die Tauglichkeit zum Dienst im Volkssturm wird nach Erfassung durch einen von mir bestimmten Arzt entschieden. Das Einreichen von Attesten ist daher zwecklos.

4. Von der Erfassung befreit sind diejenigen Männer der obigen Jahrgänge, soweit sie den Nachweis führen können, daß sie für dauernd arbeitsunfähig geschrieben sind. Dieser Nachweis muß dem Ortsgruppenleiter umgehend zur Einsichtnahme vorgelegt werden.

5. Es wird darauf hingewiesen, daß die Angehörigen des deutschen Volkssturms während ihres Einsatzes Soldaten im Sinne des Wehrgesetzes sind.

Pinneberg, den 1. November 1944.   S i e v e r s , k. Kreisleiter.

HN vom 1.11.1944.

„Kampfsätze des deutschen Volkssturms.

Vor der Vereidigung der Angehörigen des Deutschen Volkssturms auf den Führer, die im gesamten Reichsgebiet am gestrigen Sonntag stattfand, wurden die Kampfsätze verlesen, nach denen der Volkssturm antritt. Sie lauten:

Treue, Gehorsam und Tapferkeit sind die Grundlagen eines Staates und machen ihn unüberwindlich. Treu seinem Eid kämpft der Volkssturmsoldat in allen Lagen verbissen und siegesgläubig. Dem Führer bis zum Tode getreu ist er bereit, lieber im tapferen Kampf zu sterben, als jemals um die Gnade des Feindes zu flehen.

In Standhaftigkeit, Selbstlosigkeit und Kameradschaft unübertroffen, bildet der Volkssturm die Armee der größten Idealisten Deutschlands.

Sollte ein Führer in aussichtsloser Lage glauben, den Kampf einstellen zu müssen, so gilt im deutschen Volkssturm die in unserer tapferen Kriegsmarine überlieferte Regel:

Sein Kommando mit allen Rechten an denjenigen abzugeben, der den Kampf fortsetzen will und sei es auch der jüngste.

Zum Schweigen erzogen, verabscheut der deutschen Volkssturmsoldat aufs tiefste den Verrat der Heimat oder seiner Kameraden. Seine Verschwiegenheit können weder Versprechungen noch Drohungen brechen. Ritterlich gegen Frauen, rücksichtsvoll gegen Kinder, Kranke und Greise, ist der Volkssturmsoldat in Liebe zu Volk und Vaterland zur letzten Hingabe bereit. Dem Feind aber, der Freiheit und Leben bedroht, unsere Frauen schänden und unsere Kinder morden will, schlägt leidenschaftlicher Hass entgegen.

Wenn wir nach der Väter Art uns selbst und unserer höchsten Pflicht dem Volk gegenüber treu bleiben, wird der Herrgott unseren Kampf segnen. In schwerster Zeit zum Schutz der Heimat aufgeboten, wollen wir nicht eher ruhen, bis Sieg und Frieden erkämpft und die Freiheit des Reiches gesichert ist." (31)

„Am Sonntagmorgen fand auf dem Schulhof der Adolf-Hitler-Schule die Vereidigung der Volkssturmmänner der Ortsgruppe Elmshorn-Altstadt statt. Wie im ganzen Reich, so war auch hier diese verknüpft mit einer Gedächtnisfeier für die Gefallenen der Partei und des Krieges. Nach dem Major Eyler dem Ortsgruppenleiter die angetretenen Männer gemeldet hatte, sprach ein Unteroffizier der Wehrmacht Worte zum Gedenken der Toten. Dann erinnerte Pg. Hüppeden an die 16 Gefallenen des 9. November 1923, die immer noch ihr „Hier!" rufen, wenn Kämpfer um Deutschland angetreten sind. Auch der Gefallenen des ersten und des zweiten Weltkrieges gedachte er in bewegenden Worten. Jeder Gefallene sei ein Vermächtnis für die übrigen Kämpfer, auch für die des Volkssturms. Von gedämpftem Trommelwirbel begleitet, rief dann Ortsgruppenleiter Letje zum dritten Male zum Gedenken der Toten auf - die alte Weise vom guten Kameraden erklang über den Hof. Dann nahm Major Eyler die Vereidigung vor: 6 Männer traten für alle an die Fahne. Alle sprachen gemeinsam die Eidesworte. Mit einer Führerehrung und den Liedern der Nation endete die schlichte, würdige Feier. In den anderen Ortsgruppen fanden gleichartige Feiern statt." (32)

Die Reichsreferentin des BDM Doktor Jutta Rüdiger und die Reichsfrauenführerin Gertrud Scholtz-Klink erlassen im Dezember folgenden Aufruf zur Wehrhilfe der deutschen Frauen und Mädchen:

„Deutsche Frauen und Mädel!

Der Hass der Feinde will unser deutsches Volk auslöschen. Ihr wisst, der Gegner steht nicht nur vor den Toren des Reiches.er hat bereits an mehreren Stellen die Grenzen überschritten. Frauen und Kinder wurden aus ihrer Heimat vertrieben, viele von ihnen haben Unsägliches gelitten. Sie sind hart geworden in dieser Zeit, sie ertragen nicht nur tapfer ihr Schicksal, sondern dienen noch täglich und stündlich mit ihrer Arbeit und ihrer Treue unserem Vaterland. Je enger der Kreis um herum wurde, desto lauter wuchs der Wunsch vieler Frauen und Mädchen, an der aktiven Verteidigung unseres Reiches teilhaben zu können. Viele Tausende stehen bereits im Dienste der Wehrmacht und mit dem Flakhelferinnenchor haben wir den ersten geschlossenen direkten Einsatz in der Landesverteidigung geschaffen.

Heute nun, wo jeder wehrfähige deutsche Mann sich seinem Vaterland stellt, wollen wir Frauen und Mädel alles tun, um Soldaten des Heimatgebietes restlos den Fronteinsatz zu ermöglichen. Wir ergänzen deshalb in diesen Tagen die schon bestehenden Fraueneinsätze zu einem Wehrmachthelferinnenkorps, in dem jede wehrwillige deutsche Frau ab 18. Lebensjahr anstelle eines Soldaten jeglichen Dienst leisten kann, der ihr in diesem Korps nach ihrer Eignung zugewiesen wird.

So wie wir uns noch nie in diesem Krieg vergeblich an Euch gewandt haben, so rufen wir in entscheidender Stunde allen, die nicht in einem kriegswichtigen Spezialeinsatz stehen, zu: Freiwillige vor! Meldepflichtige und noch nicht Eingesetzte, schließt euch an! Alle aber, die zu diesem Korps eingezogen werden, sollen wissen:

Wir treten an zur Wehrhilfe der deutschen Frauen und Mädel für die kämpfende Front. Unsere Parole heißt: Hilf dir selbst, so hilft dir Gott!

Gez. Dr. Jutta Rüdiger

Reichsreferentin des BDM

Gez. Gertrud Scholtz-Klink

Wehrmachtshelferinnen in Paris 1940. PK-Aufnahme Friedrich. Foto: aus Paul, a.a.O. , S.236

Flakhelferin am Horchgerät 1943/1944. PK-Aufnahme Zoll. Foto: aus Paul, a.a.O. , S.236

„(...) In den Terrorgebieten gibt es keinerlei Unterschiede zwischen solchen, die Krieg führen, und denen die abseits stehen könnten. Der Feind hat mit seinem barbarischen Bombenkrieg die ganze Nation alarmiert, ungeachtet des Geschlechts, des Alters, der Berufe. Frauen und Mädchen bergen die Toten und graben Verschüttete aus. Frauen und Mädchen stehen zwischen zerborstenen Mauern und pflegen Verwundete, sie löschen die Brandbomben, sie tun im Phosphorregen und unter Brandwolken ihre Pflicht. Frauen ziehen als Flakhelferinnen vor den Feind. Sie haben sich in die Front eingegliedert, zu Tausenden, zu Zehntausenden. Da, wo die Kriegsfurie in deutsches Land eingebrochen ist, vermischen sich die Grenzen des Aufgabenbereichs von Mann und Frau noch gründlicher. Auf Eisenbahnstrecken, in den Straßen und Häusern des Frontbereiches suchen sich Tiefflieger ihre Opfer, gleich, ob es Frauen sind, Mädchen oder Kinder. In den Fabriken sind sie zu vielen Millionen eingezogen und haben die Werkplätze der Ehemänner, der Väter und Brüder besetzt. Sie schmieden Waffen, sie helfen, die Rüstung zu schaffen, die der

Frontsoldat draußen braucht. Sie schaffen ihm Waffen und Gerät, Verpflegung und Munition bis dicht in die Reichweite der Hauptkampflinie. Es gibt nichts, was die deutsche Frau nicht bereits im Kriegseinsatz getan hätte; es gibt nichts für sie, was sie an Gefahren und Opfer nicht auf sich genommen hätte.

Darum ist der Aufruf der Reichsfrauenführerin zur Freiwilligenmeldung zu dem neu aufgestellten Wehrmacht-Hilfskorps nichts grundlegend Aufrüttelndes. Er schafft keine grundsätzlich neuen Tatbestände, aber er ist doch symptomatisch für die Unteilbarkeit, der nationalen Anstrengungen in diesem Kampf. Freiwillige vor! Das war einst Appell an die heroischen Eigenschaften Einzelner, Auserwählter; das ist heute aber längst eine Parole an die Gesamtheit des Volkes geworden, auf die jeder von uns antwortet, der dazu nach den äußeren Gegebenheiten nur irgendwie in der Lage ist, jeder Mann und jede Frau. Wenn jemals ein Volk durch das Schicksal und die Härte des Erlebens zusammengeschweißt wurde, so ist es das unsere. Wenn jemals ein Volk die Hoffnungen seiner Feinde durch Totaleinsatz zunichte gemacht hat und weiter zunichte machen wird, so sind wir es. Die Millionenschaft der deutschen Frauen und Mädchen, die in diesem Kriege zu der Masse der Männer in der Wehrmacht und in den Betrieben gestoßen ist, ist im wahrsten Sinne des Wortes ein Faktor von ganz ausschlaggebender Bedeutung. Es gibt für die deutsche Frau keine anderen Grenzen des Einsatzes als diejenigen, die ihr die deutsche Führung setzt, um ihr denjenigen Teil der Lasten abzunehmen, den immer nur Männer tragen sollen, nicht weil sie es nicht könnte, sondern weil unsere Einstellung zur Aufgabe der Frau höher steht als alles andere." (34)

Deutsche Frauen und Mädel!
Macht Soldaten frei für die Front!
Meldet Euch als Wehrmachthelfe-
rinnen bei Eurem Ortsgruppen-
leiter oder bei der Dienststelle des
Bannes Pinneberg (499) der Hitler-
Jugend in Pinneberg, Dingstätte 33.

HN vom 13.12.1944

Deutsche Frau, deutsches Mädel!

Viele tausend Frauen und Mädel stehen bereits im Dienste der Wehrmacht. Komm auch Du! Melde Dich als Wehrmachtshelferin bei deinem Ortsgruppenleiter oder auf der Dienststelle des Bannes Pinneberg (499) der Hitler-Jugend, Pinneberg, Dingstätte 33.

HN vom 16.12.1944

Deutsche Frauen bei der Luftwaffe

Neue Bewährung im fliegertechnischen Einsatz.

Die deutsche Frau hat der Luftwaffe schon seit Jahren unschätzbare Dienste geleistet als Nachrichtenhelferin im Luftwarn- und -Meldedienst. Sie hat sich dabei so ausgezeichnet bewährt, daß die Luftwaffe sich entschlossen hat, ihr neue kriegswichtige Einsatzmöglichkeiten als fliegertechnische Helferin im betriebsmäßigen Wartungsdienst unmittelbar bei der Fliegertruppe im Heimatgebiet zu eröffnen. Frauen und Mädel im Alter von mindestens 18 Jahren werden damit erstmalig an technische Berufe und Arbeiten herangeführt, die bisher als unbestrittenes Reich des handwerklich vorgebildeten Mannes galten. Aber auch für sie bringt die Frau, wie die durch Vermittlung der Reichsfrauenführung von Pressevertretern besuchten ersten Lehrgänge beweisen, eine bemerkenswerte Aufgeschlossenheit und Geschicklichkeit mit. Auf diesem Wege wird es möglich sein, das männliche Bodenpersonal in den Fliegerhorsten und Werkstätten weitgehend durch Frauen zu ersetzen und damit für den Fronteinsatz freizumachen.

Wir stehen vor einer großen Flugzeughalle. Wie alte Bordmonteure turnen junge Frauen und Mädel auf den vom Schulflug heimgekehrten Flugzeugen herum, füllen die Oel- und Benzintanks, wärmen vor dem Aufstieg die ausgekühlten Motoren mit Wärmegeräten vor, stellen andere Maschinen ab, verankern die Räder, legen die Steuerruder fest und ziehen die Schutzplanen über. Nicht nur als Flugzeugmechaniker, auch als Motorenschlosser, als Flugzeugklempner und -Schlosser, als Fallschirm- und Sicherheitsgeräte-Warte werden die Frauen ausgebildet und in Lehrgängen von je sechswöchiger Dauer bestens geschult. Sie werden in die Geheimnisse des Motors ebenso eingeweiht, wie sie in der Lage sein müssen, Flugzeuge auseinanderzunehmen, die verschiedensten Werkstoffe zu bearbeiten und das zur Verkleidung von Flugzeugkanzeln verwendete Plexiglas zu pflegen und zu schweißen. Einige dieser Arbeiten mögen dem Außenstehenden körperlich schwerer erscheinen, als sie in Wirklichkeit sind, denn zur Bewegung größerer Lasten stehen Hebezeuge und andere Hilfsgeräte zur Verfügung, so daß den Frauen praktisch keine über ihre Kräfte gehenden körperlichen Anstrengungen zugemutet werden.

Das Ziel ist die Heranbildung zu einer vollwertigen Ersatzkraft für Soldaten jeglichen Jahrgangs. Die Frauen sollen nicht Handlanger werden, sondern im stande sein, selbständig in eigener Verantwortung den technischen Dienst zu leisten, als zweiter Wart. Zuerst wurden sie als Fallschirmwarte eingesetzt. Der Umgang mit der schmiegsamen Rohseide liegt ihnen besonders. Das Verpacken erfolgt von zwei Frauen in über hundert Handgriffen und setzt größte Gewissenhaftigkeit voraus, weil das Leben des abspringenden Fliegers von dem einwandfreien Funktionieren des Fallschirms abhängt. Die Packerin muß mit ihrem auf den Abfertigungsschein gesetzten Namen für ihre Arbeit einstehen. Aber auch hier haben sich

HN vom 31.12.1944.

die Frauen so ausgezeichnet bewährt, daß Versager praktisch überhaupt nicht vorkommen. Zum Aufgabengebiet der Fallschirmwarte gehört auch die Betreuung der Höhenatmer und der Seenot-Rettungsgeräte, wie Schlauchboote und Schwimmwesten.

Neben der Ausbildung läuft eine Betreuung einher, wie sie der Truppenfürsorge im allgemeinen und der Achtung vor der deutschen Frau im besonderen entspricht. Für die Wahrnehmung der fraulichen Belange sorgt die Lagerführerin. Die Wohnbaracken, in denen unter Berücksichtigung persönlicher Wünsche immer drei oder vier Frauen in einem Zimmer zusammenwohnen, sind in der dienstfreien Zeit erfüllt von einer fröhlichen Geschäftigkeit, von Gesang und dem Spiel von Akkordeon und Geige. Bei achtstündigem Dienst erhalten die Fliegerhelferinnen die erhöhten Sätze der Truppenverpflegung. Im Dienst tragen sie eine zweckmäßige, uniformartige Schutzbekleidung mit Wollpullover, wollenen Strümpfen und Militärmantel. Die Freizeit dagegen verbringen sie in ihrer Zivilkleidung. Die gesundheitliche Betreuung liegt in den Händen bewährter Aerzte und Zahnärzte. Zweimal wöchentlich können Wannen- und Brausebäder genommen werden, und im Sommer lädt ein großes Stadion zu Körperschulung und sportlichem Wettbewerb und ein herrliches Schwimmbad mit Liegewiese zu Badefreuden in Wasser und Sonne ein. Besonders rege werden der Frisiersalon und der Bügelraum in Anspruch genommen. In dem behaglich eingerichteten Gemeinschaftsheim mit seinen Gesellschaftszimmern, Bauernstuben und gemütlichen Ecken findet man Entspannung nach des Tages ungewohnter Arbeit. Im Kinosaal gibt es unterhaltsame Filmvorführungen und kulturelle Sonderveranstaltungen. Von den Wänden locken Plakate, die für die Weihnachtswoche „Werke großer Meister" ankündigen, vorgetragen von Staatsschauspieler Mathias Wieman, der großen Klaviermeisterin Prof. Elly Ney und dem Cellisten Prof. Ludwig Hölscher.

Technisch begabte Frauen sollen weitergefördert werden, um später auch größere Aufgaben als technische Leiter ganzer Frauengruppen übernehmen zu können. Der Besuch bei den ersten Fliegerhelferinnen Deutschlands bestätigte den Eindruck, daß die Frauen und Mädel, die sich freiwillig zu diesem neuesten waffentechnischen Einsatz gemeldet haben, sich in ihrem Wirkungskreis wohlfühlen und mit Begeisterung ihren Dienst für Führer und Vaterland versehen.

Freiwillige der Hitler-Jugend wurden vereidigt

In der geräumigen Exerzierhalle einer Luftwaffeneinheit waren am letzten Tage des abgelaufenen Jahres die Rekruten — ausschließlich Kriegsfreiwillige aus der Hitler-Jugend — angetreten, um den Eid auf den Führer abzulegen. Diesem militärischen Akt, der zugleich mit einer feierlichen Uebergabe der Waffen verbunden war, wohnten als Vertreter der Partei Kreisleiter Sievers und der Führer der Standarte 265, Sturmbannführer Vick, bei. Er wurde nach Meldung an den Kommandeur und dem Abschreiten der Fronten mit einem gemeinsamen Lied eingeleitet. Nach der Verlesung eines Ausspruches von Clausewitz und dem Lied „Nur der Freiheit gehört unser Leben" wandte sich der Kommandeur an seine jungen Kameraden. In seiner von tiefem Ernst getragenen und in einer militärisch-knappen Form gehaltenen Ansprache, dem als Leitgedanke das Walter-Flex-Wort „Wer auf die preußische Fahne schwört, hat nichts mehr, was ihm selber gehört" zu Grunde lag, wies der Kommandeur auf die hohen Ideale und Tugenden des deutschen Soldaten hin, als deren höchste er die Treue und Kameradschaft bezeichnete. Der auf den Führer abgelegte Eid sei für den Soldaten heilig und nur der Tod entbinde ihn von diesem. Der Kommandeur schloß seine Ansprache mit der Erwartung, daß sich jeder Soldat dieses von ihm geleisteten Eides stets und immer würdig erweisen werde. Die Vereidigung fand in der üblichen Form durch Handauflegen auf den Degen des die Abteilung führenden Offiziers und durch Nachsprechen der Eidesformel statt. Ein Lied und die Lesung eines Ausspruches von Friedrich dem Großen leiteten über zu der feierlichen Waffenübergabe. Nach dieser Vornahme hob der Kommandeur in einer weiteren Ansprache hervor, die jungen Soldaten müßten immer dessen eingedenk sein, daß die Waffen von deutschen Männern und Frauen in schwerer und harter Arbeit erstellt wurden. Umsomehr habe der Soldat die Pflicht, sie in Ehren zu halten. Nur der Tod kann den Soldaten von der Waffe trennen. — Anschließend richtete Kreisleiter Sievers einige Worte an die jungen Kameraden. Nachdem er ihnen zunächst den Gruß der Partei übermittelt hatte, unterstrich auch er die Heiligkeit des Eides. Sicher seien Ausbildung und Dienst hart. Er, der Kreisleiter, glaube aber, daß sie, die in der Hitler-Jugend ihre Pflichten erfüllten und sich damit als politische Soldaten bewährten, im Wissen um die großen Dinge des Lebens auch diese Zeit durchstehen und in Zukunft auch als Waffenträger sich der Nation würdig

erweisen werden. — Die militärische Feier fand mit dem Gelöbnis auf den Führer und dem Absingen der nationalen Lieder ihren erhebenden Ausklang.

HN vom 22.12.1944

HN vom 2.1.1945

508

Im September 1944 hatten die Fronten in Ost und West die Grenzen Deutschlands bereits erreicht. Himmler beauftragte den SS-Obergruppenführer Hans-Adolf Prützmann, kleine Spezialkommandos (*Werwolf*) aufzustellen, die in den besetzten Gebieten des Deutschen Reiches hinter den feindlichen Linien Sabotage verüben und die Bevölkerung von einer Zusammenarbeit mit den Besatzungstruppen abhalten sollten.

„Bis Ende 1944 war es in Berlin gelungen, etwa 5.000 Freiwillige zu rekrutieren, bei denen es sich um SS-Leute, Hitlerjungen, SA-Männer und Parteifunktionäre handelte. Da diese Zahl zu gering war, gab auch die Wehrmacht Anweisungen zur Abstellung von Partisanenkämpfern. Ihre Aufgaben sollten bestehen in:

- *Attentaten und terroristischen Anschlägen gegen die Besatzungsmächte, deren führende Köpfe, sowie gegen deutsche Kollaborateure,*
- *Sabotage im Rücken der alliierten Verbände,*
- *Stören des feindlichen Aufmarsches durch Militärische Aufklärung,*
- *Decken der Rückzugsbewegungen der Wehrmacht durch Angriffe auf die Flanken der verfolgenden Angriffsspitzen,*
- *Stoppen der „Welle des Verrats" durch Volksgenossen mittels Terrors gegen Deutsche."* (35)

Das Jahr 1945 begann mit der Jahresparole für die Hitlerjugend. Sie lautete „Fronthilfe und Kriegseinsatz". (36)

Schüler- und Schülerinnen, die seit Januar 1945 ohne Unterricht waren, konnten ausnahmsweise im Rahmen der Jugenddienstpflicht als Hilfe bei der Post als Posthelfer und dem Fernmeldewesen eingestellt werden. Das Alter war auf 12 bis 14 Jahren festgelegt, die Arbeitszeit auf höchstens fünf Stunden pro Tag begrenzt. Es kamen nur leichte Arbeiten wie Sortieren von Briefen in Frage. Überörtlicher Einsatz war nicht vorgesehen. Die Schüler wurden versichert und bekamen eine Vergütung. (37)

Vom 7. – 28. Januar 1945 wurde wieder zu einem „Volksopfer" aufgerufen unter dem Motto: Nicht spenden, sondern opfern! (38)

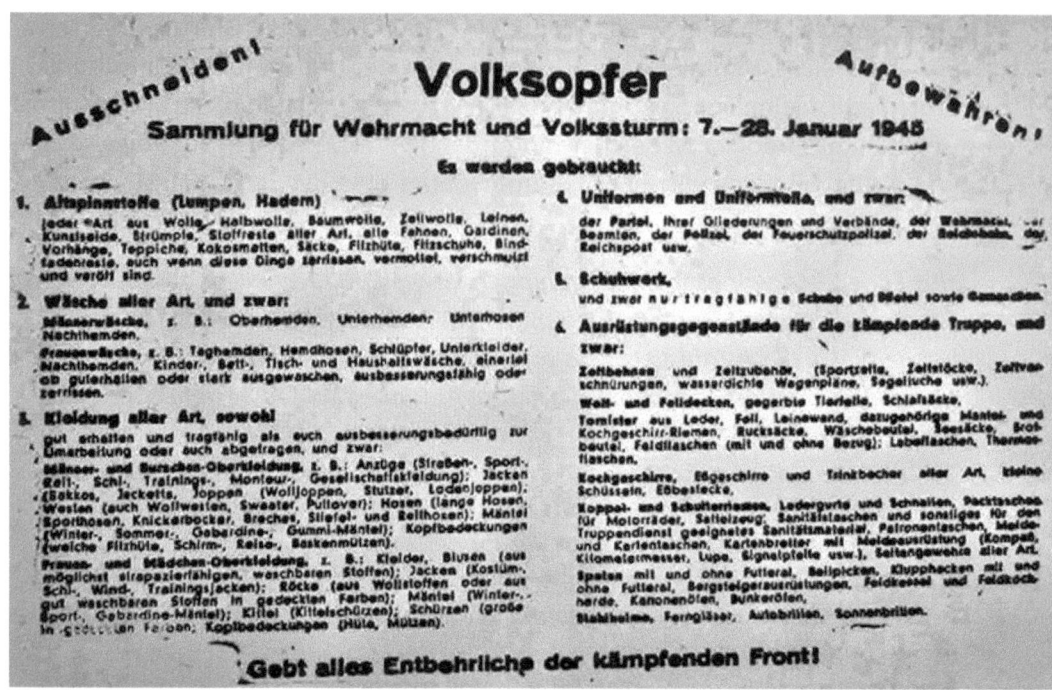

HN vom 9.1.1945

HN vom 11.1.1945

Am 11. Januar 1945 warnte Kreisleiter Sievers „Drückeberger" vor dem Dienst des Volkssturmes:

„ Volkssturmkameraden!

Das Jahr der geschichtlichen Wende ist angebrochen. Vielfach haben wir uns im vergangenen Jahr bewähren müssen. Wir werden auch im neuen Jahr nur noch härter sein. Der Soldat an der Front ist uns weiterhin Vorbild, ihm nachzueifern sei uns Gelöbnis.

Jeder Etappengeist in der Heimatfront ist gerade von Euch fanatisch zu bekämpfen. Von mir aus werde ich das Notwendige veranlassen. Wer unentschuldigt dem Dienst im Volkssturm fernbleibt, ist vorerst zu verwarnen. Offensichtliche Drückeberger werden in Zukunft mit geeigneten Mitteln zum Dienst gebracht. Die wenigen Einzelgänger seien hiermit gewarnt.

Volksgenossen, die für den Volkssturm untauglich geschrieben sind, aber weiterhin waffentragend durch Flur und Feld streifen, können für unsere Gemeinschaft Ärgernis werden. Hier wird Wandel geschaffen, und zwar gründlich. In einer Verfügung zum Aufbau des Volkssturms heißt es nämlich:

"Wer die Waffe tragen und handhaben kann, ist tauglich."

Dieses gilt auch als Richtschnur für die nunmehr neu eingesetzten Bataillonsärzte. Der Dienst im Volkssturm ist ein Ehrendienst. Wer sich nicht zu Euch bekennt, zeigt damit, dass ihm unser Volk gleichgültig ist. Wer aber nicht mit uns ist, ist gegen uns. Ich handle daher nur in Eurem Auftrag, wenn ich nunmehr schärfste Maßnahmen ergreife. Jeder einzelne von Euch hat mit dabei zu helfen.

Ein Betriebsführer hat vor kurzem einen langjährigen Mitarbeiter fristlos entlassen, weil der Betreffende den Volkssturmdienst fortgesetzt vernachlässigte. Hier hat ein Betriebsführer unter Beweis gestellt, wie man die Ehre einer an sich anständigen Gefolgschaft sauber hält. Für Außenseiter wird anderweitig passende Beschäftigung gefunden werden. Jeder anständige Betriebsführer wird gegebenenfalls genauso handeln. Davon bin ich überzeugt.

So grüße ich nun alle meine Kameraden vom Volkssturm. Neben Eurer täglichen schweren Arbeit seid ihr stets zur Stelle gewesen. Für Euch alle ist es ein Herzensbedürfnis, dem Volk zu dienen. Nicht jeder von Euch ist im Besitz seiner vollen Gesundheit. Da es aber um das Leben unseres Volkes geht, habt Ihr treu jeden Dienst verrichtet und seid somit auch fähig, im Augenblick höchster Gefahr die Waffe zu führen.

So wünsche ich allen Kraft und Stärke für das Jahr 1945. Euer Dienst ist Dienst an der Gemeinschaft. Unsere große nationalsozialistische Gemeinschaft hat uns bisher alles überwinden lassen. Sie sichert uns auch den endgültigen Sieg.

Der Führer geht voran. Fest geschlossen folgen wir ihm!

Heil unserem Führer!

Sievers, K. Kreisleiter." (39)

Beginn der geplanten sowjetischen Großoffensive
Härteste Abwehr deutscher Divisionen im Weichselbogen westlich von Baranow und im ostpreußischen Grenzgebiet

HN vom 15.1.1945

In einem Kommentar vom 17. Januar sprach sich der Kommentator dafür aus, das eigene Leben zu opfern:

„(...) Der Arier fühlt in seinem Innern, dass er, um das letzte Ziel zu erreichen, sich selbst opfern, überhaupt aber - opfern muss, nicht nur Almosen geben, was ihm ja keine Mühe macht. Darum auch erziehen wir unsere Kinder schon, opferbereit zu sein, schon das kleinste Kind wird angeleitet, von dem Seinen zu geben, „ mal abbeißen zu lassen" usw. Und oft wird es auf die Probe gestellt, ob es opferfähig und - bereit sei. - Das Opfer des eigenen Lebens für die Gesamtheit, fürs Vaterland, für Weib und Kind sind dem germanisch-arischen Menschen auch heute noch selbstverständliche Forderung, so lieb er auch selbst sein Leben hat. Wer nicht opfern kann und will, gehört nicht in den Kreis arischer Menschen. Was wird in unseren Tagen, was wird seit 6 Jahren an Opfern vom deutschen Volk, vom deutschen Menschen gebracht - draußen und drinnen! Unsägliche Opfer werden auf sich genommen, um die Idee des neuen Großdeutschland zur Verwirklichung zu bringen. Dabei geht es nicht nur um die Almosen und kleinen Gaben, die zu spenden ja nicht schwerfallen, nein, da müssen sich die Menschen auch von größeren,

wertvolleren, ans Herz gewachsenen Gütern trennen- heute genau so wie vor etwa hundert Jahren zur Zeit der Befreiungskriege. Der größte Befreiungskrieg der deutschen Geschichte wird jetzt ausgetragen, und jeder weiß, dass er dazu beitragen muss in irgendeiner Form, dass er aber bestimmt opfern muss, so viel und so oft, bis das Ziel erreicht ist: der Sieg. - Möge unser in uns wirkendes Erbgut uns allen die Kraft geben, diese unsere arische Pflicht beim „Volksopfer" zu erfüllen."
(40)

HN vom 19.1.1945

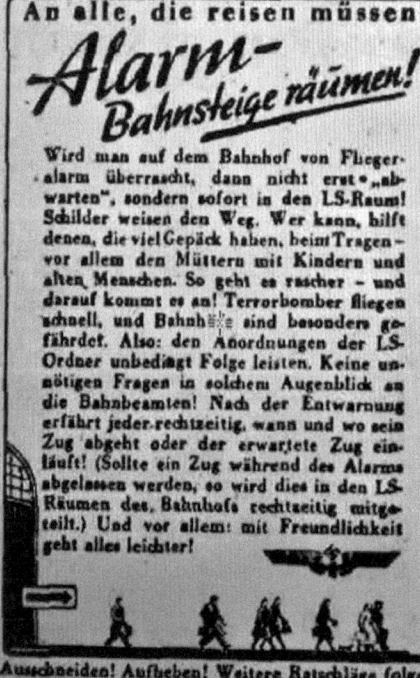

An alle, die reisen müssen!

Alarm-
Bahnsteige räumen!

Wird man auf dem Bahnhof von Fliegeralarm überrascht, dann nicht erst "abwarten", sondern sofort in den LS-Raum!
Schilder weisen den Weg. Wer kann, hilft
denen, die viel Gepäck haben, beim Tragen -
vor allem den Müttern mit Kindern und
alten Menschen. So geht es rascher - und
darauf kommt es an! Terrorbomber fliegen
schnell, und Bahnhöfe sind besonders gefährdet. Also: den Anordnungen der LS-
Ordner unbedingt Folge leisten. Keine unnötigen Fragen in solchem Augenblick an
die Bahnbeamten! Nach der Entwarnung
erfährt jeder rechtzeitig, wann und wo sein
Zug abgeht oder der erwartete Zug ein-
läuft! (Sollte ein Zug während des Alarms
abgelassen werden, so wird dies in den LS-
Räumen des Bahnhofs rechtzeitig mitgeteilt.) Und vor allem: mit Freundlichkeit
geht alles leichter!

Ausschneiden! Aufheben! Weitere Ratschläge folgen.

HN vom 24.1.1945

Treck ins Reich

Dieser Krieg bewegt nicht nur riesige Heere
und Materialkolonnen über die Straßen und
Kampffelder; er schiebt auch dort, wohin er
zum erstenmal kommt, große Scharen von
Frauen und Kindern vor sich her. Wo deutsche
Armeen jenseits unserer Grenzen stehen, geschieht den Bewohnern der Städte und Dörfer
kein Leid; es liegt völlig außerhalb unseres
soldatischen Empfindens, den Krieg auf die Zivilbevölkerung eines Feindlandes zu übertragen. Auf dem Programm unserer Gegner
aber steht groß und breit, mit dem Ziel einer
Zermürbung der inneren deutschen Moral, der
Terror gegen das Reichsgebiet. Erst seitdem die
Briten und Amerikaner ihre Bombenangriffe
auf die Zivilbevölkerung unternehmen, ist das
Fremdwort „Evakuierung" in den deutschen
Sprachgebrauch übergegangen. Aus den Luft-
notgebieten wurden nicht nur die obdachlos
gewordenen, sondern auch die vom gleichen
Schicksal täglich bedrohten Frauen und Kinder soweit als möglich in die weniger gefährdeten Gaue des Reiches gebracht. Als die
Anglo-Amerikaner im Herbst des vergangenen
Jahres zum Sturm gegen unsere Westgrenzen
antraten, begann auch dort in den frontnahen
Gebieten eine umfangreiche Räumungsaktion.
Wieder rollten lange Züge über die Rhein-
brücken, in manchen Gauen rückten die Menschen sehr eng zusammen, um auch diesen
Evakuierten ein Unterkommen zu geben. Das
war nicht leicht, aber der Gedanke, daß das
ganze Volk eine Schicksalsgemeinschaft ist,
half über alle Schwierigkeiten hinweg.
In den östlichen Provinzen, von Memel bis
herunter nach Kattowitz hatten viele Tausende
von Bombengeschädigten und Frauen und Kindern der frontnahen Westgebiete eine herzliche
Aufnahme gefunden. Im vergangenen Jahre,
als der Bolschewismus bis an die Grenzen vor-
rückte, mußten sie wieder Abschied nehmen,
um die Fahrt in einen anderen weiter rückwärts liegenden Aufnahmegau anzutreten. Das
war ein schwerer Abschied, denn in vielen
Fällen hatte sich die anfänglich Fremd-
heit zu einer Freundschaft entwickelt, die weit
über den Krieg hinaus dauern sollte. Nun sind
auch die Bewohner der östlichen Grenzprovin-
zen, nachdem sie ihre Hilfsbereitschaft in all
den Jahren des Krieges unter Beweis gestellt
haben, unter denen, die ihre Heimat verlassen
haben, um im Reich ein Unterkommen zu suchen, bis die Bolschewisten wieder zurück-
geschlagen sind. Sie werden, daran ist kein
Zweifel, in der großen Familie des Volkes einen
Platz finden. Wir helfen einander, wir teilen jetzt
mit klarer Selbstverständlichkeit alle Nöte des
Krieges und sind dabei des unerschütterlichen
Glaubens, daß diese Not- und Hilfs- und
Schicksalsgemeinschaft eine Kraftquelle des
Volkes für alle Zukunft sein wird.

HN vom 29.1.1945

Im Rahmen einer Feierstunde wurde am 30. Januar das Elmshorner Volkssturm-Bataillon mit 54 Männern vereidigt. (41)

Volkserhebung zum äußersten Widerstand
Der Führer an das deutsche Volk – Ansprache aus Anlaß des 12. Jahrestages des 30. Januar 1933

HN vom 31.1.1945

Für Aufgaben der Reichsverteidigung melden

Seit dem letzten Aufruf zur Meldepflichtverordnung ist über ein halbes Jahr vergangen. Es ist deshalb notwendig, nunmehr diejenigen Kräfte zu erfassen, die seit dem 1. August 1944 — dem Termin des letzten Aufrufs — das 16. Lebensjahr (bei Männern) bzw. das 17. Lebensjahr (bei Frauen) vollendet haben. Ebenso müssen diejenigen Frauen erfaßt werden, bei denen im Laufe dieses halben Jahres die Voraussetzungen für eine Befreiung von der Meldung nicht mehr vorliegen.

Wenn z. B. eine Frau im vorigen Jahre von der Meldepflicht befreit war, weil sie ein noch nicht schulpflichtiges Kind zu versorgen hatte, muß sie jetzt herangezogen werden, wenn das Kind inzwischen sechs Jahre alt geworden ist.

Ein anderes Beispiel: Wenn eine Frau im Vorjahre noch zwei unter 14 Jahre alte Kinder zu versorgen hatte, von denen inzwischen ein Kind das 14. Lebensjahr vollendet hat, ist sie jetzt meldepflichtig geworden.

Einmal ist es aus Gründen der Gerechtigkeit notwendig, diesen Personenkreis heranzuziehen, zum anderen zwingt die augenblickliche Arbeitseinsatzlage im 6. Kriegsjahr dazu, der Rüstungswirtschaft möglichst viel geeignete Kräfte, insbesondere Ersatzkräfte für Männer, die zur Wehrmacht einberufen werden, zuzuführen.

Es handelt sich also um einen verhältnismäßig kleinen Personenkreis, der jetzt aufgerufen wird. Die genauen Bestimmungen sind in dem amtlichen Aufruf, der im amtlichen Teil der heutigen Tageszeitung veröffentlicht wird, enthalten.

Wie auch bei der Durchführung der früheren Meldepflichtverordnung wird es Aufgabe der Arbeitsämter sein, soziale und gesundheitliche Verhältnisse der Meldepflichtigen genau zu überprüfen, damit trotz der vordringlichen Arbeitseinsatzaufgaben auf die persönlichen Verhältnisse in angemessener Weise Rücksicht genommen wird.

HN vom 1.2.1945

In diesen Monaten kam es öfters vor, dass der elektrische Strom aus Kriegsgründen abgeschaltet wurde. Die Bevölkerung wurde aufgefordert, Ersatzbeleuchtung bereit zu halten. Der Hauptschalter sollte ebenfalls ausgeschaltet werden, um beim Wiedereinschalten des Stromes keine Überraschungen zu erleben. (42)

Immer mehr Ausgebombte und „Rückgeführte", wie die Flüchtlinge aus den Frontgebieten genannt wurden, trafen auf dem Elmshorner Bahnhof ein. Die HN appellierte an die Hilfsbereitschaft der Bürger:

„Auf allen Bahnhöfen sind sie eingetroffen. Neben sich ihr bisschen Habe, die sie in den eiligen Stunden des Aufbruchs noch mit sich nehmen konnten. Greise, Frauen und Kinder, Väter, deren Söhne für uns an der brennenden Front im Kampf stehen. Mütter, deren Jungen für uns die Heimat gegen die Sturmflut aus dem Osten verteidigen. Deutsche Volksgenossen, die auf die Hilfsbereitschaft der Gemeinschaft vertrauen.

Wir haben von Kameradschaft und Gemeinschaft gesprochen und haben all die glücklichen Jahre hindurch gerade diesen Wesenszug des Nationalsozialismus am meisten gepriesen. Nun ist für uns die große Stunde gekommen, in der wir das Wort ganz Tat werden lassen müssen. Es gibt jetzt keine Überlegungen, ob man irgendwie helfen kann. Es muss gehen - und es wird gehen!

Raum ist überall noch vorhanden. Zusammenrücken heißt die Pflicht, mehr noch, als es vielfach schon geschehen ist. Gewiss, es mag vorkommen, dass die Lebensgewohnheiten und Eigenarten zusammengeworfener Menschen nicht immer zueinander passen. Aber was tut das? Gemeinsam ist unsere Not, durch die wir uns durchzukämpfen haben, gemeinsam werden wir sie überwinden, weil es dann für den Einzelnen von uns auch leichter zu tragen sein wird, was ihm das Schicksal auferlegt.

Zupacken, wenn einer eine Hand zur Hilfe braucht! Die Türen offenhalten, damit sie hereinkönnen und nicht erst zaghaft anzuklopfen brauchen. Nicht mehr nur vom Gemeinschaftsgeist reden und Beispiele edler Kameradschaft rühmen! Selber Beispiel sein! Das ist es, was uns aufgetragen ist. Es darf kein Zögern geben und keine Zweifel, sondern nur schnellste und ganze Hilfeleistung. Unsere deutsche Heimat ist groß genug, als dass sie nicht ausreichte, Hunderttausenden Obdach zu geben. Wenn unsere Herzen weit geöffnet sind, dann wird niemand von den von dem Bolschewismus Vertriebenen ohne Dach sein und niemand ohne gütige Betreuung.

Wer der größten Not ins Auge gesehen hat - wie diese Rückgeführten - , der ist bescheiden geworden. Wir wollen nicht anspruchsvoller sein als sie. Denn es kommt der Tag, an dem wir Rechenschaft abzulegen haben, ob wir der Heimat mit der letzten Kraft gedient haben oder nicht. Und es kommt die Stunde, in der die Gemeinschaft des deutschen Volkes jene ausstößt, die es an Opferbereitschaft und Kameradschaftsgeist haben fehlen lassen. Denn sie sind unseres Sieges dann nicht würdig!

Geht zu den Rückgeführten und holt Euch die Parole dieser Notstunde: Helfen mit Herz und Hand!" (43)

Am 11. Februar 1945 führte der Bann Pinneberg (499) im Sitzungssaal des Kreishauses eine Arbeitstagung der Führerschaft des Bannes statt.

Hierbei sollte die Führerschaft der HJ eingeschworen werden. Die Reden zeigten aber sehr deutlich, die Illusionen, denen sich die Redner hingaben. Sie verkannten oder verfälschten die militärische Lage und sorgten so dafür, dass sich noch mehr Jugendliche opferten. Immer wieder wurden von der Partei Durchhalteparolen mit unrealistischen Siegesträumen versetzt. Obergebietsführer Hubert Meiforth sprach in Pinneberg zur Jugend:

„(...) Der Obergebietsführer verkannte nicht die Gefahr, in der wir uns im gegenwärtigen Stadium des Krieges befinden, sagte aber, dass es dem Führer, der sich seinen Gegnern bisher immer noch sowohl als Politiker wie als Feldherr weit überlegen gezeigt hat, gelingen werde, die Gefahr zu bannen. Entscheidend sei jetzt, dass das deutsche Volk gläubig und vertrauend hinter seiner Regierung stehe und alles tue, die Vernichtungsabsichten des Feindes illusorisch zu machen. Von der Jugend und besonders von den Jugendführern aber, so erklärte der Obergebietsführer, verlange er, dass sie in jeglicher Beziehung eine vorbildliche Haltung zeige. Der Führer baue auf seine Jugend, an ihr sei es jetzt, sich dessen

würdig zu zeigen. Die ernsten aber auch Begeisterung ausstrahlenden Gesichter aller Teilnehmer zeigten dem Obergebietsführer, dass er nicht nur verstanden worden war, sondern dass man sich auch für die Stunde des Einsatzes gewappnet weiß. (…)" (44)

Die Frauen und Mädel des BDM wurden durch einen Erlass des Leiters der Parteikanzlei zu Hilfsdiensten für den Volkssturm aufgerufen. So war schon der Einsatz in Nähstuben für die Herrichtung von Ausrüstungsstücken des Volkssturms angeordnet worden. Der Gauleiter konnte noch weitere Hilfsdienste anordnen. (45)

Passend hierzu appellierte Kreisleiter Sievers am 15. Februar an die Einsatz- und Arbeitsbereitschaft aller Frauen des Kreises Pinneberg:

„Es ist sicher kein unbilliges Verlangen, das ich an die Frauen unseres Kreises stelle, wenn wir daran denken, was unsere Rückgeführten haben an Opfern bringen müssen und was die Front täglich und stündlich zu opfern bereit ist. Der gewaltige Erfolg, den auch in unserem Kreise das Volksopfer zu verzeichnen hat, muss nun seine Krönung finden, indem sich jede Hand bereit findet, es seiner Bestimmung zuzuführen.

Mein Appell an die Frauen - auch an die unserer Rückgeführten - geht nun dahin, sich schon jetzt Zeit und Tag ihres Einsatzes zu überlegen und dieses dann in die Listen einzutragen, mit denen die Blockfrauenschaftsleiterinnen in den nächsten Tagen zu ihnen kommen werden." (46)

Die herannahenden Russen lösten eine große Fluchtbewegung aus dem Osten aus. Unter den Flüchtlingen waren auch Mitglieder der Hitlerjugend. Es wurden nun an den Schlüsselbahnhöfen und den Schnittpunkten von Landstraßen Hitlerjugend-Leitstellen eingerichtet, die die Aufgabe hatten, die Jugendlichen während der Rückführung die Herstellung einer Verbindung mit ihren Angehörigen oder ihren alten Einheiten zu erleichtern. (47) Der Sinn war aber auch, die versprengten Jugendlichen, durch die Zuführung an HJ-Einheiten wieder in den Kriegseinsatz zu schicken. Außerdem sollten etwaige Deserteure ausfindig gemacht werden.

1945 kam es dann nicht nur zu Durchhalteparolen, diese waren jetzt auch mit Drohungen versehen.

„Wer ehrenhaft kämpft, kann damit das Leben für sich und seine Lieben retten. Wer der Nation aber feige oder charakterlos in den Rücken fällt, wird unter allen Umständen eines schimpflichen Todes sterben." (48)

Errichtung von Standgerichten
In feindbedrohten Reichsverteidigungsbezirken

Berlin, 16. Febr. Der Reichsminister der Justiz hat am 15. Febr. 1945 folgende Verordnung über die Errichtung von Standgerichten erlassen:

Die Härte des Ringens um den Bestand des Reiches erfordert von jedem Deutschen Kampfentschlossenheit und Hingabe bis zum Äußersten. Wer versucht, sich seinen Pflichten gegenüber der Allgemeinheit zu entziehen, insbesondere wer dies aus Feigheit oder Eigennutz tut, muß sofort mit der notwendigen Härte zur Rechenschaft gezogen werden, damit nicht aus dem Versagen eines Einzelnen dem Reich Schaden erwächst. Es wird deshalb auf Befehl des Führers im Einvernehmen mit dem Reichsminister und Chef der Reichskanzlei, dem Reichsminister des Innern und dem Leiter der Partei-Kanzlei angeordnet:

I. In feindbedrohten Reichsverteidigungsbezirken werden Standgerichte gebildet.

II. (1) Das Standgericht besteht aus einem Strafrichter als Vorsitzer sowie einem Politischen Leiter oder Gliederungsführer der NSDAP und einem Offizier der Wehrmacht, der Waffen-ß oder der Polizei als Beisitzern.

(2) Der Reichsverteidigungskommissar ernennt die Mitglieder des Gebiets und bestimmt einen Staatsanwalt als Anklagevertreter.

III. (1) Die Standgerichte sind für alle Straftaten zuständig, durch die die deutsche Kampfkraft oder Kampfentschlossenheit gefährdet sind.

(2) Auf das Verfahren finden die Vorschriften der Reichsstrafprozeßordnung sinngemäß Anwendung.

IV. (1) Das Urteil des Strafgerichts lautet auf **Todesstrafe**, Freisprechung oder Ueberweisung an die ordentliche Gerichtsbarkeit. Es bedarf der Bestätigung durch den Reichsverteidigungskommissar, der Ort, Zeit und Art der Vollstreckung bestimmt.

(2) Ist der Reichsverteidigungskommissar nicht erreichbar und sofortige Vollstreckung unumgänglich, so übt der Anklagevertreter diese Befugnisse aus.

V. Die zur Ergänzung, Aenderung und Durchführung dieser Verordnung erforderlichen Vorschriften erläßt der Reichsminister der Justiz im Einvernehmen mit dem Reichsminister des Innern und dem Leiter der Parteikanzlei.

VI. Die Verordnung tritt mit ihrer Verkündung in Presse und Rundfunk in Kraft.

HN vom 17.2.1945

Der Kriegsbeschädigte

Das im Kriege vollbrachte Heldentum stellt den Frontkämpfer an die Spitze seines Volkes. Es ist daher vornehmste Pflicht der Staatsführung, die Kriegsbeschädigten und -hinterbliebenen zu ehren und für sie zu sorgen. Selbstverständlich reicht alle äußere Hilfe nicht hin, um die gebrachten Opfer zu vergelten und ihre Folgen zu überwinden.

Die Hilfe durch Staat und Volksgemeinschaft muß in erster Linie dahin streben, den Aufbauwillen des Kriegsbeschädigten zu stärken. Der Kriegsbeschädigte selbst will kein Mitleid und keine Abfindung; er will Kameradschaft und Treue. Er will wieder ein vollwertiger Mensch sein, dem befriedigende Arbeit Lebensinhalt und Entfaltung seiner Kräfte bedeutet. Der Gedanke, „versorgt" zu werden, entspricht nicht seinem soldatischen Denken. In diesem Sinne fassen Staat und Partei heute das Problem der Kriegsbeschädigten an. Aufgabe der Oeffentlichkeit ist eine unaufdringliche Rücksichtnahme. Wenn auch die Anforderungen des Tages und der Zeit zunehmen mögen, darf das Verständnis für unsere Kriegsbeschädigten nicht abnehmen. Die Kriegsbeschädigten dürfen vor allem auch nicht das Gefühl haben, etwa weniger geachtet zu werden, wenn sie nicht mehr den Soldatenrock tragen.

Der Kriegsbeschädigte weiß die Achtung und Rücksichtnahme der Volksgemeinschaft zu würdigen. Er weiß, daß auch die anderen Volksgenossen ihre Last, ihr Leid, ihre Mühen und Sorgen haben, zumal die Bombenterror auch Frauen und Kindern schweren Körperschaden zufügt. Deswegen tragen auch die Luftkriegsbeschädigten ebenso wie die kriegsbeschädigten Soldaten das Verwundetenabzeichen.

Die Fürsorge und Versorgung aller Soldaten und Volksgenossen, die durch die beiden Weltkriege Schäden an Leib und Leben erlitten haben, ist jetzt in einer Hand vereinigt und dem Reichsarbeitsminister übertragen worden. Daneben stehen den Berechtigten das Hauptamt für Kriegsopfer und die Kriegsopferämter der NSDAP. mit Rat und Tat zur Seite. Die Einheit, die dadurch geschaffen wird, soll sich immer mehr auswirken. Dazu gehört auch die Beseitigung aller äußerlichen Verschiedenheiten. Während z. B. für die Beschädigten des ersten Weltkrieges allgemein die Bezeichnungen „Kriegsbeschädigte" und „Schwerkriegsbeschädigte" volkstümlich geworden sind, für die im gegenwärtigen Kriege Beschädigten häufig andere Bezeichnungen wie „Kriegsversehrte", „Schwerversehrte", „Wehrversehrte" und dergl. angewendet. Im totalen Kriegseinsatz an der Front und in der Heimat wachsen die Soldatengenerationen des ersten Weltkrieges und dieses Krieges schicksalsmäßig immer mehr zusammen. So wie sie im Kampfleben eine Einheit bilden, soll es auch bei den auf sie anzuwendenden Begriffen sein. Fortan sollen daher nur noch die Bezeichnungen „Kriegsbeschädigte" und „Schwerkriegsbeschädigte" angewendet werden.

Ein Thema, das heute alle angeht

Wir wollen uns einmal nichts vormachen: gefreut hat sich niemand, als es vor einiger Zeit plötzlich hieß, er müsse soundso viele Umquartierte in seine Wohnung aufnehmen und soundso viele Zimmer abgeben. Als es dann aber soweit war, hatte man sich damit abgefunden, denn nach der ersten Bestürzung kamen doch Gedanken herzlichen Mitgefühls. Und in vielen Wohnungen räumte und rückte man, bis man das eine oder die beiden Zimmer so eingerichtet hatte, daß sie den Umquartierten als Unterkunft und vorläufiges Heim dienen konnten. Die Hausfrau überlegte wohl schon im stillen, wie sie die Küchenbenutzung nun am besten einteilen sollte, da doch zwei Familien auf einem Herd zu kochen hatten.

Und wie sieht es heute aus? Man braucht nur einmal ein Weilchen bei dem Quartieramt danebenzusitzen, wenn sich die Rat- und Hilfesuchenden gegenseitig die Türklinke in die Hand geben. So und so oft fallen Worte: „Ich komme mit meinen Wirten nicht aus, ich möchte ausziehen." Und bei dem nächsten heißt es: „Kann ich nicht eine andere Familie haben? Meine Umquartierten ziehen sich ganz und gar nicht mit mir." Und dann geht es los mit Klagen. Hier haben die Umquartierten keine Rücksicht auf die alte Oma genommen und mittags immer schrecklichen Krach gemacht, dort haben sie die Möbel nicht pfleglich behandelt, da wieder irgendwelche Wäsche ruiniert. Aber auch die andere Partei hat ihre Nöte: Hier ist ein Quartiergeber, der läßt sie nur eine Stunde am Tag in die Küche, so daß das Essen nicht fertig wird, dort sollen die Kinder nur auf Zehenspitzen gehen, weil das kinderlose Ehepaar absolut keinen Lärm gewohnt ist, und da hat man ein kahles unfreundliches Zimmer zur Verfügung, aus dem vor dem Einzug alle guten Sachen „gerettet" wurden, als kämen Buschräuber und nicht schwer betroffene deutsche Volksgenossen.

Grundsätzlich sei eines festgestellt: Schuld ist niemals nur einer allein. Schuld an derartigen durchaus nicht notwendigen Zuständen haben immer beide Teile. Das aber heißt auch: das erste Gebot, das wir heute beherzigen sollten: gegenseitige Rücksichtnahme und gegenseitiges Verständnis füreinander! Ein Rezept gibt es, das alle hier auftauchenden Fragen überraschend schnell lösen könnte, wenn es nur immer und von allen angewandt würde: Jeder muß versuchen, sich in die Lage des anderen hineinzuversetzen und überlegen, was er an seiner Stelle tun und lassen würde. Dann würden alle Quartiergeber ihren Gästen verständnisvoll helfend zur Seite stehen, ohne weiteres zusammenrücken und den Ausgebombten nicht das schlechteste, luft- und lichtloseste Zimmer, womöglich auch nur notdürftig möbliert, zur Verfügung stellen. Sie würden ihren Gästen überhaupt nicht ohne Not das Leben schwer machen, wie es so manches Mal vorkommt. Die umquartierte Hausfrau aber würde dann überall sehr sparsam mit Feuerung und Strom umgehen, als sei sie in ihrer eigenen Wohnung. Und es könnten gar keine Klagen kommen, daß sie den halben Vormittag im Bett und den Nachmittag im Café verbringe, wenn dasselbe wäre ihr ja auch nicht recht, wenn sie die Wohnungsinhaberin wäre und so etwas mitansehen müßte. Sie würde dann im Haushalt auch mit zufassen, wenn die Hausfrau es mit der Arbeit, den Besorgungen und den kleinen Kindern nicht schafft, und eine um die andere Woche könnte sie sicher auch einmal die Treppe säubern, womit ein sehr wesentlicher Streitpunkt aus der Welt geschafft wäre.

All diese kleinen Reibereien sind nicht notwendig, sie erschweren und erzwingen uns allen größere Widerstände den Alltag, der heute uns allen größere Widerstände bringt, mit denen wir fertig werden müssen. Sollte nicht jeder heute genug Sorgen haben und sich darum den Alltag so reibungslos wie nur irgend möglich gestalten?

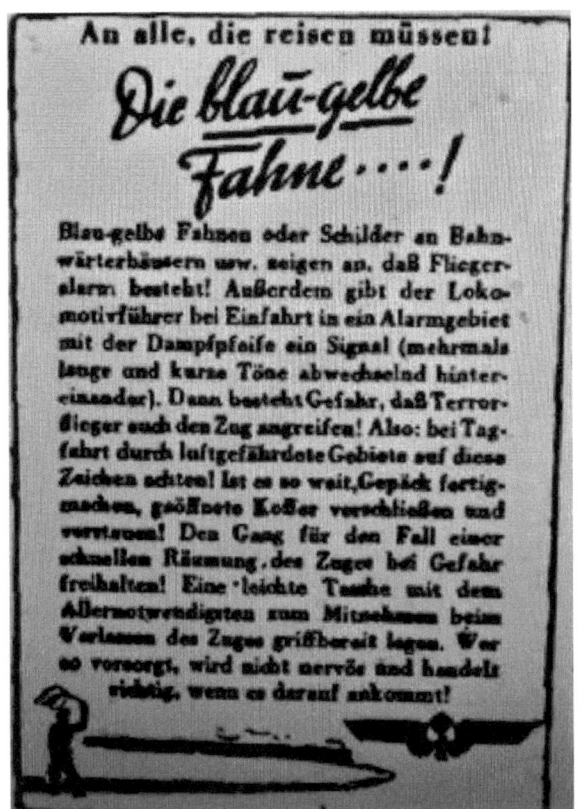

An alle, die reisen müssen!

Die blau-gelbe Fahne....!

Blau-gelbe Fahnen oder Schilder an Bahnwärterhäusern usw. zeigen an, daß Fliegeralarm besteht! Außerdem gibt der Lokomotivführer bei Einfahrt in ein Alarmgebiet mit der Dampfpfeife ein Signal (mehrmals lange und kurze Töne abwechselnd hintereinander). Dann besteht Gefahr, daß Terrorflieger auch den Zug angreifen! Also: bei Tagfahrt durch luftgefährdete Gebiete auf diese Zeichen achten! Ist es so weit, Gepäck fertigmachen, geöffnete Koffer verschließen und verstauen! Den Gang für den Fall einer schnellen Räumung des Zuges bei Gefahr freihalten! Eine leichte Tasche mit dem Allernotwendigsten zum Mitnehmen beim Verlassen des Zuges griffbereit legen. Wer so vorsorgt, wird nicht nervös und handelt richtig, wenn es darauf ankommt!

HN vom 28.2.1945

Bei einem Appell der Politischen Leiter der Ortsgruppe Altstadt berichtete Ortsgruppenleiter Leve im „Elmshorner Hof", dass die Unterbringung von Flüchtlingen sich fast überall zufriedenstellend hat regeln lassen. Bei einigen wenigen Fällen böswilliger Ablehnung der Hergabe von Quartierräumen wurde allerdings mit aller Schärfe durchgegriffen. Die Politischen Leiter wurden aufgefordert, sich laufend nach dem Wohl und Wehe der untergebrachten Flüchtlinge zu erkundigen. (49)

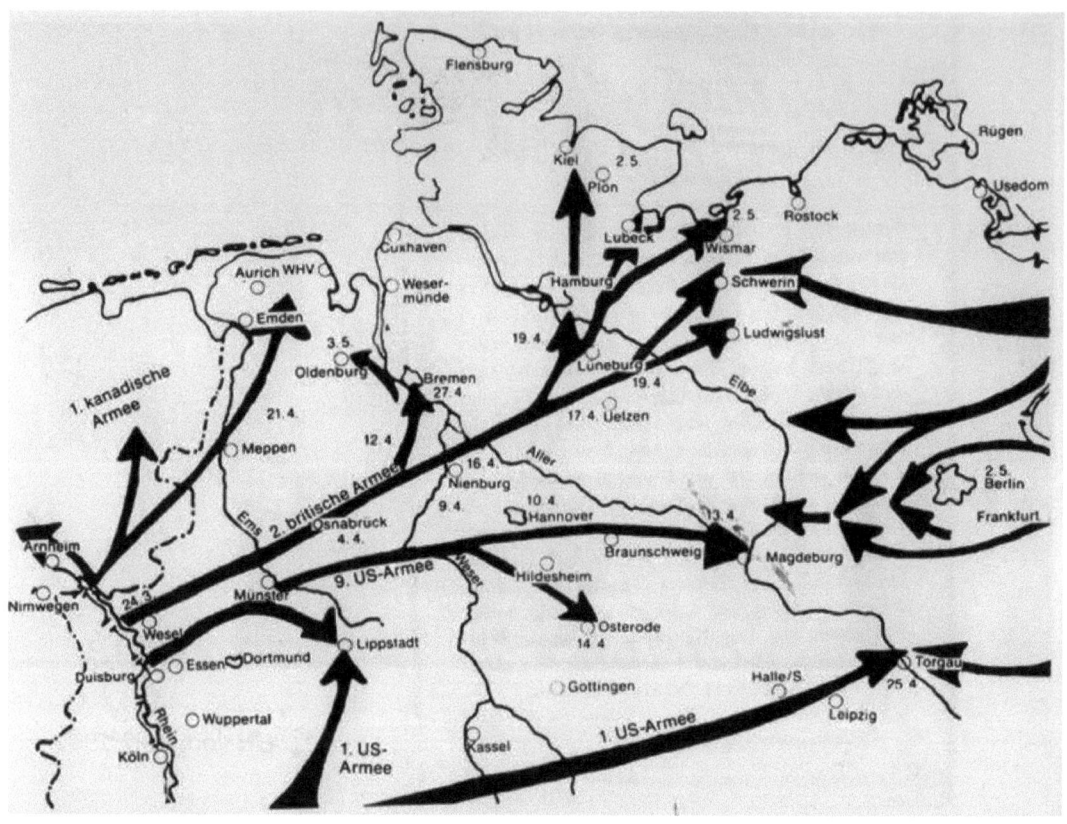

Truppenbewegungen der Alliierten in den letzten Kriegstagen. Aus: Koopmann, Per: a.a.O., S. 63

Die Ausgaben der „Holsteiner Nachrichten" endeten am 31. März 1945.

Um die Bevölkerung zu immer stärkeren Opfern zu bewegen, veröffentlichte die NS-Propaganda in ständig wachsender Zahl Gräuelberichte von tatsächlichen und auch erfundenen Vorfällen von der Front und den von den Alliierten rückeroberten Gebieten. Nach dem Krieg mussten die Deutschen feststellen, dass viele dieser Gräueltaten denen ähnelten, die die deutschen Besatzer an Juden, Sintis und Romas, Homosexuellen und an osteuropäischen Bürgern durch Erschießungskommandos der Einsatztruppen oder in Konzentrationslagern verübten. Diese Methode wurde seitens der NS-Propaganda schon seit Beginn der NS-Herrschaft durchgeführt. Man warf den anderen das vor, was man schon zu diesem Zeitpunkt oder auch später selbst tat. Ziel war es, den Hass auf den Gegner zu schüren, damit sich der Soldat mit all seiner Kraft dem Feinde entgegenstemmt.

Noch härter werden!

Wenn wir aus den dunklen Stunden dieses Krieges lernen, daß es in der unentrinnbaren Entscheidung auf jeden einzelnen ankommt und daß er alles, was in seiner Kraft steht, tun muß, so haben auch sie in allen Schmerzen und Nöten ihren tieferen Sinn gehabt. Wenn die dunklen Stunden alles Licht in einem Wolke, alles Helle und Leuchtende und alle Gläubigkeit verschlingen und in die Finsternis der Verzagtheit und des Zweifels hinabreißen, so hat dieses Volk die große Probe nicht bestanden und es wird vom Schicksal verworfen. Diesen Krieg müssen wir bestehen mit der letzten Kraft und der äußersten Härte, deren wir überhaupt fähig sind. Die letzte Kraft und die äußerste Härte wachsen einem Volke aber nicht in den Stunden seiner großen Erfolge und des Triumphes zu, sondern eben in den dunklen Stunden des Unglücks und der schwersten Erprobung. Indem uns selbst diese Stunden noch fruchtbar wurden und geheimste Quellen der Kraft und der Härte erschließen, wissen wir in absoluter schicksalsgläubiger Gewißheit, daß wir aus dieser Kraft und in dieser Härte bestehen und den Sieg erringen werden. Wir wissen in letzter Verantwortung, daß wir das Unsere tun müssen, jeder zu seinem Teile. Dieser Krieg hat an Unerbittlichkeit und Gnadenlosigkeit der Entscheidung, er hat an namenlosem Unglück, Leid und Schmerzen alle früheren Kriege längst übertroffen und alle bisherigen Maßstäbe kriegerischer Auseinandersetzungen weit hinter sich gelassen. In der größten Not und im tiefsten Unglück gewinnen wir aber auch jene Härte, die notwendig ist, um auch in der schlimmsten Krise unsere Pflicht zu wissen und zu erfüllen — unsere Pflicht gegenüber dem ewigen Deutschland auch darin, daß wir von schonungsloser Härte gegenüber jenen sind, die nicht in Not und Tod zu ihrem Volke stehen wollen. Sie müssen fallen, damit Deutschland in Ehren lebe. Der Führer verkündete in seiner Rede am 30. Januar dieses Gebot unseres Schicksalskampfes: „Wer ehrenhaft kämpft, kann damit das Leben für sich und seine Lieben retten. Wer der Nation aber feige oder charakterlos in den Rücken fällt, wird unter allen Umständen eines schimpflichen Todes sterben."

NZ vom 23.2.1945

Die Forderung der Stunde

An die Vierzehnjährigen zum 25. März 1945

Von Wolfgang Baader

Ihr Vierzehnjährigen verlaßt in einer außergewöhnlich ernsten und harten Zeit die eng umgrenzten Bezirke Eurer Kindheit und verpflichtet Euch zum Führer und zu unserer Fahne. Es war in Friedens- und Siegesjahren leicht, Treue zu geloben. Heute, da der Feind bei uns im Lande steht und siegestrunken meint, er habe den Sieg bereits in der Tasche, ist es bedeutend schwerer, Treue zu schwören. Doch von Euch wird nichts verlangt, was nicht Millionen um Euch täglich zu geben bereit wären und was nicht schon Millionen vor Euch gegeben haben. Ihr tretet auf einen Weg, von dem wir im Augenblick nur sagen können, daß er steinig und unbequem ist und daß dort ein scharfer, schneidender Wind weht, gegen den man die Ohren steif und den Kopf hochhalten muß. Heute kann Euch keiner ein Leben in Schönheit und Würde versprechen, ohne zu fordern, daß Ihr so werden müßt, wie die Anständigen und Tapferen unseres Volkes. Der Volksstaat, den Millionen Deutsche im Dunkel der Nacht, die jetzt über unserer Zukunft zu liegen scheint, wie ein fernes Ideal im Herzen tragen, wird kein Staat für Feige und Schwache sein. Nein, das Reich war immer nur groß und wird auch dann nur wieder stark werden, wenn hinter ihm die tapferen Herzen stehen. Und darum denkt in der Stunde der Verpflichtung daran: Ihr sollt tapfer sein!

Nehmt Euch kein Beispiel an denen, die um Euch herum zaudern und klagen. Diese retten Deutschland nicht. Vielmehr müßt Ihr denen nachstreben, die nichts anderes kennen, als ihre Pflicht und die Treue. Sie haben einst, als schon einmal eine aussichts- und ausweglose Zeit über Deutschland triumphierte, an den Sieg des Mannes geglaubt, dem Ihr Euch verpflichten wollt. Für seinen Erfolg sprach nichts und alle Regeln der Vernunft waren gegen ihn. Es fehlte nicht an Menschen, die über die Fahne lachten, zu der Ihr Euch nun bekennen wollt. Und auch waren es nicht wenige, die von dieser Fahne gingen. Von diesen spricht heutzutage niemand mehr. Im Führer weiß aber in unseren Tagen das ganze Volk seine Hoffnung verkörpert. Schaut auf ihn, wenn auch die Stürme mit unwiderstehlicher Gewalt gegen uns anstürmen. Adolf Hitler ist der ruhende Pol in der Erscheinungen Flucht. In seiner Einsamkeit steht und kämpft er für Euch. Ist es da zu viel verlangt, wenn er fordert, Ihr sollt mit ihm kämpfen? Und so denkt daran: Ihr sollt treu sein!

Wenn Ihr fragt, warum denn in den Tagen Eurer Verpflichtung Deutschland am drohend gähnenden Abgrund steht, dann müßt Ihr Euch vor Augen halten, daß der Feinde Eures Volkes viele sind. Denkt aber daran, daß diese Feinde uns auch heute noch fürchten und daß sie wissen, dieses Deutschland nie besiegen zu können, wenn die Menschen deutschen Blutes tapfer, mutig und unerschütterlich sind. Unser Volk ist keine Bande von Zigeunern, von ehrvergessenen Feiglingen und mutlosen Kreaturen, sondern eine Gemeinschaft von Menschen, in deren Adern das Blut unbeugsamer Generationen kreist, die eher untergingen, als eine Handbreit vom rechten Weg abzuweichen. Wenn nämlich das Volk, dem Ihr Euch verpflichtet, unbeirrbar seiner Fahne folgt und sie auch liebt, selbst wenn die Stürme dieses Weltkrieges ihr Tuch zerfetzen und mit Blut verschmieren, dann geht es niemals unter. Der Hakenkreuzfahne kann man nur fanatisch an das glaubt, was sie verkörpert. Und Fanatiker sind unsterblich, denn ihr Geist lebt, wenn sie schon tot sind. Es ist die Lehre dieses Krieges: Wer nicht fanatisch ist, der verliert, der geht unter, der findet sich selbst nicht mehr und stirbt in Erbärmlichkeit. Darum: Ihr sollt fanatisch sein!

Ueberall in den Dörfern und Städten unseres Nordseegaues gehen die Vierzehnjährigen zur Verpflichtung. Um Euch ist eine herrliche und schöne Heimat, für die es sich lohnt zu leben und zu kämpfen. Der Haß und der Terror unserer Feinde haben diese Heimat entstellt und geschändet. Diese Wunden sind noch nicht vernarbt. Aber wir lieben das Gesicht unserer Heimat trotzdem, weil wir auch unsere Mutter lieben, wenn Kummer und Sorge ihr Gesicht entstellen. Wer diese Heimat lieben will, der muß auch bereit sein, für sie alles zu geben, der muß sie verteidigen und so werden, wie die Anständigen, die in Marsch und Geest,— an der Küste und im Emsland, um Bremen und im Hügelland Osnabrücks wohnen. Nehmt deshalb wie diese Euer Herz in beide Hände. Weicht und wankt nicht. Wer zurückgeht, verdirbt. Das ist die große Lehre dieser Tage. Darum: Ihr sollt stur und unbeirrbar sein!

Alles, was Eure Eltern und Verwandten, was Eure Kameraden und vor allem, was der Führer von Euch erwartet, das ist, daß Ihr danach strebt, die Tugenden des Reiches der Zukunft in Euch zu verkörpern. Die Jungen Eures Jahrganges sind in wenigen Jahren Soldaten und die Mädel von Euch sind die Müttergenerationen von morgen. Man wird viel von Euch fordern. Doch wenn Ihr unerschütterlich bleibt und mutig dazu, dann wird es Euch nie schlecht gehen. Solange die Deutschen mutig sind und angreifen, weht ihre Fahne hoch im Winde. Ihr sollt deshalb werden wie die Frontsoldaten, die nicht zurückgehen und immer wieder vorwärtsdrängen. Der Geist jener muß von Euch gelebt werden, die im Bombenhagel seit Jahren ihr Leben verteidigen und trotzig behaupten. Dieser Geist ist ausschlaggebend. Nicht der Weg einer feigen Unterwerfung ist für Deutsche angemessen. Der Mann, zu dem Ihr aufschauen sollt, lehnt diesen Weg ab und kündet statt dessen die schicksalhafte Wende unseres Lebens. Nehmt Euch ein Beispiel an ihm. Gläubigkeit ist eine Tugend, die viel wert ist. Darum denkt daran: Ihr sollt gläubig sein!

Den Einsatz, den Ihr jetzt im Spiel des Lebens leisten sollt, ist hoch. Handelt immer so, als hinge von Euch und Eurem Tun das Wohl unseres Reiches ab. Geht zur Fahne und tragt den Wappenspruch Conrad Ferdinand Meyers im Herzen: „Keiner gewinnt, der nicht den vollen Einsatz auf den Tisch wirft!"

NZ vom 22.3.1945

Norderneyer Zeitung

Heimatzeitung und Amtsblatt der Inselgemeinde

Nr. 77 Dienstag, 3. April 1945 74. Jahrgang

„Haß ist unser Gebet und Rache unser Feldgeschrei!"

„Werwolf" — Bewegung nationalsozialistischer Freiheitskämpfer in West und Ost

Berlin, 2. April. Am Ostersonntag erklang aus dem Aether erstmalig der Ruf eines neuen Senders, der sich „Werwolf" nennt und als Organ einer Bewegung der nationalsozialistischen Freiheitskämpfer an die Oeffentlichkeit tritt, die sich in den besetzten West- und Ostgebieten des Reiches gebildet hat. Das Hauptquartier dieser Bewegung wandte sich über den Sender mit einer Proklamation an das deutsche Volk, die den fanatischen Willen deutscher Männer und Frauen, deutscher Jungen und Mädel in den besetzten Gebieten betont, hinter dem Rücken des Feindes den Kampf für Freiheit und Ehre unseres Volkes fortzusetzen und dem Feinde blutig heimzuzahlen, was er dem deutschen Volke angetan hat.

„Unsere durch einen grausamen Luftterror zerstörten Städte im Westen, die hungernden Frauen und Kinder längs des Rheins haben uns den Feind hassen gelehrt", so heißt es in der Proklamation. „Das Blut und die Tränen unserer erschlagenen Männer, unserer gemordeten Kinder in den besetzten Ostgebieten schreit nach Rache."

Die im „Werwolf" zusammengefaßten bekennen in der Proklamation „ihren festen, unverrückbaren, durch feierlichen Eid bekräftigten Entschluß, sich niemals dem Feinde zu beugen, ihm, wenn auch unter schwierigsten Umständen und mit beschränkten Mitteln Widerstand über Widerstand entgegenzusetzen, ihm unter Verachtung bürgerlicher Bequemlichkeiten und eines möglichen Todes stolz und beharrlich entgegenzutreten und jede Untat, die er einem Angehörigen unseres Volkes zugefügt hat, mit seinem Tod zu rächen."

„Jedes Mittel ist ihm recht", um den Feind Schaden zuzufügen. Er hat seine eigene Gerichtsbarkeit, die über Leben und Tod des Feindes wie des Verräters an unserem Volke entscheidet. „Unser Auftrag", so heißt es wörtlich weiter in der Proklamation, „stammt aus dem Freiheitswillen unseres Volkes und aus der Ehre der deutschen Nation, als deren Hüter wir uns berufen fühlen. Wenn der Feind glaubt, daß er mit uns leichtes Spiel haben werde und das deutsche Volk so wie das rumänische oder bulgarische oder finnische Volk zu Sklavenherden zusammentreiben könne, um es in die sibirischen Tundren zu deportieren, oder in die englischen oder französischen Bergwerke zu verschleppen, so soll er wissen, daß ihm auch da, wo die deutsche Wehrmacht nach hartem und schwerem Kampf deutsche Gebiete hat preisgeben müssen, ein Gegner erwächst, mit dessen Vorhandensein er nicht mehr gerechnet hat, der ihm aber um so gefährlicher werden wird, je weniger er Rücksicht zu nehmen braucht auf veraltete Vorstellungen einer sogenannten bürgerlichen Kriegsführung, die der Landesfeind nur da anwendet, wo sie ihm zum Vorteil gereicht, aber ähnlich außer Geltung setzt, wo sie ihm Nachteil bringen könnte. Haß ist unser Gebet und Rache unser Feldgeschrei!"

die Angriffstruppen. Vor allem war sie erbittert über die Tatsache, daß die Amerikaner ein 15jähriges Mädchen, harmlos seines Weges ging, aus Mutwillen erschossen haben. — Der Feind versuchte, durch gefälschte Nachrichten Verwirrung zu stiften und die deutsche Bevölkerung in den frontnahen Gebieten des Westens in Unruhe zu versetzen. Nunmehr muß er in den Kriegsberichten selbst zu berichten, mit seiner Absicht täglich gescheitert ist. Im Gebiet Aschaffenburg, so heißt es in einer amtlichen Feindmeldung, seien die Amerikaner auf den fanatischen Widerstand der gesamten Bevölkerung gestoßen. Jedermann, selbst Frauen, griff entschlossen zu den Waffen und brachte auf diese Weise die feindlichen Vorauseinheiten in die größten Schwierigkeiten.

Weiter schwere Kämpfe a...

Aus dem Führerhauptquartier, 2. April. Das Oberkommando der Wehrmacht gibt bekannt: Südwestlich des Plattensees und in der Grenzstellung südwestlich Steinamanger wehrten unsere Truppen heftige Angriffe der Bolschewisten ab. Im oberen Raab-Tal konnten die Sowjets dagegen nach Nordwesten Boden gewinnen. Westlich des Neusiedler-Sees wurden feindliche Panzerspitzen im Leitha-Gebirge aufgefangen. Nördlich der Donau leisteten unsere Truppen zwischen dem Ostrand der kleinen Karpaten und der Waag dem nach Nordwesten drängenden Gegner erbitterten Widerstand. Erneute feindliche Durchbruchsversuche in Oberschlesien scheiterten zwischen Schwarzwasser und Jägerndorf an der Standhaftigkeit unserer Divisionen, die in der zweiten Märzhälfte mit dem Abschuß von 952 Panzern einen besonderen Abwehrerfolg errangen. Die Besatzung von Breslau schlug starke von Panzern und Schlachtfliegern unterstützte Angriffe ab. Mit unvermindert starken Kräfteaufwand setzten die Sowjets an der Danziger Bucht ihre Angriffe in der Oxhöfter Kempe und gegen die westliche Weichselniederung fort. Sie konnten jedoch nur wenig Gelände gewinnen und verloren dabei 39 Panzer. Nordwestlich Dobler zerbrachen die mit neu herangeführten Kräften geführten Angriffe des Feindes am entschlossenen Widerstand unserer Kurlandkämpfer.

Im Westen dauern die schweren Abwehrkämpfe im holländischen Grenzgebiet zwischen dem Niederrhein und Enschede an. Oestlich Burgsteinfurt hielten unsere Truppen das Vordringen des Feindes auf. Auch bei Münster behaupteten sie sich gegen starke Angriffe. Oestlich und südöstlich davon konnte der Gegner bis an die Ränder des Teutoburger Waldes beiderseits Bielefeld durchstoßen, wurde dann aber unter hohen Panzer- und Menschenverlusten zum Stehen gebracht. Von Süden her vorgehend haben die Amerikaner den Raum Soest—Lippstadt erreicht. Am Nordrand des Industriegebietes...

Norderneyer Zeitung vom 3.4.1945

Am 3. April 1945 wurde die Bewegung der „Werwölfe" gebildet. Diese aus Hitlerjungen und Mädel zusammengesetzten Verbände sollten als kleine Gruppen oder Einzelkämpfer hinter den Feindlinien agieren und als Partisanen bewaffneten Widerstand leisten. Ihr eigener Tod wurde dabei in Kauf genommen.

„(...) Das Hauptquartier dieser Bewegung wandte sich über den Sender mit einer Proklamation an das deutsche Volk, die den fanatischen Willen deutscher Männer und Frauen, deutsche Jungen und Mädel in den besetzten Gebieten betont, hinter dem Rücken des Feindes den Kampf für Freiheit und Ehre unseres Volkes fortzusetzen und dem Feinde blutig heimzuzahlen, was er dem deutschen Volke angetan hat.

„Unsere durch einen grausamen Luftterror zerstörten Städte im Westen, die hungernden Frauen und Kinder längs des Rheins haben uns den Feind hassen gelehrt", so heißt es in der Proklamation. „Das Blut und die Tränen unserer erschlagenen Männer, unserer geschändeten Frauen und gemordeten Kinder in den besetzten Ostgebieten schreit nach Rache."

Die im "Werwolf" Zusammengefassten bekennen in der Proklamation „ihren festen, unverrückbaren, durch feierlichen Eid bekräftigten Entschluss, sich niemals dem Feinde zu beugen, ihm, wenn auch unter schwierigsten Umständen und mit beschränkten Mitteln Widerstand über Widerstand entgegenzusetzen, ihm unter Verachtung bürgerlicher Bequemlichkeiten und eines möglichen Todes stolz und beharrlich entgegenzutreten und jede Untat, die er einem Angehörigen unseres Volkes zugefügt, mit seinem Tod zu rächen".

Jedes Mittel ist ihm recht, um dem Feind Schaden zuzufügen. Er hat seine eigene Gerichtsbarkeit, die über Leben und Tod des Feindes wie der Verräter an unserem Volke entscheidet. „Unser Auftrag", so heißt es wörtlich weiter in der Proklamation, „stammt aus dem Freiheitswillen unseres Volkes und aus der unveräußerlichen Ehre der deutschen Nation, als deren Hüter wir uns berufen fühlen. Wenn der Feind glaubt, dass er mit uns leichtes Spiel haben werde und das deutsche Volk genauso wie das rumänische oder bulgarische oder finnische Volk zu Sklavenherden zusammentreiben könne, um es in die sibirischen Tundren oder in die englischen oder französischen Bergwerke zu deportieren, so soll er wissen, dass ihm auch da, wo die deutsche Wehrmacht nach hartem und schwerem Kampf deutsche Gebiete hat preisgeben müssen, ein Gegner erwächst, mit dessen Vorhandensein er nicht mehr gerechnet hat, der ihm aber um so gefährlicher werden wird, je weniger er Rücksicht zu nehmen braucht auf veraltete Vorstellungen einer sogenannten bürgerlichen Kampfführung, die der Landesfeind nur da anwendet, wo sie ihm zum Vorteil gereicht, aber zynisch außer Geltung setzt, wo sie ihm Nachteil bringen könnte. Hass ist unser Gebet und Rache unser Feldgeschrei!" (50)

„Darum kämpfen wir!

Ein SS-Sturmmann einer neu aufgestellten Marschkompanie hält ein Bild in der Hand. Er schaut es immerzu an. Es zeigt seine Frau und seine vier Kinder. Vor allem das Gesicht des Jüngsten lässt ihn nicht los. Er denkt daran, dass es nun bald ein Jahr ist, seit er die Nachricht von der Geburt des Mädchens erhielt. Wie hatte er damals gebangt, ob wohl alles gut gehen würde. Und heute? Heute ist die Sorge noch viel schwerer. Gerade darum hält er das Bild in der Hand.

Doch seine Sorge ist die Sorge aller. Bei vielen ist sie noch weit größer. Sie wissen nichts von Weib und Kind, leben im Ungewissen, müssen vielleicht das Schlimmste befürchten. Wozu dann dieser Kampf? Aber dagegen wehrt er sich. Gegen diesen Gedanken wehren sich alle. Auf dieses Wozu gründet sich ja die Hoffnung der Feinde. Und - das weiß er - sie muss zerschlagen werden!

Wieder schaut der SS-Sturmmann in die Kinderaugen auf dem Bild. Aus ihnen liest er die Antwort. Wofür denn sonst als für Sie? Kann es überhaupt ein höheres, reineres und schöneres Kriegsziel geben? Wenn er sich vorstellt, dass der Hass des Feindes sich an den Kindern austoben könnte! Es wird ihm rot vor den Augen. Die Hände ballen sich zu Fäusten. Er denkt an die Schandtaten der Sowjets im Osten. Nie kann so viel Grauen ungestraft und ungerächt bleiben. Die Grenzen des Kriegsrechtes sind gefallen. Die Erbitterung kennt nur noch den Entschluss, die ganze Kraft, ins Übermenschliche gesteigert, dem Vernichtungswillen des Feindes entgegenzuwerfen.

Der SS-Sturmmann steckt das Bild weg. Er schreibt noch einige Zeilen an seine Frau. Die letzte Klarheit legt er hinein, mahnt zur Härte nach innen und nach außen. Sie muss verstehen - und sie wird es -, dass nur noch ein Wille in ihm und auch in ihr Raum haben darf. Wenn jetzt der Einsatzbefehl kommt, dann wird er ihn zum Äußersten bereitfinden! SS-Kriegsberichterstatter A. Leucht, SS-PK." (51)

Jetzt wurden die Jungen, aber auch Mädchen, der Hitlerjugend an den Fronten in Kampfgruppen in den Tod geschickt. Mit großer Propaganda verlieh Adolf Hitler am 20. März 1945 zwanzig HJ-Mitgliedern des Volkssturms im Führerhauptquartier das Eiserne Kreuz.

Hitler zeichnet Hitlerjungen aus (1945). Webfund

Am 1. März 1945 erschien in der NZ ein Propagandaartikel über eine HJ-Brigade im Kampf gegen die Sowjets:

„Vor dem Abschnitt einer südlich der Festung Breslau kämpfenden deutschen Einheit war den Bolschewisten mit überlegenen Kräften ein Einbruch gelungen. Das Dörfchen O. ging verloren. Die Wiedergewinnung des Ortes war von entscheidender Bedeutung. Zum Gegenstoß wurden 120 Hitler-Jungen einer Adolf-Hitler-Schule und verschiedener Wehrertüchtigungslager eingesetzt. Die Führung übernahm der aus der Hitlerjugend hervorgegangene Oberleutnant Kudell. Mit fanatischer Verbissenheit und entschlossenem Kampfeswillen gingen die Hitler-Jungen gegen den verhassten bolschewistischen Gegner vor. Die Sowjets mussten hohe blutige Opfer bringen. Allein 170 Tote wurden auf dem Kampffeld gezählt. Dazu kam reiche Beute an PAK (Anm. Verf.: Panzerabwehrkanone), Granatwerfern, Maschinengewehren, Handfeuerwaffen und Munition. Das Dorf wurde zurückgenommen. Wie Gefangenenaussagen ergaben, wurde ein sowjetisches Regiment durch diese 120 Hitler-Jungen geworfen und schwer angeschlagen. 120 Hitler-Jungen, die den Ehrennamen des Führers tragen, haben ein leuchtendes Beispiel gegeben. Sie schlagen den verhassten Feind, wo sie ihn treffen. Sie haben standgehalten und angegriffen: „Die Fahne ist mehr als der Tod".“ (52)

Wie viele der Hitler-Jungen gefallen oder verwundet wurden, veröffentlichte die Propaganda nicht.

Die Bevölkerung wurde verständlicherweise immer nervöser und ängstlicher. Alle Vorkehrungen der Wehrmacht und Verteidigungsvorkehrungen der Nationalsozialisten wurden zum Teil kritisch beobachtet und sorgten für Unruhe. Hiergegen ging ein Artikel der NZ vom 23.3.1945 vor:

„Warum so nervös?

Es ist verständlich, wenn heute der eine oder andere von uns, wie man so zu sagen pflegt, „wie auf Draht gezogen" ist. Keiner wird ihm das verübeln, wenn er nicht zum Träger allgemein gefährlicher Gerüchte wird. Wenn zum Beispiel in verschiedenen Kreisen vom Volkssturm zu Übungszwecken Panzersperren u. ä. errichtet werden, so ist das kein Zeichen dafür, dass nun unbedingt mit einem feindlichen Zugriff auf unseren Raum gerechnet wird. Doch wäre es frevlerisch, irgendetwas in Bezug auf die Verteidigungsbereitschaft der engeren Heimat zu versäumen. Vielmehr liegt es der Führung am Herzen, alles zu tun, damit vor allem der Volkssturm in einer vielleicht einmal eintretenden Stunde der Gefahr auch tatsächlich Herr der Lage bleibt. Daher werden diese oder jene Maßnahmen getroffen, die entweder Übungszwecken dienen oder als vorbereitende Maßnahme für den Ernstfall verstanden werden müssen. Es liegt daher auch für den Nervösen keinerlei Grund vor, sich den Kopf darüber zu zerbrechen, was dies oder jenes bedeutet und ob das richtig oder falsch ist. Heute heißt es: Nur nicht nervös werden!" (53)

Angesichts der drohenden Niederlage erließen die nationalsozialistischen Machthaber im Frühjahr 1945 mehrere verbrecherische Befehle, die dafür sorgen sollten, dass die deutsche Bevölkerung bis zum Letzten ihr Deutschland verteidigte.

- *„Am 15. Februar 1945 erließ Reichsjustizminister Thierack die Verordnung über die Bildung „fliegender Standgerichte", die „Deserteure" sofort nach ihrer Festnahme zum Tode zu verurteilen hatten. In Berlin waren solche Gerichte schon zwei Tage vorher gebildet worden. Eine Verordnung vom 25. Februar 1945 dehnte diese Standgerichtsbarkeit auf die Zivilbevölkerung aus.*
- *Vom 19. März 1945 ist Hitlers Befehl über „Zerstörungsmaßnahmen im Reichsgebiet" datiert, der anordnete, beim Rückzug der deutschen Truppen „alle militärischen, Verkehrs-, Nachrichten-, Industrie- und Versorgungsanlagen sowie Sachwerte" zu vernichten, der sogenannte „Nero-Befehl".*
- *Vom 3. April 1945 stammt Himmlers „Flaggenbefehl", der verfügte, dass alle männlichen Personen eines Hauses, das eine weiße Fahne zeigt, zu erschießen seien.*
- *Am 12. April 1945 unterzeichneten der oberste Wehrmachtsgeneral Feldmarschall Keitel, SS-Reichsleiter Himmler und NS-Reichsleiter Bormann ihren Durchhalte-Appell, der befahl, dass alle Städte „bis zum äußersten verteidigt und gehalten werden müssen", und der zuwiderhandelnde „Kampfkommandanten" und zivile Amtspersonen mit der Todesstrafe bedrohte.*
- *Zwei Tage darauf befahl Himmler, bei der Räumung von Konzentrationslagern und Gefängnissen keine Häftlinge lebend zurückzulassen.*
- *Abermals zwei Tage später – die Rote Armee begann an der Oder ihre „Berliner Operation" – hieß es in Hitlers Tagesbefehl an die deutschen Soldaten an der sowjetisch-deutschen Front: „Wer in diesem Augenblick seine Pflicht nicht erfüllt, handelt als Verräter an unserem Volk. ... Wer euch Befehle zum Rückzug gibt, ohne*

dass ihr ihn genau kennt, ist sofort festzunehmen und nötigenfalls augenblicklich umzulegen, ganz gleich, welchen Rang er besitzt."

- Noch am 22. April 1945 befahl Hitler: „Jeder, der Maßnahmen, die unsere Widerstandskraft schwächen, propagiert oder gar billigt, ist ein Verräter! Er ist augenblicklich zu erschießen oder zu erhängen!" Goebbels bekräftigte diesen Befehl in einer Rundfunkrede, die im „Panzerbär", der einzigen ab dem 23. April in Berlin noch erscheinenden Tageszeitung, und den anderen Naziblättern, die im zusammengeschrumpften Hitler-Deutschland noch herauskamen, nachgedruckt wurde." (54)

Jede Stadt und jedes Dorf m

Erlaß des Reichsführer

Berlin, 12. April. (Pressefunkmeldung.) Reichsführer ## Heinrich Himmler hat folgenden Befehl erlassen: Der Feind versucht durch Irreführung deutsche Orte zur Uebergabe zu veranlassen. Durch vorgeprellte Panzerspähwagen unternimmt er es, die Bevölkerung mit der Drohung einzuschüchtern, daß im Falle der Nichtübergabe der Ort durch angeblich aufgefahrene Panzer oder Artillerie zusammengeschossen würde. Auch diese Kriegslist des Feindes verfehlt ihr Ziel. Keine deutsche Stadt wird zur offenen Stadt erklärt. Jedes Dorf und jede Stadt werden mit allen Mitteln verteidigt und gehalten. Jeder für die Verteidigung eines Ortes verantwortliche deutsche Mann, der gegen diese selbstverständliche nationale Pflicht verstößt, verliert Ehre und Leben.

NZ vom 13.4.1945

Am 30. April 1945 beging Adolf Hitler in seinem Bunker unter der Reichskanzlei Selbstmord.

HAMBURGER ZEITUNG

Kriegsarbeitsgemeinschaft der Zeitungen

HAMBURGER ANZEIGER · HAMBURGER FREMDENBLATT · HAMBURGER TAGEBLATT

Der Führer gefallen

Führerhauptquartier, 1. Mai 1945

Der Führer Adolf Hitler ist heute nachmittag auf seinem Befehlsstand in der Reichskanzlei, bis zum letzten Atemzuge gegen den Bolschewismus kämpfend, für Deutschland gefallen.

Nachdem der Soldatentod des Führers gestern abend über den Rundfunk der Nation mitgeteilt war, richtete Großadmiral Dönitz das Wort zu einer Botschaft an das deutsche Volk und einen Tagesbefehl an die Wehrmacht. Er sagte:

„Deutsche Männer und Frauen!
Soldaten der deutschen Wehrmacht!

Unser Führer ist gefallen. In tiefster Trauer und Ehrfurcht vereinigt sich das deutsche Volk. Frühzeitig hatte er die furchtbare Gefahr des Bolschewismus erkannt und diesem Ringen sein Dasein geweiht. Am Ende dieses seines Kampfes und seines unbeirrbaren geraden Lebensweges steht sein Heldentod in der Hauptstadt des Deutschen Reiches. Sein Leben war ein einziger Dienst für Deutschland. Sein Einsatz im Kampf gegen die bolschewistische Sturmflut galt darüber hinaus Europa und der gesamten Kulturwelt. Der Führer hat mich zu seinem Nachfolger bestimmt.

In dem Bewußtsein der Verantwortung übernehme ich die Führung des deutschen Volkes in dieser schicksalsschweren Stunde. Meine erste Aufgabe ist es, die deutschen Menschen vor der Vernichtung durch den vordrängenden bolschewistischen Feind zu retten. Nur noch für dieses Ziel geht der militärische Kampf weiter. So weit und so lange die Erreichung dieses Zieles durch die Briten und Amerikaner behindert wird, werden wir uns auch gegen sie weiter verteidigen und weiter kämpfen müssen. Die Anglo-Amerikaner setzen dann den Krieg nicht mehr für ihre eigenen Völker, sondern allein für die Ausweitung des Bolschewismus in Europa fort.

Was das deutsche Volk in dem Ringen dieses Krieges kämpfend vollbracht und in der Heimat ertragen hat, ist geschichtlich einmalig. In der kommenden Notzeit unseres Volkes werde ich bestrebt sein, unseren tapferen Frauen, Männern und Kindern, soweit das in meiner Macht steht, erträgliche Lebensbedingungen zu schaffen. Zu all dem brauche ich Eure Hilfe. Schenkt mir Euer Vertrauen, denn Euer Weg ist auch mein Weg. Haltet Ordnung und Disziplin in Stadt und Land aufrecht. Tue jeder an seiner Stelle seine Pflicht."

„Soldaten der deutschen Wehrmacht!
Meine Kameraden!

Der Führer ist gefallen. Getreu seiner großen Idee, die Völker Europas vor dem Bolschewismus zu bewahren, hat er sein Leben eingesetzt und den Heldentod gefunden. Mit ihm ist einer der größten Helden in die deutsche Geschichte eingegangen. In Stolz, Ehrfurcht und Trauer senken wir vor ihm die Fahnen. Der Führer hat mich zu seinem Nachfolger und Staatsoberhaupt und als Obersten Befehlshaber der Wehrmacht bestimmt. Ich übernehme den Oberbefehl über alle Teile der deutschen Wehrmacht mit dem Willen, den Kampf gegen den Bolschewismus so lange fortzusetzen, bis die kämpfenden Truppen und die Hunderttausende von Familien des deutschen Ostraumes vor der Versklavung oder Vernichtung gerettet sind.

Gegen Engländer und Amerikaner muß ich den Kampf so weit und so lange fortsetzen, wie sie mich in der Durchführung des Kampfes gegen die Bolschewisten hindern.

Die Lage erfordert von Euch, die Ihr schon so große geschichtliche Taten vollbracht habt und die Ihr jetzt das Ende des Krieges herbeisehnt, weiteren bedingungslosen Einsatz. Ich verlange Disziplin und Gehorsam. Nur durch vorbehaltlose Ausführung meiner Befehle werden Chaos und Untergang vermieden. Ein Feigling und Verräter ist, der sich gerade jetzt seiner Pflicht entzieht und damit deutschen Frauen und Kindern Tod oder Versklavung bringt.

Der dem Führer von Euch geleistete Treueid gilt nunmehr für jeden einzelnen von Euch ohne weiteres mir als dem vom Führer eingesetzten Nachfolger.

Deutsche Soldaten! Tut Eure Pflicht! Es gilt das Leben unseres Volkes!"

Sonderausgabe „Hamburger Zeitung" vom 2.5.1945

Dönitz, von Adolf Hitler als sein Nachfolger bestimmt, hatte sich nach dessen Selbstmord mit seinen engsten Mitarbeitern nach Flensburg abgesetzt, um von hier aus seinen fanatischen Durchhaltewillen zu demonstrieren. In einer Radioansprache am 1. Mai 1945 sagte er, er wolle den Kampf gegen den Bolschewismus fortsetzen, auch gegen die Angloamerikaner, wenn diese uns im Kampf gegen den Osten behindern würden. Es herrschten überall chaotische Zustände, auch in Elmshorn. Der militärische Kommandant erklärte die Stadt zur Hauptkampflinie. Es wurden Panzersperren auf dem Mühlendamm und im Süden der Stadt aufgebaut.

„Der befehlende General Witthöft bedauerte gegenüber dem Bürgermeister seine Bitte um Einstellung der Verteidigungsvorbereitungen nicht folgen zu können. Am 2. Mai trifft die Spitze der SS, angeführt vom Reichsführer der SS, Heinrich Himmler, mit einem Stab von 150 Männern sowie der gesamten Führungsriege der Konzentrationslager in Flensburg ein. Am 3. Mai werden über 8.000 KZ-Häftlinge, die von ihren Lagern aus nach Lübeck getrieben wurden, auf Schiffe gebracht. Nach einer Bombardierung ertranken sie im Meer, verbrannten auf den Schiffen oder wurden erschossen, wenn sie sich an Land gerettet hatten. Jedes Jahr findet am Strand von Neustadt eine Feierstunde aus Anlass der Cap-Arcona-Katastrophe statt. Am 4. Mai werden drei Matrosen nach kurzer Verhandlung wegen Sabotage zum Tode verurteilt. Sie hatten versucht, das Auslaufen des Schiffes gen Osten durch Beschädigung des Kompasses zu verhindern. Am 5. Mai gibt der Flensburger Sender die Teilkapitulation bekannt (die auch S.-H. einschließt). Trotzdem werden diese drei Matrosen auf dem Marineschießplatz am Rande der Stadt erschossen. Und kaum sind die Schüsse verhallt, verurteilt ein Standgericht Asmus Jepsen (ich glaube, er war Kapitän) wegen Fahnenflucht und Dienstpflichtverletzung zum Tode. Er hatte seine Untergebenen nach Hause geschickt – nach der Teilkapitulation! (Er hat im Wedeler Rathaus gearbeitet – in Flensburg ist eine Straße nach ihm benannt). Am 6. Mai wird Asmus Jepsen erschossen. Am gleichen Tag verfügt die Reichsregierung, alle Hitler-Bilder an ihrem Platz zu belassen, man wolle zeigen, dass man auch nach Hitlers Tod zu „unserem Führer" stehe. Am 7. Mai legt ein Befehl der Dönitz-Regierung fest, dass der Hitlergruß der Gruß der Wehrmacht ist und bleibt. Am 8. Mai wird die Kapitulation offiziell bekanntgegeben. Am 10. Mai tagt abermals ein Kriegsgericht und verhängt nach kurzer Sitzung ein Todesurteil gegen den Gefreiten Johann SOß, der das Anheizen eines Kriegsschiffes verweigert hatte und nur noch nach Hause wollte. Am 11. Mai wird er erschossen. (...)" (55)

Die führenden Elmshorner Funktionäre Peter Hasenberg (KPD) und Heinrich Hauschildt (SPD), die nach dem Attentat auf Hitler am 20. Juli 1944 verhaftet worden waren, kehrten vor dem 3. Mai 1945 nach Elmshorn zurück. Schon vorher hatten Elmshorner Antifaschisten von Polizei- und Kriminalbeamten gegen Nahrungsmittel oder Geld etwa dreißig bis vierzig Waffen eingetauscht. (56)

„Als am 2. Mai Hamburg besetzt war und die Übergabe der Stadt unmittelbar bevorstand, war man sich in Elmshorn darüber im Klaren, dass die britischen Truppen in Kürze die Stadt erreichen würden. Am gleichen Tag bestätigte das Oberkommando der Wehrmacht jedoch, dass die neue Verteidigungslinie auf Elmshorn – Barmstedt – Alveslohe festgelegt sei.

In Elmshorn wurde am folgenden Tag ab 5.30 Uhr das Marine-Arsenal geräumt und ein großer Teil der Vorräte der Zivilbevölkerung überlassen. Um 7.30 Uhr traf der Befehl ein, den Volkssturm aufzulösen, Karteien und Akten zu vernichten und verstärkt Polizeikräfte einzusetzen. Gleichzeitig wurden an den Südausgängen der Stadt von zwei bis drei Kompanien der Wehrmacht Schützenlöcher ausgehoben und mit Maschinengewehren und Panzerfäusten bestückt." (57)

Die antifaschistischen Kräfte reagierten sofort:

„Als nach der Befreiung Hamburgs durch die britische Armee durch Elmshorn eine neue Hauptkampflinie gebildet werden sollte, mobilisierten Elmshorner Antifaschisten den Widerstand gegen eine Fortsetzung von Zerstörung und Blutvergießen. Am Nachmittag des 3.Mai 1945 wurden Flugblätter verteilt, in denen ein „Übergabe-Ausschuss" zum Hissen weißer Flaggen aufrief. Diesem Aufruf folgte ein großer Teil der Bevölkerung. In der Stadt stehende SS-Truppen schossen darauf hin auf die Fenster weißbeflaggter Häuser und rissen die Fahnen herunter. Allerdings nahm die Bevölkerung dies nicht mehr so hin. In einem Dokument vom Sommer 1945 heißt es: Die Bevölkerung war aber „bis aufs äußerste gereizt und zum Schluss machen entschlossen" und „viele verteidigten aktiv ihre weißen Fahnen".

In der Nacht zum 4. Mai stiegen Erich Arp und der Kommunist Arthur Geißler auf den Turm der Elmshorner Nikolaikirche und befestigten dort vier Bettlaken, die dann nicht mehr heruntergeholt wurden. Ein großes Transparent verkündete nunmehr: *„Elmshorn ist freie Stadt."* Noch am 4. Mai wurde ein bewaffneter *„Antifaschistischer Ordnungsdienst"* gegründet.

Ein *„Antifaschistischer Gewerkschaftsausschuss"* setzte dann mit Hilfe des Ordnungsdienstes an Stelle des abgesetzten NS-Bürgermeisters den Sozialdemokraten Heinrich Hauschildt als Bürgermeister ein und ernannte Arthur Geißler zum Polizeileiter. Führende Nazis der Stadt wurden festgesetzt.

Die Elmshorner Unternehmer wurden aufgerufen, ihren Beitrag zur Versorgung der Bevölkerung zu leisten und mit den sich neu zu bildenden Betriebsräten und Gewerkschaften zusammenzuarbeiten, nachdem bereits das Führerprinzip in den Betrieben aufgehoben wurde.

Ein *„Aufruf an die Arbeiter fremder Nationalität"* richtete sich an 2.100 Zwangsarbeiterinnen und Zwangsarbeiter mit der Bitte, Ruhe zu bewahren und beim demokratischen Aufbau mitzuarbeiten.

Eine Tafel vor der Kirche erinnert: *„Dieser in Norddeutschland einmalige Vorgang der „Selbstbefreiung" wurde in einer besonderen militärischen Situation durch das Zusammenwirken von Kommunisten, Sozialdemokraten und Gewerkschaft unter spontaner Beteiligung der Bevölkerung möglich."* (58)

„Elmshorner! Hamburg ist heute übergeben und besetzt, weil die örtliche Führung die Sinnlosigkeit von Kampfhandlungen einsah. Der Volkssturm im Kreise Pinneberg ist aufgelöst, die Wehrmacht hat auch unser Gebiet verlassen. Elmshorn liegt an der Abgrenzung der mit Hamburg zu übergebenden Zone. Damit nicht noch fünf Minuten nach Zwölf unsere schon so schwer mitgenommene Stadt, die mit Menschen überfüllt ist, weiteren Gefahren aus der Luft oder durch Kampfhandlungen ausgesetzt sei, ist in Ruhe, Ordnung und Disziplin die Stadt zu übergeben, jeder Widerstand zu unterlassen und notfalls energisch zu verhindern. Es sind aus jeder Wohnung und aus jedem Betrieb deutlich sichtbar weiße Fahnen zu zeigen um den Friedenswillen der Stadt zu bekunden. Übergabeausschuss." Ein Dokument, das die deutliche Handschrift Erich Arp´s trägt. Nachdem durchziehende SS-Verbände am 3. Mai ohne Warnung auf Fahnen und Fenster schoss, kletterten Arp und Arthur Geißler, die führenden Köpfe der Selbstbefreiung, abermals auf den

Kirchturm und befestigten vier Bettlaken, die dann nicht mehr heruntergeholt wurden." (59)

Bürgermeister Dr. Siegfried Küster rief am Abend in mehreren Ansprachen die Elmshorner auf, die Fahnen wieder einzuziehen. (60)

„Am späten Vormittag des 4. Mai suchte Erich Arp den Bürgermeister Elmshorns auf und forderte von ihm, zur Abwendung militärischer Auseinandersetzungen direkte Übergabeverhandlungen mit den britischen Truppen aufzunehmen. So musste am 4. Mai auch bei der Heeresleitung davon ausgegangen werden, dass in Elmshorn mit keinerlei Unterstützung der neuen Hauptkampflinie gerechnet werden konnte, sondern vielmehr aktive Widerstandshandlungen zu erwarten sein würden. Das dürfte auch dazu beigetragen haben, dass General Witthöft, der den Befehl über die hier stationierten Truppen hatte, in Erkenntnis der Unhaltbarkeit einer neuen Kampflinie am 4. Mai um 17 Uhr ein Schießverbot für alle Truppenteile verhängte und damit die ursprünglichen Pläne zurückzog." (61)

Am 4. Mai marschierten die Elmshorner Antifaschisten zum ehemaligen Gewerkschaftshaus (seit 1933 Parteihaus der NSDAP), vertrieben die Nazis und besetzten es. Am Nachmittag wehten hier rote Fahnen, und ein weit sichtbares Transparent verkündete *„Elmshorn ist freie Stadt".* (62)

In Elmshorn wurde am 4. Mai ein Ordnungsdienst gegründet und ein Gefängnis eingerichtet, in das führende Nationalsozialisten und Unternehmer, die diesen nahestanden, in Schutzhaft genommen wurden. Die Lage wurde durch Beruhigung der Zwangsarbeiter und Kriegsgefangenen und abendliche Ausgehverbote und Lautsprecherwagen-Durchsagen beruhigt.

Es wird an alle Elmshorner und an alle in dieser Stadt
weilenden Arbeiter anderer Nationen bekanntgemacht :
Nachdem Ruhe und Ordnung in Elmshorn von den bisherigen
zuständigen Stellen nicht mehr gewährt werden konnte,nachdem
sich die nationalsozialistische Partei mit allen ihren Nebenorganisationen selbst aufgelöst hat, hat sich der antifaschisti-
s che Gewerkschafts-Ausschuss bereiterklärt, provisorisch auf
demokratischer Grundlage den Versuch für die Wiederherstellung
von Ruhe und Disciplin zu unternehmen.
Es wird hierdurch angeordnet :
1. alle Plünderungen haben zu unterbleiben,
2. wer plündert, ist der Polizei oder dem antifaschistischen
   Ordnungsdienst zur Festnahme zu übergeben,
3. alle Läger haben sofort die von der interallierten Kommission vorgesehenen Obleute zu wählen und diese Delegation
   ins Rathaus zu entsenden,
4. wo berechtigte Wünsche auf bessere Versorgung durch die
   Obmänner geltend gemacht werden, wird der antifaschistische
   Gewerkschafts-Ausschuss sich für ihre Befriedigung durch
   die zuständigen Stellen energisch einsetzen.
5. Ab heute Abend 2o.oo Uhr ist Ausgehverbot, ausser für Mitglieder der Polizei und des antifaschistischen Ordnungsdienstes und für diejenigen, die einen besonderen Ausweis
   im Rathaus erhalten. Die Obmänner sind in den Lägern persönlich für die Durchführung des Ausgehverbots ab 2o.oo Uhr
   verantwortlich. Ärzte, Arbeiter. lebenswichtiger Betriebe
   und besondere Ausnahmen erhalten Ausweis in Zimmer 16 Rathaus.

Wir rufen Alle auf zur gemeinsamen Disziplin !

                    gez. H a u s c h i l d t
                         H a s e n b e r g
                         G e i s l e r .

Einer der Aufrufe und Bekanntmachungen durch Lautsprecherwagen in Elmshorn

Am Sonnabend, dem 5. Mai 1945 trat die Waffenruhe ein.

Am Morgen des 6. Mai übermittelte der Antifaschistische Gewerkschaftsausschuss Elmshorns Bürgermeister Siegfried Küster (seit 1. Mai 1945 im Amt) ein Schreiben, in dem er zum Rücktritt aufgefordert wurde.

„ Als Begründung wurde angeführt:

1) *weil sie Nationalsozialist sind,*
2) *weil sie auch jetzt noch als Nationalsozialist nach dem „Führer"-Prinzip allein regieren und die Geschicke der Stadt leiten wollen;*
3) *weil sie auch jetzt noch nach der Selbstauflösung der Nationalsozialistischen Partei und ihrer faschistischen Nebenorganisationen ohne demokratische Grundlage die Amtsgeschäfte führen wollen und durch Verweigerung einer Sprechmöglichkeit an den Vertrauensmann der Antifaschisten nach dem üblichen faschistischen Grundprinzip die Arbeiterklasse und den Antifaschismus mundtot machen zu wollen, weil Sie sich weigern, auch die gemäßigtsten Forderungen der Antifaschisten wie Abberufung des Polizeihauptmanns Prehm und Übergabe der Geschäfte an den Polizeileutnant Möller, Abberufung des Beigeordneten, noch im Amt befindlichen Gauwirtschaftsberaters der NSDAP Wilhelm Bull, verweigerten;*
4) *weil sie nicht in der Lage sind, Ruhe, Ordnung und Disziplin aufrecht zu erhalten, wie die heute Nacht wieder vorgekommenen Plünderungen bewiesen haben; weil Sie aber unter der Parole Ordnung und Ruhe in sinnloser Beharrung auf nationalsozialistische Regierungsprinzipien die Antifaschisten von der Übernahme von Verantwortung ausschalten wollen, also diejenigen, die allein bewiesenermaßen an Elmshorn bisher mit allen demokratischen Mitteln ohne Gewalt ein Mindestmaß an Ruhe, Ordnung und Sicherheit garantieren.*

Dr. Küster wurde aufgefordert, bis 9.30 Uhr seinen Rücktritt zu erklären und die Stadtgeschäfte an Hauschildt und Geißler zu übergeben." (63)

Dieser berichtete am 12. Mai an den Regierungspräsidenten in Schleswig:

„Als an mich der Ruf zur Übernahme des Amtes als Bürgermeister der Stadt Elmshorn erging, bestand für mich über die besonderen schwierigen dortigen Verhältnisse kein Zweifel. Vor 1933 hielt sich im Stadtparlament eine bürgerliche und eine Linksgruppe bestehend aus SPD und KPD genau die Waage. Nach 1933 waren wiederholt marxistische bzw. kommunistische Bestrebungen erkennbar geworden, gegen die mit empfindlichen Strafen eingeschritten war. Mit ähnlichen Strömungen musste auch jetzt gerechnet werden, und ihre Wirksamkeit war besonders dann zu erwarten, wenn die Staatsautorität durch die fortschreitenden Kriegsereignisse starken Erschütterungen ausgesetzt wurde." (64)

Küster weigerte sich zurückzutreten, versuchte noch mit militärischen Mitteln einzugreifen, musste aber schnell erkennen, dass er über keine militärischen Mittel mehr verfügte. Rathaus und Polizeistation wurden widerstandslos besetzt, ein Teil der Polizisten schloss sich der antifaschistischen Bewegung an, Küster wurde am 7. Mai um 14 Uhr von einem Kommando des „Antifaschistischen Ordnungsdienstes" unter der Leitung von Arthur Geißler verhaftet. Das Rathaus und die Polizeistation waren zu dieser Zeit schon widerstandslos besetzt. Dr. Küster wurde der Stadt verwiesen und Heinrich Hauschildt als Bürgermeister und Arthur Geißler als erstem Beigeordneten und Polizeichef eingesetzt. (65)

Ein Augenzeuge berichtet: *"Wir haben die Polizisten aufgefordert, nach Hause zu gehen, oder bei uns mitzumachen"*. Ein „Antifaschistischer Gewerkschaftsausschuss" setzte dann mit Hilfe des Ordnungsdienstes Arthur Geißler als Polizeileiter ein. Die Elmshorner Unternehmer wurden aufgerufen, mit der sich neu zu bildenden Gewerkschaft zusammenzuarbeiten. (66)

Am 7. Mai zogen britische Panzerverbände durch Elmshorn und weiter Richtung Norden.

Erst am 10. Mai besetzten die Engländer die Stadt. Am 13. Mai wurden Arp und Geißler verhaftet und Hauschildt abgesetzt. Als neuer Bürgermeister wurde der ehemalige NSDAP-Bürgermeister von Pinneberg, Karl Coors, eingesetzt und die antifaschistischen Organe aufgelöst. Geißler und Arp wurden wegen

„Amtsanmaßung und Waffenbesitz" zu zwei bzw. drei Jahren Gefängnis verurteilt, nach massiven Protesten Ende Juli 1945 begnadigt. (67)

Rudi Arendt hat für „Spurensuche Kreis Pinneberg und Umgebung" Quellen zusammengetragen, die die chaotische Zeit im Mai 1945 belegen. (68)

„Anhand von Originalzitaten aus Dokumenten und Zeitungsberichten soll hier das Ende der „Selbstbefreiung Elmshorns" am 13. Mai 1945 mit der Verhaftung des Sozialdemokraten Erich Arp und hier insbesondere des Gastwirtes Arthur Geissler rekonstruiert werden. Er wurde am 26.1.1903 in Hainholz geboren. 1927 war er zunächst Mitglied in der SPD in Hamburg, später in der KPD. Zwischen 1933 und 1937 mehrfach in KZ-Haft. Er wurde für „wehrunwürdig" erklärt. 1944/45 gehörte er wie Erich Arp der sozialdemokratischen Widerstandgruppe „Antifaschistisches Kampfkomitee Hamburg" an. 1945 zunächst in der KPD. Ende des Jahres wurde Arthur Geissler wieder Mitglied der SPD und Stadtverordneter." (69)

Arthur Geißler – „der führende Mann im Elmshorner Widerstand" (Gustav Werner)

"Geissler ist ein aktiver Anti-Nazi, seit 1927 als er in Hamburg ein Mitglied der SPD wurde. Er hat von 1935 bis Dezember 1937 mit Unterbrechungen mehrfach K.Z.-Lager von den Nazis erdulden müssen, wegen seiner Äußerung im Oktober 1933 "verflucht sei die SA!" Er hat persönlich am eigenen Leibe z.B. im K.Z. Esterwegen die schwersten Nazimisshandlungen erhalten, u.a. zweimal dort den berüchtigten "Bärentanz" tanzen müssen. Er hat mit Arp und anderen lange Zeit vor Mai 1945 gegen den Nazismus gearbeitet." (70)

Bild: EN Mai 1985.

„Am 10. Mai besetzte der Engländer offiziell die Stadt. Hausschildt wurde als Bürgermeister bestätigt. Der Ordnungsdienst durfte zunächst noch unter Waffen bleiben, er war durch Armbinden gekennzeichnet. Man stand Doppelposten vor engli-

schen Panzern und machte gegenseitig Ehrenbezeichnungen. Der britische Panzer-kommandant (Anderson) meinte, so etwas sei ihm seit dem Rheinübergang noch nicht passiert. Erst als der Kreisgouverneur (Major Ryder) sich einschaltete, ergaben sich Reibereien. Der Ordnungsdienst musste die Waffen abgeben. Für Arp und Geiß-ler endete das Interregnum tragisch. Eine Sprengstoffbeschlagnahme lenkte die Spur auf einen Rest hochexplosiven Stoffes nach Pinneberg. Um katastrophale Dummheiten zu verhindern, fuhr man dorthin und verhaftete den ehemaligen Orts-gruppenleiter. Dieser war jedoch schon vom Militärgouverneur unter Hausarrest ge-stellt. Dass Deutsche ihm „seinen" Gefangenen wegnahmen ließ der Gouverneur sich nicht gefallen. Er musste zurückgeschickt werden. Arp und Geißler wurden ver-haftet..." (71)

„MILITARY GOVERNMENT COURT... Anklageschrift

Hans Arthur Geisler, Flamweg 13, wird hiermit wegen der folgenden strafbaren Handlungen angeklagt:

Erste Anklage: Widerrechtliche Autoritätsaneignung von den alliierten Streitkräften. Verstößt gegen Mil. Reg. Verordnung Nr.1, Absatz 34, Art. II.

Einzelheiten: Dass sie am 13. Mai 1945 (gemeint ist der 12.5. der Verf) den Orts-gruppenleiter Kroemer verhafteten.

Alternativ: Sie haben zum Schaden der Ordnung oder der Interessen der Alliierten Streitkräfte gearbeitet. Verstößt gegen Mil. Reg. Verord. No.1 Absatz 43.

Zweite Anklage: Ungesetzlicher Besitz von Waffen. Verstößt gegen Mil. Reg. Verord. Nr.1 Abs.9

Einzelheiten: Dass Sie am 13. Mai 45 im ungesetzlichen Besitz einer vollgeladenen Pistole angetroffen wurden." (72)

„2) Nach Darstellung Geisslers und Ansicht der Verteidigung lag der Verhaftung von Krömer keine widerrechtliche Autoritätsaneignung zu Grunde. Als am 6.5. der Elms-horner Nazi-Bürgermeister Küster mit dem Nazi-Beigeordneten Bull demissionierten und Küster sich vom Vizeregierungspräsidenten in Schleswig beurlauben ließ und nach Wilster fuhr, da übernahmen seit dem 6.5.—5 Tage vor Eintreffen der englischen Truppen in Elmshorn – die Anti-Nazis H. Hausschildt als Bürgermeister u. <u>A. Geissler, als erster Beigeordneter mit dem Polizei-Ressort,</u> kommissarisch zur Aufrechterhaltung von Ruhe und Ordnung diese Ämter. Beim Eintreffen der britischen Besatzung <u>am 10.5. präsentierten sich</u> beide sofort beim Polizeileutnant W. Möller u. mit Stadt-Oberinspektor Langbehn <u>beim Stadtkommandanten</u> Lt Col W.A.C. Anderson. Am 10.5. von 17 bis 18 Uhr war Herr Major Ryder im Elmshorner Rathaus und billigte vorläufig die in Elmshorn bestehenden Regelungen. <u>Am 11.5.</u> war in Pinneberg ein <u>Bürgermeistermeeting</u> angesetzt. Der Herr Gouverneur machte am 13.5. dem Bürgermeister Hausschildt wegen dessen Nichterscheinen den Vorwurf von disrespecting. Dieser Vorwurf kann aber nicht gegen Geissler gelten, den Hausschildt zu seiner Vertretung in dies Bürgermeistermeeting entsandte. Geissler nahm anschließend an diesem meeting zusammen mit Ober-Insp. Langbehn teil und hat über den damals wieder vorübergehend amtierenden Landrat Wittich die formelle Bestätigung der Militär-Reg. für die kommissarisch übernommenen Amtsstellen beantragt und vom Landrat zugesagt erhalten. Zeugnis: Lt Col W.A.C Anderson, Major Ryder, H. Hausschildt-Elmshorn, Ober-Insp. Langbehn-Elmshorn, Landrat a.D. Wittich-Pinneberg.

3) <u>Geissler hatte für die Verhaftungen am 12.5.45 eine besondere schriftliche Erlaubnis eines Offiziers der Allied Forces vom 12.5.</u>

Ein Teil der Nazi-Schutzhäftlinge, die in Elmshorn zwischen 2.5. und 12.5 in Haft waren, kamen wie z.B. Ortsgruppenleiter Steinicke, Betriebsleiter Neunert etc. freiwillig aus schlechtem Gewissen und Angst vor Vergeltung z.B. durch misshandelte Zwangsarbeiter, und baten um Schutzhaft. Soweit nun der ausübende A. Geissler andere Verhaftungen von Nazis vornahm, geschah das zur Aufrechterhaltung der Ruhe und Ordnung bis zum Eintreffen der Allied Forces am 10.5. und zur Aufklärung und Verhinderung von Delikten, die von Nazis gegen die Allied Forces begangen oder geplant waren. Die <u>drei Verhaftungen, die Geissler am 12.5. in Pinneberg durchführte,</u>

1. Kreisleiter Kummerfeld

2. Nazi-Parteibeamter Lorenzen-Schmidt

3. Krömer wurden vorgenommen, um diese als fanatische Nazis durch besondere Informationen

belasteten drei <u>durch den Elmshorner Kriminalbeamten Mumm wegen</u> Beteiligung an der Verbergung und Vorbereitung von <u>Sprengstoff zu vernehmen,</u> der von Elmshorner Antinazis aufgefunden und beschlagnahmt wurde; der nicht aus Wehrmachtbeständen stammt und bewiesenermaßen von Zentralen Naziparteistellen aus Kiel für Werwolfpläne gegen die Alliierten Streitkräfte verteilt war.

Ein <u>vorläufiges Protokoll über diese Sprengstoffdelikte</u> wollte Geissler am 13.5. um 15 Uhr beim Stadtkommandanten Elmshorn abgeben, wohin er mit Hausschildt vorgeladen war. Er übergab es bei der Verhaftung <u>an Major Ryder.</u> Unter Klarlegung, dass diese Nazipläne von Geissler zusammenhängend aufgedeckt werden sollten und weil Gefahr im Verzuge war, erwirkte Geissler morgens am 12.5. folgende Bescheinigung für die Vornahme von Verhaftungen außerhalb von Elmshorn:

The bearer of this pass, ARTHUR GEISSLER, of the BURGOMASTER´S DEPT.; at ELMSHORN is authorised to travel in the KREIS PINNEBERG in the execution of this duties.

...(Unterschrift).........

Lt Col W.A.C. Anderson, DSO 3/4/CLY.

Am Morgen des 12.5.wurden in Pinneberg Kummerfeld u. Lorenzen-Schm. Am Abend des 12.5. wurde in Pinneberg Krömer durch Geissler inhaftiert. Krömer wurde in ordentlicher Form, nach vorheriger Verständigung des englischen Straßenpostens, <u>ohne Gewaltanwendung</u> von Geissler nach Elmshorn gebracht. Krömer war mit seiner Verhaftung einverstanden und sagte aus seinem schlechten Gewissen heraus: „Nun hat wenigstens das ungewisse Warten ein Ende!" Beim Abtransport Krömers hat Geissler am 12.5. abends noch <u>Mitteilung</u> an den Diensthabenden engl. Offizier der Kontrollstation Elmshorn (gemacht) und gesagt, dass er Krömer nach einer Vernehmung durch den Elmshorner Polizeibeamten wegen des Sprengstoffdeliktes am 13.5. wieder nach Pinneberg zurückbringen würde, wozu dieser seine Zustimmung erteilte. Um 23 Uhr am 12.5. erschien ein anderer englischer Offizier bei Geissler und fragte wo sich die Gefangenen befänden. Antwort. Im Elmshorner Ge-

fängnis! Ohne weitere Vorwürfe belehrte dieser dann Geissler, dass er in Zukunft bei notwendigen Verhaftungen außerhalb Elmshorn eine Genehmigung dazu nicht mehr in Elmshorn erwirke solle, sondern dass er solche durch den Bürgermeister des betreffenden Ortes vornehmen lassen solle, was Geissler zu befolgen versprach. Der engl. Offizier nahm die drei verhafteten Pinneberger Nazis mit nach Pinneberg zurück, wodurch es nicht mehr zu der von Geissler und Mumm vorgesehen Vernehmung des Sprengstoffdeliktes kam.

Wenn die Stadtkommandatur zur Ausstellung obiger Genehmigung nicht kompetent gewesen sein sollte, so musste Geissler doch im besten Glauben sein, dass er rechtmäßig autorisiert sei.

Zeugnis: Der Stadtkommandant von Elmshorn und sein Vertreter." (73)

III. Second Charge: Ungesetzlicher Besitz von Waffen.

„2)Geissler. Nach der Verhaftung teilte er Major Ryder mit, dass er seine Dienstpistole bei sich habe, die dieser an sich nahm. Geissler gibt also den Besitz zu und behauptet, dass dieser Besitz rechtmäßig war. Er übte die Elmshorner Polizeigewalt aus. Er hat sich diese Waffe auf der Elmshorner Polizeistation geben lassen, nachdem am 7.-8. Mai in Kölln-Reisiek, einem Vorort von Elmshorn, 2 Franzosen und ein Pole mit Genickschuss der SS aufgefunden wurden und nachdem u.a. in den nächsten Tagen zweimal SS-Leute nachdem Kontrollbesuch eines Russenlagers in Elmshorn dort nach Geissler fahndeten, dort Unruhe stifteten, sodass ihnen sogar von den Russen eine Maschinenpistole abgenommen und abgeliefert wurde bei der Polizei. Geissler hat die Pistole nur im Dienst und nicht privat getragen. Am 13.5. wollte er dienstlich nach Kaltenkirchen fahren." (74)

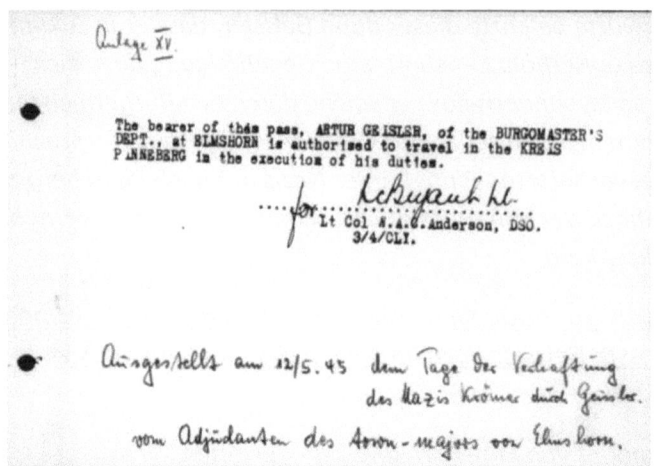

Die besondere schriftliche Erlaubnis für die Verhaftungen der Pinneberger Faschisten, ausgestellt von Lt Col W.A.C Anderson DSO Dokument: Wiener Holocaust Library, London

Wie verblendet manche Nationalsozialisten sein konnten, zeigt ein Beispiel aus Ostfriesland. Noch am 8. Mai 1945 erschien im „Ostfriesen Kurier" ein Artikel, der zum inneren Widerstand aufrief. Dennoch sollte alles dafür getan werden, dass die Bevölkerung genügend Lebensmittel erhält.

„Auf dem Posten verharren und weiterarbeiten!

Ein mahnendes Wort an die Landbevölkerung.

Unser geliebtes Vaterland Deutschland und unsere engere Heimat Weser-Ems sind zum Teil vom Feind besetzt, und das Gebiet, das noch feindfrei ist, wird schwer bedroht. Wir setzen dem Feind überall den härtesten Widerstand entgegen. Trotzdem müssen wir uns auf eine vorübergehende Besetzung durch den Feind gefasst machen und äußerlich und innerlich darauf vorbereiten. Diese Vorbereitung heißt aber: sich stark machen zu mutigem Widerstand und zu tapferem Aufsichnehmen unvermeidlicher Gefahren. Es heißt auf keinen Fall: Den Kampf verloren geben. Das kann jeder Schwächling. Aber ihn auf sich nehmen kann nur der Starke. Und deutsch sein heißt stark sein im Vertrauen auf sich selbst und die eigene gerechte Sache.

Uns Landleuten, Bauern und Bäuerinnen, so schreibt das Wochenblatt der Landesbauernschaft Weser-Ems ist der Weg, den wir zu gehen haben, deutlicher vorgezeichnet als vielen Berufstätigen in der Stadt. (...)

Es ist selbstverständlich, dass keiner von uns für den Feind schaffen will und dass wir im Hinblick auf sein Vorwärtsdrängen voller Zorn mit den Zähnen knirschen und fluchen, wenn wir sehen, wie er von dem unsrigen nimmt. Wir möchten ihm das alles gleich wieder entreißen und jede Möglichkeit nehmen, mehr zu bekommen. Darum leisten ja auch unsere Truppen Widerstand bis zum äußersten. So lange wir selbst nicht zur kämpfenden Truppe, sondern zur Truppe der versorgenden Heimat gehören, müssen wir aber für die Ernährung leisten, was nur immer geht. Und da gibt es für uns Landvolk gar nichts anderes, als Haus und Hof aufs beste zu bestellen, so wie unsere kämpfenden Brüder es von uns erwarten.

Die Frage nach der Zukunft kann uns nicht mehr bedrücken als jeden anderen. Wir wissen, dass der Bolschewist es auf unsere Höfe abgesehen hat und die Westmächte ihm in die Hände arbeiten, Das, was unsere Parole im ganzen Kriege gewesen ist, gilt auch heute in den entscheidendsten Tagen: Möglichst wenig für sich selbst gebrauchen und möglichst viel erzeugen und abliefern. Damit kennen wir unsere Pflicht. Wie jeder Soldat an der Front das Seine tut, sobald er seinen Befehl kennt, wollen auch wir in treuer Dorf- und darüber hinaus Volksgemeinschaft unsere Pflicht tun." (75)

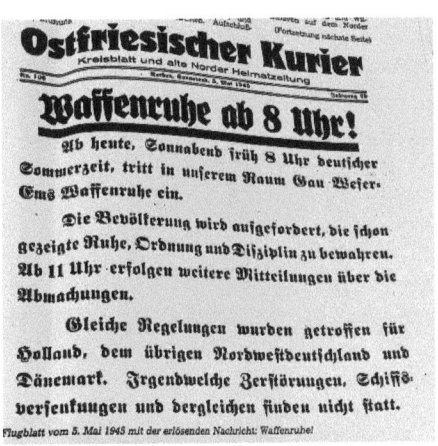

Ostfriesen Kurier vom
5.5.1945

Soldaten der 7. Panzerbrigade „Desert Rats" in der
Schulstraße. Foto: Per Koopmann. Stadtarchiv Elmshorn

Mit der Proklamation Nr. 1 vom 8. Mai 1945 übernahmen die Alliierten die Macht
in Deutschland.

NZ vom 5.5.1945

MILITARY GOVERNMENT OF GERMANY
FRAGEBOGEN
PERSONNEL QUESTIONNAIRE

WARNUNG. Im Interesse von Klarheit ist dieser Fragebogen in deutsch und englisch verfaßt. In Zweifelsfällen ist der englische Text maßgeblich. Jede Frage muß so beantwortet werden, wie sie gestellt ist. Unterlassung der Beantwortung, unrichtige oder unvollständige Angaben werden wegen Zuwiderhandlung gegen militärische Verordnungen gerichtlich verfolgt. Falls mehr Raum nötig ist, sind weitere Bogen anzuheften.

WARNING. In the interests of clarity this questionnaire has been written in both German and English. If discrepancies exist, the English will prevail. Every question must be answered as indicated. Omissions or false or incomplete statements will result in prosecution as violations of military ordinances. Add supplementary sheets if there is not enough space in the questionnaire.

A. PERSONAL
PERSONNEL

Name .... Ausweiskarte Nr. ....
Name Zuname   Vornamen   *Identity Card No.*
 Surname   *Middle Name Christian Name*

Geburtsdatum .... Geburtsort ....
Date of birth *Place of birth*

Staatsangehörigkeit .... Gegenwärtige Anschrift ....
Citizenship *Present address*

Ständiger Wohnsitz .... Beruf ....
Permanent residence *Occupation*

Gegenwärtige Stellung .... Stellung, für die Bewerbung eingereicht ....
Present position *Position applied for*

Stellung vor dem Jahre 1933 ....
Position before 1933

B. MITGLIEDSCHAFT IN DER NSDAP

1. Waren Sie jemals ein Mitglied der NSDAP?
   Ja .... Nein ....

2. Daten ....

3. Haben Sie jemals eine der folgenden Stellungen in der NSDAP bekleidet?
   (a) REICHSLEITER, oder Beamter in einer Stelle, die einem Reichsleiter unterstand? Ja .... Nein ....
   Titel der Stellung .... Daten ....

   (b) GAULEITER, oder Parteibeamter innerhalb eines Gaues? Ja .... Nein ....
   Daten .... Amtsort ....

   (c) KREISLEITER, oder Parteibeamter innerhalb eines Kreises? Ja .... Nein ....
   Titel der Stellung .... Daten .... Amtsort ....

   (d) ORTSGRUPPENLEITER, oder Parteibeamter innerhalb einer Ortsgruppe?
   Titel der Ja .... Nein .... Stellung ....
   Daten .... Amtsort ....

   (e) Ein Beamter in der Parteikanzlei? Ja .... Nein ....
   Titel der Stellung ....
   Daten ....

   (f) Ein Beamter in der REICHSLEITUNG der NSDAP? Ja .... Nein ....
   Titel der Stellung ....
   Daten ....

   (g) Ein Beamter im Hauptamte für Erzieher? Im Amte des Beauftragten des Führers für die Überwachung der gesamten geistigen und weltanschaulichen Schulung und Erziehung der NSDAP? Ein Direktor oder Lehrer in irgendeiner Parteiausbildungsschule? Ja .... Nein ....
   Titel der Stellung ....
   Daten ....
   Name der Einheit oder Schule ....

   (h) Waren Sie Mitglied des KORPS DER POLITISCHEN LEITER?
   Daten der Ja .... Nein .... Mitgliedschaft ....

   (i) Waren Sie ein Leiter oder Funktionär in irgendeinem anderen Amte, Einheit oder Stelle (ausgenommen sind die unter C unten angeführten Gliederungen, angeschlossenen Verbände und betreuten Organisationen der NSDAP)?
   Ja .... Nein ....
   Titel der Stellung ....
   Daten ....

   (l) Haben Sie irgendwelche nahe Verwandte, die irgendeine der oben angeführten Stellungen bekleidet haben?
   Ja .... Nein ....
   Wenn ja, geben Sie deren Namen und Anschriften und eine Bezeichnung deren Stellung an ....
   ....

B. NAZI PARTY AFFILIATIONS

Have you ever been a member of the NSDAP? yes, no. Dates.

Have you ever held any of the following positions in the NSDAP?

REICHSLEITER or an official in an office headed by any Reichsleiter? yes, no; title of position; dates.

GAULEITER or a Party official within the jurisdiction of any Gau? yes, no; dates; location of office.

KREISLEITER or a Party official within the jurisdiction of any Kreis? yes, no; title of position; dates; location of office.

ORTSGRUPPENLEITER or a Party official within the jurisdiction of an Ortsgruppe? yes, no; title of position; dates; location of office.

An official in the Party Chancellery? yes, no; dates; title of position.

An official within the Central NSDAP headquarters? yes, no; dates; title of positions.

An official within the NSDAP's Chief Education Office? In the office of the Führer's Representative for the Supervision of the Entire Intellectual and Politico-philosophical Education of the NSDAP? Or a director or instructor in any Party training school? yes, no; dates; title of position; Name of unit or school.

Were you a member of the CORPS OF POLITISCHE LEITER? yes, no; Dates of membership.

Were you a leader or functionary of any other NSDAP offices or units or agencies (except Formations, Affiliated Organizations and Supervised Organizations which are covered by questions under C below)? yes, no; dates; title of position.

Have you any close relatives who have occupied any of the positions named above? yes, no; if yes, give the name and address and a description of the position.

C. TÄTIGKEIT IN NSDAP HILFSORGANISATIONEN

Geben Sie hier an, ob Sie ein Mitglied waren und in welchem Ausmaße Sie an den Tätigkeiten der folgenden Gliederungen, angeschlossenen Verbände und betreuten Organisationen teilgenommen haben:

C. NAZI "AUXILIARY" ORGANIZATION ACTIVITIES

Indicate whether you were a member and the extent to which you participated in the activities of the following Formations, Affiliated Organizations or Supervised Organizations:

Fragebogen der britischen Militärregierung zur Entnazifizierung 1946. Aus: German History in Documents and Images, <https://germanhistorydocs.org/de/die-besatzungszeit-und-die-entstehung-zweier-staaten-1945-1961/ghdi:image-1012> [11.02.2025].

Entnazifizierung

Nach dem 2. Weltkrieg wollten die vier Mächte in den Besatzungszonen alle Nationalsozialisten aus ihren Ämtern und Berufen entfernen, ihnen die politische Betätigung untersagen und so ihren Einfluss zerstören. Ziel war die Neubesetzung von Funktionen in Staat, Gesellschaft und Wirtschaft mit Unbelasteten sowie die finanzielle Wiedergutmachung durch Sühnemaßnahmen (Vermögenseinziehung). Dieses geschah durch Entnazifizierungsverfahren vor Spruchkammern, die alle Deutschen ab 18 Jahren durchlaufen mussten.

Grundlage für die Entnazifizierung waren die auf der Konferenz von Jalta im Februar 1945 gefassten Beschlüsse, die vom US-State-Department ausgegebene Direktive JCS 1067 vom 26. April 1945 sowie die Beschlüsse der Potsdamer Konferenz von August 1945. (1)

Mit dem „Entnazifizierungsschlussgesetz", dem „Gesetz zur Regelung der Rechtsverhältnisse der unter Artikel 131 des Grundgesetzes fallenden Personen" (2), das am 10. April 1951 verkündet und rückwirkend zum 1. April 1951 in Kraft trat, endeten die Entnazifizierungsverfahren. Es sicherte mit Ausnahme der Gruppen 1 (Hauptschuldige) und 2 (Belastete) die Rückkehr in den öffentlichen Dienst ab. (3)

Durch die Verfahren erfolgte eine Einteilung in fünf Kategorien:

Hauptschuldige

Belastete (Aktivisten)

Minderbelastete (Bewährungsgruppe)

Mitläufer

Entlastete (Personen der vorstehenden Gruppen, die vor einer Spruchkammer nachweisen konnten, dass sie nicht schuldig waren).

"Es gab fünf Einstufungsgruppen: Betroffene der Gruppe eins (..) waren zu entlassen beziehungsweise nicht einzustellen. Ihr Vermögen war zu sperren, ihre Bezüge

waren zu stoppen. (...) Betroffen waren unter anderem alle vor dem 1. Mai 1937 in die NSDAP Eingetretenen, alle Amtsträger der NSDAP sowie der ihr angeschlossenen Organisationen, alle Offiziere und Unteroffiziere der Waffen-SS, der SA, des NS-Kraftfahrkorps und des NS-Fliegerkorps, alle Mitglieder der SS und alle vor dem 1. April 1933 eingetretenen Mitglieder der SA. Entlassungspflichtig waren auch die Funktionseliten in Regierung und Verwaltung.

Bei Gruppe 2 (...) empfahl die Special Branch die Entlassung, die Entscheidung blieb jedoch dem zuständigen MG-Offizier vorbehalten. Darunter fielen alle Mitglieder der NSDAP.

Gruppe drei (...) wurde wie Gruppe zwei eingestuft, die Special Branch sprach jedoch keine Empfehlung aus.

Bei in Gruppe vier Eingestuften (...) bestand kein Einwand gegen Weiterbeschäftigung beziehungsweise Anstellung, und bei Gruppe fünf empfahl die Special Branch gar Weiterbeschäftigung beziehungsweise Anstellung aufgrund von Beweisen oppositioneller Aktivitäten." (4)

Elmshorner Nationalsozialisten

Elmshorner Bürgermeister in der Zeit des NS

	Amtszeit	
Christian Spieler	20.3.1933 – 3. Juli 1933	versetzt nach Berlin
Karl Krumbeck	4. Juli 1033 – 22. Juni 1941	gefallen
Friedrich Bindemann	22.6.1941 – 1.3.1944	Rücktritt
Karl Coors	1.3.1944 – 21.4.1945	kommissarisch, Pinneberg
Dr. Siegfried Küster	21.4.1945 – 7.5.1945	aus Wilster, zum Rücktritt durch „Antifaschistischen Ausschuss" gezwungen

Einsetzung von Heinrich Hauschildt

Christian Spieler

Kommissarischer Bürgermeister
von Elmshorn Christian Spieler.
Foto: Chronik, a.a.O.

Am 21. März war der Jurist und SS-Sturmbannführer Christian Spieler aus
Wesselburen vom Regierungspräsidenten in Schleswig als kommissarischer
Bürgermeister in Elmshorn eingesetzt worden. Dieser wurde den Elmshornern am
23. März in den EN vorgestellt:

*„Herr Spieler wurde am 3. Juli 1902 in Berlin geboren. Eltern und Großeltern
stammen aus Flensburg. Er ist somit auch Schleswig-Holsteiner. Bis zum Jahre 1921
besuchte er die Oberrealschule in Kiel und machte dort sein Abitur. Dann erlernte er
zweieinhalb Jahre das Bankfach. Nebenbei hörte er volkswirtschaftliche Vorträge.
Später studierte er in Kiel Jura und Volkswirtschaft. Er war Vorsitzender des Amtes
für Leibesübungen und des Hochschulringes deutscher Art. Im Jahre 1926 bestand
er sein Referendar-Examen. In Elmshorn wirkte er als Referendar im Jahre 1929 und
hatte die Vertretung von Herrn Rechtsanwalt Reimers. Im April 1930 legte er sein
Assessor-Examen ab. Danach war er ein halbes Jahr Rechtsanwalt in Rendsburg. Er
verließ Rendsburg, weil man ihm, dem Führer der Ortsgruppe der
Nationalsozialisten, das Notariat verweigerte. Er siedelte nach Wesselburen über,
wo er bis jetzt als Rechtsanwalt tätig war. - Herr Rechtsanwalt Spieler ist in
Elmshorn nicht unbekannt. Er bearbeitete die Sache des Zusammenstoßes Grezesch
- Polizei Elmshorn, die sich ereignete, als Grezesch im vorigen Jahr aus dem
Gefängnis entlassen wurde. Diese Sache ist niedergeschlagen. Auch verteidigte er
die „Bombenwerfer" aus Elmshorn. - Im Jahre 1924 diente Herr Rechtsanwalt
Spieler während der Sommerferien bei der Reichswehr."* (1)

Christian Spieler: geb. 3. Juli 1902 in Berlin, gest. 8.8.1973 in Elmshorn.

3. Juli 1902	Geburt in Berlin
	Studium der Rechtswissenschaften
	Angehöriger der Organisation Wiking
1921 – 1924	Mitglied der Brigade Erhardt
Okt. 1930	Eintritt in die SA
Nov. 1930	Eintritt in die NSDAP
	NSDAP-Ortsgruppenleiter in Rendsburg bei Kiel
	Rechtsanwalt in Elmshorn
März 1933	kommissarischer Bürgermeister von Elmshorn
	Ernennung zum Oberstaatsanwalt in Schweidnitz
Juni 1933	Aufbau des "Gemeinschaftslagers Hanns Kerrl" für Referendare in Jüterbog
Juli 1933 – Dez. 1934	Lagerkommandant des "Gemeinschaftslagers Hanns Kerrl" für Referendare in Jüterbog
	Tätigkeit beim Kammergericht und als Vernehmungsrichter beim Polizeipräsidium Berlin
	Rechtsreferent der SA-Standarte „Feldherrnhalle"
Juli 1939	Berufung ins Reichsministerium für Volksaufklärung und Propaganda (RMVP), Referent in Goebbels' Ministerbüro
Aug. 1939	Einberufung zum Regiment General Göring als Oberleutnant der Reserve
Juli 1940	Rückkehr ins RMVP, Ernennung zum Ministerialrat
1942	Kriegsdienst bei der Wehrmacht, u.a. in Afrika
Mai 1943	amerikanische Kriegsgefangenschaft
um 1950	wohnhaft in Elmshorn-Pinneberg
8. August 1973	Verstorben in Elmshorn

Tabelle Spieler nach:

BArch Berlin-Lichterfelde, R 55/22799; R 3001/76894, 76895; R 3001/84324; R 9361-I/3460; R 9361-II/957747; R 9361-V/10550; R 9361-III/569533; R 43/4543.

BArch Freiburg: PERS 6/217196.

https://ns-reichsministerien.de/2020/05/14/christian-spieler/

Sterbedatum nach Todesanzeige

Hanns Kerrl (Mitte) 1933 beim Besuch des später nach ihm benannten Lagers für Justiz-Referendare in Jüterbog. Links neben ihm Christian Spieler. Foto: Bundesarchiv, Bild 102-14899 / Georg Pahl / CC-BY-SA 3.0

Als kommissarischer Beigeordneter wurde am 23. März der Prokurist Wilhelm Bull vom Regierungspräsidenten in Schleswig bestellt. (2)

Anmerkungen:

1) EN vom 23.3.1933
2) EN vom 24.3.1933

Karl Krumbeck

Als der erste nationalsozialistische Bürgermeister von Elmshorn, Christian Spieler, am 29. Juni 1933 Elmshorn verließ und in das preußische Justizministerium wechselte, war ein Nachfolger schnell gefunden. Es war der Rechtsanwalt und Notar Karl Krumbeck aus Bad Bramstedt. Er wurde am 4. Juli 1933 zum kommissarischen Bürgermeister in Elmshorn berufen und am 6. Juli in sein Amt eingeführt.

Bürgermeister Spieler verläßt Elmshorn,

Diese Tatsache wird zweifellos in den allerweitesten Kreisen der Stadt Elmshorn bedauert werden. Herr Bürgermeister Spieler wurde gestern morgen nach Westerland auf Sylt berufen zu einer Unterredung mit dem preußischen Justizminister Kerrl. Es wurde ihm hierbei mitgeteilt die ehrenvolle Berufung ins preußische Justizministerium, als Oberstaatsanwalt zur besonderen Verwendung. Und zwar erfolgt die Berufung mit sofortiger Wirkung, so daß Herr Bürgermeister Spieler bereits am Sonnabend unsere Stadt verlassen wird. Leider nur zu kurze Zeit stand er als überall geschätzter und beliebter Leiter unseres Gemeinwesens an der Spitze der städtischen Verwaltung. Erst reichlich drei Monate ist es her, daß Herr Bürgermeister Spieler am 21. März als kommissarischer Bürgermeister in Elmshorn eingesetzt wurde. Jetzt steht Elmshorn vor der nicht leichten Aufgabe, ein neues Oberhaupt zu suchen. Hoffentlich wird es gelingen, eine Persönlichkeit zu finden von demselben Format, mit gleichen hochwertigen Eigenschaften wie der Scheidende. Herrn Bürgermeister Spieler sehen wir mit großem Bedauern Elmshorn verlassen. Aber unsere besten Wünsche begleiten ihn in seinen neuen Wirkungskreis, wo er zweifellos noch bedeutsamer an der Ausgestaltung, dem Aus- und Aufbau des neuen Reiches und der neuen Staatsordnung mitwirken und mitschaffen kann.

EN vom 29.6.1933

Neuer Bürgermeister und neuer Stadtrat.

Zum kommissarischen Bürgermeister unserer Stadt wird vom Herrn Regierungspräsidenten im Einvernehmen mit der Gauleitung der NSDAP. Herr Rechtsanwalt und Notar Krumbeck in Bad Bramstedt ernannt. Der Antritt wird voraussichtlich am Mittwoch dieser Woche erfolgen. — Der neue Elmshorner Bürgermeister ist am 22. Juni 1902 in Kiel geboren. Nach bestandenem Abitur studierte er in Kiel und München. 1925 machte er sein Referendar-Examen, 1928 das Assessor-Examen. Nach einem Monat Dienst bei der Justiz in Kiel siedelte er nach Bad Bramstedt über, wo er nach vier Monaten als Anwalt das Notariat erhielt. Wir begrüßen den neuen Bürgermeister der Stadt Elmshorn von Herzen und haben den Wunsch, und zugleich die Ueberzeugung, daß die getroffene Wahl zum Wohle unserer Vaterstadt Elmshorn ausfallen möge.

EN vom 6.7.1933

Bürgermeister Karl Krumbeck.

Karl Krumbeck:	geb. 22. Juni 1902 in Kiel, gest.: 22. Juni 1941
	Studium in Kiel und München
1925	Referendar-Examen
1928	Assessor-Examen
1928	Umzug nach Bad Bramstedt
	Tätig als Anwalt
1929	Notariat
1933	1. Mai Parteimitglied
	4. Juli: kommissarischer Bürgermeister von Elmshorn
1935	August: Bürgermeister für 12 Jahre
1940	März: Einberufung zum Kriegsdienst
1941	2. Juni gefallen

In seiner Antrittsrede führte Krumbeck unter anderem folgendes aus:

„(...) Als ich 1928 meinen Assessor machte, wenn ich das kurz sagen darf, war es damals schon mein Wunsch, Magistratsassessor zu werden. Ich habe davon Abstand genommen, weil meine politische Haltung mir s. Zt. nicht gestattete, diesem Wunsche nachzugehen. Das Bild der Gemeinden stand mir aus den Zeitungen usw. deutlich vor Augen, aus ihm ersah ich, dass eine kräftige, wirkungsvolle Reichs- und Staatspolitik s. Zt. nicht möglich war, weil das Parlament in entscheidende Taten hineinfunkte und dadurch hinderte. Wenn ich mein Amt annehme, so tue ich das aus innerstem Herzen heraus, betone aber, dass ich eine Führerstellung im Sinne des Führerprinzips beanspruchen muss, sowohl im

Magistrat als auch in der Stadtv.-Versammlung. Diese entscheidenden Instanzen haben die Beschlüsse zu fassen unter dem Gesichtspunkt des Gemeinwohls. Sie haben sich frei zu machen von irgendwelchen selbstsüchtigen Gedanken und haben die Entscheidung unter dem Gesichtspunkt der Gemeinnützigkeit zu treffen. Ist diese Entscheidung aber getroffen, so müssen die Beschlüsse der Stadtvertretung auch ausgeführt und im Übrigen nicht von der Öffentlichkeit bemeckert werden. Es geht nicht an, dass Einzelne eingreifen und es in der Öffentlichkeit herabsetzen. Sollten solche Beschlüsse sich als unzulänglich erweisen, so werden die gleichen Instanzen sie auch schon wieder abzuändern wissen. Wenn Sie, meine Herren vom Stadtverordneten-Kollegium, mit mir in diesem Sinne arbeiten wollen und arbeiten werden, so wird es ein ersprießliches Arbeiten geben.

(...) In meinem Betrieb wurde mit Eifer und mit Freude gearbeitet. Wir fühlten uns wie eine große Familie, und das ist das, was ich hier in der Stadt Elmshorn erstrebe. Voraussetzung dafür ist zunächst, dass jeder Einzelne mit großer Freudigkeit an die Aufgaben herangeht, dass er ehrlich, fleißig und zuverlässig ist. Das sind Tugenden, die bereits früher als Tugenden des Beamten gepriesen sind. Darüber hinaus habe ich einen Wunsch, den ich ganz speziell erläutern darf. Wir müssen, Vorgesetzte und Mitarbeiter, uns als freie, aufrichtige Männer gegenübertreten. Ich lege Wert darauf, dass nicht nur im freien Beruf, sondern auch in der städtischen Verwaltung Untergebene und Vorgesetzte, sich frei und offen gegenübertreten. Sie werden mich erfreuen, wenn Sie hier nachstreben; denn nur dann ist der Boden für ein ersprießliches Zusammenarbeiten gegeben und das wird zum Aufbau des Gemeinwesens beitragen.“ (1)

Aufgrund des Erlasses des Herrn Regierungspräsidenten in
S c h l e s w i g vom 5. August 1935 -J.Nr. I O Elmshorn
4000/12 Elmshorn- wird der Rechtsanwalt und Notar

      Karl K r u n b o c k , Elmshorn

hiermit unter Berufung in das Beamtenverhältnis mit Wirkung
vom 7. August 1935 zum

      hauptamtlichen Bürgermeister der Stadt Elmshorn

ernannt.

Die Berufung erfolgt auf 12 Jahre nach Massgabe der Vorschriften
der §§ 44 und 45 der Deutschen Gemeindeordnung unter folgenden
Bedingungen:

1) Die Bürgermeisterstelle wird nach Gruppe A 2 b der Preuß. Be=
   soldungsordnung und einer ruhegehaltsfähigen Zulage von 600 RM
   besoldet. Als Aufwandsentschädigung werden jährlich 1000 RM
   gezahlt.

2) Nebenämter und Nebenbeschäftigungen, für die eine Vergütung
   gewährt wird, sind mit der Stelle nicht verbunden.

               Elmshorn, den 6. August 1935.

               Der stellvertretende Bürgermeister.

               1. Beigeordneter

               2. Beigeordneter

               Bindemann

Stadtarchiv Elmshorn
0011.01.K.001

Beglaubigte Abschrift.

Einheit Feldpostnr. 21398 A.   27.6.41.

          Sehr geehrte Frau Krumbeck,

Auf dem Felde der Ehre für Führer, Volk und Vaterland fiel am 22.
Juni 1941 nachmittags bei Cirdsigi in Litauen Ihr Mann Karl Krumbeck
als Leutnant und Komp.Führer. Für das Batl. ist es ein sehr schmerz-
licher und unersetzlicher Verlust. Er stürmte als Muster der Tapferkeit seiner Kompanie voran, um sie anzuspornen zum Durchbruch durch
die russischen Feldbefestigungen. Ein Herzschuß, aus unmittelbarer
Nähe abgefeuert, beendete schmerzlos das Leben Ihres Mannes. Sein
Heldentod wird uns stets ein Ansporn, ihm nachzuleben und nachzuwir-
ken, damit unser geliebtes Vaterland von den bolschewistischen Horden
freigehalten wird. Vergessen kann die Einheit Ihren tapferen Mann
nicht, solange noch einer in unseren Reihen lebt.
Die persönlichen Gegenstände sind Ihrem Gatten abgenommen und werden
Ihnen später von seiner Kompanie zugeschickt werden, da wir im Augenblick wegen der Weiterführung des Kampfes noch keine Verbindung mit
der Heimat haben. Als Führer des Batl. spreche Ihnen mein tiefge-
fühltes Beileid zu dem schweren Verlust aus, der Sie betroffen hat
und verbleibe Ihr

                         Unterschrift
                         (unleserlich)
                    Hauptmann u. Batl.Führer.

Stadtarchiv Elmshorn
0011.01.K.001

Nach dem II. Weltkrieg wurden zunächst die Witwen- und Waisenrenten ausgesetzt, später aber wieder ausgezahlt. In dem Schreiben zur Wiederaufnahme der Zahlungen hieß es:

„Bürgermeister Karl Krumbeck war von Beruf Rechtsanwalt und wurde am 6.7.1933 zum Bürgermeister in Elmshorn berufen. Parteimitglied war Krumbeck vom 1.5.1933. Während seiner Amtszeit war Krumbeck ein großer Aktivist im nationalsozialistischen Sinne. Das Gesetz zur Wiederherstellung des Berufsbeamtentums wurde auf sein Betreiben in Elmshorn sehr scharf gehandhabt. Nur wenige Beamte und Angestellte konnten sich dem von ihm ausgeübten Druck entziehen – sie wurden Mitglieder der NSDAP. Krumbeck war Kreisamtsleiter für Kommunalpolitik. Krumbeck ist am 22.6.1941 gefallen. (...)

Nach der jetzt gültigen Verfügung der Landesregierung vom 3.10.1947 dürfte Krumbeck in die Kategorie 3 (Minderbelastete) einzuweisen sein.Danach wäre die Sperrung der Hinterbliebenenbezüge aufzuheben. (...)" (2)

Anmerkungen:

1) EN vom 5.7.1933
2) Stadtarchiv Elmshorn 0011.01.K.001

Friedrich Bindemann

Friedrich Bindemann wurde im März 1933 in das Stadtverordnetenkollegium gewählt. Er fungierte vom 26. Oktober 1934 – 24. März 1944 als ehrenamtlicher Stadtrat. Bindemann lebte im Flamweg 80, war Tischlermeister von Beruf und leitete einen eigenen Betrieb. Er war darüber hinaus noch Leiter des Luftschutzes in Elmshorn und als der Bürgermeister Krumbeck in den Russlandfeldzug zog und dort fiel dessen Stellvertretender Bürgermeister vom 11. März 1940 – 1. März 1944. 1944 bat er mehrmals um seine Entlassung, was nach mehrmaligem Ablehnen seitens des Regierungspräsidenten genehmigt wurde. Als sein Nachfolger kam dann der kommissarische Bürgermeister Karl Coors aus Pinneberg. (1)

Anmerkungen:

1) Stadtarchiv Elmshorn 0011.01.B.015

Stadtarchiv Elmshorn 0011.01.B.015

Abschrift.
- - - - - -

<u>Entlassungsurkunde.</u>

Elmshorn, den 24. März 1944.

Nachdem der Herr Regierungspräsident auf Ihren wiederholten
Antrag seine Zustimmung erteilt hat, entlasse ich Sie hiermit aus Ihrem Amt als Ehrenbeamter der Stadt Elmshorn.

Alsbald nach der Machtübernahme sind Sie als Nationalsozialist in den ehrenamtlichen Dienst der Stadt Elmshorn
getreten und zwar als Beigeordneter und engster Mitarbeiter
des Bürgermeisters. Über 10 Jahre haben Sie dieses wichtige
Amt mit grosser Hingabe und Ausdauer bekleidet und das Dezernat des Stadtbauamtes geführt. Vom 11.3.1940 - 1.3.1944 haben
Sie ferner die Bürgermeisterstelle mit Umsicht und Erfolg ver-
tretungsweise verwaltet.
Ich danke Ihnen im Namen der Stadt Elmshorn für Ihren stets
bewiesenen Einsatz.

Der k. Bürgermeister.

(Siegel)   gez. Coors.

Herrn
Stadtrat Friedrich B i n d e m a n n ,
E l m s h o r n .

<u>Ratsherrensitzung</u>

<u>Stadtrat Bindemann ausgeschieden.</u>

Nachdem der Herr Regierungspräsident den wiederholten Anträgen
des bisherigen stellv.Bürgermeisters Stadtrat Bindemann, ihn aus
seinem Ehrenamt zu entlassen, nunmehr entsprochen hat, wurde
in der am letzten Freitag stattgefundenen Ratsherrensitzung, an
der auch dieBeigeordneten vollzählich teilnahmen, Stadtrat Bindemann durch Bürgermeister Coors feierlich verabschiedet. In
einer Ansprache würdigte Bürgermeister Coors die Verdienste, die
sich Stadtrat Bindemann in langjähriger ehrenamtlichen Tätigkeit
um seine Vaterstadt erworben hat. Nachdem er im Frieden jahrelang
das besonders verantwortungsreiche Dezernat für das Bauwesen verwaltet hat, sei StadtratBindemann nach der Einberufung des Bürgermeisters Krumbeck zum Wehrdienst mit der ständigen Stellver-
tretung des Bürgermeisters betraut worden. Unter den erschwerten
Verhältnissen des Krieges und besonders des vorjährigen Teror-
angriffs habe Stadtrat Bindemann die Verwaltungder Stadt Elmshorn 4 Jahre lang geschickt und sicher geführt und dabei das Wohl
der Stadt stets als oberstes Ziel vor Augen gehabt. Unter Hinweis
auf die Anerkennung, die Stadtrat Bindemann durch den Landrat als
Aufsichtsbehörde, wie auch durch den Kreisleiter der NSDAP. in einer früheren Ratsherrensitzung zuteil geworden sei, sprach der
k.Bürgermeister ihm den herzlichen Dank der Stadt Elmshorn aus und
überreichte ihm die Entlassungsurkunde. Als äusseres Zeichen diese
Dankes sei ihm eine Ehrengeschenk in Form eines geschnitztes Stadt
wappens zugedacht, das nach Fertigstellung überreicht würde.
Stadtrat Bindemann verabschiedete sich hierauf mit bewegten Worten
von den Beigeordneten und Ratsherren und sprach ihnen seinen
Dank für die stets erspriessliche Zusammenarbeit aus.

Karl Coors

Karl Coors. Foto: https://www.elmshorn. de/Stadtportr%C3%A4t /Menschen-der- Stadt/Elmshorns- B%C3%BCrgermeister- innen/

Das umstrittene Gemälde von Karl Coors in Pinneberg. https://www.spurensuche-kreis- pinneberg.de/welches-nie-wieder-ist-jetzt-wird- mit-der-bildergalerie-im-rathaus-unterstrichen- offener-brief-an-die-ratsversammlung-pinneberg/

Karl Coors: Geboren 1865 in Seelenfeld (Kreis Minden). Nach Schulbesuch und Verwaltungsausbildung 1915 bis 1919 Kriegsfreiwilliger. Anschließend Besuch einer Verwaltungsschule für Kommunalbeamte und Studium der Kommunalwirtschaft in Detmold. 1925 bis 1937 Bürgermeister von Friedrichstadt. Er galt als parteipolitisch neutral und national-konservativ. Direkt nach der Machtübernahme trat er 1933 der NSDAP bei und galt vor allem als guter Verwaltungsmann. Ab Oktober 1937 Bürgermeister von Pinneberg. 1942 Ernennung zum Kreisamtsleiter für Kommunalpolitik. Ab 1944 zusätzlich Bürgermeister von Elmshorn. Juni 1945 Bestätigung als Bürgermeister von Elmshorn durch die britische Militärregierung. September 1945 in „Automatic Arrest" wegen der Ernennung zum Kreisamtsleiter für Kommunalpolitik. Anschließend in Internierungslagern bis zum Urteil „weitgehend unbelastet" (Kategorie IV) im Januar 1948. Ab 1949 juristische Streitigkeiten mit der Stadt Pinneberg. 1952 vollständiger Sieg von Karl Coors, Anerkennung aller Versorgungsansprüche. Gestorben 1958 in Pinneberg, beigesetzt in einem Ehrengrab der Stadt. Nach Recherchen von Prof. Dr. Uwe Danker ging es Coors vor allem um die übertriebene Ausübung seiner institutionellen und persönlichen Macht und die eigene Profilierung. So habe er unter anderem im September 1935 den Juden Heinz Heimann wegen „rassischen Treibens" an die Gestapo übergeben, der von ihm diffamierte Friedrichsstädter Kaufmann Haulsen nahm sich während des Verfahrens das Leben. (1)

Anmerkungen:

1) https://www.shz.de/lokales/pinneberg-schenefeld/artikel/pinneberg-historische-einschaetzung-zu-ns-buergermeistern-48369983

Dr. Siegfried Küster

Bürgermeister Dr. Siegfried Küster. Foto: http://www.drk-wilster.de/Chronik.htm

Der Wilsteraner Bürgermeister, Dr. Siegfried Küster, wurde am 28. April 1945 von der NSDAP als Elmshorner Bürgermeister und Nachfolger von Karl Coors eingesetzt. Seine Amtszeit währte nur sieben Tage, als ein „Antifaschistischer Ausschuss" der Elmshorner Bürger am 6. Mai Dr. Küster zum Rücktritt aufforderte und an seiner Stelle Heinrich Hauschildt einsetzte, der Ende Dezember 1945 demokratisch gewählt wurde. Küster weigerte sich zurückzutreten, musste aber schnell erkennen, dass er über keine militärischen Mittel mehr verfügte. Rathaus und Polizeistation wurden widerstandslos besetzt, ein Teil der Polizisten schloss sich der antifaschistischen Bewegung an, Küster wurde der Stadt verwiesen.

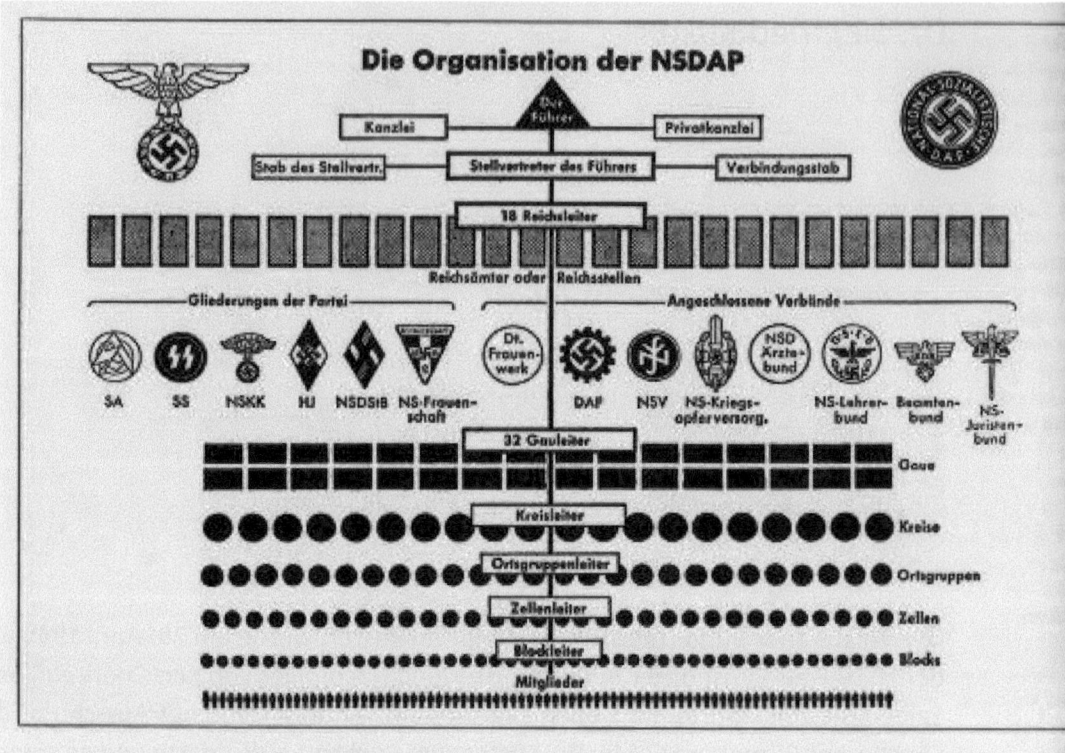

<https://germanhistorydocs.org/de/deutschland-nationalsozialismus-1933-1945/ghdi:image-1899>

Elmshorner Ortsgruppenleiter

	Amtszeit	aufgehört, weil:
Hermann Kober	13.6.1925 - ?	
Wilhelm Grezesch	1926 – 1928	Fortzug
Grude	1928 – Ende 1929	wurde entlassen
Wilhelm Grezesch	Ende 1929 – Oktober 1931	Aufbau der SS
Max Mohr	Oktober 1931 – Oktober 1937	Kreisleitung

Aufteilung in drei, später vier Ortsgruppen

Altstadt

Hans Letje	Oktober 1937 – 1940	Kreisleitung, Wehrdienst
Leve	seit 1940	

Klostersande

Hans Schlüter	Oktober 1937 – 31.8.1939	Kriegsdienst
Lorenzen-Schmidt	Sept. 1939 – 9.2.1942	
Volckmann	ab 10.2.1942	

Fuchsberg

Böge	ab März 1942	

Langelohe

Runge   1932

Hainholz

Hinrich Bruhn   1931

Wilhelm Grezesch

Wilhelm Grezesch.
Aus: 10 Jahre NSDAP
Elmshorn, a.a.O.

Wilhelm Grezesch. Aus:
http://www.uetersen-
geschichte.de/files/pic/lar
ge/nsterror3_b.jpg

Wilhelm Grezesch wurde am 1. Mai 1906 in Neidenburg (Ostpreußen) geboren und
starb am 13. Juli 1941 in Kurne (UdSSR); er war evangelisch-lutherischer
Konfession. Grezesch besuchte die Volksschule in Langelohe und Elmshorn; seine
gärtnerischen Lehrjahre absolvierte er in Langelohe. Nach der Lehrzeit als
Gärtnergehilfe arbeitete er in Mecklenburg, in der Schweiz, in Bayern, im Rheinland
und in Holstein. Von 1928 bis 1931 war Grezesch selbständig (Gartenbaubetrieb);
seit Herbst 1931 erwerbslos. Politisch betätigte er sich seit 1924 in der
Deutschvölkischen Freiheitsbewegung in Mecklenburg und ist 1926 in Elmshorn zur
Nationalsozialistischen Deutschen Arbeiterpartei übergetreten. (1) Er besaß die
Mitgliedsnummer 38051. Im selben Jahr trat er in die SA als Truppführer ein.

1926 wurde er Ortsgruppenleiter in Elmshorn der NSDAP. Als er im Sommer 1928 nach Trier verzog, übergab er das Amt seinem Parteigenossen Grude, der die Partei bis zur Auflösung, nach vielen Querelen und Kontroversen mit der Gauleitung, herunterwirtschaftete.

Ende 1929 wurde Wilhelm Grezesch von Gauleiter Lohse mit der Neugründung und Leitung der Ortsgruppe Elmshorn betraut.

„ (…) Ungefähr 30 Getreue fanden sich im Parteilokal Stüben wieder, u.a. der spätere Standartenführer und jetzige Landrat in Ratzeburg, Pg. Fründt. Grezesch nahm sofort eine gute Durchorganisation der Ortsgruppe vor. Ich hatte wöchentlich einmal einen Schulungsabend abzuhalten. Die Kurse waren immerhin von 5 – 7 Mann besucht, für die damaligen Verhältnisse ein äußerst erfreuliches Ergebnis. Es gelang mir, mit dem Pg. Geissler zusammen, die erste Betriebszelle aufzustellen." (2)

Wilhelm Grezesch bekam im Oktober 1931 den Auftrag, einen SS-Sturm für den Kreis Pinneberg aufstellen und wurde dessen Führer (SS-Nr. 9456) (3) Elmshorn gehörte zum Sturmbann II/31. Grezesch war mit seinem Elmshorner SA-Sturm am 17. Juli 1932 Teilnehmer des Werbemarsches in Altona, der den Altonaer Blutsonntag zur Folge hatte, und wurde dafür verurteilt. (4)

Grezesch wurde bei der Reichstagswahl im November 1932 als Kandidat der NSDAP für den Wahlkreis 13 (Schleswig-Holstein) in den Reichstag gewählt, dem er bis zum März 1933 angehörte. Auf Grund seiner Wahl wurde ihm Immunität gewährt, so dass er am 7. Dezember 1932 wieder aus der Haft entlassen wurde. Im Juni 1933 wurde Grezesch kommissarischer Vorsitzender der Freien Turn- und Sportvereinigung Elmshorn. (5) 1935 heiratete er. Spätestens 1936 war er Chef der 7. Kompanie der „Leibstandarte SS Adolf Hitler". In der SS wurde er mehrfach befördert, zuletzt am 1. Juni 1939 zum Sturmbannführer. Er bekam den „Blutorden" verliehen. Zuletzt im Rang eines Sturmbannführers der Waffen-SS, hatte er seit 1. Juli 1941 als SS-Führer zur besonderen Verwendung der Aufklärungsabteilung der „Leibstandarte SS Adolf Hitler" angehört. (6) Grezesch starb kurz nach dem deutschen Angriff auf die Sowjetunion 13. Juli 1941 in Kurne (Russland). (7)

Wilhelm Grezesch — gefallen.

Vor wenigen Tagen erhielten wir die Mitteilung, daß unser Wilhelm Grezesch als Sturmbannführer der Waffen-SS. im Kampfe gegen den Bolschewismus gefallen ist.

Jeder Elmshorner, insbesondere die alten Kämpfer der nationalsozialistischen Bewegung in Elmshorn und im Kreise Pinneberg und darüber hinaus werden unwillkürlich an die Zeit zurückgedacht haben, in der Wilhelm Grezesch in Elmshorn und im Kreise Pinneberg für unseren Führer Adolf Hitler kämpfte. Mancher wird die zum 10jährigen Bestehen der Ortsgruppe Elmshorn im Jahre 1935 herausgegebene Schrift wieder zur Hand genommen haben, um in Gedanken noch einmal Abschnitte aus diesen Tagen der Kampfzeit unserer Bewegung zu erleben, die unter Adolf Hitlers Führung unser Volk wieder groß, stark und frei gemacht haben.

Schon in frühester Kampfzeit war Wilhelm Grezesch unter den Aktivisten Elmshorns zu finden. 1928 wird er der erste tatkräftige Führer der Elmshorner Nationalsozialisten. Die Ortsgruppe leitete er bis zu seinem Fortzug nach Trier 1928. 1929 kehrte er nach Elmshorn zurück und übernahm wieder die Leitung der Ortsgruppe, die er bis Oktober 1931 inne hatte. Pg. Grezesch erhielt dann den Auftrag, im Kreise Pinneberg die SS. zu organisieren.

Wir alle kennen Wilhelm Grezesch als den aktivsten Kämpfer Elmshorns. Im Kampf für Führer und Volk ging sein Weg in der Kampfzeit durch Straßen- und Saalschlachten, durch Gefängnisse und Zuchthäuser der damaligen Systemregierung. Ob er schwer verwundet im Bruderkampf aus einer Straßen- oder Saalschlacht herausgetragen werden mußte oder ob man ihm auch die Freiheit nahm, seine Kraft und sein Kampfgeist waren nicht zu brechen. Mit neuem Mut und neuer Kraft stürzte er sich immer wieder in den Kampf, all denen, die damals zusammen mit ihm kämpften, ein leuchtendes Vorbild, seine Mitkämpfer immer mit sich vorwärtsreißend. So erlebte er den 30. Januar 1933 und wirkte 1933 bis zu seiner Berufung in die Leibstandarte Adolf Hitlers als SS.-Führer und Stadtrat in Elmshorn. Mit der Ortsgruppe, in der er die Kampfzeit erlebte, blieb er immer verbunden.

So wie damals in der Zeit des Kampfes im Innern unseres Reiches, so stand er auch jetzt im Kampf gegen denselben Feind, der in unseren Tagen das Reich und Volk bedroht, in vorderster Front. Am 12. 7. 1941 ist Wilhelm Grezesch im Kampf gegen den Bolschewismus gefallen. Wie damals in der Kampfzeit — an der Spitze einer Aufklärungsabteilung. Wie damals uns Elmshornern und seinen SS.-Männern Vorbild, so auch jetzt im Kampf im Osten seinen SS.-Männern vorausstürmend.

So werden wir Elmshorner unseren Wilhelm Grezesch, dessen Leben Kampf war für seinen Führer und sein Volk, Kampf bis zur Selbstaufgabe, für alle Zeiten in Erinnerung behalten. Einen Kämpfer und guten Kameraden haben wir verloren.

EN vom 25.7.1941

EN vom 23.7.1941

Der Blutorden, offiziell das Ehrenzeichen des 9. November 1923, war ein Ehrenzeichen der NSDAP. Anlass der Stiftung des Blutordens und des Goldenen Ehrenzeichens der NSDAP durch Adolf Hitler war der zehnte Jahrestag der „nationalen Erhebung vom 9. November 1923". Das Abzeichen zählt in der Bundesrepublik Deutschland als NS-Propagandamittel zu den Kennzeichen verfassungswidriger Organisationen im Sinne des § 86a StGB, sodass seine Herstellung und das öffentliche Tragen oder Verbreiten verboten sind.
https://de.wikipedia.org/wiki/Blutorden

Anmerkungen:

1) https://www.reichstag-abgeordnetendatenbank.de/select.html?pnd=130331597
2) Chronik: 10 Jahre NSDAP Elmshorn. 1925 – 1935. Elmshorn 1935.
3) Ebenda
4) Kirschninck, Harald: Der Kampf um Elmshorn. Elmshorn im Nationalsozialismus im Spiegel der Elmshorner Zeitungen 1920 – 1933. Band 1. Norderstedt 2024
5) Folker Schmerbach: Das Gemeinschaftslager Hanns Kerrl für Referendare in Jüterbog 1933-1939, 2008, S. 65.
6) https://de.wikipedia.org/wiki/Wilhelm_Grezesch
7) Lilla, Joachim, Döring, Martin, Schulz, Andreas: Statisten in Uniform: Die Mitglieder des Reichstags 1933–1945. Ein biographisches Handbuch. Unter Einbeziehung der völkischen und nationalsozialistischen Reichstagsabgeordneten ab Mai 1924. Droste, Düsseldorf 2004, ISBN 3-7700-5254-4, S. 189.

Max Mohr

Max Mohr wurde am 15. Januar 1908 in Horstheide (Kreis Steinburg) geboren. (1) Er trat 1925 in die NSDAP ein und besaß die Mitgliedsnummer 36514. (2) Seit 1926 beteiligte er sich zusammen mit Wilhelm Grezesch am bewaffneten Kampf um Elmshorn. Als Grezesch von Hinrich Lohse mit dem Aufbau der SS im Kreis Pinneberg beauftragt worden war und als Ortsgruppenleiter Elmshorn im Oktober 1931 zurückgetreten war, wurde Max Mohr sein Nachfolger als Ortsgruppenleiter.

Nach der Machtergreifung wurde er im Januar 1934 zum Geschäftsführer der KDF Schleswig-Holstein berufen (3) und am 26. Oktober 1934 zum ehrenamtlichen 1. Beigeordneter der Stadt Elmshorn. (4). Seit 1938 wurde er Sonderbeauftragter des Kreisleiters der NSDAP in Pinneberg.

Er trat am 1. Oktober 1937 bei der Aufteilung der Ortsgruppe Elmshorn in drei Ortsgruppen zurück und übergab die Amtsgeschäfte an Hans Letje (Altstadt), Hans Schlüter (Klostersande) und Wilhelm Nicolai (Fuchsberg).

Am 21. April 1934 war Max Mohr wesentlich an der Entführung und Misshandlung des Hamburger Journalisten Frank ins Stadttheater Elmshorn beteiligt, wurde angeklagt, aber am 24. Mai 1934 freigesprochen. (5)

Am 20. April 1934 wurde Max Mohr zum Sturmbannführer (Sturmbann II/265) ernannt. (6)

Abschrift.

Aufgrund der Berufung durch den Herrn Regierungspräsidenten in Schleswig vom 17. Oktober 1934 -I.G. 4000.12- wird Herr Ortsgruppenleiter Max Mohr hiermit unter Berufung in das Beamtenverhältnis mit Wirkung vom 26.X.34 zum ehrenamtlichen Beigeordneten der Stadt Elmshorn bestellt.

Die Berufung erfolgt auf 12 Jahre nach Maßgabe der Vorschriften der §§ 36 und 37 des Gemeindeverfassungsgesetzes.

Elmshorn, den 26.X.34.

Der Bürgermeister.

gez. Krumbeck.

Der Bürgermeister   Elmshorn, den 26. Oktober 1934.

V E R E I D I G U N G S N A C H W E I S .

Ich habe heute gemäss § 2 des Gesetzes über die Vereidigung der Beamten und Soldaten der Wehrmacht vom 20. August 1934 folgenden Eid geleistet:

"Ich schwäre: Ich werde dem Führer des Deutschen Reiches und Volkes Adolf Hitler treu und gehorsam sein, die Gesetze beachten und meine Amtspflichten gewissenhaft erfüllen, so war mir Gott helfe."

(Unterschrift u. Amtsbezeichnung)

Bescheinigung.

Es wird hierdurch bescheinigt, dass Stadtrat Max M o h r , geboren am 15. Januar 1908 in Horstheide (Kreis Steinburg), bereits im Jahre 1933 bei seiner Berufung zum Beigeordneten der Stadt Elmshorn dem Herrn Regierungspräsidenten in Schleswig gegenüber den Nachweis der arischen Abstammung erbracht hat.

Elmshorn, den 14. November 1939.

Der Bürgermeister.

Anmerkungen:

1) Stadtarchiv Elmshorn 0011.01.11.M.024
2) EN v. 21.4.1934
3) EN vom 28.1.34
4) Stadtarchiv Elmshorn 0011.01.11.M.024
5) vgl. Kirschninck, Harald: Gebt uns vier Jahre Zeit! Elmshorn im Nationalsozialismus im Spiegel der Elmshorner Zeitungen. 1933 – 1936. Band 2. Norderstedt 2025.S.423)
6) EN vom 21.4.1934

Hans Heinrich Letje

Ortsgruppenleiter
Hans Letje. Aus 10
Jahre NSDAP
Elmshorn. 1925-1935.
o.O. o.J.

Hans Letje. o.J.
Aus: Beiträge
a.a.O., Bd. 26, S.
141

Hans Letje. o.J.
Aus: EN vom
20.4.1971

Hans Heinrich Letje wurde am 9. Juli 1906 in der Engelbrechtschen Wildnis
geboren. Er absolvierte eine Kaufmannslehre und arbeitete zunächst als
kaufmännischer Angestellter bei der Stadt Glückstadt, danach beim Arbeitsamt und
seit dem 1. Juni 1933 bei der Stadt Elmshorn. Hans Letje trat 1931 der NSDAP bei,
war Block- und Zellenleiter und ab 1933 Ortsgruppengeschäftsführer. Seit 1937 war
er Ortsgruppenleiter der Ortsgruppe Elmshorn-Altstadt. Dieser Abschnitt fehlt in
seiner Personalakte und wurde ausgelassen. (1) Die NSDAP berief ihn 1940 in die
Kreisleitung. Vom 7. April 1942 – 8. Mai 1945 nahm er am Russlandfeldzug teil und
geriet am 9.Mai 1945 in russische Kriegsgefangenschaft, aus der er am 8. Januar
1946 wieder entlassen wurde. Anschliessend wurde er bis März 1947 interniert. Im
Jahr 1948 erfolgte vor dem Spruchgericht Bielefeld sein Verfahren, in dem er zu 1
Jahr 5 Monaten Gefängnis verurteilt wurde, die durch die Internierungszeit als

verbüßt galt. Seit dem 1. Juli 1954 arbeitete er wieder bei der Stadt Elmshorn, wo er nach zwei Jahren zum Stadtoberinspektor ernannt wurde und weiter die Karriereleiter zum Oberamtsrat emporstieg. 1966 feierte er mit dem damaligen Bürgermeister Semprich sein 40jähriges Dienstjubiläum. Am 25. April 1971 konnte er nach einem Verkehrsunfall bis zu seiner Pensionierung am 4. September 1971 nicht mehr arbeiten. Die NS-Zeit von Hans Letje wurde bis auf seinen Wehrdienst und die anschließende Gefangenschaft in der Personalakte nicht erwähnt und auch die EN verlor darüber weder beim Jubiläum 1966, seiner Pensionierung am 31. Juli 1971 und seiner Huldigung zu seinem 80. Geburtstag kein Wort. Er habe sich immer korrekt und treu verhalten. Hans Letje wohnte in der Feldstraße 43, gegenüber vom Jüdischen Friedhof, der von den Nationalsozialisten eingeebnet werden sollte, was glücklicherweise nie geschah. (2) Hans Heinrich Letje verstarb am 21. August 1987.

Anmerkungen:

1)   Stadtarchiv Elmshorn 0011.01.L.031
2)   Kirschninck, Harald: Die Geschichte der Juden in Elmshorn. 1918-1945. Band 2. Norderstedt 2017.

Hans Schlüter

Hans Schlüter wurde am 27. Juni 1906 in Elmshorn geboren. Er besuchte die Realschule und fuhr anschließend vom 17. Juli 1923 bis zum 26. September 1928 für verschiedene Reedereien zur See. Vom 1. Oktober 1928 bis zum 30. September 1929 besuchte er die Steuermannschule und verließ diese mit dem Patent A5. Es folgten vom 4. November 1929 bis 23. November 1931 Fahrten als Schiffsoffizier der „Hamburg-Südamerikanische Dampfschifffahrtsgesellschaft". Im Dezember 1931 besuchte Schlüter für drei Wochen die SA-Sportschule Lockstedter Lager. Nach dem Besuch der Seefahrtsschule vom 3. Januar 1932 bis zum 25. August 1932 absolvierte er das Kapitänsexamen und fuhr anschließend vom 9. Januar bis zum 28. August 1933 als Schiffsoffizier für die „Hamburg-Südamerikanische Dampfschifffahrtsgesellschaft".

Zum 1. November 1933 wurde er bei der Stadt Elmshorn als Hafenmeister mit polizeilichen Befugnissen als Ersatz für den zur Polizei wechselnden Johann Breitfeld eingestellt. Bürgermeister Krumbeck setzte sich für ihn ein, er sei ein „Alter Kämpfer", habe sich für die NSDAP außerordentlich bewährt und wird sich auch weiter für den Nationalsozialismus einsetzen. Hans Schlüter wohnte in der Kaltenweide 149.

Am 1. Oktober 1937 wird er Ortsgruppenleiter der Ortsgruppe Elmshorn-Klostersande.

Am 9. Dezember 1948 wurde er im Entnazifizierungsverfahren in die Kategorie 4 eingereiht, am 31. Dezember 1949 in die Kategorie 5.

Hans Schlüter war bei der Stadt Elmshorn bis zum 21. Mai 1958 beschäftigt. Am 21. Mai 1958 verstarb er mit fast 52 Jahren. (1)

Anmerkungen:

1) Stadtarchiv Elmshorn 0011.01.S.041

Wilhelm Nicolai

Wilhelm Nicolai wurde am 1. Oktober 1937 zum Ortsgruppenleiter Elmshorn-Fuchsberg ernannt.

Sein Nachfolger war sein Parteigenosse Böge.

Auswahl an weiteren Elmshorner Nationalsozialisten

Johannes Göttsche

Geboren: 9. Juli 1883 in Wewelsfleth

Gestorben: 16. November 1934 in Elmshorn nach kurzem schweren Leiden

Ausbildung: Fleischer

Militär: 1903 – 1905 in Flensburg beim Regiment „Auguste Viktoria"

1. Weltkrieg: 16.2.1915 – 31.8.1917 im Westen eingesetzt

Berufliche Laufbahn:

1.4.1911 – 31.5.1912   arbeitslos

1.6.1914 – 15.2.1915   Stadtreisender für eine Tuchfabrik

1917 bis Nov. 1922   verschiedene Stellungen als Schlachter

21.11.1922 – 1.8.1933   Schlachter bei Gebr. Rostock in Elmshorn

Seit 2.8.1933 bei Städt. Betriebswerken Elmshorn als Gebührenerheber

NS-Laufbahn: Eintritt NSDAP am 1.8.1928

Eintritt SA am 1.8.1928

1. SA-Sturmführer in Elmshorn

Durch Kämpfe bis 1933 berufsunfähig als Schlachter

SA-Obersturmführer

Führer des Sturmes Pi 18/265

Familie: hinterlässt Frau und drei Söhne (zwei davon „alte Kämpfer")

(1)

Johannes Göttsche im Kreise seiner Familie. Aus: 10 Jahre NSDAP Elmshorn, a.a.O.

Anmerkungen

1) Stadtarchiv Elmshorn 001101.G.009

Wilhelm Bull

Geboren:	13.6.1893 in Hamburg
Gestorben:	
Wohnort:	Gerlingweg 15
Ausbildung:	Prokurist
13.10.1927 – 26.2.1935	Prokurist bei „Wagner & Co." In Elmshorn
12.3.1933 – Febr. 1935	Beigeordneter und Kämmerer der Stadt Elmshorn
Bis Dez. 1934	auch Stellvertretender Bürgermeister
Februar 1935	Versetzung nach Mülheim/Ruhr als Direktor einer Fabrik von Wagner & Co.
1.8.1938	Arisierung und Weiterführung der „Holsteinischen Konservenfabrik" von Albert Hirsch am Gerlingweg
2.9.1938	Wieder in Elmshorn gemeldet
	Erneut Amt des 7. Beigeordneten
24.3.1944	Stellvertretender Bürgermeister
7.5.1945	Rücktritt als Beigeordneter
NSDAP:	Mitglied

(1)

und am 1. Mai 1931 eine Betriebszellenorganisation mit 12 Betriebszellen in Elmshorner Fabriken gegründet. (13) Der neue Kassenmeister Wilhelm Bull übernahm die Verwaltung der Finanzen und richtete im Sommer 1931 mit Grezesch eine Geschäftsstelle, verbunden mit einer Zeugmeisterei, gegenüber dem Rathaus ein.

Betrifft: Verleihung des Bürgerrechts.

Nach § 19 Absatz 3 der Deutschen Gemeindeordnung wird hiermit genehmigt,
daß dem Fabrikanten Wilhelm B u l l in Elmshorn ohne Rücksicht auf die
Dauer seines Wohnsitzes in der Stadt Elmshorn das Bürgerrecht verliehen
wird. Ich weise ausdrücklich darauf hin, daß die sonstigen Voraussetzungen für die Erlangung des Bürgerrechts erfüllt sein müssen. Über die Verleihung ist mir zu gegebener Zeit zu berichten.

gez. Duviqueau
Beglaubigt:

Kreisausschuß-Inspektor.

Der Landrat.   Pinneberg, den 21. November 1939.
G. H. 531/39.

An
    den Herrn Bürgermeister

Der Landrat

Kr. A. Az. G. H. 531/39.   Abschrift.
(Bei Beantwortung anzugeben)

An
    den Beauftragten der NSDAP.
    in P i n n e b e r g .

Betrifft: Berufung des Beigeordneten Bull in Elmshorn.
Durch Verfügung vom 8. November 1939 - I G.4000-13- hat der Herr Regierungspräsident in Schleswig auf die Zurücknahme der Berufung des
Beigeordneten Wilhelm Bull in Elmshorn verzichtet. Der Fabrikant Wilhelm Bull ist nunmehr endgültig auf die Dauer von 6 Jahren zum ehrenamtlichen Beigeordneten der Stadt Elmshorn berufen.

Vorstehende Abschrift übersende ich zur gefl. Kenntnis.
An
    den Herrn Bürgermeister
    in E l m s h o r n .

Stadtarchiv Elmshorn
001101.B.006

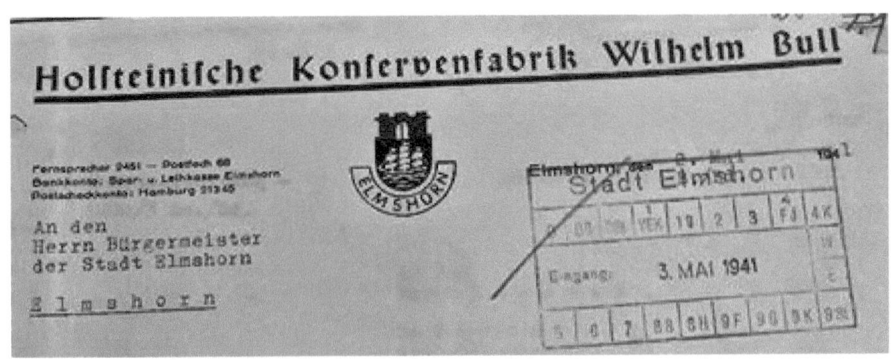

Stadtarchiv Elmshorn 001101.B.006

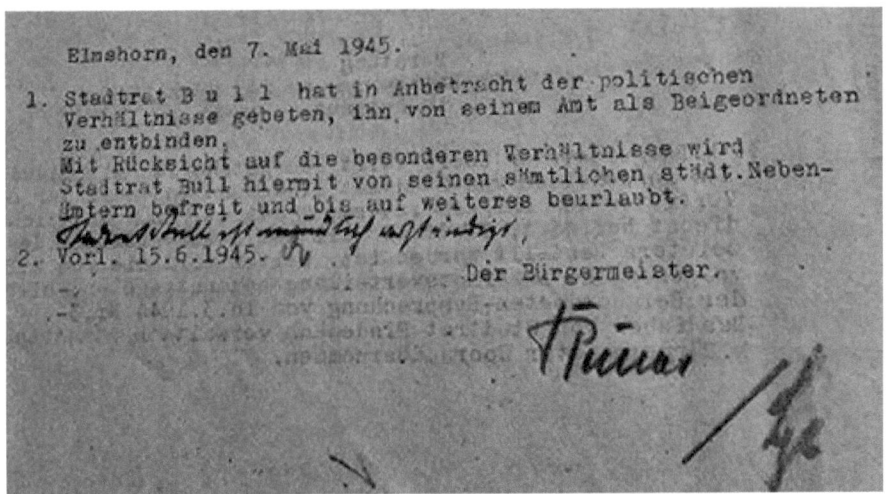

Stadtarchiv Elmshorn 001101.B.006

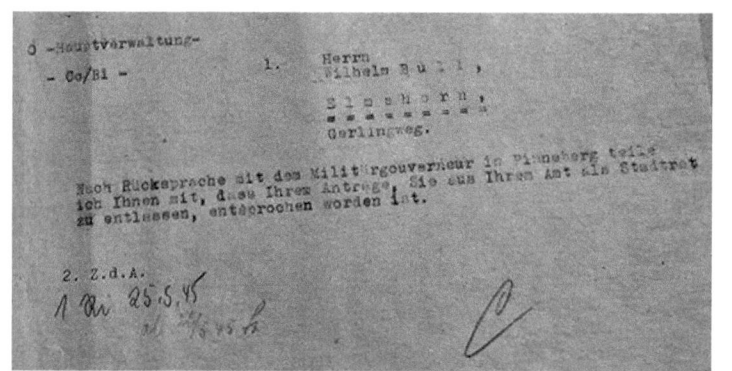

Stadtarchiv Elmshorn
001101.B.006

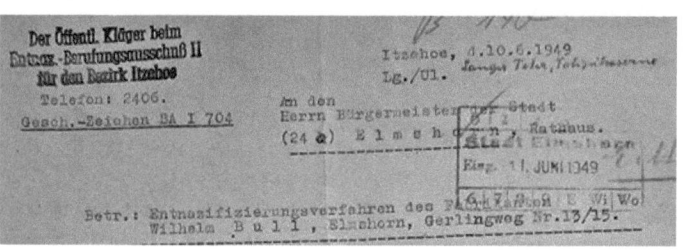

Stadtarchiv Elmshorn
001101.B.006

Stadtarchiv Elmshorn
001101.B.006

Anmerkungen:

1) Stadtarchiv Elmshorn 001101.B.006

Hans Heinrich Hansen

Hans Hansen wurde am 13. Juni 1898 in Dietrichsdorf bei Kiel geboren, besuchte vom 6. Bis zum 15. Lebensjahr die 5. Knabenvolksschule in Kiel. Vom 1. April 1914 bis zum 18. November 1918 absolvierte er eine kaufmännische Lehre und am 18. November 1918 (*hier ist ein Fehler im Lebenslauf, soll wohl heißen 1917*) zum Heeresdienst. Hansen erlitt am 4. April 1918 einen Kopfstreifschuss und geriet am 3. September 1918 in französische Kriegsgefangenschaft, von der er am 26. Februar 1920 zurückkehrte und die nächsten 6,5 Jahre bis August 1926 als Lagerist und Verkäufer in Kiel, Eutin und Hamburg arbeitete. Später übernahm er das Baugeschäft seines schwerkranken Schwiegervaters. Er absolvierte im Frühjahr seine Gesellenprüfung und war bis zum 18. November 1933 in dem Geschäft tätig. Nachdem er vom 18. November 1933 bis zum 1. November 1937 beim Finanzamt Elmshorn beschäftigt war, wurde er ab 1. November 1937 bei der DAF Kreis Pinneberg in Elmshorn angestellt.

Hansen trat der NSDAP am 1. Dezember 1930 bei und war damit ein „Alter Kämpfer". Der NS-Volkswohlfahrt gehörte er von 1935, der DAF seit 1934 und der NS-Gemeinschaft „Kraft durch Freude" von 1938 als Kreissportwart an. Seit September 1938 war er Kreishauptstellenleiter der NSDAP. Der SA trat Hansen am 26. Februar 1932 bei, wurde Sturmbannführer am 1. April 1936 und Standortführer ebenfalls vom 1. April 1936 bis 1938. Am 10. November 1938 kam er nach Elmshorn, wo er in der Turnstraße 2 lebte. Er wurde Hauptsturmführer und löste den SA-Standortführer Preuss, der nach Husum als Standortführer versetzt wurde, als Elmshorner SA-Standortführer ab. Obgleich er noch nicht das Elmshorner Bürgerecht (mit 25 Jahren nach 1 Jahr Wohndauer) besaß, sollte er in den Beirat Gesundheitswesen, Volks- und Jugendertüchtigung berufen werden. Dafür wurde er vor Ablauf der Fristen mit den Bürgerrechten versehen und schließlich am 14. Juli 1939 in den Beirat aufgenommen. (1)

Anmerkungen:

1) Stadtarchiv Elmshorn 0011.01.H.024

Emil Ehler Mohr

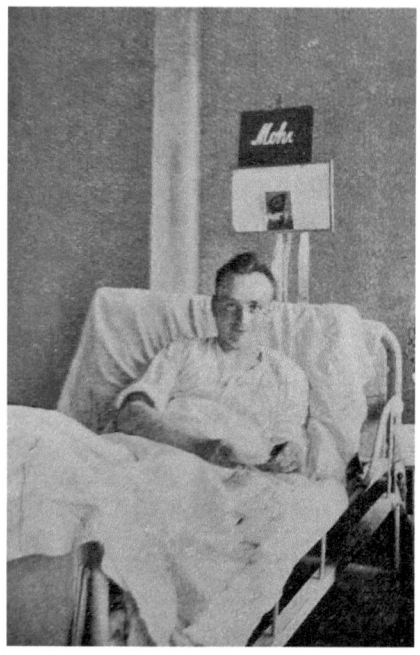

SA-Mann Emil Mohr
1931. Foto: Chronik
a.a.O.

Emil Mohr wurde am 26. August 1910 in Hohenweststedt (Krs. Rendsburg) geboren. Er lebte in der Peterstr. 42, war vom 8. August 1926 bis zum 14, März 1930 als landwirtschaftlicher Arbeiter bei verschiedenen Landleuten, vom 15. März 1930 bis 22. April 1930 beim Gärtner Grezesch und vom 22. April 1930 bis zum 28. Mai 1931 als Arbeiter bei Fleischwarenfabrik Sternberg &Sohn beschäftigt. Emil Mohr schlug sich bei verschiedenen Arbeitgebern als landwirtschaftlicher Gehilfe, Packer und Expedient durch. Am 1. März 1930 trat er der NSDAP bei und seit dem 15. März 1930 auch der SA.
Am 28.Mai 1931 stürzte er schwer im SA-Dienst auf einer Dienstfahrt nach Glückstadt mit dem Motorrad, und wurde nach einem langen Krankenhausaufenthalt bis zum 1. September 1931 erwerbsunfähig (Verletzung der rechten Kniescheibe).

Am 1. September 1933 versuchte er es noch einmal in der Landwirtschaft, musste aber wegen des Unfalles am 18. September wieder aufgeben. Die Zeit vom 1. September 1931 bis zum 20. März 1933 verbrachte er mit ehrenamtlichen Arbeiten innerhalb der NSDAP-Ortsgruppe und deren Nebenorganisationen (Geschäftsstelle, NSBO, HJ, Jungvolk.) Seinen Lebensunterhalt verdiente er mit dem Austragen von Zeitschriften. Vom 21. März – 5. Mai 1933 war er bei hiesigen „Hilfspolizei" und vom 8. Mai – 25. Juli 1933 beim Arbeitsdienst der NSDAP im Arbeitslager Lutzhorn. Er war SA-Truppführer und Zellenleiter. Vom 1. August – 25. August 1933 arbeitete er als Aushelfer bei der Deutschen Arbeitsfront. Weitere Hilfsarbeiten waren vom 26. bis 31. August 1933 beim Elmshorner Tiefbauunternehmer Walter Rode und vom 7. – 30. September als Müller bei der Firma J&C. Schlüter.

Eine längere Arbeitsstelle fand er vom 1. Oktober 1933 – 31. März 1938 als Schulhausinspektor (Hausmeister) bei der Stadtverwaltung Elmshorn auf Grund des „Gesetzes zur Wiederherstellung des Berufsbeamtentums" als Ersatz für den SPD-Mann Erdmann. Vom 1. April 1938 bis zum 5. Mai 1938 arbeitete er als Hausinspektor an der Oberschule für Mädchen (Lyzeum) und war vom 1. April 1936 – 1. August 1942 Beamter. Ab 1. August 1942 erhielt er Wehrmachtsbesoldung. Bei dem Luftangriff im August 1943 erlitt er einen Totalbombenschaden und verlor dabei durch Vernichtung alle Papiere.

Emil Mohr kam vom 17. Mai 1945 – 31. Januar 1946 in amerikanische Kriegsgefangenschaft und arbeitete anschließend als Angestellter bei der amerikanischen Armee als Angestellter vom 1. Februar 1946 – 31. März 1946.

Am 17. Oktober 1946 wurde Emil Mohr auf Anordnung der englischen Militärregierung entlassen.

Er durchlief das Entnazifizierungsverfahren vor dem Entnazifizierungsausschuß Pinneberg als Zugehöriger zur Gruppe 4 ohne Berufsbeschränkung.

Am 4. Dezember 1950 erfolgte durch den Entnazifizierungs-Hauptausschuß in Kiel die Einordnung in Gruppe 5.

Nach verschiedene Tätigkeiten vom 1. April 1946 bis 31. März 1952 arbeitete Emil Mohr bei der Volksbank Elmshorn vom 1. April 1952 bis zum 31. März 1961 als Hausmeister. Er starb am 13. November 1991 in seinem Wohnort Lägerdorf.

(1)

Statt Karten

Schlicht und einfach war Dein Leben,
treu und fleißig Deine Hand.
Friede sei Dir nun gegeben,
ruhe aus – und habe Dank.

Nach langer, schwerer Krankheit entschlief mein lieber, treusorgender Mann, unser guter Schwager, lieber Onkel und Großonkel

Emil Mohr

* 26. August 1910 † 13. November 1991

In stiller Trauer und Dankbarkeit
Frieda Mohr geb. Diercks
und alle Angehörigen, die ihn lieb hatten

2219 Lägerdorf, Agnes-Miegel-Straße 2, früher Elmshorn

Wir nehmen Abschied am Dienstag, dem 19. November 1991, um 10 Uhr in der Lutherkirche zu Lägerdorf. Anschließend Überführung zur Einäscherung.

EN vom 15.11.1991

Anmerkungen:
1) Stadtarchiv Elmshorn 0011.01.M.003

590

Karl Geißler

SS-Mann Karl Geißler.

SS-Mann Karl Geissler.
Foto: Chronik, a.a.O.

Karl Geissler (auch Geisler) gehörte zu den aktivsten Kämpfern für die NSDAP in der Zeit vor der Machtergreifung. Er wurde im Straßenkampf 1931 stark verletzt. (1)

Geissler gehörte der Schutzpolizei an und war 1934 Obertruppführer der SS, später auch SS-Oberscharführer in der Waffen-SS.

Er nahm am Russland-Feldzug teil und fiel am 8. Oktober 1941.(2)

Anmerkungen:

1) Kirschninck, Harald: Der Kampf um Elmshorn. Elmshorn im Nationalsozialismus im Spiegel der Elmshorner Zeitungen 1920 – 1933. Band 1. Norderstedt 2024

2) EN vom 8.10.1941

Ernst Albers, Dr. med. vet.

Ernst und Julie Albers, ca. Anfang der 1920er Jahre (Sammlung: Erika Opitz)

Tierarzt Ernst Albers, ca. 1950er Jahre (Sammlung: Erika Opitz)

Die Biografie wurde dem Beitrag „Dr. med. vet. Ernst Albers – Ortsgruppenleiter der NSDAP 1929 – 1930" von **Jörg Penning** entnommen, der diese 2014 veröffentlichte:

„Der Tierarzt Ernst Albers war nach der Gründung der NSDAP-Ortsgruppe Quickborn der erste Ortsgruppenleiter. Sein Beruf als Tierarzt und die damit verbundenen vielfachen Kontakte zur Landbevölkerung prädestinierten ihn als lokalen Führer der NSDAP.

Albers wurde 1891 als Sohn eines Kaufmanns in Tondern geboren. Er hatte vier Geschwister und studierte in Hannover Tiermedizin. Im Jahr 1921 eröffnete er in Quick-

born eine Tierarztpraxis in der Kieler Straße, wo er anfangs mit seiner Frau Julie und seinen zwei Töchtern lebte. Am 1. November 1929 wurde Albers mit der Mitglieds-Nr. 166421 in die NSDAP aufgenommen. Als wenige Tage später am 4. November 1929 die Nationalsozialisten eine Ortsgruppe in Quickborn gründeten, wurde Albers „Führer" der lokalen Partei. Die Funktion als NSDAP-Ortsgruppenleiter gab er Ende 1931 an Richard Hübener ab, da er nach Elmshorn verzog und hier das Amt des Vorsitzenden der Tierärztekammer der Provinz Schleswig-Holstein annahm. Im Oktober 1938 zog Ernst Albers mit seiner Familie nach Berlin. Hier übernahm er eine berufliche Funktion in der Reichstierärztekammer und praktizierte im Berliner Stadtteil Moabit als Tierarzt. Neben seiner Mitgliedschaft in der NSDAP war Albers in der Deutschen Arbeitsfront, der Nationalsozialistischen Volkswohlfahrt (NSV), dem Nationalsozialistischen Deutschen Ärztebund, der NS-Kriegsopferversorgung, dem NS-Altherrenbund und dem NS-Reichskriegerbund. Als überzeugter Nationalsozialist trat auch er aus der Kirche aus und bezeichnete sich fortan als „gottgläubig".

Im November 1943 wurde die Familie in Berlin ausgebombt, blieb aber vorerst in der Hauptstadt. Mit dem Heranrücken der Roten Armee siedelten die Albers wieder nach Quickborn über und zog neben Familienangehörigen in der Kampstraße, die zeitweise Räume für die Geschäftsstelle der NSV zur Verfügung stellten. Ernst Albers praktizierte nach dem Krieg noch einige Jahre in Quickborn als Tierarzt und starb hier 1979 mit 88 Jahren." (1)

Dr. Albers war in seiner Zeit in Elmshorn im Juni 1937 auch als Parteiortsrichter tätig. (2)

Anmerkungen:

1) Jörg Penning, 14.3.2014. Aus: https://www.spurensuche-kreis-pinneberg.de/spur/dr-med-vet-ernst-albers-ortsgruppenleiter-der-nsdap-1929-1930/
2) EN vom 28.6.1937

Heinrich Kobarg

SS-Führer Heinrich Kobarg, 1933 für kurze Zeit Pinneberger Bürgermeister

VHS-Geschichtswerkstatt
Pinneberg

„Die preußische Provinzregierung unter dem Sozialdemokraten Otto Braun wurde kurz nach dem „Altonaer Blutsonntag" in einem Staatsstreich („Preußenschlag") durch den reaktionären Reichskanzler v. Papen beseitigt. Am 31.7.1932 errang die NSDAP in Pinneberg mehr Stimmen als SPD und KPD zusammen.

Am Nachmittag des 31.7. waren ausgesuchte Mitglieder des SS-Sturmes 2 III/4 von ihrem Elmshorner Führer Wilhelm Grezesch in Ellerhoop zusammengezogen worden, denn es müsse „etwas unternommen werden um den Gegner zu reizen und dann auf sie loszuschlagen... Während der Nacht zwischen 1 und 2 Uhr müssten in Elmshorn, Uetersen, Barmstedt und Pinneberg gegen Verkehrslokale der KPD oder des Reichsbanners oder gegen andere Häuser linksgerichteter Personen

Handgranaten geworfen werden. Dies geschehe auf Anordnung der Führung. Die Gauleitung übernehme für jeden etwa dabei verunglückten Beteiligten die Verantwortung".

Der für den Pinneberger Anschlag verantwortliche Kobarg erhielt 4 Monate Haft wegen Vergehens gegen das Sprengstoffgesetz, flüchtete noch während des Prozesses und tauchte erst nach der Machtübernahme der Nationalsozialisten als stellvertretender Bürgermeister Pinnebergs wieder auf.

Heinrich Kobarg, geboren am 17.1.1901, trat nach Beendigung der Pinneberger Volksschule 1916 eine Lehre der Kommunalverwaltung beim Landratsamt Pinneberg an. Danach leistete er 1919 Militärdienst und übernahm eine Tätigkeit als Reisender, 1920 im Polizeidienst in Flensburg, 1921 bis 1923 dann bei der Ordnungspolizei Hamburg. Anschließend finden sich in seinem Lebenslauf wechselnde Beschäftigungen. So war er 1928 bei der Reichsbahn, dort wurde er 1930 aus politischen Gründen entlassen.

Im Jahre 1933 war er kurzfristig stellvertretender Bürgermeister in Pinneberg, ab 1934 bei der Schutzpolizei, dann bei der Kriminalpolizei Elmshorn und SD-Beobachter. Während des Krieges werden seine Einsätze u.a. bei der Kriminalpolizei Bromberg, der Geheimen Feldpolizei Luft, beim Sicherheitsdienst in Athen, dann wieder bei der Kriminalpolizei Hamburg zusammengefasst. 1940 wurde Heinrich Kobarg zum SS-Untersturmführer befördert. (1)

Kobarg war beteiligt am Synagogenbrand in Elmshorn am 9. November 1938. (2)

Am 12. April 1974 starb er in Elmshorn.

Rudi Arendt veröffentlichte einige Quellen zu Kobarg auf der Seite „Spurensuche im Kreis Pinneberg":

10. Februar 1949

Apenrader Straße 6, 25335 Elmshorn

Pinneberg/Elmshorn. Anhand der Protokolle des Entnazifizierungsausschusses des Landes werden die dem stellvertretenden Bürgermeister Pinnebergs,

Kriminalsekretär und Elmshorner SS-Truppführers Heinrich Kobarg zur Last gelegten „Verbrechen gegen die Menschlichkeit" und seine Einstufungen im Entnazifizierungsverfahren dokumentiert.

„Gerichtsurteil im Februar 1949: „Verbrechen gegen die Menschlichkeit" – der stellvertretende Bürgermeister und Kriminalsekretär Heinrich Kobarg.

SS-Untersturmführer Heinrich Kobarg war 1933 für kurze Zeit Pinneberger Bürgermeister und im Anschluss Kriminalbeamter in Elmshorn. Seine „rücksichtslose und brutale Einstellung ist in weitesten Kreisen des Kreisgebietes bekannt und die Verfolgten des Naziregimes haben teils durch eigene Erfahrungen feststellen können, dass K. der rücksichtsloseste und brutalste Gegner war." (3)

Verbrechen gegen die Menschlichkeit – Das Urteil des Schwurgerichtes Itzehoe

Durch Urteil des Schwurgerichtes Itzehoe vom 10.2.1949. wurde Kobarg wegen Verbrechens gegen die Menschlichkeit zu acht Monaten Gefängnis verurteilt. Ihm wurde nachgewiesen, dass er in seiner Eigenschaft als Kriminalsekretär in der Zeit seiner Tätigkeit in Elmshorn in vielen Fällen in grausamer Weise sich an Gegnern des Nationalsozialismus vergangen hat, sie misshandelt und ihre Einweisung in ein KZ veranlasst hat. Auf die bei den Akten befindlichen Originalunterlagen, die von der VVN Pinneberg zur Verfügung gestellt wurden, wird verwiesen, desgleichen auf die eidesstattlichen Erklärungen von Johannes Delker, Ernst Karlau und Simon Meesch. Nach diesem Tatbestand „kann kein Zweifel darüber bestehen, dass es sich bei dem Betroffenen um einen Aktivisten übelster Sorte handelt, der die Gewaltherrschaft des Nationalsozialismus wesentlich gefördert und gefestigt hat. Aus diesem Grunde ist er gem. §4 des E.-Gesetzes in die Kat. III mit allen sich aus § 8 ergebenden Sanktionsmaßnahmen einzureihen." (4)

Die Zeugenaussagen im Entnazifizierungsverfahren

1. Zeuge Johannes Delker, 52 Jahre, Schmied, wohnhaft Elmshorn i./H. Heidmühlenweg 41:

„Ich wurde am 4.12.1934 gegen 9 ½ Uhr verhaftet, und zwar von 5 Personen.

Darunter waren 2 Beamte von der Hamburger Gestapo und die übrigen 3 von der Elmshorner Polizei. Ich war derzeit dienstverpflichtet und arbeitete am Karpfenteich. Unter den Elmshorner Wachtmeistern befand sich auch Kobarg, welcher in Uniform war. Ich musste in einem Flitzer Platz nehmen und Kobarg setzte sich neben mich. Kobarg wollte von mir wissen, ob ich einem gewissen Eggerstedt Zeitungen ausgehändigt hätte oder nicht. Nachdem ich dies verneinte, versetzte er mir einen Schlag ins Gesicht. Nachdem meine Wohnung ergebnislos durchsucht worden war, fuhren wir zur Polizeiwache in Elmshorn. Dort stürzte er mit mir in den Keller und ich sollte aussagen, wo ich die Zeitungen her hatte. Oben im Zimmer zog man mich mit 4 Mann über den Tisch und schlug mich bewusstlos, Kobarg war auch mit dabei. Man schlug mir das Nasenbein kaputt und meine Nase ist dadurch verschoben. Nach meiner 4-jährigen Strafverbüßung wegen Vorbereitung eines hochverräterischen Unternehmens, bin ich mit Kobarg nicht wieder in Berührung gekommen." (5)

Zeuge Ernst Karlau, Elmshorn i./H. Schulstr. 26, 42 Jahre alt, Margarinearbeiter:

„Ich wurde am 25.1.1935 von der Gestapo verhaftet. Ich war bei einem Gastwirt beschäftigt und man holte mich dort morgens um 5 Uhr aus dem Bett. Bei dieser Verhaftung war Kobarg in Zivil dabei. Im Wachzimmer sagte er uns, es wären noch mehrere Verhaftungen in der Nacht vorgenommen worden, dass er uns mal zeigen wolle, wie stramm gestanden würde. In der Wachstube wurde ich von ihm geschlagen und mit dem Kopf gegen die Wand gestoßen, dass mir Hören und Sehen verging. Nachdem ich beim Spezialarzt in Behandlung kam, sagte mir dieser, dass es mit meinem Gehör nicht besser werden würde und ich bis an meine Lebensende damit zutun haben würde. Ich leide noch heute an Mittelohrentzündung. Ich kannte Kobarg nicht mit Namen, es wurde mir später erzählt, dass sein Name so sei. Von Elmshorn aus kam ich gleich nach Fuhlsbüttel und von dort nach Esterwegen. Nachdem ich 7 Monate auf freien Fuß gesetzt wurde, verurteilte man mich zu 2 ½ Jahren und 1 Jahr Polizeiaufsicht. Zur Last wurde mir gelegt, dass ich der Roten Hilfe beitrat und kommunistische Zeitungen gekauft habe. Von der Hamburger Gestapo wurde ich nicht geschlagen, nur von Kobarg." (6)

Zeuge Simon Mesch, Lederarbeiter, 59 Jahre alt, wohnhaft Elmshorn i./H., Wrangelpromenade 60:

„Ich wurde am 13.1.1935 aus dem Bett heraus von den Oberwachtmeistern Kobarg und Lentfer verhaftet. Kobarg war in Uniform. In meiner Wohnung bekam ich schon Schläge von Kobarg und unterwegs noch einmal, weil ich einen Bekannten grüßte. Wir gingen zu Fuß, weil die Wache in nächster Nähe lag. Auf der Wache fragte ich, weshalb ich verhaftet wurde und Kobarg sagte zu mir, ich solle die Schnauze halten und wo sich der Revolver befände. Ich erwiderte, dass ich von keinem Revolver etwas wüsste und man erklärte mir, dass ich meine Frau mit einer Schusswaffe bedroht haben solle. Eine Haussuchung verlief bei mir ergebnislos. Nachdem ich nochmals zum Verhör geschleift wurde, schlug der Kobarg mich dermaßen, dass der Polizeiarzt geholt werden musste. Nachdem sich herausgestellt hatte, dass ich keine Waffe besaß, wurde ich wieder entlassen. Später wurde ich wieder von der Gestapo verhaftet und zu 2 Jahren Gefängnis verurteilt. In diesem Falle handelte es sich um eine politische Sache und Kobarg war nicht daran beteiligt. Am 7.7.1938 war die Polizeiaufsicht abgelaufen und ich musste mich aus diesem Grunde bei der Polizei melden. Dort fuhr Kobarg mich wieder an und fragte mich: „Wie stehen Sie zum heutigen Staate"? Ich erwiderte ihm, dass ich verheiratet sei, meine Ruhe haben möchte und nicht wieder entlassen werden wolle. Ich kenne den Kobarg von Jugend auf, er ist ein geborener Elmshorner. In der Person deshalb irre ich mich keinesfalls."
(7)

Die Berufungsentscheidung in Sachen Heinrich Kobarg– ein Beispiel für die Spruchpraxis im Entnazifizierungsverfahren.

Heinrich Kobarg wurde schließlich am 1. Februar 1951 vom Entnazifizierungsberufungsausschuss des Landes Schleswig-Holstein in die Gruppe IV der Mitläufer einsortiert. In der Begründung des Ausschusses unter Vorsitz von Dr. Krug heißt es u.a.: *„An sich gehört der Betroffene nach der Gruppe III, wie ihn die erste Instanz auch eingestuft hat... Im Hinblick auf die Tatsachen, dass der Betroffene 3 ½ Jahre interniert war, dass er – als Folge von Magengeschwüren – nur bedingt arbeitsfähig ist, dass er noch sechs versorgungsberechtigte Kinder hat und schließlich, dass er für den Fall Siekmann eine Gefängnisstrafe erhielt, glaubte der Berufungsausschuss es mit seinem Gewissen vereinbaren zu können, ihn aus der*

Gruppe III herausnehmen zu können.

Da die glatte Einstufung nach IV aber nicht dem Verhalten und den Taten des Betroffenen in parteipolitischer Hinsicht entsprochen hätte, wurde die sofortige Versetzung in den Ruhestand und ein stark gekürztes Ruhegehalt von nur 50% festgesetzt." (8)

Bei der ersten Einstufung in die Gruppe III der Belasteten hatte die Vereinigung der Verfolgten des Naziregimes noch umfangreiches Beweismaterial seiner „hasserfüllten Einstellung gegenüber politisch Andersdenkenden" an den Entnazifizierungsausschuss des Kreises geschickt und darauf hingewiesen, dass seine „rücksichtslose und brutale Einstellung in weitesten Kreisen des Kreisgebietes bekannt und die Verfolgten des Naziregimes ... teils durch eigene Erfahrungen feststellen können, dass K. der rücksichtsloseste und brutalste Gegner war." (9)

An welchen Verbrechen sich Heinrich Kobarg im besetzten Polen (Bromberg) dem heutigen Bydgoszcz , in Griechenland (Athen), oder aber auch bei der Kriminalpolizei in Hamburg beteiligte, war dagegen nie Gegenstand irgendeines Gerichts- und oder Entnazifizierungsverfahrens. (10)

Anmerkungen:

1) LASH Abt. 460 Nr. 468: Schreiben der VVN an den Entnazifizierungsausschuss des Kreis Pinneberg zu Heinrich Kobarg
2) Vgl.: Kirschninck, Harald: Der Kampf um Elmshorn. Elmshorn im Nationalsozialismus im Spiegel der Elmshorner Zeitungen 1920 – 1933. Band 1. Norderstedt 2024 und

   Kirschninck, Harald: Die Geschichte der Juden in Elmshorn. 1918-1945. Band 2. Norderstedt 2017.

3) LASH Abt. 460 Nr. 468: Schreiben der VVN an den

Entnazifizierungsausschuss des Kreis Pinneberg zu Heinrich Kobarg

4) Land SH öffentlicher Kläger an den Entnazifizierungshauptausschuss, Schreiben v. 17.02.1950, LASH Abt. 460 Nr. 468 Dokument 055

5) Entnazifizierungshauptausschuss des Landes SH, Begründung der Entscheidung vom 11.10.1950, LASH Abt. 460 Nr. 468 Dokument 042 Anlage zur Niederschrift

6) Entnazifizierungshauptausschuss des Landes SH, Begründung der Entscheidung vom 11.10.1950, LASH Abt. 460 Nr. 468 Dokument 042 Anlage zur Niederschrift

7) Entnazifizierungshauptausschuss des Landes SH, Begründung der Entscheidung vom 11.10.1950, LASH Abt. 460 Nr. 468 Dokument 042 Anlage zur Niederschrift

8) Berufungsentscheidung des Entnazifizierungsberufungsausschuss des Landes Schleswig-Holstein vom 1.2.1951, LASH Abt. 460 Nr. 468 Dokument 056

9) Schreiben der Vereinigung der Verfolgten des Naziregimes Kreis Pinneberg an den Entnazifizierungsausschuss des Kreises Pinneberg v. 20.04.1949, LASH Abt. 460 Nr. 460 Dokument 104

10) Rudi Arendt, 8. Mai 2024 auf der Internetseite: https://www.spurensuche-kreis-pinneberg.de/spur/gerichtsurteil-im-februar-1949-verbrechen-gegen-die-menschlichkeit-der-stellvertretende-buergermeister-und-kriminalsekretaer-heinrich-kobarg/

Gliederung der SA ab 1934

	übliche Aufteilung	daraus resultierende theoretische Gesamtstärke
Oberste SA-Führung		
SA-Gruppe	2–6 Brigaden	3.888–777.600 Mann
Brigade	3–9 Standarten	1.944–129.600 Mann
Standarte	3–6 Sturmbanne	648–14.400 Mann
Sturmbann	3–10 Stürme	216–2.400 Mann
Sturm	3 Trupps	72–240 Mann
Trupp	3–5 Scharen	24–80 Mann
Schar	1–2 Rotten	8–16 Mann
Rotte	4–8 Mann	4–8 Mann

Anmerkungen:

1937 – 1938 **Ausgrenzung und Ausplünderung**

1) EN vom 2.1.1937
2) EN vom 2.1.1937
3) EN vom 6.1.1937
4) EN vom 15.1.1937
5) EN vom 2.1.1937
6) EN vom 21.1.1937
7) vgl. Groß-Hamburg-Gesetz – Wikipedia
8) EN vom 1.2.1937
9) EN vom 16.2.1937
10) EN vom 22.2.1937
11) EN vom 25.2.1937
12) EN vom 26.2.1937
13) EN vom 1.3.1937
14) EN vom 1.3.1937
15) EN vom 3.3.1937
16) https://de.wikipedia.org/wiki/Reichsn%C3%A4hrstand
17) EN vom 3.3.1937
18) EN vom 12. März 1937
19) EN vom 20.3.1937
20) vgl.: Stormarn-Lexikon - Groß-Hamburg-Gesetz und Groß-Hamburg-Gesetz – Gesellschaft für Schleswig-Holsteinische Geschichte
21) EN vom 9.4.1937
22) EN vom 15.4.1937
23) EN vom 16.4.1937
24) EN vom 20.4.1937
25) EN vom 21.4.1937
26) EN vom 21.4.1937
27) EN vom 26.4.1937

28) EN vom 27.4.1937

29) EN vom 29.4.1937

30) EN vom 3.5.1937

31) Rede Adolf Hitlers an die Jugend, 1.5.1937, NBZ vom 3.5.1937

32) EN vom 21.5.1937

33) EN vom 2.6.1937

34) EN vom 4.6.1937 und folgende

35) EN vom 26.6.1937

36) EN vom 28.6.1937

37) Perching, Elisabeth: Zur Einübung von Weiblichkeit im Terrorzusammenhang. Mädchenadoleszenz in der NS-Gesellschaft, München 1996, S. 50

38) Ebenda, S. 49

39) Ebenda, S. 47

40) vgl. Nyssen, Elke: Frauen und Frauenopposition im Dritten Reich. In: Flessau / Nyssen / Pätzold (Hrsg.): Erziehung im Nationalsozialismus, „… und sie werden nicht mehr frei ihr ganzes Leben!". Köln; Wien 1987, S. 23-44., S. 36 f.

41) Gamm, Hans-Jochen [u.a.]: Führung und Verführung: Pädagogik des Nationalsozialismus; eine Quellensammlung. 2. Aufl., Frankfurt a. M. 1984, S.271 und Thalmann, Rita: Frausein im Dritten Reich. München; Wien 1984, S. 105

42) vgl. Perching, a.a.O., S. 52

43) vgl. Perching, a.a.O., S. 49) und Brunöhler, Lisa: „Auch Du gehörst dem Führer..." - Mädchenerziehung im Nationalsozialismus am Beispiel des Bundes Deutscher Mädel. 2010. S.25f

44) https://www.wikiwand.com/de/Trude_Mohr

45) NBZ vom 1.4.1937

46) EN vom 31.5.1937

47) EN vom 2.7.1937

48) EN vom 8.7.1937

49) Beschluss der Beigeordneten der Stadt Elmshorn. Stadtarchiv

50) EN vom 23.3.1936

51) EN vom 2.8.1937

52) EN vom 18.8.1937

53) EN vom 19.8.1937

54) EN vom 17.9.1937

55) EN vom 27.9.1937

56) EN vom 2.10.1937

57) EN vom 2.10.1937

58) https://jugend1918-1945.de/portal/Jugend/thema.aspx?root=26636&id=3450

59) vgl.: Lefenau-Ziegenhagen, Doris: Bokholt-Hanredder Dorfgeschichte, Bokholt-Hanredder 1989

60) EN vom 4.10.1937

61) EN vom 5.10.1937

62) EN vom 9.10.1937

63) http://www.roterhusar.org/rwca/projektmeldorf/aufbaudith.html

64) Dr. Sebastian Lehmann: https://www.spurensuche-kreis-pinneberg.de/spur/kreisleitung-der-nsdap-ab-1936/

65) EN vom 10.11.1937

66) EN vom 16.11.1937

67) EN vom 19.11.1937

68) EN vom 23.11.1937

69) EN vom 11.12.1937

70) EN vom 1.12.1937

71) https://www.planet-wissen.de/geschichte/nationalsozialismus/kindheit_im_zweiten_weltkrieg/pwiedieswingjugend100.html

72) EN vom 14. und 15.12.1937

73) EN vom 18.12.1937

74) EN vom 7.1.1937

75) EN vom 13.1.1938

76) Jutta Rüdiger (geb. 14. Juni 1910 in Berlin; gest. 13. März 2001 in Bad Reichenhall) war eine deutsche Psychologin und von 1937 bis 1945 Reichsreferentin des Bund Deutscher Mädel (BDM) in der

Reichsjugendführung (RJF) Berlin und eine der drei Präsidentinnen der europäischen Jugendverbände. 1937 wurde sie Sonderbeauftragte der Reichsreferentin Trude Mohr und trat in die NSDAP ein, nach gescheiterten Versuchen seit 1933. Von 1937 bis 1945 fungierte sie als Reichsreferentin des BDM und war damit höchste BDM-Führerin der Reichsjugendführung Berlin. Daneben leitete sie ab 1942 die BDM-Organisation Glaube und Schönheit. Mitte 1945 wurde Jutta Rüdiger, die sich bei Zell am See versteckt hielt, zusammen mit Melita Maschmann verhaftet und anfangs im Ludwigsburger Frauenlager 77 interniert. Insgesamt verbrachte sie zweieinhalb Jahre in US-amerikanischer und britischer Internierung. Ihr Entnazifizierungsverfahren wurde nie abgeschlossen. 1948 gründete sie eine psychologische Praxis in Düsseldorf und arbeitete als Kinder- und Jugendpsychologin. Sie starb im Alter von 90 Jahren 2001 in Bad Reichenhall an den Begleiterscheinungen ihrer fortschreitenden Parkinson-Erkrankung. Nach: https://de.wikipedia.org/wiki/Jutta_R%C3%BCdiger

77) EN vom 19.1.1938

78) EN vom 20.1.1938

79) EN vom 10.2.1938

80) EN vom 28.1.1938

81) EN vom 22.2.1938

82) NBZ 24.3.1938

83) EN vom 19.2.1938

84) EN v. 22.2.1938

85) EN vom 22. und 25.2.1938

86) Aussage Herr Christian Rostock

87) Ebenda

88) Versicherungsschein der Landesbrandkasse. Rechnungsbücher, a.a.O.

89) EN vom 28.7.1938

90) Billstein, Aurel: Der große Pogrom, die „Reichskristallnacht" in Krefeld. Krefeld o. J.

91) Besprechung der Beigeordneten v.12.6.1935.Stadtarchiv

92) NBZ vom 12.3.1938

93) Nach: https://de.wikipedia.org/wiki/Ernste_Bibelforscher

94) NBZ vom 17.5.1938
95) EN vom 25.2.1938
96) EN vom 7.3.1938
97) EN vom 1.3.1938
98) EN vom 23.3.1933
99) EN vom 2.4.1938
100) EN vom 2.4.1938
101) EN vom 20.4.1938
102) EN vom 21.4.1938
103) EN vom 2.5.1938
104) EN vom 2.5.1938
105) EN vom 15.2.1938
106) EN vom 28.7.1938
107) EN vom 4.8.1938
108) EN vom 11.8.1938
109) Reichsgesetzblatt 1938. I. S.922.
110) EN vom 14.9.1938

Der Novemberpogrom oder die „Reichskristallnacht" 1938

1) Drobisch, Klaus u.a.: Juden unterm Hakenkreuz. Verfolgung und Ausrottung der deutschen Juden 1933 – 1945. Berlin 1973. S. 186

2) Ebenda

3) Ebenda

4) Ebenda

5) Heiber, Helmut: Der Fall Grünspan. in: Vierteljahreshefte für Zeitgeschichte. 1957. S. 134 f.

6) Völkischer Beobachter v. 8.11.1938. zit. n.: Oppenheimer u.a.: Als die Synagogen brannten. Zur Funktion des Antisemitismus gestern und heute. Frankfurt a.M. 1978. S. 17.

7) Aus einem Bericht des Obersten Parteigerichts an Göring vom 3.Febr. 1939.- Dokument 3063-PS im Nürnberger Prozeß gegen die Hauptkriegsverbrecher. zit. n.: Oppenheimer, a.a.O., S. 99f.

8) zit. n.: Hauschildt, Dietrich: Juden in Kiel im Dritten Reich. Staatsexamensarbeit. Kiel 1980. S.97.

9) Ebenda

10) Dok. 374-PS im Nürnberger Prozeß gegen die Hauptkriegsverbrecher, zit. n.: Oppenheimer, a.a.O., S.100

11) Dok. 3051-PS im Nürnberger Prozeß gegen die Hauptkriegsverbrecher, zit. n.: Oppenheimer, a.a.O., S.101f.

12) The Central Archives for The History of the Jewish People, Jerusalem (CAHJP) P 40/ 32 - 3,2

13) CAHJP P 40/ 32 -3,2.

14) CAHJP P 40/ 32 -3,2

15) CAHJP P 40/ 32 -3,2.

16) Aussage von Per Koopmann

17) Hamburger Echo v. 8.7.1948

18) CAHJP P 40/ 32,1

19) Aussage v. Rudolf Oppenheim

20) Aussage v. Rudolf Oppenheim

21) Naujocks, Harry: Mein Leben im KZ Sachsenhausen. 1936 -1942. Erinnerungen des ehemaligen Lagerältesten. Berlin 1989. S.91

22) Ebenda

23) Ebenda

24) Aussage v. Rudolf Baum

25) Aussage von Frau Lötje, geb. Lippstadt

26) Brief von Frau Paula Baum. Judaica Museum New York. Dieses Museum ist eine Gründung von Rudolf Baum. und seiner Frau Leuba.

27) EN vom 10.11.1938

28) LAS Abt. 309 Nr. 21739

29) Urkunden zur Judenpolitik des Dritten Reiches, 1954. zit. n.: Freimark/Kopitzsch: Der 9./10. November 1938 in Deutschland. Dokumentation zur „Kristallnacht" 3. unv. Aufl. Hamburg 1981. S. 49f

30) Freimark/ Kopitzsch: a.a.O. S.52ff

31) Krausnick: a.a.O. S. 276f.

32) EN vom 28.3.1939; zur Geschichte der jüdischen Gemeinde Elmshorn, siehe Kirschninck, Harald, a.a.O .

33) RGBl I, 1938, Nr. 189 v. 14.11.1938, S.1580. s.a.: EN vom 23.11.1938

34) Drobisch, a.a.O., S. 207

35) Freimark / Kopitzsch: a.a.O. S. 53f

36) EN v. 6.7.1939. Die Zahlen, die Krumbeck nennt, sind viel zu niedrig

37) EN vom 25.2.1939

38) EN vom 25.7.1939

39) EN vom 6.1.1939

40) EN vom 5.5.1939

41) EN vom 1.6.1939

42) EN vom 5.12.1938

Der Weg in den Krieg 1939

1) EN vom 23.11.1938
2) EN vom 30.11.1938
3) https://www.lscdn.pl/download/1/10270/RedeHitlersvorHJ.pdf
4) EN vom 2.1.1939
5) EN vom 4.2.1939
6) Als Artamanen bezeichneten sich die Mitglieder des formal 1926 in München gegründeten Bund Artam e. V., eines radikal-völkischen Siedlungsbundes im völkischen Flügel der deutschen Jugendbewegung. Er wurde 1934 in die Hitlerjugend eingegliedert. Wikipedia
7) EN vom 13.2.1939
8) EN vom 1.3.1939
9) EN vom 20.3.1939
10) NBZ vom 6.4.1939 und gleichlautend EN vom 6.4.1939
11) NBZ vom 21.4.1939
12) EN vom 25.5.1939
13) EN vom 9.6.1939
14) EN vom 27.6.1939
15) EN vom 7.7.1939 und folgende Ausgaben
16) https://de.wikipedia.org/wiki/Reichsvereinigung_der_Juden_in_Deutschland
17) Vogel, Rolf: Ein Stempel hat gefehlt. Dokumente zur Emigration deutscher Juden. München 1977. S.44
18) Vogel, Rolf: Ein Stempel hat gefehlt. Dokumente zur Emigration deutscher Juden. München 1977. S.44
19) Vogel, Rolf: Ein Stempel hat gefehlt. Dokumente zur Emigration deutscher Juden. München 1977. S. 46
20) Drobisch, a.a.O., S. 181
21) Sauer, Paul: Die Schicksale der jüdischen Bürger Baden-Württembergs während der nationalsozialistischen Verfolgungszeit 1933-1945. Stuttgart 1969. S. 69f

22) Zur Frage der jüdischen Gemeinde und ihrer Mitglieder siehe Bücher von Kirschninck im Kapitel Bibliografie
23) EN v. 6.7.1939. Rechenschaftsbericht v. Krumbeck
24) Nach Personenkartei des Autors des Autors
25) Nach Personenkartei des Autors des Autors
26) Ebenda
27) Ebenda
28) Ebenda
29) Ebenda
30) EN vom 22.7.1939
31) EN vom 29.8.1939
32) NBZ vom 5.9.1939
33) NBZ vom 5.9.1939
34) NBZ vom 11.9.1939
35) NBZ vom 20.10.1938
36) NBZ vom 20.9.1939

Elmshorn zu Beginn des Zweiten Weltkriegs

1) EN vom 2.9.1939
2) EN vom 7.9.1939
3) EN vom 7.9.1939
4) EN vom 9.9.1939
5) EN vom 9.9.1939
6) EN vom 9.9.1939
7) EN vom 12.9.1939
8) EN vom 9.9.1939
9) EN vom 12.9.1939
10) EN vom 16.9.1939
11) EN vom 6.10.1939
12) EN vom 11.10.1939

13) EN vom 11.10.1939
14) EN vom 17.10.1939
15) EN vom 24.10.1939
16) EN vom 8.2.1879
17) EN vom 10.11.1939
18) EN vom 17.11.1939
19) EN vom 20.11.1939
20) EN vom 23.11.1939
21) EN vom 14.2.1940
22) EN vom 13.3.1940
23) EN vom 15.3.1940
24) EN vom 30.3.1940
25) EN vom 8.4.1940
26) EN vom 13.4.1940
27) EN vom 24.4.1940
28) EN vom 25.4.1940
29) EN vom 7.5.1940
30) EN vom 29.5.1940
31) EN vom 11.6.1940
32) EN vom 18.6.1940
33) EN vom 18.6.1940
34) EN vom 1.7.1940
35) EN vom 6.7.1940
36) EN vom 12.7.1940
37) EN vom 9.8.1940
38) EN vom 10.8.1940
39) EN vom 29.8.1940
40) EN vom 13.9.1940
41) EN vom 20.9.1940
42) EN vom 5.9.1940
43) NBZ vom 29.10.1940
44) EN vom 5.11.1940
45) NBZ vom 29.10.1940

46) NBZ vom 5.12.1940

47) **Karl Roland Freisler** (geb. 30. Oktober 1893 in Celle; gest. 3. Februar 1945 in Berlin) war ein deutscher Jurist, dessen berufliche Karriere in der Weimarer Republik begann und im Verlauf der Diktatur des Nationalsozialismus zu ihrem Höhepunkt gelangte. Bald nach der Machtergreifung wurde er Staatssekretär zuerst im preußischen, dann im Reichsjustizministerium und war führend an der Formung der nationalsozialistischen Justiz unter Ausschaltung rechtsstaatlicher Grundsätze beteiligt. Als einer der 15 Teilnehmer der Wannseekonferenz war er in die Organisation des Holocausts eingebunden. Freisler gilt als bekanntester Strafrichter des nationalsozialistischen Deutschlands, sein Name wurde zum Synonym für eine Unrechtsjustiz schlechthin. Von August 1942 bis zu seinem Tod war er Präsident des Volksgerichtshofes, der höchsten juristischen Instanz des NS-Regimes für politische Strafsachen. Freisler war verantwortlich für etwa 2.600 Todesurteile in den von ihm geführten Verhandlungen, darunter viele Schauprozesse mit im Voraus festgelegten Urteilen. Beispiele dafür sind die 1943 unter Freislers Vorsitz geführten Prozesse gegen die Mitglieder der Widerstandsgruppe Weiße Rose, in denen er neben anderen Christoph Probst, Hans Scholl und Sophie Scholl zum Tode verurteilte, sowie die Prozesse gegen die Widerstandskämpfer des Hitler-Attentats vom 20. Juli 1944 wie Carl Goerdeler. Seine Prozessführung war von Häme, Aggression und Befangenheit geprägt. Sie war darauf angelegt, die Angeklagten zu demütigen und weitgehend ihres Rechts auf Verteidigung zu berauben. Freisler kam bei dem schweren Luftangriff auf Berlin vom 3. Februar 1945 ums Leben. Nach: Wikipedia

48) EN vom 5.11.1940

49) EN vom 3.1.1941

50) EN vom 9.11.1940

51) EN vom 25.11.1940

52) EN vom 6.12.1940

53) EN vom 13.12.1940

54) EN vom 26.2.1941

55) Gerhard Kock: „Der Führer sorgt für unsere Kinder" – Die Kinderlandverschickung im Zweiten Weltkrieg. Paderborn 1997, ISBN 3-506-74663-4, S. 69/70. / Zur Zahlenproblematik siehe auch: Carsten Kressel: Evakuierungen und Erweiterte Kinderlandverschickung im Vergleich. Frankfurt am Main u. a. 1996, ISBN 3-631-30532-X, S. 102–111.

56) Gerhard Kock: Der Führer…, S. S. 143

57) EN vom 20.3.1941

58) Vgl.: Röhl, Anja: Das Elend der Verschickungskinder. Kindererholungsheime als Orte der Gewalt. Bpb. Bonn 2022

59) EN vom 21.4.1941

60) EN vom 29.4.1941

61) EN vom 3.5.1941

Elmshorn im Luftkrieg 1939 – 1945

1) Elmshorn im Luftkrieg 1939 – 1945 – Verein zur Förderung des Stadtarchivs Elmshorn

2) Koopmann, Per: Elmshorn im Luftkrieg 1939-1945. In: Beiträge zur Elmshorner Geschichte. Band 3. Elmshorn 1989. S. 45ff.

3) Frithjof Altemüller. Aus: https://www.aufderlieth.de/die-elmshorn-galerie/bombennacht-in-elmshorn/

4) https://www.wedel.de/rathaus-politik/newsdetail/stadtpraesident-gedenkt-der-bombardierung-wedels-vor-81-jahren

5) EN vom 21.4.2015

Das Kriegsjahr 1941 in Elmshorn

1) EN vom 14.5.1941

2) EN vom 19.5.1941

3) https://de.wikipedia.org/wiki/Mutterkreuz
4) EN vom 9. Juni 1941
5) EN vom 25.7.1941
6) EN vom 29.7.1941
7) EN vom 31.7.1941
8) EN vom 1.8.1941
9) EN vom 4.8.1941
10) EN vom 5.8.1941
11) EN vom 11.8.1941
12) EN vom 1.9.1941
13) EN vom 2.9.1941
14) EN vom 4.9.1941
15) EN vom 10.9.1941
16) EN vom 15.9.1941
17) EN vom 29.9.1941
18) Aussage von Frau Lötje, die mit ihrem christlichen Ehemann in einer „Mischehe" lebte.
19) EN vom 4.2.1941
20) EN v. 31.1. 1939
21) RGBl, Jg. 1941, Teil I, Nr. 100, S. 547
22) Protektorat= Schutzherrschaft. In Europa wurde durch das NS-Regime am 15.3.1939 das Protektorat Böhmen und Mähren gewaltsam gegründet, nachdem die Tschechoslowakei durch Deutschland besetzt worden war. Böhmen und Mähren existierte auf Grund der erzwungenen Abmachung als ein autonomes Schutzgebiet des Dt. Reiches. Es besaß wohl ein eigenes Staatsoberhaupt und eine eigene Regierung, die nichtdeutschen Einwohner hatten ihre eigene Staatsangehörigkeit; es wurde jedoch durch einen Reichsprotektor (Neurath, dann Frick), der die Reichsgewalt ausübte, in Abhängigkeit gehalten. 1945 erlosch das Protektorat.
23) RGBl, Jg. 1941, Teil I, Nr. 100, S. 547
24) GPU= sowjetische Staatspolizei
25) EN vom 13.9.1941

Deportationen jüdischer Mitbürger

1) EN vom 4.12.1941
2) Bericht von Dr. Robert M.W. Kempner, dem stellvertretenden Hauptankläger im 11. Nürnberger Prozess (dem Wilhelmstraßenprozess) zit. n.: Rosenthal, Ludwig: „Endlösung der Juden-frage": Massenmord oder „Gaskammerlüge"? Eine Auswertung der Beweisaufnahme im Prozeß gegen Hauptkriegsverbrecher vor dem Internationalen Militärgerichtshof Nürnberg vom 14. November 1945 bis 1.Oktober 1946. Zweite verb. Aufl. Darmstadt 1980. S. 20 f
3) Staatsarchiv Hamburg. Bestand: Jüdische Gemeinden. 992 K
4) Staatsarchiv Hamburg. Bestand: Jüdische Gemeinden. 992 K
5) Plaut, Max: Die Deportationsmaßnahmen der Geheimen Staatspolizei in Hamburg. in: Freimark/Kopitzsch: a.a.O., S. 82ff. vgl. auch: Aufzeichnungen von Dr. Max Plaut über Maßnahmen der Gestapo und der SS gegen Juden nach 1939. Staatsarchiv Hamburg. Bestand: Jüdische Gemeinden. 992 g
6) Aussage v. Frau Wecker bei einer Stadtwanderung zu den Stätten jüdischen Lebens und Leidens in Hamburg, durchgeführt v. der Deutsch- Jüdischen Gesellschaft in Hamburg
7) Rosenberg, Heinz: Jahre des Schreckens (...) und ich blieb übrig, dass ich Dir's ansage. Göttingen 1985. nach: Projekt (...), a.a.O., Baustein 2, M 29 f1
8) LAS Abt. 352 Kiel Nr. 929
9) LAS Abt. 352 Kiel Nr. 929
10) Staatsarchiv Hamburg. Bestand: Jüdische Gemeinden. 992K, vgl. Kirschninck, Harald: Der Zug ohne Wiederkehr. Deportation jüdischer Mitbürger von Elmshorn. Norderstedt 2017. S. 89 ff
11) Einwohnermeldeamt Elmshorn
12) LAS Abt. 352 Kiel Nr. 929. Aussage H. v. 11. Nov. 1966
13) ebenda. Aussage H. v. 7.10.1965

14) Kirschninck, Harald: Der Zug ohne Wiederkehr. Deportation jüdischer Mitbürger von Elmshorn. Norderstedt 2017. S. 89 ff
15) Staatsarchiv Hamburg. Bestand: Jüdische Gemeinden. 992 K
16) EN vom 4.12.1941
17) EN vom 3.3.1942
18) EN vom 1.4.1940
19) Protokolle Beigeordneten 12.6.1935
20) Billstein, Aurel: Der große Pogrom. Die „Reichskristallnacht" in Krefeld. Krefeld 1978
21) EN vom 28.7.1938
22) Gerhard Hoch und Rolf Schwarz: Verschleppt zur Sklavenarbeit. Kriegsgefangene und Zwangsarbeiter in Schleswig-Holstein, Kaltenkirchen 1985 S.159 ff. http://www.zwangsarbeiter-s-h.de/ . nach: http://www.spurensuche-kreis-pinneberg.de/spur/zwangsarbeiterlager-lager-wilhelm-bull-gerlingweg-13/. Erstellt von Volker Sartorti
23) Bundesarchiv Koblenz, Z 42 III/3214
24) Schreiben des Regierungspräsidenten in Schleswig an den Oberfinanzpräsidenten in Kiel vom 27.4.1942 aus: Paul/Carlebach: Menora und Hakenkreuz, a.a.O. S. 51

Die Kriegsjahre 1941 – 1943 Dem Untergang entgegen

1) EN vom 5.1.1942
2) EN vom 8.1.1942
3) EN vom 17.1.1942
4) EN vom 27.1.1942
5) EN vom 3.3.1942
6) EN vom 2.2.1942
7) EN vom 5.2.1942
8) EN vom 9.2.1942
9) EN vom 11.2.1942

10) EN vom 18.3.1942
11) EN vom 23.3.1942
12) Ebenda
13) EN vom 27.3.1942
14) EN vom 22.4.1942
15) EN vom 22.4.1942
16) EN vom 2.4.1942
17) EN vom 9.4.1942
18) EN vom 1.5.1942
19) EN vom 1.5.1942
20) EN vom 5.5.1942
21) EN vom 8.9.1942
22) EN vom 28.9.1942
23) EN vom 2.11.1942
24) EN vom 1.2.1943
25) EN vom 5.2.1943
26) EN vom 8.2.1943
27) EN vom 13.2.1943
28) „Totaler Krieg": Auszug aus Goebbels' Rede im Berliner Sportpalast (18. Februar 1943), veröffentlicht in: German History in Documents and Images, [23.02.2025])
29) EN vom 11.3.1943
30) EN vom 27.3.1943
31) EN vom 31.3.1943
32) EN vom 29.4.1943
33) HN vom 12.5.1943
34) HN vom 28.7.1943
35) HN vom 21.5.1943
36) HN vom 3.8.1943
37) HN vom 7.8.1943
38) HN vom 7.8.1943
39) HN vom 6.8.1943
40) HN vom 11.8.1943

41) HN vom 11.8.1943
42) EN vom 11.8.1943
43) Ebenda
44) HN vom 9.9.1943
45) HN vom 1.10.1943

Zwangsarbeiter und Kriegsgefangene

1) Pfahlmann, Hans: Fremdarbeiter und Kriegsgefangene in der deutschen Kriegswirtschaft 1939 – 1945. Darmstadt 1968. S.22. zit. nach: Hoch, Gerhard: Kriegsgefangene und Zwangsarbeiter in Elmshorn während des Zweiten Weltkrieges. Beiträge zur Elmshorner Geschichte. Band 3. Elmshorn 1989. S. 14

2) Hoch, Gerhard: Kriegsgefangene und Zwangsarbeiter in Elmshorn während des Zweiten Weltkrieges. Beiträge zur Elmshorner Geschichte. Band 3. Elmshorn 1989. S. 14 ff.

3) https://www.bpb.de/themen/nationalsozialismus-zweiter-weltkrieg/ns-zwangsarbeit/222627/ueberblick-die-nationalsozialistische-zwangsarbeit/

4) https://gruene-elmshorn.de/2021/05/08/8-mai-1945-tag-der-befreiung/

5) Hoch, Gerhard: Kriegsgefangene und Zwangsarbeiter in Elmshorn während des Zweiten Weltkrieges. Beiträge zur Elmshorner Geschichte. Band 3. Elmshorn 1989. S. 22

6) Runderlass des RMdI vom 12.8.1940

7) Hoch, Gerhard: Kriegsgefangene und Zwangsarbeiter in Elmshorn während des Zweiten Weltkrieges. Beiträge zur Elmshorner Geschichte. Band 3. Elmshorn 1989. S. 16.

8) Hoch, Gerhard: Kriegsgefangene und Zwangsarbeiter in Elmshorn während des Zweiten Weltkrieges. Beiträge zur Elmshorner Geschichte. Band 3. Elmshorn 1989. S. 9-12.

9) Hoch, Gerhard: Kriegsgefangene und Zwangsarbeiter in Elmshorn während des Zweiten Weltkrieges. Beiträge zur Elmshorner Geschichte. Band 3. Elmshorn 1989. S. 26

Dem Kriegsende entgegen

1) HN vom 4.1.1944
2) HN vom 4.1.1944
3) HN vom 4.2.1944
4) HN vom 24.1.1944
5) HN vom 2.2.1944
6) HN vom 22.2.1944
7) HN vom 2.3.1944
8) HN vom 9.3.1944
9) HN vom 22.3.1944
10) HN vom 24.3.1944
11) HN vom 27.3.1944
12) HN vom 19.4.1944
13) HN vom 25.4.1944
14) HN vom 27.4.1944
15) HN vom 11.5.1944
16) HN vom 23.5.1944
17) HN vom 24.5.1944
18) HN vom 9.6.1944
19) HN vom 14.7.1944
20) HN vom 21.7.1944
21) HN vom 25.7.1944
22) HN vom 31.7.1944
23) HN vom 7.8.1944
24) HN vom 11.9.1944
25) NZ vom 11.10.1944
26) NZ vom 16.11.1944

27) HN vom 19.9.1944

28) Wikipedia: https://de.wikipedia.org/wiki/Volkssturm

29) HN vom 20.10.1944

30) HN vom 20.10.1944

31) HN vom 13.11.1944

32) HN vom 13.11.1944

33) HN vom 5.12.1944

34) HN vom 9.12.1944

35) https://de.wikipedia.org/wiki/Werwolf_(NS-Organisation

36) NZ vom 2.1.1945

37) HN vom 9.1.1945

38) HN vom 6.1. und 8.1.1945

39) HN vom 11.1.1945

40) HN vom 17.1.1945

41) HN vom 30.1.1945

42) HN vom 3.2.1945

43) HN vom 6.2.1945

44) HN vom 12.2.1945

45) HN vom 13.2.1945

46) HN vom 15.2.1945

47) NZ vom 23.2.1945

48) Adolf Hitler, Rede vom 30.1.1945, NZ v. 23.2.1945

49) HN vom 3.3.1945

50) NZ vom 3.4.1945

51) HN vom 9.3.1945

52) NZ vom 1.3.1945

53) NZ vom 23.3.1945

54) Gerhard Fischer, aus Ulrich Sander: „Mörderisches Finale. NS-Verbrechen bei Kriegsende" in: https://dasjahr1945.de/verbrecherische-befehle/

55) Marianne Wilke: https://www.spurensuche-kreis-pinneberg.de/wp-content/uploads/2019/09/Antikriegstag-2019-VVN-BdA-Marianne-Wilke.pdf

56) Siegfried, Detlef: Die Befreiung Elmshorns im Mai 1945. In: Beiträge zur Elmshorner Geschichte. Band 3. Elmshorn 1989. S. 91

57) Siegfried, Detlef: Die Befreiung Elmshorns im Mai 1945. In: Beiträge zur Elmshorner Geschichte. Band 3. Elmshorn 1989. S. 91

58) https://dasjahr1945.de/elmshorn/

59) Die Selbstbefreiung Elmshorns und das Wirken des sozialdemokratischen Akteurs Erich Arp – Ein Beitrag zum 8. Mai 2021 – erster offizieller Gedenktag zu Kriegsende und Befreiung in Schleswig-Holstein | Spurensuche Kreis Pinneberg und Umgebung (spurensuche-kreis-pinneberg.de

60) Marianne Wilke, a.a.O.

61) Siegfried, Detlef: Die Befreiung Elmshorns im Mai 1945. In: Beiträge zur Elmshorner Geschichte. Band 3. Elmshorn 1989. S. 93

62) Marianne Wilke, a.a.O.

63) Dr. Küster an den Regierungspräsidenten, 12.5.1945. Stadtarchiv Elmshorn. Zit. n.: Siegfried, Detlef: Die Befreiung Elmshorns im Mai 1945. In: Beiträge zur Elmshorner Geschichte. Band 3. Elmshorn 1989. S. 94.

64) Dr. Küster an den Regierungspräsidenten, 12.5.1945. Stadtarchiv Elmshorn. Zit. n.: Siegfried, Detlef: Die Befreiung Elmshorns im Mai 1945. In: Beiträge zur Elmshorner Geschichte. Band 3. Elmshorn 1989. S. 91.

65) Siegfried, Detlef: Die Befreiung Elmshorns im Mai 1945. In: Beiträge zur Elmshorner Geschichte. Band 3. Elmshorn 1989. S. 96.

66) Marianne Wilke, a.a.O.

67) Ebenda

68) Arendt, Rudi: https://www.spurensuche-kreis-pinneberg.de/spur/13-mai-1945-arthur-geissler-der-fuehrende-mann-im-elmshorner-widerstand-und-seine-verhaftung-durch-major-ryder/ vom 6.5.2923

69) https://www.spurensuche-kreis-pinneberg.de/spur/13-mai-1945-arthur-geissler-der-fuehrende-mann-im-elmshorner-widerstand-und-seine-verhaftung-durch-major-ryder/

70) Verteidiger vor dem Military Government Court, Wiener Holocaust Library, MF 54-533 Ref. („Bis zum bitteren Ende" in: Heimatbeilage Kreis Pinneberg, Hamburger Allgemeine v. 6. Mai 1949

71) „Bis zum bitteren Ende" in: Heimatbeilage Kreis Pinneberg, Hamburger Allgemeine v. 6. Mai 1949

72) Anklageschrift des Military Government Court, Wiener Holocaust Library, MF 54-533 Ref.

73) Eingabe der Verteidigung RA Dr. Bruno Luis, Hamburg, RA Dr. Wilms Elmshorn, Hamburg den 6.6.1945, in: Anklageschrift des Military Government Court, S.2, Wiener Holocaust Library, MF 54-533 Ref.

74) Eingabe der Verteidigung RA Dr. Bruno Luis, Hamburg, RA Dr. Wilms Elmshorn, Hamburg den 6.6.1945, in: Anklageschrift des Military Government Court, S.2, Wiener Holocaust Library, MF 54-533 Ref.

75) Ostfriesen Kurier vom 8.5.1945

Entnazifizierung

1) Die Entnazifizierung (PDF; 154 kB) Wissenschaftliche Dienste des Deutschen Bundestages, Ausarbeitung vom 27. September 2011, S. 5 f.

2) BGBl. I S. 307

3) https://de.wikipedia.org/wiki/Entnazifizierung

4) Angelika Königseder: Das Ende der NSDAP. Die Entnazifizierung, in: Wolfgang Benz (Hrsg.): Wie wurde man Parteigenosse? Die NSDAP und ihre Mitglieder. Frankfurt am Main 2009, S. 154. Aus: https://www.hamburg.de/politik-und-verwaltung/behoerden/schulbehoerde/themen/politische-bildung/historisch-politische-bildung/5-belastungskategorien-entnazifizierung-273948

Abkürzungen

AHS	Adolf-Hitler-Schule
BDM	Bund Deutscher Mädel (in der HJ)
Bf.	Bannführer
Bmf.	Bannmädelführerin
DAF	Deutsche Arbeitsfront
DJ	Deutsches Jungvolk (in der HJ)
DJH	Deutsches Jugendherbergswerk
DNVP	Deutschnationale Volkspartei
EK	Eisernes Kreuz
FAD	Freiwilliger Arbeitsdienst
FHJ	Flieger-HJ
Flak	Flugzeugabwehrkanone
Gbf.	Gebietsführer
Gestapo	Geheime Staatspolizei
Gf.	Gauführerin
Gff.	Gefolgschaftsführer
Gmf.	Gebietsmädelführerin
Hbf.	Hauptbannführer
Hgf.	Hauptgefolgschaftsführer
HJ	Hitlerjugend

Hjbf.	Hauptjungbannführer
HJL	HJ-Leistungsabzeichen
Hmf.	Hauptmädelführerin
Jbf.	Jungbannführer
Jg./Jgg.	Jugendgenosse(n)
Jgn./Jggn.	Jugendgenossin(nen)
JM	Jungmädelbund (in der HJ)
Jmgf.	Jungmädelgauführerin
K-Schein	Kriegsausbildungsschein der HJ
KdF	Kraft durch Freude
Kdo.	Kommando
Kf.	Kameradschaftsführer
KK-Gewehr	Kleinkalibergewehr
KLV	Kinderlandverschickung
KPD	Kommunistische Partei Deutschlands
kv.	Kriegsverwendungsfähig
KWHW	Kriegswinterhilfswerk
LS	Luftschutz
Lw.	Luftwaffe
MB	Mädelbund (d.i.BDM)
Mgf.	Mädelgruppenführerin
MHJ	Marine-HJ

Napola	Nationalpolitische Erziehungsanstalt
NHJ	Nachrichten-HJ
NPEA	Nationalpolitische Erziehungsanstalt (umgangssprachl. Napola)
NSF	Nationalsozialistische Frauenschaft
NSFK	Nationalsozialistisches Fliegerkorps
NSJ	Nationalsozialistische Jugend
NSKK	Nationalsozialistisches Kraftfahrkorps
NSLB	Nationalsozialistischer Lehrerbund
NSS	Nationalsozialistischer Schülerbund
NSV	Nationalsozialistische Volkswohlfahrt
OT	Organisation Todt
Pg.	Parteigenosse
Pol.	Polizei
RAD	Reichsarbeitsdienst
RAnz.	Reichsanzeiger
RGBl.	Reichsgesetzblatt
RJF	Reichsjugendführer
RK	Reichskanzlei
RLB	Reichsluftschutzbund
RM	Reichsmark
RMBl.	Reichsministerialblatt

RMVP	Reichsminister(ium) für Volksaufklärung und Propaganda
RNSt.	Reichsnährstand
RSHA	Reichssicherheitshauptamt
SA	Sturmabteilung
Schf.	Scharführer
SD	Sicherheitsdienst der SS
	Sowjetische Militäradministration in Deutschland
SRA	Streifendienst-Angehöriger
SRD	Streifendienst der Hitlerjugend
SS	Schutzstaffel
SS-TV	SS-Totenkopfverbände
SS-VT	SS-Verfügungstruppe
StdF	Stellvertreter des Führers
uk	unabkömmlich
WE-Lager	Wehrertüchtigungslager
WHW	Winterhilfswerk
z.b.V.	zur besonderen Verwendung (Verfügung)
z.V.	zur Verfügung

Chronik 1925 – 1945

27.2.1925	Neugründung der NSDAP nach Entlassung Hitlers aus der Haft
1.3.1925	Gründung des Gaues Schleswig-Holstein (Gauleiter Hinrich Lohse)
13.6.1925	Gründung der Ortsgruppe Elmshorn durch
	Hermann Kober (Ortsgruppenleiter)
	Alma Bruhn (Kassenführerin)
	Bernhard Bruhn
	Waldemar Stüben
Seit 1926	Wilhelm Grezesch und Emil Mohr im bewaffneten Kampf gegen KPD und SPD um die Macht in Elmshorn
25.3.1926	Auflösung des Werwolfs
28.4.1926	Rede von Joseph Goebbels im Stadttheater
1926/27	Wilhelm Grezesch (Ortsgruppenleiter)
Anfang 1927	Aufstellung eines SA-Sturmes (Sturmführer Herbert Hartmann)
Sommer 1928	Wilhelm Grezesch zog nach Trier
	Neuer Ortsgruppenleiter Grude
7.3.1929	Schlacht in Wöhrden
9.3.1929	Umzugs- und Demonstrationsverbot für Schleswig-Holstein

24.10.1929	Schwarzer Freitag (New Yorker Börsencrash)
Ende 1929	Wilhelm Grezesch zurück aus Trier, wurde neuer Ortsgruppenleiter
1930	Waldemar Stüben stellte SA-Reserve auf
11.2.1930	Wöhrden Prozess
11.6.1930	Uniform-Verbot, „Braunhemdenverbot"
September 1930	Gründung der Hitlerjugend Elmshorn (HJ) durch Helmut Gerson
Frühjahr 1931	Gründung der Ortsgruppe „Deutscher Frauenorden", Leiterin Alma Bruhn, später Frau Ohlhoff
4.4.1931	2. Uniformverbot Schleswig-Holstein
Sommer 1931	Geschäftsstelle mit Zeughaus der NSDAP eingerichtet
1.5.1931	Gründung der Nationalsozialistischen Betriebsorganisation Ortsgruppe Elmshorn mit 12 Betriebszellen in Elmshorner Fabriken
6.6.1932	Tumulte bei Haftentlassung von Wilhelm Grezesch
17.6.1932	Uniform- und Demonstrationsverbot aufgehoben
17.7.1932	Altonaer Blutsonntag
18.7.1932	Erneutes Demonstrationsverbot
24.7,1932	Schlacht in der Ollnsstraße
1.08.1932	Handgranatenanschlag in der Reichenstraße
30.01.1933	„Machtergreifung" Adolf Hitlers

1.2.1933	Regierungsprogramm Adolf Hitlers
1.2.1933	Reichstag auf Wunsch Hitlers von Reichspräsident von Hindenburg aufgelöst
2.2.1933	Demonstrationsverbot für Kommunisten
4.2.1933	Notverordnung zum Schutze des deutschen Volkes. Durch die Verordnung des Reichspräsidenten „zum Schutze des Deutschen Volkes" wurden die Grundrechte der Weimarer Verfassung, insbesondere Versammlungs- und Pressefreiheit eingeschränkt
5.2.1933	Auflösung aller Gemeindevertretungen in Preußen und die Neuwahl aller Stadt- und Gemeindevertretungen am 12. März
20.2.1933	Erlass: Polizei sollte „nationale Bewegung" fördern. Gegen staatsgefährdende Personen und Kommunisten wurde Schusswaffeneinsatz erlaubt.
24.2.1933	Aufstellung der „Hilfspolizei" aus den Verbänden der SA, SS und dem Stahlhelm
27.2.1933	Reichstagsbrand
5.3.1933	Reichstagswahl vom 5. März 1933. Ergebnis: NSDAP 43,9 %, SPD 18,3 %, KPD 12,3 %, Zentrumspartei 11,2 %, DNVP 8 %
12.3.1933	Stadtverordnetenwahl Elmshorn
10.3.1933	Durchsuchung des Gewerkschaftshauses in Elmshorn
21.3.1933	Verordnung zur Abwehr heimtückischer Diskreditierung der nationalen Regierung
21.3.1933	Nationaler Feiertag in Elmshorn

21.3.1933	Kommissarischer Bürgermeister Christan Spieler
24.3.1933	Ermächtigungsgesetz „Gesetz zur Behebung der Not von Volk und Reich"
28.3.1933	Anregung der Schaffung eines KZs durch Bgm. Spieler
31.3.1933	Gesetz zur Gleichschaltung der Länder und Gemeinden
1.4.1933	Boykott jüdischer Geschäfte
7.4.1933	Durch das Zweite Gesetz zur Gleichschaltung der Länder mit dem Reich wurden bis auf Preußen in allen Ländern Reichsstatthalter eingesetzt.
7.4.1933	Gesetz zur Wiederherstellung des Berufsbeamtentums
8.4.1933	Erstes Arbeitslager in Elmshorn (FAD)
9.4.1933	Umbenennung Schulstraße in Adolf-Hitler-Straße
9.4.1933	Umbenennung Alter Markt in Hindenburg-Platz
11.4.1933	Gründung BDM Ortsgruppe Elmshorn
21.4.1933	Es wurden keine Juden und Marxisten mehr in den EMTV aufgenommen. An der Einführung eines Arierparagrafen wird beim Elmshorner Männerturnverein (EMTV) gearbeitet.
21.4.1933	Rudolf Heß wurde von NSDAP-Führer Adolf Hitler zu seinem Stellvertreter in Parteiangelegenheiten ernannt.
21. 4.1933	In Preußen wurde von Reichskanzler Adolf Hitler eine neue Staatsregierung ernannt. Ministerpräsident wurde Hermann Göring, der gleichzeitig auch Justizminister wurde.
21.4.1933	Wahl von Christian Spieler zum Bürgermeister

25.4.1933	Gesetz gegen die Überfüllung deutscher Schulen und Hochschulen
26.4,1933	Erlass des kommissarischen preußischen Innenministers Hermann Göring zur Bildung des Geheimen Staatspolizeiamtes
29.4.1933	Hermann Göring gründete den Reichsluftschutzbund, der seine Mitglieder über luftschutzmäßige Vorbeugung, Brandbekämpfung, den Schutz vor Gasangriffen, Erste Hilfe und das Meldewesen ausbildete.
1.5.1933	Feiertag der nationalen Arbeit
2.5.1933	Durchsuchung des Elmshorner Gewerkschaftshauses. Die Gewerkschaften wurden in Deutschland verboten. Die SA besetzte Gewerkschaftshäuser und verhaftete Mitglieder.
10.5.1933	Gründung der „Deutschen Arbeitsfront" (DAF) als Einheitsverband der Arbeitnehmer und Arbeitgeber mit dem Vermögen der zerschlagenen Gewerkschaften. Das Streikrecht wurde zugleich abgeschafft.
14.5.1933	Eröffnung der Volkshochschule in Elmshorn
19.5.1933	Gesetz zum Schutze der nationalen Symbole
19.5.1933	„Ermächtigungsgesetz" vom Preußischen Landtag angenommen.
23.5.1933	Luftschutzübung des Ekkehard-Trupps
29.5.1933	Erlass des preußischen Innenministers: Polizei sollte inhaftierte Personen nicht mehr selbst vernehmen, sondern diese an die SA und SS zur Vernehmung ausliefern.

21.6.1933	Der Stahlhelm, Bund der Frontsoldaten, wurde in die NSDAP und ihre Unterorganisationen eingegliedert.
22.6.1933	Reichsinnenminister Wilhelm Frick (NSDAP) verbot die SPD und erklärte den Ausschluss ihrer Mandatsträger aus den Volksvertretungen.
24.6.1933	Sommersonnenwende, „Fest der Jugend"
29.6.1933	Bürgermeister Christian Spieler verließ Elmshorn
30.6.1933	Neues Reichsbeamtengesetz erlassen, das den Arierparagrafen in das Beamtengesetz einführte
2.7.1933	Aufnahmesperre NSDAP
4.7.1933	Berufung zum Nachfolger Spielers: Karl Krumbeck
5.7.1933	Die Reichsleitung der Deutschen Zentrumspartei gab deren Selbstauflösung bekannt.
6.7.1933	Amtsantritt Karl Krumbeck zum kommissarischen Bürgermeister
11.7.1933	Regierung verkündete, Revolution wäre beendet. Reichsinnenminister Wilhelm Frick (NSDAP) erklärte in einem Rundschreiben an alle Reichsstatthalter und Landesregierungen „die deutsche Revolution" für „abgeschlossen". Die „gesetzmäßige Aufbauarbeit" werde gefährdet, wenn „weiterhin noch von einer Fortsetzung der Revolution oder von einer zweiten Revolution geredet würde".
14.7.1933	Die NSDAP wurde durch das „Gesetz gegen die Neubildung von Parteien" zur einzigen erlaubten politischen Partei.
8.8.1933	Einführung des „deutschen Grußes" an Elmshorner Schulen
15.8.1933	Auflösung Hilfspolizei. Fortbestand im Geheimen.

26.8.1933	Ein Erlass des preußischen Kultusministers Bernhard Rust erklärte die Hitlerjugend (HJ) neben Schule und Elternhaus zur dritten Erziehungsinstanz.
29.8.1933	Errichtung einer Luftschutzschule in Elmshorn
30.8.-3.9.1933	Nürnberger „Reichsparteitag des Sieges"
13.9.1933	Eröffnung „Erste Winterhilfsaktion gegen Hunger und Kälte" des Winterhilfswerkes (WHW) durch Hitler
15.9.1933	In Deutschen Reich begann eine Aktion gegen den NS-Kitsch. Kulturverwalter der NSDAP beschlagnahmten alle noch zum Kauf angebotenen Gebrauchsgegenstände mit NS-Symbolen.
19.9.1933	Die Polizei begann im gesamten Deutschen Reich mit einer Großaktion gegen das „Bettlerunwesen". Allein in Hamburg wurden 1350 Bettler aufgegriffen, und sofern sie arbeitsfähig waren, dem freiwilligen Arbeitsdienst überstellt.
22.9.1933	Das „Reichskulturkammergesetz" wurde verkündet. Die Reichskulturkammer wurde bald ein wichtiges Instrument der nationalsozialistischen Kulturpolitik und der Gleichschaltung aller Bereiche des Kulturlebens einschließlich der Presse.
30.9.1933	1. Eintopfsonntag in Elmshorn
4.10.1933	Der Schieß-Erlass vom 17. Februar des preußischen Ministerpräsidenten Hermann Göring wurde erneuert. Polizeibeamte sollten danach auf Verteiler illegaler Flugblätter, die auf Anruf nicht stehenblieben, sofort schießen.
13.10.1933	Gleichschaltung EMTV. Keine Juden und Marxisten mehr im Verein.

19.10.1933	Die deutsche Reichsregierung teilte dem Völkerbund in Genf formell den Austritt aus der Weltorganisation mit.
12.11.1933	Volksabstimmung über den Austritt Deutschlands aus dem Völkerbund
1.12.1933	Gesetz zur Sicherung der Einheit von Partei und Staat
13.12.1933	Die Beachtung des Führerprinzips an den höheren Schulen wurde vom preußischen Kultusminister Bernhard Rust befohlen. Die Lehrerkonferenzen durften den Rektor bei seinen Entscheidungen nur noch beraten.
1.1.1934	Arbeitsdienstpflicht
1.1.1934	Das bereits am 14. Juli 1933 im nationalsozialistischen Deutschland verabschiedete Gesetz zur Verhütung erbkranken Nachwuchses trat in Kraft.
18.2.1934	Erste „Kraft durch Freude"-Fahrt von Elmshorn nach Blankenburg-Wernigerode
23.3.1934	Entführung des Hamburger Journalisten Dr. Wolfgang Frank ins Elmshorner Stadttheater.
31.3.1934	Verschmelzen von „Elmshorner Nachrichten" und „Elmshorner Zeitung"
20.4.1934	Erster Spatenstich zum Bau des Rantzauer Sees in Barmstedt
27.5.1934	Überführung der Turnerjugend in die Hitlerjugend
7.6.1934	Einführung des „Staatsjugendtag" unter dem Motto: „Der Samstag gehört der Staatsjugend"
30.6.1934	„Röhm-Putsch" – Verhaftung und Ermordung des SA-Führers Ernst von Röhm

1.7.1934	Einweihung der Jugendherberge im Liether Wald
1.8.1934	Zusammenlegung der Ämter des Reichskanzlers und des Reichspräsidenten in der Person Hitlers
2.8.1934	Tod von Reichspräsident Paul von Hindenburg
11.8.1934	1. Staatsjugendtag in Elmshorn
1.9.1934	Führer und Reichskanzler Adolf Hitler (NSDAP) ordnete an, dass die Motor-SA in das nationalsozialistische Kraftfahrkorps (NSKK) eingegliedert und dem Führer direkt unterstellt wurde. Leiter des NSKK wurde SA-Obergruppenführer Adolf Hühnlein.
4.9.-10.9.1934	Nürnberger „Reichsparteitag des Willens"
4.12.1934	Großrazzien der Gestapo in Elmshorn, Barmstedt, Pinneberg, Uetersen und Umgebung. Wdhlg. am 18.12.1934. Es wurden rund 330 Frauen und Männer verhaftet.
15.1.1935	Reichserziehungsminister Bernhard Rust hatte den Erlass über „Vererbungslehre und Rassenkunde in den Schulen" vom 13. September 1933 auf das ganz Deutsche Reich ausgedehnt. Der Schüler sollte lernen, dass „die wichtigste Eigenschaft seines Volkes die Rasse ist".
30.1.1935	Die „Deutsche Gemeindeordnung" führte auf kommunaler Ebene das Führerprinzip ein. Demokratische Elemente wie die Bürgermeisterwahl oder Abstimmungen im Ratsgremium wurden abgeschafft, die maßgebliche Stellung der NSDAP fest verankert.
17.2.1935	Im Deutschen Reich wurde der Achtstundentag als verbindliche Arbeitszeit eingeführt.

26.2.1935	Einführung eines Arbeitsbuches per Gesetz. Es galt als amtlicher Ausweis über Bildung und berufliche Entwicklung sowie als Kontrollmittel.
1.3.1935	Rückkehr der Saar. – In Saarbrücken war mit einem feierlichen Akt die Übergabe des vom Völkerbund verwalteten Saarlandes an das Deutsche Reich begangen worden.
16.3.1935	Allgemeine Wehrpflicht wurde eingeführt
21.5.1935	Wehrgesetz.
26.6.1935	Mit dem Gesetz für den Reichsarbeitsdienst wurde für Männer und Frauen zwischen 18 und 25 Jahren die halbjährige Reichsarbeitsdienstpflicht eingeführt.
26.6.1935	Das Reichskabinett hatte das „Luftschutzgesetz" verabschiedet. Damit war das staatliche Luftschutzsystem begründet worden.
27.6.1935	Einführung der Arbeitsdienstpflicht
10.8.1935	Reichsinnenminister Wilhelm Frick hatte die Standesämter im Deutschen Reich angewiesen, keine „arisch-jüdischen Mischehen" mehr zu schließen bis zur endgültigen gesetzlichen Regelung.
10.9.-16.9.1935	Nürnberger „Reichsparteitag der Freiheit"
15.9.1935	„Reichsbürgergesetz" und das „Gesetz zum Schutze des deutschen Blutes und der deutschen Ehre"
18.9.1935	Ein Erlass von Reichserziehungsminister Bernhard Rust hatte den Samstag im Deutschen Reich zum „Staatsjugendtag" bestimmt. An diesem unterrichtsfreien Tag sollten alle Schüler eine „Staatspolitische Erziehung" erhalten.

13.10.1935	Von der Reichsjugendführung wurde ein Gesundheitspass für sämtliche Angehörige der Hitlerjugend (HJ) eingeführt. Der Aufnahmetag in die HJ war einheitlich auf den 20. April (Geburtstag von Adolf Hitler) festgelegt worden.
18.10.1935	In Berlin wurde das „Gesetz zum Schutz der Erbgesundheit des deutschen Volkes", das sogenannte Ehegesundheitsgesetz, bekanntgegeben. Vor der Eheschließung war ein sogenanntes Ehetauglichkeitszeugnis vorzulegen, das vom Gesundheitsamt ausgestellt wurde.
7.11.1935	Der 1918 gegründete Soldatenbund „Stahlhelm" war wegen seiner Konkurrenz zur SA von Reichsinnenminister Wilhelm Frick endgültig aufgelöst worden. In der Begründung für diesen Schritt hieß es, der „Stahlhelm" sei ein Sammelbecken staatsfeindlicher oder die Partei ablehnender Elemente.
13.12.1935	Erste Urteile im „Offenborn-Prozess". Weitere Urteile am 17.12.1935, 9.1.1936, 14.1.1936, 30.1.1936 und 3.4.1936 (aufgeführt sind nur Elmshorner Angeklagte)
1.1.1936	Nur noch Mitglieder der Hitlerjugend sollen in Deutschland für die Beamtenlaufbahn zugelassen werden.
7.3.1936	Deutschland kündigte die Verträge von Locarno und Truppen der Wehrmacht besetzten das entmilitarisierte Rheinland (Rheinlandbesetzung).
10.3.1936	Der Führer und Reichskanzler Adolf Hitler ordnete die Aufstellung eines „Nationalsozialistischen Reiterkorps" (NSRK) an. Alle 18- bis 20-jährigen SS-Mitglieder mussten dem Reiterkorps angehören.

29.3.1936	Die Reichstagswahl 1936 fand zugleich mit der Volksabstimmung zur Rheinlandbesetzung statt. Zugelassen für diese Scheinwahl war nur eine Einheitsliste der NSDAP.
9.4.1936	Alle Jungen und Mädchen der Jahrgänge 1922–1926 wurden von der deutschen Reichsjugendführung aufgefordert, geschlossen in das deutsche Jungvolk und die Jungmädel bis zum 20. April 1936 einzutreten.
Ostern 1936	Gründung einer dreijährigen Frauenschule in Elmshorn
24.4.1936	Amnestie-Erlass für NS-Straftäter
25. 5.1936	Weil das Werbeziel bereits erreicht war, wurde für die Hitlerjugend bis zum 20. April 1937 eine allgemeine Aufnahmesperre verhängt.
1.8.1936 – 16.8.1936	Olympische Spiele in Berlin
7.8.1936	Reichsarbeitsminister Franz Seldte ordnete an, dass ab dem 1. September kein Arbeiter oder Angestellter, der Arbeitsbuch pflichtig war, ohne die Vorlage eines Arbeitsbuches beschäftigt werden durfte.
24.8.1936	Verkündung der Zweijährigen Wehrpflicht
8.9.-14.9.1936	In Nürnberg fand bis zu 14. September der achte Reichsparteitag der NSDAP, der „Parteitag der Ehre" statt.
25.10.1936	Das Bündnis, das bald als "Achse Berlin-Rom" bekannt wurde, entsteht. Deutschland und Italien unterzeichnen einen geheimen Freundschaftsvertrag.
25.11.1936	„Antikominternpakt" zwischen Deutschland und Japan
1.12.1936	Die Hitler-Jugend (HJ) wurde durch das „Gesetz zur Hitlerjugend" offiziell zur „Staatsjugend" erklärt.

4.12.1936	Ab Ostern 1937 wird die dreizehnjährige durch eine zwölfjährige Schulzeit ersetzt
4.12.1936	Abschaffung des „Staatsjugendtages"
1.5.1937	Ende der „Opferarbeit" in Elmshorn
Juli 1937	Beginn Spanischer Bürgerkrieg
26.08.1937	Adolf Hitler fordert, dass die Armee in vier Jahren „einsatzfähig" und die Wirtschaft „kriegsfähig" sei
15.07.1937	Eröffnung des Konzentrationslagers Buchenwald, Ankunft des ersten Häftlingstransports
1.10.1937	Aufteilung der Ortsgruppe Elmshorn in drei Ortsgruppen:
	1) Elmshorn-Altstadt, Ortsgruppenleiter Hans Letje
	2) Elmshorn-Klostersande, Ortsgruppenleiter Hans Schlüter
	3) Elmshorn-Fuchsberg, Ortsgruppenleiter Wilhelm Nicolai
1.10.1937	Max Mohr tritt als Ortsgruppenleiter zurück und wird Sonderbeauftragter des Kreisleiters Paulsen
01.01.1938	Juden wird das Anbieten von Waren und Dienstleistungen verboten
5.01.1938	„Gesetz über die Änderung von Familiennamen und Vornamen" zwingt jüdische Menschen einen „typisch jüdischen" Vor- und Zunamen als ihren Erst- oder Zweitnamen zu wählen.
19.1.1938	Gründung von „Glaube und Schönheit"
Febr. 1938	Ortsgruppe soll nicht mehr als 1000 Haushalte umfassen

04.02.1938	Hitler übernimmt den Oberbefehl über die Wehrmacht
24.02.1938	Elmshorner Kreditbank schließt Juden aus. Einführung des Arierparagraphen
12.03.1938	Einmarsch der Wehrmacht in Österreich, Österreich wird in das Deutsche Reiche eingegliedert
1.4.1938	Groß-Elmshorn durch Eingemeindung Eingemeindung von Langelohe, Hainholz und einem Teil von Lieth
21.05.1938	Teilmobilmachung der Tschechoslowakei
August	750.000 Soldaten der Wehrmacht werden an die tschechische Grenze verlegt
27.09.1938	Jüdischen Rechtsanwälten wird die Zulassung zum 30.11.1938 entzogen
30.09.1938	Großbritannien, Frankreich, Italien und das Deutschen Reich beschließen im Münchener Abkommen ihre Einigkeit zur Abtretung des Sudetenlandes in das Deutsche Reich. Die Tschechoslowakei wird zu diesem Treffen nicht eingeladen.
01.10.1938	Wehrmachttruppen marschieren in das Sudentenland ein
09.11.1938	Reichspogromnacht gegen Juden in Deutschland und Österreich führt zur Zerstörung von Synagogen und zur Verschleppung von etwa 30.000 männlichen Juden in Konzentrationslager
9.11.1938	Elmshorner Synagogenbrand. Alle männlichen Juden über 16 Jahren werden ins KZ Oranienburg-Sachsenhausen verschleppt.

Nov. 1938	Aufstellung des HJ-Streifendienstes
13.01.1939	Ungarn tritt dem Antikominternpakt bei
31.01.1939	Hitler kündigt im Reichstag im Falle eines Weltkrieges die „Vernichtung der jüdischen Rasse in Europa" an
14.03.1939	Auf Druck des Deutschen Reiches hin erklärt sich die Slowakei für unabhängig von der Tschechoslowakei
15.03.1939	Einmarsch deutscher Truppen in die Rest-Tschechoslowakei
16.03.1939	Bildung des „Reichsprotektorates Böhmen und Mähren"
19.03.1939	Reichsarbeitsdienstlager Stubbenhuk in Elmshorn eingeweiht
23.03.1939	Slowakei stellt sich unter den Schutz des Deutschen Reiches; Einmarsch in das Memelgebiet
23.03.1939	Auf Druck eines deutschen Ultimatums unterzeichnet Litauens Regierung einen Staatsvertrag zur Übergabe des Memellandes an das Deutsche Reich.
23.03.1939	Polen ordnet eine Teilmobilmachung seiner Streitkräfte an
31.03.1939	Chamberlain verkündet britisch-französische Garantie für Polen
28.04.1939	Kündigung des deutsch-polnischen Nichtangriffspaktes durch das Deutsche Reich, Kündigung des deutsch-britischen Flottenabkommens
22.05.1939	Freundschafts- und Bündnispakt mit Italien („Stahlpakt")

23.08.1939	Deutsch-sowjetischer Nichtangriffspakt („Hitler-Stalin-Pakt")
01.09.1939	Deutscher Angriff auf Polen; Beginn des Zweiten Weltkrieges
03.09.1939	Kriegserklärung Großbritanniens und Frankreichs an Deutschland
Sept. 1939	Ortsgruppenleiter von Klostersande Hans Schlüter und Kreisleiter Emil Paulsen zum Heeresdienst eingezogen. Neuer Kreisleiter Herr Schmidt und neuer Ortsgruppenleiter Lorenzen-Schmidt
Okt./Nov. 1939	Verträge Deutschlands mit Sowjetunion, baltischen Staaten, Italien über die Rücksiedlung „Volksdeutscher"
8.3.1940	Bürgermeister von Elmshorn Karl Krumbeck wird zur Wehrmacht eingezogen, Kommiss. Nachfolger wird Friedrich Bindemann
09.04.1940	Deutsche Besetzung Dänemarks und Angriff auf Norwegen („Weserübung")
13,04.1940	Beginn der „Erzeugungsschlacht" in Elmshorn
10.05.1940	Deutscher Angriff auf Belgien, Niederlande, Luxemburg, Frankreich
22.06.1940	Waffenstillstand von Compiègne; Teilung Frankreichs in besetztes Gebiet und „Vichy"-Gebiet (unter Marschall Pétain)
09.08.1940	Bau und Belegung des Kriegsgefangenenlagers Bockelpromenade in Elmshorn

27.09.1940	Dreimächtepakt zwischen Deutschland, Japan, Italien
22.06.1941	Deutscher Angriff auf die Sowjetunion
19.9.1941	Einführung des „Judensterns"
November 1941	Einrichtung eines Konzentrationslagers vor allem für Juden in Theresienstadt durch die SS
11.12.1941	Kriegserklärung Deutschlands an die USA
1942	Einführung der „Normalschrift"
20.01.1942	Wannsee-Konferenz legt Maßnahmen zur „Endlösung der Judenfrage" fest; bis Kriegsende werden über 5 Millionen europäische Juden umgebracht, davon viele in den östlichen Vernichtungslagern vergast
09.02.1942	Ortsgruppenleiter Lorenzen-Schmidt übergibt Ortsgruppe Klostersande an Volckmann
21.05.1942	Attentat auf den „stellvertretenden Reichsprotektor" Reinhard Heydrich in Prag
10.06.1942	Das Dorf Lidice wird vernichtet und hunderte Tschechen werden umgebracht
31.01.1943	Kapitulation der 6. deutschen Armee im Südkessel und am 02.02. im Nordkessel bei Stalingrad
18.02.1943	„Sportpalastrede: Wollt Ihr den totalen Krieg?" des Propagandaministers Joseph Goebbels in Berlin

30.4.1943	Zusammenschluss der „Elmshorner Nachrichten" und der anderen Ortzeitungen des Kreises Pinneberg zu den „Holsteiner Nachrichten".
1.4.1944	Bürgermeister Karl Coors aus Pinneberg wird komm. Bürgermeister von Elmshorn. Bindemann trat zurück
06.06.1944	Landung („Invasion") der Westalliierten in der Normandie
20.07.1944	Attentatsversuch von Stauffenbergs auf Hitler im Führerhauptquartier „Wolfsschanze" (Ostpreußen); etwa 180 Beteiligte und mehrere Tausend allgemein Verdächtigte werden in der Folgezeit hingerichtet oder erschossen.
Sept. 1944	Aufstellung des „Werwolfs"
20.10.1944	Aufstellung des „Volkssturms" in Elmshorn
27.01.1945	Befreiung des Konzentrationslagers Auschwitz durch die Rote Armee
30.1.1944	Vereidigung des „Volkssturms" in Elmshorn
04.02.1945	Konferenz von Jalta mit Churchill, Roosevelt, Stalin (bis 11.02.)
3.4.1945	Der „Werwolf" wird gegründet
30.04.1945	Selbstmord Hitlers im „Führerbunker" in Berlin
1.5.1945	Dr. Siegfried Küster aus Wilster wird als Nachfolger des Bürgermeisters Karl Coors eingesetzt
5.5. 1945	Waffenruhe

07.05.1945	Kapitulation der deutschen Wehrmacht in Reims (Jodl/Eisenhower)
08.05.1945	Kapitulation der deutschen Wehrmacht in Berlin Karlshorst (Keitel/Schukow)
09.05.1945	Inkrafttreten der Gesamtkapitulation
Juli-August 1945	Potsdamer Konferenz
06.08.1945	Atombombenabwurf über Hiroshima und am 09.08. Nagasaki (Japan) durch die USA
02.09.1945	Kapitulation Japans

Bibliografie Kirschninck

www.kirschninck.de

Kirschninck, Harald: Beth ha Chajim. Haus des ewigen Lebens. Ein Besuch auf dem jüdischen Friedhof von Elmshorn. Norderstedt 2019.

Kirschninck, Harald: Der Kampf um Elmshorn. Elmshorn im Nationalsozialismus im Spiegel der Elmshorner Zeitungen 1920 – 1933. Band 1. Norderstedt 2024
Kirschninck, Harald: Gebt uns vier Jahre Zeit! Elmshorn im Nationalsozialismus im Spiegel der Elmshorner Zeitungen. 1933 – 1936. Band 2. Norderstedt 2025.

Kirschninck, Harald: Dem Untergang entgegen! Verfolgung-Terror-Krieg.Elmshorn im Nationalsozialismus im Spiegel der Elmshorner Zeitungen. 1937 – 1945. Band 3. Norderstedt 2025.

Kirschninck, Harald: Der Zug ohne Wiederkehr. - Deportation jüdischer Mitbürger von Elmshorn. Norderstedt 2017.

Kirschninck, Harald: Die Fahne ist mehr als der Tod. Die Geschichte der Hitlerjugend von Elmshorn. Band 1. Norderstedt 2023.

Kirschninck, Harald: Die Fahne ist mehr als der Tod. Die Geschichte der Hitlerjugend von Elmshorn. Band 2. Norderstedt 2023.

Kirschninck, Harald: Die Geschichte der Juden in Elmshorn. 1685-1918. Band 1. Norderstedt 2017.

Kirschninck, Harald: Die Geschichte der Juden in Elmshorn. 1918-1945. Band 2. Norderstedt 2017.

Kirschninck, Harald: Juden in Elmshorn, Teil 1: Diskriminierung. Verfolgung. Vernichtung, Elmshorn 1996. (Beiträge zur Elmshorner Geschichte. Band 9).

Kirschninck, Harald: Juden in Elmshorn, Teil 2: Isolierung. Assimilation. Emanzipation. Elmshorn 1999. (Beiträge zur Elmshorner Geschichte, Band 12).

Kirschninck, Harald: Nordseebad Norderney ist judenfrei. Die Geschichte der Juden von Norderney von der Niederlassung bis zur Deportation. Norderstedt 2020.

Kirschninck, Harald: Und sie werden nicht mehr frei ihr ganzes Leben! Die Geschichte der Hitlerjugend auf der Nordseeinsel Norderney. Norderstedt 2022.

Kirschninck, Harald: Was können uns die Gräber erzählen? Biografien und Geschichten hinter den Grabsteinen des jüdischen Friedhofes von Elmshorn. Band 1. Norderstedt 2019.

Kirschninck, Harald: Was können uns die Gräber erzählen? Biografien und Geschichten hinter den Grabsteinen des jüdischen Friedhofes von Elmshorn. Band 2. Norderstedt 2019.

Kirschninck, Harald: Was können uns die Gräber erzählen? Biografien und Geschichten hinter den Grabsteinen des jüdischen Friedhofes von Elmshorn. Band 3. Norderstedt 2019.

Kirschninck, Harald: Wo sind sie geblieben? Biografien und Geschichten der Juden von Norderney. Band 1. A-K. Norderstedt 2020.

Kirschninck, Harald: Wo sind sie geblieben? Biografien und Geschichten der Juden von Norderney. Band 2. L-Z. Norderstedt 2020.

Aufsätze:

Kirschninck, Harald: Albert Hirsch. In: Arbeitsgemeinschaft „Stolpersteine für Elmshorn". Elmshorn 2008.

Kirschninck, Harald: Beth ha Chajim - Zur Geschichte des jüdischen Friedhofes in Elmshorn. in: Stadt Elmshorn (Hrsg.): Beiträge zur Elmshorner Geschichte. Band 3. Elmshorn 1989

Kirschninck, Harald: Beth ha Chajim – Das Haus des ewigen Lebens. Die Geschichte des jüdischen Friedhofes in Elmshorn. In: Schleswig-Holsteinischer Heimatbund (Hrsg.): Schleswig-Holstein. Kultur. Geschichte. Natur. Sonderdruck zum Schleswig-Holstein Tag 1998. Husum 1998. S. 68 f.

Kirschninck, Harald: Die Juden in Elmshorn während des Dritten Reiches. in: Bringmann/Diercks: Die Freiheit lebt. Antifaschistischer Widerstand und Naziterror in Elmshorn und Umgebung 1933 - 1945. 702 Jahre Haft für Antifaschisten. Frankfurt 1983.

Kirschninck, Harald: Die Juden in Elmshorn während des Dritten Reiches. in: Heimatverband für den Kreis Pinneberg e.V. (Hrsg.): Jahrbuch für den Kreis Pinneberg 1984. Pinneberg 1983.

Kirschninck, Harald: Die Jüdische Gemeinde Elmshorn. in: Lorenzen-Schmidt (Hrsg.): Bei uns…. 1933 - 1945. Eine Broschüre zur gleichnamigen Ausstellung. Engelbrechtsche Wildnis 1983.

Kirschninck, Harald: Elmshorn. Zur Geschichte des Friedhofes. In: www.alemannia-judaica.de/schleswig_holstein_friedhoefe.htm

Kirschninck, Harald: Karl Löwenstein. John Löwenstein. Selma Levi, geb. Löwenstein. In: Arbeitsgemeinschaft „Stolpersteine für Elmshorn". Elmshorn 2008.

Kirschninck, Harald: Niederlassung in Itzehoe. In: Ritter / Fischer (Hrsg.): Jüdische Kultur. Steinburger Jahrbuch 2002. 46. Jg. Itzehoe 2001. S. 114 – 130.

Kirschninck, Harald: „Wer beim Juden kauft, ist ein Volksverräter!". Der Untergang der jüdischen Gemeinde Elmshorn. In: Gerhard Paul / Miriam Carlebach (Hrsg.): Menora und Hakenkreuz. Zur Geschichte der Juden in und aus Schleswig-Holstein, Lübeck und Altona 1918 – 1998. Neumünster 1998. S. 283 – 296.

Kirschninck, Harald: Wo sind sie geblieben? Wohin Elmshorner Juden von den Nationalsozialisten verschleppt wurden. In: Arbeitsgemeinschaft „Stolpersteine für Elmshorn". Elmshorn 2008.

Kirschninck, Harald: Zur Geschichte der Jüdischen Gemeinde Elmshorn bis 1869. in: Stadt Elmshorn (Hrsg.): Beiträge zur Elmshorner Geschichte. Band 1. Elmshorn 1987.

Kirschninck, Harald: Zur Geschichte der Jüdischen Gemeinde Elmshorn. Teil II. Von der Emanzipation bis zur Vernichtung. in: Stadt Elmshorn (Hrsg.): Beiträge zur Elmshorner Geschichte. Band 2. Elmshorn 1988.

Quellenverzeichnis

Amtsblatt des Kontrollrats

Archiv Christiane Orgis

Aussage v. Frau Lötje, geb. Lippstadt

Aussage v. Frau Paula Baum Brief von Frau

Aussage v. Frau Wecker

Aussage v. Herr Christian Rostock

Aussage v. Per Koopmann

Aussage v. Rudolf Baum

Aussage v. Rudolf Oppenheim

BArch Berlin-Lichterfelde, R 55/22799; R 3001/76894, 76895; R 3001/84324; R 9361-I/3460; R 9361-II/957747; R 9361-V/10550; R 9361-III/569533; R 43/4543.

BArch Freiburg: PERS 6/217196

Bayerische Staatsbibliothek, 43.1792

Beschluss der Beigeordneten der Stadt Elmshorn. Stadtarchiv Elmshorn

Besprechung der Beigeordneten v.12.6.1935. Stadtarchiv Elmshorn

BGBl. I S. 307

Bundesarchiv Koblenz, Z 42 III/3214

Central Archives for The History of the Jewish People, Jerusalem (CAHJP) P 40/ 32 - 3,2

Chronik „10 Jahre NSDAP. 1925-1935". Festschrift. Elmshorn 1935.

Einwohnermeldeamt Elmshorn

Elmshorner Nachrichten (EN), seit 1943 „Holsteiner Nachrichten" (HN)

Elmshorner Zeitung (EZ) bis März 1933 erschienen

German History in Documents and Images

Hamburger Allgemeine v. 6. Mai 1949

Hamburger Echo v. 8.7.1948

Hitler, Adolf: Mein Kampf. München 1938

Holsteiner Nachrichten

Jüdisches Museum Berlin

LAS Abt. 309 Nr. 21739

LAS Abt. 352 Kiel Nr. 929

LASH Abt. 460 Nr. 460 Dokument 104

LASH Abt. 460 Nr. 468

LASH Abt. 460 Nr. 468 Dokument 042

LASH Abt. 460 Nr. 468 Dokument 055

LASH Abt. 460 Nr. 468 Dokument 056

Leo Baeck Institute Parent Collection: Paula Baum Collection Call Number: AR 1314

Norderneyer Badezeitung

Organisationsbuch der NSDAP, 1937 (3. Auflage), „Aufbau der SA."

Ostfriesen Kurier vom 8.5.1945

Pinneberger Tageblatt (PT)

Plaut, Max: Die Deportationsmaßnahmen der Geheimen Staatspolizei in Hamburg. Staatsarchiv Hamburg. Bestand: Jüdische Gemeinden. 992 K

Plaut, Max: Maßnahmen der Gestapo und der SS gegen Juden nach 1939. Staatsarchiv Hamburg. Bestand: Jüdische Gemeinden. 992 K

Rechnungsbücher. Stadtarchiv Elmshorn

Reichsorganisationsleiter der NSDAP (Hrsg.): Organisationsbuch der NSDAP. München 1936.

RGBl I, 1938, S.922.

RGBl I, 1938, Nr. 189 v. 14.11.1938

RGBl, Jg. 1941, Teil I, Nr. 100

Runderlass des RMdI vom 12.8.1940

Staatsarchiv Hamburg, Best. 332-5 Standesämter, Personenstandsregister, Sterberegister, 1876-1950, , Hamburg, Deutschland.

Staatsarchiv Hamburg. Bestand: Jüdische Gemeinden. 992 K

Stadtarchiv Elmshorn 001101.B.006

Stadtarchiv Elmshorn 001101.G.009

Stadtarchiv Elmshorn 001.03.31.50.01.04 Polizeiverwaltung Ortspolizei

Stadtarchiv Elmshorn 001-03.31.50.01.06 Handhabung der Ortspolizei 1933-1942

Stadtarchiv Elmshorn 001.03.31.50.01.19 Polizeirecht SA SS 1933 – 1942

Stadtarchiv Elmshorn 0011.01.11.M.024

Stadtarchiv Elmshorn 0011.01.B.015

Stadtarchiv Elmshorn 0011.01.H.024

Stadtarchiv Elmshorn 0011.01.K.001

Stadtarchiv Elmshorn 0011.01.M.003

Stadtarchiv Elmshorn 0011.01.S.041

Stadtarchiv Elmshorn 001.03.31.50.01.38 Dienstvorschriften Polizei 1898-1937.

Stadtarchiv Elmshorn 001.03.31.50.01.40 Anstellung Polizei 1921-1947

Stadtarchiv Elmshorn 001.03.31.50.01.44 Hilfspolizei

Stadtarchiv Elmshorn 001.03.31.50.01.61 Bettler Landstreicher 1910-1938

Stadtarchiv Elmshorn 001.03.31.50.01.73

Stadtarchiv Elmshorn 001.03.31.50.01.76

Stadtarchiv Elmshorn 001.03.31.50.01.33

Stadtarchiv Elmshorn 001.03.31.50.01.42 Polizei Verschiedenes 1939-1942

Stadtarchiv Norderney

Wiener Holocaust Library, MF 54-533 Ref.

Wikipedia

Literaturverzeichnis

Billstein, Aurel: Der große Pogrom, die „Reichskristallnacht" in Krefeld. Krefeld o.J

Binder, Gerhard: Epoche der Entscheidungen. Stuttgart 1960. S. 553

Brandmeister Uwe Pein: 1944 Luftangriff auf die Ölraffinerie Ende des II. Weltkriegs.. 27.6.2022.

Brunöhler, Lisa: „Auch Du gehörst dem Führer..." - Mädchenerziehung im Nationalsozialismus am Beispiel des Bundes Deutscher Mädel. 2010.

Buchheim, Hans: Anatomie des SS-Staates. Bd.2. 2.Aufl. Freiburg 1979.

Danker, Uwe / Schwabe, Astrid: Schleswig-Holstein und der Nationalsozialismus, Neumünster 2005.

Danker, Uwe, Bohn,Robert, Köhler, Nils, Lehmann, Sebastian (Hg.): „Ausländereinsatz in der Nordmark". Zwangsarbeitende in Schleswig-Holstein 1939 – 1949. Bielefeld 2001. S. 292f

Drobisch, Klaus u.a.: Juden unterm Hakenkreuz. Verfolgung und Ausrottung der deutschen Juden 1933 – 1945. Berlin 1973

Fischer, Gerhard, aus Sander, Ulrich: „Mörderisches Finale. NS-Verbrechen bei Kriegsende" in: https://dasjahr1945.de/verbrecherische-befehle/

Freimark/Kopitzsch: Der 9./10. November 1938 in Deutschland. Dokumentation zur „Kristallnacht" 3. unv. Aufl. Hamburg 1981.

Gamm, Hans-Jochen [u.a.]: Führung und Verführung: Pädagogik des Nationalsozialismus; eine Quellensammlung. 2. Aufl., Frankfurt a. M. 1984

Hauschildt, Dietrich: Juden in Kiel im Dritten Reich. Staatsexamensarbeit. Kiel 1980.

Heiber, Helmut: Der Fall Grünspan. in: Vierteljahreshefte für Zeitgeschichte. 1957

Hoch, Gerhard und Schwarz, Rolf: Verschleppt zur Sklavenarbeit. Kriegsgefangene und Zwangsarbeiter in Schleswig-Holstein, Kaltenkirchen 1985

Hoch, Gerhard: Kriegsgefangene und Zwangsarbeiter in Elmshorn während des Zweiten Weltkrieges. Beiträge zur Elmshorner Geschichte. Band 3. Elmshorn 1989.

Hofer, Walther (Hrsg.): Der Nationalsozialismus. Dokumente 1933 - 1945. Frankfurt a.M. 1974.

Kirschninck, Harald: Der Kampf um Elmshorn. Elmshorn im Nationalsozialismus im Spiegel der Elmshorner Zeitungen 1920 – 1933. Band 1. Norderstedt 2024

Kirschninck, Harald: Der Zug ohne Wiederkehr. Deportation jüdischer Mitbürger von Elmshorn. Norderstedt 2017

Kirschninck, Harald: Die Fahne ist mehr als der Tod. Die Geschichte der Hitler-Jugend in Elmshorn. Band 1. Norderstedt 2023.

Kirschninck, Harald: Die Geschichte der Juden in Elmshorn. 1918-1945. Band 2. Norderstedt 2017.

Kirschninck, Harald: Gebt uns vier Jahre Zeit! Elmshorn im Nationalsozialismus im Spiegel der Elmshorner Zeitungen. 1933 – 1936. Band 2. Norderstedt 2025.

Kock, Gerhard: „Der Führer sorgt für unsere Kinder" – Die Kinderlandverschickung im Zweiten Weltkrieg. Paderborn 1997

Koopmann, Per: Zerstörung Kriegsende Neuanfang. Bilddokumente ohne viel Worte. Stadt Elmshorn (Hrsg.). Beiträge zur Elmshorner Geschichte. Bd. 17. Elmshorn 2004.

Koopmann, Per: Elmshorn im Luftkrieg 1939-1945. In: Beiträge zur Elmshorner Geschichte. Band 3. Elmshorn 1989

Krausnick, Helmut: Judenverfolgung. In: Buchheim, Hans: Anatomie des SS-Staates. Bd.2.2.Aufl. Freiburg 1979.

Kühn, Rainer: Konzentrationslager Sachsenhausen / Rainer Kühn ; Hrsg.: Landeszentrale für politische Bildungsarbeit, Berlin. - 2., überarb. Aufl. - Berlin, 1990

Lefenau-Ziegenhagen, Doris: Bokholt-Hanredder Dorfgeschichte, Bokholt-Hanredder 1989

Lilla, Joachim: Leitende Verwaltungsbeamte und Funktionsträger in Westfalen und Lippe (1918–1945/46). Biographisches Handbuch., Münster 2004.

Lilla, Joachim, Döring, Martin, Schulz, Andreas: Statisten in Uniform: Die Mitglieder des Reichstags 1933–1945. Ein biographisches Handbuch. Unter Einbeziehung der völkischen und nationalsozialistischen Reichstagsabgeordneten ab Mai 1924. Düsseldorf 2004

Naujocks, Harry: Mein Leben im KZ Sachsenhausen. 1936 -1942. Erinnerungen des ehemaligen Lagerältesten. Berlin 1989

Nyssen, Elke: Frauen und Frauenopposition im Dritten Reich. In: Flessau / Nyssen / Pätzold (Hrsg.): Erziehung im Nationalsozialismus, „… und sie werden nicht mehr frei ihr ganzes Leben!". Köln; Wien 1987

Oppenheimer u.a.: Als die Synagogen brannten. Zur Funktion des Antisemitismus gestern und heute. Frankfurt a.M. 1978.

Paul, Gerhard/Wildt, Michael: Nationalsozialismus. Aufstieg-Macht-Niedergang-Nachgeschichte. Zeitgeschichte, Bundeszentrale für politische Bildung, Bonn 2022

Paul, Gerhard und Gillis-Carlebach, Miriam (Hrsg.): Menora und Hakenkreuz. Zur Geschichte der Juden in und aus Schleswig-Holstein, Lübeck und Altona (1918 - 1998). Neumünster 1998

Perching, Elisabeth: Zur Einübung von Weiblichkeit im Terrorzusammenhang. Mädchenadoleszenz in der NS-Gesellschaft, München 1996

Pfahlmann, Hans: Fremdarbeiter und Kriegsgefangene in der deutschen Kriegswirtschaft 1939 – 1945. Darmstadt 1968.

Projekt: Stätten des Judentums in Hamburg. o.O. o.J.

Rasmussen, Alfred: Elmshorner Geschichte. Elmshorner Arbeiterinnen und Arbeiter im politischen Widerstand 1914 – 1935. Elmshorn 2011.

Röhl, Anja: Das Elend der Verschickungskinder. Kindererholungsheime als Orte der Gewalt. Bpb. Bonn 2022

Rosenberg, Heinz: Jahre des Schreckens (...) und ich blieb übrig, dass ich Dir's ansage. Göttingen 1985. nach: Projekt (...), a.a.O., Baustein 2, M 29 f1

Rosenthal, Ludwig: „Endlösung der Juden-frage": Massenmord oder „Gaskammerlüge"? Eine Auswertung der Beweisaufnahme im Prozess gegen Hauptkriegsverbrecher vor dem Internationalen Militärgerichtshof Nürnberg vom 14. November 1945 bis 1.Oktober 1946. Zweite verb. Aufl. Darmstadt 1980

Sauer, Paul: Die Schicksale der jüdischen Bürger Baden-Württembergs während der nationalsozialistischen Verfolgungszeit 1933-1945. Stuttgart 1969

Schirmann, Léon: Justizmanipulationen: Der Altonaer Blutsonntag und die Altonaer bzw. Hamburger Justiz 1932–1994. Berlin 1995.

Schmerbach, Folker: Das Gemeinschaftslager Hanns Kerrl für Referendare in Jüterbog 1933-1939, 2008.

Seifert, Johannes: Pinneberg zur Zeit des Nationalsozialismus. VHS-Geschichtswerkstatt. Pinneberg 2000.

Siegfried, Detlef: Die Befreiung Elmshorns im Mai 1945. In: Beiträge zur Elmshorner Geschichte. Band 3. Elmshorn 1989

Thalmann, Rita: Frausein im Dritten Reich. München; Wien 1984

Vogel, Rolf: Ein Stempel hat gefehlt. Dokumente zur Emigration deutscher Juden. München 1977.

Wissenschaftliche Dienste des Deutschen Bundestages: Die Entnazifizierung (PDF; 154 kB), Ausarbeitung vom 27. September 2011

Wolfgang Benz (Hrsg.): Wie wurde man Parteigenosse? Die NSDAP und ihre Mitglieder. Frankfurt am Main 2009

Internetverzeichnis

Altemüller, Frithjof. https://www.aufderlieth.de/die-elmshorn-galerie/bombennacht-in-elmshorn/

Arendt, Rudi: https://www.spurensuche-kreis-pinneberg.de/spur/13-mai-1945-arthur-geissler-der-fuehrende-mann-im-elmshorner-widerstand-und-seine-verhaftung-durch-major-ryder/ vom 6.5.2923

Deutsches Historisches Museum. https://berlin.museum-digital.de/singleimage?imagenr=66963

Die Selbstbefreiung Elmshorns und das Wirken des sozialdemokratischen Akteurs Erich Arp – Ein Beitrag zum 8. Mai 2021 – erster offizieller Gedenktag zu Kriegsende und Befreiung in Schleswig-Holstein | Spurensuche Kreis Pinneberg und Umgebung (spurensuche-kreis-pinneberg.de

Dr. Sebastian Lehmann: https://www.spurensuche-kreis-pinneberg.de/spur/kreisleitung-der-nsdap-ab-1936/

http://www.drk-wilster.de/Chronik.htm

http://www.roterhusar.org/rwca/projektmeldorf/aufbaudith.html

http://www.spurensuche-kreis-pinneberg.de

http://www.spurensuche-kreis-pinneberg.de/spur/zwangsarbeiterlager-lager-wilhelm-bull-gerlingweg-13/. Erstellt von Volker Sartorti

http://www.uetersen-geschichte.de/files/pic/large/nsterror3_b.jpg

https://commons.wikimedia.org/wiki/File:Mutterkreuz_silver.jpg

https://dasjahr1945.de/elmshorn/

https://dasjahr1945.de/verbrecherische-befehle/

https://de.wikipedia.org/wiki/Entnazifizierung

https://de.wikipedia.org/wiki/Ernste_Bibelforscherhttps://www.lscdn.pl/download/1/10270/RedeHitlersvorHJ.pdf

https://de.wikipedia.org/wiki/Jutta_R%C3%BCdiger

https://de.wikipedia.org/wiki/Mutterkreuz

https://de.wikipedia.org/wiki/Polen-Erlasse

https://de.wikipedia.org/wiki/Reichsn%C3%A4hrstand

https://de.wikipedia.org/wiki/Reichsvereinigung_der_Juden_in_Deutschland

https://de.wikipedia.org/wiki/Volkssturm

https://de.wikipedia.org/wiki/Werwolf_(NS-Organisation

https://de.wikipedia.org/wiki/Wilhelm_Grezesch

https://forum.axishistory.com/viewtopic.php?t=124558

https://germanhistorydocs.org/de/deutschland-nationalsozialismus-1933-1945/ghdi:image-1899

https://gruene-elmshorn.de/2021/05/08/8-mai-1945-tag-der-befreiung/

https://jugend1918-1945.de/portal/Jugend/thema.aspx?root=26636&id=3450

https://ns-reichsministerien.de/2020/05/14/christian-spieler/

https://www.bpb.de/themen/nationalsozialismus-zweiter-weltkrieg/ns-zwangsarbeit/222627/ueberblick-die-nationalsozialistische-zwangsarbeit/

https://www.elmshorn.de/Stadtportr%C3%A4t/Menschen-der-Stadt/Elmshorns-B%C3%BCrgermeister-innen/

https://www.hamburg.de/politik-und-verwaltung/behoerden/schulbehoerde/themen/politische-bildung/historisch-politische-bildung/5-belastungskategorien-entnazifizierung-273948

https://www.planet-wissen.de/geschichte/nationalsozialismus/kindheit_im_zweiten_weltkrieg/pwiedieswingjugend100.html

https://www.reichstag-abgeordnetendatenbank.de/select.html?pnd=130331597

https://www.shz.de/lokales/pinneberg-schenefeld/artikel/pinneberg-historische-einschaetzung-zu-ns-buergermeistern-48369983

https://www.spurensuche-kreis-pinneberg.de/spur/dr-med-vet-ernst-albers-ortsgruppenleiter-der-nsdap-1929-1930/

https://www.spurensuche-kreis-pinneberg.de/spur/gerichtsurteil-im-februar-1949-verbrechen-gegen-die-menschlichkeit-der-stellvertretende-buergermeister-und-kriminalsekretaer-heinrich-kobarg/

https://www.spurensuche-kreis-pinneberg.de/welches-nie-wieder-ist-jetzt-wird-mit-der-bildergalerie-im-rathaus-unterstrichen-offener-brief-an-die-ratsversammlung-pinneberg/

https://www.spurensuche-kreis-pinneberg.de/wp-content/uploads/2019/09/Antikriegstag-2019-VVN-BdA-Marianne-Wilke.pdf

https://www.wedel.de/rathaus-politik/newsdetail/stadtpraesident-gedenkt-der-bombardierung-wedels-vor-81-jahren

https://www.wikiwand.com/de/Trude_Mohr

Stormarn-Lexikon - Groß-Hamburg-Gesetz und Groß-Hamburg-Gesetz – Gesellschaft für Schleswig-Holsteinische Geschichte

Wikipedia

www.shz.de

Bildverzeichnis

S.22   Per Koopmann, a.a.O., Stadtarchiv Elmshorn

S. 25   Koopmann, EG 17, a.a.O., S.14

S. 23   Koopmann, EG 17, a.a.O., S.14

S. 34   Staatsarchiv Hamburg. Aus: https://geschichte-s-h.de/sh-von-a-bis-z/g/gross-hamburg-gesetz/

S. 45   Stadtarchiv Elmshorn

S. 70   Chronik 10 Jahre NSDAP Elmshorn, a.a.O

S. 71   Bokholt-Hanredder Dorfgeschichte, Bokholt-Hanredder 1989

S. 72   Bokholt-Hanredder Dorfgeschichte, Bokholt-Hanredder 1989

S. 77   https://www.planet-wissen.de/geschichte/nationalsozialismus/kindheit_im_zweiten_weltkrieg/pwiedieswingjugend100.html

S. 84   Webfund

S. 86   Ansichtskarte

S. 96   Privatarchiv Kirschninck

S. 97   Privatarchiv Kirschninck

         Privatarchiv Kirschninck

S. 98   Privatarchiv Kirschninck

S. 100 Propagandaplakate, Webfund

S. 102 Privatarchiv Kirschninck

S. 119 Per Koopmann, Stadtarchiv

S. 121   Privatarchiv Kirschninck

S. 122   Gerhardt Cordts. Privatarchiv Kirschninck

S. 135   Bundesarchiv Bild 183-1989-0821-502, Joseph Goebbels.jpg. CC BY-SA 3.0
         de

S. 136   Grenzfriedensbund

         Grenzfriedensbund

         Gemeinschaftsarchiv. Aus: https://www.shz.de/lokales/schleswiger-
         nachrichten/seine-nazi-karriere-begann-in-schleswig-id2357666.html

         https://forum.axishistory.com/viewtopic.php?t=124558

S. 140   Privatarchiv Harald Kirschninck

S. 140   Privatarchiv Harald Kirschninck

S. 140   Privatarchiv Kirschninck

S. 145   Privatarchiv Kirschninck

S. 152   Privatarchiv Kirschninck

         Privatarchiv Kirschninck

S. 162   Repository:Leo Baeck Institute Parent Collection: Paula Baum Collection
         Call Number: AR 1314

S. 170   Postkarte

S. 184   Sammlung Rasmussen

S. 196   Eberhardt, Bonno: Die Löschgruppen der Freiwilligen Feuerwehr
         „Norderney" von 1884 – 1945. Norderney 2006. S.122.

         Eberhardt, Bonno: Die Löschgruppen der Freiwilligen Feuerwehr
         „Norderney" von 1884 – 1945. Norderney 2006. S.122.

S. 197   Eberhardt, Bonno: Die Löschgruppen der Freiwilligen Feuerwehr „Norderney" von 1884 – 1945. Norderney 2006. S.123.

Eberhardt, Bonno: Die Löschgruppen der Freiwilligen Feuerwehr „Norderney" von 1884 – 1945. Norderney 2006. S.123

S. 207   Webfund

S. 208   Webfund

Webfund

S. 209   Webfund

S. 237   Scholz, Ernst-Gerhardt: Leben in Schwarz-Weiß. Beiträge zur Elmshorner Geschichte 26. S. 147.

S. 241   Zeitzeugen Stadtarchiv. Interview Lieselotte Bornhold, geb Möller youtube . Screenshot_20230123_160509_YouTube

Zeitzeugen Stadtarchiv. Interview Lieselotte Bornhold, geb Möller youtube . Screenshot_20230123_160509_YouTube

S. 299   Webfund

Webfund

S, 302   Plakat, Webfund

S. 311   Per Koopmann. Stadtarchiv Elmshorn.

S. 313   Per Koopmann. Stadtarchiv Elmshorn.

S. 318   Per Koopmann. Stadtarchiv Elmshorn.

S. 322   Per Koopmann. Stadtarchiv Elmshorn.

S. 331   Brandmeister Uwe Pein: 1944 Luftangriff auf die Ölraffinerie Ende des II. Weltkriegs

S. 332 Brandmeister Uwe Pein: 1944 Luftangriff auf die Ölraffinerie Ende des II. Weltkriegs

S. 335 Per Koopmann. Stadtarchiv Elmshorn.

Per Koopmann. Stadtarchiv Elmshorn.

S. 356 Synek125. Creative Commons Attribution-Share Alike 2.5 Generic license. https://commons.wikimedia.org/wiki/File:Mutterkreuz_silver.jpg

S. 356 Jüdisches Museum Berlin

S. 362 Webfund

S. 363 Nach: Angaben des Internationalen Suchdienstes des Roten Kreuzes, Arolsen. Nach: Kühn, a.a.O.

S. 365 Bauche, Ulrich (Hrsg.): Die Geschichte der Juden in Hamburg.1590 - 1990. Bd. 1. Vierhundert Jahre Juden in Hamburg: Eine Ausstellung des Museums für Hamburgische Geschichte vom 8.11.1991 bis 29.3.1992. Hamburg 1991.

S. 366 Harald Kirschninck

Harald Kirschninck

S. 367 Harald Kirschninck

S. 371 Frau Wecker, in: Projekt: Stätten jüdischen Lebens und Leidens

S. 372 Harald Kirschninck

Bauche, a.a.O

S. 374 Harald Kirschninck

Harald Kirschninck

Harald Kirschninck

S. 378 Privatarchiv Harald Kirschninck

Privatarchiv Harald Kirschninck

S. 379   Bundesarchiv Koblenz, Z 42 III/3214

S. 380   Privatarchiv Harald Kirschninck

S. 381   Sartorti. http://www.spurensuche-kreis-pinneberg.de

Privatarchiv Kirschninck

S. 382   Privatarchiv Kirschninck

S. 383   Best. 332-5 Standesämter, Personenstandsregister, Sterberegister, 1876-1950, Staatsarchiv Hamburg, Hamburg, Deutschland.

S. 404   Per Koopmann. Stadtarchiv Elmshorn

S. 418   Deutsches Historisches Museum. https://berlin.museum-digital.de/singleimage?imagenr=66963

S. 420   Archiv Jens Gatzenmeier

S. 422   Per Koopmann. Stadtarchiv Elmshorn

S. 429   Per Koopmann. Stadtarchiv Elmshorn

S. 431   Per Koopmann. Stadtarchiv Elmshorn

S. 438   https://de.wikipedia.org/wiki/Polen-Erlasse#/media/Datei:Pflichten_der_polen.jpg

S. 440   https://commons.wikimedia.org/w/index.php?curid=13371056

S. 442   Stadtarchiv Elmshorn

Stadtarchiv Elmshorn

S. 467   Foto aus Per Koopmann, a.a.O., S. 16

S. 483   Archiv Jens Gatzenmeier

Foto: Per Koopmann, a.a.O. S. 57

S. 491   Webfund

Webfund

S. 492 Deutsches Reichsgesetzblatt 44T1 053 0253-254

S. 493 Deutsches Reichsgesetzblatt 44T1 053 0253-254

S. 494 Webfund

Webfund

Webfund

S. 500 HN vom 25.10.1944

S. 505 Paul, Gerhardt/Wildt, Michael: Nationalsozialismus. Aufstieg-Macht-Niedergang-Nachgeschichte.Bonn 2022, S.236

Ebenda

S. 522 Koopmann, Per: a.a.O., S. 63

S. 529 Webfund

S. 538 Per Koopmann. Stadtarchiv Elmshorn

S. 533 Chronik 10 Jahre NSDAP Elmshorn. 1925-1935. o.O. o.J.

S. 555 Bundesarchiv, Bild 102-14899 / Georg Pahl /

S. 557 https://www.stadtarchiv-elmshorn.de/buergermeister-in/

S.565 https://www.elmshorn.de/Stadtportr%C3%A4t/Menschen-der-Stadt/Elmshorns-B%C3%BCrgermeister-innen/

https://www.spurensuche-kreis-pinneberg.de/welches-nie-wieder-ist-jetzt-wird-mit-der-bildergalerie-im-rathaus-unterstrichen-offener-brief-an-die-ratsversammlung-pinneberg/

S. 567 http://www.drk-wilster.de/Chronik.htm

S. 568 https://germanhistorydocs.org/de/deutschland-nationalsozialismus-1933-1945/ghdi:image-1899

S. 571 Chronik 10 Jahre NSDAP Elmshorn. 1925-1935. o.O. o.J.

http://www.uetersen-geschichte.de/files/pic/large/nsterror3_b.jpg

S. 574 https://de.wikipedia.org/wiki/Blutorden

S. 578 Chronik 10 Jahre NSDAP Elmshorn. 1925-1935. o.O. o.J.

Beiträge a.a.O., Bd. 26

EN vom 20.4.1971

S. 582 Chronik 10 Jahre NSDAP Elmshorn. 1925-1935. o.O. o.J.

S. 588 Chronik 10 Jahre NSDAP Elmshorn. 1925-1935. o.O. o.J.

S. 591 Chronik 10 Jahre NSDAP Elmshorn. 1925-1935. o.O. o.J.

S. 592 Sammlung: Erika Opitz

Sammlung: Erika Opitz

S. 594 VHS-Geschichtswerkstatt Pinneberg

Stichwortverzeichnis:

Albert Hirsch 95, 363, 364, 376, 382, 383

Alfred Naujocks 149

Alma Bruhn 67, 68

Altonaer Blutsonntag 69, 572, 628, 656

Andresen 141, 144

Anna Lötje 375

Anschluss Österreichs 105, 109, 176

Arbeitsbuch 638

Arbeitsdienst 89, 173, 623

Arbeitsdienstpflicht 89, 120, 181, 183, 205, 634, 636

Arbeitsmaiden 204, 205

Arierparagraphen 95

Arisierung 281, 382, 583

Arisierungen 114, 116

Arthur Geißler 535, 536, 540

Artur Axmann 393, 469

Ausgebombte 258, 334, 516

Auswanderung 149, 151, 166, 189, 190, 191, 236, 361, 362

Axmann 488

Baldur von Schirach 14, 27, 28, 85, 86, 177, 302

Baumer 68

BDM 13, 28, 38, 49, 74, 82, 83, 84, 85, 86, 89, 170, 171, 172, 186, 205, 489, 490, 518, 604, 623, 624, 630

Bernhard Bruhn 67

Betriebszellenorganisation 583

Bettler 633, 652

Bindemann 12, 142, 563, 642, 644

Blutschutzgesetz 76

Böge 396, 569, 581

Bombenangriff 310, 324, 334, 335, 336, 424, 429

Boykott 630

Brandbomben 312, 316, 317, 322, 505

Breitfeld 68, 580

Breuß 75

Bruhn 627, 628

Bull 68, 555

Bund Deutscher Mädel 623

Carlebach 616

Christian Spieler 552, 553

DAF 623, 631

David Baum 139, 150, 151, 152

Deportationen 167, 188, 361, 369, 376, 377, 615

Deutsche Arbeitsfront 104, 623

Deutschen Arbeitsfront 631

Deutsches Jungvolk 182, 623

Dienstpflicht 181, 182, 266

Dienststrafenkatalog 293

DJ 13, 623

Dönitz 533, 534

Dünamünde 376

Einführung des „Judensterns" 354, 643

Einheitswert 95
Einsatzgruppen 223
Eintopfsonntag 9, 633
Elmshorner Kreditbank 93, 94
Elmshorner Männerturnverein 630
Emigration 189, 190, 609, 657
Emil Cords 68
Emil Mohr 588, 589
Emil Paulsen 65, 73, 211
Emil Sievers 64
EMTV 27, 630, 634
Entnazifizierung 550, 622, 657, 658
Erich Arp 535, 536, 537, 541, 621, 657
Ermächtigungsgesetz 630, 631
Ernst Albers 46, 592, 593
Ernst vom Rath 132
Ernste Bibelforscher 103
Ernteeinsatz 50, 191, 231, 265
Erzeugungsschlacht 262
Evakuierung 303, 368, 373
Feiertag der nationalen Arbeit 631
Flaggenbefehl 531
Fliegeralarm 12, 214, 219, 220, 221, 312, 313, 316, 317, 327, 395, 434, 458
Flugblätter 634
Freiheitsbewegung 571
freiwilligen Arbeitsdienst 633
Frick 632, 636, 637
Friedhof 361
Friedhofskapelle 145
Friedrich Abel 144

Friedrich Bindemann 552, 563
Frithjof Altemüller 327, 613, 657
Fritz Höger 342
Fründt 68
Führerprinzip 636
Führertagung 85
Gebietsreform in Elmshorn 75
Georg Rosenberg 166
Gerhard Hoch 449, 616, 654
Gertrud Ahrens 172
Gertrud Scholtz-Klink 504
Gesetz zum Schutze der nationalen Symbole 631
Gesetz zum Schutze des deutschen Blutes und der deutschen Ehre 637
Gesetz zur Gleichschaltung der Länder und Gemeinden 630
Gesetz zur Sicherung der Einheit von Partei und Staat 634
Gesetz zur Wiederherstellung des Berufsbeamtentums 51, 630
Gestapo 623, 635
Gewerkschaften 631
Gewerkschaftshauses 629, 631
Ghettos 361
Glaube und Schönheit 85, 86, 170, 171, 172, 605
Gleichschaltung 630, 633, 634
Goebbels 627
Göring 631, 634
Göttsche 69

Grezesch 67, 68, 69, 553, 627, 628

Groß-Hamburg 20, 32, 602, 660

Grundsätze der Mädelerziehung 83

Haavara-Abkommen 189

Hainholz 12, 75, 104, 108, 329, 541, 640

Hans Hansen 587

Hans Kühl 144

Hans Letje 66, 75, 176, 318, 338, 352, 393, 396, 569, 575, 578, 639

Hans Schlüter 66, 75, 394, 580, 639

Hansen 74, 75

Heimabend 83, 84

Heinrich Hauschildt 535, 536, 540, 567

Heinrich Himmler 177, 495, 534

Heinrich Kobarg 144, 594, 595, 596, 598, 599, 600

Heinz Rosenberg 369

Heldengedenktag 22

Helmut Gerson 68

Henriette Lippstadt 375

Herbert Hartmann 67, 627

Hermann Göring 50, 89, 157, 158, 205, 255, 272, 398

Hermann Kober 67

Herschel Grünspan (Grynszpan) 131

Heß 630

Hierl 204

Hilfspolizei 629, 633, 652

Hindenburg 629, 630, 635

Hinrich Lohse 50, 108, 109, 137

Hitler 623, 630, 633, 635, 637, 638, 639, 654

Hitlerjugend 6, 13, 14, 100, 103, 181, 182, 205, 265, 488, 489, 490, 495, 509, 518, 529, 530, 623, 626, 628, 633, 635, 637, 638, 639, 646, 647

HJ 13, 14, 38, 49, 100, 101, 103, 172, 181, 182, 183, 195, 207, 265, 266, 267, 291, 293, 294, 494, 495, 518, 529, 623, 624, 625

HJ-Heim 14

HJ-Streifendienst 169

Horst Karlick 383

Hubert Meifort 485

Hubert Meiforth 517

Isaak Mendel 242

Jagdflieger 474

Joachim Meyer-Quade 108

Johannes Göttsche 318, 581

Jörg Penning 592, 593

Joseph Goebbels 47, 135, 414, 644

Juden 5, 33, 35, 50, 52, 53, 76, 93, 94, 95, 115, 116, 118, 121, 122, 130, 131, 132, 133, 137, 138, 139, 142, 146, 149, 150, 155, 157, 158, 161, 165, 166, 167, 168, 169, 170, 188, 189, 190, 191, 199, 223, 236, 237, 240, 281, 324, 353, 354, 355,

356, 361, 362, 364, 368, 369, 370, 373, 375, 376, 377, 382, 383, 387, 396, 446, 522, 566, 579, 599, 606, 607, 609, 615, 630, 634, 639, 641, 643, 646, 647, 648, 651, 653, 654, 656, 657, 658

Judenstern 354, 356

Jugendarrest 293, 294

Jugenddienstarrest 293, 294

Jugenddienstpflicht 293, 294, 509

Jugend-Dienstverordnung 182, 183

Jugendherberge 635

Julius Lippstadt 146, 150

Julius Rosenberg 367

Jungmädel 205, 638

Jungvolk 638

Jutta Rüdiger 49, 83, 504, 604

Karl Coors 466, 540, 563, 565, 567, 644, 645

Karl Geissler 591

Karl Krumbeck 36, 187, 340, 556, 562, 642

Karl Löwenstein 146, 375, 376

KdF 624

Kennkarte 118, 121, 370

Kinderlandverschickung 302, 303, 613, 624, 654

Kirschninck, Harald: Die Geschichte der Juden in Elmshorn. 1685-1918. Band 1. Norderstedt 2005 646

Kirschninck, Harald: Die Geschichte der Juden in Elmshorn. 1918-1945. Band 2. Norderstedt 2005 579, 599, 646, 654

Kirschninck, Harald: Juden in Elmshorn, Teil 2: Isolierung. Assimilation. Emanzipation. Elmshorn 1999. (Beiträge zur Elmshorner Geschichte, Band 12). 647

Kirschninck, Harald: Wo sind sie geblieben? Wohin Elmshorner Juden von den Nationalsozialisten verschleppt wurden. In: Arbeitsgemeinschaft „Stolpersteine für Elmshorn". Elmshorn 2008 648

Kommunisten 629

Konservenfabrik Albert Hirsch 95

Konservenfabrik Hirsch 382

Konzentrationslager 146, 148, 150, 156, 361, 376

KPD 624, 629

Kraft durch Freude 624, 634

Kriegsdienstkarte 291

Kriegseinsatz 509, 518

Kriegsfreiwillige 488

Kriegsgefangene 245, 246, 276, 321, 323, 334, 436, 439, 440, 444, 446, 448, 449, 450, 451, 616, 618, 619, 654, 656

Kriegsgefangenenlager 238, 448, 449

Kriegshilfsdienst 346

Kriegswinterhilfswerk 235, 352, 624

Krumbeck 11, 558, 632

Kurt Geisler 357

Kurt Wilhelm Meenen 309

Landdienst 203, 489

Landjahr 33, 70, 71, 82, 83

Landrat Duvigneau 466

Landstreicher 652

Langelohe 12, 75, 104, 108, 317, 326, 329, 334, 396, 445, 571, 640

Lauterbacher 266

Leistungsabzeichen 624

Lisa Husfeld 171

Litzmannstadt 363, 367, 368

Lohse 627

Lorenzen-Schmidt 211, 394, 543, 648

Luftschutz 12, 24, 42, 83, 186, 219, 289, 316, 351, 464, 624

Luftschutzgesetz 636

Luftschutzkeller 13, 219, 230, 311, 314, 424

Luftschutzraum 426

Luftschutzschule 163, 633

Luftschutzübung 104, 631

Lühr-Oldigs 405

Max Bothe 357

Max Göttsche 68

Max Meyer 95, 165

Max Mohr 27, 34, 46, 65, 68, 69, 74, 575, 639

Max Plaut 367, 615, 651

Meyer-Quade 137

MILITARY GOVERNMENT COURT 542

Mindestarbeitszeit für Beamte 398

Mohr 627

Mütterehrung 338

Nachrichtenhelferinnen 490

Nationalsozialistische Frauenschaft 625

Nationalsozialistische Volkswohlfahrt 625

Nero-Befehl 531

Neues Geschlecht 120

Notdienstverordnung 206, 207

Notverordnung zum Schutze des deutschen Volkes 629

Novemberpogroms 115, 191

NSDAP 48, 53, 67, 68, 89, 116, 137, 144, 181, 265, 382, 495, 605, 625

NS-Frauenschaft 31, 217

NSKK 12, 13, 34, 172, 495, 625, 635

NSV 625

Offenborn 637

Ohlhoff 628

Opferarbeit 36, 639

Ortsgruppe 553, 627, 628, 630

Ortsgruppe Elmshorn-Altstadt 503

Ortsgruppen 65, 66, 89, 253, 393, 396, 398, 503, 639

Ortsgruppenleiter 627, 628

Ortsgruppenleiter Leve 521

Ortsgruppenteilung 67

Ostarbeiter 437, 440, 441

Ostarbeiter-Erlasse 440
Otto Oppenheim 95, 146
Paula Baum 151
Per Koopmann 143, 311, 313,
318, 607
Peter Hasenberg 535
Peterson 141, 143
Pflichtjahr 82, 83, 90
Platz der Opferarbeit 36, 441,
445
Plünderer 424, 479
Polen-Erlassen 439
Polizei 553, 625, 629, 632,
633, 652
Pressefreiheit 629
Propaganda 626
Provinzialloge für
Niedersachsen 368
RAD 625
Rantzauer See 61
Rantzauer Sees 635
Rassenkunde 635
Reichenberg 172
Reichsarbeitsdienst 39, 61, 89,
179, 204, 291, 292, 465, 495,
625, 636
Reichsarbeitsdienst-Lager
(RAD) Stubbenhuk 179
Reichsbürgergesetz 354, 637
Reichsfluchtsteuer 189, 361
Reichsjugendführer 488, 625
Reichsjugendführung 14, 49,
293, 294
Reichskristallnacht 616
Reichsluftschutzbund 163,
395, 625, 631

Reichsnährstand 27, 626
Reichsparteitag 633, 635, 637,
638
Reichsstatthalter 630, 632
Reichstagsbrand 629
Reichstagswahl 572, 629, 638
Reichstagswahl vom 5. März
1933 629
Reinhard Heydrich 139, 157
Rektor Krüdener 396, 468
Rheinland 638
Rheinlandbesetzung 638
Riga 364, 375, 376, 382
RLB 625
Robert Ley 73, 194
Röhm 635
Roland Freisler 294, 612
Rudi Arendt 541
Rudolf Baum 150
Rust 633, 634, 635, 637
SA 12, 67, 68, 69, 172, 495,
509, 571, 572, 601, 626, 627,
628, 629, 631, 632, 635, 637,
651
Sachsenhausen 146, 147, 148,
149, 150, 152
SA-Reserve 68
Schirach 28
Seldte 638
Selma Levi 648
Siegfried Kasche 178
Siegfried Küster 537, 539, 567,
645
Siegmund Weltlinger 147, 150
Sievers 254, 410, 466, 468,
477, 510, 512, 518

SPD 629, 632
Sperrmark 189
Spieler 553, 556, 630, 631, 632
SS 49, 69, 172, 528, 535, 536,
553, 572, 626, 629, 632, 638,
651
SS-Totenkopfverbände 198,
626
SS-Verfügungstruppe 198, 626
Staatsjugendtag 635, 637
Stadttheater 627, 634
Stadtverordnetenwahl 629
Stahlhelm 629, 632, 637
Stamm-Hitlerjugend 181
Standgerichtsbarkeit 531
Streifendienst 626
Stüben 627, 628
Sturmbann II/31 572
Sturmstaffeln 480, 483
Swing 76, 77
Synagoge 163
Synagogenbrandprozeß 141
Theresienstadt 364, 369, 373,
375, 643
Tiefflieger 505
Totalen Krieg 414
Trude Bürkner 49
Trude Mohr 48, 605
Uwe Danker 566
Verdunkelung 11, 12
Verdunkelungsübung 11, 19
Verlobungs- und Heiratsbefehl
390
Vernichtung 354, 362, 498,
589, 641, 647, 649

Verordnung zur Abwehr
heimtückischer Diskreditierung
der nationalen Regierung 630
Verpflichtung 92, 100, 104,
183, 327, 396, 405, 420, 468,
485
Volckmann 394
Volksabstimmung 634, 638
Volksgasmaske 42
Volkshochschule 631
Volksküche 242
Volkssturm 491, 496, 502, 511,
515, 518, 530, 535, 536, 620,
658
Volquardsen 137, 143
Waffen-SS 223, 485, 495, 551,
572
Waldemar Stüben 67, 68
Walther Darré 51
Wannsee-Konferenz 361, 362,
643
Wecker 369, 615, 649
Wehrertüchtigung 338, 393
Wehrertüchtigungslager 530,
626
Wehrgesetz 636
Wehrpflicht 636, 638
Weiblicher Ehrendienst 204
Werwolf 509, 527
WHW 8, 9, 73, 626, 633
Wilhelm Bull 95, 382, 446,
539, 583
Wilhelm Grezesch 67, 344,
571, 572
Wilhelm Meyer 139, 144

Wilhelm Nicolai 66, 75, 268, 575, 581, 639
Wilhelm Petersen 109, 237
Willi Möller 334
William Oppenheim 95
Winterhilfswerk 8, 73, 79, 289, 626

Zwangsarbeiter 5, 334, 382, 436, 437, 439, 441, 442, 443, 444, 445, 446, 447, 448, 449, 451, 536, 537, 543, 616, 618, 619, 654
Zwangsarbeitslager 448